Handbuch Christian Wolff

Robert Theis · Alexander Aichele
(Hrsg.)

Handbuch Christian Wolff

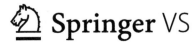
Springer VS

Herausgeber
Robert Theis　　　　　　　　　　　　Alexander Aichele
Esch-sur-Alzette, Luxemburg　　　　　　Halle, Deutschland

ISBN 978-3-658-14736-5　　　ISBN 978-3-658-14737-2　(eBook)
https://doi.org/10.1007/978-3-658-14737-2

Die Deutsche Nationalbibliothek verzeichnet diese Publikation in der Deutschen Nationalbibliografie; detaillierte bibliografische Daten sind im Internet über http://dnb.d-nb.de abrufbar.

Springer VS
© Springer Fachmedien Wiesbaden GmbH, ein Teil von Springer Nature 2018
Das Werk einschließlich aller seiner Teile ist urheberrechtlich geschützt. Jede Verwertung, die nicht ausdrücklich vom Urheberrechtsgesetz zugelassen ist, bedarf der vorherigen Zustimmung des Verlags. Das gilt insbesondere für Vervielfältigungen, Bearbeitungen, Übersetzungen, Mikroverfilmungen und die Einspeicherung und Verarbeitung in elektronischen Systemen.
Die Wiedergabe von Gebrauchsnamen, Handelsnamen, Warenbezeichnungen usw. in diesem Werk berechtigt auch ohne besondere Kennzeichnung nicht zu der Annahme, dass solche Namen im Sinne der Warenzeichen- und Markenschutz-Gesetzgebung als frei zu betrachten wären und daher von jedermann benutzt werden dürften.
Der Verlag, die Autoren und die Herausgeber gehen davon aus, dass die Angaben und Informationen in diesem Werk zum Zeitpunkt der Veröffentlichung vollständig und korrekt sind. Weder der Verlag noch die Autoren oder die Herausgeber übernehmen, ausdrücklich oder implizit, Gewähr für den Inhalt des Werkes, etwaige Fehler oder Äußerungen. Der Verlagbleibt im Hinblick auf geografische Zuordnungen und Gebietsbezeichnungen in veröffentlichtenKarten und Institutionsadressen neutral.

Gedruckt auf säurefreiem und chlorfrei gebleichtem Papier

Springer VS ist ein Imprint der eingetragenen Gesellschaft Springer Fachmedien Wiesbaden GmbH und ist Teil vonSpringer Nature
Die Anschrift der Gesellschaft ist: Abraham-Lincoln-Str. 46, 65189 Wiesbaden, Germany

Inhalt

Vorwort 1

1 Biographie und Bibliographie 5
  Gerhard Biller

2 Quellen 33

2.1 Sources of Wolff's Philosophy: Scholastics/Leibniz 35
  Christian Leduc

2.2 Secondary Authors' Influence on the Formation
  of the Wolffian "System Of Truths" 55
  Sébastien Neveu

3 Philosophiebegriff und Methode 73
  Juan Ignacio Gómez Tutor

4 Logik 93
  Luigi Cataldi Madonna

5 Philosophy of Language 115
  Matteo Favaretti Camposampiero

6	Metaphysik	137
6.1	Ontologie *Dirk Effertz*	139
6.2	Rationale Psychologie *Jean-François Goubet*	153
6.3	Empirical Psychology *Paola Rumore*	175
6.4	Kosmologie *Sebastian Simmert*	197
6.5	Theologie *Robert Theis*	219

7	Praktische Philosophie	251
7.1	Ethik *Clemens Schwaiger*	253
7.2	Naturrecht *Alexander Aichele*	269
7.3	Ökonomie *Birger P. Priddat & Christoph Meineke*	291
7.4	Politik *Annika Büsching*	315

8	Physik *Simone De Angelis*	335

9	Mathematics. Systematical Concepts *Paola Cantù*	357

| 10 | Kontroversen und Rezeption | 381 |

10.1 Die Pietisten ... 383
Anna Szyrwińska

10.2 Wolffs Rezeption in der Ästhetik ... 405
Stefanie Buchenau

10.3 Wolff an den deutschsprachigen Universitäten ... 427
Michael Albrecht

10.4 Wolffrezeption in Europa ... 467
Sonia Carboncini

Abstracts ... 497

Autorinnen und Autoren ... 507

Personenregister ... 511

Sachregister ... 517

Vorwort

Über Christian Wolff (1679–1754) schrieb Immanuel Kant, dass er der größte unter allen dogmatischen Philosophen sei. An ihm rühmt er den „bisher noch nicht erloschenen Geist der Gründlichkeit in Deutschland"[1]. Dennoch wird Kant nicht müde zu betonen, dass der mit Wolffs Namen verbundene Dogmatismus durch seine eigene, die kritische Philosophie endgültig überwunden sei. „Der kritische Weg ist allein noch offen", heißt es am Schluss der *Kritik der reinen Vernunft*.[2]

Dieses dezidierte Votum Kants prägte die spätere Wahrnehmung von Christian Wolff ebenso wie das Urteil über seine Philosophie maßgeblich. So spricht Schelling von Christian Wolff „langweiligen Andenkens"[3]; für Hegel – etwas nuancierter – bleibt die Wolffsche Philosophie bloße „Verstandesmetaphysik"[4]: Zwar habe sich Wolff um die Verstandesbildung der Deutschen unsterbliche Verdienste erworben,[5] aber er habe den gesamten historisch kontingenten Wissensstand nur in pedantisch systematische Form gebracht, ohne beides eigentlich zu begründen.

Wolffs Philosophie scheint somit endgültig der Vergangenheit anzugehören, wenngleich sie, im Laufe einer Geschichte der Vernunft – sofern man die Geschichte der Philosophie als eine solche verstehen mag –, eine notwendige Gestalt darstellt.

In einer anderen, weniger systematischen als philosophiehistorischen Richtung wird Wolffs Name häufig in Zusammenhang mit G. W. Leibniz genannt: Es ist da die Rede von der Leibniz-Wolffschen Philosophie. Der Topos kursierte bereits zu Wolffs Zeiten; nach Max Wundt scheint ihn schon Johann Franz Budde, ein dezidierter Wolff-Gegner, als erster im Jahre 1724 verwendet zu haben.[6] Wenngleich nicht

---

1 Immanuel Kant, *Kritik der reinen Vernunft* B XXXVI.
2 *Ebd.* B 884.
3 Friedrich Wilhelm Joseph Schelling, *Zur Geschichte der neuern Philosophie*, Darmstadt 1975, S. 55.
4 Georg Wilhelm Friedrich Hegel, *Enzyklopädie der philosophischen Wissenschaften*, § 231, in: Werke in zwanzig Bänden, hg. von Eva Moldenhauer und Karl Markus Michel, Frankfurt 1970 f., Band 8, S. 383.
5 Siehe Georg Wilhelm Friedrich Hegel, *Vorlesungen über die Geschichte der Philosophie*, in: Werke in zwanzig Bänden, a. a. O., Bd. 20, S. 256.
6 Siehe Max Wundt, *Die deutsche Schulphilosophie im Zeitalter der Aufklärung* (1945), Hildesheim 1992, S. 150 Anm.

zu leugnen ist, dass Leibniz ein privilegierter philosophischer Gesprächspartner für Wolff gewesen ist, der nicht müde wird, Leibniz als einen der größten Philosophen zu bezeichnen, wird man durch die genannte Bezeichnung der Eigenständigkeit von Wolffs Philosophie keineswegs gerecht. Er selber hat sich ausdrücklich gegen das *praejudicium* gewehrt, Leibniz' Philosophie „weitläufftiger ausführen oder erklären" zu wollen[7].

Es hat lange Zeit gebraucht, nämlich bis zur Edition von Wolffs *Gesammelten Werken* durch Jean École, Hans Werner Arndt u. a. im Georg Olms Verlag (Hildesheim) ab dem Jahre 1962, bis in der Forschung eine intensivere und sachgemäßere Beschäftigung mit dem umfangreichen Werk des „professor generis humani" (Réaumur) anhob. Gerhard Biller verzeichnet in der von ihm herausgegebenen Wolff-Bibliographie[8] 277 Titel für die Zeit von 1791 bis 1962 ; von 1963 bis 2009 jedoch über 1200.

Durch diese Beschäftigung, die einerseits in systematischen Monografien, wie etwa Jean Écoles, des Nestors der Wolff-Forschung, zweibändiger Untersuchung *La Métaphysique de Wolff*, andererseits in detaillierten quellen-, begriffs-, entwicklungs- und wirkungsgeschichtlichen Spezialforschungen und in einer Vielzahl von eindrucksvollen Tagungsbänden ihren Niederschlag gefunden hat, erscheint uns Wolffs Philosophie heute differenzierter als ein singulärer und – vor Kant – letzter allumfassender Entwurf einer „philosophia systematica", der paradigmatisch für die Epoche der Hochaufklärung (ca 1720–1750) da steht, schulbildend gewirkt hat und weit über Deutschland hinaus rezipiert worden ist. Gleichzeitig zeigt sich aber auch die inhaltliche Verwurzelung seines Denkens in den Konstellationen des z. T. noch (spät)scholastischen bzw. frühprotestantischen Denkens, mit dem Wolff während seiner Studienzeit in Berührung kam, sowie neuerer Philosophien, etwa derer von Descartes und Locke, und der Entwicklungen der neueren Naturwissenschaft. Schließlich gewinnt Wolffs Profil im Kontext der Kontroversen mit zeitgenössischen Philosophen und Theologen an weiterer Schärfe – man denke hier insbesondere an die auch biografisch nicht folgenlosen Auseinandersetzungen mit den Hallenser Pietisten.

Wolffs Oeuvre – das frühere deutsche (1713–1726) sowie das spätere, viel umfangreichere lateinische (1728–1754), das sich, anders als das deutsche, an die gesamte europäische Gelehrtenwelt richtete – hat enzyklopädischen Charakter. Es gibt sozusagen kein Gebiet des menschlichen Wissens (ob es sich um reine Philosophie, um Mathematik, Naturwissenschaft, Ökonomie, Befestigungsarchitektur, Meteorologie, Medizin, praktische Theologie u. v. m. handelt), das Wolff nicht bearbeitet hat.

Überall da, wo von Erkenntnis oder Wissen die Rede ist, ist von der Suche nach Gründen (*rationes*) zu handeln. Darin besteht der genuin *philosophische* Gestus, im Gegensatz etwa zur bloßen Erkenntnis schlicht vorhandener Fakten. Damit einher

---

7 Zitiert nach Heinrich Wuttke, *Christian Wolffs eigene Lebensbeschreibung*, S. 102 (GW III 10).
8 Gerhard Biller, *Wolff nach Kant. Eine Bibliographie*, Hildesheim 2004 (Christian Wolff, GW III 87). Erweiterte Bibliographie auf der Internetseite: http://www.izea.uni-halle.de/fileadmin/content/Publikationen/Bibliographien.

geht die Idee der *Methode,* d.i. der Ordnung, die der Philosoph bei der Vermittlung von Lehrinhalten respektieren muss und der Wolff selbst rigoros folgt.

Erscheint sein gewaltiges Werk eben deswegen in seiner Systematik auf den ersten Blick wie ein geradezu hermetisch in sich abgeschlossenes Ganzes, so zeigt sich doch bei genauerem Hinsehen, dass seine Philosophie durchaus im Sinn eines *offenen Projekts* verstanden werden kann. Anders gewendet: Das vollkommene System ist eine Art regulative Idee, oder, mit Wolff zu reden: Es gibt noch viel zu entdecken. Im Hintergrund steht dabei der anthropologische Topos, dass der Mensch zwar durchaus ein Weltweiser ist, jedoch nur ein unvollkommener, Gott aber allein DER „philosophus absolute summus".

Warum ein Handbuch zu Wolff? Grundsätzlich gilt, was Norbert Hinske geschrieben hat, nämlich, dass an Wolff kein Weg vorbeiführe,[9] wenn man die deutsche Aufklärung mit ihrem wesentlichen „Glauben an die Macht der Vernunft"[10] verstehen möchte. In Wolffs Philosophie wird gerade dies exemplarisch dokumentiert. Damit ist zunächst einmal ein philosophiehistorisches Desiderat genannt. Wer sich fachspezifisch mit der Philosophie der deutschen Aufklärung beschäftigt, als Lehrender oder Studierender, soll insofern durch das Handbuch kompetent und vertieft über Wolff, diese Schlüsselgestalt der Epoche, informiert werden. Auf diese Weise soll dem Leser aber auch ein Kontext eröffnet werden, der es erlaubt, die nachfolgende Philosophie, auch wenn diese sich kritisch gegenüber Wolff abzugrenzen sucht, in ihrer wie auch immer gearteten, positiven oder negativen Abhängigkeit von ihm verorten zu können. Es gibt in der Philosophiegeschichte keine radikalen Brüche: Jeder Nachfolgende baut in bestimmter Weise auf den Fundamenten – oder aber auch: Ruinen – der Vorgänger auf; selbst da, wo er sich von ihnen absetzt, bleiben diese wenigstens im Hintergrund präsent, gleichsam als manchmal mehr oder weniger sichtbare Gesprächspartner. Wer das Spätere angemessen verstehen will, kommt nicht daran vorbei, nach diesem Hintergrund Ausschau zu halten.

In diesem zunächst philosophiehistorischen Interesse an Wolff liegt ein weiterer Aspekt beschlossen, der über alle Kontextabhängigkeit hervorzuheben ist, nämlich der Ernst, die Wahrheit als Wahrheit erkennen zu wollen, „Gewißheit der Erkäntniß"[11] zu erlangen und zwar sowohl hinsichtlich der Realstrukturen der Wirklichkeit in ihrer Vielfältigkeit als auch hinsichtlich der Stellung des Menschen in der Gemeinschaft mit anderen sowie seiner letzten Bestimmung. Dieses grundlegende Anliegen durch die Darstellung der einzelnen Facetten von Wolffs Werk zu rekonstruieren, ist ein im Handbuch intendiertes zentrales Ziel. Dadurch soll nicht zuletzt auch verdeutlicht werden, was – unabhängig von berechtigten Fragen nach der Aktualität einzelner Themen – „Philosophieren" immer noch bedeuten kann und wie sich bei Wolff,

---

9   Norbert Hinske, *Wolffs Stellung in der deutschen Aufklärung,* in: *Christian Wolff (1679–1754). Interpretationen zu seiner Philosophie und deren Wirkung,* hg. von Werner Schneiders, Hamburg 1983, S. 316.
10 *Ebd.,* S. 315.
11 *Ausführliche Nachricht,* Vorrede, s. p. [2] (GW I 9).

gleichsam diesseits der Modeerscheinungen unseres Zeitalters, auch heute noch gewinnbringende Einsichten über dieses, sehr spezielle Geschäft erlernen lassen.

Schließlich soll das Handbuch auch – ganz praktisch – dem Leser als Orientierung und als Leitfaden dienen beim Eindringen in dieses so enzyklopädische und weitverzweigte Werk.

Von seinem Aufbau her gesehen verortet das Handbuch Wolffs Philosophie nach einer bio-bibliographischen Skizze zunächst in seinem philosophischen Umfeld (1–2); sodann gliedert es sich in seinem systematischen Aufbau an den von Wolff selber vorgegebenen Grundlinien der Ordnung der Gebiete der Philosophie (3–9); schließlich geht es auf Aspekte der Wirkungsgeschichte seines Denkens ein (10).

Die Beiträge gehorchen einer einheitlichen *Grundforderung*, nämlich die Darstellung bestimmter Problemfelder und Teile der wolffschen Philosophie möglichst *synthetisch*, unter Berücksichtigung des Standes der Forschung, so darzustellen, dass der Leser anhand dieser Informationen über ein angemessenes Bild des jeweiligen Themenfeldes verfügt. Dabei haben die Herausgeber bewusst in Kauf genommen, dass die von den Mitarbeitern angewandten *Methoden* bei der Darstellung eines Gebiets variieren, etwa von mehr genetischen über systematische bis hin zu problemkontextualisierten. In jedem Fall aber war es wichtig, Sorge zu tragen, dass sich die jeweiligen Darstellungen an Wolffs Schriften verifizieren lassen.

Diese werden zitiert nach der von Jean École, Hans Werner Arndt u. a. betreuten Ausgabe der *Gesammelte[n] Werke*, Hildesheim, Olms, 1962 ff., jeweils unter der Sigle GW mit Angabe der Abteilung (1. Abteilung: deutsches Werk; 2. Abteilung: lateinisches Werk) in römischer, des Bandes in lateinischer Ziffer. Die Werktitel werden nach den gängigen Abkürzungen zitiert (etwa *Deutsche Logik, Discursus praeliminaris*…).

In einigen Beiträgen wurde auch auf Texte verwiesen, die *nicht* in der Ausgabe von École u. a. enthalten sind (so etwa die *erste* Auflage der *Ratio praelectionum* (1718) oder studentische Mitschriften).

Allen Autoren, die am Gelingen dieses Handbuchs beteiligt sind, möchten die Herausgeber ihren herzlichen Dank aussprechen. Dieser gilt ebenso der kompetenten und unkomplizierten Betreuung von Seiten des Verlags durch deren Lektor Frank Schindler.

Robert Theis   Alexander Aichele

1 Biographie und Bibliographie

Gerhard Biller

Keywords

Biographie, Primärbibliographie, Causa Wolffiana, Methodus mathematica

---

Abstract

Der Beitrag skizziert Wolffs Lebenslauf (geboren 1679) von seiner Breslauer Kindheit und Jugend an über die Studienjahre in Jena und Leipzig, seine erste Lehrtätigkeit in Mathematik, Philosophie und Theologie an der Universität Leipzig sowie, ab 1706, seinen Wechsel an die junge Universität in Halle, wo er zunächst den Lehrstuhl für Mathematik übernahm, ab 1709 auch Logik, Metaphysik und Moral. In diesen Jahren begann auch der Konflikt mit der pietistischen Fraktion an der Universität in Halle; zum offenen Ausbruch kam es 1721 anlässlich der bei der Übergabe des Prorektorats an seinen Nachfolger Joachim Lange gehaltenen Rede über die praktische Philosophie der Chinesen. Im Frühjahr 1723 reichte die theologische Fakultät ein Gutachten gegen Wolff in Berlin ein; im November des gleichen Jahres erging die königliche Kabinettsorder an Wolff, Preußen binnen 48 Stunden bei Androhung des Stranges zu verlassen. Wolff fand Aufnahme in Hessen und übernahm an der Universität Marburg eine nicht besetzte Professur für Mathematik. Wolff hatte in seiner ersten Hallenser Zeit zahlreiche Bücher, die er gleichsam für die Schule schrieb, in seiner Muttersprache Deutsch verfasst. Das machte seine Werke einer weiten Öffentlichkeit zugänglich. Die Marburger Jahre (bis 1740) nutzte er, um sein umfangreiches lateinisches Werk zu verfassen. Seit 1733 hatte sich aber in Preußen die Stimmung zugunsten Wolffs gewendet. 1740 wurde er durch Friedrich II. nach Halle zurückberufen. An die Lehrerfolge seiner ersten Halleschen Zeit konnte er indes nicht mehr anknüpfen. Diese Jahre nutzte er, um weitere wichtige Werke zu veröffentlichen. Wolff starb am 9. April 1754. Im Anschluss an die biographische Skizze werden Wolffs Veröffentlichungen (und Briefe) in chronologischer Folge angeführt.

1 Einleitung

> Aber weist du auch daß das gegenwärtig die *à la mode* Philosophie ist, die schier unter allen Gelehrten, ja sogar unter dem weiblichen Geschlechte dergestalt beliebt worden, daß ich schier glauben solte, es sey eine wuerckliche Lycantropie unter diesen schwachen Werckzeugen eingerissen. Denn wo an manchen Orten 2. oder 3. unter ihnen versammlet sind, da ist der liebe ‚Gott Wolff' gewis auch mitten unter ihnen. Da nun also groß und klein, gelehrt und ungelehrt dieser neuen Philosophie Beyfall giebt, ob schon einige wenige nicht mit ihr zu frieden sind, so daecht ich ja, du soltest das Spruechwort wohl wissen: Wer unter den Woelffen ist, der muß mit ihnen heulen.

So schrieb Johann Christian Edelmann im Jahre 1740 über die deutschen Gelehrten.[1] Zu diesem Zeitpunkt hatte die Philosophie Christian Wolffs, auch weit über die deutschen Länder hinaus, eine überwältigende Wirkung erzeugt. Dabei hatte Wolff die gelehrte Welt lange Zeit polarisiert. Seine Gegner hätten ihn durchaus „bei Strafe des Stranges" am Galgen sehen mögen, seine Anhänger dagegen lebten geradezu in einem Zeitalter der „Lycanthropie", einer Wolff-Menschheit, denn Wolffs Lehre war für sie maßgeblich für die Gestaltung nahezu aller Lebensbereiche. In diesem Arbeits- und Wirkungsfeld, das sich erst gegen Ende seines Lebens weitgehend entspannte, entwickelte sich Leben und Werk unseres Philosophen im Spannungsfeld zwischen Gelehrsamkeit und Politik, das nicht nur unmittelbar nach seinem Tod durch Johann Christoph Gottsched in einer umfangreichen *Historischen Lobschrift* gewürdigt wurde.[2] Wolff selbst sandte auf vielerlei Bitten hin zwischen Oktober 1743 und Januar 1744 seine eigene Autobiographie seinem ehemaligen Schüler Dr. Johann Wilhelm Gehler, Bürgermeister von Görlitz, zur Veröffentlichung zu.[3] Eine weitere Biographie zu Lebzeiten legte Friedrich-Christian Baumeister vor[4], und Johann Heinrich Zedler widmete Wolff im Jahre 1748 als Würdigung von dessen außerordentlichen Verdiensten um Wissenschaft und Forschung in seinem berühmten *Universal-Lexicon* gleich

---

1 Johann Christian Edelmann, *Moses mit aufgedecktem Angesichte, von zwey ungleichen Brüdern, Lichtlieb und Blindling* (1740), in: *Sämtliche Schriften*, hg. von Walter Grossmann, Bd. VII/1, Stuttgart-Bad Cannstatt 1972, 3. Anblick, S. 108.
2 Johann Christoph Gottsched, *Historische Lobschrift des weiland hoch- und wohlgebohrnen Herrn Christians, des H. R. R. Freyherrn von Wolf*, Halle 1755 (GW I 10).
3 Die Publikation erfolgte allerdings zu Lebzeiten nicht mehr, sondern erst 1841 durch Heinrich Wuttke, *Christian Wolffs eigene Lebensbeschreibung [mit einer Abhandlung über Wolff]*, Leipzig 1841 (GW I 10).
4 Friedrich-Christian Baumeister, *Vita Fata et Scripta Christiani Wolffii*, Leipzig u. Breslau 1739 (GW I 10). Moderne Bio-Bibliographien finden sich nur wenige, so etwa bei: Jean École, *La vie, l'oeuvre et l'homme*, in: *La métaphysique de Christian Wolff*, Hildesheim 1990, S. 22–46 (GW III 12); Wolfgang Drechsler, *Christian Wolff (1679–1754). A Biographical Essay*, in: European Journal of Law and Economics 4 (1997), S. 111–128 (Nachdruck in: GW III 45, S. 2–18, mit ausführlichen Quellennachweisen); Christoph Schmitt, *Wolff, Christian, Philosoph und Mathematiker*, in: *Biographisch-Bibliographisches Kirchenlexikon*, hg. von Friedrich Wilhelm Bautz (†), fortgeführt von Traugott Bautz, Bd. 13, Herzberg 1998, Sp. 1509–1527; oder Michael Albrecht, *Christian Wolff und der Wolffia-*

zwei Artikel: *Wolf (Christian, Reichs=Frey= und Edler Herr von)* und *Wolfische Philosophie*[5]. Doch während er Gottfried Wilhelm Leibniz, einem der „groessesten Gelehrten von Teutschland", gut 20 Jahre nach dessen Tod gerade einmal 35 Spalten zugestand[6], umfassen die Wolff zugedachten Artikel von Carl Günther Ludovici[7] 128 und 349 Spalten – somit ist die *Wolfische Philosophie* der bei weitem umfangreichste Artikel des gesamten *Universal-Lexicons* überhaupt.

Wolff hinterließ ein immenses Œuvre: 34 Werke in 58 Bänden, 34 kleinere Schriften, 40 teils umfängliche Beiträge sowie 485 Rezensionen in den *Acta Eruditorum*, ferner 25 Vorreden zu Schriften anderer Autoren: insgesamt etwa 50 000 Druckseiten.[8] Dazu kommt eine umfangreiche, teilweise noch ungedruckte Korrespondenz mit der gelehrten Welt, wobei den Briefwechseln mit Gottfried Wilhelm Leibniz und Ernst Christoph von Manteuffel eine zentrale Bedeutung zukommt.

Mit Wolffs Tod und der einschneidenden Kritik am Wolffianismus verloren seine Schriften an Einfluss und fanden in der wissenschaftlichen Welt immer weniger Gehör. So finden sich in der Zeit von Kants Tod 1804 bis zum Jahre 1960 nur gut 250 Publikationen in Handbüchern, Aufsätzen und Monographien, die Wolff behandeln.[9] Diese Situation änderte sich erst mit dem Erscheinen der besonders durch Jean École († 2015) initiierten Gesamtausgabe der Schriften Wolffs ab 1962, die mittlerweile das zentrale, unerlässliche Instrument für die gesamte Wolffforschung ist: seit dieser Zeit sind mehr als 1400 neue Titel zu verzeichnen.

---

nismus, in: *Die Philosophie des 18. Jahrhunderts*, Bd. 5: *Heiliges Römisches Reich Deutscher Nation, Schweiz, Nord- und Osteuropa*. (Grundriss der Geschichte der Philosophie. Begründet von Friedrich Ueberweg, völlig neu bearbeitete Ausgabe von Helmut Holzhey), hg. von Helmut Holzhey u. Vilem Mudroch, Basel 2014, S. 103–236 (= Ueberweg).

5 *Grosses vollsständiges Universal-Lexicon aller Wissenschaften und Künste*, hg. von Johann Heinrich Zedler, Bd. 58, Leipzig u. Halle 1748, Sp. 549–677 u. 883–1232 (Verzeichnis und Besprechung der bis 1748 erschienen Schriften zur Wolffschen Philosophie) (GW III 68).

6 *Leibnitz, (Gottfried Wilhelm, Baron von)*, in: *Grosses vollsständiges Universal-Lexicon aller Wissenschaften und Künste*, hg. von Johann Heinrich Zedler, Bd. 16, Leipzig u. Halle 1737, Sp. 1517–1553.

7 Ludovici hatte bereits seit 1736 zur Wolffschen Philosophie im Sinne einer Gelehrtengeschichte Stellung genommen: Carl Günther Ludovici, *Kurtzer Entwurff einer vollständigen Historie der Wolffischen Philosophie*, Leipzig 1736; ders., *Ausführlicher Entwurf einer vollständigen Historie der Wolffischen Philosophie*, 3 Bde., Leipzig 1737–1738 (GW III 1).

8 Vgl. dazu die Auflistungen bei Jean École, *La métaphysique de Christian Wolff*, Hildesheim 1990, Bd. 1, S. 22–46 (GW III 12.1); Albrecht, *Christian Wolff und der Wolffianismus*, in: Ueberweg, a. a. O., S. 109–114, 118–130; und Hubert A. Laeven, *Sämtliche Rezensionen in den Acta Eruditorum (1705–1731)*, Hildesheim 2001, Bd. 5, S. 2195–2228 (GW II 38.5).

9 Gerhard Biller, *Wolff nach Kant – eine Bibliographie*, Hildesheim 2004 (GW III 87); 2. erw. Aufl. 2009 [http://www.izea.uni-halle.de/cms/de/forschung-publikationen/bibliographien.html].

2 Von Breslau nach Halle oder: von den Anfängen bis zur „würcklichen Lycanthropie"

Christian Wolff wurde am 24. Januar 1679 als zweites von sechs Kindern des Gerbers Christoph Wolff und seiner Frau Anna, geb. Giller in Breslau geboren.[10] Die politischen, kulturellen und wirtschaftlichen Auswirkungen des Dreißigjährigen Krieges (1618–1648) waren noch allenthalben zu spüren, die Auswirkungen des Großen Türkenkrieges (1683–1699) mit der Belagerung Wiens im Jahre 1683 prägten seine Jugendjahre. Zudem hat die spezielle religiöse Situation in Schlesien Wolffs Berufung gerade zur Philosophie maßgeblich beeinflusst. Die mehrheitlich protestantische Bevölkerung wurde von den katholischen Habsburgern regiert, der sonst eherne Grundsatz „cuius regio, eius religio" wurde hier ausnahmsweise durchbrochen, es gab ein unmittelbares Mit- und Gegeneinander von Protestantismus und Katholizismus.[11] Die gelebte Frömmigkeit seines lutherischen Elternhauses und der väterliche Lateinunterricht bereiteten Wolff bereits in jungen Jahren auf das für ihn von seinem Vater, der aus finanziellen Gründen selbst nie studieren konnte, vorgesehene Studium der Theologie und auf eine akademische Laufbahn vor. Wolff besuchte das lutherisch geprägte Breslauer Magdalenen-Gymnasium, dessen Rektor der die Philosophie ablehnende Christian Gryphius war, Sohn des Barockdichters Andreas Gryphius, während andere, fortschrittlich-weltoffene Lehrer Philosophie nach der neuen cartesischen Methode unterrichteten und bei Wolff bereits frühzeitig das Interesse an Mathematik und Algebra, an den Werken von Euklid, Christoph Clavius und Heinrich Horch weckten.[12] Diese Schulzeit stand unter dem nachhaltigen Eindruck eines „kämpferischen Konfessionalismus"[13] und prägte tiefgreifend und dauerhaft Wolffs Bildungsweg:

> Weil ich aber da unter Catholicken lebte und den Eifer der Lutheraner und Catholicken gegen einander gleich von meiner ersten Kindheit an wahrnahm, dabey merckte, daß ein ieder Recht zu haben vermeinete; so lag mir immer im Sinne, ob es denn nicht möglich sey, die Wahrheit in der Theologie so deutlich zu zeigen, daß sie keinen Wiederspruch leide. Wie ich nun nach diesem hörete, daß die Mathematici ihre Sachen so gewis erwiesen, daß ein ieder dieselben vor wahr erkennen müsse, so war ich begierig die Mathematik methodi gratia zu erlernen, um mich zu befleissigen, die Theologie auf unwiedersprechliche Gewisheit zu bringen[14].

---

10 Über Wolffs Privatleben ist, trotz seiner eigenen Lebensbeschreibung, nur wenig bekannt.
11 Clemens Schwaiger, *Christian Wolff*, in: *Philosophen des 18. Jahrhunderts*, hg. von Lothar Kreimendahl, Darmstadt 2000, S. 50.
12 *Christian Wolffs eigene Lebensbeschreibung*, S. 112 f. (GW I 10).
13 Christoph Schmitt, *Wolff, Christian, Philosoph und Mathematiker*, Sp. 1509.
14 *Christian Wolffs eigene Lebensbeschreibung*, S. 120 f. (GW I 10).

Von 1699 bis 1702 studierte Wolff, ursprünglich mit dem Ziel eines Abschlusses in Theologie, zunächst in Jena, wandte sich jedoch bald der Mathematik bei Georg Albrecht Hamberger und der Philosophie bei Johann Paul Hebenstreit als akademischen Lehrern zu. Dabei kam er schon früh mit den für ihn richtungsweisenden Schriften *Mathesis enucleata* (Nürnberg 1689) von Johann Christoph Sturm und *Medicina mentis sive tentamen genuinae logicae* (Amsterdam 1687) von Ehrenfried Walther von Tschirnhaus in Verbindung. Das Magisterexamen folgte 1702 in Leipzig, wohin Wolff wegen der besseren Studienbedingungen gewechselt war, ebenso die Habilitation 1703 mit der Abhandlung *Philosophia practica universalis, mathematica methodo conscripta*. Damit setzt Wolff erstmalig sein Vorhaben um, das inhaltliche Interesse an der praktischen Philosophie und das formale Interesse an der wissenschaftlichen Methode zu verbinden.[15]

Wolff verblieb zunächst in Leipzig, lehrte als Privatdozent neben Mathematik auch Theologie und Philosophie und wurde ab 1705 zum wichtigsten Mitarbeiter bei einer der ersten und bedeutendsten Wissenschaftszeitschriften der Zeit, den *Acta Eruditorum*. Für deren Herausgeber Otto Mencke und dessen Sohn Johann Burckhard Mencke verfaßte er, dank seines nahezu enzyklopädischen Wissens dazu befähigt, bis 1731 40 teils umfängliche Beiträge und 485 Rezensionen (GW II 38) zu naturwissenschaftlichen, mathematischen, theologischen und philosophischen Themen.

Otto Mencke, der als Professor für Moral Wolffs Habilitationsschrift begutachtet hatte, bat Gottfried Wilhelm Leibniz Ende 1704 um eine Stellungnahme dazu. Daraus entwickelte sich eine lebenslange enge wissenschaftliche Beziehung zwischen Wolff und Leibniz, dokumentiert u. a. in einem umfangreichen Briefwechsel und Artikeln in den *Acta Eruditorum*, so dass man in der Folgezeit ab 1724 sogar von einer „Leibniz-Wolffschen Philosophie" sprach,[16] ein Terminus, der aber in der modernen Wolff-Forschung als eine Vereinnahmung Wolffs durch Leibniz für unangemessen gehalten wird.[17]

Nachdem im Großen Nordischen Krieg die Schweden im August 1706 in Sachsen einmarschiert waren, was den Niedergang der Leipziger Universität zur Folge hatte, wollte Wolff zunächst einen Ruf auf die Mathematikprofessur an die Universität Gießen annehmen, übernahm aber dann den seit 12 Jahren vakanten Lehrstuhl für

---

15 Schwaiger, *Christian Wolff*, a. a. O., S. 51.
16 Vgl. besonders Carl Günther Ludovici, *Neueste Merckwürdigkeiten aus der Leibnitzisch-Wolffischen Weltweisheit*, Frankfurt a. M. u. Leipzig 1738 (GW III 4).
17 Vgl. Max Wundt, *Die deutsche Schulphilosophie im Zeitalter der Aufklärung* (1945), Hildesheim 1992, S. 150 Anm.; Sonia Carboncini, *Transzendentale Wahrheit und Traum. Christian Wolffs Antwort auf die Herausforderung durch den Cartesianischen Zweifel*, Stuttgart-Bad Cannstadt 1991, S. 28; dies., *Christian August Crusius und die Leibniz-Wolffsche Philosophie*, in: *Beiträge zur Wirkungs-und Rezeptionsgeschichte von Gottfried Wilhelm Leibniz*. Studia Leibnitiana Supplementa XXVI, Stuttgart 1986 S. 110–125, zur Zuschreibung der Benennung „Leibniz-Wolffsche Philosophie" bes. S. 110 f. (Nachdruck in: GW III 65, S. 263–278); Jean École, *War Christian Wolff ein Leibnizianer?*, in: Aufklärung 10/1 (1998), S. 29–46; Walther Arnsperger, *Christian Wolffs Verhältnis zu Leibniz*, Weimar 1897.

Mathematik an der Universität Halle, wo er ab Anfang 1707 auf Deutsch lehrte, wie es Christian Thomasius dort eingeführt hatte. Von 1709 an dehnte Wolff seine Lehrtätigkeit auf Bereiche der Philosophie, Metaphysik, Logik und Moral aus,[18] 1715 wurde ihm die Erweiterung der Lehrbefugnis in Physik zugebilligt.

Neben zahlreichen lateinischen Publikationen, mit denen er seinen Ruf und Einfluss in der wissenschaftlichen Welt zu festigen suchte, publizierte Wolff seit 1710 in deutscher Sprache, zunächst als Einzelschrift die *Anfangs-Gründe aller mathematischen Wissenschaften*[19] (GW I 12–15), dann zwischen 1713 und 1725 spezifisch philosophische Kompendien mit dem verbindenden Obertitel: *Vernünfftige Gedanken von …* (sog. *Deutsche Logik, Deutsche Metaphysik, Deutsche Ethik, Deutsche Politik, Deutsche Teleologie, Anmerckungen zur Deutschen Metaphysik*)[20] sowie die *Deutsche Experimentalphyysik, Deutsche Physik* und die *Deutsche Physiologie*.

Wolff erweiterte dabei den „lesegeschichtlichen Radius der Philosophie bis in kleinbürgerliche, plebejische und bäuerliche Kreise"[21] und legte mit seinen Schriften die Grundlage zur Heranbildung eines aufgeklärten Bildungsbürgertums. Er machte seine deutschen Kompendien – ab 1728 legte er sie nach und nach in erweiterter und überarbeiteter Form auch auf Lateinisch vor, konnte die Gesamtbearbeitung allerdings nicht mehr vollenden – bewusst allen Lesekundigen zugänglich und nicht nur einer des Lateinischen mächtigen Elite. Dadurch wurden die deutschen Schriften wirkmächtiger als die lateinischen Publikationen. Durch sie erhob Wolff das Deutsche zur neuen Schulsprache, und selbst seine Gegner mussten sich in der Auseinandersetzung mit ihm seiner Termini bedienen, wodurch sie ihm unfreiwillig eine noch größere Publikumswirksamkeit verschafften. Diese brachte es mit sich, dass Wolff besonders in der ersten Hälfte des 18. Jahrhunderts innerhalb der Schulphilosophie eine derart herausragende Stellung in Forschung und Lehre erreichte – eine große Zahl der philosophischen Lehrstühle wurde zu dieser Zeit mit Wolffianern besetzt –, dass man von einer „würcklichen Lycanthropie" sprach, einer fast alle Lebensbereiche be-

---

[18] Belegt sind wiederholt ein *Cursus philosophicus* (ab SS 1710), Vorlesungen über Moralphilosophie (ab SS 1711), Logik (SS 1717), Metaphysik (ab WS 1717/18), Praktische Philosophie (SS 1718) und Politische Philosophie (ab WS 1722/23); vgl. Albrecht Beutel, *Causa Wolffiana. Die Vertreibung Christian Wolffs aus Preußen 1723 als Kulminationspunkt des theologisch-politischen Konflikts zwischen halleschem Pietismus und Aufklärungsphilosophie*, in: *Wissenschaftliche Theologie und Kirchenleitung. Beiträge zur Geschichte einer spannungsreichen Beziehung für Rolf Schäfer zum 70. Geburtstag*, hg. von Ulrich Köpf, Tübingen 2001, S. 163, Anm. 32.
[19] Die vierbändige Abhandlung umfasst neben Mathematik u. a. Astronomie, Optik, Artillerie und Festungsbaukunst.
[20] Ein chronologisches Werkverzeichnis wird dieser Einführung angefügt, ausführliche Inhaltsangaben zu den einzelnen Bänden finden sich bei Albrecht, *Christian Wolff und der Wolffianismus*, in: Ueberweg, a. a. O., S. 118–130.
[21] Günter Mühlpfordt, *Radikaler Wolffianismus: Zur Differenzierung und Wirkung der Wolffschen Schule ab 1735*, in: *Christian Wolff: 1679–1754; Interpretationen zu seiner Philosophie und deren Wirkung*, hg. von Werner Schneiders, Hamburg ²1986, S. 237–253, hier S. 239.

herrschenden „Wolff-Menschheit".²² Einen ähnlich hohen Bekanntheitsgrad haben später nur noch Immanuel Kant und Georg Wilhelm Friedrich Hegel erreicht.

Da Wolff in Halle auf Deutsch lehrte und so Philosophie, seine „Weltweisheit", einem breiten Publikum zugänglich machte, hat er zugleich Deutsch als Fachsprache gefördert. Noch Hegel betonte, dass eine Wissenschaft einem Volke erst dann „wahrhaft angehöre, wenn sie in seiner eigenen Sprache geschrieben ist, und dies ist bei der Philosophie am notwendigsten"²³. Erst durch Wolff erhielt die deutsche Wissenschaftssprache eine breite Wirkungschance.²⁴ Wolff wollte Philosophie *methodo mathematica*, auf mathematische Weise, lehren und griff damit die schon von Descartes, Spinoza und Pascal geübte Methode des *mos geometricus* auf.²⁵ Auch Wolff will seine Methode im Hinblick auf eine größtmögliche Vollkommenheit menschlicher Erkenntnis entwickeln, auch um die „durch Jahrhunderte verfeinerte und versteinerte Sprache der Scholastik abzulösen"²⁶. Wie wichtig Wolff dieses Anliegen war, zeigt sich darin, dass er seiner ersten deutschen Publikation überhaupt, den *Anfangsgründen aller Mathematischen Wissenschaften* (1710, GW I 12), unter dem Titel *Kurtzer Unterricht von der Mathematischen Lehrart* eine erste Anweisung an alle Lernwilligen für richtiges wissenschaftliches Arbeiten voranstellte.

Wolffs Methode fußt auf der Zusammenfassung von Definition, Demonstration und Deduktion.²⁷ Verwendete Begriffe müssen erklärt und eindeutig bestimmt werden, eine lückenlose Beweisführung und eine folgerichtige Anordnung des Stoffes, so dass sich immer ein Satz logisch richtig erschlossen aus dem anderen ergibt²⁸, müssen gewährleistet sein. Für Wolff ist Philosophie – nicht Theologie – die Fundamentalwissenschaft schlechthin, „Universalwissenschaft im umfassendsten Sinne des Wortes. Denn [...] da sie die Wissenschaft aller möglichen Dinge ist, muss sie sogar das, was nicht wirklich ist, wohl aber möglich ist, zu ihrem Gegenstand machen kön-

---

22 Johann Christian Edelmann, *Moses mit aufgedecktem Angesichte, von zwey ungleichen Brüdern, Lichtlieb und Blindling*, (1740), in: *Sämtliche Schriften*, hg. von Walter Grossmann, Stuttgart-Bad Cannstadt 1972, Bd. VII/1, 3. Anblick, S. 108; vgl. Biller, *Wolff nach Kant – eine Bibliographie*, a. a. O., S. XI.

23 Georg Wilhelm Friedrich Hegel, *Vorlesungen über die Geschichte der Philosophie. Teil 4. Philosophie des Mittelalters und der neueren Zeit. Vorlesungen. Ausgewählte Nachschriften und Manuskripte 9*, hrg. von Pierre Garniron u. Walter Jaeschke, Hamburg 1986, S. 138.

24 Uwe Pörksen, *Der Übergang vom Gelehrtenlatein zur deutschen Wissenschaftssprache. Zur frühen deutschen Fachliteratur und Fachsprache in den naturwissenschaftlichen und mathematischen Fächern (ca. 1500–1800)*, in: Zeitschrift für Literaturwissenschaft und Linguistik 13 (1983), S. 227–258.

25 Volker Peckhaus, *Logik, Mathesis universalis und allgemeine Wissenschaft. Leibniz und die Wiederentdeckung der formalen Logik im 19. Jahrhundert*, Berlin 1997, S. 67–69; Hans-Jürgen Engfer, *Philosophie als Analysis. Studien zur Entwicklung philosophischer Analysiskonzeptionen unter dem Einfluß mathematischer Methodenmodelle im 17. und frühen 18. Jahrhundert*, bes. S. 219–263; Hans Werner Arndt, *Methodo scientifica pertractatum. Mos geometricus und Kalkülbegriff in der philosophischen Theorienbildung des 17. und 18. Jahrhunderts*, Berlin, New York 1971, S. 125–147.

26 Carboncini, *Transzendentale Wahrheit und Traum*, a. a. O., S. 69.

27 Vgl. den Beitrag von Juan Gómez-Tutor.

28 Vgl. *Ausführliche Nachricht*, cap. 3, besonders § 25, S. 61 f. (GW I 9).

nen"[29]: Schon allein deshalb bedarf sie einer verbindlichen Methode mit klaren, alle verpflichtenden Regeln, die Wolff eben durch seine mathematische Methode unbestreitbar zu gewährleisten[30] und auf alle nur möglichen Wissenschaften übertragen zu können glaubt. Durch die Erhebung der Philosophie von der *ancilla theologiae* zur eigentlichen Leitwissenschaft stellte er die bisherige, unangefochtene Vorrangstellung der Theologie infrage, was für anhaltende Unruhe in den Fakultäten sorgte.

Ab 1709 lehrte Wolff neben Mathematik auch Logik (*Deutsche Logik* 1713), publizierte neben zahlreichen kleineren lateinischen Abhandlungen umfangreiche physikalische (*Elementa Matheseos universae* 1715), mathematische (*Mathematisches Lexikon* 1716) oder biologische Schriften (*Entdeckung der wahren Ursache von der wunderbahren Vermehrung des Getreydes, dadurch zugleich der Wachsthum der Baeume und Pflantzen überhaupt erläutert wird* 1718; *Erläuterung der Entdeckung der wahren Ursache von der wunderbahren Vermehrung des Getreydes* 1719)[31] und bewies so seine weitreichende Kompetenz auf vielen praktischen Sachgebieten.

Seine überragende Bedeutung in Halle brachte ihm Rufe auf bedeutende Lehrstühle nach Wittenberg (1715) und Jena (1716) ein, denen er jedoch nicht folgte.[32] Auch ein Angebot Zar Peters des Großen 1715 an die Akademie nach Sankt Petersburg lehnte er ab. Im Laufe der Zeit erhielt Wolff weit überregionale akademische Ehrungen: 1710 wählte ihn die Royal Society zu London zu ihrem Mitglied, die von Leibniz gegründete Berliner Sozietät der Wissenschaften, die spätere Akademie der Wissenschaften dann 1711. Zu Marburger Zeiten wurde Wolff schließlich 1725 besoldetes Ehrenmitglied der kurz zuvor gegründeten Akademie der Wissenschaften zu Petersburg als Anerkennung seiner Leistungen bei der Förderung der deutsch-russischen Wissenschaftsbeziehungen,[33] 1733 eines von acht auswärtigen Mitgliedern der Pariser Académie royale des sciences und 1752, noch kurz vor seinem Tod, Mitglied der Akademie der Wissenschaften zu Bologna. Trotz all dieser Ehrungen hatte Wolff gegen-

---

29 Werner Schneiders, *Deus est philosophus absolute summus. Über Christian Wolffs Philosophie und Philosophiebegriff*, in: *Christian Wolff 1679–1754*, hg. von Schneiders, a. a. O., S. 9–30, hier S. 14.
30 Vgl. Kay Zenker, *Denkfreiheit – Libertas philosophandi in der deutschen Aufklärung*, Hamburg 2012, S. 241–259, hier S. 254.
31 Vgl. Günter Mühlpfordt, *Physiologie, Biologie und Agronomie im rationalistischen Wissenschaftssystem Christian Wolffs (und seiner Schüler)*, in: *Die Entwicklung des medizinhistorischen Unterrichts*, hg. von Arina Völker u. Burchard Thaler, Halle 1982, S. 74–91.
32 Die Ablehnung des Rufes nach Wittenberg belohnte man in Halle allerdings mit einer Gehaltsaufbesserung, der Ernennung Wolffs zum Preußischen Hofrat sowie der Erweiterung seiner Lehrbefugnis für Physik.
33 Erich Donnert, *Rußland im Zeitalter der Aufklärung*, Wien, Köln, Graz 1984, S. 68–86; Lothar Maier, *Deutsche Gelehrte an der Petersburger Akademie der Wissenschaften im 18. Jahrhundert*, in: *Deutscher Einfluß auf Bildung und Wissenschaft im östlichen Europa*, hg. von Friedhelm Berthold Kaiser u. Bernhard Stasiewski, Köln, Wien 1984, S. 27–51; vgl. besonders Günter Mühlpfordt, *Deutsch-russische Wissenschaftsbeziehungen in der Zeit der Aufklärung (Christian Wolff und die Gründung der Petersburger Akademie der Wissenschaften)*, in: *450 Jahre Martin-Luther-Universität Halle-Wittenberg*, hg. im Selbstverlag der Martin-Luther-Universität Halle-Wittenberg, Bd. 2, Halle a. d. Saale 1952, S. 169–197.

über den Akademien ein durchaus zwiespältiges Verhältnis: während Leibniz ein leidenschaftlicher Verfechter des europäischen Akademie-Gedankens war[34] und sich einer Universitätskarriere verweigerte, stand für Wolff diese Laufbahn außer Frage, da er in den Akademien nur eine Modeerscheinung sah, die dem „allgemeinen Nutzen des menschlichen Geschlechtes"[35] nicht förderlich sei.

Etwa ab 1720 verschob sich Wolffs Lehrtätigkeit entgegen seiner eigentlichen Lehrstuhlbeschreibung immer stärker zur Philosophie: 1720 erschienen seine *Deutsche Metaphysik* (GW I 2), 1721 die *Deutsche Politik* (GW I 5), 1724 die *Deutsche Teleologie* (GW I 7) und die *Anmerkungen zur Deutschen Metaphysik* (GW I 3).[36]

3 Die „Causa Wolffiana" und die Flucht nach Marburg

Im November 1723 gipfelten die Auseinandersetzungen zwischen Wolff und den Halleschen Pietisten, zwischen Philosophie und Theologie, nach einer langen Vorgeschichte, in der politische, wissenschaftliche und persönliche Motive ineinandergriffen, in der Vertreibung Wolffs aus Halle.[37] Wolffs Vorlesungen zur Philosophie ab 1709 dürften für erste Spannungen mit der theologischen Fakultät gesorgt haben, in der vor allem Joachim Lange, Justus Breithaupt und August Hermann Francke, der Begründer der Franckeschen Stiftungen, sich als seine schärfsten Gegner zeigten. Ein weiteres tat die in der Vorrede seiner *Deutschen Logik* (1712) zitierte königliche Anweisung, Studenten aller Fakultäten sollten zunächst ein Jahr lang „in der Mathematick und Welt-Weisheit studiren"[38], sowie das dortige 12. Kapitel „Von Erklärung einer mit Verstande geschriebenen, und insonderheit der Heiligen Schrift"[39], mit der Forderung nach einer Exegese mit den „Kräften des menschlichen Verstandes". Das große pädagogische Engagement Wolffs, seine Lehrerfolge, sein glänzender

---

34 Ines Böger, „*Ein seculum ... da man zu Societäten Lust hat*". *Darstellung und Analyse der Leibnizschen Sozietätspläne vor dem Hintergrund der europäischen Akademiebewegung im 17. und 18. Jahrhundert*, München ²2002, S. 352–406.
35 *Christian Wolffs eigene Lebensbeschreibung*, S. 66 (GW I 10).
36 Wilhelm Schmidt-Biggemann, *Metaphysik als Provokation. Christian Wolffs Philosophie in der Ideenpolitik der Frühaufklärung*, in: *Christian Wolff und die europäische Aufklärung*, Akten des 1. Internationalen Christian-Wolff-Kongresses, Halle (Saale), 4.–8. April 2004. Wolffiana II. 5, hg. von Jürgen Stolzenberg u. Oliver-Pierre Rudolph, Teil 5, Hildesheim – Zürich – New York 2010, S. 305 (GW III 105).
37 Zur „Causa Wolffiana" vgl. Beutel, *Causa Wolffiana*, in: *Wissenschaftliche Theologie und Kirchenleitung*, hg. von Köpf, a. a. O., S. 159–202 (mit erstmals vollständiger Auswertung des Quellenmaterials); *Die Causa Christian Wolff. Ein epochemachender Skandal und seine Hintergründe*. Kleine Schriftenreihe der Franckeschen Stiftungen 15, hg. von Andreas Pečar, Holger Zaunstöck und Thomas Müller-Balke, Halle 2015; Carl Hinrichs, *Preußentum und Pietismus. Der Pietismus in Brandenburg-Preußen als religiös-soziale Reformbewegung*, Göttingen 1971, S. 388–441 (Die Auseinandersetzung mit Christian Wolff); Steffen Martus: *Aufklärung. Das deutsche 18. Jahrhundert – ein Epochenbild*, Berlin 2015, S. 263–283. Siehe auch die Beiträge von Anna Szyrwinska und Sonia Carboncini.
38 *Deutsche Logik*, Vorrede, S. 108 (GW I 1).
39 *Ebd.*, S. 228–231.

Vortragsstil, der Zulauf an Studenten bedeuteten vor allem für den eher schulmeisterlichen Joachim Lange einen enormen Konkurrenzdruck, die pietistischen Theologen in Halle sahen ihn immer mehr als hermeneutische Konkurrenz und argwöhnten, Wolff vertrete in seiner Lehre Positionen des Determinismus und Atheismus, des Deismus und Rationalismus. Sie befürchteten, „sein Denken führe, weil es von der Verknüpfung alles Seienden durch zureichende Gründe ausging, in einen universalen Determinismus und dadurch konsequent und unweigerlich zum Atheismus"[40]. Die „zureichenden Gründe" („nihil est sine ratione") besagen ja, dass keine Tatsache oder Aussage wahr sein kann, ohne dass es einen zureichenden Grund für diese Tatsache oder Aussage gibt.[41] Carl Hinrichs kennzeichnet die unversöhnlich sich gegenüberstehenden Positionen Wolffs und des Pietismus in aller Klarheit: es stehen sich bei diesem Streit

> zwei Überzeugungswelten gegenüber, die sich ausschließen: eine reine Vernunftreligion, die keine Dunkelheit mehr kennt, die für alles eine begriffliche Erklärung zu besitzen glaubt und sich gleichwohl für ein gereinigtes, aufgeklärtes Christentum hält, und eine genuine Religiosität, die gerade das Über- und Widervernünftige in ihr für das sie Auszeichnende und nicht Preiszugebende ansieht, die aber ihren Standpunkt nicht in wissenschaftlich zugänglicher Weise verteidigen kann[42].

Religion und Glaube einerseits, Aufklärung und Vernunft andererseits bezeichnen lange Zeit die zentrale Kontroverse in der Auseinandersetzung um Wolff. Daher versuchten die Theologen immer wieder, ihre Studenten vom Besuch seiner Lehrveranstaltungen abzuhalten. Lange und Francke inspirierten studentische Vorlesungsnachschriften und kundschafteten Wolffs Vorlesungen durch Vertrauensstudenten sogar aus, ein allerdings lächerliches Vorhaben, da diese Spione beim Betreten des Wolffschen Auditoriums stehend zu beten anfingen und sich so weit entfernt von Wolff aufhielten, dass sie seine Worte kaum verstehen konnten.[43]

Zum offenen Ausbruch des schwelenden Konfliktes kam es am 12. Juli 1721, als Wolff das Prorektorat an seinen Amtsnachfolger Joachim Lange übergab und dabei eine akademische Rede zum Thema *De Sinarum philosophia practica* hielt, wo er ausführte, dass man, auch ohne durch die christliche Offenbarung gestützt zu sein, zu einer vorbildlichen Moralauffassung gelangen könne[44] und dass ethische Prinzipien

---

40 Johannes Bronisch, *Der Kampf um Kronprinz Friedrich. Wolff gegen Voltaire*, Berlin 2011, S. 13 f.
41 Vgl. *Deutsche Metaphysik*, § 30, S. 16 f. (GW I 2.1).
42 Hinrichs, *Preußentum und Pietismus*, a. a. O., S. 413.
43 Vgl. Beutel, *Causa Wolffiana*, a. a. O., S. 165 f.
44 Siehe *Oratio de Sinarum philosophia practica/Rede über die praktische Philosophie der Chinesen*, hg. von Michael Albrecht, Hamburg 1985, Einführung, S. IX–LXXXIX; Hans-Martin Gerlach, *Christian Wolffs ‚Rede von der Sittenlehre der Sineser' (1721) oder vom wahren philosophischen Erkennen zum rechten moralischen und politischen Handeln*, in: *Europa in der Frühen Neuzeit. Festschrift für Günter Mühlpfordt. Band 2. Frühmoderne*, hg. von Erich Donnert, Weimar, Köln, Wien 1997, S. 87–95.

religionsunabhängig, also auch für die heidnischen Chinesen, aus reinen Vernunftgründen gelten können. Wolff attackierte mit seiner Rede massiv den Universalitätsanspruch der Theologen, nämlich zu bestimmen, was die wahre fromme Praxis sei. Nach der förmlichen Beschwerde der empörten theologischen Fakultät an den Minister von Printzen, einen der beiden Berliner Oberkuratoren der Universität, konnte dieser zwar erreichen, dass Wolff die Publikation seiner Rede unterließ. Doch der brüchige Interimsfriede wurde immer wieder erschüttert, etwa durch Wolffs Protektion seines Schülers Ludwig Thümmig, den er mit Berliner Unterstützung, aber gegen den Willen der Fakultät, zum Professor extraordinarius der philosophischen Fakultät gemacht hatte, woraufhin der unterlegene Mitbewerber Daniel Strähler seinen ehemaligen Mentor mit einem scharfen Angriff auf dessen *Deutsche Metaphysik* attackierte,[45] den von Printzen erneut zu Wolffs Gunsten parierte. Strählers Angriff folgte von 1723–1736 eine Flut von etwa zweihundert Schriften und Gegenschriften,[46] besonders nachdrücklich von Seiten Langes und des Jenenser Theologen Johann Franz Budde.[47] Im Frühjahr 1723 reichte die theologische Fakultät auf der Basis von Langes Kritik an der Wolffschen Metaphysik ein Gutachten gegen Wolff in Berlin ein, mit dem Ziel, Wolffs Lehrtätigkeit wieder nur auf die Mathematik zu beschränken, doch die angestrebte Untersuchungskommission unterliefen Lange und Francke, indem sie sich direkt an den pietismusfreundlichen König Friedrich Wilhelm I. wandten, der Wolff bis dahin stets protegiert hatte, und ihn von der Gefährlichkeit der atheistischen und deterministischen Lehren Wolffs überzeugten. Neben allen theologisch begründeten Vorwürfen hatte der ‚Soldatenkönig' Friedrich Wilhelm I., für den seine Armee und seine ‚langen Kerls', die meist unter Zwang geworben wurden, nicht Mittel, sondern Selbstzweck waren, auch ein vordergründig-praktisches, militärpolitisches Argument, gegen Wolff so rabiat vorzugehen: man suggerierte ihm, aufgrund des unaufhaltsamen Fatums, das Wolffs Determinismuslehre einschlösse, könne folgerichtig niemand für seine Taten zur Rechenschaft gezogen werden, weil er ja nicht anders handeln könne, als er es tue. Und so könnten Wolffs Thesen seine Soldaten zu einer dann straffreien Desertion verleiten.[48]

Mit der Kabinettsordre vom 8. November 1723 verfügte der König daher, Wolff müsse, da er „in öffentlichen Schrifften und Lektionen solche Lehren vorträget, welche der natürlichen und in Gottes Wort geoffenbarten Religion sehr entgegenstehen, und bey der studirenden Jugend sehr großen Schaden thun", Preußen binnen

---

45 M. Daniel Strähler, *Prüfung der vernünftigen Gedancken des Herrn Hoff Rath Wolffes von Gott, der Welt und der Seele des Menschen*, Jena und Leipzig 1723 (GW III 53).
46 Siehe Carl Günther Ludovici, *Wolfische Philosophie*, in *Grosses vollständiges Universal-Lexicon aller Wissenschaften und Künste*, hg. von Johann Heinrich Zedler, Bd. 58, Leipzig u. Halle 1748, Sp. 967–1219 (GW III 68).
47 Siehe *Kleine Kontroversschriften mit Joachim Lange und Johann Franz Budde* (GW I 17); vgl. auch die Auflistung der wechselseitigen Schriften bei Jean École: *La métaphysique de Christian Wolff*, a.a.O., Bd. 1, S. 81 ff.).
48 Vgl. Hinrichs, *Preußentum und Pietismus*, a.a.O., S. 416 f.; Beutel, *Causa Wolffiana*, a.a.O., S. 189.

48 Stunden nach Erhalt der Ordre bei Strafe des Stranges verlassen.[49] Noch in der Nacht des 12. November floh Wolff ins hessische Kassel; seine hochschwangere Ehefrau, seinen einjährigen Sohn und seine bedeutende Bibliothek musste er in Halle zurücklassen.

Obwohl die Universität Halle neben Wolff auch gegen seine Schüler vorging, ihre Ämter mit Pietisten besetzte[50] und es Lange gelang, von 1727 bis 1734 Wolffs Schriften in Preußen verbieten zu lassen – sie durften weder gedruckt, verkauft noch im universitären Unterricht behandelt werden –,[51] konnte Wolffs Vertreibung seine Popularität in Preußen nicht untergraben. Noch 1733, auf dem Höhepunkt Wolffschen Einflusses, sollte eine Verordnung der philosophischen Fakultät zu Jena im Bestreben, sich gegen die unaufhaltsam vordringende Aufklärung zu wehren, die dortigen Privatdozenten zum Gehorsam verpflichten und den wissenschaftlichen Nachwuchs dazu bewegen, die Wolffsche Lehre nicht weiter zu lehren und zu verbreiten. Die ersten vier Punkte dieses Erlasses verdeutlichen die Lehrpositionen, derentwegen Wolff zehn Jahre zuvor seine Stellung in Halle räumen musste. Verworfen wurde:

1. Dass ein solcher nexus und Zusammenhalt aller Dinge, so in diesem universo entstehen, sei, so dass eines allezeit von den andern dependire und ohnfehlbar veranlasset werde,

2. Dass alles, so in der Welt geschiehet, seinen zureichenden Grund habe, dadurch es dermassen determiniret werde, dass der effect erfolgen müsse, und nicht aussen bleiben könne,

3. Dass das Wesen eines Dinges nicht von dem Willen Gottes dependire, sondern aeternae necessitatis sei, und also im geringsten nicht verändert werden könne: weil der Verstand Gottes die Quelle des Wesens aller Dinge sei,

4. Dass Gott, was zukünftig ist, nur aus dem Zusammenhange aller Dinge erkenne[52].

Man wollte damit nicht nur Wolff und seine Lehre möglichst nachhaltig bekämpfen, man traf mit den Verboten auch den 32 Jahre älteren Leibniz. Wolff hat mit seinem

---

49 *Christian Wolffs eigene Lebensbeschreibung*, S. 28 mit dem Text der Kabinettsorder (GW I 10). Eine sehr hilfreiche Zeitleiste gibt Christine von Bose, *Christian Wolffs Vertreibung aus Halle*, in: *Die Causa Christian Wolff*, a. a. O., S. 25–29.
50 Wolffs Lehrstuhl ging an Johann Joachim Lange, Joachims Langes Sohn, Thümmigs Philosophieprofessur an Strähler.
51 Da Wolffs Verleger Renger glücklicherweise ein sächsisches Privileg besaß (vgl. Albrecht, *Christian Wolff und der Wolffianismus*, in: Ueberweg, a. a. O., S. 116), konnte Wolff trotz der von ihm beklagten Verzögerung seiner Publikationen (vgl. *Deutsche Physiologie*, 1725, Vorrede [GW I 8]) das Verbot umgehen.
52 Vgl. Rudolf Eucken, *Beiträge zur Einführung in die Geschichte der Philosophie. Beiträge zur Geschichte der neueren Philosophie*, 2. umgearbeitete und erweiterte Aufl. Leipzig 1906, S. 189–192, hier S. 191.

„Rückgang auf die Vernunft eine befreiende Leistung" erbracht, er „hat der deutschen Aufklärung nicht nur ihre methodische Strenge und ihre systematische Weite geschenkt, sondern auch ihren Glauben an die Macht der Vernunft"[53].

4 Die Marburger Jahre bis zur Rückberufung nach Halle

Wolff fand nach seiner Flucht Aufnahme beim Landgrafen Friedrich von Hessen-Kassel, wo er in Marburg eine nicht besetzte Professur für Mathematik übernehmen konnte, auf die er bereits im Sommer 1723 einen Ruf erhalten hatte, um Mathematik, Physik und Philosophie frei von jeder Beschränkung zu lehren.[54] Von den Studenten begeistert empfangen,[55] von den (reformierten) Marburger Kollegen als Lutheraner und des Atheismus verdächtig zunächst jedoch nur widerwillig aufgenommen, publizierte er, nachdem er seine deutschen Werke 1726 mit der *Ausführlichen Nachricht von seinen eigenen Schriften, die er in deutscher Sprache [...] herausgegeben* abgeschlossen hatte, wieder auf Latein, auch um international Beachtung zu finden. Wolff verbrachte, dank des Wohlwollens seines neuen Landesherrn, in Marburg ruhige und sehr produktive Jahre, die es ihm ermöglichten, weitere umfangreiche Werke „methodo scientifica pertractata" zu veröffentlichen, darunter die *Philosophia rationalis sive Logica* (1728), eine fünfteilige Reihe der Metaphysik mit der *Philosophia prima sive Ontologia* (1730), *Cosmologia generalis* (1731), *Psychologia empirica* (1732), *Psychologia rationalis* (1734) und *Theologia naturalis* (1736–1737), ferner die *Philosophia practica universalis* (1738–1739) als Ausgangspunkt seiner Publikationen zur praktischen Philosophie, denen er sich bis an sein Lebensende widmete. Damit ergaben sich zwangsläufig Themenüberschneidungen mit seinem deutschsprachigen Werk, doch auch bei ähnlicher Intention handelt es sich nicht um die einfache Übernahme der Inhalte, sondern um eine neu durchdachte, vertiefte und überarbeitete Darstellung.[56] Mit seinen *Horae subsecivae Marburgenses* (1729–1731) veröffentlichte Wolff sogar ein nicht methodisch aufgebautes Sammelwerk zu so unterschiedlichen Themen wie der akademischen Freiheit (*De notione Libertatis Academicae*; GW II 34.3,

---

53 Norbert Hinske, *Wolffs Stellung in der deutschen Aufklärung*, in: *Christian Wolff 1679–1754*, hg. von Schneiders, a. a. O., S. 315.

54 Vgl. Bernhard Friedrich Duysing, *Beitrag zur Berufung des Philosophen Christian von Wolff nach Marburg*, in: *Hessische Denkwürdigkeiten*, hg. von Karl Wilhelm Justi u. Johann Melchior Hartmann, 3. Teil, Marburg 1802, S. 230–234, 4. Teil, 1805, S. 558–560; Ulrich Sieg, *Die Geschichte der Philosophie an der Universität Marburg 1527–1970*. Veröffentlichungen aus den Fachbereichen der Philipps-Universität Marburg, 2, Marburg 1988, darin: Christian Wolffs Marburger Jahre, S. 18–25; Barbara Bauer, *Christian Wolff in Marburg*, in: *Aufklärung in Hessen. Facetten ihrer Geschichte*, hg. von Bernd Heidenreich, Eltville im Rheingau 1999, S. 107–138.

55 Vgl. Carl Günther Ludovici, *Wolf (Christian, Reichs=Frey= und Edler Herr von)* in: *Grosses vollständiges Universal-Lexicon aller Wissenschaften und Künste*, hg. von Johann Heinrich Zedler, Bd. 58, Leipzig u. Halle 1748, Sp. 584 (GW III 68).

56 Vgl. Albrecht, *Christian Wolff und der Wolffianismus*, in: Ueberweg, a. a. O., S. 117.

S. 659–681), dem Philosophenkönig (*De Rege philosophante et Philosopho regnante;* GW II 34.2, S. 563–632), dem Einfluss seiner eigenen Philosophie (*De Influxu philosophiae Autoris in Facultates superiores;* GW II 34.3, S. 1–106) oder zu juristischen Themen (*De Judice incompetente Jurisprudentiae demonstrativae;* GW II 34.2, S. 633–659), um damit thematische Schwerpunkte abdecken zu können, die sich aus seiner Vorlesungstätigkeit ergaben.

5 Rückberufung nach Halle

Insgesamt 17 Jahre wirkte Wolff in Marburg, dann wurde er 1740 durch Friedrich II. nach Halle zurückberufen. Doch bereits im Jahre 1733 hatte sich am Berliner Hof die Stimmung zugunsten Wolffs gewandelt. Mit dem Feldmarschall Fürst Leopold I. von Anhalt-Dessau, einem engen Freund Friedrich Wilhelms I., dem Staatsminister und Oberkuratoren der Universitäten Samuel Coccej, Kammergerichtspräsident und selbst Professor für Naturrecht an der Universität in Frankfurt/Oder, und dem Minister und General Friedrich Wilhelm von Grumbkow etwa hatte er einflussreiche Fürsprecher gefunden. Mit dem Tode August Hermann Franckes im Jahre 1727 war zudem der direkte Einfluss der Pietisten auf den König geringer geworden, und die immense Bedeutung Wolffs, der 1733 als eines von nur acht auswärtigen Mitgliedern in die Pariser Académie royale des sciences aufgenommen wurde, brachte den König zum Umdenken. Einen ersten Rückruf nach Halle im November 1733 lehnte Wolff allerdings noch ab, das Verbot seiner Schriften in Preußen aber wurde Anfang 1734 wieder aufgehoben, und fünf Jahre später wurden die dortigen Theologiestudenten sogar verpflichtet, im Grundstudium seine Logik und philosophische Schriften zu lesen. Zwar versuchte Wolffs Hauptgegner Joachim Lange immer wieder, ihn anzugreifen und bei König Friedrich Wilhelm I. in Misskredit zu halten. Wolff aber war längst durch die „Causa Wolffiana" zum Märtyrer[57] geworden und hatte so für seine Gegner eine gleichsam kontraproduktive wissenschaftspolitische Situation geschaffen und eine einzigartige Bedeutung erlangt: durch „die scheinbare Geschlossenheit seines großangelegten Systems, der sich selbst seine Gegner kaum entziehen konnten, die Durchsichtigkeit seiner Terminologie, die Suggestivkraft seiner mathematischen Methode, die versuchte Versöhnung von Apriorismus und Empirismus, die Erarbeitung einer deutschen Begriffssprache und vieles andere mehr"[58]. Treibender Motor für die sich langsam anbahnende Entspannung des Verhältnisses Wolffs zu Friedrich Wilhelm I. und zu vielen (wissenschafts-)politischen Funktionsträgern und zu seiner Rehabilitation war ferner der Propst Johann Gustav Reinbeck, eben-

---

57 Vgl. Siegfried A. Kaehler, *Die Universität Marburg von 1653–1866,* in: *Die Philipps-Universität zu Marburg 1527–1927,* hg. von Heinrich Hermelink u. Siegfried A. Kaehler, Marburg 1927, S. 336.
58 Hinske, *Wolffs Stellung in der deutschen Aufklärung,* in: *Christian Wolff (1679–1754),* hg. von Schneiders, a. a. O., S. 314 f.

falls ein großer Anhänger der Wolffschen Philosophie, über den auch die Verhandlungen mit Wolff zu seiner Rückberufung nach Halle liefen.⁵⁹ Von ähnlich großem Einfluss in diesem politischen Kräftespiel, das oft auch ein Ränkespiel um die Person Wolffs war, war Ernst Christoph von Manteuffel,⁶⁰ ebenfalls ein Anhänger und Bewunderer Wolffs, der 1736 die *Gesellschaft der Alethophilen* gegründet hatte, deren vordergründiger Gesellschaftszweck die Verteidigung der Lehre Wolffs gegen seine Kritiker war.⁶¹ Manteuffel hatte zudem einen besonderen Einfluss auf den der Philosophie und der Aufklärung zugewandten Kronprinzen Friedrich. Aus dem umfänglichen Briefwechsel Manteuffels mit Wolff, der 1738 beginnt und bis 1748 andauert, erschließt sich auch die eigenständige Rolle, die Wolff dank seiner gehobenen wissenschaftlichen und gesellschaftlichen Stellung in Marburg bei der Lockerung der verhärteten Positionen selbst spielen konnte.

Das Jahr 1736 wurde, wie Carl Hinrichs nachweisen konnte, zum entscheidenden Wendepunkt für das Schicksal der Wolffschen Philosophie in Preußen.⁶² Joachim Lange war es, trotz eines zweiwöchigen Aufenthaltes am Hofe, nicht gelungen, weitere Strafmaßnahmen gegen Wolff zu erwirken. Stattdessen wurde, wie bereits 1723, bei Hofe eine Kommission eingerichtet, diesmal unter der Leitung von Cocceji, die feststellen sollte, ob Wolffs Lehre mit den Prinzipien der christlichen Religion vereinbar sei oder nicht.⁶³ Die entscheidende Argumentation für Wolff lieferte Johann Gustav Reinbeck mit der Feststellung, dass „in Wolff's Schriften viele schöne und für die Gottesgelahrtheit brauchbare Gedanken zu finden seien, daher es schade wäre, wenn die länger confiscirt bleiben sollten"⁶⁴. Die Kommission entschied schließlich am 27. Juni 1736 in allen Punkten zu seinen Gunsten. Wolff verblieb zunächst in Marburg, eine Berufung Friedrich Wilhelms I. nach Frankfurt an der Oder lehnte er im Sommer 1739 noch ab. Mit einer seiner ersten Amtshandlungen holte schließlich der neue König Friedrich II. Wolff, den er als höchste philosophische Autorität ansah, nach Preußen zurück. Nachdem er ihn nicht an sein Prestigeobjekt, die (allerdings zu diesem Zeitpunkt noch erneuerungsbedürftige) Berliner Akademie der Wissenschaften, ziehen konnte, ernannte er Wolff am 10. September 1740 zum Professor für Natur- und Völkerrecht sowie Mathematik in Halle und zum Vizekanzler der Universität. Am 10. Dezember zog er unter großem Jubel in Halle ein, einen Tag später versöhnte

---

59 Siehe Stefan Lorenz, *Theologischer Wolffianismus. Das Beispiel Johann Gustav Reinbeck*, in: *Christian Wolff und die europäische Aufklärung*, S. 103–121 (GW III 105).
60 Siehe Johannnes Bronisch, *Der Mäzen der Aufklärung. Ernst Christoph Manteuffel und das Netzwerk des Wolffianismus*, Berlin, New York 2010.
61 Siehe Stefan Lorenz, *Wolffianismus und Residenz. Beiträge zur Geschichte der Gesellschaft der Alethophilen in Weißenfels*, in: *Gelehrte Gesellschaften im mitteldeutschen Raum (165–1820). Teil III. Abhandlungen der Sächsischen Akademie der Wissenschaften zu Leipzig. Pädagogisch-historische Klasse 76*, H. 6, hg. von Detlef Döring u. Kurt Nowak, Stuttgart 2002, S. 113–144.
62 Siehe Hinrichs, *Preußentum und Pietismus*, a. a. O., S. 430.
63 Siehe Andreas Pečar, *Christian Wolffs Rückkehr nach Halle*, in: *Die Causa Christian Wolff*, a. a. O., S. 95–107.
64 Hinrichs, *Preußentum und Pietismus*, a. a. O., S. 440.

er sich offiziell mit Joachim Lange. An die Lehrerfolge seiner ersten Halleschen Zeit vor 1723 konnte Wolff bei den Studenten allerdings auf Dauer nicht mehr anknüpfen. Im Jahre 1741 wurde Wolff von Friedrich dem Großen zum Kurator aller preußischen Universitäten ernannt, im Jahre 1743 schließlich zum Kanzler der Universität Halle.

Zu den wichtigsten und umfangreichsten Veröffentlichungen aus der zweiten Halleschen Schaffensperiode gehören neben einer fünfbändigen *Ethica* (1750–1753) die Werke zur Jurisprudenz: *Jus naturae methodo scientifica pertractata I–VIII* (1740–1748), *Jus gentium methodo scientifica pertractata* (1749) und die *Institutiones juris naturae et gentium* (1750), wobei er die *Institutiones* als Zusammenfassung des *Jus naturae* und des *Jus gentium* als Kurzlehrbuch für Studenten der Rechtswissenschaften konzipierte. Wolff blieb damit auch gegen Ende seines Lebens seiner Maxime treu, seine Werke „methodo scientifica pertractata" als Lehrbücher zu veröffentlichen.

Christian Wolff, der als Ehrung für seine Verdienste im Jahre 1745 zum Reichsfreiherrn ernannt und in den Adelsstand erhoben worden war,[65] starb am 9. April 1754 im 76. Lebensjahr.

Wie immer sein Platz im weiten Bereich der Philosophie und ihren Entwicklungen eingeschätzt wird, ein Verdienst wird Christian Wolff nicht abzusprechen sein: die Vermittlung von Aufklärung durch das *allen* zugängliche Medium der Sprache, denn man muss überhaupt erst einmal verstehen können, worum es geht. Mit einem solchen Verständnis erst ist der entscheidende Schritt der Befreiung zur selbständig verantwortlichen Mitgestaltung im Leben getan.

6 Christian Wolff: Werke (in chronologischer Folge)[66] und Briefe

A. Leipzig (1703–1706)

1. *Philosophia practica universalis, mathematica methodo conscripta.* Resp.: Lorenz David Bollhagen, Leipzig 1703. – Auch in Nr. 52, Sectio II, S. 189–223.
2. *Dissertatio prior de rotis dentatis*, Leipzig 1703. – Auch in Nr. 52, Sectio II, S. 223–243.
3. *Disquisitio philosophica de loquela*. Resp.: Johann Justus Gravius, Leipzig 1703. – Auch in Nr. 52, Sectio II, S. 244–267.

---

65 Der Text der Ernennungsurkunde findet sich bei Carl Günther Ludovici, *Wolf (Christian, Reichs= Frey= und Edler Herr von)*, in: *Grosses vollständiges Universal-Lexicon aller Wissenschaften und Künste*, hg. von Johann Heinrich Zedler, Bd. 58, Leipzig u. Halle 1748, Sp. 526–531 (GW III 68); vgl. Wolfgang Drechsler, *Christian Wolff (1679–1754)*, S. 117–119.

66 Zu den 34 kleineren Schriften, 40 Zeitschriftenartikel und 25 Vorreden zu Schriften anderer Autoren vgl. die vollständige Auflistung durch Jean École (GW III 12 1, S. 22–46); zu den 485 Rezensionen in den *Acta Eruditorum* vgl. die Angaben bei Hubert A. Laeven in GW II 38 (hier Nr. 57), Bd. 5, S. 2195–2228.

4. *Dissertatio algebraica de alogorithmo infinitesimali differentiali*, Leipzig 1704. – Auch in Nr. 52, Sectio II, S. 267–290. Leibniz gewidmet.
5. *Methodum serierum infinitarum ... submittet Justus Gotthardus Rabenerus*, Leipzig 1705. – Auch in Nr. 52, Sectio II, S. 290–319.

B. Halle (1707–1723)

6. *Consideratio physico-mathematica hiemis proxime praeterlapsae.* Resp.: Georg Remus, Halle 1709. – Auch in Nr. 52, Sectio II, S. 319–363. Dt. in Nr. 43, Bd. 1, S. 11–107.
7. *Aërometriae elementa, in quibus aliquot aëris vires ac proprietates juxta methodum geometrarum demonstrantur*, Leipzig 1709 (GW II 37). – Dt. Übers. der Praefatio in Nr. 43, Bd. 2, S. 3–21.
8. *Anfangs-Gründe aller mathematischen Wissenschaften*, 4 Teile, Halle 1710. – 7. Aufl., 4 Teile in 5 Bden., Frankfurt, Leipzig und Halle 1750–1757 (GW I 12–15). – Niederl. 1738–1739, 2. Aufl. 1758; franz. Übers. der Teile 1–3, 1747, 2. Aufl. 1757; russ. Teilübers. der Teile 1–2, 1770–1771.
9. *Tabulae sinuum, atque tangentium tam naturalium, quam artificialium, una cum logarithmis numerorum vulgarium ab 1. usque ad 10000., numeris quadratis ac cubicis ab 1. usque ad 1000.*, Halle 1711. – Weitere Aufl. 1728, 1755, 1772, 1817. – Dt. Halle 1711, bis 1819 sechs weitere Aufl.; niederl. 1745, 2. Aufl. Amsterdam 1765.
10. *Vernünfftige Gedancken von den Kräfften des menschlichen Verstandes und ihrem richtigen Gebrauche in Erkänntnis der Wahrheit*, Halle 1713. – (Deutsche Logik). 14. Aufl. Halle 1754 (GW I 1). – Lat. Übers. (der 5. Aufl. von 1727) Frankfurt, Leipzig 1730, weitere Aufl. 1735, 1740 (GW II 2), 1765, 1776; franz. 1736 (GW III 63), 1744; ital. 1737, 1756, 1765, 1772, 1777, 1784, 1802, 1978 (von Raffaele Ciafardone); niederl. 1739, 1758; dän. 1742; russ. 1765; engl. 1770 (GW III 77).
11. *Elementa matheseos universae.* 2 Bde., Halle 1713–1715. – Stark erweiterte Ausg. in 5 Bden., Halle 1730–1741, davon 2. Aufl. von Bd. 1, 1742 (GW II 29–33), 7 weitere Aufl. im 18. Jh. – Dt. Teilübers. von Bd. 5, S. 165–526 (1741): *Vernünftige Gedancken von der nützlichen Erlernung und Anwendung der mathematischen Wissenschaften*, Halle 1747.
12. *Mathematisches Lexicon, darinnen die in allen Theilen der Mathematick üblichen Kunst-Wörter erkläret, und zur Historie der Mathematischen Wissenschaften dienliche Nachrichten ertheilet, auch die Schrifften, wo iede Materie ausgeführet zu finden, angeführet werden*, Leipzig 1716 (GW I 11).
13. *Specimen physicae ad theologiam naturalem adplicatae, sistens notionem intellectus divini per opera naturae illustratam.* Resp.: Siegmund Ferdinand Weismüller, Halle 1717. – Weitere Aufl. 1743; dt. in Nr. 43, Bd. 1, S. 519–560.
14. *Auszug aus den Anfangs-Gründen aller mathematischen Wissenschaften, zu bequemern Gebrauche der Anfänger auf Begehren verfertiget*, Halle 1717. – 3. Aufl. Halle 1728 (GW I 25). 14 weitere Aufl. bis 1819. Lat. 1742, 8 weitere Aufl. bis 1782; niederl. 1745; dän. 1762.

15. *Entdeckung der wahren Ursache von der wunderbahren Vermehrung des Getreydes, dadurch zugleich der Wachsthum der Baeume und Pflantzen überhaupt erläutert wird*, Halle 1718. – Weitere Aufl. Halle 1725 (GW I 24) u. 1750; engl. 1734.
16. *Ratio praelectionum Wolfianarum (in) mathesin et philosophiam universam et opus Hugonis Grotii de jure belli et pacis*, Halle 1718. – 2. Aufl. Halle 1735 (GW II 36); dt. in Nr. 53, S. 493–700.
17. *Erläuterung der Entdeckung der wahren Ursache von der wunderbahren Vermehrung des Getreydes*, Halle 1719 (GW I 24). – Weitere Aufl. Frankfurt, Leipzig 1730.
18. *Vernünfftige Gedancken von Gott, der Welt und der Seele des Menschen, auch allen Dingen überhaupt*, Halle 1720. – (Deutsche Metaphysik). 11. Aufl. 1751 (GW I 2), 12. Aufl. 1752; niederl. 1741, 2. Aufl. 1767–1768; ital. 1999 (von Raffaele Ciafardone).
19. *Vernünfftige Gedancken von der Menschen Thun und Lassen, zu Beförderung ihrer Glückseeligkeit, den Liebhabern der Wahrheit mitgetheilet*, Halle 1720. – (Deutsche Ethik). 4. Aufl. 1733 (GW I 4); 8. Aufl. 1752; niederl. 1743.
20. *Vernünfftige Gedancken von dem gesellschafftlichen Leben der Menschen und insonderheit dem gemeinen Wesen zur Beförderung der Glückseeligkeit des menschlichen Geschlechtes*, Halle 1721. – (Deutsche Politik). 4. Aufl. Frankfurt und Leipzig 1736 (GW I 5), 7. Aufl. 1756, moderne Ausgabe 2004 (von Hasso Hofmann); niederl. 1744.
21. *Allerhand nützliche Versuche, dadurch zu genauer Erkäntnis der Natur und Kunst der Weg gebahnet wird*, 3 Tle., Halle 1721–1723. – (Deutsche Experimentalphysik). Weitere Aufl. Halle 1727–1729 (GW I 20), 1737–1738, 1745–1747; niederl. 1742–1743; lat. Übers. von Teil I–II, 1753–1756; russ. Teilübers. 1760.
22. *Vernünfftige Gedancken von den Wirkungen der Natur, den Liebhabern der Wahrheit mitgetheilet*, Halle 1723 (GW I 6). – (Deutsche Physik). 6 weitere Aufl. bis 1749; russ. Teilübers. 1760.

C. Marburg (1723–1740)

23. *De differentia nexus rerum sapientis et fatalis necessitatis, nec non systematis harmoniae praestabilitae et hypothesium Spinosae luculenta commentatio, in qua simul genuina Dei existentiam demonstrandi ratio expenditur et multa religionis naturalis capita illustrantur*, Halle 1724 (GW II 9). – Dt. in Nr. 43, Bd. 4, Tl. 2, S. 3–198.
24. *Monitum ad commentationem luculentam de differentia nexus rerum sapientis et fatalis necessitatis, qua nonnulla sublimia metaphysicae ac theologiae naturalis capita illustrantur*, Halle 1724 (GW II 9). – 2. Aufl. 1737; deutsch in Nr. 43, Bd. 4, Tl. 2, S. 199–275.
25. *Vernünfftige Gedancken von den Absichten der natürlichen Dinge, den Liebhabern der Wahrheit mitgetheilet*, Halle 1724. – (Deutsche Teleologie). 2. Aufl. Frankfurt und Leipzig 1726 (GW I 7), 5. Aufl. 1752.

26. *Des Herrn Doct. und Prof. Joachim Langens oder: Der Theologischen Fakultaet zu Halle Anmerckungen uber des Herrn Hoff-Raths und Professor Christian Wolffens Metaphysicam von denen darinnen befindlichen so genannten der natürlichen und geoffenbarten Religion und Moralität entgegen stehenden Lehren. Nebst beygefügter Hr. Hoff-R. und Prof. Christian Wolffens gründlicher Antwort*, Kassel 1724 (GW I 17). – Ohne Wolffs Zutun gedruckt.
27. *Herrn D. Joh. Francisci Buddei S. S. Theol. P. P. O. zu Jena Bedencken über die Wolffanische Philosophie mit Anmerckungen erläutert von Christian Wolffen*, Frankfurt a. M. 1724 (GW I 17).
28. *Anmerckungen über die vernünfftige Gedancken von Gott, der Welt und der Seele des Menschen, auch allen Dingen überhaupt, zu besserem Verstande und bequemeren Gebrauche derselben heraus gegeben*, Frankfurt a. M. 1724. – (Anmerkungen zur Deutschen Metaphysik). 2. Aufl. u. d. T.: *Der Vernünfftigen Gedancken von Gott, der Welt und der Seele des Menschen, auch anderen Dingen überhaupt, anderer Theil, bestehend in ausführlichen Anmerckungen ...*, Frankfurt a. M. 1727, 1733, 4. Aufl. Halle und Frankfurt 1740 (GW I 3), 6. Aufl. 1760; niederl. 1741.
29. *Nöthige Zugabe zu den Anmerckungen über Herrn D. Buddens Bedencken von der Wolffischen Philosophie auf Veranlassung der Buddischen Antwort heraus gegeben*, Frankfurt a. M. 1724 (GW I 18).
30. *Examen systematis solium dimidiatorum*. Resp.: Johann Thomas Schenckel, Marburg 1725. – Auch in Nr. 52, Sectio II, S. 363–373.
31. *Vernünfftige Gedancken von dem Gebrauche der Theile in Menschen, Thieren und Pflanzen, den Liebhabern der Wahrheit mitgetheilet*, Frankfurt u. Leipzig 1725 (GW I 8). – (Deutsche Physiologie). 5. Aufl. 1753.
32. *Klarer Beweiß, daß Herr D. Budde die ihm gemachten Vorwürffe einräumen und gestehen muß, er habe aus Ubereilung die ungegründeten Auflagen der Hällischen Wiedersacher recht gesprochen zur Vertheidigung der Wahrheit heraus gegeben*, Frankfurt a. M. 1725 (GW I 18).
33. *Pomum Eridis, hoc est, de sapientia Sinensium oratio ... die XII Julii A. R. S. 1721 recitata*, Romae, Cum Censura et Approbatione S. Officii Inquisitoril 1722. Recusa Trevoltii, Cum Consensu Societatis Jesu apud Joannem Boudot 1725. Unerlaubter Druck mit gefälschten Angaben. – Auch in: Joachim Lange, *Nova anatome, seu idea analytica systematis metaphysici Wolfiani*, Frankfurt, Leipzig 1726, S. 9–62 (GW III 30). – Autorisierte Ausgabe u. d. T.: *Oratio de Sinarum philosophia practica*, Frankfurt a. M. 1726 (auch Nr. 52, Sectio III, S. 22–126). – Dt. in Nr. 43, Bd. 6, S. 1–320; franz. 1741 (GW III 16,1); moderne lat.-dt. Ausg. 1985 (von Michael Albrecht).
34. *Ausführliche Nachricht von seinen eigenen Schrifften, die er in deutscher Sprache von den verschiedenen Theilen der Welt-Weißheit heraus gegeben, auf Verlangen ans Licht gestellet*, Frankfurt a. M. 1726. – 2. Aufl. 1733 (GW I 9), 3. Aufl. 1757; niederl. 1740.

35. *Philosophia rationalis sive Logica, methodo scientifica pertractata et ad usum scientiarum atque vitae aptata. Praemittitur Discursus praeliminaris de philosophia in genere*, Frankfurt u. Leipzig 1728. – 3. Aufl. 1740 (GW II 1), 5. Aufl. Verona 1779; engl. Teilübers. 1963 (von Richard J. Blackwell); lat.-dt. 1996 (von Lothar Kreimendahl); franz. 2006 (von Thierry Arnaud u. a.).
36. *Horae subsecivae Marburgenses anni MDCCXXIX – (MDCCXXXI), quibus philosophia ad publicam privatamque utilitatem aptatur*, 3 Bde. Frankfurt und Leipzig 1729–1741 (GW II 34). – Weitere Aufl. 1770; dt. in Nr. 43 und N. 53.
37. *Philosophia prima, sive Ontologia, methodo scientifica pertractata, qua omnis cognitiones humanae principia continentur*, Halle 1730. – 2. Aufl. Frankfurt und Leipzig 1736 (GW II 3); weitere Aufl. Verona 1736, 1779; lat.-dt. Teilausg. 2005 (von Dirk Effertz).
38. *Cosmologia generalis, methodo scientifica pertractata, qua ad solidam, inprimis Dei atque naturae, cognitionem via sternitur*, Frankfurt und Leipzig 1731. – 2. Aufl. 1737 (GW II 4); weitere Aufl. Verona 1736, 1779.
39. *Psychologia empirica, methodo scientifica pertractata, qua ea, quae de anima humana indubia experientiae fide constant, continentur et ad solidam universae philosophiae practicae ac theologiae naturalis tractationem via sternitur*, Frankfurt und Leipzig 1732. – 2. Aufl. 1738 (GW II 5); weitere Aufl. Verona 1736, 1779; franz. Teilübers. 1745 (GW III 46), 2. Aufl. 1756.
40. *Psychologia rationalis, methodo scientifica pertractata, qua ea, quae de anima humana indubia experientiae fide innotescunt, per essentiam et naturam animae explicantur, et ad intimiorem naturae ejusque autoris cognitionem profutura proponuntur*, Frankfurt und Leipzig 1734. – 2. Aufl. 1740 (GW II 6); weitere Aufl. Verona 1736, 1779.
41. *Theologia naturalis, methodo scientifica pertractata*, 2 Teile, Frankfurt und Leipzig 1736–1737. – 2. Aufl. 1739–1741 (GW II 7–8); weitere Aufl. Verona 1736, 1779; dt. Übers. 1742–1745 von Gottlieb Friedrich Hagen (GW I 23).
42.
a) *Ausführliche Beantwortung der ungegründeten Beschuldigungen Hrn. D. Langens, die er auf Ordre Ihro Königl. Majest. in Preußen entworffen*, in: Carl Günther Ludovici, *Sammlung und Auszüge der sämmtlichen Streitschriften wegen der Wolffischen Philosophie*, 2 Bde., Leipzig 1737–1738, Bd. 1, S. 56–109. – Zuerst franz. erschienen in: *Recueil de nouvelles pièces philosophiques, concernant le différent renouvellé entre Joachim Lange et Chrétien Wolff*, übers. von Jean Deschamps, 2. Aufl. Leipzig 1737, S. 85–190 (GW III 22). Deutsch in Nr. 43, Bd. 4, Tl. 2, S. 276–394.
b) *Kurtzer Inhalt der ausführlichen Beantwortung*, in: Ludovici, a. a. O., S. 110–120. – Zuerst franz. erschienen in: *Nouvelles pièces sur les erreurs prétendues de la philosophie de Mons. Wolf*, o. O. 1736, S. 81–107 (GW III 22). Deutsch in Nr. 43, Bd. 4, Tl. 2, S. 395–435.

c) *D. Langens Kunstgriffe durch Sophistery den Leser einzunehmen, und wem er seine Entwürffe wieder die Harmoniam praestabilitam abgeborget, entworffen, und nebst der ausführlichen Antwort an Se. Königl. Maj. in Preußen eingesandt*, in: Ludovici, a. a. O., S. 120–125. – Zuerst franz. erschienen in: *Recueil de nouvelles pièces philosophiques, concernant le différent renouvellé entre Joachim Lange et Chrétien Wolff*, übers. von Jean Deschamps, 2. Aufl. Leipzig 1737.

43. *Gesammlete kleine philosophische Schriften ... nunmehro mit Fleiß zusammen getragen, meistentheils aus dem Lateinischen übersezet auch mit nöthigen und nützlichen Anmerckungen versehen*, hg. von Gottlieb Friedrich Hagen, 6 Bände, Halle 1736–1740 (GW I 21).

44. *Philosophia practica universalis, methodo scientifica pertractata*, 2 Bde., Frankfurt und Leipzig 1738–1739 (GW II 10–11). – Weitere Aufl. Verona 1736, 1779; dt. Übers. der Praefatio in Nr. 43, Bd. 5, S. 3–24.

D. Halle (1740–1754)

45. *Jus naturae, methodo scientifica pertractatum*, 8 Bde., Bd. 1: Frankfurt, Leipzig 1740, Bd. 2–8: Halle 1742–1748 (GW II 17–24). – Weitere Aufl. 1741–1748, 1751–1758, 1764–1766.

46. *Programma de necessitate methodi scientificae et genuino usu juris naturae ac gentium, quo lectiones suas in Fridericiana in posterum habendas intimat*, Halle 1741. – Auch in Nr. 52, Sectio III, S. 173–197.

47. *Jus Gentium, methodo scientifica pertractatum, in qua jus gentium naturale ab eo, quod voluntarii, pactitii et consuetudinarii est, accurate distinguitur*, Halle 1749 (GW II 25). – 2. Aufl. 1764. Nachdruck mit engl. Übers. 1934 (von Joseph H. Drake, Einleitung von Otfried Nippold), Nachdruck 1995.

48. *Institutiones juris naturae et gentium, in quibus ex ipsa hominis natura continuo nexu omnes obligationes et jura omnia deducuntur*, Halle 1750 (GW II 26). – 7 weitere Aufl. bis 1794; dt. 1754 (GW I 19), 2. Aufl. 1769; franz. 1772.

49. *Philosophia moralis sive ethica, methodo scientifica pertractata*, 5 Bde., Halle 1750–1753 (GW II 12–16). – Weitere Aufl. 1768–1769.

50. *Kurtzer Unterricht von den vornehmsten mathematischen Schriften*, Frankfurt und Leipzig 1750 (GW I 15).

51. *Oeconomica, methodo scientifica pertractata*, 2 Bde., Halle 1754–1755 (GW II 27–28).

52. *Meletemata mathematico-philosophica cum erudito orbe literarum commercio communicata. Quibus accedunt dissertationes variae ejusdem argumenti et complura omnis eruditionis alia hinc illinc disperse obvia*, Halle 1755 (GW II 35). – Enthält Zeitschriftenartikel, kleinere Schriften und Vorreden.

53. *Des weyland Reichs-Freiherrn von Wolff übrige theils noch gefundene kleine Schriften und einzelne Betrachtungen zur Verbesserung der Wissenschaften*, Halle 1755 (GW I 22).

54. Hanov, Michael Christoph: *Philosophia civilis sive politica,* 4 Bde., Halle 1756–1759 (GW III 47).
55. Hanov, Michael Christoph, *Philosophia naturalis sive physica dogmatica,* 4 Bde., Halle 1762–1768 (GW III 40).
56. *Christian Wolffs eigene Lebensbeschreibung. Herausgegeben mit einer Abhandlung über Wolff von Heinrich Wuttke,* Leipzig 1841 (GW I 10).
57. *Sämtliche Rezensionen in den Acta Eruditorum (1705–1731).* 5 Bde., hg. von Hubert A. Laeven und Lucy M. Laeven-Aretz, Hildesheim 2001 (GW II 38).

Christian Wolff: Briefwechsel

Im Gegensatz zu den Schriften ist der Briefwechsel nur teilweise in gedruckter Form zugänglich. Ungedruckte Briefe Wolffs, die sich im Bestand der ehemaligen Preußischen Staatsbibliothek zu Berlin befanden, finden sich heute in der Biblioteka Jagiellónska in Krakau, eine Sammlung von Briefen an ihn ist in Halle zugänglich.

A. Wolff – Leibniz

Eine kritische Edition in der Akademie-Ausgabe von Gottfried Wilhelm Leibniz, *Sämtliche Schriften und Briefe,* ist in Vorbereitung.

Briefwechsel zwischen Leibniz und Christian Wolff, hg. von Carl Immanuel Gerhardt, Halle 1860.
Arnsperger, Walther: *Christian Wolffs Verhältnis zu Leibniz,* Weimar 1897.

B. Wolff – Manteuffel

Der Briefwechsel zwischen Christian Wolff und Ernst Christoph von Manteuffel 1738 bis 1748. Transkriptionen aus dem Handschriftenbestand der Universitätsbibliothek Leipzig (Signaturen MS 0345, MS 0346, MS 0347). Open Access-Publikation des DFG-Projekts *Historisch-kritische Edition des Briefwechsels zwischen Christian Wolff und Ernst Christoph Graf von Manteuffel* (http://nbn-resolving.de/urn:nbn:de:bsz:14-qucosa-106475).

Ostertag, Heinrich: *Der philosophische Gehalt des Wolff-Manteuffelschen Briefwechsels,* Leipzig 1910 (GW III 14).

C. Briefe verschiedener Provenienz

Briefe von Christian Wolff aus den Jahren 1719–1753. Ein Beitrag zur Geschichte der Kaiserlichen Academie der Wissenschaften zu St. Petersburg, hg. von Ernst Eduard Kunik, St. Petersburg 1860 (GW I 16).

Büsching, Anton Friedrich: *Beyträge zu der Lebensgeschichte denkwürdiger Personen, insonderheit gelehrter Männer.* Erster Theil, Halle 1783, dort S. 19–138.

Dersch, Wilhelm: *Zur Geschichte Christian Wolffs in seiner Marburger Zeit (1723–1740),* in: Zeitschrift des Vereins für Hessische Geschichte und Landeskunde 56 (1927), S. 175–198.

Gottsched, Johann Christoph: *Historische Lobschrift des weiland hoch- und wohlgebohrnen Herrn Christians, des H. R. R. Freyherrn von Wolf,* Halle 1755, dort Beylagen, S. 1–102 (GW I 10).

Mosheim, Johann Lorenz von: *Kirchengeschichte des Neuen Testaments,* Bd. 6: Johann Rudolf Schlegel: *Kirchengeschichte des achtzehnten Jahrhunderts,* II, 1, Heilbronn 1788, dort S. XXXIX–XLIII.

Wille, Dagmar von: *Christian Wolff nei suoi rapporti epistolari con Johann Jakob Zimmermann,* in: Nouvelles de la République des Lettres, Neapel 1995, S. 47–85.

Wotschke, Theodor: *Wolffs Briefe über seinen Streit mit den halleschen Pietisten,* in: Thüringisch-sächsische Zeitschrift für Geschichte und Kunst 21 (1932), S. 51–74.

7 Literaturverzeichnis

Albrecht, Michael (2014): *Christian Wolff und der Wolffianismus,* in: *Die Philosophie des 18. Jahrhunderts,* Bd. 5: *Heiliges Römisches Reich Deutscher Nation, Schweiz, Nord- und Osteuropa. Grundriss der Geschichte der Philosophie.* Begründet von Friedrich Ueberweg, völlig neu bearbeitete Ausgabe von Helmut Holzhey, Basel, S. 103–236.

Arndt, Hans Werner (1971): *Methodo scientifica pertractatum. Mos geometricus und Kalkülbegriff in der philosophischen Theorienbildung des 17. und 18. Jahrhunderts.* Quellen und Studien zur Philosophie, 4., Berlin, New York.

Arnsperger, Walther (1897): *Christian Wolffs Verhältnis zu Leibniz,* Weimar.

Bauer, Barbara: *Christian Wolff in Marburg,* in: *Aufklärung in Hessen. Facetten ihrer Geschichte,* hg. von Bernd Heidenreich, Eltville im Rheingau 1999, S. 107–138.

Baumeister, Friedrich-Christian (1739): *Vita Fata et Scripta Christiani Wolffii,* Leipzig u. Breslau (GW I 10).

Beutel, Albrecht (2001): *Causa Wolffiana. Die Vertreibung Christian Wolffs aus Preußen 1723 als Kulminationspunkt des theologisch-politischen Konflikts zwischen halleschem Pietismus und Aufklärungsphilosophie,* in: *Wissenschaftliche Theologie und Kirchenleitung. Beiträge zur Geschichte einer spannungsreichen Beziehung für Rolf Schäfer zum 70. Geburtstag,* hg. von Ulrich Köpf, Tübingen, S. 159–202.

Biller, Gerhard (2004/2009): *Wolff nach Kant – eine Bibliographie,* Hildesheim (GW III 87). 2. erw. Aufl. [http://www.izea.uni-halle.de/cms/de/forschung-publikationen/biblio graphien.html].

Böger, Ines (2002): *„Ein seculum ... da man zu Societäten Lust hat". Darstellung und Analyse der Leibnizschen Societätspläne vor dem Hintergrund der europäischen Akademiebewegung im 17. und 18. Jahrhundert,* (1997), 2. Aufl. München.

Bose, Christine von (2015): *Zeitleiste: Christian Wolffs Vertreibung aus Halle,* in: *Die Causa Christian Wolff. Ein epochemachender Skandal und seine Hintergründe,* hg. von Andreas Pečar, Holger Zaunstöck u. Thomas Müller-Balke, Kleine Schriftenreihe der Franckeschen Stiftungen 15, Halle, S. 25–29.

Bronisch, Johannes (2011): *Der Kampf um Kronprinz Friedrich. Wolff gegen Voltaire,* Berlin.

Bronisch, Johannnes (2010): *Der Mäzen der Aufklärung. Ernst Christoph Manteuffel und das Netzwerk des Wolffianismus.* Frühe Neuzeit Band 147. Studien und Dokumente zur deutschen Literatur und Kultur im europäischen Kontext, hg. von Achim Aurnhammer, Wilhelm Kühlmann, Jan-Dirk Müller und Friedrich Vollhardt, Berlin, New York.

Carboncini, Sonia (1986): *Christian August Crusius und die Leibniz-Wolffsche Philosophie,* in: *Beiträge zur Wirkungs-und Rezeptionsgeschichte von Gottfried Wilhelm Leibniz.* Studia Leibnitiana Supplementa XXVI, hg. von Albert Heinekamp, Stuttgart, S. 110–125.

Carboncini, Sonia (1991): *Transzendentale Wahrheit und Traum. Christian Wolffs Antwort auf die Herausforderung durch den Cartesianischen Zweifel.* Forschungen und Materialien zur deutschen Aufklärung. Abteilung II: Monographien, 5, Stuttgart-Bad Cannstatt 1991.

Donnert, Erich (1984): *Rußland im Zeitalter der Aufklärung,* Wien, Köln, Graz.

Drechsler, Wolfgang (1998): *Christian Wolff (1679–1754): A Biographical Essay,* in: European Journal of Law and Economics 4 (1997), H. 2–3, S. 111–128; Nachdruck in: *Christian Wolff. Law and Economics. The Heilbronn Symposium,* hg. von Jürgen G. Backhaus, Hildesheim, Zürich, New York, S. 2–18 (GW III 45).

Duysing, Bernhard Christian (1802/1805): *Beitrag zur Berufung des Philosophen Christian von Wolff nach Marburg,* in: *Hessische Denkwürdigkeiten,* hg. von Karl Wilhelm Justi u. Johann Melchior Hartmann, 3. Teil, Marburg 1802, S. 230–234, 4. Teil, 1805, S. 558–560.

École, Jean (1990): *La métaphysique de Christian Wolff,* 2 Bde., Hildesheim (GW III 12).

École, Jean (1998): *War Christian Wolff ein Leibnizianer?,* in: Aufklärung 10, H. 1, S. 29–46.

Edelmann, Johann Christian (1740): *Moses mit aufgedecktem Angesichte, von zwey ungleichen Brüdern, Lichtlieb und Blindling,* in: *Sämtliche Schriften,* hg. von Walter Grossmann, Bd. VII/1, Stuttgart-Bad Cannstadt 1972.

Engfer, Hans-Jürgen (1982): *Philosophie als Analysis. Studien zur Entwicklung philosophischer Analysiskonzeptionen unter dem Einfluß mathematischer Methodenmodelle im 17. und frühen 18. Jahrhundert.* Forschungen und Materialien zur deutschen Aufklärung. Abt. II: Monographien, 1, Stuttgart-Bad Cannstatt.

Eucken, Rudolf (1906): *Beiträge zur Einführung in die Geschichte der Philosophie. Beiträge zur Geschichte der neueren Philosophie*, 2. umgearbeitete und erweiterte Aufl. Leipzig.

Gerlach, Hans-Martin (1997): *Christian Wolffs ‚Rede von der Sittenlehre der Sineser' (1721) oder vom wahren philosophischen Erkennen zum rechten moralischen und politischen Handeln*, in: *Europa in der Frühen Neuzeit. Festschrift für Günter Mühlpfordt. Band 2. Frühmoderne*, hg. von Erich Donnert, Weimar, Köln, Wien, S. 87–95.

Gottsched, Johann Christoph (1755): *Historische Lobschrift des weiland hoch- und wohlgebohrnen Herrn Christians, des H. R. R. Freyherrn von Wolf*, Halle (GW I 10).

Hegel, Georg Wilhelm Friedrich (1986): *Vorlesungen über die Geschichte der Philosophie. Teil 4. Philosophie des Mittelalters und der neueren Zeit. Vorlesungen. Ausgewählte Nachschriften und Manuskripte 9*, Hg. Pierre Garniron u. Walter Jaeschke, Hamburg.

Hinrichs, Carl (1971): *Preußentum und Pietismus. Der Pietismus in Brandenburg-Preußen als religiös-soziale Reformbewegung*, Göttingen.

Hinske, Norbert (1983): *Wolffs Stellung in der deutschen Aufklärung*, in: *Christian Wolff 1679–1754. Interpretationen zu seiner Philosophie und deren Wirkung. Mit einer Bibliographie der Wolff-Literatur*, hg. von Werner Schneiders, Hamburg, 2. durchgesehene Aufl. Hamburg 1986, S. 306–319.

Kaehler, Siegfried A. (1927): *Die Universität Marburg von 1653–1866*, in: *Die Philipps-Universität zu Marburg 1527–1927*, hg. von Heinrich Hermelink u. Siegfried A. Kaehler Marburg, S. 225–565.

[Artikel] *Leibnitz, (Gottfried Wilhelm, Baron von)* (1737): in: *Grosses vollstständiges Universal-Lexicon aller Wissenschaften und Künste*, hg. von Johann Heinrich Zedler, Leipzig u. Halle, Bd. 16, Sp. 1517–1553.

Lorenz, Stefan (2010): *Theologischer Wolffianismus. Das Beispiel Johann Gustav Reinbeck*, in: *Christian Wolff und die europäische Aufklärung", Akten des 1. Internationalen Christian-Wolff-Kongresses, Halle (Saale), 4.–8. April 2004*, hg. von Jürgen Stolzenberg u. Oliver-Pierre Rudolph, Hildesheim, Zürich, New York, Teil 5, S. 103–121 (GW III 105).

Lorenz, Stefan (2002): *Wolffianismus und Residenz. Beiträge zur Geschichte der Gesellschaft der Alethophilen in Weißenfels*, in: *Gelehrte Gesellschaften im mitteldeutschen Raum (1650–1820). Teil III.* hg. von Detlef Döring u. Kurt Nowak, Stuttgart (Abhandlungen der Sächsischen Akademie der Wissenschaften zu Leipzig. Philologisch-historische Klasse 76, H. 6), S. 113–144.

Ludovici, Carl Günther (1736): *Kurtzer Entwurff einer vollständigen Historie der Wolffischen Philosophie*, Leipzig.

Ludovici, Carl Günther (1737–1738): *Ausführlicher Entwurf einer vollständigen Historie der Wolffischen Philosophie*, 3 Bde., Leipzig (GW III 1).

Ludovici, Carl Günther (1738): *Neueste Merckwürdigkeiten aus der Leibnitzisch-Wolffischen Weltweisheit*, Frankfurt a. M. u. Leipzig (GW III 4).

Ludovici, Carl Günther (1748): [Artikel] *Wolf (Christian, Reichs=Frey= und Edler Herr von)* u. *Wolfische Philosophie*, in: Hg. Johann Heinrich Zedler, *Grosses vollstständiges Universal-Lexicon aller Wissenschaften und Künste*, Bd. 58, Leipzig u. Halle, Sp. 549–677 u. 883–1232 (GW III 68).

Maier, Lothar (1984): *Deutsche Gelehrte an der Petersburger Akademie der Wissenschaften im 18. Jahrhundert*, in: *Deutscher Einfluß auf Bildung und Wissenschaft im östlichen Europa*, hg. von Friedhelm Berthold Kaiser u. Bernhard Stasiewski, Köln, Wien, S. 27–51.

Martus, Steffen (2015): *Aufklärung. Das deutsche 18. Jahrhundert – ein Epochenbild*, Berlin.

Meusel, Johann Georg (1816): *Lexikon der vom Jahr 1750 bis 1800 verstorbenen Teutschen Schriftsteller*, Bd. 15, Leipzig, S. 274–288.

Mühlpfordt, Günter (1952): *Deutsch-russische Wissenschaftsbeziehungen in der Zeit der Aufklärung (Christian Wolff und die Gründung der Petersburger Akademie der Wissenschaften)*, in: *450 Jahre Martin-Luther-Universität Halle-Wittenberg*, hg. im Selbstverlag der Martin-Luther-Universität Halle-Wittenberg, Bd. 2, Halle a. d. Saale, S. 169–197.

Mühlpfordt, Günter (1982): *Physiologie, Biologie und Agronomie im rationalistischen Wissenschaftssystem Christian Wolffs (und seiner Schüler)*, in: *Die Entwicklung des medizinhistorischen Unterrichts*. Wissenschaftliche Beiträge der Universität Halle, 6 E 4, hg. von Arina Völker u. Burchard Thaler, Halle, S. 74–91.

Mühlpfordt, Günter (1983): *Radikaler Wolffianismus – Zur Differenzierung und Wirkung der Wolffschen Schule ab 1735*, in: *Christian Wolff 1679–1754. Interpretationen zu seiner Philosophie und deren Wirkung. Mit einer Bibliographie der Wolff-Literatur*, hg. von Werner Schneiders, Hamburg, 2. durchgesehene Aufl. Hamburg 1986, S. 237–253.

Pečar, Andreas (2015): *Christian Wolffs Rückkehr nach Halle*, in: *Die Causa Christian Wolff. Ein epochemachender Skandal und seine Hintergründe*, hg. von Andreas Pečar, Holger Zaunstöck u. Thomas Müller-Balke, Kleine Schriftenreihe der Franckeschen Stiftungen 15, Halle, S. 95–107.

Peckhaus, Volker (1997): *Logik, Mathesis universalis und allgemeine Wissenschaft. Leibniz und die Wiederentdeckung der formalen Logik im 19. Jahrhundert*, Berlin.

Pörksen, Uwe (1983): *Der Übergang vom Gelehrtenlatein zur deutschen Wissenschaftssprache. Zur frühen deutschen Fachliteratur und Fachsprache in den naturwissenschaftlichen und mathematischen Fächern (ca. 1500–1800)*, in: Zeitschrift für Literaturwissenschaft und Linguistik 13, H. 51-52, S. 227–258.

Schmidt-Biggemann, Wilhelm (2010): *Metaphysik als Provokation. Christian Wolffs Philosophie in der Ideenpolitik der Frühaufklärung*, in: *Christian Wolff und die europäische Aufklärung, Akten des 1. Internationalen Christian-Wolff-Kongresses, Halle (Saale), 4.–8. April 2004*. hg. von Jürgen Stolzenberg u. Oliver-Pierre Rudolph, Hildesheim, Zürich, New York, Teil 5, S. 303–318 (GW III 105).

Schmitt, Christoph (1998): [Artikel] *Wolff, Christian, Philosoph und Mathematiker*, in: *Biographisch-Bibliographisches Kirchenlexikon*, hg. von Friedrich Wilhelm Bautz (†), fortgeführt von Traugott Bautz, Bd. 13, Herzberg, Sp. 1509–1527.

Schneiders, Werner (1983): *Deus est philosophus absolute summus. Über Christian Wolffs Philosophie und Philosophiebegriff*, in: *Christian Wolff 1679–1754. Interpretationen zu seiner Philosophie und deren Wirkung. Mit einer Bibliographie der Wolff-Literatur*, hg. von Werner Schneiders, Hamburg, 2. durchgesehene Aufl. Hamburg 1986, S. 9–30.

Schrader, Wilhelm (1898): [Artikel] *Christian Wolff.* In: *Allgemeine Deutsche Biographie,* hg. von der Historischen Kommission bei der Königlichen Akademie der Wissenschaften, Bd. 44, Leipzig, S. 12–28.

Schwaiger, Clemens (2000): *Christian Wolff,* in: *Philosophen des 18. Jahrhunderts,* hg. von Lothar Kreimendahl, Darmstadt, S. 48–67.

Sieg, Ulrich (1988): *Die Geschichte der Philosophie an der Universität Marburg 1527–1970.* Veröffentlichungen aus den Fachbereichen der Philipps-Universität Marburg, 2, Marburg.

Strähler, M. Daniel (1723): *Prüfung der vernünftigen Gedancken des Herrn Hoff Rath Wolffes von Gott, der Welt und der Seele des Menschen,* Jena und Leipzig (GW III 53).

Thomann, Marcel (1968): *Bibliographie des œuvres de Christian Wolff,* in: Nr. 45, Bd. 1, S. LVI–LXXI (GW II 17).

Wuttke, Heinrich (1841): *Christian Wolffs eigene Lebensbeschreibung [mit einer Abhandlung über Wolff],* Leipzig (GW I 10).

Zenker, Kay (2012): *Denkfreiheit – Libertas philosophandi in der deutschen Aufklärung.* Studien zum achtzehnten Jahrhundert. Band 33, Hamburg.

2 Quellen

2.1 Sources of Wolff's Philosophy: Scholastics/Leibniz

Christian Leduc

Keywords

Definition, Element, Idea, Metaphysics, Monad, Notion, Ontology, Pre-established Harmony, Scholasticism, Schulphilosophie

Abstract

In this chapter, two theoretical sources of Wolff's thought are analyzed, respectively the scholastic tradition and Leibniz's philosophy. It aims to show how Wolff was certainly influenced by these sources, but also that his approach is original and thus distinct from them. The chapter also shows how Wolff interpret both scholastic and Leibnizian philosophies. Their impacts on his metaphysical reflections are particularly emphasized, especially the question of the division of metaphysics, the theory of substance and the hypothesis of pre-established harmony.

The relationship between Christian Wolff and the philosophical tradition is not only more complex than we usually think, but it has also been conceived of in such a way that the variety of influences is not always well understood. The most common interpretation of Wolff's philosophy, even today, focuses on its continuity with Leibnizianism; Wolff might have been the first who was capable of systematizing Leibniz's thought and establishing the Leibnizian-Wolffianism as a dominant philosophy in the first half of the eighteenth century. It is true that the Wolffian school was quite influential up until the 1760s, both in Germany and elsewhere in Europe, and that it highlighted certain problems that were rooted in Leibniz's thought: the debates concerning the theory of monads or elements, the hypothesis of pre-established harmony and the question of optimism or the problem of evil were rich and vivid, in part, because Wolff and his disciples had emphasized and discussed these doctrines. Another important interpretation is that of Max Wundt, according to which Wolff was a prominent figure of the *Schulphilosophie* during the German Enlightenment, along with thinkers such as Christian Thomasius and Andreas Rüdiger.[1] Briefly, Wolff was the instigator of a new dogmatic Scholasticism during the early eighteenth century, against which the following generation—which included Kant—raised crucial criticisms.[2]

These views are not mistaken insofar as they focus on relevant aspects of Wolff's philosophy. It is true that Wolff owes much to Leibniz and that many aspects of his theories can be found in some contributions of his predecessor. Similarly, the idea that Wolff is at the origin of a new school philosophy, called Wolffianism, is not entirely erroneous: the Latin works, such as the *Logica* or the *Ontologia*, were written so that their content could be easily taught in schools and universities, which indeed they were, considering both their popularity in many German universities and the numerous Wolffian thinkers, like Georg Bernard Bilfinger and Ludwig Phillip Thümmig, to name only the first disciples. Moreover, Wolff was always concerned with the methodological rules of teaching and learning, which was obviously useful in the spreading of his own doctrines.[3] This chapter aims to analyze the impact of Scholasticism and Leibniz on the Wolffian philosophy. Given Wolff's influence on subsequent thinkers, and more generally on the history of modern philosophy, this analysis will help to clarify and revise earlier interpretations.

---

1   Max Wundt, *Die Schulphilosophie im Zeitalter der Aufklärung*, Tübingen, Mohr, 1945, p. 123–124.
2   Kant famously characterizes Wolff's philosophy as dogmatic at multiple occasions, in particular at the very end of the *Kritik der reinen Vernunft*: A855/B883.
3   See *Deutsche Logik*, chap. 16, p. 244–252 (GW I 1); *Logica*, §§ 1118–1234, p. 788–797 (GW II 1.3).

1 What is Scholasticism for Wolff?

When it comes to evaluating the impact of the scholastic tradition on modern thinkers, some common preliminary questions must be raised, and Wolff's case is no exception: specifically, we need to ask what Wolff meant by Scholasticism and which particular authors he has read and to which he refers to. First, trivially, the *scholastici* seem for him to signify those, during the medieval period, but also in the sixteenth and seventeenth centuries, who situate themselves in the wake of Aristotelianism, mostly from Albertus Magnus and Thomas Aquinas onwards. In many texts, we can even find the expression *Aristotelico-Scholasticum*, for instance in the *Psychologia rationalis* in which the system of physical influx is discussed.[4] Both early and late traditions are thus designated under the same expression, as was quite common at that time.[5] We do not find in Wolff a precise delimitation of periods and currents within Scholasticism, but according to the authors he quotes, it refers mostly to the Latin tradition exclusively; Arabic or Jewish Aristotelians are almost never mentioned, not even the most well-known, like Avicenna, Averroes or Maimonides. His appreciation of this tradition is also different from the attitude of many seventeenth century philosophers have maintained, such as Descartes, who wished to get rid of its still dominant influence.[6] In a manner similar to Leibniz, who claims in the *Essais de théodicée* that "there is sometimes gold hidden under the rubbish of the monks' barbarous Latin"[7], Wolff believes that Aristotelianism and Scholasticism contain valuable elements and must then be taken into consideration in contemporary questioning. This is the reason why Wolff often begins his philosophical reflections, mainly on ontology, by examining scholastic definitions, for instance on possibility, necessity, perfection or individuality. At the same time, Wolff also recognizes that modern philosophers have helped to reveal the inadequacy of these definitions, above all Descartes, Clauberg, Tschirnhaus and Leibniz, and that concepts inherited from the scholastics have to be clarified in order to contribute to philosophical reasoning.[8]

Thus scholastic ontology, according to Wolff, contains many problematic definitions, confused concepts and ungrounded principles; however, if these concepts and principles are adequately founded, with the help of adequate tools of demonstration, it is sometimes worth re-introducing them into the debates. In other words, the confused components can be transformed into distinct ones. For example, in his discussion of the concept of perfection, which he defines as "accordance in variety",

---

4 See *Psychologia rationalis*, § 563, p. 483 (GW II 6).
5 For a more complete description of Scholasticism during that period, see: Brucker, Johann Jakob, *Historia critica philosophiae*, Leipzig, Breitkopf, 1743, vol. III, p. 709–912.
6 See Descartes' famous rejection of the school philosophy in the *Discours de la méthode*: AT VI, p. 8.
7 Gottfried Wilhelm Leibniz, *Essais de théodicée*, "Discours préliminaire de la conformité de la foi avec la raison" § 6, in: *Die philosophischen Schriften* (1875–1890), ed. by Carl Immanuel Gerhardt, (Repr. Hildesheim, Olms, 1996), vol. VI, p. 53 (abbrev.: GP).
8 See *Philosophia prima*, § 7, p. 3–5 (GW II 3).

Wolff mentions that it can be related to the scholastic transcendental good (*bonitas transcendentalis*).⁹ The medieval theory of transcendentals, inaugurated by Philip the Chancellor, aims at explaining the most common notions of being, specifically, the notions of one, true and good.¹⁰ The transcendentals are not only the most common notions, but they are also convertible, so that what is said of good can also be said of true and one. Wolff's definition of perfection is linked to the notion of transcendental good because it represents a common determination of things and it necessarily pertains to their unity. However, Wolff considers the transcendental good to be a confused notion since it is understandable, for the scholastics, as part of a general theory of categories that contains many inadequate parts. More precisely, perfection is explained, in the tradition, within a metaphysics of kinds and species, which Wolff wishes to re-evaluate as well. In sum, scholastic thinkers from Philip the Chancellor to Suárez were partially right in their definition of transcendental good; but this definition must necessarily be clarified in order to provide an exact definition of perfection. This is one example, among others, where Wolff refers to Scholasticism to anchor his own views, even though he raises criticisms with respect to the confused nature of its notions and principles.¹¹

Which authors, belonging to the scholastics, did Wolff read and refer to? Once again, although particular figures are often quoted, Wolff seems to interpret this tradition as forming a rather homogeneous and coherent doctrine in which the numerous contributors agree on fundamental principles, originally taken from Aristotle. Occasionally, he even claims that the scholastics tried to elaborate a systematic doctrine, although they failed because, again, it was founded on confused notions.¹² This being said, there are nonetheless many references to specific texts that seem more important for Wolff than others. Well-known philosophers are mentioned in relation to the theory or argument with which they are normally associated: notably, Thomas Aquinas is quoted with respect to the question of necessity or metaphysical evil,¹³ and Albert the Great and Dominic of Flanders are mentioned when the notion of the subject is discussed.¹⁴ Yet we might have expected more such references, for example

---

9   See *ibid.*, § 503, p. 390. Wolff's understanding is most probably taken from Suárez who devotes a whole disputation to transcendental good in relation to the notion of perfection: *Disputationes metaphysicae* (1597), Hildesheim, Olms, 1965 (abbrev. DM), I, p. 328–355.
10 See Philipp the Chancellor, *Summa de Bono*, Bern, Francke, 1985, *prologus*.
11 Similar reflections are elaborated regarding the notions of mode or accident (*Philosophia prima*, §§ 148–150, p. 123–124, [GW II 3]), necessity (*ibid.*, §§ 299–303, p. 239–242) and substance (*ibid.*, §§ 771–772, p. 575–582).
12 See *De differentia intellectus systematici et non systematici*, in: *Horae subsecivae marburgensis*, 1729. Trimestre brumale, § 7, p. 118 (GW II 34.1).
13 See *Philosophia prima*, § 327, p. 259–260 (GW II 3); *Theologia naturalis* I.1, § 546 sq., p. 492–495 (GW II, 7.1). Wolff seems however to have known Aquinas mainly from the reading of Carbone a Costaciaro's *Compendium*. See, Casula, Mario, "Die Beziehungen Wolff—Thomas—Carbo in der Metaphysica latina: Zur Quellengeschichte der Thomas-Rezeption bei Christian Wolff", in *Studia Leibnitiana*, 11/1, 1979, p. 98–123.
14 See *Philosophia prima*, § 712, p. 534–535 (GW II 3).

when Wolff elaborates his views on the existence of God, individuation, definition or syllogism,[15] since the relevance of medieval and modern Scholasticism in these matters is more than obvious. Most of the time, when this tradition is concerned, Wolff simply indicates a vague link to the *scholastici* or the *aristotelico-scholastici*, without providing further details.

In fact, Wolff's knowledge appears to be taken, not from the reading of important figures of the early and high Scholasticism, such as Aquinas, Duns Scot or Ockham, but mainly from the late movement, especially from sixteenth and seventeenth century philosophers. Particular authors are often mentioned by Wolff who appear to have been his principal sources for the study of the scholastic tradition. The most cited is certainly Francisco Suárez and his *Disputationes metaphysicae*; as one of the last original contributions to the scholastic thought, finding the *Disputationes* among Wolff's readings was only to be expected. For many modern thinkers, like Descartes and Leibniz, Suárez remained an important source for understanding the reception of Scholasticism, and this was also true of Wolff. Jean-Baptiste du Hamel is mentioned as well: Du Hamel wrote a well-known philosophical manual, commissioned by Colbert, to be used as an official textbook in French colleges. His *Philosophia vetus et nova*[16] is not only, as the title indicates, a work aimed at reconciling the ancient and modern philosophies, especially Descartes and the medieval tradition, but also an exhaustive source addressing the main problems in logic, morals, metaphysics and physics. We could probably find a contemporary influence here on Wolff's style and methodological approach. Finally, on logical questions, Wolff makes reference to specific works that may be considered as belonging to the late Scholasticism, such as Giacomo Zabarella's *Opera logica*[17] and the *Logica hamburgensis*[18] written by Joachim Jungius. Apart from these books, Wolff does not actually quote other sources, nor does he seem to make precise distinctions when it comes to analyzing doctrines and concepts.[19]

2 The division of metaphysics

It is impossible to cover all places of Wolff's corpus in which he discusses scholastic positions. One important discussion is certainly his long examination of the Aristotelian doctrine of physical influx in the *Psychologia rationalis*, according to which

---

15 We will come back to the problem of syllogism thereafter.
16 Jean-Baptiste Du Hamel, *Philosophia vetus et nova ad usum scholas accomodata,* Paris, Michallet, 1678.
17 Giacomo Zabarella, *Opera logica* (1578), (Repr. Hildesheim, Olms, 1966).
18 Joachim Jungius, *Logica hamburgensis* (1638), (Repr. Hamburg, Augustin, 1957).
19 For a rather complete list of Wolff's references to scholastic individual thinkers, see: Jean École, "Des rapports de la métaphysique de Christian Wolff avec celle des Scolastiques", in: *Autour de la philosophie wolffienne*, ed. by Jean École, Hildesheim, Olms, 2001, p. 58–60 (GW III 65).

the mind and the body are in causal interaction.[20] As we will see later, Wolff prefers Leibnizian pre-established harmony not only to the Aristotelian hypothesis, but also to Cartesian occasionalism. Nevertheless, one aspect must inevitably be accounted for in a study of the relationship between Wolff and Scholasticism. It concerns the division of philosophy and metaphysics for which Wolff is still famous today. This classification, presented in the *Discursus praeliminaris* to the *Philosophia rationalis sive Logica* is original on many points, above all for having determined the proper place and function of ontology, but also of cosmology and psychology. It also constitutes a major change from scholastic views. In this regard, Suárez's conception is crucial, especially its distinguishing between specific domains within metaphysics. We will thus linger over the positions of Suárez and then examine how Wolff offers a different perspective.

At the beginning of the *Disputationes metaphysicae*, in the first disputation in fact, Suárez asks himself what the nature of first philosophy or metaphysics is. As is common in the scholastic tradition, he begins by treating a plurality of major interpretations of Aristotle's work on this topic, notably what Averroes, Aquinas or his contemporary Pedro da Fonseca have to say about the characteristics and objects of metaphysics.[21] This disputation is rich in arguments and criticisms, but let us focus on three points that will be important for the following analyses. 1) According to Suárez, metaphysics is the science of being as real being; among these beings, there is God, here known by the natural light (in contrast to revealed theology), but also finite substances.[22] Metaphysics produces knowledge by abstracting the common reasons of such beings. This is why metaphysicians are firstly interested in the essential determinations of things: substance and accident, categories, but also the different causes of being, namely the Aristotelian formal, material, efficient and final causes. For Suárez, this characterization of metaphysics is grounded in Aristotle's conception of first philosophy and is thus entirely legitimate. 2) Second, Suárez maintains that scientific knowledge exceeds the realm of metaphysics alone, meaning that metaphysics does not contain all natural knowledge about real beings. There are other sorts of abstractions or reasons apart from the metaphysical ones: "Therefore this science (metaphysics) considers all beings or reasons of being that are contained under the predicted abstraction; and it does not progress further, since the rest concerns either physics or mathematics."[23] In this way, mathematics and physics also examine different reasons of beings, namely different abstractions that are extraneous to metaphysics. For example, mathematics abstracts from sensible, not from the intelligible matter, since quantity will always be a corporeal property. For his part, in the *Dis-*

---

20 See *Psychologia rationalis*, §§ 558–588, p. 480–512 (GW II 6).
21 See Pedro da Fonseca who wrote at the end of the 16th Century a commentary on Aristotle's metaphysics: *Commentariorum in Libros Metaphysicorum Aristotelis*, Rome, Zanettum, 1577.
22 See Suárez, *Disputationes* I, I, § 26, DM I, p. 11.
23 *Ibid.* I, II, § 13, DM I, p. 17.

cursus praeliminaris, Wolff distinguishes philosophical and metaphysical knowledge from both historical and mathematical cognition.²⁴ Without citing any influence in this regard, there is obviously a shared view here between Suárez and Wolff on the plurality of the sciences and the specificity of metaphysics, a distinction that can be traced back to Aristotle.²⁵ They are also in agreement concerning the priority of metaphysics over other kinds of cognition: metaphysics is first philosophy because it is at the foundation of other sciences; in other words, it is the first science of all sciences.²⁶
3) Finally, Suárez provides fundamental distinctions within metaphysics, specifically, between a general part, defined as the study of being as real being, and additional specific realms. His intention is to preserve the general unity of metaphysics, while identifying particular reasons. More precisely, Suárez claims that metaphysics contains three main objects: the first is about the *ens in quantum ens,* namely the common reasons of substance, accident and kinds; the second considers intelligible and finite substances; and the third studies the essence of God or infinite substance, which is also called speculative theology.²⁷ The Wolffian distinction between ontology and what could be called *metaphysica specialis,* which includes cosmology, psychology and theology, is not found in this section of Suárez's *Disputationes,* but it seems quite clear that the very idea of a division of metaphysics refers to a similar approach. On the one hand, general metaphysics is about the common and general determinations of being, while, on the other hand, the last two parts study particular beings, i. e. God and finite substances. What appears once again to be important for Suárez is to preserve the unity of the discipline, while also enabling a plurality of disciplines.

As previously mentioned, Wolff provides a novel division of philosophy, which differs from both the scholastic classification and other seventeenth century attempts, such as Descartes' conception enunciated in the French preface to the *Principes de philosophie.*²⁸ We also know that this classification exercised great influence, for instance on Baumgarten,²⁹ but also on Kant, whose conception of metaphysics is certainly taken, at least in part, from Wolff.³⁰ Let us focus on the three previous elements

---

24   See *Discursus praeliminaris,* §§ 3, 6, and 14, p. 2–3 and 6–7 (GW II 1.1).
25   See Aristotle, *Metaphysics* 1026a.
26   See Suárez, *Disputationes* I, V, § 44, DM I, p. 50.
27   See *ibid.,* I, III, § 2, DM I, p. 23. For his part, Wolff claims that we must deal with metaphysics before morals and physics because, similarly to what Suárez defended, the former expresses the fundamental principles required in the two latter domains: *Discursus praeliminaris,* §§ 93–95, p. 42–43 (GW II, 1.1).
28   See René Descartes, *Principes de la philosophie,* AT IX, p. 13–14.
29   See Alexander Gottlieb Baumgarten, *Metaphysica* (1739), (Repr. Hildesheim, Olms, 1982), § 2–4, p. 1–2.
30   See Immanuel Kant, *Kritik der reinen Vernunft,* A838/B866–A842/B870. In his interpretation of Kant's metaphysics, Heidegger insists on this division inherited from Wolff and Baumgarten: *Kant und das Problem der Metaphysik,* I (Bonn, 1929, Cohen), § 2. For further analysis of this topic, see Ernst Vollrath, "Die Gliederung der Metaphysik in eine *Metaphysica generalis* und eine *Metaphysica specialis*", in: *Zeitschrift für philosophische Forschung,* 16/2, 1962, p. 258–284; Olivier Boulnois, "Le

in order to observe the modifications and evolutions in Wolff's doctrine in comparison with the Suárezian perspective. According to Wolff, his new definition of philosophy was discovered in 1703 when he was teaching in Leipzig and is as follows: "philosophy is the science of possibles to the extent that they can exist (*philosophia est scientia possibilium, quatenus esse possunt*)".[31] The main difference from Suárez's view is clearly the priority given by Wolff to possibility and essence over existence and reality. Philosophers must study the possibilities of beings before then understanding their existence. This is why Wolff later claims, in the *Ontologia*, that existence is a complement to possibility[32], a statement entailing many consequences that we cannot discuss in the present chapter.[33] It must be noted that he agrees with Suárez though, according to whom philosophy and metaphysics are proper sciences.[34]

Concerning the second point, Wolff's position also agrees with Suárez and the Aristotelian tradition: philosophy is not the only kind of cognition. Once again, Wolff recognizes two other epistemological kinds, mathematical and historical knowledge, a typology that resembles Suárez's distinction between metaphysics, mathematics and physics inherited from Aristotle. The nature of philosophical knowledge is in contrast much more detailed in Wolff and contains many subdivisions: for example, under general physics are contained meteorology and physiology;[35] similarly, Wolff identifies sub-disciplines within practical philosophy, notably ethics, politics and economics.[36]

Now what about metaphysics? Suárez maintains that metaphysics is concerned with the common reasons of things, but also with different kinds of beings. The *Disputationes* are moreover divided according to this classification: the first disputations deal with general abstractions of being, such as individuality, kinds and causality; but from the 28th disputation onward, Suárez makes a distinction between infinite and finite substances, that the rest of work will follow. This means that metaphysics has three main objects (being, finite substances, and God) and that it appears necessary

---

besoin de métaphysique. Théologie et structure des métaphysiques médiévales", in: *La servante et la consolatrice. La philosophie dans ses rapports avec la théologie au Moyen Âge*, éd. par Jean-Luc Solère et Zenon Kaluza, Paris, Vrin, 2002, p. 45–94. I would like to thank David Piché for this latter reference.

31 *Discursus praeliminaris*, § 29, p. 13 (GW II 1.1).
32 See *Philosophia prima*, § 174, p. 143 (GW II 3).
33 See *ibid.*; see Charles A Corr, "The Existence of God, Natural Theology and Christian Wolff", *International Journal for Philosophy of Religion*, 4/2, 1973, p. 105–110; Jean École, "La définition de l'existence comme compléments de la possibilité et les rapports de l'essence et de l'existence selon Christian Wolff", in: *Nouvelles études et nouveaux documents photographiques sur Wolff*, Hildesheim, Olms, 1997, p. 115–127 (GW III 35); Robert Theis, "La question du fondement chez Christian Wolff", in: *De Wolff à Kant/Von Wolff zu Kant*, Hildesheim, Olms, 2013, p. 1–33 (GW III 139).
34 Wolff's definition of metaphysics is even closer to what Suárez maintains since he understands it to be the science of being, which includes the world in general and spirits, See *Discursus praeliminaris*, § 79, p. 36 (GW II 1).
35 See *ibid.*, §§ 80–85, p. 36–38.
36 See *ibid.*, §§ 63–68, p. 31–32.

to treat them each separately. Wolff agrees with Suárez that metaphysics must be divided this way in order to proceed in an orderly and adequate way. Wolff believes that such a distinction is an essential preliminary step towards a new and true philosophy and is based on the fundamental objects of human cognition that are God, the soul and the body. Moreover, both the German and Latin texts are written according to the separation of these philosophical realms. The Latin works follow a metaphysical division that can be summarized in the following way: first, ontology is the science of being and its affections in general and can evidently be defined as *philosophia prima*.[37] Wolff and Suárez are in agreement concerning the fundamental role of such research for the general essence of beings. This is the reason why they both believe that it must be treated in the very beginning. Then come the three main sub-disciplines of metaphysics or what can be called the *metaphysicae specialis:*

> In metaphysics, ontology or first philosophy comes first, general cosmology is second, psychology is third and then natural theology is last. The parts of metaphysics must be so ordered that those parts come first which provide principles for the other parts.[38]

It is well-known that Wolff made an important contribution to the history of metaphysics by specifically identifying the function and objects of ontology. The term was already in use at the beginning of the seventeenth century[39], but it was left to Wolff to properly delimit a part of metaphysics that is still discussed today. Nevertheless, this contribution must not make us forget the importance of the newly identified parts of special metaphysics, above all cosmology and psychology. Of course, the world and the soul have been objects of metaphysics since antiquity, but Wolff is the first to make a clear separation between cosmology and psychology within metaphysics. This latter case is interesting, since Wolff contradicts Suárez and many scholastics; indeed, Suárez claims that the study of the soul does not belong to metaphysics, for it is necessarily linked to sensible properties. Natural philosophy, and thus not metaphysics, is concerned with the examination of soul.[40] Following Descartes more than Suárez, Wolff believes, in contrast, that the soul and its affections are objects of metaphysics. Rational psychology is part of metaphysics since it treats questions related to the faculties of the soul, its relationship with the body, its immortality, etc. It is true that rational psychology is preceded by an empirical part, so that Suárez's assignment of the study of soul to natural philosophy is not entirely extraneous to the Wolffian conception. However, empirical psychology is not based on bare historical cognition, but it

---

37 See *ibid.*, § 73 p. 34.
38 *Ibid.*, § 99, p. 45. Translation: Wolff, *Preliminary Discourse on Philosophy in General*. transl. Richard J. Blackwell, New York, Bobbs-Merrils, 1963, p. 50 *sq.*
39 The term seems to be employed for the first time in Rudolph Glocenius' *Lexicon philosophicum* (Frankfurt, 1613). Thereafter, Johannes Clauberg uses the term *Ontosophia* to designate a similar realm in his *Elementa Philosophiae sive Ontosophia* (Groningen, Nicolai, 1647).
40 See Suárez, *Disputationes*, I, II, § 19, DM I, p. 18–19.

is already knowledge of principles and thus belongs to metaphysics.⁴¹ In the *Deutsche Metaphysik,* Wolff even begins his reflections in the manner of Descartes' philosophy by determining the existence and the knowledge of the soul from which the ensuing metaphysical truths can be deduced.⁴² In sum, Suárez and the scholastics were most probably important influences on Wolff's division of metaphysics and philosophy, but it seems evident that he proposes interesting new elements to this debate.

3   Leibnizian-Wolffian philosophy

Max Wundt's interpretation that Wolff must be understood as a central school philosopher of the German Enlightenment suggests there is a strong similarity between his philosophy and Scholasticism. Nevertheless, it is clear that authors like Wolff, or Christian Thomasius before him, made a crucial break with the old Scholasticism. As we observed, the *scholastici* are considered in Wolff to provide confused notions and unproven principles and must therefore be reformed. Thus his doctrines certainly belong, at least partially, to the new philosophy and science inaugurated by Galileo, Descartes, Newton and many others in the seventeenth century. Among the innovators, few have had a more profound impact on Wolff's thought than Leibniz. Apart from Euclid and Descartes, Leibniz is the philosopher to whom Wolff refers the most in his philosophical work, to such an extent that both doctrines were rapidly associated and given the title Leibnizian-Wolffian philosophy. In the 1720s, detractors of Wolff's doctrine used the expression,⁴³ but it also became a positive designation for his followers, in particular Georg Volckmar Hartmann and Carl Günther Ludovici at the end of the 1730s.⁴⁴ Kant employs this adjective on some occasions and seems to accept the common idea that Wolff sought to provide a synthesis of Leibniz's thought.⁴⁵

Nonetheless, Wolff himself never attested to such a strong theoretical affinity with Leibniz. Although Leibniz influenced Wolff in many aspects, it must be noted that the idea of a Leibnizian-Wolffian philosophy is a construct of contemporaries and the posterity. Today, this construct can no longer be fully validated; the relationship between Leibniz and Wolff must thus be reconsidered. In fact, the actual relationship between these two philosophers begins early in Wolff's career: both men exchanged

---

41   See *Discursus praeliminaris,* § 111, p. 50–51 (GW II 1.1). For a recent analysis of Wolff's psychology, see: Corey W. Dyck, *Kant and Rational Psychology,* Oxford University Press, 2014, p. 19–42.

42   As mentioned in the previous excerpt, the Latin works proceed differently, since the study of the soul in the psychology must necessarily be preceded first by ontology, then cosmology.

43   See. Billebius, Johann Samuel, *Num ex harmonia inter animan et corpus praestabilita Leibnitio-Wolffiana secundum opinionem viri cujusdam celeberrimi infinita miracula sequantur?*, Wittenberg, 1725.

44   See Georg Volckmar Hartmann, *Anleitung zur Historie der Leibnitz-Wolffischen Philosophie*, Frankfurt und Leipzig, 1737 (GW III 4); Carl Günther Ludovici, *Neueste Merckwürdigkeiten der Leibnitzisch-Wolffischen Weltweisheit*, Frankfurt and Leipzig, 1738 (GW III 3).

45   See Kant, *Kritik der reinen Vernunft,* A44/B61.

numerous letters before Wolff published his German and Latin treatises. From 1704 until Leibniz's death in 1716, they have had a rich and varied correspondence in which we already find some disagreement.[46] They first discussed mathematical problems since Wolff was teaching mathematics in Leipzig, then in Halle, but thereafter many other topics were raised, such as methodology, moral perfection, and the system of pre-established harmony. On methodology, an interesting fact nonetheless points to a first influence: in his first letter of February 1705, Leibniz reacts to Wolff's association of mathematics and philosophy by underlining the importance of logic and the syllogism in the general method of discovery, something that Wolff wished, at that time, to put aside following the example of many Cartesians.[47] Wolff does not return to this claim in the correspondence, but he refers to it later in the *Ratio praelectionum*: he admits that his rejection of the Aristotelian and scholastic syllogism was a youthful prejudice from which Leibniz helped to free him.[48] From then on, Wolff has considered the syllogism as the true method of demonstration, as long as one begins with precise definitions and proven principles and proceeds in an orderly manner.[49]

On many other subjects, Wolff also expresses his theoretical debts to Leibniz, particularly in his theory of definition, on space and time, in dynamics, and with respect to the *ars combinatoria characteristica*. For example, we know that his distinction between nominal and real definitions, although it had been discussed since antiquity in the Aristotelian tradition, was almost entirely taken from Leibniz's theorization in the *Meditationes de cognitione, veritate, et ideis*. For both philosophers, a nominal definition enunciates the requisites enabling us to sufficiently discern a thing, whereas a real definition expresses the possibility of the thing.[50]

In the rest of this contribution, we will highlight three crucial components of Leibniz's philosophy that have had an impact on Wolffianism: the theory of monads, the hypothesis of pre-established harmony, and the distinction between notion and idea. Concomitantly, on each of these points, it will become apparent that Wolff effectively distances himself from Leibniz by mobilizing other influences and arguments. We will see that Wolff did not, for several reasons, simply retrieve Leibnizianism in order to systematize or synthesize it, but rather wanted to renew and even surpass it.[51]

---

46 The correspondence was published by Gerhardt: *Briefwechsel zwischen Leibniz und Christian Wolff aus den Handschriften der königlichen Bibliothek zu Hannover* (1860) (Repr. Hildesheim, Olms, 2013).
47 Letter from Leibniz to Wolff of 21 February 1705, in: *Briefwechsel zwischen Leibniz und Christian Wolff*, p. 18.
48 See *Ratio praelectionum*, sect. II, cap. II, § 9, p. 121 (GW II 36). See also the *Logica*, in which the same statement is repeated: § 364, p. 302 (GW II 1.2).
49 See *Deustche Logik*, chap. 4, p. 162–180 (GW I 1); *Discursus praeliminaris*, § 115–124, p. 53–59 (GW II 1.1); *Logica*, § 332–365, p. 289–302 (GW II 1.2).
50 See Gottfried Wilhelm Leibniz, *Meditationes de cognitione, veritate, et ideis*, GP IV, p. 423; *Logica* § 191–197, p. 211–215 (GW II 1.2).
51 This aspect was already studied by Jean École: "War Christian Wolff ein Leibnizianer?", in: *Die deutsche Aufklärung im Spiegel der neueren französischen Aufklärungsforschung*, hg. von Robert Theis, Hamburg, 1998, p. 29–46 (Aufklärung 10).

4 Monads and elements

The theory of monads is probably the most discussed aspect of Leibniz in the eighteenth century, judging notably by the fact that many persons refer almost exclusively to Leibniz as the author of the system of monads.[52] For this reason alone we might have expected Wolff, often considered to be Leibniz's first and main disciple in metaphysical matters, to incorporate this major element of Leibniz's philosophy into his ontology and cosmology. As is well known, monads constitute for Leibniz the true atoms of nature, but by contrast with material atoms, they are spiritual entities endowed with perception and action.[53] Their individuality comes from the singular viewpoint they have on the world, that is the totality of their perceptions, and also from their specific force or action. One famous consequence of this theory is that monads, as immaterial substances, do not causally interact with one another; rather, they are ideally related according to their internal structure of predetermination.[54] The world is thus primarily composed of spiritual substances that are internally, not externally caused in their perceptions and actions. And yet Wolff's position might at first sight appear to resemble the Leibnizian monadology: he believes that there exist simple substances that form bodies, which are in turn defined as complex substances.[55] Wolff similarly agrees that simple substances are endowed with active force that gives motion to corporeal phenomena.[56] In these contexts, Leibniz is mentioned and is clearly the basis of such ideas. In spite of these similarities, however, Wolff introduces a different term, *elementa,* to designate the simple substances or first constituents of bodies. In the *Cosmologia,* he mentions Leibniz's monads, but as one example among others of a theory aiming at explaining the components of things starting from immaterial entities. According to Wolff, his concept of elements shares a common ground with the concept of monad in Leibniz, but also with Henry More's who previously used the term in the *Enchiridion metaphysicum*.[57] But Wolff also asserts that he prefers his own name, without further explanations. Why is that? Why did Wolff not simply rehabilitate Leibniz's term? An answer can be found in a letter to the count Ernst Christoph von Manteuffel in which Wolff comes back to Leibniz's influence on his ontology, especially on his theory of substance and body. Around thirty

---

52 For instance, in the French tradition which is sometimes quite hostile to Leibniz's monadology: Étienne Bonnot de Condillac, *Traité des systèmes*, in: *Œuvres philosophiques*, Paris, PUF, 1947, I, p. 151–152; Pierre Louis Moreau de Maupertuis, *Lettres* (1752), in: *Œuvres*, repr. Hildesheim, Olms, 1965, tome II, p. 262–263; Denis Diderot, "Leibnitzianisme", in: *Encyclopédie raisonnée*, 1765, tome IX, p. 371.
53 Gottfried Wilhelm Leibniz, *Monadologie*, § 14–15, in: GP VI, p. 608–609; *Principes de la nature et de la grâce*, § 2, in: GP VI, p. 599.
54 See *Monadologie*, § 51, in: GP VI, p. 615; *Principes de la nature et de la grâce*, § 3, in: GP VI, p. 600.
55 See *Cosmologia*, § 179, p. 144 (GW II 4).
56 See *ibid.*, § 358–360, p. 159–161.
57 See *ibid.*, § 182, p. 146. Henry More effectively employs this term in the *Enchiridion metaphysicum*, London, Morden, 1671, Part. I, chap. 9.

years earlier, Antonio Conti had asked him if Leibniz's monadology was a philosophical puzzle. Wolff made the following reply:

> […] just as Mr. Leibniz's monads were still a puzzle, although even today the fewest know them and have a correct idea of his system as what only starts there where my own stops. The confusion began with Mr. Bilfinger, who first came up with Leibnizian-Wolffian philosophy. And thus one could probably still say [it] today too, since Leibnizian monads, on which his actual system is built, are a puzzle, and thus still not fully understood, and I do not wish to solve it, even though I probably could, [but] since I do not need it for my purposes, I too let this matter rest in its value or lack thereof.[58]

Two points are interesting for the present analysis: on the one hand, Wolff says to Manteuffel that he does not want to solve this puzzle, because he is able to dispense with such an understanding; Leibniz's system begins where Wolff's comes to an end. This means that despite the points of convergence between both metaphysics of substance, there are also important differences recognized by Wolff himself. For instance, Wolff never maintains that elements, of which bodies are composed, are capable of perception and representation, a crucial aspect of Leibnizian thought. The elements are obviously bestowed with active force or action, but, apart from souls, no other substances are able of representation.[59] In other words, elements are not expressive monads endowed with the capacity of representation or perception.[60] On the other hand, Wolff rejects the confusion, whose origin may be found in Bilfinger, between his theory of elements and Leibniz's monadology. Again, elements constitute substances explaining active force, motion and aggregation in nature, but are certainly not perceptive beings that express the entire universe from their own perspective.

5 Pre-established Harmony

According to Leibniz, pre-established harmony was one of his major contributions to the history of metaphysics, especially to the understanding of the union between the soul and the body. The doctrine was publicly exposed for the first time in the *Système nouveau de la nature et de la communication des substances*, and later explained further in the *Essais de théodicée* and the *Monadologie*. As mentioned above, Leibniz maintains that the soul and the body, like any beings in the world, are not causally related, even though experience seems to attests to such an interaction. But

---

58 Letter from Wolff to Manteuffel 11 May 1746, in: *Der Briefwechsel zwischen Christian Wolff und Ernst Christoph von Manteuffel*, Open Access-Publikation, hg. von Katharina Middell und Hanns-Peter Neumann, 2013, II, p. 159.
59 See *Psychologia empirica*, § 26, p. 17 (GW II 5).
60 For a recent analysis of this problem, see: Brandon Look, "Simplicity of Substance in Leibniz, Wolff and Baumgarten", in: *Studia Leibnitiana*, 45/2, 2013, p. 191–208.

even though there is no influence between them, God created spiritual and bodily beings in harmonious agreement with each other. As he claims in the *Système nouveau*, his hypothesis of agreement is the most reasonable doctrine, especially as a consequence of the general perfection of the universe desired by God.[61] What was appealing to contemporaries was that the pre-established harmony might constitute a third answer to the soul-body problem in a dualistic context, in addition to Aristotelian physical influence and occasionalism, mainly defended at that time by Nicolas Malebranche.[62] Wolff shares this attitude and believes that Leibniz's pre-established harmony surpasses Aristotle's and Malebranche's positions. Already in the *Deutsche Metaphysik*, his first contribution on ontological and psychological questions, he defends the system of harmony. The central argument, as was the case in Leibniz, is the idea that pre-determined and adjusted perceptions and movements perfectly follow the universal harmony.[63] The *Psychologia rationalis* dwells at length on this question by examining arguments pertaining to each hypothesis in order to favor Leibniz's. In the chapter devoted to the pre-established harmony, Wolff recognizes immediately, as he did in the German work, that Leibniz is the inventor of this new solution and he places his own approach in continuity with Leibniz.[64] Moreover, most of Wolff's arguments are taken from his predecessor; here we may rightly claim that Wolff's contribution aimed at synthesizing the Leibnizian doctrine.

A difference of attitude between them concerning the system of harmony can, however, be observed. It is true that they both seem to consider this theory to be a hypothesis, and thus not fully certain and demonstrated. Leibniz uses this qualification in the *Système nouveau* as well as in the *Essais de théodicée*.[65] He manifestly believed that his system was a hypothesis among a plurality of such hypotheses, but which was of course the most probable one. Nonetheless, he maintains likewise that his position is more than a hypothesis, since it is the only possible way to intelligibly explain the affections of the mind and its relationship to the body.[66] Believing in a genuine interaction between substances is a common way of speaking and must be replaced, when it is a matter of metaphysical reasons, with the system of pre-established harmony. For his part, Wolff also maintains that the Leibnizian solution is hypothetical, just like the physical influence and occasionalism. Pre-established harmony perfectly fits the general order of things, but it is still only plausible. The term hypothesis appears in the *Anmerckungen* to Wolff's *Deutsche Metaphysik*, published in 1724, and later in

---

61 See Gottfried Wilhelm Leibniz, *Système nouveau de la nature*, in: GP IV, p. 485.
62 Leibniz himself presents his system as a third option (*Système nouveau*, GP IV, p. 483), but it is also the opinion of Bayle, who admits, despite his disagreement, that Leibniz's doctrine enriches our understanding of the problematic: "Rorarius", in *Dictionnaire historique et critique*, Amsterdam, 1740, IV, note L, p. 87.
63 See *Deustche Metaphysik*, § 767, p. 480 (GW I, 2.2).
64 See *ibid.*, § 764, p. 478; *Psychologia rationalis*, § 612, p. 542 (GW II, 6).
65 See Leibniz, *Système nouveau de la nature*, in: GP IV, p. 485; *Essais de théodicée*, § 61, in: GP VI, p. 136.
66 See *id.*, *Système nouveau de la nature*, in: GP IV, p. 486.

both the *Discursus praeliminaris* and the *Psychologia rationalis*.[67] This means that, for Wolff, any psychological system accounting for the union between the soul and the body will never be more than conjectural, contrary to what Leibniz says. There are theoretical, even practical reasons that explain this situation, in particular the fact that Joachim Lange and Johann Franz Budde accused Wolff of defending a kind of necessitarianism, which obviously rejects free will.[68] Maintaining that the pre-established harmony is only a metaphysical hypothesis was certainly a way to reply to Lange and Budde and proof that the free will is not in danger. At the same time, this seems like a rather clear departure from Leibniz, who claims at some occasions that pre-established harmony could be fully demonstrated.

6 Notion and idea

The last point concerns logical and epistemological matters. Apart from early mathematical works, especially the *Anfangsgründe aller mathematischen Wissenschaften* (1710), Wolff was known primarily for his contribution to logic. Indeed, he published what is now called his *Deutsche Logik* in 1713, a treatise that was re-edited several times during his lifetime.[69] Its importance in the German Enlightenment is thus considerable.[70] A great deal of Wolff's logic is inspired by Leibniz's *Meditationes* of 1684. The distinction between real and nominal definitions is, as previously indicated, a good illustration. We might also think that Wolff simply borrowed other major aspects of Leibniz's methodology, above all his conception of ideas. In the *Meditationes*, Leibniz takes part in the debate between Malebranche and Arnauld regarding the origin and nature of ideas, the first claiming that ideas, as general archetypes, are not in the human mind, but in God's intellect, and the second defending a more orthodox Cartesian position. The way Leibniz wishes to contribute to the discussion is to re-evaluate Descartes' criteria for determining the validity of knowledge. Probably the most original component of this examination is the distinction he makes between notion or knowledge and idea. Contrary to what Cartesians believed, for Leibniz an idea is not a mental perception, but rather a virtual and innate capacity for expressing the possibility of a thing. In contrast, mental perceptions are rather a type of actualized notion, among other sorts of cognitions. In other words, ideas are potential fac-

---

67 *Anmerckungen*, § 172, p. 270 (GW I 3); *Discursus praeliminaris*, § 128, p. 62 (GW II 1.1); *Psychologia rationalis* § 638, p. 579–580 (GW II, 6).

68 For a more detailed analysis, see: Christian Leduc, "Wolff on Hypothesis", in: *300 years Christian Wolff's German Logic*, ed. by Arnaud Pelletier, Hildesheim, Olms, 2017, p. 77–97.

69 Hans-Werner Arndt notes no less than fourteen editions of the *Deutsche Logik* from 1713 to 1754 (see *Einführung des Herausgebers*, in: GW I 1, p. 99).

70 A recent interpretation of Wolff's logic and methodology, especially on symbolic knowledge, was given by Matteo Favaretti Camposampiero, *Conoscenza simbolica. Pensiero e linguaggio in Christian Wolff e nella prima età moderna*, Hildesheim, Olms, 2009 (GW III 119).

ulties enabling us to actualize notional contents.⁷¹ For example, the innate idea of the triangle could be represented through different notions or concepts, namely sensible, imaginative or symbolic knowledge.

Wolff's vocabulary is very similar to the one used in the *Meditationes*. The first chapter of the *Deutsche Logik* details the different criteria elaborated by Leibniz: clarity, distinctness, adequacy, etc. Conceptually speaking, both works are also very close: for instance, clarity is defined as the criterion with which "it suffices to recognize a thing again when it appears"⁷², a characterization that we can find almost word for word in Leibniz.⁷³ It would however be incorrect to generalize this idea. Despite the appearance of Leibnizianism in the Wolffian logic, there are crucial differences, to such an extent that Wolff is often opposed to Leibniz. This is true of the Leibnizian distinction between idea and notion: Wolff never even mentions this distinction, which separates potential cognitive capacities, on the one hand, from actual representative contents, on the other. For Wolff, all our cognition is based on notions (*Begriff* or *notio*), which are of different kinds according to their origin and nature. In the *Logica*, Wolff even seems to associate notion with idea, when it is a question of the possibility or impossibility of a representation.⁷⁴ One reason for this is certainly that Wolff did not support Leibniz's theory of innate and virtual ideas, since he was more inclined to validate an empiricist epistemology, even though we need to be cautious with this sort of designation. Indeed, Wolff believes that philosophical and mathematical knowledge begin with what historical and sensible perception teaches us.⁷⁵ In any case, the simple fact that Wolff neglected such an important aspect of Leibniz's doctrine of knowledge shows that he was in disagreement with his predecessor or ignored aspects of his doctrine.

7 Conclusion

The previous explanations have sought to show just how complex and diverse the influences of the scholastics and Leibniz on Wolff's philosophy are. At the same time, it has aimed at giving certain indications of Wolff's originality and importance in the history of the eighteenth century German philosophy. The idea that there was a Leibnizian-Wolffian philosophy was surely true for many of Wolff's followers, but it could certainly not be used to provide a genuine interpretation of Wolff's own thought. In

---

71 See Leibniz, *Meditationes de cognitione, veritate, et ideis*, GP IV 4, p. 423. This position must be related to Leibniz's defence of innatism in the *Nouveaux Essais sur l'entendement humain* (book I), a work that Wolff could never have read, as it was published for the first time in 1765.
72 *Deutsche Logik*, I. Cap., § 9, p. 126 (GW I 1).
73 See Leibniz, *Meditationes de cognitione, veritate, et ideis* GP IV, 4, p. 422.
74 See *Logica*, § 547, p. 411 (GW II 1.2). For further details, see Christian Leduc, "Les *Meditationes* de Leibniz dans la tradition wolffienne", in: *Archives de philosophie*, 76/2, 2013, p. 295–317.
75 See *Discursus praeliminaris* § 7 and 17, p. 3 and 8 (GW II 1.1).

this regard, we can notice that Wolff is sometimes closer to Descartes or even Newton than to Leibniz or Scholasticism. For example, as was previously observed, it could easily be shown that the *Deutsche Metaphysik* is partially inspired by the Cartesian tradition, at least in its initial reasoning. Indeed, Wolff begins with considerations about self-knowledge and the proof of the existence of the cogito, from which he then discovers the fundamental principles of things.[76] In other words, a metaphysical approach seems to be necessarily established from the Cartesian cogito. Yet neither Leibniz nor obviously scholastic thinkers would ever begin with reflections on the self in the searching for the foundations of metaphysics. What Wolff did later, for example proving the validity of the principle of sufficient reason, was rightly inspired by Leibniz, but considering the existence of the self as the first metaphysical truth is something that the latter would reject and which yet anchors the Wolffian philosophy to Cartesianism. This does not mean that Wolff is more Cartesian than Leibnizian; rather it only means that he has built a specific approach that must necessarily be evaluated with the help of a variety of contexts and influences.

8 Bibliography

Briefwechsel zwischen Leibniz und Christian Wolff aus den Handschriften der königlichen Bibliothek zu Hannover (1860), hg. von Carl Immanuel Gerhardt, Hildesheim, Olms, 2013.

Der Briefwechsel zwischen Christian Wolff und Ernst Christoph von Manteuffel, Open Access-Publikation, hg. von Katharina Middell und Hanns-Peter Neumann, 2013.

Leibniz, Gottfried Wilhelm: *Die philosophischen Schriften* (1875–1890), hg. von Carl Immanuel Gerhardt, Hildesheim, Olms, 1996.

Baumgarten, Alexander Gottlieb (1739; 1982): *Metaphysica*, Hildesheim, Olms.

Billebius, Johann Samuel (1725): *Num ex harmonia inter animan et corpus praestabilita Leibnitio-Wolffiana secundum opinionem viri cujusdam celeberrimi infinita miracula sequantur?*, Wittenberg.

Boulnois, Olivier (2002): "Le besoin de métaphysique. Théologie et structure des métaphysiques médiévales", *La servante et la consolatrice. La philosophie dans ses rapports avec la théologie au Moyen Âge*, éd. par Jean-Luc Solère et Zenon Kaluza, Paris, Vrin, p. 45–94.

Brucker, Johann Jakob (1743): *Historia critica philosophiae*, Leipzig, Breitkopf.

Casula, Mario (1979): "Die Beziehungen Wolff—Thomas—Carbo in der Metaphysica latina: Zur Quellengeschichte der Thomas-Rezeption bei Christian Wolff", in *Studia Leibnitiana*, 11/1, p. 98–123.

Clauberg, Johannes (1647): *Elementa Philosophiae sive Ontosophia*, Groningen, Nicolai

Condillac, Étienne Bonnot de (1947): *Œuvres philosophiques*, Paris, PUF.

---

76 See *Deutsche Metaphysik*, § 1–9, p. 1–5 (GW I 2.1).

Corr, Charles A. (1973): "The Existence of God, Natural Theology and Christian Wolff", in: *International Journal for Philosophy of Religion*, 4/2, p. 105–110.

Descartes, René (1897–1913): *Œuvres de Descartes*, éd. par C. Adam et P. Tannery, présentation par B. Rochot et P. Costabel, Paris, Vrin, 1964–1974.

Diderot, Denis (1751–1765): *Encyclopédie, ou Dictionnaore raisonnée des sciences, des arts et des métiers*, Paris.

Du Hamel, Jean-Baptiste (1678): *Philosophia vetus et nova ad usum scholas accomodata*, Paris, Michallet, (GW III 92.1-2).

École, Jean (2001): "Des rapports de la métaphysique de Christian Wolff avec celle des Scolastiques", in: *Autour de la philosophie wolffienne*, éd. par Jean École, Hildesheim, Olms, p. 55–69 (GW III 65).

École, Jean (1998): "War Christian Wolff ein Leibnizianer?", in: *Die deutsche Aufklärung im Spiegel der neueren französischen Aufklärungsforschung*, hg. von Robert Theis, Hamburg, Aufklärung 10, p. 29–46.

École, Jean (1997): "La définition de l'existence comme complément de la possibilité et les rapports de l'essence et de l'existence selon Christian Wolff", in: *Nouvelles études et nouveaux documents photographiques sur Wolff*, Hildesheim, Olms, p. 115–127 (GW III 35).

Goclenius, Rudolph (1613): *Lexicon philosophicum*, Frankfurt.

Hartmann, Georg Volckmar (1737): *Anleitung zur Historie der Leibnitz-Wolffischen Philosophie*, Frankfurt und Leipzig (GW III 4).

Jungius, Joachim (1638; 1957): *Logica hamburgensis*, Hamburg, Augustin.

Kant, Immanuel (1787; 1902 *sqq*.): *Kritik der reinen Vernunft*, in: *Gesammelte Schriften*, hg. von der Königlich preußischen Akademie der wissenschaften, Berlin und Nachfolger, Reimer.

Leduc, Christian (2017): "Wolff on Hypothesis", in: *300 years Christian Wolff's German Logic*, ed. by Arnaud Pelletier, Hildesheim, Olms, p. 77–97.

Leduc, Christian (2013): "Les *Meditationes* de Leibniz dans la tradition wolffienne", in: *Archives de philosophie*, 76/2, p. 295–317.

Look, Brandon (2013): "Simplicity of Substance in Leibniz, Wolff and Baumgarten", in: *Studia Leibnitiana*, 45/2, p. 191–208.

Ludovici, Carl Günther (1738): *Neueste Merckwürdigkeiten der Leibnitzisch-Wolffischen Weltweisheit*, Frankfurt and Leipzig (GW III 3).

Maupertuis, Pierre Louis Moreau de (1768; 1965): *Œuvres*, Hildesheim, Olms

Pedro da Fonseca (1577): *Commentariorum in Libros Metaphysicorum Aristotelis*, Rome, Zanettum.

Philipp the Chancellor (1985): *Summa de Bono*, Bern, Francke.

Suárez, Francisco (1597; 1965): *Disputationes metaphysicae*, Hildesheim, Olms.

Theis, Robert (2013): "La question du fondement chez Christian Wolff", in: *De Wolff à Kant/Von Wolff zu Kant*, Hildesheim, Olms, p. 1–33 (GW III 139).

Vollrath, Ernst (1962): "Die Gliederung der Metaphysik in eine *Metaphysica generalis* und eine *Metaphysica specialis*", in: *Zeitschrift für philosophische Forschung*, 16/2, p. 258–284.

Wundt, Max (1945): *Die Schulphilosophie im Zeitalter der Aufklärung*, Tübingen, Mohr.

Zabarella, Giacomo (1578; 1966): *Opera logica*, Hildesheim, Olms.

2.2 Secondary Authors' Influence on the Formation of the Wolffian "System Of Truths"

Sébastien Neveu

Keywords

Minor authors, influences, deductive knowledge, system, systematic thought, geometrical method, tables of logic, dialectical art, syllogistic axioms

Abstract

Descartes and Leibniz were not the only philosophers who influenced Wolff. He had met the teachers who passed on to him the elements he needed to build his own thought long before he had read Descartes and exchanged letters with Leibniz. It all took place during his studies at Breslau and at the university of Jena, long before the encounter with the famous philosophers. Those lesser known teachers all came from different schools and sometimes they even had differences in their philosophical points of view. Indeed, Neumann, Descartes' defender, was totally opposed to the scholasticism of Scharf; Scharf, who claimed to be an Aristotelian, was opposed to La Ramée but inspired by Agricola who was himself their common teacher in dialectics; finally, Weigel and his followers Sturm and Hebenstreit were opposed to the scholasticism of Suarez, just like Tschirnhaus was, but they agreed to his systematic and deductive demands. All these differences put aside, there actually was a common intuition: an intuition of a clear and systematic knowledge. The young Wolff, by reading these authors, could only assume this intuition and accomplish it in his own philosophical system.

1 Introduction

According to Étienne Gilson, Christian Wolff would have been one of the main scholastic thinkers had he lived in the medieval period, for he had the capacity to collect and to synthesize the theses of multiple predecessors in his work.[1] Indeed, because of its encyclopedic ambition, this work is a mix of numerous influences. Wolff had an immense and varied erudition: he was able in his treaties to compare several authors, be they ancient, medieval or his contemporaries. Jean École, for his part, scrupulously listed all the references relative to Wolff's Latin work.[2]

In the way it is, his philosophy is systematic: it is *fundamental* knowledge. He dealt with the question *why and how a being is possible*, in a systematic and rigorous way. Indeed, in the metaphysical domain, this thought aimed at producing adequate and rigorous knowledge of God, souls and the world, as Wolff indicated in the *Discursus Praeliminaris*.[3] Consequently, it was necessary for him to understand three corresponding sciences: natural theology, psychology and cosmology. It was also necessary to study their relations with the sensitive experience, because these general sciences result from particular sciences, which are bound to sensibility. What is at stake here is the problem of order (didactic order or demonstrative order), and the problem of mutual arrangement that such organization supposes. However, Wolff tries to go beyond this problem: he created the notion of a "system of truths" (systema veritatum) to solve it. As Jean-François Goubet points out rightly, "this gradual movement of knowledge [from the experience to the rational foundations] is already understood by Wolff as fully included in the notion of system"[4].

This systematic requirement, characteristic of a mathematical investigation which proceeding from spirit to reality, gave the thought its rigor, its shape and its comprehensibility. However, this characteristic needs to be questioned about its origins. Where does it come from? What is noteworthy is that everything that came before Wolff was deeply marked by the paradigm of the geometrical method.[5]

Certainly, we do not need to be reminded of the determining influences of Descartes, and later Leibniz, but they were not the only ones to influence Wolff. It seems that lesser authors, regarded as secondary by historians, were able to strongly encourage him to begin a systematic project. These "minor authors" lived during a

---

1   Étienne Gilson, *L'Être et l'Essence*, Paris, Vrin, 1981³, p. 168: "Christian Wolff, whose all habits of thought would have made him an unmatched 13th century scholastician, and which did not dare to refer himself openly to a tradition about which we shall see that he nevertheless continued it".
2   Jean École, *Index auctorum et locorum Scripturae Sacrae ad quos Wolffius in opere metaphysico et logico remittit*, Hildesheim, 1985 (GW III 10).
3   *Discursus praeliminaris*, ch. III, § 55, p. 28 (GW II 1). It is clear that the *Preliminary Speech* of Wolff is the best paper which can give to the reader an overview on his system.
4   Jean-François Goubet, "Fondement, principes et utilité de la connaissance; sur la notion wolffienne de système", in: *Archives de Philosophie*, 2002, N° 65, p. 82.
5   Leo Catana, *The Historiographical Concept "System of Philosophy"*, Leiden, Boston, 2008.

time when the Cartesian revolution was very popular but they were not always among this new group, and everyone has something to contribute.

2   Authors studied by Wolff in the gymnasium of Breslau

The wolffian conception of the "system of philosophy"[6], in which the interconnection of elements is more important than the elements themselves, is characteristic of an *a priori* approach to methodical thought. Léo Catana noticed: "[Wolff] defends the so called systematic intellect, the *intellectus systematicus,* which "favours systems, and in which things cannot be understood, unless the notion of understanding has itself been reduced to within a system"[7]. This thought tries to apply a model of knowledge with a mathematical inspiration to reality. By doing so, it tries to impose its specific comprehensibility. Wolff was convinced that he was the first thinker who was fully aware that he was building a systematic philosophy. It is however highly doubtful that he had completely invented this project: previous works and previous authors must have inspired him.[8] This appears to be implied in his opuscule *De differentia intellectus systematici & non systematici.* Indeed, there he listed his predecessors, and there, he compared them to this criterion of systematic method. For example, he considered that Euclid, Aristotle and Descartes were really *systematic authors.* It should be noted, incidentally, that regarding this subject he entirely omitted the scholastic authors, who were not "rigorous" enough according to his criteria.

Certainly, the major influence of Euclid's *Elements* on Wolff, as well as Descartes and his appropriate system, is not questionable.[9] Wolff held Euclid in high esteem and adopted his mathematical model for human knowledge. From Descartes, Wolff understood his rationalism and his project of deductive knowledge, but these influences were certainly not the only ones. Indeed, the requirement to order, to clarify and to distinguish philosophical thought was not only Cartesian, it was also, contrary to what one might think, scholastic, or in the lineage of the scholasticism of Suárez, represented in particular in Germany by Clemens Timpler and his successors.[10] As Jean-François Courtine indicates: "it is indeed not a coincidence that the philosoph-

---

6   We find the "philosophiae systema" expression several times in the Foreword of *Cosmologia Generalis* (GW II 4).
7   Leo Catana, *The Historiographical Concept "System of Philosophy",* p. 184. Wolff's quotation comes from *De differentia intellectus systematici & non systematici,* in: *Horae subsecivae,* 1729. Trimestre brumale, p. 111 *sq.* (GW 34 1).
8   About the history of the notion of system, we can see the article "System" of the *Historisches Wörterbuch der Philosophie,* vol. X, by Joachim Ritter and Karlfried Gründer, Basel, 1998, p. 824 *sqq.*
9   Wolff mentions explicitly Euclid in *De differentia.*, p. 132 *sqq.* (GW II 34.1), as source of inspiration of the systematic character of its philosophy.
10 Jean-François Courtine, *Suarez et le système de la métaphysique,* Paris, 1990. p. 418 *sqq.*, in particular the chapter dedicated to Clemens Timpler (1567–1624) and to his work *Metaphysicae systema methodicum.* However, Wolff did not seem to know him and did not quote him.

ical consideration of the system comes first in the horizon of thought opened up by Suárez"[11]. It is obvious that the young Wolff must have read a lot of authors of lesser importance (more or less influenced by Descartes too) when he studied at Breslau and at the university of Jena. These may largely have contributed to encourage Wolff to pursue his project of systematic philosophy in this direction.

2.1 Caspar Neumann (1648–1715)

Caspar Neumann, minister, professor of theology at the gymnasium of Breslau, was the first teacher to introduce Wolff to the life of the intellect, and, having done that, the philosopher remained grateful to him for a very long time. Enthusiastically, Wolff would tell how he came in all weathers to listen to the lectures of the man who taught to him how to think.

A follower of Weigel, influenced jointly by Descartes and by the empiricism of Bacon, Neumann showed Wolff the inadequacies of traditional scholasticism and the need to base theology, practice and morality on a system of rigorous propositions, to convince anyone who could understand them. In particular, when Neumann or Wolff had discussions with the Catholics in Breslau, this method was able to convince both sides. Since this system, as Descartes noted, originated solely from mathematics, Neumann taught the young Wolff to distrust syllogisms and to search within mathematics for the roots of this rigorous method which relied on experiment. He applied it himself to theology, but also to the mortality of population rates, making him, in this department, a precursor in statistics.

Wolff praised him, with some others[12], for his effort into systematicity in the aforementioned opuscule *De differentia intellectus systematici & non systematici*, he noted the clarity of Neumann's theological presentation of Neumann, as well as the rigorous way he connected propositions between those which were natural and those which were derived.[13]

---

11 *Ibid.*, p. 418.
12 Wolff also recalled the efforts of systematization of minister Johan Andreas Schmidius for theology (cf. *De influxu philosophiae Autoris*, in: *Horae subsecivae*, 1731. Trimestre brumale, p. 25 *sq.* [GW II 34.3]), of Gottlieb Gerhard Titius for law (cf. *de Jurisprudentia civili*, in: *Horae subsecivae*, 1730. Trimestre brumale [GW II 34.2]) and of Archibald Pitcairn for medicine (GW II 34. 1, p. 154).
13 *De differentia*, in: *Horae subsecivae*, 1729. Trimestre brumale, § 7, p. 119 *sq.* (GW II 34.1).

2.2 Johannes Scharf (1595–1660)

Wolff's training at the gymnasium Maria-Magdalena of Breslau, from 1687 to 1699, was a strange mix of scholasticism and cartesian thought. On this occasion, he was able to read Johannes Scharf's textbooks. Scharf was a direct follower of Suárez with respect to his approach to metaphysics. Wolff studied at least one textbook of Scharf's logic, either *Institutiones logicae* (1656), or *Manuale logicum, metaphysicum et physicum* (1674). It is the only occurrence that mentions any direct link between the work of Scharf and Wolff.

On the other hand, it cannot be established with complete certainty that Wolff read the *Exemplaris metaphysica* (1625), even if it is highly likely because he used its vocabulary in the *Ontology*.[14] Certainly, Scharf claimed to be explicitly influenced by Aristotle. But it seems that Wolff was especially influenced by the clear and methodical aspect of Scharf's exposition which was far removed from the inchoative thought of Aristotle. This *well-ordered* aspect is exactly what Wolff liked.

Johannes Scharf was a pupil and the main follower of Wittenberg's Jakob Martini. At the same time, he inherited the metaphysical tradition of Suarez and a most resolute non-ramist point of view. His opposition to La Ramée explains his conservative attitude. This conservatism is clearly visible in his teaching work and polemical activity against the new logic of La Ramée, directed in particular against the Hamburgian logician Joachim Jungius.[15]

Indeed, as previously mentioned, Scharf referred to "strict Aristotelian thought" in metaphysics, just as in logic. Hence, he produced textbooks to immortalize the "tradition", in an educational and convenient way for students in theology. These rather short textbooks, many times republished, became instruments of ministers' training which were widely read and distributed during the 17th century at Protestant universities, particularly at Breslau where Wolff, a student of theology, meditated on them in turn.

This "orthodoxy" of Scharf also leads the reader to wonder if it was well-founded, and most of all if it was truly "aristotelian". For example, when he blamed La Ramée for having introduced a new method, and thus a "disorder" into the exposition of philosophy, it was because he required a method of exposition which was more consistent with the real world. For example, in the *Manuale Logicum*, he defined the method as: "an elegant arrangement in the processing of things to help ensure better

---

14 Cf. Johannes Scharf, *Exemplaris Metaphysica,* Wittenberg, 1625, foreword of Robert Theis, p. 10*–12* GW III 134). Jean École indicates for example that Wolff used the technical expression of "strict obedience power" in the note of § 20 of the *Ontology*, a notion which we can find in the text *Exemplaris Metaphysica*, II, IV, p. 43. Consequently, he could have known this treatise.

15 These quarrels with Jungius, Leinsle tells that, were rather unfortunate, they could not prove who was right, and lowered and tarnished Scharf's reputation and also made people think that he was a narrow minded conservative.

understanding"¹⁶. This definition is very close to the one that La Ramée gave to his dialectic. In spite of what Scharf affirmed, it is clear that this "arrangement" was more a *didactic* way of putting things, than a real submission to the order of things. This logical "right way" was equivalent to *order* for him, a term that was important for Wolff. Leinsle commented on this paradox, trying to explain it:

> He had to prove by his schemes that the Aristotelians also had a method, and thus he defended them against the reproach of confusion. But having a method is equally being already under the influence of La Ramée, with the possibility of dichotomous representation. So Scharf wanted to indicate that Aristotelian philosophy could be explained in tabular form and did not need La Ramée's "distortion". Scharf was entirely convinced by the major didactic gain of "the expression of the ideal art", in which the bases of all sciences, like musical scores, could be represented in a succinct and methodical manner¹⁷.

Thus, Scharf had no problem using logical tables, submitting himself to prescription of thought, and in his work dichotomies had to be regarded as "consistent" with real things. The only condition is to prevent abuse in "under divisions", with particular care to respect the order of reality. This approach, despite what one may think, is not under the influence of La Ramée. Scharf was certainly inspired here by the Padovan logician Jacopo Zabarella (1533–1589), whom he read and certainly counted among the defenders of the *philosophia recepta*. Loyal to Aristotelian logic, and especially concerned about didactics, Zabarella had created similar "tables of logic" for his students, but, with this new development, he was introduced to the scientific methods of the 16th century. The author, who wrote the preface of his work *Tabellae Logicae*¹⁸, indicated in 1578 at the beginning of his dedication:

> Nothing deserves more recommendation and admiration in Aristotle's entire philosophy than reason when it is well ordered using his approach. The Greeks call this method, and without it, it would be completely confused and knowledge would be disrupted and un-

---

16 "Elegans rerum tractandum dispositio ad meliorem cognitionem facta." (Johannes Scharf, *Manuale Logicum ex Aristotele et Philipp. Melanchtone*, logica specialis, book IV, ch. 3, p. 319, Wittenberg, 1652).
17 Ulrich Gottfried Leinsle, *Das Ding und die Methode, Methodische Konstitution und Gegenstand der frühen protestantischen Metaphysik*, 2 vol., Augsburg, 1985, vol. 1, p. 341. [our translation]
18 Jacopo Zabarella, *Tabellae Logicae*, Venice, on 1578. Translated into French by Michel Bastit under the title *Tables de Logique*, Paris, 2003. We can find in it an impressive series of dichotomous tables which had the peculiarity to remain always scrupulously faithful to the distinctions of Aristotle, without claiming to produce from itself, as in La Ramée, a new arrangement *a priori* based on the only concepts. Michel Bastit notes in the introduction the motive which explains the existence of these tables: "Zabarella's aim in writing this work was essentially educational. He wanted, as he expresses it clearly, to leave to his students a reminder of Aristotelian logic." (I). As regards to the loyalty to the spirit of Aristotle, he adds that "the work of Zabarella also praises in its way the liveliness of the logical tradition closest to Aristotle." (IV)

clear, not very different from the papers of those who were lacking the perspective that a doctrine of this kind brings[19].

These lines might easily have been written by Scharf himself, because he fully shared this view. The use of these synoptic and synthetic tables was very popular in the 17th century at German universities, including in subjects such as ethics. It seems that the use of these tables of methodical exposition came from "the era of the manuscript", using Charles B. Schmitt's expression, who noticed they were used a lot at that time:

> We have associated the use of dichotomous tables with the development of La Ramée's influence; it is true that these tabulae are characteristic of the textbooks which were the fruit of the efforts of the French educational reformer and his partners. But this educational technique has its roots in the era of the manuscript, and the use of tabulae was widespread in the medical literature long before La Ramée. It is obvious that at the end of the 16th century, their use was extensive, more so in Northern Europe than in the South, and that a high percentage of philosophy textbooks used this technique to summarize knowledge. (…) This discussion revealed the strength of spatial organization in the system of memorization and its popularity in the culture of Northern Europe at the end of the 16th century[20].

We also observe that these tables showed an implicit will to *systematize* human thought in order to make it more effective. It was clearly a prelude to the classic imperative of the *clear order,* which slowly subordinated the world to the requirements of the spirit.

Among the defenders of Aristotelian Renaissance orthodoxy, there was already a growing problem concerning the way contents were presented, a growing concern with the orderly and methodical arrangement of thought, in the form of schemes characterized by clarity and distinction, of enumerated propositions, of numbered axioms, of useful and transparent rules, of clear and concise textbooks. Wolff could have been very much inspired by the same requirements while studying these textbooks. Dichotomous partition (using brackets), as used in Zabarella's and Scharf's tables of logic, was also certainly to be found in Wolff's treatises. Wolff might well have drawn from Scharf on that particular point.

This desire for methodical exposition could also be applied to metaphysics. Max Wundt indicated, concerning Scharf's *Exemplaris metaphysica,* that here "the effort to handle and to order all notions is clear"[21]. Regarding metaphysics, Scharf wanted to expose to his theology students all the terminological distinctions arising from the scholastic tradition in an exhaustive and concise way. He thought it best to add noth-

---

19 Jacopo Zabarella, *Tabellae Logicae,* p. 3.
20 Charles Bernard Schmitt, *Aristote et la Renaissance,* Paris, 1992, p. 69–73.
21 Max Wundt, *Die deutsche Schulmetaphysik des 17. Jahrhunderts,* Tübingen, 1939, p. 116. [We translate]

ing more and to invent nothing,[22] because the method was clear and presented no possible doubts.[23]

However, was this tradition purely "Aristotelian"? Actually, it is well known that this form of German Protestant metaphysics, this "*philosophia recepta*", like most metaphysics of this period,[24] appeared to be under the dominant influence of Suárez. Fr. Suarez was the archetype, the unrivalled model. He commanded the way in which they approached *the science of being* and the construction of its internal architecture. Yet, in fact, Suarez was not faithful to Aristotle in metaphysics. His method was quite different and rather inspired by Duns Scotus[25]: it was an unequivocal method, not an analogical one, and based on a deductive and axiomatic approach.

It is obvious that, by reading Scharf, the young Wolff learnt most of this form of Suarezian metaphysics that he considered "official". This form of metaphysics prescribed deductive reasoning and unambiguous concepts. Wolff was never able to truly practise any other sort of metaphysics; for example, following an inductive and analogue approach. When he later wanted to submit metaphysics to radical mathematical processing, by recomposing it under the new guise of a "rational ontology", what happened was that this discipline was already doing so. It had already been that way for a long time. Indeed, under reformed thinkers' works such as Clemens Timpler, (see above), or Bartholomeus Keckermann, this form of metaphysics tried to consider itself as a completely *systematic* and deductive form, according to a Euclidian ideal rather than an Aristotelian one. Here lies a structure of thought which was applied in the 17th century, and which demanded the *a priori* systematization of human knowledge.

Scharf's *Exemplaris Metaphysica* unmistakably deals with being, but deals with it as such: first, he gives the definitions *a priori,* then, he gives numerous axioms, but undoubtedly Aristotle would never have done that. For Scharf, concern with method and the arrangement of judgments are more important than concern with the object, and he was not the only one to do so. As Edouard Mehl puts it, "we find the same novelty in *Schulmetaphysik* of the Calvinists (Keckermann, Timpler, Alsted): with them the first science comes to define itself as *system*"[26]. We can say that it is a kind of *prejudice* which is favourable to axiomatic and deductive thought, popular in the 17th century, and this prejudice was passed on in the "traditional" textbooks of Wolff's youth, in the gymnasium of Breslau.

---

22 Johannes Scharf, *Exemplaris Metaphysica*, op. cit., Praefatio: "nihil enim inveniens (…)."
23 *Ibid.*, "Necessaria esse doctrinam terminorum Metaphysicorum amplius hodie dubium esse not potest."
24 Francisco Suarez, *Disputationes metaphysicae*, 1597, in: *Opera omnia*, Vivès, 1856–1877, vol. 25.
25 Jean-François Courtine, *Suarez et le système de la métaphysique*, op. cit., p. 137.
26 Edouard Mehl, *Descartes en Allemagne*, Strasbourg, 2001, p. 13.

2.3 Rudolf Agricola (1444–1485)

Wolff mentioned only once Rudolf Agricola in his whole works; indeed, he studied Saint Thomas Aquinas while mentioning Agricola in his autobiography. Actually, he did not read the great medieval author directly, but through a summary of the *Theological Sum* by Ludovic Carbon.[27] In his text, he wrote that he had read an *Art of dialectic* by Agricola, a popular work published in 1479. This work dealt with the art of invention in knowledge. Wolff was truly interested in this subject at that time. To be more precise, Wolff needed to find a method for the mind, a convenient way to find new truths. When he read this work, Wolff learnt the dialectical process of the modern way of thinking and the novelty it brought.

Agricola was, before La Ramée, the first great reformer of the dialectical art, which was more important for him than Aristotelian syllogistic reasoning. Indeed, he was the first thinker to transform the science of logic into a utilitarian art, and this pragmatism brought a high degree of *systematic* knowledge.[28] Subsequently, after he praised Aristotle, Agricola blamed him for his confusion and his lack of order and of systematic knowledge.[29]

Agricola, inspired by Cicero, questioned and turned Aristotle's traditional hierarchy between dialectics and syllogistics upside down. In fact, Aristotle distinguished two major domains in logic, the cleanly demonstrative or analytical logic and the logic of the probable or dialectical judgment. It is obvious that, in his view, it was the analytics and the theory of syllogism that were the principles of the certainty and the solidity of reasoning, but not dialectics.

Yet dialectics were extraordinarily valued by Agricola, and according to him had to find a common cause with rhetoric. He considered dialectics more flexible, of wider use, more didactic, more able to reveal new truths than Aristotelian syllogistic. Dialectics became by themselves a new instrument of clear and certain knowledge, and not just a simple reflection on possible judgments as they were within Aristotelian thought.

---

27 *Christian Wolffs eigene Lebensbeschreibung*, hg. von H. Wuttke (GW I 10), p. 117. Cf. Mario Casula, "Die Beziehungen Wolff—Thomas—Carbo in der Metaphysica latina: Zur Quellengeschichte der Thomas-Rezeption bei Christian Wolff", in: *Studia Leibnitiana*, 1979, XI (1), pp. 98–123.

28 Cf. Rudolph Agricola, *De l'invention dialectique*, in: *Écrits sur la dialectique et l'humanisme* (1478), Paris, Honoré Champion, 1997, p. 97: "but it is possible to explain in a concise way and with a clear plan, as much as is necessary in order to realize our purpose, what a place is (…) I'm not doing it because I better hope to do better than all these great and learned men who preceded me—how could I—but to deal with, I have already said it, the rules in a slightly simpler way and in a more detailed way, in the hope that, if they are not analyzed with great foresight, they will be explained in a rather clear way. If I succeed, my wish will come true." [Our translation]

29 *Ibid.*, pp. 85 sqq.: "It is that this man in a position of authority did not express in a clear and simple way the results of his search. Thus, besides the effort due to the complexity of the subjects, there is another additional difficulty, which comes from the author himself and means that we have to investigate his questionable and ambiguous intentions, as if it were about an oracle." In any case this judgment reveals the intentions of Agricola himself.

It is clear that Agricola was interested in the formation and the rigorous classification of ideas. This theme was very important for the young Wolff who was very concerned about how correct definitions were built (the right way to find the elements of the definition; how to reach the "complete notions"; he dealt with it in the *Logica Latina*). However, it is obvious that if Agricola insisted on the clarity and the precision of method, on thought based on deduction, on "natural light", he never used the model of mathematics. He did not try to extract it from its own area.

3 Authors studied by Wolff at the university of Jena

3.1 Erhard Weigel (1625–1699)

Erhard Weigel was a philosopher of paramount importance, an influential professor, and a prolific author, but is still lesser known due to the lack of translations. He was clearly for Wolff, through Neumann, the main inspirer of his mathematical project. Weigel himself had an encyclopedic and methodical spirit. His work, called "pansophy" or "universal science", was entirely open to the development of a *systematic* reason, in agreement with the thought of his master Johan Heinrich Alsted (1588–1638). That seemed to be a characteristic tendency of the Calvinist philosophy of this time.

Disappointed by the lack of real rigorous mathematical treatises on education, Weigel wanted to restore an ancient tradition: he asserted that the "natural instrument" of human knowledge was completely based on mathematics. This methodical instrument allowed systematization of knowledge of nature and production of fertile consequences for day-to-day life. This progressive method of mathematics was for him "real philosophy", the "Hauptmathesis", that which should never have stopped being applied, but which was overshadowed by a historic process of degradation. This process began with the Aristotelian invention of syllogistic reasoning and especially with medieval scholasticism. For him, "it is a fact that the full extent of mathematics (mathesis) is not a different discipline to philosophy"[30]. The synonymy between mathematical method and philosophy is very significant: it is even crucial, because here we touch upon the central intuition of Wolff.

According to Weigel, philosophers and theologians, after Euclid and Pythagoras, concentrated only on metaphysics. For Weigel, metaphysics consisted in knowing how to form and to call upon abstract notions. He wanted to be able to connect them in a fertile and rigorous way, in order to find new truths. This metaphysical approach

---

30 Erhard Weigel, *Philosophia mathematica, Theologia naturalis solida, Per singulas scientias continuata, Universae Artis Inveniendi prima Stamina complectens* (1693) (GW III 95), ad lectorem, p. 2, quoted by Jean-Paul Paccioni, *Cet esprit de profondeur, Christian Wolff, l'ontologie et la métaphysique*, Paris, 2006, p. 42.

to the formation of notions might have been useful at first, but was not enough to know beings exhaustively because it was purely descriptive and verbal.

So why, on the contrary, is the mathematical method fertile? In fact, with it, we obtain a larger quantity of deductions, and thus a greater number of conclusions:

> Mathematics (...) consists in developments in the continuity of demonstrations, still linked in a demonstrative manner, of which the deepest includes not only one, two or three, but hundred conclusions and more, and includes in them syllogisms, with which the truth itself must be derived from natural sources[31].

This passage, with its deductive ideal, immediately evokes the spine of Wolff's system, in particular its concatenation of syllogisms. Each of them is connected to the other in a kind of continuous demonstration containing multiple intermediate findings. Human reasoning, for Weigel as for Wolff, is completely reducible to a calculation of mathematical form. Weigel defines calculation thus: "calculation is, with the reflection about the available foundations (Gründe) after the additional instruction of suitable truths, the consultation of a hidden connection, either the revelation of the consequence, which is located in foundations and in proven connections between both"[32]. Here lies the "proven connection" which establishes the truth of the calculation and its demonstrative solidity, exactly as Wolff would declare later. The thought is comparable to a chain of proof whose deductive connection allows rigorous conclusions to be made, answering initial difficulties.

Again, this emulates Wolff's intention to produce deductive and systematic thought. For Weigel, Hauptmathesis only can really be able to connect the notions between themselves. On this basis, we can build a truly rigorous system of knowledge. However, this intention never became anything more than a project.

3.2 Johann Christoph Sturm (1635–1703)

The mathematician Sturm, professor at Altdorf, was not Wolff's immediate teacher, but Wolff studied his mathematical works with Hamberger. Sturm had a personality from which Wolff had learnt important things. Leinsle declared for example that Sturm was a link between Descartes and Wolff.[33]

---

31 Erhard Weigel, *Kurzer Bericht von der Mathematica*, Jena, 1664, p. 130.
32 Erhard Weigel, *Von der Würckung des Gemüths die man daß Rechnen heißt*, Jena, 1684. Quoted in Hans-Reiner Lindner: "Erhard Weigels 'Idea matheseos universae'", in: *Wissenschaft und Verantwortung in der Geschichte*. (Alma Mater Jenensis. Studien zur Hochschul- und Wissenschaftsgeschichte Heft 4). Jena, 1987, p. 30.
33 We can find in German an analysis of the thought of Sturm in Ulrich Gottfried Leinsle, *Reformversuche protestantischer Metaphysik im Zeitalter des Rationalismus*, Augsburg, 1988, p. 105–113. It is important to say that Wundt, for his part, doesn't produce an analysis of Sturm in his study about the

Sturm, who was a pupil of Weigel, agreed wholeheartedly that mathematics could provide a general methodical instrument for human knowledge. This position was also shared by Wolff. In his treatise *Universalia Euclidea* (1661), Sturm indicated that Euclid's axiomatic approach should be applied to all beings without exception. Indeed, everything should be able to be judged by this criterion.[34] Thus, he supposed that all beings must be able to be translated into numbers or into proportions making them perfectly mathematical.[35] All real relations should be expressed by similar demonstrations. Just like with Weigel, mathematics was the "one fail-proof philosophy". But Sturm was too eclectic to be able to build a real philosophical system. Leo Catana noted:

> Johannes Christoph Sturm (1635–1703) observed in 1688 that his age was ridden by the obsession to reduce everything to a system, and made the point such a criterion to philosophy, to provide a complete, and therefore closed system, was an obstacle to the integration of new observations which did not fit into the a priori conceived system, thereby being an obstacle to progress in the sciences—for instance, natural philosophy[36].

Indeed, It is uncertain whether Sturm had harmonized this requirement with Euclid's axiomatic model. Despite all his efforts, his position was not really well-balanced.

3.3 Johann Paul Hebenstreit (1664–1718)

Hebenstreit, professor of theology, metaphysics and morality in Jena, was a successor of Weigel, with nevertheless a bigger concern to respect the traditional terminology arising from Suárez. The influence of Weigel on Hebenstreit was rather noticeable in his major work of 1697, *Philosophia Prima ad mentem veterum sapientium in modum scientiae verae demonstrativae concinnata.*[37] Wolff was his diligent pupil but was not satisfied with his method, which he considered not rigorous enough. Nevertheless Hebenstreit insisted strongly on the methodological rigorous requirement.

For Hebenstreit, the real spirit of metaphysics requires one to find a good method of research. Two principles could be distinguished: on the one hand, metaphysics had to be a general science, "scientia demonstrativa" like the physical and mathematical

---

metaphysics school of the 17th century and doesn't mention him in his index. In fact, he didn't widen his study until the history of the university of Altdorf.
34 Johann Christoph Sturm, *Universalia Euclidea*, 1661, p. 5: "Ut autem appareat ita laxa esse and universalia, deque omni entium genere demonstrabilia dicta Euclidis effata."
35 *Ibid.*, p. 61.
36 Catana, *The Historiographical Concept "System of Philosophy"*, p. 183 sq.
37 Johann Paul Hebenstreit, *Philosophia Prima ad mentem veterum sapientium in modum scientiae verae demonstrativae concinnata*, Jena, 1692[1] (first edition mentioned in the dedication), 1697[2].

sciences[38]; on the other hand this discipline must be established on a very strong and systematic foundation, and had to reflect a method. It is obvious that Wolff would respect these two criteria (which came from Weigel) when he produced his own metaphysics.

What did Hebenstreit understand by "demonstrative science"? Demonstrative science indicated here the clear, exhaustive and rigorous treatment of the terms and the principles, or, to put it in another way, the first axioms[39] which conferred a unity of order to all the objects addressed by metaphysics. Using the Euclidian term of axiom was already significant. Analytic precision was obvious, for example, in the four different senses distinguished in the concept of not being (*nihil*)[40]. Ultimately, it is maybe less the unity of the object that makes metaphysics but rather its methodical unity, its organic and rigorous general prescription. Leinsle noted that, "the question of the unity of the first philosophy is raised by a new approach to it. The unity of metaphysics is above all methodical"[41]. The way forward in knowledge was more important for Hebenstreit than the object of knowledge.

It is clear that all these measures gravitated towards a systematization of knowledge, even if Hebenstreit was very far from having realized this in his treaty. It explains the fact that Wolff was very disappointed by his thought.

3.4 Ehrenfried Walther von Tschirnhaus (1651–1708)

Wolff's Weigelian teachers, directing their pupil to the necessity of a mathematical method in order to establish a foundation for knowledge universally, advised him very early on to read the *Medicina Mentis* by Tschirnhaus, who was a follower of Spinoza. However, Wolff was able to read this book only at the end of his studies at the university of Jena, because no copy of this treatise existed in Breslau. It is obvious that Wolff, who was inspired by those teachers to produce a formal philosophical project, was able to find in Tschirnhaus the first concrete content giving body to his project. He could even estimate its efficiency. Wolff was unmistakably indebted to Tschirnhaus[42]: the theoretical requirements, the mathematical method, the vocabulary used in his treaties were almost entirely the result of the influence of Tschirnhaus.

---

38 *Ibid.*, preliminary chapter, th. 8, p. 41: "Metaphysica est scientia proprie dicta, hoc est habitus demonstrativus."
39 *Ibid.*, preliminary chapter, th. 15, p. 50: "Axiomata vero non expendit metaphysica in parte aliqua particulari, […]."
40 *Ibid.*, pp. 104 sq.. See Leinsle, *Reformversuche protestantischer Metaphysik, op. cit.*, p. 186.
41 Leinsle, *Reformversuche protestantischer Metaphysik, op. cit.*, p. 183. [We translate]
42 *Ibid.*, p. 151: "By Wolff, his thoughts become more prevalent on the school philosophy, although Tschirnhaus in a moderate application of his work at the school." [Our translation]

Tschirnhaus allowed Wolff to specify his own thought and to systematize his philosophy. From a historical point of view, Tschirnhaus played the role of a transmission channel between Cartesian intuitions and Wolff. Tschirnhaus read the important letter Descartes sent to Mersenne on November 20th, 1629,[43] where the project of a new philosophical language inspired by mathematics was clearly formulated. He was the one who announced it to Leibniz in these terms:

> I was able to read the letter of Descartes in which we spoke of a philosophical language by which a farmer might grow up in the search for the truth more easily than a great philosopher (…). So I understood the real meaning of Descartes and strengthened my convictions thanks to the authority of such a prestigious philosopher; so I began, but in vain, to develop many reflections and to facilitate the way towards the ability to speak this language, I decided to cultivate algebra deliberately because we already possessed what—when I think clearly about it—I would have been able to learn at the same time to apply it to everything[44].

Leibniz focused his efforts in this direction and was well known to have the advantage. But no doubt that the *Medicina Mentis* represented the outcome of these reflections by Tschirnhaus aiming for "the control of this language" applicable to all knowledge domains. He noted that only mathematicians were capable of winning unanimous support quickly thanks to their certainty.[45] Besides algebra had resources which allowed many problems to be solved. Finally, afterwards, he explained three theses which constituted this "medicine of the soul".

His first thesis was that the truth of a thing is clear only if our consciousness is certain of it and sees in its thought no contradiction. It is the starting point of all thought, according to Tschirnhaus.

On that basis, for Tschirnhaus as for Wolff, what is true is what is also conceivable by the consciousness, and what is false is what is also not conceivable by the consciousness: thus "it follows that falsehood consists in what cannot be designed, and the truth in what can be"[46]. Consciousness itself is the criterion for truth and falsehood, but not reality: "[…] in any case we carry in ourselves the criterion or the norm

---

43 Cf. René Descartes, *Œuvres complètes*, Paris, (1896 *sqq.*), vol. I, p. 81.
44 *Letter of Tschirnhaus to Leibniz*, in Leibniz Gottfried Wilhelm *Der Briefwechsel mit Mathematikern*, hg. von Carl Immanuel Gerhardt, vol. I, Mayer & Muller, Berlin, 1899, p. 393–394 (Repr. Hildesheim, 1962).
45 Cf. Ehrenfried Walther von Tschirnhaus, *Medicina mentis sive Artis inveniendi Praecepta generalia*, 1686–1695; French translation by Jean-Paul Wurtz; republication by Thoman J., Leipzig, 1695, with the title *Médecine de l'Esprit ou préceptes généraux de l'art de découvrir*; Association des publications près les universités de Strasbourg, éd. Ophrys, 1980, p. 67 [32]: "[…] I became particularly attentive to the fact that, only mathematicians, as it appeared clear to me, don't like discussing their science for a long time, and that, if these discussions do happen, they are very quickly closed."
46 *Ibid.*, p. 69 [35].

by which we distinguish truth and falsehood, as a torch with which we distinguish the light from the darkness"[47].

The third thesis is that from a possible, thus conceivable thing, a second conceivable thing can be deduced. Hence, a perfectly solid chain of truth may be built actively by the intellect starting with an initial truth. In order to justify this claim, Tschirnhaus put the following axiom: "because we deduce very clearly that the truth ensues only from the truth, but never from falsehood, and on the contrary that falsehood ensues only from falsehood, but never from the truth"[48]. The truth appears here as to be linked with a deduction *a priori* of reason[49], with concepts conceived beforehand, exactly like the *a priori* we find in Wolff's work. The deductive ideal shows itself here completely, and strongly inspired by Descartes.

Tschirnhaus understood the necessity of a strict prescription of knowledge according to a very specific logic. It is crucial, according to him, to begin by appropriating "first concepts" the arrangement of which produces definitions, and which are the matrix of all sciences worthy of the name:

> [...] Nothing will be more indicated, in order to progress as far as possible in this way, than to be dedicated to acquire all the possible concepts which, according to my observations, my conscious mind is capable of forming.
>
> [...] I shall order at first all the possible first concepts from which the others are formed, and shall name them afterward definitions[50].

From these definitions, which are initially conceived in a thing, Tschirnhaus extracted some *axioms*.[51] These were the result of the deduction of the characteristic of the definitions. If finally we connect the definitions with one another, we obtain *theorems*.

What is at stake here with Tschirnhaus is knowledge which is certainly inspired by mathematics, but which distinguishes itself above all by its constructive and deductive form. The result of this inspiration is a strictly systematic thought. However, the *Medicina Mentis* did not have a systematic structure, strictly built and well ordered in all its parts, as Wolff wished for. There are difficulties and also incoherence in Tschirnhaus which seem poorly masked by the firmness and the optimism of the

---

47 Ibid., p. 69 [35]: „[...] nos utique in nobis ipsis habere normam seu regulam, qua verum a falso discernamus, & facem quasi, qua lucem a tenebris distinguamus [...]."
48 Ibid., p. 69 [35]: "Hinc etenim clarissimum est, ex vero non nisi verum, sed nunquam falsum; ex falso autem non nisi falsum, sed nunquam verum, sequi, de quo tot hominum disputationes."
49 Ibid., p. 70 [36]: "[...] By later deduction of the truths, that is by the application to just only operations which the spirit conceives perfectly [...]."
50 Ibid., p. 92 [66–67]: "Ut autem in via hac, quam potero, longissime progrediar, levi negotio colligo, nil magis hic e re fore, quam ut omnes possibilis conceptus, quos mentem meam posse formare observo, mihi acquirere studeam. [...] Primo omnes possibiles primos conceptus, ex quibus formantur reliqui, redigam in ordinem, eosque imposterum *Definitiones* nominabo [...]."
51 Ibid., p. 92 [67]: "[...] And I'll call *axioms* the resulting properties [...]."

words. The young Wolff must have been conscious of these flaws and had to formulate several awkward objections during their interview in Leipzig, but he would keep from Tschirnhaus the same thing he kept from all the previous authors: the rigorous demonstrative and deductive requirements for the construction of rational knowledge. Such requirement leads us directly to the construction of a *system*.

4 Conclusion

Finally, we notice that all these authors, situated both in the sphere of influence of Descartes (and rather hostile to metaphysical knowledge) and in the scholastic sphere of influence inspired by Suárez, curiously enough, all agreed on the same objective: systematize human knowledge, translate thought through mathematical axioms, build a deductive reasoning *a priori*. Despite all the opposed views about this requirement, this characteristic seems to be imperative at the end of the 17th century.

What does it mean? All these authors worked on this program, and tried to promote the production of a clear, complete, orderly philosophy. This thought, theoretically, must be able to account for all its parts, because these parts have to be harmonized by reason. From then on, it seems that deep-seated differences and high partisanship brought division among them they disagreed and dissented. Indeed, defenders of the scholastics (Scharf) were against the dialecticians (La Ramée); The Cartesians (Weigel, Neumann, Tschirnhaus) were against the dialecticians; the defenders of eclecticism (Sturm) were against all these positions. But in fact, the majority of them had another intention: to make human knowledge deductive and systematic. With this fundamental ideal of philosophy as a system, they could only encourage the young Wolff to produce a thought that went in the same direction, and there can be no doubt that his thought followed this tendency in the process of building his philosophy.

5 Bibliography

Agricola, Rudolph (1478, 1997): *De l'invention dialectique, in Ecrits sur la dialectique et l'humanisme,* Paris.
Catana, Leo (2008): *The Historiographical Concept "System of Philosophy". Its Origin, Nature, Influence and Legitimacy,* Leiden, Boston.
Courtine, Jean-François (1990): *Suarez et le système de la métaphysique,* Paris.
Descartes, René (1896 ff.): *Œuvres complètes,* Paris.
École, Jean (1985): *Index auctorum et locorum Scripturae Sacrae ad quos Wolffius in opere metaphysico and logico remittit* (GW III 10).
Gilson, Etienne (1981): *L'être et l'essence,* Paris.

Goubet, Jean-François (2002): "Fondement, principes et utilité de la connaissance; sur la notion wolffienne de système", in: *Archives de Philosophie*, N° 65.

Hebenstreit, Johann Paul (1692, 1697): *Philosophia Prima ad mentem veterum sapientium in modum scientiae verae demonstrativae concinnata*, Jena.

Leibniz, Gottfried Wilhelm (1899, 1962): *Der Briefwechsel mit Mathematikern*, hrsg. von Carl Immanuel Gerhardt, vol. I, Berlin; Hildesheim.

Leinsle, Ulrich Gottfried (1985): *Das Ding und die Methode, Metodische Konstitution und Gegenstand der frühen protestantischen Metaphysik*, 2 vol., Augsburg.

— (1988): *Reformversuche Protestantischer Metaphysik im Zeitalter des Rationalismus*, Augsburg.

Lindner, Hans-Reiner (1987): "Erhard Weigels 'Idea matheseos universae'", in: *Wissenschaft und Verantwortung in der Geschichte*, Alma Mater Jenensis, Studien zur Hochschul-und Wissenschaftgeschichte Heft 4, Jena.

Mehl, Edouard (2001): *Descartes en Allemagne*, Strasbourg.

Paccioni, Jean-Paul (2006): *Cet esprit de profondeur. Christian Wolff. L'ontologie et la métaphysique*, Paris.

Scharf, Johannes (1625, 2012): *Exemplaris Metaphysica*, Wittenberg; Hildesheim.

— (1652): *Manuale logicum ex Aristotele et Philipp. Melanchtone*, Wittenberg.

Sturm, Johann Christoph (1661): *Universalia Euclidea*.

Ritter, Joachim and Grunder, Karlfried (1998): *Historisches Wörterbuch der Philosophie*, 13 vol., vol. X, Basel.

Schmitt, Charles Bernard (1992): *Aristote et la Renaissance*, Paris.

Suarez, Francisco (1597, 1856–1877): *Disputationes metaphysicae*, in *Opera omnia*, vol. 25.

Tschirnhaus, Erhenfried Walter von (1686–1695, 1980): *Medicina mentis sive Artis inveniendi Praecepta generalia*; French translation by Jean-Paul Wurtz; republication by Thoman J., Leipzig, with the title *Médecine de l'Esprit ou préceptes généraux de l'art de découvrir*, Paris.

Weigel, Erhard (1664): *Kurzer Bericht von der Mathematica*, Jena, 1664.

— (1693, 2006): *Philosophia mathematica, Theologia naturalis solida, Per singulas scientias continuata, Universae Artis Inveniendi prima Stamina complectens*, Jena, Hildesheim.

— (1684): *Von der Würckung des Gemüths die man daß Rechnen heißt*, Jena.

Wundt, Max (1939): *Die deutsche Schulmetaphysik des 17. Jahrhunderts*, Tübingen.

Zabarella, Jacopo (1578, 2003): *Tabellae Logicae*, Venice. Translated into French by Michel Bastit with the title *Tables de Logique*, Paris.

3 Philosophiebegriff und Methode

Juan Ignacio Gómez Tutor

Keywords

Philosophie, Wissenschaft, Fertigkeit, Möglichkeit, Grund, Methode, Beweis, Deduktion, Verknüpfung, Gewissheit

Abstract

Was Wolff unter Philosophie versteht, wird hier beantwortet, indem Wolffs Definition der Philosophie und die zentralen Begriffe der Definition wie Wissenschaft, Fertigkeit, Möglichkeit oder Gewissheit in ihrer terminologischen und inhaltlichen Entwicklung analysiert werden. Die Untersuchung wird zeigen, wie sich der Philosophiebegriff und die in der Definition vorkommenden Begriffe in ihrer Bedeutung und in ihrer Formulierung von den frühen zu den späteren Werken entwickelt haben. Ebenso wird dargelegt, wie Wolff seine Methode im Laufe seiner Arbeiten versteht, und wie er die Hauptmomente und die Regeln der Methode in diesem Prozess präzisiert und differenziert.

1 Einleitung

Wolffs Werk hat eine imposante Breite. Nicht selten haben die Autoren, die sich mit ihm befasst haben, kurzen Prozess gemacht nach dem Motto: Je länger das Werk, desto kürzer das Urteil. In diesem Versuch, die Mühsal sorgfältiger Lektüre zu umgehen, hat sich eine Reihe von tradierten Denkschablonen über Wolff herausgebildet, die den Eindruck entstehen lässt, es wäre verlorene Mühe, sich ausführlicher mit seinem Werk auseinanderzusetzen. Eine andere Absicht wird hier verfolgt, nämlich Wolffs Denkweise mit drei Begriffen zu kennzeichnen. Sie sollen beim Studium seines Werkes Orientierung geben. Diese drei Begriffe sind habitus (*Fertigkeit*), con(n)exio (*Verknüpfung*) und certitudo (*Gewissheit*). Diese Auswahl geschieht nicht auf Grund des häufigen Vorkommens der Wörter in Wolffs Texten, sondern sie wurden gewählt, weil sie zentrale Ideen ausdrücken, die Wolffs Werk wesentlich prägen.

Mit habitus (*Fertigkeit*) steht der dynamische Aspekt im Mittelpunkt, den Wissenschaft oder Erkenntnis für Wolff hat. Eine Fertigkeit ist etwas, was erlangt werden kann, aber sie kann auch verloren gehen, wenn man nicht mehr in der Lage ist, auszuführen, worin die Fertigkeit besteht. Zum Beispiel kann man bei Wolff einen Erkenntnisgrad erreichen, aber auch einbüßen. Darüber hinaus kann jemand auf der Ebene einer Wissenschaft nur dann tätig sein, wenn er eine bestimmte Fertigkeit hat. Dieser dynamische Aspekt des Begriffs der Fertigkeit durchzieht Wolffs gesamte Arbeit.

Der zweite Begriff ist con(n)exio (*Verknüpfung*). Die Verknüpfung bei Wolff ist das, was wir heute logische Folgebeziehung nennen. Verknüpfung ist die Beziehung zwischen den Prämissen und der Konklusion. Durch diese Verknüpfung werden Beweise und Demonstrationen aufgebaut. Ohne sie kann man nicht von Beweis oder Demonstration sprechen.[1] Darüber hinaus bilden Beweise und Demonstrationen den Kern von Wolffs Methode, und so ist die Verknüpfung die entscheidende Beziehung in seiner Methode, und da Wolff alle Disziplinen nach dieser Methode aufgebaut hat, ist die Verknüpfung die Beziehung schlechthin in seinem Werk. Weiter ist seine Methode das Instrument, mit dem er ein System der Wahrheiten anstrebt, und deshalb wird diese Verknüpfung das sein, was das gesamte System zusammenhält.

Der dritte Begriff ist certitudo (*Gewissheit*). Es steht am Ende der Reihe, weil für Wolff Gewissheit das höchste und letzte Ziel und das gewünschte Ergebnis der Ausübung einer erkenntnisgewinnenden Fertigkeit und der Anwendung der Methode bildet. So betrachtet ist Gewissheit das Ergebnis von Fertigkeit und Verknüpfung. Wolff entwickelt seine Methode und baut die Philosophie nach einer bestimmten Art und Weise auf, weil er in erster Linie nach Gewissheit strebt. Dieser brennende Wunsch nach Gewissheit durchzieht seine ganze Arbeit. Das wird bei der Behandlung seines Philosophiebegriffs und seiner Methode ersichtlich.

---

1 Nach Wolff ist eine Demonstration ein Beweis, der als erste Prämissen nur Definitionen, unzweifelhafte Erfahrungen und Axiome haben darf. Vgl. *Logica*, § 498, S. 379 (GW II 1.2).

2 Definition der Philosophie

Das erste Buch, in dem Wolff eine Definition der Philosophie gibt, ist die *Aërometriae Elementa*. Nach dieser Definition ist Philosophie die Wissenschaft der möglichen Dinge als solcher.[2] Bei dieser ersten Formulierung der Definition findet man, dass Wolff die Philosophie als eine Wissenschaft bestimmt, und sie soll sich mit den möglichen Dingen befassen. Damit wird gesagt, wie die Philosophie als eine Wissenschaft aufgebaut sein soll, und was ihr Inhalt ist, nämlich die möglichen Dinge.

Welche Absicht Wolff bei seiner Definition der Philosophie verfolgt, hat er im selben Buch angegeben, indem er schreibt, dass das Wort Philosophie den vollständigen Inbegriff aller Wahrheiten bezeichnen muss, „quae in pluribus disciplinis proponi sueverunt" (*die in mehreren Disziplinen vorgetragen zu werden pflegen*)[3]. Wolffs Definition bestimmt „generalem scientiarum, hoc est Philosophiae, notionem" (*einen allgemeinen Begriff der Wissenschaften, das heißt der Philosophie*)[4]. Für Wolff gibt die Definition der Philosophie einen vollständigen Inbegriff aller Wahrheiten an, oder anders gesagt, einen allgemeinen Begriff der Wissenschaften. Der Begriff der Philosophie hat für Wolff einen allgemeinen Umfang ohne Beschränkung, seine Designate sind alle Wahrheiten. So ist klar, dass sich Philosophie als eine universale Wissenschaft von den einzelnen Wissenschaften unterscheidet. Wenn Wolff schreibt: „In scientiis igitur rerum possibilitati cognoscendae studes" (*In den Wissenschaften bemühst du dich also, die Möglichkeit der Dinge zu erkennen*)[5], stellt er als Aufgabe der Wissenschaften das Erkennen der Möglichkeit der Dinge. Da die Philosophie eine Wissenschaft ist, jedoch mit universalem Charakter, formuliert er erneut die Definition, in der dieser Aspekt beinhaltet ist: „Philosophiam optime definies per rerum omnium possibilium, qua talium, scientiam" (*Die Philosophie wirst du am besten durch eine Wissenschaft aller möglichen Dinge als solcher definieren*)[6]. Der Zusatz in dieser Definition ist, dass die Philosophie eine Wissenschaft *aller* möglichen Dinge ist. Es ist der Umfang ihres Aufgabenbereichs, der die Philosophie von den anderen Wissenschaften unterscheidet.

In seiner *Deutschen Logik* findet man die erwähnte Ergänzung der Definition und eine weitere genauere Angabe: „Die Welt-Weisheit ist eine Wissenschaft aller möglichen Dinge, wie und warum sie möglich sind"[7]. Die Erweiterung besagt, dass die

---

[2] „Philosophiam ego definire soleo per rerum possibilium, qua talium, scientiam" (*Ich pflege die Philosophie als eine Wissenschaft der möglichen Dinge als solcher zu definieren*). Aërometriae Elementa, S. 1f. (unpag.) (GW II 37).
[3] Ebd., S. 4 (unpag.).
[4] Ebd., S. 5 (unpag.). Vgl. Norbert Hinske, *Die Geliebte mit den vielen Gesichtern. Zum Zusammenhang von Selbstdefinition und Funktionsbestimmung der Philosophie*, in: *Wozu Philosophie? Stellungnahmen eines Arbeitskreises*, hg. von Hermann Lübbe, Berlin [u. a.], 1978, S. 322 f., überarb. u. erw. Fassung, in: Norbert Hinske, *Lebenserfahrung und Philosophie*, Stuttgart-Bad Cannstatt, 1986, S. 194.
[5] Aërometriae Elementa, S. 5 (unpag.) (GW II 37).
[6] Ebd.
[7] Deutsche Logik, Vorbericht, § 1, S. 115 (GW I 1).

Philosophie nicht nur angibt, wie etwas möglich ist, wie man zum Möglichen kommt, sondern auch warum etwas möglich ist. Die Philosophie als universale Wissenschaft legt den Grund oder die Gründe aller möglichen Dinge dar.

In der 1718 erschienenen *Ratio praelectionum* findet man eine ähnliche Formulierung der Definition der Philosophie wie die zitierte zweite in den *Aërometriae Elementa*; während er hier von ‚scientia rerum omnium possibilium' (*eine Wissenschaft aller möglichen Dinge*) sprach, wird in *Ratio praelectionum* nur von „scientia omnium possibilium" (*eine Wissenschaft alles Möglichen*)[8] die Rede sein, wobei Wolff als Gegenstand der Philosophie das Folgende bezeichnet: „[...] res omnes, qualescunque fuerint, quatenus esse possunt, sive existant, sive non" (*[...] alle Dinge, wie sie nur immer beschaffen sind, insofern sie sein können, sei es, dass sie existieren, oder nicht*)[9]. Für Wolff richtet sich die Philosophie auf alle Dinge. Sie werden losgelöst von ihren Besonderheiten betrachtet. Nur folgende Eigenschaft steht im Mittelpunkt des Interesses, dass die Dinge möglich sind und sein können, unabhängig ob sie existieren oder nicht. Das wird von Wolff in der Auflage der *Ratio praelectionum* von 1728 näher bestimmt: „Unde in philosophia res considerantur in universali non in singulari, & ipsi cum veritatibus, seu notionibus universalibus [...] negotium est" (*Daher werden die Dinge in der Philosophie im Allgemeinen nicht als Einzelne betrachtet, und sie selbst hat es mit allgemeinen Wahrheiten oder Begriffen [...] zu tun*)[10]. Den universalen Charakter der Philosophie unterstreicht Wolff etwas weiter, wenn er sagt, dass es kein Objekt gibt, das man nicht philosophisch betrachten kann.[11]

Die letzte und prägnante Formulierung der Definition findet man in *Discursus praeliminaris*: „Philsophia est scientia possibilium, quatenus esse possunt" (*Philosophie ist die Wissenschaft des Möglichen, insofern es sein kann*)[12]. Hier benutzt Wolff, um die Universalität der Philosophie zu bezeichnen, keine Angabe der Quantität, sondern einen abstrakten Terminus, ‚possibile', den er schon in *Ratio praelectionum* zusammen mit einer Angabe der Quantität gebraucht hat. Ein neuer Aspekt in dieser Formulierung der Definition ist der Hinweis, dass es um das Mögliche geht, insofern das Mögliche sein kann, d. h. insofern das Mögliche in das Wirkliche übergehen kann. Die Philosophie ist die Wissenschaft des Möglichen, insoweit das Mögliche verwirklicht werden kann. Die Philosophie ist die Wissenschaft, die sich mit dem Prozess der Verwirklichung des Möglichen befasst. Sie ist die Wissenschaft vom „*Wirklich werden des Möglichen*"[13].

---

8 *Ratio praelectionum*, § 3, S. 107 (GW II 36).
9 *Ebd.*, S. 108.
10 *Ebd.*
11 Vgl. *ebd.*, § 7, S. 108.
12 *Discursus praeliminaris*, § 29, S. 13 (GW II 1.1). Deutsche Übersetzung: *Einleitende Abhandlung über Philosophie im Allgemeinen*, Übers. und hg. von Günter Gawlick und Lothar Kreimendahl, Stuttgart-Bad Cannstatt, 1996, § 29, S. 33. (Im Folgenden: *Einleitende Abhandlung*).
13 Hans Lüthje, *Christian Wolffs Philosophiebegriff*, in: Kant-Studien 30 (1925), S. 53.

Wenn man nun auf die verschiedenen Formulierungen der Definition zurückblickt, sieht man, dass sie in zwei Gruppen unterteilt werden können: In der ersten finden sich die Texte der *Aërometriae Elementa*, der *Deutschen Logik* und der *Ratio praelectionum*; die zweite Gruppe besteht aus der Formulierung im *Discursus praeliminaris*. In der ersten Gruppe bezeichnet Wolff die Philosophie als Wissenschaft des Möglichen, *insofern es möglich ist*. In der zweiten Gruppe wird die Philosophie als Wissenschaft des Möglichen beschrieben, *insofern es existieren kann*.[14] Jean École betont zurecht, dass die beiden Ausdrücke „scientia [...] possibilium qua talium" (*die Wissenschaft [...] des Möglichen, insofern es [möglich] ist*)[15] und „scientia possibilium, quatenus esse possunt" (*die Wissenschaft des Möglichen, insofern es sein kann*)[16] vollkommen synonym sind, denn Wolff versteht ‚möglich' als das, was existieren kann, weil es nicht widersprüchlich ist.[17] Im Abschnitt 2.2 wird der Begriff ‚Möglichkeit' bei Wolff genauer untersucht.

2.1 Wissenschaft und Fertigkeit

Der zentrale Begriff in der Philosophiedefinition ist „Wissenschaft", deshalb bestimmt Wolff in seiner *Deutschen Logik* unmittelbar nach der Definition der Philosophie die Wissenschaft: „Durch die Wissenschaft verstehe ich eine Fertigkeit des Verstandes, alles, was man behauptet, aus unwidersprechlichen Gründen unumstößlich darzuthun"[18]. Für Wolff ist die Wissenschaft eine Fertigkeit des Verstandes, kein Produkt, sondern eine dynamische Fähigkeit des Verstandes, die durch eine bestimmte Ausübung – wie wir später sehen werden –, durch eine genaue methodische Ausübung gewonnen werden kann. Diese Fertigkeit kann aber auch verloren gehen, wenn die genaue methodische Ausübung nicht entsprechend betrieben wird. Auf die Frage: Was die Wissenschaft für Wolff ist, muss man antworten: Sie ist eine *Fertigkeit* des Verstandes. Deshalb wird die Wissenschaftlichkeit bei Wolff in der *Methode* liegen, und zwar einer ganz bestimmten Methode, weswegen Wissenschaft und Fertigkeit bei Wolff sehr eng miteinander verbunden sind; die zweite bestimmt die erste. Der weitere Aspekt in der Definition der Wissenschaft besagt, worin die Fertigkeit besteht, nämlich im unumstößlichen Beweis einer jeder Behauptung aus unwidersprechlichen Gründen oder Prämissen.

In *Discursus praeliminaris* lautet die Wissenschaftsdefinition wie folgt: „Per *Scientiam* hic intelligo habitum asserta demonstrandi, hoc est, ex principiis certis & immo-

---

14 Vgl. Jean École, *Note sur la définition wolffienne de la philosophie*, in: Studia Leibnitiana 21 (1989), S. 206, Nachdr. in: Jean École, *Nouvelles études et nouveaux documents photographiques sur Wolff*, Hildesheim [u. a.], 1997, S. 172 (GW III 35).
15 *Ratio praelectionum*, § 3, S. 107 (GW II 36).
16 *Discursus praeliminaris*, § 29, S. 13 (GW II 1.1); dtsch: *Einleitende Abhandlung*, S. 33.
17 Vgl. Jean École, *Note sur la définition wolffienne de la philosophie*, a. a. O. (1989), S. 206, (1997), S. 172.
18 *Deutsche Logik*, Vorbericht, § 2, S. 115 (GW I 1).

tis per legitimam consequentiam inferendi" (*Unter Wissenschaft verstehe ich hier die Fertigkeit, seine Behauptungen zu beweisen, das heißt, sie aus gewissen und unerschütterlichen [...] [Prämissen] durch gültigen Schluß herzuleiten*)[19]. Wie bei der Bestimmung der Wissenschaft in der *Deutschen Logik* steht Fertigkeit (*habitus*) hier auch im Zentrum, nur spricht Wolff in *Discursus praeliminaris* von ‚Fertigkeit' und nicht von ‚Fertigkeit des Verstandes' wie in der ersten Formulierung. Die Charakterisierung der Fertigkeit im *Discursus praelininaris* ist nicht, wo die Fertigkeit verortet ist, sondern, was sie tut, nämlich das Behauptete zu beweisen (*asserta demonstrandi*). Auf diese Weise hat Wolff den Kern seiner Wissenschaftsdefinition bezeichnet. Wissenschaft ist die Fertigkeit, Behauptungen zu beweisen. Der zweite Teil der Definition ist einfach eine Erklärung, was Wolff unter Beweisen versteht. Die Gründe oder Prämissen, aus denen folgerichtig geschlossen wird, werden hier nicht nur als unwidersprechlich oder unerschütterlich bezeichnet, sondern auch als gewiss (*certum*), eine Hauptforderung an die Prämissen des Beweisens in der Wissenschaft.

2.2 Möglichkeit und Wirklichkeit

Neben dem Begriff der Wissenschaft spielt das *Thema* der Wissenschaft, das heißt das Mögliche, in der Definition der Philosophie eine entscheidende Rolle. Es wurde bereits erwähnt, was Wolff unter ‚möglich' versteht. Jetzt wollen wir den Begriff des Möglichen näher untersuchen.

In der *Deutschen Logik* bestimmt Wolff ausdrücklich, was möglich ist: „Möglich nenne ich alles, was seyn kan, es mag entweder würcklich da seyn, oder nicht"[20]. Um die Begriffe ‚möglich' und ‚wircklich' zu klären, wenden wir uns Wolffs metaphysischen Schriften zu. In der *Deutschen Metaphysik* schreibt er, „daß *möglich* sey, was nichts widersprechendes in sich enthält, das ist, nicht allein selbst neben andern Dingen, welche sind oder seyn können, bestehen kan, sondern auch nur dergleichen in sich enthält, so neben einander bestehen kan"[21]. Nach Wolff ist möglich, sowohl was existierenden Dingen oder Dingen, die existieren können, nicht widerspricht, als auch was zwischen seinen Bestandteilen keinen Widerspruch enthält. Wenn etwas möglich ist, bedeutet es aber nicht, dass es gleich wirklich ist.[22] Für Wolff ist die Wirklichkeit die „Erfüllung des Möglichen"[23], man braucht eine Verwirklichung des Möglichen, um von der Möglichkeit zur Wirklichkeit überzugehen.[24] Dagegen

---

19 *Discursus praeliminaris*, § 30, S. 14 (GW II 1.1); dtsch.: *Einleitende Abhandlung*, S. 33. (Im Unterschied zu Gawlick und Kreimendahl übersetze ich hier ‚principiis' durch ‚Prämissen' und nicht durch ‚Grundsätze', denn für Wolff entspricht das deutsche Wort ‚Grundsatz' dem Ausdruck ‚axioma').
20 *Deutsche Logik*, Vorbericht, § 3, S. 115 (GW I 1).
21 *Deutsche Metaphysik*, I, § 12, S. 7 f. (GW I 2.1).
22 Vgl. *ebd.*, § 13, S. 8.
23 *Ebd.*, § 14, S. 9.
24 Vgl. *ebd.*

ist „alles würckliche auch möglich"²⁵. Was genau in unserer Welt wirklich sein kann, hat mit dem Zusammenhang unserer Welt zu tun. Wolff schreibt: „[...] was in unserer Welt würcklich wird, nehmlich was in dem Zusammenhange der Dinge, welcher die gegenwärtige Welt ausmachet, gegründet ist"²⁶. Das bedeutet, dass etwas in dieser Welt möglich ist, wenn dieses Etwas dem Zusammenhang der Dinge unserer Welt nicht widerspricht, und dann wirklich sein kann, wenn das Etwas in diesem Zusammenhang seinen Grund hat.

Wolff verwendet das Wort ‚möglich' in zwei Bedeutungen, wie er in den *Anmerckungen zur Deutschen Metaphysik* erklärt. In einem weiten Sinne versteht er unter möglich, „was keinen Widerspruch in sich enthält, quod nullam contradictionem involvit"²⁷. Diese Bedeutung wird von Wolff als *„schlechterdings möglich"*²⁸ („possibile absolute tale"²⁹) benannt. In einem engen Sinne ist das Mögliche dasjenige, „welches auch zur Würcklichkeit kommet"³⁰, deshalb nennt er diese Bedeutung auch *„das Mögliche in dieser Welt"*³¹ („possibile respective tale"³²). Das Mögliche überhaupt (schlechterdings) ist der Begriff des Möglichen mit dem größten Umfang, und in diesem ist der Umfang des Begriffs des Möglichen in dieser Welt mit enthalten, das heißt, dass die Möglichkeiten in dieser Welt ein Teil der Möglichkeiten überhaupt sind, der auf Grund der in der Welt befindlichen Ursachen zur Wirklichkeit kommt.

In den lateinischen Werken (*Logica, Philosophia prima*) gibt Wolff die Definition des Möglichen überhaupt an. In der *Logica* schreibt er: „*Possibile* [dicimus], quod contradictionem non involvit" (*Möglich [nennen wir], was keinen Widerspruch enthält*)³³. Mit einem kleinen Zusatz schreibt er in der *Philosophia prima*: „*Possibile* est, quod nullam contradictionem involvit, seu, quod non est impossibile" (*Möglich ist, was keinen Widerspruch enthält oder was nicht unmöglich ist*)³⁴. Wenn man beide Formulierungen der Definition mit derjenigen in der *Deutschen Logik* vergleicht, sieht man, dass in den lateinischen Werken das Mögliche allein durch die Widerspruchsfreiheit definiert wird; im Gegensatz zur *Deutschen Logik* wird hier kein Bezug zur potentiellen Existenz hergestellt. Es hat bei Wolff eine Entwicklung stattgefunden, wie er das Mögliche definiert. Er fängt mit der *Deutschen Logik* an, wo das Mögliche allein durch die potentielle Existenz bestimmt wird. Der Prozess erreicht eine neue Etappe mit der *Deutschen Metaphysik*, wo das Mögliche durch die potentielle Existenz *und* durch die Widerspruchsfreiheit definiert wird. Zum Schluss wird das Mögliche in den großen lateinischen Werken *allein* durch die Widerspruchsfreiheit be-

---

25 *Ebd.*, § 15, S. 9.
26 *Ebd.*, § 572, S. 350.
27 *Anmerckungen zur Deutschen Metaphysik*, § 6, S. 12 (GW I 3).
28 *Ebd.*, S. 13.
29 *Ebd.*
30 *Ebd.*
31 *Ebd.*
32 *Ebd.*
33 *Logica*, § 518, S. 395 (GW II 1.2).
34 *Philosophia prima*, § 85, S. 65 (GW II 3).

stimmt. Die tatsächliche Bedeutung des Möglichen verändert sich damit nicht. Die Ausdrucksweise wird abstrakter, indem nur der logische Aspekt der Widerspruchsfreiheit als das Charakteristikum des Möglichen hervorgehoben wird. Die Definition der Wirklichkeit in der *Philosophia prima* lautet: „[…] *Existentiam* definio per complementum possibilitatis" ([…] *ich definiere Wirklichkeit durch die Erfüllung des Möglichen*)[35]. Die Möglichkeit benötigt eine Erfüllung (*complementum*), eine Verwirklichung, um Wirklichkeit zu werden.

Die Philosophie hat nach Wolff die Aufgabe, den Schritt von der Möglichkeit zur Wirklichkeit, den Schritt der Verwirklichung zu begründen.

2.3 Grund und Gewissheit

Da die Philosophie eine Wissenschaft ist und in der Wissenschaft die Behauptungen aus unwidersprechlichen Gründen bewiesen werden, bestimmt Wolff die Rolle der Gründe in der Philosophie genauer, und zwar im Übergang vom Möglichen zum Wirklichen. In der *Deutschen Logik* schreibt er in dem „*Alles hat einen Grund, warum es ist*"[36] überschriebenen Paragraphen: „Weil von nichts sich nichts gedencken lässet, so muß alles, was seyn kan, einen zureichenden Grund (oder eine raison) haben, daraus man sehen kan, warum es vielmehr ist, als nicht ist"[37]. Man versteht, warum etwas sein kann, wenn man in der Lage ist, seinen Grund anzugeben. Aus der Bestimmung der Philosophie als Wissenschaft leitet sich die Forderung nach der Suche nach Gründen ab. In der Philosophie reicht die Beschreibung nicht aus, dass etwas sein kann. Da die Philosophie eine Wissenschaft ist, muss sie *begründen,* warum etwas sein kann.

Eine ausführliche Darstellung der Tätigkeit der Philosophie auf Grund ihrer wissenschaftlichen Natur gibt Wolff in *Discursus praeliminaris* an. Im Paragraphen: „*Philosophia reddit rationem, cur aliquid fieri possit*" (*Philosophie gibt den Grund an, warum etwas geschehen kann*)[38] schreibt Wolff: „*In philosophia reddenda est ratio, cur possibilia actum consequi possint*" (*In der Philosophie ist der Grund anzugeben, warum das Mögliche zur Wirklichkeit kommen kann*)[39]. In demselben Paragraphen bestimmt Wolff, was ein Grund ist: „[R]atio enim id est, unde intelligitur, cur alterum sit" (*Ein Grund ist nämlich dasjenige, woraus verstanden wird, warum etwas anderes ist*)[40].

Aus der Bestimmung der Philosophie als Wissenschaft ergibt sich nicht nur, dass sie die Gründe ihrer Behauptungen angeben muss, sondern auch, dass sie nach *Gewissheit* streben muss. Wolff schreibt:

---

35 *Ebd.,* § 174, S. 143.
36 *Deutsche Logik,* Vorbericht, § 4, S. 115 (GW I 1).
37 *Ebd.*
38 *Discursus praeliminaris,* § 31, S. 14 (GW II 1.1); dtsch.: *Einleitende Abhandlung,* S. 35.
39 *Ebd.*
40 *Ebd.*

In philosophia studendum est omnimodae certitudini. Cum enim philosophia scientia sit […], in ea demonstranda sunt asserta, ex principiis certis atque immotis legitima consequentia inferendo conclusiones […]. Sed quae ex principiis certis atque immotis legitima consequentia inferuntur, adeo certa sunt, ut de iis dubitari nefas sit (*In der Philosophie muß man sich um völlige Gewißheit bemühen. Denn weil Philosophie eine Wissenschaft ist […], müssen die Behauptungen in ihr bewiesen werden, indem aus gewissen und unerschütterlichen […][Prämissen] durch gültigen Schluß Schlußfolgerungen hergeleitet werden […]. Was aber aus gewissen und unerschütterlichen […] [Prämissen] durch gültigen Schluß hergeleitet wird, ist so gewiß, daß es unrecht wäre, daran zu zweifeln*)[41].

Mit dem Streben nach Gewissheit nennt Wolff sein letztes und höchstes Ziel für die Philosophie. Wenn man sich die Frage stellt, was Wolff mit seiner Philosophie beabsichtigt, kann man kurz antworten: das Erreichen der Gewissheit. Gewissheit/*certitudo* ist der Terminus, der sein gesamtes Werk prägt, auch seine Methode.

3 Wolffs Methode

3.1 Wolffs Bestimmung der Methode als mathematisch, philosophisch, wissenschaftlich

Als erstes finden wir in den *Aërometriae Elementa*, was Wolff unter Methode versteht, und welches Vorhaben er mit dieser Methode verfolgt: „Quod methodum attinet, qua universam Philosophiam, adeoque & Physicam pertractandam esse judico; non aliam, quam methodum Geometrarum scientiis convenire agnosco" (*Was die Methode betrifft, nach der ich meine, dass man die ganze Philosophie und sogar die Physik abhandeln muss, so erkenne ich, dass keine andere als die Methode der Geometer zu den Wissenschaften passt*)[42].

Wolff hat vor, die „methodus Geometrarum" auf andere Disziplinen anzuwenden. Unmittelbar nach der zitierten Stelle erwähnt er den Namen dieser Methode und den Grund für diese Bezeichnung:

Neque enim methodus Mathematica ideo Mathematica dicitur, quod disciplinis Mathematicis propria existit, sed quod hactenus Mathematici fere soli rebus suis decenter prospexerunt (*Denn die mathematische Methode wird nicht deswegen mathematisch genannt, weil sie als den mathematischen Wissenschaften eigentümlich auftritt, sondern weil bisher die Mathematiker fast allein ihre Wahrheiten in gehöriger Weise besorgt haben*)[43].

---

41 Ebd., § 33, S. 15; dtsch.: *Einleitende Abhandlung*, S. 37 (vgl. oben Anm. 19 wegen der Änderungen in der Übersetzung).
42 *Aërometriae Elementa*, S. 10 (unpag.) (GW II 37).
43 Ebd.

Wolff nennt zu Beginn seine Methode mathematisch, weil die Mathematiker beispielhaft in der Anwendung dieser Methode sind, was aber nicht heißt, dass diese Methode allein der Mathematik eigen ist, wie Wolff schon in der ersten zitierten Stelle schreibt. Für ihn verfährt jeder nach der mathematischen Methode, der die Regeln der Methode befolgt.

In den *Anfangs-Gründe[n] aller mathematischen Wissenschaften* findet sich die erste wichtige Behandlung der Methode. Unter der mathematischen Methode oder „Lehrart der Mathematicorum" versteht Wolff „die Ordnung, deren sie sich in ihrem Vortrage bedienen"[44]. Diese Ordnung betrifft die Stellung der Definitionen, die am Anfang stehen sollen, um die benötigen Begriffe zu definieren, dann geht man zu den Grundsätzen weiter, und aus diesen schließt man die Lehrsätze und fährt mit den weiteren Sätzen fort.[45] Wenn man auch in anderen Wissenschaften „richtige Erkenntniß der Dinge"[46] erlangen will, muss man die mathematische Methode verwenden. Der Gebrauch dieser Methode in allen Wissenschaften ist aufgrund ihrer Allgemeinheit erlaubt, und die mathematische Methode ist allgemein, weil die Regeln der Methode und die Regeln der Logik dieselben sind: „Denn unerachtet eine richtige *Logick* oder Vernunft-Kunst keine andere Regeln mittheilet, als die in der mathematischen Lehrart beobachtet werden"[47].

Außer seinem deutschen Lehrbuch der Mathematik veröffentlicht Wolff im Jahr 1713 den ersten Band seiner *Elementa Matheseos,* dem er wie in seiner deutschen Entsprechung einen kurzen Kommentar der mathematischen Methode voranstellt. Hier gibt Wolff eine etwas genauere, aber ebenfalls knappe Definition der mathematischen Methode: „Per *Methodum Mathematicam* intelligo Ordinem, quo in tradendis dogmatis suis utuntur Mathematici" (*Unter mathematischer Methode verstehe ich die Ordnung, die die Mathematiker in der Vermittlung ihrer Lehren einhalten*)[48]. Hier wie in den vorangegangenen Erläuterungen der Methode, liegt die Betonung auf der Ordnung, mit der die Mathematiker ihre „dogmata", d. h. ihre Lehren, aufweisen. Auch unterstreicht Wolff in diesem Kommentar die Allgemeinheit der mathematischen Methode, denn ohne sie können keine fundierten Erkenntnisse der Sachen erreicht werden.[49]

Im Jahr 1716 erscheint Wolffs *Mathematisches Lexicon,* in dem er einen kurzen Abschnitt mit der Rubrik: „*Methodus Mathematica sive Geometrarum*, die mathematische Lehr-Art"[50] schreibt. Hier erläutert Wolff die mathematische Methode wie folgt: „Bedeutet die Art und Weise, wie die *Mathematici*, hauptsächlich die *Geometrae* ihre Gedanken von denen Dingen, die sie anderen vortragen wollen, oder mit denen sie

---

44 *Anfangs-Gründe aller mathematischen Wissenschaften*, I, § 1, S. 5 (GW I 12).
45 Vgl. *ebd.*
46 *Ebd.*, § 51, S. 30.
47 *Ebd.*, § 52, S. 31.
48 *Elementa Matheseos,* I, § 1, S. 5A (GW II 29).
49 Vgl. *ebd.*, § 52, S. 16A.
50 *Mathematisches Lexicon,* Sp. 889 ff. (GW I 11).

selbst umgehen, hintereinander ordnen und mit einander verknüpffen"⁵¹. In dieser Erläuterung kommt ein Aspekt zum Ausdruck, nämlich die Ordnung der Gedanken, der uns bereits aus früheren Schriften bekannt ist. Jedoch gibt es hier etwas Neues in der Bestimmung: die Verknüpfung der Gedanken. Dieses neue Merkmal ist von zentraler Bedeutung, denn es hebt das Beweisen hervor, das der Höhepunkt der Methode ist. Zugleich wird der Zusammenhang zwischen der mathematischen Lehrart und den Regeln der Logik durch die Erwähnung der Ordnung und Verknüpfung der Gedanken in der Erläuterung deutlich, denn auch die Regeln der Logik befassen sich mit der Ordnung und Verknüpfung der Gedanken.

Im *Discursus praeliminaris* nennt Wolff seine mathematische Methode „methodus philosophica". Hier gibt er folgende Definition: „Per *Methodum philosophicam* intelligo ordinem, quo in tradendis dogmatis uti debet philosophus" (*Unter der philosophischen Methode verstehe ich die Ordnung, die der Philosoph bei der Vermittlung von Lehren einhalten muß*)⁵². Für Wolff sind die so verstandene Ordnung und die Methode synonym. Aber diese Ordnung unterscheidet er von der Ordnung der Disziplinen, d. h., wie diese insgesamt angeordnet werden müssen. Hier aber geht es nicht darum, wie man alle Disziplinen zueinander ordnet, sondern um die innere Ordnung der einzelnen Disziplinen.⁵³ Vergleicht man die hier erwähnte Definition der philosophischen Methode mit der schon zitierten Definition der mathematischen Methode, die Wolff im ersten Band seiner *Elementa Matheseos* formuliert, so sieht man, dass die Definitionen mit Ausnahme des letzten Satzes übereinstimmend verlaufen. Der Satz in *Elementa Matheseos* lautet: „[…] quo in tradendis dogmatis suis utuntur Mathematici" ([…] *die die Mathematiker in der Vermittlung ihrer Lehren einhalten*)⁵⁴, während es im *Discursus praeliminaris* folgerdermaßen heißt: „[…] quo in tradendis dogmatis uti debet philosophus" ([…] *die der Philosoph bei der Vermittlung von Lehren einhalten muß*)⁵⁵. Im ersten Satz geht Wolff von einer Tatsache aus: ‚utuntur Mathematici', während er im zweiten Satz eine Anforderung stellt: ‚uti debet philosophus', d. h. die Mathematiker halten diese Ordnung schon ein, der Philosoph *soll* diese Ordnung einhalten, um die jeweiligen Lehren zu vermitteln. In diesem Punkt besteht der Unterschied zwischen der Definition der mathematischen und der philosophischen Methode.

Wolff behandelt im *Discursus praeliminaris* die Methode in ihrer Gesamtheit systematisch, wohingegen wir im eigentlichen Text der *Logica* nur einzelne, verstreute Bemerkungen über die Methode im Allgemeinen finden; ihren einzelnen Hauptmomenten widmet Wolff jedoch eine ausführliche und systematische Darstellung. In der *Logica* verwendet er eine neue Terminologie und spricht von ‚methodus scienti-

---

51 *Ebd.*, Sp. 889 f.
52 *Discursus praeliminaris*, § 115, S. 53 (GW II 1.1); *Einleitende Abhandlung*, S. 127. Vgl. *Logica*, § 743, S. 537 und § 885, S. 633 (GW II 1.3).
53 Vgl. *Discursus praeliminaris*, Anm. § 115, S. 53 (GW II 2.1); *Einleitende Abhandlung*, S. 127.
54 *Elementa Matheseos*, I, § 1, S. 5A (GW II 29).
55 *Discursus praeliminaris*, § 115, S 53 (GW II 1.1); *Einleitende Abhandlung*, S. 127.

fica'. „Apparet itaque, *methodum,* quam in discursu praeliminari *philosophicam* diximus, *latius patere atque* adeo generali nomine *scientificam* recte *appellari*" (*Es ist also klar, dass die Methode, die wir im Discursus praeliminaris die philosophische genannt haben, weiter reicht und so mit dem allgemeinen Namen als wissenschaftliche richtig bezeichnet wird*)[56]. Hier gibt Wolff seiner Methode die allgemeinste Benennung, und zugleich ist sie die zutreffendste, denn dieser Name drückt am besten aus, was Wolff mit dem Verfahren beabsichtigt: den Aufbau der Wissenschaft.

3.2 Die Regeln und die Hauptmomente der Methode

Einen ersten Entwurf der Regeln seiner Methode legt Wolff in *Aërometriae Elementa* vor. Das Vorwort ist ein wahres Manifest von Wolffs leitenden Ideen:

> Leges enim hujus methodi adimplebis, modo rerum pertractandarum notiones distinctas satisque adaequatas praemittas; earundem realitatem seu possibilitatem vel à priori, vel à posteriori stabilias; & ex iis nihil deducas, nisi quod in iisdem evidentissime contineatur (*Denn du wirst die Regeln dieser Methode erfüllen, wenn du die Begriffe der abzuhandelnden Sachen nur deutlich und vollständig genug vorausschickst, die Realität oder Möglichkeit derselben entweder a priori [aus den Prämissen] oder a posteriori [aus der Erfahrung] befestigst und aus ihnen nichts ableitest, außer was in denselben aufs Augenscheinlichste enthalten ist*)[57].

Diese Stelle nennt schon einige Vorschriften der Methode, die Wolff in seinen späteren Werken vervollständigen wird. Zusammenfassend kann man die Bestimmungen des Verfahrens wie folgt ausdrücken: Nur was deutlich und gewiss ist, verschafft eine sichere Grundlage, um daraus etwas ableiten zu können.

In den *Anfangs-Gründe[n] aller mathematischen Wissenschaften* stellt Wolff zum ersten Mal in gegliederter Form die Hauptmomente der mathematischen Methode vor.[58] Er fängt mit den Erklärungen oder Definitionen an, geht zu den verschiedenen Sätzen weiter, die in der Methode benötigt werden, und kommt schließlich zum Beweis. In dieser kurzen Abhandlung stehen schon die drei Momente fest, die die Wolffsche Methode charakterisieren; damit ist jedoch nicht gesagt, dass die Methode, so wie sie Wolff in seinen späteren Werken versteht, hier schon vollständig ausgebildet wäre. Aber die Kernidee, wie wir sie hier vorfinden, wird ein Grundgedanke in Wolffs Gesamtwerk bleiben.

Eine ins Detail gehende Behandlung der drei Hauptmomente der mathematischen Lehrart finden wir zum ersten Mal in der *Deutschen Logik*. Wolffs mathema-

---

56 *Logica*, § 792, S. 571 (GW II 1.3).
57 *Aërometriae Elementa*, S. 11 (unpag.) (GW II 37).
58 Vgl. *Anfangs-Gründe aller mathematischen Wissenschaften*, I, S. 1 ff. (GW I 12).

tische Methode verlangt, dass die benutzten Begriffe genau definiert, die Herleitung der Grundsätze aus den Begriffsdefinitionen klar dargestellt und die Beweise streng durchgeführt werden. In der Vorrede zur zweiten Auflage (1719) schreibt Wolff, dass die Lehre von den Begriffen und von den Schlüssen die wichtigsten sind. „Denn wo man gründliche Erkäntniß liebet, kommet es hauptsächlich auf deutliche Begriffe und ordentliche Beweise an"[59].

Im *Mathematischen Lexicon* warnt Wolff davor, dass es bei der Anwendung der mathematischen Methode nicht auf die Bewahrung der Ausdrücke ankommt, die die Mathematiker in den verschiedenen Teilen beim Gebrauch der Methode benutzen, sondern auf die strikte Befolgung der Regeln der Methode, wie Genauigkeit im Definieren, Absicherung der benutzten Sätze oder Stringenz im Beweisen: „Denn so wenig etwas nach der mathematischen Lehr-Art eingerichtet ist, wenn man die Wörter *Erklärung, Grundsatz, Lehrsatz, Aufgabe, Demonstration oder Beweis* vorsetzet, und doch ist nichts recht erkläret, aufgelöset und erwiesen; so wohl ist hingegen alles in acht genommen worden, wenn dieses alles geschehen und nur die Nahmen nicht beygesetzet worden"[60]. Für Wolff liegt die Wissenschaftlichkeit der Mathematik nicht in der Mathematik selbst, sondern in der mathematischen Lehrart.[61] Es ist die Methode, die über die Wissenschaftlichkeit jedes Wissensgebietes entscheidet. Nicht das Wissensgebiet als solches ist wissenschaftlich, sondern die Methode, nach der dieses Wissensgebiet aufgebaut ist, und für Wolff kann es nur die mathematische Methode sein, die diese Fähigkeit besitzt. Jedes Wissensgebiet, das nach der mathematischen Lehrart aufgebaut ist, darf man also eine Wissenschaft nennen, jedoch nur ein solches.

Die Gründe für die entscheidende Bedeutung der Methode nennt Wolff in der *Ratio praelectionum*, wo er auf eine sehr prägnante Art die drei zentralen Punkte erwähnt, die die Stärke der mathematischen Methode bilden:

Scilicet tota vis methodi mathematicae huc redit, ut nulla utamur voce, nisi accurate definita, nulla utamur praemissa, nisi probata, nec in demonstrationibus in formam syllogismorum a logicis praescriptam impingamus. Definitiones examinamus secundum regulas Logicorum, demonstrationes per easdem rigorem suum tuentur (*Natürlich geht die ganze Stärke der mathematischen Methode darauf zurück, dass wir kein Wort anwenden, wenn es nicht genau definiert ist, dass wir keine Prämisse gebrauchen, wenn sie nicht bewiesen ist, und dass wir in den Demonstrationen nicht gegen die Form der Syllogismen verstoßen, die von der Logik vorherbestimmt wurde. Die Definitionen prüfen wir nach den Regeln der Logik, die Demonstrationen erhalten ihre Strenge durch dieselben [Regeln]*)[62].

---

59 *Deutsche Logik*, Vorrede zur 2. Aufl., S. 110 (GW I 1).
60 *Mathematisches Lexicon*, Sp. 890 (GW I 11).
61 Vgl. *ebd.*, Sp. 1233.
62 *Ratio praelectionum*, sec.I, cap. I, § 20, S. 11 (GW II 36).

In seiner *Ausführlichen Nachricht* werden die drei Punkte der Methode als drei Regeln des Vortrages verstanden. Nach diesen Regeln wird die Mathematik dargelegt, und deshalb wird jeder Vortrag als Vortrag nach der mathematischen Lehrart bezeichnet, der nach diesen drei Regeln aufgebaut ist:

> In meinem Vortrage der Sachen habe ich hauptsächlich auf dreyerley gesehen, 1. daß ich kein Wort brauchte, welches ich nicht erkläret hätte, wodurch den Gebrauch des Wortes sonst eine Zweydeutigkeit entstehen könte, oder es an einem Grunde des Beweises fehlete: 2. daß ich keinen Satz einräumete, und im folgenden als einen Förder-Satz in Schlüssen zum Beweise anderer brauchte, den ich nicht vorher erwiesen hätte: 3. daß ich die folgende Erklärungen und Sätze mit einander beständig verknüpffte und in einer steten Verknüpffung aus einander herleitete[63].

Wenn man nun die aufgestellten Regeln genau analysiert, kommt man zum Ergebnis, dass diesen die drei Teile der Logik (Begriff, Urteil und Schluss) entsprechen. Wolff schreibt:

> Wer [...] die mathematische Lehr-Art, wie sie daselbst von mir beschrieben worden, mit meiner Logick vergleichet [...]; der wird finden, daß die mathematische Lehr-Art in einer sorgfältigen Ausübung der Vernunfft-Lehre bestehe. Und demnach ist es gleich viel, ob man nach der mathematischen Lehr-Art etwas ausführet, oder nach den Regeln der Vernunfft-Lehre, wenn nur diese ihre Richtigkeit haben[64].

Da die Logik nach Wolff nur eine deutliche Erklärung der natürlichen Art des Denkens, genauer gesagt eine deutliche Erklärung der natürlichen Art der drei Denkvorgänge des Verstandes ist, entsprechen die Regeln der Logik sowie die Regeln der mathematischen Methode der natürlichen Art des Denkens.[65] Aus diesem Grund schreibt Wolff: „[...] so kan ich auch sagen, ich habe mir angelegen seyn lassen alles so vorzutragen, wie es sich auf eine natürliche Art gedencken lässet"[66]. So gesehen sind die Regeln der Logik oder die Regeln der mathematischen Methode allgemeine Regeln des Verstandes. Diese allgemeinen Regeln werden angewendet, „wenn man eine Sache gründlich zu erkennen bemühet ist"[67].

Im *Discursus praeliminaris* behandelt Wolff die Methode in ihrer Gesamtheit, indem er das System von Regeln über Termini, Sätze und Demonstrationen darstellt, aus denen sie besteht.

---

63 *Ausführliche Nachricht*, § 22, S. 52 f. (GW I 9).
64 *Ebd.*, § 22, S. 53 f.
65 Vgl. *ebd.*, S. 54.
66 *Ebd.*
67 *Ebd.*, § 25, S. 64.

Erstmals schreibt er hier auch über philosophische Hypothesen. Diese werden angenommen, weil durch sie der Grund von gewissen Phänomenen angegeben werden kann, obwohl es nicht möglich ist, zu beweisen, dass in diesen Annahmen der wahre Grund der Phänomene enthalten ist. Sie dienen als Wegbereiter der Wahrheitsfindung.[68] Die philosophischen Hypothesen sind Annahmen, die bei ihren Ableitungen über das im Voraus Beobachtete hinausgehen. Durch diese Ableitungen bekommt man die Möglichkeit, die Hypothese durch Beobachtungen oder Experimente zu überprüfen. Wenn bei dieser Überprüfung das, was aus der Hypothese abgeleitet wird, mit der Erfahrung in Widerspruch steht, dann ist die Hypothese falsch, wenn dieses aber mit der Erfahrung übereinstimmt, dann wird die Hypothese wahrscheinlicher.[69] Auf diese Weise werden die philosophischen Hypothesen Wegbereiter der Wahrheitsfindung. Wenn aber auch die philosophischen Hypothesen diese Rolle spielen können, dürfen sie nicht als erste Prämissen angenommen werden, denn sie sind noch nicht bewiesen, und deshalb haben sie nicht die Gewissheit erreicht, die benötigt wird, um als erste Prämisse in einer Demonstration angenommen zu werden.[70]

Da Wolff die philosophische Methode als die Ordnung definiert, die bei der Vermittlung der „dogmata" (*Lehren*) benutzt wird, bestimmt er, was die Ordnung in jedem Teil der Philosophie ist.[71] „*In omni parte philosophiae is tenendus est ordo, ut ea praemittantur, per quae sequentia inelliguntur & demonstrantur, vel minimum probabiliter adstruuntur*" (*In jedem Teil der Philosophie ist die Reihenfolge einzuhalten, daß dasjenige vorausgeschickt wird, wodurch das Folgende verstanden und bewiesen wird oder zumindest wahrscheinlich gemacht wird*)[72]. Deshalb verlangt Wolff für die Termini, für die Sätze und für die Schlüsse in der Philosophie diese Ordnung. Die Ordnung, die in jedem Teil der Philosophie einzuhalten ist, nennt er in seiner *Logica* die natürliche Ordnung.[73] Da die natürliche Ordnung und die philosophische Methode identisch sind[74], erklärt Wolff diese Ordnung als oberstes Gesetz der philosophischen Methode: „[...] *hanc supremam methodi philosophicae legem esse apparet, quod ea sint praemittenda, per quae sequentia intelliguntur & adstruuntur*" ([...], deshalb ist klar, daß das oberste Gesetz der philosophischen Methode dieses ist, daß dasjenige vorauszuschicken ist, wodurch das Folgende verstanden und erwiesen wird)[75]. Da diese Ordnung in jedem Teil der Philosophie einzuhalten ist, muss dieselbe natürliche Ordnung in der gesamten Philosophie eingehalten werden. So ergibt sich folgendes Gesetz für die gesamte Philosophie und für ihre einzelne Teile: „[...], *quod*

---

68 Vgl. *Discursus praeliminaris*, § 127, S. 61 (GW II 1.1); dtsch.: *Einleitende Abhandlung*, S. 143.
69 Vgl. *ebd.*
70 Vgl. *ebd.*, § 128, S. 62; dtsch.: *Einleitende Abhandlung*, S. 145.
71 Vgl. *ebd.*, § 115, S. 53; dtsch.: *Einleitende Abhandlung*, S. 127.
72 *Ebd.*, § 132, S. 65; dtsch.: *Einleitende Abhandlung*, S. 153.
73 Vgl. *Logica*, § 829, S. 593 (GW II 1.3).
74 Vgl. *Discursus praeliminaris*, § 115, S. 53 (GW II 1.1); dtsch.: *Einleitende Abhandlung*, S. 127.
75 *Ebd.*, § 133, S. 66; dtsch.: *Einleitende Abhandlung*, S. 153 und 155.

praecedere debeant, unde quomodocunque pendet cognitio sequentium" ([...], *daß dasjenige vorangehen muß, von dem die Erkenntnis des Folgenden auf irgendeine Weise
abhängt*)[76]. Dieses Gesetz steht in Einklang mit dem obersten Gesetz der philosophischen Methode, beide Gesetze vertreten dieselbe Idee, beide sind mit der natürlichen
Ordnung identisch, nur ist die Formulierung, die Wolff für das Gesetz der gesamten
Philosophie und ihrer einzelnen Teile wählt, etwas allgemeiner. Über dieses Gesetz
schreibt er: „Habes itaque [...] methodi philosophicae summam" (*Man hat daher [...]
die Summe der philosophischen Methode*)[77]. Diese ‚summa' hätte man auch aus dem
Begriff der völligen Gewissheit beweisen können, um daran die besonderen Regeln
der philosophischen Methode herzuleiten. Aber, um der Evidenz dieser Regeln eine
bessere Geltung zu verschaffen, hat Wolff sie aus dem Begriff der Philosophie und
dem damit verbundenen Begriff ihrer Gewissheit entnommen.[78]

Der Grund für die allgemeine Gültigkeit und Anwendbarkeit dieser Methode
„liegt darin, daß diese Methode der genuinen Arbeitsweise des Verstandes Rechnung
trägt"[79]. Denn die Regeln der mathematischen Methode entsprechen der natürlichen
Art des Denkens, wie schon erwähnt wurde.[80] Wenn dem so ist, und wenn die mathematische und die philosophische Methode identisch sind, kann man nun festhalten,
dass auch die Regeln der philosophischen Methode der natürlichen Art des Denkens
entsprechen; und da die Regeln der natürlichen Art des Denkens in der Logik formuliert werden, ist die wahrere Logik[81] deshalb die Quelle der mathematischen und
der philosophischen Methode.[82] Die Methode hat damit ihre allgemeine Gültigkeit
und Anwendbarkeit erreicht, und es empfiehlt sich, nicht mehr von mathematischer
oder philosophischer Methode zu sprechen, sondern von *wissenschaftlicher* Methode, wie Wolff es selbst in den Überschriften seiner lateinischen Werke machen wird.
Diese wissenschaftliche Methode ist einfach die sorgfältige Anwendung der logischen
Regeln, denn diese Regeln leiten den Verstand in jedem Erkenntnisbereich, um die
Wahrheit zu erkennen und den Irrtum zu vermeiden.[83]

---

76 *Ebd.*, § 134, S. 66; *Einleitende Abhandlung*, S. 155.
77 *Ebd.*, Anm. § 134, S. 66; dtsch.: *Einleitende Abhandlung*, S. 155.
78 Vgl. *ebd.*
79 Lothar Kreimendahl, *Interpretationen. Hauptwerke der Philosophie. Rationalismus und Empirismus*, Stuttgart, 1994, S. 232.
80 Vgl. *Ausführliche Nachricht*, § 22, S. 54 und § 66, S. 204 f. (GW I 9); weiter *Mathematisches Lexicon*, Sp. 503 ff. (GW I 11).
81 In der *Logica* unterscheidet Wolff verschiedene Stufen der Logik. Von diesen Stufen ist es die ‚Logica artificialis docens' (*lehrende künstliche Logik*), die am deutlichsten die Regeln der natürlichen Art
zu denken ausdrückt, und deshalb bezeichnet er diese Stufe der Logik in einigen Fällen als ‚wahrere
Logik' (*verior logica*). Vgl. *Logica*, § 11, S. 112 (GW II 1.2).
82 Vgl. *Ebd.*, § 27, S. 123 (GW II 1.2).
83 Vgl. *ebd.*, § 792 Anm., S. 571 (GW II 1.3).

3.3 Das connubium rationis et experientiae (Die Ehe zwischen Vernunft und Erfahrung)

So wie für Wolff die Philosophie eine universale Wissenschaft ist, hat die Methode einen universalen Charakter, der, wie gesehen, mit der Bezeichnung wissenschaftliche Methode zum Ausdruck kommt. Warum die Methode universal ist, gründet in der Tatsache, dass in ihr die zwei Quellen der Erkenntnis vereinigt werden, denn sowohl die Vernunft, die durch die Anwendung der logischen Regeln wirkt, als auch die Erfahrung, die durch Beobachtungen und Experimente Gründe für die Methode und Überprüfungen der Ergebnisse liefert, schließen sich in der wissenschaftlichen Methode zusammen. Die Rolle von Vernunft und Erfahrung ist in der wissenschaftlichen universalen Methode unentbehrlich. Die Vereinigung, die in der Methode stattfindet, bezeichnet Wolff als ‚connubium rationis et experientiae' (*Ehe zwischen Vernunft und Erfahrung*). Diese Ehe definiert er folgendermaßen: „Concursus rationis & experientiae in cognoscendo *Connubium rationis & experientiae* dici solet" (*Das Zusammentreffen der Vernunft und der Erfahrung beim Erkennen pflegt man Ehe zwischen Vernunft und Erfahrung zu nennen*)[84]. Dabei ist das ‚connubium' in der Methode das Zusammentreffen der Einwirkung der Vernunft auf der einen Seite und des Beitrages der Erfahrung auf der anderen Seite. Die Einwirkung der Vernunft besteht in der Anwendung der logischen Regeln, mit denen die Beweise aufgebaut werden. Die Beweise mit ihrer Struktur liefern die Ordnung, die eingehalten werden muss, damit eine Methode eine wissenschaftliche Methode sein kann. Der Beitrag der Erfahrung, der durch Beobachtungen und Experimente geschieht, besteht darin, dass Beobachtungen und Experimente Prämissen für die Beweise liefern, darüber hinaus sind an ihnen die Schlussfolgerungen der Beweise zu überprüfen. Beobachtungen und Experimente haben also eine Doppelfunktion, indem sie Gründe zum Aufbau der Beweise zur Verfügung stellen und außerdem die Ergebnisse der Beweise kontrollieren. Über das ‚connubium' schreibt École: „[L]e ‚connubium rationis et experientiae' […] nous est apparu comme la clé de la méthode philosophique ou scientifique" (*Die ‚Ehe zwischen Vernunft und Erfahrung' […] ist uns als der Schlüssel der philosophischen oder wissenschaftlichen Methode erschienen*)[85]. In der Methode selbst tragen die beiden Erkenntnisquellen zur Einheit des Wissens bei und werden hier verschmolzen. Gleichzeitig ist die Einheit des Wissens ein Zeichen der Universalität der wissenschaftlichen Methode.

Da Wolff die ganze Philosophie durch die wissenschaftliche Methode aufbaut, führt er damit das ‚connubium' in der gesamten Philosophie durch. Wolff schreibt Folgendes über die Vorteile dieser Ehe für die Philosophie: „Connubium hoc maximi facio in universa philosophia, cum & ad certitudinem cognitionis plurimum faciat,

---

84 *Psychologia empirica*, § 497, S. 379 (GW II 5); vgl. *Logica*, § 1232, S. 864 (GW II 1.3).
85 Jean École, *La métaphysique de Christian Wolff*, Hildesheim [u. a.], 1990, I, S. 97 (GW III 12.1).

& progressum in scientiis mirifice juvet" (*Diese Ehe schätze ich sehr hoch in der gesamten Philosophie, und zwar weil der größte Teil der Erkenntnis zu Gewissheit führt und den Fortschritt in den Wissenschaften außerordentlich fördert*)[86]. Nach Wolff stiftet die Ehe, die in der wissenschaftlichen Methode stattfindet, für die Philosophie als universale Wissenschaft Gewissheit und Fortschritt. Die Philosophie kann durch die wissenschaftliche Methode und durch das in der Methode erfolgte *Ehe zwischen Vernunft und Erfahrung* ihr höchstes Ziel, die Gewissheit, erreichen, und gerade das ‚connubuim', das in der Methode geschieht, fördert den dynamischen Aspekt der Philosophie als universale Wissenschaft, d.h. ihren Fortschritt. Dieser dynamische Aspekt ist für Wolff von zentraler Bedeutung für sein Verständnis von Wissenschaft und also von Philosophie.

4 Zusammenfassung

Wir haben gesehen, dass für Wolff die Philosophie eine universale Wissenschaft ist. Sie ist universal, weil ihr Wirkungsbereich alle möglichen Dinge umfasst; sie ist eine Wissenschaft, weil sie sich bemüht, die Begründungen für den Schritt der möglichen Dinge zur Wirklichkeit zu liefern. Denn für Wolff ist eine Wissenschaft die Fertigkeit, Aussagen zu beweisen, d.h. für diese Aussagen die benötigten Gründe in einer korrekten logischen Struktur aufzubauen. Thema der Philosophie ist, wie gerade erwähnt, der Schritt der möglichen Dinge zur Wirklichkeit, oder anders ausgedrückt, der Schritt von der Möglichkeit zur Wirklichkeit. Kurz gesagt, das Thema ist der Verwirklichungsprozess des Möglichen. Die Aufgabe, die Wolff der Philosophie zukommen lässt, ist die Begründung dieses Verwirklichungsprozesses. Da die Philosophie nach Wolffs Definition eine Wissenschaft ist, strebt sie als letztes und höchstes Ziel nach Gewissheit.

Auch die Gewissheit bildet die Richtlinie von Wolffs Methode, und das in zweifacher Hinsicht, zum einen werden die Regeln der Methode in ihrem Ursprung mit dem Anspruch aufgestellt, der Gewissheit zu genügen, zum anderen besteht der Zweck der Methode ganz und gar in der Gewissheit. Wie Wolffs wissenschaftliche Methode die Gewissheit erreicht, wird von ihm durch den bildhaften Ausdruck ‚connubium rationis et experientiae' (*Ehe zwischen Vernunft und Erfahrung*) bezeichnet. Nach Wolff findet das ‚connubium', die Verbindung zwischen Beweisen auf der einen Seite und Beobachtungen und Experimenten auf der anderen, in der wissenschaftlichen Methode statt.[87] Im ‚connubium' liefern Beobachtungen und Experimente die Gründe für die Beweise und sie überprüfen die Ergebnisse der Beweise, während die Beweise die Ordnung liefern, die eingehalten werden muss, um eine *wissenschaft-*

---

86 *Psychologia empirica*, Anm. § 497, S. 379 (GW II 5).
87 Vgl. *Psychologia empirica*, § 497, S. 379 (GW II 5); vgl. *Logica*, § 1232, S. 864 (GW II 1.3).

liche Methode zu sein. Diese Vereinigung, die also in der Methode stattfindet, ist ein Zeichen von deren Universalität denn sie umfasst sowohl den Vernunft- als auch den Erfahrungsbereich.

5 Literaturverzeichnis

École, Jean (1989; 1997): *Note sur la définition wolffienne de la philosophie,* in: StudiaLeibnitiana 21, S. 205–208, Nachdr. in: Jean Ècole, *Nouvelles études et nouveaux documents photographiques sur Wolff,* Hildesheim [u. a.], S. 171–174 (GW III 35).

École, Jean (1990): *La métaphysique de Christian Wolff,* Hildesheim [u. a.] (GW III 12.1–12.2).

Gómez Tutor, Juan Ignacio (2004): *Die wissenschaftliche Methode bei Christian Wolff,* Hildesheim [u. a.] (GW III 90).

Hinske, Norbert (1978; 1986): *Die Geliebte mit den vielen Gesichtern. Zum Zusammenhang von Selbstdefinition und Funktionsbestimmung der Philosophie,* in: *Wozu Philosophie? Stellungnahmen eines Arbeitskreises,* hg. von Hermann Lübbe, Berlin [u. a.], S. 313–343, überarb. und erw. Fassung in: Norbert Hinske, *Lebenserfahrung und Philosophie,* Stuttgart-Bad Cannstatt, S. 184–217.

Kreimendahl, Lothar (1994): *Interpretationen. Hauptwerke der Philosophie. Rationalismus und Empirismus,* Stuttgart.

Lüthje, Hans (1925): *Christian Wolffs Philosophiebegriff,* in: Kant-Studien 30, S. 39–66.

4 Logik

Luigi Cataldi Madonna

Keywords

Erfahrung, Wahrscheinlichkeit, Unbezweifelte Sätze, Auslegung, Wissenschaft

Abstract

Nach einer knappen Diskussion von Wolffs Quellen und der Frage nach der Stellung der Logik in Wolffs Philosophie werden zentrale Themen der Wolffschen Logik behandelt: zunächst ihre Unterteilung, sodann wichtige Bestandteile, nämlich die Zeichenlehre, die Lehre von Wissenschaft und Beweis, die Grundlegung der Wahrscheinlichkeitstheorie, die Rolle der Erfahrung in der Erkenntnis und schließlich die Methodenlehre der Auslegung.

1   Die zwei Logiken[1]

Die Schrift *Vernünfftige Gedancken von den Kräfften des menschlichen Verstandes und ihrem richtigen Gebrauche in Erkäntnißnis der Wahrheit* (1713) – bekannt auch als *Deutsche Logik* – eröffnet Christian Wolffs Reihe seiner deutschsprachigen Werke (abgeschlossen im Jahre 1726). Sie enthält viele Neuheiten für die Auffassung der Logik und ihrer Lehre im deutschen Denken des 18. Jahrhunderts. Die *Deutsche Logik* ist an Studenten und an andere Interessierte gerichtet. Sie ist in einem frischen Stil verfasst: sie ist kurz, beschränkt sich auf wesentliche Begriffe, ist reich an Beispielen und leicht zu lesen[2]. Das Werk hatte sofort großen Erfolg und gewann eine vorherrschende Stellung, die es für fast 40 Jahre beibehielt: mit der 5. Auflage 8000 verkaufte Exemplare, 14 Neudrucke bis 1754. Eine italienische Übersetzung erschien im Jahr 1713, eine lateinische Übersetzung, von Wolff selbst angefertigt, im Jahre 1730 und eine französische im Jahre 1736.

Mit der *Philosophia rationalis sive Logica* beginnt im Jahre 1728 die Reihe der lateinischen Werke Wolffs. Diese Werke haben einen anderen Adressatenkreis, nämlich die gesamte gebildete europäische Öffentlichkeit. Die *Logica* ist ein wesentlich umfänglicheres Buch mit einem reicheren formalen Aufwand und mit zahlreichen subtilen begrifflichen Unterscheidungen. Im Vergleich zur *Deutschen Logik* weist sie einige innovative Aspekte auf; so thematisiert sie die Wahrscheinlichkeit und ihre Grundsätze und ist auf eine positivere Bewertung der Erfahrung und der psychischen Dimension der Erkenntnis ausgerichtet.

In dem Zeitraum zwischen den beiden Logiken reift bei Wolff ein Interesse für die Psychologie heran, was sich in der Veröffentlichung der *Psychologia empirica* (1732) manifestiert. Ausgehend von der Betrachtung der niederen Erkenntnisfähigkeiten untersucht Wolff in diesem innovativen Werk, auf welche Weise durch Passivität und Spontaneität der Erkenntnisakt mit dem oft genannten *connubium* (der Verehelichung) zwischen Vernunft und Erfahrung zustandekommt. Wolff geht es dabei nicht darum, die logischen Verknüpfungen in geistigen Akten zu begründen. Dies sei ein Irrtum, den zu begehen er Tschirnhaus vorwirft. Sein Interesse an der Psychologie zielt vielmehr darauf ab, die Untersuchung des Zustandekommens der Erkenntnis über die durch die Tradition betrachteten im engeren Sinne formal-logischen Aspekte hinaus auszudehnen. Die gesamte spätere Philosophie übernimmt hinsichtlich der Erkenntnistätigkeit diese psychologische und empirische Neuorientierung. Darin

---

1   Ich danke meinem Freund Axel Bühler für die Übersetzung aus dem Italienischen. Wenn beide Logiken fast oder ganz in Definitionen und Deutungen übereinstimmen, beziehe ich mich einfach auf eine der beiden Logiken. Aber dennoch sind beide nicht Teile eines einzigen Systems. Ihre Gleichbehandlung täuscht und verhindert eine dynamischere Interpretation einer Entwicklung des Denkens von Wolff. Im Lauf der Zeit ändern und entwickeln alle ihre Meinungen, auch ein Super-Systematiker wie Wolff. Das Vorurteil von der Unveränderlichkeit des Wolffschen Systems – vorherrschend in der Geschichtsschreibung – hat nicht zum besseren Verständnis seines Denkens beigetragen.
2   Gestalt und Stil der *Deutschen Logik* hängen vor allem von Mariottes *Essai de Logique* (1678) ab.

besteht der wichtigste Beitrag der Wolffschen Psychologie zur Bildung einer neuen Rationalität – konkreter als der vom frühen Wolff vertretene Intellektualismus. Diese Neuorientierung beinhaltete ein Forschungsprogramm, das zur Ausbildung einer eigenständigen und wissenschaftlichen Psychologie führte.

1.1 Die Quellen

In seiner *Einführung* in die *Deutsche Logik* aus dem Jahre 1965 legte Hans Werner Arndt eine auch noch heute maßgebliche Rekonstruktion der Quellen und der Inhalte der wolffschen Logik vor. Wolff ist mit der Schullogik des 17. Jahrhunderts wohlvertraut. Seine wichtigsten Anregungen kommen aber aus einer eher ‚pragmatischen' Tradition, die mit der Mathematik die Möglichkeit verbunden sah, die Verstandesleistungen zu steigern und die Lebensumstände zu verbessern. Zu dieser Tradition gehörten vor allem Descartes und Erhard Weigel. In Jena studiert Wolff bei Georg Albrecht Hamberger, dem Schwiegersohn Weigels. In dieser Zeit liest Wolff die *Medicina Mentis* von Tschirnhaus, die ihn sehr beeindruckt. Weigel und Tschirnhaus wollten beide die Logik auf Grundlage mathematischer Prinzipien neu formulieren und die mathematische Methode auf andere Disziplinen anwenden. Sie teilten die cartesianische Ablehnung des Syllogismus als Erkenntnisinstrument, die zu dieser Zeit auch von Wolff vertreten wurde.[3] Die Beeinflussung durch Leibniz kommt später – vor allem hinsichtlich der Unterscheidungsmöglichkeiten von Vorstellungen bzw. Begriffen (oder Ideen), der Leistungsfähigkeit des Syllogismus, der Möglichkeit einer universalen Sprache und einer kombinatorischen Charakteristik. In einem Brief an Leibniz aus dem Jahre 1705 erwähnt Wolff auch Malebranche, Mariotte und Locke als Gewährsleute seiner *Philosophia rationalis*. Quellen und Inhalte belegen, dass die Wolffsche Auffassung von Bereich und Zielen der Logik von heute vertretenen Auffassungen stark abweicht und vor allem auch umfassender ist, da sie Erkenntnistheorie, Methodenlehre und Semiotik mit umfasst.

1.2 Logik, Ontologie und Psychologie

Die Logik hängt in ihren Grundsätzen von der Psychologie und der Ontologie ab.[4] Trotz dieser Abhängigkeit beginnen die Reihe der deutschsprachigen wie auch die Reihe der lateinischen Werke mit der Logik. Nun dürfen Beginn und logischer Primat

---

3   *Ratio praelectionum*, sect. II, cap. I, § 6, S. 108 (GW II 35). *Eigene Lebensbeschreibung*, S. 134–36 (GW I 10). Nicht nur Leibniz, sondern auch Mariotte (eine wichtige Quelle der *Deutschen Logik*) war begeistert von der Benutzung des Syllogismus in der *Ars inveniendi*.
4   Vgl. *Discursus praeliminaris*, § 89 f., S. 39 (GW II 1). *Eigene Lebensbeschreibung*, S. 134–36 (GW I 10). Was die Anordnung und die Konzeption der Disziplinen in der Metaphysik von Wolff betrifft, vgl. Jean École, *La métaphysique de Christian Wolff*, Hildesheim 1990 (GW III 12.1–12.2).

zwar nicht verwechselt werden. Aber ob Logik oder Ontologie den Primat aufweisen, ist bloß eine Frage der Perspektive.⁵ Aus der erkenntnistheoretischen Perspektive besitzt die Logik den Primat, weil wir mit ihr die Strukturen des Seins erforschen, aber aus einer metaphysisch-ontologischen Perspektive legt die Ontologie die Regeln und Gesetze der Logik fest. Ontologie und Logik spiegeln einander, aber auf umgekehrte Weise. In beiden Disziplinen sind das Widerspruchsprinzip und das Prinzip des zureichenden Grundes die obersten Grundsätze. Wolff glaubt allerdings, dass er das Prinzip des zureichenden Grundes aus dem Widerspruchsprinzip herleiten könne. Der Beweis dafür misslingt ihm.⁶ Dies hat Kritiker herausgefordert und in der Geschichtsschreibung zu seinem Ruf als eines verbohrten Rationalisten beigetragen.

2 Die Unterteilung der Logik

Unter dem Einfluss vor allem der *Logik von Port-Royal* und des *Essai de Logique* von Mariotte gliedert sich die *Deutsche Logik* in zwei Hauptteile. Der erste Teil betrifft die Hervorbringungen des Geistes: Begriff, Urteil und Schluss, und die entsprechenden Operationen, diese Hervorbringungen zu erhalten: Auffassung, Urteilen und Rede. Der zweite Teil ist den praktischen Anwendungen der Logik gewidmet. Der dreifachen theoretischen Unterteilung korrespondiert eine dreifache Untergliederung des praktischen Teils. Kapitel 5 bis 15 behandeln methodologische Fragen der Anwendung der Logik bei der Erforschung, der Prüfung und der Verteidigung der Wahrheit. In diesem Teil finden wir Regeln und Empfehlungen für die Interpretation von Texten. Auch die *Logica* ist in der beschriebenen Weise unterteilt; die Unterscheidung zwischen theoretischem und praktischem Teil aber wird in ihr im Gegensatz zur *Deutschen Logik* explizit vorgenommen.

2.1 Die Begriffsbildung

Für Wolff ist jede „Vorstellung einer Sache in unseren Gedancken"⁷ ein Begriff. Im Anschluss an Leibniz geht auch Wolff von graduellen Ausprägungen der Merkmale von Begriffen (oder Ideen) aus. Begriffe sind nicht bloß klar oder dunkel, deutlich oder undeutlich – wie das cartesische Modell es erforderte –, sondern auch mehr oder weniger ausführlich oder unausführlich, vollständig oder unvollständig. Begriffe können empirisch sein, d.h. mittels Abstraktion aus den Wahrnehmungen ge-

---

5 Vgl. *Logica*, § 2 und § 59, S. 107 und S. 142 (GW II 1.2).
6 Bereits Leibniz hatte den Versuch unternommen, das Prinzip des zureichenden Grundes zu beweisen, aber offensichtlich mit geringerer Überzeugung, da er ihn nicht veröffentlichte. Das Fragment wurde von Rudolf Zocher veröffentlicht in: *Leibniz' Erkenntnislehre*, Berlin 1952.
7 *Deutsche Logik*, Kap. 1, § 4, S. 123 (GW I 1).

wonnen. In diesem Fall sind sie zweifellos möglich, da notwendigerweise alles, was wirklich ist, auch möglich ist. Begriffe können weiterhin durch beliebige Kombinationen erhalten werden, vermittels eines Willensaktes, der aber als solcher etwas nicht möglich machen kann. Um uns zu versichern, dass wir es nicht mit bedeutungslosen Wörtern zu tun haben, müssen wir beweisen, dass mindestens etwas in diesen Begriffen möglich ist, etwa dass ihre Bezugsgegenstände miteinander vereinbar sind.

Bei seiner Untersuchung von Begriffen geht Wolff nicht weiter auf Fragen des Ursprungs und der genaueren Beschaffenheit der Begriffe ein, außer dass er ihre Angeborenheit einfach behauptet, ohne diese Behauptung weiter zu vertiefen. Ihn interessiert bloß, wie die Vorstellungen funktionieren. Seine Perspektive ist pragmatisch und nicht abstrakt theoretisch. Dies illustriert er am Beispiel der Hand. Es ist nicht notwendig, die Struktur der Hand zu kennen, um sie wirkungsvoll zu benutzen.[8] Offenbar glaubt Wolff, man könne die Definitionen von Begriffen aus ihrem theoretischen Zusammenhang herauslösen.[9] Er möchte ein neutrales, von metaphysischen Entscheidungen unabhängiges begriffliches Instrumentarium entwickeln, orientiert an der Tradition, der üblichen Sprachverwendung und dem Vorbild der mathematischen Sprache.

Wolffs Auffassung der Begriffsbildung ist am Schema Gattung/Art (Genus/Spezies) ausgerichtet. Für das Verständnis dieses Schemas ist die Betrachtung des Begriffspaars „einfach/zusammengesetzt" hilfreich. Man muß Bezugsgegenstände von Begriffen kennen, um deren wechselseitige Abhängigkeiten untersuchen zu können. Ein Begriff ist einfach, wenn er nicht weiter zerlegbar ist. Um einen zusammengesetzten Begriff erfassen zu können, muss man seine Bestandteile erfassen. Aber auch hier kommt Wolffs Pragmatismus zum Ausdruck. Er sagt nämlich, dass man nicht immer zu unauflöslichen Begriffen zurückgehen muss: es genüge, zu Begriffen zu gelangen, die bei Beweisen verwendet werden können. Das Einfache enthält bereits alle seine möglichen Kombinationen in sich, sowie der Begriff des Raumes alle geometrischen Figuren in sich enthält. Der Begriff des Dreiecks enthält in sich den Begriff des gleichseitigen Dreiecks. Und der Begriff des Dreiecks seinerseits ist im Begriff der Geraden enthalten.[10] Diese Sichtweise ist intensional, da sie von den *Eigenschaften* der Gegenstände ausgeht. Sie verbindet sich mit einer extensionalen Sichtweise, die auf dem Begriffspaar „allgemein/besonders" beruht. Eine Ordnung wird hier gemäß verschiedener Abstraktionsgrade hergestellt, die auf den Inklusionsbeziehungen der Individuenmengen beruhen, welche Arten und Spezies ausmachen. Die Ordnung steigt vom Individuum über die Art zum Genus auf. Der allgemeine Begriff enthält wenig in sich, da er zu vielen Individuen zu passen hat, der besondere Begriff enthält viel in sich, da er alle seine Kombinationen beinhaltet. Aus der extensionalen Perspektive haben wir

---

8   Vgl. *ebd.*, Kap. 1, § 6, S. 124.
9   Vgl. Hans Werner Arndt, *Die Semiotik Christian Wolffs als Propädeutik der ars characteristica combinatoria und der ars inveniendi* in: Semiotik I (1979), S. 328.
10 Vgl. *Deutsche Logik*, Kap. 1, § 26, S. 136 (GW I 1).

mit Abstraktionen von Individuen zu tun, aus der intensionalen Perspektive mit Angaben der Eigenschaften der Gegenstände. Beide Perspektiven werden getrennt behandelt, aber ihr Unterschied und ihre Verbindung werden nicht genauer erläutert. Eine solche Erläuterung finden wir erst bei Lambert.

Wolff lässt auch Verstehen zu, das bloß auf den Ton oder Klang von Wörtern bezogen ist. Es sei ja auch möglich, Vorstellungen von Tönen zu bilden. So könne man zwar nicht den Begriff eines „Ziehe-Geistes" haben; da man diesen Ausdruck aber von anderen unterscheiden könne, könne man ihn verstehen, auch wenn er keine Bedeutung habe.[11]

2.2 Urteilslehre

Urteile sind Verbindungen von Begriffen. Ein Urteil ist der „actus mentis", d.h. der geistige Akt, der die Verbindung oder die gegenseitige Abstoßung zwischen den Begriffen behauptet, aus denen das Urteil besteht.[12] Das Urteil ist die erste geistige Operation, welche die Bildung allgemeiner Begriffe zulässt. Diese allgemeinen Begriffe existieren aber allein in den Individuen.[13] Während Wolffs Auffassung von der Begriffsbildung innovativen Charakter hat, ist seine Urteilslehre, die auf der Beziehung Subjekt-Prädikat beruht, traditionell. Urteilen heißt immer, zwei (oder mehr) Begriffe verbinden oder trennen. Jedes Urteil zerfällt in zwei Teile: der erste Teil drückt die Bedingung aus, wegen welcher etwas an sich oder aufgrund bestimmter Bedingungen einer Sache zukommt oder nicht. Der zweite Teil drückt aus, ob eine Sache einer anderen zukommt oder nicht. Diese Zweiteilung ist besonders klar in Sätzen, die mit „wenn-dann" gebildet werden, wo das Vorderglied die Bedingung enthält und das Hinterglied das eigentliche Urteil. Urteile heißen „wahr", wenn das Prädikat dem Subjekt zukommen kann, „falsch", wenn dies unmöglich ist, sie also den Widerspruch zwischen Subjekt und Prädikat ausdrücken. Urteile sind Grundurteile, „wenn sie vermöge einer Erfahrung" gebildet sind, oder „Nach-Urteile", d. h. aus Grundurteilen erschlossene Urteile. Verstehen heißt, einen Begriff der Dinge zu haben, da Wörter „anstatt der Begriffe" verwendet werden: Wörter können nicht verstanden werden, wenn sie nicht mit einem Begriff verbunden sind.[14] Wolff unterscheidet zwischen Nominal- und Realdefinitionen („Worterklärungen" und „Sacherklärungen"). Die Nominaldefinition beruht auf dem gewöhnlichen Sprachgebrauch und enthält alle Bedingungen, welche einer Sache zukommen und sie von anderen Sachen zu unterscheiden erlau-

---

11 In Bezug auf diese Idee schlägt Matteo Favaretti Camposampiero vor, das semantische Dreieck als ein Viereck neu zu deuten; in: *Conoscenza simbolica. Pensiero e linguaggio in Christian Wolff e nella prima età moderna*, Hildesheim 2009 (GW III 119).
12 Vgl. *Logica*, § 42 S. 131 (GW II 1.2).
13 Vgl. *ebd.*, § 56 f., S. 138.
14 Vgl. *Deutsche Logik*, Kap. 3, § 4, S. 157 (GW I 1).

ben. Die Realdefinition soll uns dagegen über die Entstehung von Dingen informieren und erklären, wie sie möglich sind, „wenn sie entstehen sollen"[15].

2.3 Die Schlusslehre

Wolff sieht in der Begriffslehre und der Schlusslehre die wichtigsten Teile seiner Logik.[16] Zentraler Bestandteil seiner Theorie des Syllogismus ist der „Grund [der] Schlüsse"[17], das „dictum de omni et nullo": Alles, was von einem Genus ausgesagt werden kann, kann auch von allen Arten ausgesagt werden, die in seinen Bereich fallen, und umgekehrt muss alles, was von einem Genus verneint wird, auch von allen Arten in seinem Bereich verneint werden. Die Betrachtung des Syllogismus beschränkt sich auf die Schlussweisen der 1. Figur, da die anderen beiden Figuren auf die 1. Figur reduzierbar sind. In der *Deutschen Logik* hat sich Wolffs früheres Misstrauen gegenüber der Syllogistik in Enthusiasmus umgewandelt – vor allem wegen seiner Beschäftigung mit dem Denken von Leibniz. Er identifiziert nun den Syllogismus mit dem mathematischen Beweis und sieht in ihm ein wirksames Werkzeug der Erkenntnis, nicht bloß ihrer Überprüfung. Nach Wolff ist das syllogistische Schließen in allen Arten des bewussten und unbewussten Denkens gegenwärtig, auch dann, wenn es nicht explizit gemacht wird. Die Mathematik wird zu einem normativen Modell des Denkens insgesamt und damit zu einer notwendigen Propädeutik jeder Disziplin der Weltweisheit.

3 Zeichen und die ars characteristica combinatoria

Zeichen sind Darstellungen unserer Gedanken und zwar solche, die es einem anderen erlauben zu erkennen, was wir denken, wenn wir sprechen. Besonders wichtige derartige Zeichen sind Wörter. Dafür, dass Verstehen zwischen Personen zustandekommt, müssen zwei Anforderungen erfüllt sein: 1) Derjenige, der spricht, muss mit jedem Wort etwas denken; denn wenn ein Wort ohne Begriff ist, ist der Laut leer oder vergebens. 2) Derjenige, der zuhört, muss wie derjenige denken, der spricht.[18] Jedes Wort muss mit einem Begriff verbunden sein, um nicht bedeutungslos zu werden. Das Wort, das eine gleichbleibende Bedeutung hat, ist festgelegt, das Wort, welches veränderliche Bedeutungen hat, ist vage. Während Wolff zunächst dem Zeichen explizit keine darstellende Funktion zuerkennt, erfolgt dies im Projekt einer idealen wissenschaftlichen Sprache. Die Wolffsche Auffassung des semantischen Dreiecks

---

15 *Ebd.*, Vorrede 2. Auflage, S. 110.
16 Vgl. *Deutsche Metaphysik*, § 398, S. 241 f. (GW I 2.1).
17 *Deutsche Logik*, Kap. 4, § 2–4, S. 163–64 (GW I 1).
18 *Ebd.*, Kap. 2, § 1–2, S. 151.

(Zeichen – Begriffe – Dinge) beinhaltet einen doppelten Isomorphismus als zwei-eindeutige Zuordnung zwischen der Verbindung Zeichen – Begriff und der Verbindung Begriff – Ding.[19] Da beide Isomorphismen transitiv sind, wird die Vermittlung durch die Begriffe überflüssig und die dreistellige Relation lässt sich auf eine Beziehung der direkten Bezugnahme oder Referenz zwischen Zeichen und Dingen reduzieren.[20] Die Verbindung der Zeichen muss der der Dinge entsprechen und umgekehrt.

Unter Vorgabe dieses Isomorphismus zwischen Zeichen und Dingen benötigt man nicht mehr die darstellende Funktion der Begriffe, sondern nur die des Zeichens, das sich unmittelbar auf die bezeichnete Sache bezieht.[21] Aus dieser Sichtweise bietet sich eine nach dem Vorbild der Algebra konzipierte *ars inveniendi* (Erfindungskunst) an. Mit ihr wollte Wolff seine Werke vervollständigen und abschließen. Die Erfindungskunst sollte zunächst in deduktiver Form die bereits bekannten Wahrheiten organisieren und dann von diesen ausgehend durch Kombination neue Wahrheiten entdecken. Sie sollte zwei aufs Engste verbundene Teile enthalten: die *ars characteristica* als Kunst des Bezeichnens und die *ars characteristica combinatoria* als Kunst der Kombination von Begriffen nach dem Vorbild des Kalküls der Algebra.[22]

4 Beweis, System und Wissenschaft

Der Beweis ist die hauptsächliche Schlussweise der Wolffschen Philosophie. Der Nachdruck, den Wolff auf das Ziel des Beweisens legt, hat ihm den Ruf eingetragen, er leide an einem *pruritus demonstrandi*, aber auch Kants Lob, er habe den Geist der Gründlichkeit in die deutsche Philosophie eingeführt. Ein Schluss heißt „Beweis", wenn in einem Syllogismus nur Definitionen, unbezweifelte Erfahrungen, Grundsätze und bereits bewiesene Sätze verwendet werden[23]. Entsprechend einer gefestigten Tradition beruht die Wolffsche Konzeption von der Wissenschaft auf dem Begriff des Beweises: „Unter *Wissenschaft* verstehe hier die Neigung, Behauptungen zu beweisen, d h. aus gewissen und unveränderlichen Prinzipien durch richtige Folgerung herzuleiten"[24]. Wissenschaftlichkeit und Beweisbarkeit fallen danach zusammen: das, was wissenschaftlich ist, ist beweisbar und umgekehrt. Beweis und Wissenschaft erlauben es, allen Disziplinen der Weltweisheit eine systematische Form zu geben. Unter „Sys-

---

19 Vgl. Hans Werner Arrndt, *Die Semiotik Christian Wolffs als Propädeutik der ars characteristica combinatoria und der ars inveniendi*, a. a. O., S. 327.
20 Vgl. Johann Heinrich Lambert, *Semiotik*, in: *Neues Organon oder Gedanken über die Erforschung des Wahren und dessen Unterscheidung von Irrtum und Schein* (1762–64), Nachdruck in: ders. *Philosophische Schriften*, hg. von Hans Werner Arndt, Hildesheim 1965, Bd. I–II, Teil III.
21 Vgl. Hans Werner Arndt, *Die Semiotik Christian Wolffs als Propädeutik der ars characteristica combinatoria und der ars inveniendi*, a. a. O., S. 327.
22 Siehe auch den Beitrag von Matteo Favaretti Camposampiero.
23 Vgl. *Logica*, § 498, S. 379 (GW II 1.2).
24 *Discursus praeliminaris*, § 30, S. 14 (GW II 1).

tem" versteht Wolff dabei eine „Menge von Wahrheiten, die unter sich und mit Prinzipien verbunden sind"[25].

4.1 Richtige und unbezweifelte Erfahrungen

Obzwar Wolffs Begriff der Wissenschaft sich auf den ersten Blick nicht von ihrem traditionellen Begriff zu unterscheiden scheint, liegt doch ein Unterschied vor, da Wolff den Begriff der Beweisbarkeit verändert. Wolff lässt als Prämissen eines Beweises nämlich auch empirische Sätze zu. Der Ausschluss von Prämissen, „quae sola experientia fide constant", würde die Verwendung und die Anwendbarkeit des Beweises in den Wissenschaften einschränken, vor allem dort, wo man es mit nicht notwendigen Urteilen zu tun habe.[26] Das Unbezweifelte bedeutet die Abwesenheit jedes Zweifels, die Beseitigung aller Gegengründe, auch wenn seine Verneinung möglich bleibt. Das Wort „richtig" im Ausdruck „richtige Erfahrung" bedeutet, dass die Art und Weise, in welcher Zweifel ausgeräumt und kritische Experimente durchgeführt wurden, richtig war. Das grundlegende Vorgehen für den Gewinn richtiger Erfahrungen ist die Falsifikation alternativer Möglichkeiten. Auf sie greift Wolff zurück, um Bestätigungen von „richtigen Erfahrungen" zu erhalten.

Die Entwicklung der Erklärungen der Begriffe „richtig" und „indubitatus" (unbezweifelt, zweifellos) in den 15 Jahren von der *Deutschen Logik* zur *Logica* illustriert, wie Wolff in immer stärkerem Ausmaß die psychische Dimension der Erkenntnisakte berücksichtigt. Der Ausdruck „richtig" bezieht sich auf die Richtigkeit der induktiven Prozesse für den Gewinn empirischer Sätze und für ihre Verwendung unter den Prämissen eines Beweises. Die Aktivität des Subjekts ist dabei nur minimal und beschränkt sich auf die Überprüfung der Richtigkeit der Schlüsse und des Vorgehens beim Erwerb von Erfahrungen. „Unbezweifeltheit" bezieht sich vor allem auf die logischen Eigenschaften des Satzes, der unbezweifelt ist, soweit er notwendig ist. Der Ausdruck „indubitatus" hebt aber auch eine psychische Eigenschaft hervor, die an die Entscheidung des Forschers gebunden ist. Obwohl mit den logischen Beziehungen zwischen einem Satz und den Belegen aus der Erfahrung verknüpft, drückt „Unbezweifeltheit" auch die Bemühungen des Forschers aus: nämlich seine, an einem bestimmten Punkt getroffene Entscheidung, weiteres Zweifeln zu unterlassen und bisherige Untersuchungen als hinreichend anzusehen, sowie seine Fähigkeit, aus verschiedenen möglichen Alternativen die beste auszuwählen. Kurz: Die Zweifellosigkeit bestimmter Sätze ist zum einen Ergebnis logischen Schließens und des Vorgehens beim Erwerb von Erfahrungen, aber zum anderen auch von Einstellungen, Entscheidungen und persönlichem Engagement des Subjekts. Die Richtigkeit des Vorgehens beim Erwerb von Erfahrungen ist wesentlich, der Forscher muss einen Er-

---

25 *Logica*, § 889, S. 635 (GW II 1.3).
26 *Ebd.*, § 498, S. 379 (GW II 1.2).

fahrungssatz aber auch als *indubitatus* authentifizieren. Heute könnte man dies folgendermaßen ausdrücken: Der Erwerb unbezweifelter Erfahrungen hängt nicht nur von der logischen Richtigkeit des Vorgehens ab, sondern auch von bestimmten pragmatischen Erwägungen.

Unbezweifelte Sätze scheinen zu den wahrscheinlichen Sätzen zu gehören. Deren Merkmal ist es, dass ihre Verneinung – wie unwahrscheinlich sie auch immer ist – nicht als unmöglich eingesehen wird. Die unbezweifelte Unmöglichkeit ihrer Verneinung haben sie mit Sätzen gemeinsam, deren Wahrscheinlichkeiten Endpunkte der Skala von Wahrscheinlichkeitswerten bilden. Diesen Sätzen schreibt Wolff die Wahrscheinlichkeit 1 zu, und viele seiner Zeitgenossen nennen sie „moralische Wahrheiten". Dieser Ausdruck soll andeuten, daß solche Gewissheiten nicht Ergebnis von Beweisen sind, sondern einer willentlichen Wahl zwischen möglichen Alternativen. Ihre Gemeinsamkeit mit unbezweifelten Sätzen ist offenbar, aber weitere Merkmale der unbezweifelten Sätze sind kontrovers. Auch die Herausgeber der Wolffschen Werke haben unterschiedliche Deutungen vorgeschlagen. Jean École identifiziert „indubitatus" mit unbezweifelbar. Vertreter dieser These berufen sich auf die damalige sprachliche Verwendung des Ausdrucks und nicht auf seine wörtliche Bedeutung. Hans Werner Arndt dagegen unterscheidet zwischen Zweifellosigkeit und Unbezweifeltheit. Sein Vorschlag überzeugt eher, da er die Verbindung zwischen „indubitatus" und „richtig" erklärt und Wolffs Behauptung gerecht wird, er habe einen neuen Begriff von Beweis vorgeschlagen, wie er in dem § 498 der *Logica* explizit hervorhebt.

4.2 Wahrheit

Wolffs Konzeption von Wahrheit ist am Begriff des analytischen Urteils orientiert, dessen Wahrheit sich aus der Beziehung der in ihm vorkommenden Begriffe einsehen lässt. Ein Satz – und das mit ihm ausgedrückte Urteil – ist wahr, wenn er zwei Bedingungen genügt: (1) er behauptet eine Notwendigkeit; (2) es lassen sich aus ihm die Gründe für seine Notwendigkeit einsehen. Wie kann diese Wahrheitsauffassung auf unbezweifelte und richtige Sätze angewendet werden? Wir können diese Sätze als ‚unvollkommene' Wahrheiten betrachten. Sie behaupten eine Notwendigkeit, doch geht ihnen die zweite Komponente ab. Sie vermitteln uns keine Einsicht in die Gründe ihrer Notwendigkeit. Mit der Wahrheit eines Satzes ist die Einsicht *in* seine Wahrheit verbunden, mit der Unbezweifeltheit eines Satzes bloß die Einsicht, *dass* der Satz wahr ist.

In § 517 der lateinischen Logik wird diese Unterscheidung auf klare Weise erläutert. Wenn man allein bemerkt, dass etwas einem bestimmten Subjekt zukommt – sagt Wolff dort –, dann kenne man noch nicht die Wahrheit des Satzes, auch wenn man konstatiert, dass der Satz wahr ist. D. h. man weiß nicht, wie das Prädikat durch den Begriff des Subjekts festgelegt werden kann. Denn für Wolff besteht die Wahrheit eines Satzes in der „*determinabilitas praedicati per notionem subjecti*"[27]. Er erläutert dies anhand des Beispielsatzes „Der Schnee ist weiß". Aus der Beobachtung wissen wir, dass dieser Satz wahr ist, weil es jedes Mal, wenn es Schnee gibt, auch weißen Schnee gibt. Dennoch haben wir keine Einsicht in die Wahrheit des Satzes. Denn wir wissen nicht, wie der Begriff „weiß" durch den Begriff des Schnees determiniert wird.

5   Die Logik des Wahrscheinlichen[28]

In Wolffs Philosophie spielt die wahrscheinliche Erkenntnis eine sehr wichtige Rolle.[29] Wolff meint, es gäbe noch viel zu tun,[30] eine Logik des Wahrscheinlichen auszuarbeiten, und in den Kapiteln III und IV der *Logica* macht er grundlegende Ausführungen hierzu – die wir in der *Deutschen Logik* noch nicht finden. Er legt hier zwar keine neuen inhaltlichen Beiträge zur Wahrscheinlichkeitstheorie vor, gibt aber Hinweise für die metaphysische Grundlegung der Entwicklung der Wahrscheinlichkeitstheorie.

Wolff verknüpft den Begriff der Wahrscheinlichkeit eng mit dem der Gewissheit. Dabei greift er auf die Begriffe der Wahrheit und der Wahrheitsgründe zurück. Wolff sucht nach einem objektiven Bezugspunkt für Zuschreibungen von Wahrscheinlichkeiten, also von Wahrscheinlichkeitswerten zwischen 0 und 1. Dieser Bezugspunkt konnte nur die absolute Gewissheit sein. Gewissheit und das Streben nach ihr garantieren die ‚Wissenschaftlichkeit' der Wahrscheinlichkeitstheorie und ihrer Anwendungen, weil „die Beurtheilung des Wahrscheinlichen die *Demonstration praesupponiret*"[31]. Die Zuschreibung eines numerischen Wahrscheinlichkeitswertes muss auf einem Beweis beruhen; da auf Beweisen beruhendes Wissen gewiss ist, kann der Satz, der die Wahrscheinlichkeit zuschreibt, gewiss sein: „denn ehe ich mit rechter Gewißheit sagen kan, daß etwas wahrscheinlich sey, und wie wahrscheinlich es sey, muß ich es aus seinen Wahrheits-Gründen demonstriren können, das ist, ich muß mit Gewißheit erweisen können, daß aus diesen Wahrheits-Gründen die Sache erfolge"[32]. Bei einem Wurf zweier Würfel ist der Satz („p(7) = 1/6"), der dem Ereignis „7" den Wahrscheinlichkeitswert „1/6" zuschreibt, ein gewisser Satz.

---

27 *Logica,* § 513, S. 392 (GW II 1.2).
28 Siehe auch den Beitrag von Paola Cantù.
29 Wolff verfolgte die Entwicklung der neuen Wahrscheinlichkeitstheorie mit großem Interesse. Für die *Acta Eruditorum* rezensierte er zwei Klassiker: Die *Essais d'analyse sur les jeux de hazard* von de Montmort im Jahr 1709, und die *Ars Conjectandi* von Jakob Bernoulli im Jahr 1714. Über Wolffs Auffassung von der Wahrscheinlichkeit siehe Luigi Cataldi Madonna, *Christian Wolff und das System des klassischen Rationalismus,* Hildesheim 2001, S. 83–121 (GW III 62).
30 *Anmerckungen zur Deutschen Metaphysik,* § 128, S. 208 ff.(GW I 3).
31 *Ebd.,* § 128, S. 208 f. (GW I 3).
32 *Ebd.,* S. 209.

Ein Satz ist gewiss, wenn wir alle seine „requisita ad veritatem"[33] oder Wahrheitsgründe kennen, welche die Zuschreibung des Prädikats zum Subjekt festlegen. Ein einzelner Wahrheitsgrund ist ein Teilgrund für die Wahrheit eines gegebenen Satzes. Erst die Menge aller Wahrheitsgründe eines Satzes stellt den zureichenden Grund für die Zuschreibung des Prädikats zum Subjekt dar. Wenn wir nur einige der Wahrheitsgründe kennen, dann stellt deren Menge nur einen unzureichenden Grund für diese Zuschreibung dar. In diesem Fall haben wir keine Gewissheit von der Wahrheit des Satzes, sondern nur die Kenntnis seiner Wahrscheinlichkeit. Wir nennen einen Satz eben „wahrscheinlich", „si praedicatum subjecto tribuitur ob rationem insufficientem"[34]. Der Grad der Wahrscheinlichkeit eines gegebenen Satzes ergibt sich aus dem Verhältnis zwischen der Anzahl seiner uns zur Verfügung stehenden Wahrheitsgründe und der Gesamtanzahl seiner Wahrheitsgründe. Aber nicht nur die Anzahl der Wahrheitsgründe ist hier in Rechnung zu ziehen, sondern auch ihr bestätigendes Gewicht, wie Wolff aus der *Ars Conjectandi* (1713) von Bernoulli gelernt hatte.

Die Grundlage der neuen Wahrscheinlichkeitstheorie zu Wolffs Zeit war das Prinzip der Gleichmöglichkeit, nach dem das Verhältnis zwischen Mengen gleicher Möglichkeiten die Wahrscheinlichkeit eines Ereignisses festlegt. So setzt man beim Würfelspiel voraus,

> daß alle Würfe gleich möglich sind, und schliesset demnach von der Möglichkeit auf die Würcklichkeit, welches mit Gewißheit nicht geschehen kan. Denn wenn die Fälle, so an sich möglich sind, ihre Erfüllung erhalten sollen; so werden sie durch andere vorhergehende Dinge determiniret, die in einem Falle nicht sind, wie in dem andern: sonst müste nur allemahl einerley Zahl fallen. Und eben alsden hat man keinen zureichenden Grund, wenn man nicht alles weiß, wodurch die Wahrheit determiniret wird, sondern nur einiges davon[35].

Die Annahme der Gleichmöglichkeit von Ereignissen erlaubt es, verschiedenen Kombinationen gleicher Möglichkeiten numerische Werte zuzuweisen. Diese Annahme ist allerdings keine empirisch überprüfbare Voraussetzung, sondern ein erfahrungsunabhängiges metaphysisches Prinzip.

Wolff bezweifelt die Gültigkeit und die empirische Anwendbarkeit dieses Prinzips. Es sei nur auf künstliche Situationen anwendbar und berücksichtige nicht, daß ein Ereignis nur zustandekommen könne, wenn irgendein Grund dafür gegeben sei. Wolff reinterpretiert das Gleichmöglichkeitsprinzip auf der Grundlage des Prinzips des unzureichenden Grundes. Damit werde man eher der Bewertung der Realität gerecht: „Wenn wir von einem Satz einigen Grund, jedoch keinen zureichenden haben; so nennen wir ihn *wahrscheinlich,* weil es nehmlich den Schein hat, als wenn

---

33 Vgl. *Logica*, § 573, S. 434 (GW I 2).
34 *Ebd.*, § 578, S. 437 (GW II 1.2–1.3).
35 *Deutsche Metaphysik*, § 399, S. 243 f.(GW I 2.1–2.2).

er mit anderen Wahrheiten zusammen hinge"³⁶. Wolffs Versuch, Gleichmöglichkeit und Wahrscheinlichkeit über den zureichenden Grund zu erklären, hatte großen Erfolg. Nicht nur in der Wolffschen Schule; wir finden ihn auch z. B. bei Kahl, Kant, Laplace und von Kries. Keynes schlägt vor, ihn durch ein Indifferenzprinzip zu ersetzen, welches einen ähnlichen Inhalt, aber weniger metaphysische Voraussetzungen hat: „[T]he Principle of Indifference asserts that if there is no known reason for predicating of our subject one rather than another of several alternatives, then relatively to such knowledge the assertions of each of these alternatives have an equal probability"³⁷.

6 Erfahrung

Die Erfahrung hat in Wolffs Philosophie grundlegende Bedeutung. Hier geht es vor allem um vier Fragen: (1) Was ist die Beziehung zwischen Erfahrung und Gewissheit? (2) Was ist die Beziehung zwischen Erfahrung und Experiment? (3) Welche Rolle spielt das Widerspruchsprinzip in der Erfahrung? Und was ist (4) die Beziehung zwischen Theorie und Erfahrung?

Für Wolff ist die Erfahrung, wie auch die Vernunft, Quelle der Gewissheit und stellt den einzig möglichen Anfang für jede Art der Erkenntnis dar. Auch der geometrische Beweis bildet keine Ausnahme von diesem Prinzip:

> so werden wir finden, dass nicht allein alle Einbildungen, sondern auch die allgemeinen Begriffe von den Empfindungen ihren Ursprung nehmen […]. Da nun die Empfindungen zu der anschauenden Erkäntniß gehören […]; so nimmet alles unser Nachdencken von der anschauenden Erkäntniß ihren Anfang. Ehe wir dem nach auf eine Sache zu dencken gebracht werden, müssen wir einen Grund davon in unsern Empfindungen finden: und dieses findet man auch in allen geometrischen Beweisen, da man jederzeit aus dem Anschauen der Figur etwas annimmet, welches zum Anfange der Gedancken dienet³⁸.

Die Herkunft dieser Auffassung von Locke ist offensichtlich. In der *Deutschen Logik* unterscheidet Wolff zwischen Erfahrung und Experiment. Wir erfahren das, „was wir erkennen, wenn wir auf unsere Empfindungen acht haben"³⁹. Eine Erfahrung ist immer absichtlich. Und damit sie zustandekommen kann, ist es nötig, die Richtung der Aufmerksamkeit lenken zu können. Eine Erfahrung ist immer subjektiv, betrifft immer ein „Ich", das sie macht. Dass sie subjektiv ist, schließt aber nicht aus, dass sie sich nicht auf rationale und wissenschaftliche Weise untersuchen lässt, so wie Wolff dies

---

36 *Ebd.*, § 399, S. 242 (GW I 1).
37 John M. Keynes, *A Treatise on Probability* (1921), in: *The Collected Writings*, Bd. VIII, London-Basingstoke 1973, S. 45.
38 *Deutsche Metaphysik* § 846 (irrt.: § 746), S. 525 (GW I 2.2).
39 *Deutsche Logik*, Kap. 5, § 1, S. 181.

in den beiden Logiken und in der *Psychologia empirica* unternimmt. Das Experiment hat zwei zentrale Merkmale: (1) Eine genaue Untersuchung der Bedingungen einer Erfahrung vor allem in dem Fall, in dem die Dinge nach unserem Willen zusammengestellt worden sind und es das in der Natur so nicht oder nur selten gibt; (2) die akkurate Betrachtung der Bedingungen, unter welchen etwas geschieht, erlaubt es, das Experiment später zu wiederholen und das Experiment andere durchführen zu lassen[40]. Das erste Merkmal scheint die Willkür des Experimentators hinsichtlich der realen Verbindung der Dinge stark hervorzuheben. Das zweite Merkmal, die Wiederholbarkeit des Experiments, setzt den Glauben an die Stabilität der kausalen Verbindung und an die Stabilität der Natur voraus.

Die Unterscheidung zwischen Erfahrung und Experiment in der *Logica* ist klarer. Wolff bestimmt die Erfahrung als die *cognitio* derjenigen Dinge, „quae sola attentione ad perceptiones nostras patent."[41] Wahrnehmungen können äußere sein und von der empfindbaren Welt abhängen, oder sie können innere sein und von den Veränderungen abhängen, die von der Seele auf unseren inneren Sinn ausgeübt werden. Für Experimente gilt dagegen: „versantur circa facta naturae, etsi non nisi opera nostra intercedente contingant."[42] Hier liegt die Betonung nicht so sehr auf unserem Willen, als auf unserer Betätigung. Im Fall der Erfahrung ist die Aktivität des Subjekts zwar unentbehrlich, bleibt aber auf die Ausübung des eigenen Willens beschränkt, der die Aufmerksamkeit hervorruft und lenkt. Offensichtlich werden die Erfahrungen umso wirksamer sein, je größer die Klarheit der durch die Aufmerksamkeit bestimmten Wahrnehmungen ist. *Aufmerksamkeit bildet somit die Bedingung der Möglichkeit jeder Art von Erfahrung* – innerer und äußerer. Nur durch Aufmerksamkeit können Dinge erfahren werden. Im Fall des Experiments greift das Subjekt darüber hinaus bei der Festlegung der Erfahrungssituation ein: „Im ersten Fall die Würcklichkeit dessen, was geschiehet, bloß von der Natur; im andern aber mit von der Kunst oder von unserm Fleiße"[43].

Wolff konzipiert eine grundlegende Art von Erfahrung, die jede Art von Wahrnehmung begleitet, und die ich „rationale Erfahrung" nennen möchte: eine Erfahrung innerer Wahrnehmung, nämlich die Erfahrung der Unmöglichkeit, einen Sachverhalt anders zu erfahren, als man ihn erfährt: „*Eam experimur mentis nostrae naturam, ut, dum ea judicat aliquid esse, simul judicare nequeat, idem non esse*" (*Wir erfahren diese Eigenschaft unseres Geistes, dass er, wenn er urteilt, etwas sei, nicht gleichzeitig urteilen kann, dies sei nicht*)[44]. Eben diese Art von Erfahrung macht jede Art Wahrnehmungserfahrung überhaupt möglich und begleitet sie. Sie stellt das *fundamentum principii contradictionis* dar. Wenn Bewusstsein vorliegt, dann liegt auch eine rationale Erfah-

---

40 Vgl. *ebd.*, Kap. 5, § 12, S. 188 (GW I 1).
41 Vgl. *Logica*, § 664, S. 481 (GW II 1.2).
42 *Ebd.*, § 747, S. 539 (GW II 1.2).
43 *Anmerckungen zur Deutschen Metaphysik*, § 99, S. 170 (GW I 3).
44 *Philosophia prima*, § 27, S. 15 (GW II 3).

rung vor. Alle Begriffe werden der Prüfung der rationalen Erfahrung ausgesetzt und stammen deshalb „ex propriis experimentis, in seipso [...] factis"[45]. Diese Art von Erfahrung hat also eine experimentelle Komponente und kann damit die Grundlage von Wolffs Konzeption einer universellen Experimentalphilosophie bilden.

Da das Prinzip des Widerspruchs unbeweisbar ist, kann die rationale Erfahrung nicht dessen logisches, sondern nur sein psychologisches Fundament bilden. Das Prinzip des Widerspruchs kann aus dieser rationalen Erfahrung nicht logisch folgen, obzwar die rationale Erfahrung uns die Existenz und die Wirksamkeit des Prinzips erkennen lassen kann. Ohne die rationale Erfahrung wäre es unmöglich, „sine probatione"[46] das Widerspruchsprinzip zu akzeptieren und seine Universalität und Notwendigkeit zu erkennen. Die rationale Erfahrung stellt eine Anwendung oder besser: eine *Psychologisierung* des Widerspruchsprinzips dar. Seine ontologische Notwendigkeit hängt von der *psychisch erfahrenen* Notwendigkeit ab, der das Subjekt in seinen Erfahrungen unterworfen ist.

Wolff erkennt die grundlegende Rolle der Erfahrung an, weiß aber auch, dass sich in unseren Erfahrungen immer theoretische Deutungen ablagern, die schwer von den Wahrnehmungen zu unterscheiden sind und die Erfahrung mitkonstituieren. Es erscheint nicht möglich, ein empirisches Urteil zu isolieren, das nicht schon mit etwas, das keine Erfahrung ist, vermischt wäre. Für Wolff ist die Erfahrung immer theoriegeladen. Deshalb weist er darauf hin, dass die Deutung von Erfahrungen immer hypothetischer Natur sei: „Was die Erfahrung zeiget, ist unstreitig: die Erklärung, wie dasselbe zugehet, ist eine *Hypothesis*"[47]. Es ist unmöglich, den empirischen Gehalt eines Urteils zu isolieren. Tatsächlich ist für Wolff die Beobachtung nie rein und kann auch nie rein sein. Und dies betrifft sowohl die Tatsachen der Erfahrung wie auch ihre Begründung.

Die Beobachtung muss sich immer an Theorien ausrichten, sonst wäre sie, was den Gesichtspunkt der Information anlangt, blind und unbrauchbar. Dies gilt laut Wolff auch für eine Wissenschaft wie die Astronomie, die damals schon weit fortgeschritten war. Bei ihr spielten Beobachtungen eine wichtige Rolle. In ihr lässt sich eine Art dialektisches Verhältnis oder eine Reziprozität zwischen Theorie und Beobachtung feststellen, das heißt „quantum observationibus debeat theoria & quantum vicissim observationes debeant theoriae, observationibus theoriam & theoria vicissim observationes continuo perficientibus" (*wieviel die Theorie den Beobachtungen schuldet und wieviel die Beobachtungen ihrerseits der Theorie, wobei durch die Beobachtungen die Theorie und durch die Theorie die Beobachtungen beständig wechselseitig vervollkommnet werden*)[48]. Dennoch behält die Theorie auch in einer Beziehung der wech-

---

45 *De Voluptate ex Virtute percipienda*, in: *Horae subsecivae Marburgenses* 1730. Trimestre brumale, § 12, S. 60 (GW II 34.2).
46 *Philosophia prima*, § 28, S. 16 (GW II 3).
47 *Anmerckungen zur Deutschen Metaphysik*, § 168, S. 264 (GW I 3).
48 *De Experientia morali*, in: *Horae subsecivae* 1731. Trimestre autumnale, § 2, S. 688 (GW II 34.3).

selseitigen Unterstützung einen gewissen Primat gegenüber den Beobachtungen, da es eigentlich die Theorie ist, an welcher neue Interpretationen vorgenommen werden und die weiter fortschreitet. Ohne Theorien käme man in der Erkenntnis nicht weit. Man muss immer wissen, was man sucht, „ehe die Observationen angestellet werden"[49]. Erfahrung ist grundlegend, aber es muss immer eine *theoriegeleitete* Erfahrung sein. Die theoriegeleitete Erfahrung ist eine der Formen, in der es bei Wolff zu dem für ihn so grundlegenden *connubium* der Erfahrung mit der Vernunft kommt[50].

7 Die Logik der Auslegung

In der Philosophie Wolffs findet eine besonders starke Annäherung zwischen Logik und Hermeneutik statt. Das *connubium* sollte der Hermeneutik eine wohlbestimmte systematische Position zuerkennen, ohne Vermengungen mit der Rhetorik, die die Wissenschaftlichkeit der Hermeneutik in Frage gestellt hatten. Im praktischen Teil der beiden Logiken legt Wolff Grundlinien einer Methodenlehre oder Logik der Auslegung vor. Sein methodologischer Naturalismus liegt klar zutage: Es gibt keine für einzelne Disziplinen spezifische Gegenstände oder Methoden. Inhalt und Funktionen der hermeneutischen Grundsätze müssen auf einer allgemeinen Ebene betrachtet werden. Dieser Aufgabe kann nur die Logik gerecht werden, nicht die Einzeldisziplinen, für die diese Grundsätze bestimmt sind. Ein überraschender Aspekt von Wolffs Hermeneutik, der mit dem methodologischen Naturalismus zusammenhängt, ist, dass in ihr eine eigene Unterscheidung von *hermeneutica sacra* und *hermeneutica profana* fehlt. Deswegen kann Wolff den Gebrauch der Logik und der mathematischen Methode auch auf die Auslegung der Heiligen Schrift ausdehnen.[51] Die *hermeneutica sacra* scheint als Spezialfall einer allgemeinen Hermeneutik aufgefasst zu werden und damit denselben Regeln und Prinzipien zu gehorchen, auf welche die allgemeine Hermeneutik gegründet ist. Bezeichnenderweise erwähnt Wolff den mystischen Sinn nicht einmal in der Theologie. Offensichtlich hielt er ihn für ebenso überflüssig wie die Wunder. Für Wolff gibt es nur einen Sinn, und das ist der wörtliche, d. h. der vom Autor gemeinte Sinn.

Die Wolffsche Unterscheidung zwischen historischen Büchern, die von „*facta sive naturae, sive hominum*" berichten, und dogmatischen Büchern, die von „*dogmata, seu veritates universales*" berichten[52], ist in der Hermeneutik des 18. Jahrhunderts wichtig geworden und liegt der Auffächerung in fachspezifische Hermeneutiken zugrunde. Bei Wolff kommt diese Art von Inhaltsbezogenheit aber nicht in Konflikt mit

---

49 *Anfangsgründe*, S. 1287 (GW I 14).
50 Siehe hierzu auch den Beitrag von Juan Gómez Tutor.
51 Vgl. *Logica*, § 968, S. 692 (GW II, 1.3). Zu Wolffs Hermeneutik vgl. Luigi Cataldi Madonna, *Die unzeitgemäße Hermeneutik Christian Wolffs* in: *Unzeitgemäße Hermeneutik. Verstehen und Interpretation im Denken der Aufklärung*, hg. von Axel Bühler, Frankfurt 1994, S. 12–25.
52 *Logica*, § 743, S. 537 (GW II, 1.3).

dem Allgemeinheitsanspruch der Hermeneutik. Auch wenn die Methoden, historische bzw. dogmatische Bücher zu schreiben und zu beurteilen, unterschiedlich sind, so gehen Verstehen und Interpretation beider Genres unter Verfolgung der gleichen Ziele und mit Verwendung der gleichen Mittel vor sich. In beiden Fällen ist nämlich Verstehen das Ziel, und dieses Verstehen ist mit der *investigatio mentis autoris* verbunden:

> *Interpretari* idem est ac certo modo colligere, quid quis per verba sua aut signa alia indicare voluerit [...] *interpretari verba alterius* idem est ac mentem ejus inverstigare. Unde *Interpretatio* est investigatio mentis per verba aliaque signa indicatae (*Interpretieren heißt, auf gewisse Weise festellen, was jemand mit seinen Wörtern oder anderen Zeichen anzeigen wollte* [...] *die Wörter eines anderen interpretieren heißt, seinen Geist untersuchen. Deshalb ist Auslegung die Untersuchung des angezeigten Geistes mittels Wörtern und anderer Zeichen*)[53].

Wolff unterscheidet deutlich zwischen Verstehen und Interpretieren, d.h. zwischen *intelligere* und *interpretari*. Der Begriff des Verstehens ist der allgemeine Begriff der Wolffschen Hermeneutik und steht für eine der Aktivitäten, welche den Menschen als symbolverwendendes Wesen, eingebettet in eine sprachliche Gemeinschaft und eine Welt von Zeichen, charakterisieren. *Interpretari* dagegen bezieht sich – in Übereinstimmung mit einem großen Teil der Tradition des 16. und 17. Jahrhunderts – wohl allein auf die Deutung dunkler Stellen in einem Text. *Interpretari* ist eine Verstandestätigkeit, die klar und deutlich machen soll, was dunkel und undeutlich ist. Wenn also die Rede eines Autors ein „significatum fixum ac determinatum" hat und wenn der Autor „mentem suam" hinreichend verständlich ausdrückt, dann brauchen wir keine Interpretation, sondern nur Verstehen, also *intelligere*. Die Kunst der Interpretation oder der Auslegung betrifft einen Spezialfall der Kunst des Verstehens, nämlich die Deutung unverständlicher Textstellen.

7.1 Der Intentionalismus

Für die Lektüre eines jeglichen Buches müssen Wolff zufolge zwei Bedingungen erfüllt sein: (1) das korrekte Verständnis des Autors, (2) das Verständnis des Inhalts.[54] Damit die erste Bedingung erfüllt wird, muss der Ausleger den Worten des Autors dieselben Begriffe zuordnen, die dieser selbst mit ihnen verknüpft hat.[55] Das Verstehen zwischen Personen ist eine Tätigkeit, die Kooperation zwischen Sprecher und Zuhörer über ihr sprachliches und übriges Verhalten erfordert. Der Sprecher muss

---

53 *Jus naturae* VI, § 459, S. 318(GW II 22).
54 Vgl. *Deutsche Logik*, Kap. 11, § 1, S. 226 (GW I 1).
55 Vgl. *ebd.*, Kap. 11, § 6, S. 227.

mit jedem seiner Worte etwas denken, und der Zuhörer muss bei jedem Wort „eben dasjenige" denken, was der Sprecher denkt. Eine Interpretation ist richtig, wenn sie den wahren Sinn des Textes trifft, und der wahre Sinn des Textes ist der, den der Autor gemeint hat, gleich ob dieser Sinn seinerseits wahr oder falsch ist. Ziel der Auslegung ist also nicht „logische Wahrheit", sondern nur die Feststellung des wahren Sinnes, der vom Autor gemeint ist. Diese Zielvorgabe des Verstehens bringt es mit sich, dass die *authentische* Auslegung eines Autors durch sich selbst eine Vorrangstellung einzunehmen scheint: Die beste Interpretation ist diejenige, die der Autor selbst geben würde.

Das Verstehen geoffenbarter oder heiliger Texte vollzieht sich ganz genauso wie das profane. So nennt Wolff in der *Theologia naturalis* erneut ein Kriterium, das er bereits in der *Logica* formuliert hatte: „*singulis Scripturae sacrae verbis suas respondere notiones, ex intentione Dei cum iisdem jungendas*"[56]. Um die Heilige Schrift zu verstehen, müssen die von Gott gemeinten Begriffe mit den Wörtern der Heiligen Schrift verbunden werden. Also bestimmen die von Gott gemeinten Begriffe die Bedeutung der heiligen Wörter. Diese sind genau wie die profanen Wörter Zeichen, um Gedanken zu vermitteln bzw. die Gedanken eines anderen, in diesem Falle Gottes, zu erkennen. Die Methoden der Untersuchung heiliger Texte sind dieselben wie diejenigen, die auf jedes mit Urteilsvermögen geschriebene Buch angewendet werden. Wolff verliert die notwendigen Erfordernisse für die Wahrheit eines Satzes nie aus dem Blick, auch nicht, wenn es ein geoffenbarter Satz ist. Wenn den Ausdrücken keine Begriffe entsprechen, dann sind es Laute „sine mente", und es wäre gotteslästerlich, derlei Fälle für die Offenbarung einzuräumen.[57]

Das Verstehen, d. h. dasselbe zu denken wie der Autor, verlangt von Seiten des Interpreten die Anstrengung, mit dem Autor in Einklang zu kommen. Und dies setzt eine Reihe von – je nach Fall mehr oder weniger komplexen – psychologischen Untersuchungen voraus und müsste am Ende dazu führen, einer Rede oder einem Text den Sinn zu *entnehmen*. Das *Hineinlegen* eines anderen Sinnes als des vom Autor beabsichtigten in eine Rede oder einen Text, die oft so genannte Akkomodation, gilt dagegen als Todsünde des Interpreten.

Wolffs Intentionalismus beruht auf einer strikt erkenntnistheoretischen Grundlage, auf dem überzeugten Vertrauen in die Wirksamkeit der wissenschaftlichen Methode. Die *intentio auctoris* stellt ein objektives Kriterium der gewissen Interpretation dar, gleich ob man die Unkorrigierbarkeit von Berichten über Eigenpsychisches und damit der authentischen Interpretation mit dem Interpretationsziel der Feststellung der Autorenintention verbunden hat oder nicht.

---

56 *Logica*, § 968, S. 692 (GW II 1.3).
57 Vgl. *Theologia naturalis* I § 493, S. 456 (GW II 7.1).

7.2 Das Besserverstehen

Für Wolff gibt es nun aber auch Fälle, in welchen ein Ausleger ein besseres Verständnis eines Textes erreicht als der Autor selbst. Dies liegt dann vor, wenn ein Text undeutliche Begriffe enthält und der Interpret sie besser als der Autor erklären kann:

Quodsi Autor quibusdam terminis conjungit notionem confusam, lector autem distinctam, & utraque eadem res repraesentatur; lector mentem autoris intelligit & melius explicat (Wenn der Autor mit bestimmten Ausdrücken einer undeutlichen Begriff verbindet, der dieser aber einen deutlichen und durch beide dieselbe Sache vorgestellt wird, dann versteht der Leser den Geist des Autors und erklärt ihn besser)[58].

In einem derartigen Fall können wir zwischen einer ‚richtigen', deutlicheren Auslegung und einer den Autorabsichten getreuen Auslegung, wie sie etwa in einer authentischen Auslegung vorliegt, unterscheiden und eine Wahl treffen. Die – mögliche – Überlegenheit der ‚richtigen' Auslegung besteht dabei in ihrer größeren Deutlichkeit.

Diese Idee ist nicht neu, sondern ein Gemeinplatz der hermeneutischen Tradition. Aber die Aufklärer – vorsichtiger als viele der zeitgenössischen Interpretationstheoretiker – hüteten sich davor, die Thematik des Besserverstehens zur Grundlage ihrer Hermeneutik zu machen. Die Maxime sollte nicht universell angewendet werden, sondern nur gelegentlich und in jedem einzelnen Fall mit größter Vorsicht. Denn sie waren sich im Klaren, dass jedes Besserverstehen leicht zur Rechtfertigung einer Akkomodation werden kann, einer Verfälschung der Autorintention.

7.3 Rationalität und hermeneutische Billigkeit

In Wolffs Hermeneutik spielt die Vernunft eine zentrale Rolle, und zwar im Hinblick auf die Rationalität des zu interpretierenden Autors. Wolff ist sich zwar der Grenzen der menschlichen Vernunft bewusst und weiß, dass die Vernunft teilweise oder ganz abwesend sein kann, in Abhängigkeit von den intellektuellen Qualitäten eines Autors. Ein Autor kann „compilator judicio carens" sein. Wolff beschreibt einen solchen Autor auf folgende Weise:

Si compilator verbis connectit, quorum unum ex altero non infertur, vel cumulat, quae sibi mutuo repugnant, sine judicio scriptum suum compilarit (Wenn der Zusammensteller mit Wörtern einen Zusammenhang herstellt, bei dem das eine aus dem anderen nicht erschlossen wird, oder Wörter zusammenhäuft, die sich wechselseitig widersprechen, dann hat er seine Schrift ohne Urteil zusammengestellt)[59].

---

58 *Logica*, § 929, S. 660 (GW II 1.3).
59 Ebd., § 892, S. 636.

Eine ohne Urteil verfasste Schrift enthält sprachliche Verbindungen, denen keine gültigen Folgerungsbeziehungen zugrundeliegen; oder sie stellt Wörter zusammen, die logisch nicht zueinander passen oder sogar Gegenteiliges voneinander ausdrücken. In solchen Fällen fehlt dem Autor die Urteilsfähigkeit, die nach Wolff „ad libros scribendos necessaria" ist[60]. Wolff weiß durchaus, dass es viele Bücher gibt, die nicht mit hinreichender Urteilskraft verfasst worden sind, und dass Autoren bei logischen Herleitungen Fehler machen, wie auch, dass sie die Konsistenz zwischen Sätzen nicht immer zu kontrollieren in der Lage sind. Wenn Wolff aber behauptet, dass die Urteilsfähigkeit für das Verfassen von Büchern notwendig ist, dann meint er, dass ein Text – soll er als Buch betrachtet werden – immer Urteilskraft anzeigen muss, wenn auch nur in minimalem Ausmaß. Im Text muss irgendein logischer Faden vorliegen, den der Autor aufnehmen kann, um verstehen und irgendeinen interpretatorischen Zusammenhang aufbauen zu können. *Mit Urteil geschrieben zu sein* ist für Wolff das Unterscheidungsmerkmal zwischen Büchern und dem, was – gegen andersartigem Anschein – kein Buch ist. *Mit Urteil geschrieben zu sein* ist die Bedingung der Möglichkeit für das Verstehen eines Buches. Und das gilt selbstverständlich auch für das gesprochene Wort.

Für Wolff macht die Beachtung aller hermeneutischen Regeln die *billige* Auslegung möglich. „Billigkeit" ist ein Schlüsselbegriff seiner Hermeneutik:

> Aequus in interpretando appellatur, qui verbis autoris non alium tribuit sensum iisdem convenire, demonstrare, aut, ubi minime erroneus fuerit, probabiliter adstruere valet. E contrario iniquus in interpretando est, qui verbis autoris tribuit sensum erroneum, quem iisdem convenire demonstrare nequit (*Derjenige wird billig bei der Auslegung gennant, der den Wörtern des Autors nur des Sinn zuweist, von dem er beweisen kann, dass er paßt oder, wo er kaum irrtümlich ist, als wahrscheinlich aufgefasst werden kann. Unbillig bei der Auslegung dagegen ist der, der einen irrtümlichen Sinn zuschreibt, von dem er nicht beweisen kann, dass er zu den Wörtern passt*)[61].

Die Billigkeit bildet die Grundlage des ganzen begrifflichen hermeneutischen Instrumentariums oder – wie Georg Friedrich Meier sagen wird – die Seele aller Regeln der Auslegungskunst. Im *Jus naturae* verwendet Wolff den Ausdruck „rectus" anstatt „billig" und unterstreicht die Notwendigkeit einer auf Regeln beruhenden Auslegung: „recta" nennt er eine Interpretation, die vermittels der Anwendung der Interpretationsregeln erhalten worden ist: „[R]ecta dicitur interpretatio, quae sit per regulas interpretandi demonstrata"[62]. Das, was hier ausgedrückt wird, scheint der „Richtigkeit", die mit den unbezweifelten Sätzen verbunden ist, sehr nahezukommen.

---

60 *Ebd.*
61 *Ebd.*, § 922, S. 655.
62 *Jus naturae* VI, § 465, S. 324 (GW II 22).

Die Billigkeit der Auslegung soll erweisen oder zumindest wahrscheinlich machen, dass der Rede des Autors kein anderer Sinn zukommt als der ihr durch die Auslegung zugeschriebene. Im Gegensatz dazu weist die *unbillige* Auslegung den Wörtern des Autors einen irrtümlichen Sinn zu, der sich vermittels der Regeln nicht demonstrieren lässt. Die Verwendung des Begriffs der Billigkeit in diesem Zusammenhang ist nicht neu, sondern kann bereits in der Tradition der Ethik und Rhetorik angetroffen werden. Neu ist die zentrale Stellung des Begriffs in der Wolffschen Hermeneutik. – Diese zentrale Stellung der Billigkeit wird für die Entwicklung der Hermeneutik im 18. Jahrhundert maßgeblich sein.

8 Schluss

Wolff hat keine völlig neuen Theorien zu Themen der Logik aufgestellt, aber mit der Klarheit der Zielsetzungen und Begriffe, sowie seinem Verständnis der erkennend-logischen Aktivität als Einsatz aller geistigen Fähigkeiten – von der Empfindung bis zur Vernunft – und vieler Kompetenzen einzelner Disziplinen hat er zur Weiterentwicklung der damaligen Theorien zur Logik beigetragen. Dabei wird ersichtlich, dass es für Wolff keine reine Erkenntnistheorie gibt. Er richtet sich vielmehr gegen Bestrebungen zu einer solchen reinen Theorie. Die Originalität seiner Ideen wird dabei oft durch seine fast manische Anstrengung verdunkelt, eine deduktive Enzyklopädie des Wissens vorzulegen.

9 Literaturliste

Arndt, Hans Werner (1979): *Die Semiotik Christian Wolffs als Propädeutik der ars characteristica combinatoria und der ars inveniendi*, in: Semiotik I, S. 328.
Cataldi Madonna, Luigi (1994): *Die unzeitgemäße Hermeneutik Christian Wolffs* in: *Unzeitgemäße Hermeneutik. Verstehen und Interpretation im Denken der Aufklärung*, hg. von Axel Bühler, Frankfurt.
Cataldi Madonna, Luigi (2001): *Christian Wolff und das System des klassischen Rationalismus*, Hildesheim (GW III 62).
École, Jean (1990): *La métaphysique de Christian Wolff*, Hildesheim (GW III 12.1–12.2).
Favaretti Camposampiero, Matteo (2009): *Conoscenza simbolica. Pensiero e linguaggio in Christian Wolff e nella prima età moderna* (GW III 119).
Keynes, John Maynard (1921): *A Treatise on Probability*, in: *The Collected Writings*, Bd. VIII, London-Basingstoke 1973.
Lambert, Johann Heinrich (1762–64): *Neues Organon oder Gedanken über die Erforschung des Wahren und dessen Unterscheidung von Irrtum und Schein*, Nachdruck in: ders. *Philosophische Schriften*, hg. von Hans Werner Arndt, Hildesheim 1965.
Zocher, Rudolf (1952): *Leibniz' Erkenntnislehre*, Berlin.

5 Philosophy of Language

Matteo Favaretti Camposampiero

Keywords

Wolff, Semantics, Compositionality, Proper Names, Phrases, Symbolic Cognition, Artificial Language, Truth

Abstract

Although Wolff's system does not include a discipline comparable to what we call the philosophy of language, several of his works contain extensive philosophical discussions of linguistic, psycholinguistic, semiological, semantic, pragmatic, and hermeneutical subjects. Section 1 reviews his main contributions to this field, spanning from the *Disquisitio philosophica de loquela* of 1703 to the late treatises on practical philosophy. Section 2 reconstructs Wolff's theory of meaning, his treatment of proper names, and his concept of a "semantic destination". Section 3 details Wolff's interest in syntactic structures and their different degrees of compositionality, with special focus on phrases, idioms, and artificial languages. Adopting the psychological point of view, section 4 explores the semantics of mental associations, the theory of symbolic cognition, and the view of language learning as a precondition for intellectual development. Finally, section 5 considers some problematic consequences of Wolff's account of truth and falsity along with his commitment to bivalence.

1 Introduction

What is Wolff's philosophy of language, if indeed there is one? In fact, Wolff's system neither includes nor envisages the possibility of an independent discipline comparable to what we now call the philosophy of language.[1] The *Discursus præliminaris* (§ 72) lists among the as yet neglected but possibly future parts of philosophy a discipline called the philosophy of liberal arts, which would include the philosophy of grammar, rhetoric, poetry, etc. Elsewhere, Wolff mentions as a desideratum the *philosophia verbalis,* whose sub-disciplines like general grammar and general rhetoric are "ad rationes solidas methodo demonstrativa nondum revocat[æ]" (*not founded yet on solid reasons by the demonstrative method*)[2]. Verbal philosophy—says Wolff—is still unrealized because the *philosophia realis* has not yet developed enough. He further maintains that "general grammar should become a part of philosophy"[3], following the example of Campanella, who nevertheless was wrong in placing grammar before logic, as it is the former that draws its principles from the latter.

This disciplinary field does not exactly match our concept of the philosophy of language; it is closer to general linguistics or the scientific study of language as opposed to the historical knowledge of particular languages.[4] Nor does it exhaust what Wolff actually has to say on language, its nature, operation, purpose, effects, etc. In fact, far from being postponed until 'real' philosophy is addressed, Wolff's reflections on language are scattered throughout his works, where they often play a preparatory role in the treatment of other philosophical topics. Thus, instead of preliminarily marking the boundaries of the philosophy of language, I begin with reviewing in largely chronological order Wolff's works that are most relevant to the theoretical study of language in a very broad sense, for this will provide an overall idea of the extent and contents of his contributions.

One of Wolff's earliest publications is a philosophical investigation on speech, in which traditional semiology is coupled with Cartesian dualism and the occasionalist account of the mind-body union and linguistic communication.[5] Wolff also draws on Bernard Lamy's and Johann Conrad Amman's descriptions of the physiological

---

1   See the general presentation of Wolff's philosophy of language by Eugenio Coseriu, *Die Geschichte der Sprachphilosophie von der Antike bis zur Gegenwart. Teil II: Von Leibniz bis Rousseau,* Tübingen, 1972, pp. 129–139.
2   *De versione librorum juxta principia philosophiæ nostræ adornanda,* in: *Horae subsecivae* 1731. Trimestre brumale, § 5, p. 265 (GW II 34.3).
3   *Anmerckungen zur Deutschen Metaphysik,* § 95, p. 166 (GW I 3).
4   On philosophical or general grammar, cf. *ibid.,* § 49, p. 110.
5   Cf. *Disquisitio philosophica de loquela* (1703), in: *Meletemata,* sect. II, pp. 244–267 (GW II 35). Cf. Mariano Campo, *Cristiano Wolff e il razionalismo precritico,* Milano, 1939, pp. 256–264; Rainer Specht, "Anmerkungen zu Wolffs *Disquisitio philosophica de loquela*", in: *De Christian Wolff à Louis Lavelle. Métaphysique et histoire de la philosophie,* ed. by Robert Theis and Claude Weber, Hildesheim, 1995, pp. 47–60; and Ulrich Ricken, *Leibniz, Wolff und einige sprachtheoretische Entwicklungen in der deutschen Aufklärung,* Berlin, 1989, pp. 25–30.

and mechanical processes in which articulate sounds are produced, transmitted, and received. Although the Cartesian-occasionalist framework is later abandoned[6], this work contains several landmarks for Wolff's subsequent investigations, such as the associationist picture of linguistic learning, its application to the case of words that denote immaterial objects, the attention to the phenomena of subvocalization or silent speech that accompany mental processes, and the general tendency to focus on the cognitive aspects of language and semantics.[7]

The focus on mind and language also dominates the 1707 *Solutio nonnullarum difficultatum circa mentem humanam obviarum*[8], which discusses two sensational cases of the day. Both a feral child captured in the forest and a deaf man who suddenly recovered his hearing suggested to many that rationality is not inborn but acquired, which challenged rationalist anthropology and seemed to foster materialism. To address this concern, Wolff distinguishes reason as an inborn faculty from its use, whose acquisition requires the previous acquisition of language and is therefore hindered by premature isolation.[9] To argue that we need (linguistic) signs to form and combine our concepts, Wolff draws on the doctrine of symbolic cognition, which reveals his early acquaintance with Leibniz's *Meditationes de cognitione, veritate et ideis* (1684).

Deutsche Logik (1713) follows Locke's *Essay* in devoting a chapter to the use of words. Here, Wolff explains the nature and function of language by adopting Lockean semantics, but combines it with a Leibnizian theory of cognition. Already visible in this work is the correspondence between the traditional tripartition of mental operations and the tripartition of linguistic structures.[10] Just as ideas or concepts are combined to form judgments, words as "symbols of concepts"[11] compose sentences (*Sätze* in German, *propositiones* or *enunciationes* in Latin) as linguistic expressions of judgments. Sentences in turn are the components of syllogisms as expressions of reasoning or inferences. Chapters 11 and 12 are devoted to interpretation and sacred hermeneutics respectively.

In 1718, *Ratio prælectionum* summarizes all these topics (see sect. II, ch. 2, §§ 36–37, 46–48) and introduces without detailing the cognitive function of symbols in forming abstract concepts (ch. 3, § 29). This hint is developed in *Deutsche Metaphysik* (1720), where the foundations of semiology and linguistics (§§ 291–315) are treated in connection with intellectual knowledge as a prelude to the first systematic presentation of symbolic cognition and *ars characteristica combinatoria* (§§ 316–324).

---

6   Cf. *Ratio prælectionum*, sect. II, ch. 3, §§ 7–8, p. 143 (GW II 36).
7   See my *Conoscenza simbolica. Pensiero e linguaggio in Christian Wolff e nella prima età moderna*, Hildesheim, 2009, pp. 499–512, 646–658 (GW III 119).
8   In: *Meletemata*, sect. I, pp. 11–17 (GW II 35).
9   See my "*Homo inter bestias educatus*. Langage et raison à partir du *Discursus præliminaris*", in: Lumières 12 (2008), pp. 29–39; and *Conoscenza simbolica*, op. cit., pp. 617–639.
10 See also *Ausführliche Nachricht*, § 56. Cf. Winfried Lenders, *Die analytische Begriffs- und Urteilstheorie von G. W. Leibniz und Chr. Wolff*, Hildesheim, 1971, pp. 65–77.
11 *Ratio prælectionum* (1718) sect. II, ch. 2, § 29, p. 130 (GW II 36).

Chapter 2 of *Ausführliche Nachricht* (1726) explains Wolff's choice to write in a 'pure' German that avoids Latin loan words and instead coins German technical terms (§§ 15–17). Furthermore, Wolff rebuts the accusation that he is changing the received meaning of words and justifies his use of definitions as a means to dispel obscurity and inconsistency (§§ 18–20).

In the Latin system, the distribution of linguistic issues is reorganized as follows. The *Discursus præliminaris* (1728) offers a chapter on philosophical style with general rules for writing philosophy in any language;[12] these combine a conservative attitude towards received vocabulary with the need for disambiguation and technical terms. Several basic concepts and distinctions (e. g., 'word', 'sentence', 'simple' vs. 'complex term', etc.) are characterized in *Logica* (1728), which also includes three chapters on the use of words in conceiving, judging, and reasoning respectively, along with a chapter on definitions. The chapters "On reading books" and "On the interpretation of Sacred Scripture" expose the fundamentals of Wolff's hermeneutics and his concept of equitable interpretation. Sacred hermeneutics also considers the relation between original text and translation,[13] which is extensively discussed in the short treatise *De versione librorum* (1731), a ground-breaking attempt to develop a systematic theory of translation based on philosophical principles.[14] This work also contains important insights into the notions of idiom, context, and emphasis.

Whereas the general theory of signs is moved to the last chapter of *Ontologia* (1730),[15] all issues pertaining to the cognitive function of signs and especially verbal language are treated in detail in *Psychologia empirica* (1732), part I, sect. 3, chs. 2–3 and, with respect to psychophysical correspondences, in *Psychologia rationalis* (1734), sect. 1, ch. 4.[16]

Finally, Wolff's practical philosophy approaches language and communication from both the normative and the hermeneutical perspectives. The former perspective

---

12 Cf. *Discursus præliminaris*, § 140n, p. 71 (GW II 1.1). Cf. Gereon Wolters, "Christian Wolffs philosophischer Stil", in: *Macht und Bescheidenheit der Vernunft. Beiträge zur Philosophie Christian Wolffs*, ed. by Luigi Cataldi Madonna, Hildesheim, 2005, pp. 73–83 (GW III 98).

13 Cf. *Logica*, § 978, pp. 701–703 (GW II 1.3). Sacred hermeneutics is also the subject of *De usu methodi demonstrativæ in explicanda Scriptura sacra*, in: *Horae subsecivæ* 1731. Trimestre vernale, pp. 281–327 (GW II 34.3); *De usu methodi demonstrativæ in tradenda Theologia revelata dogmatica*, in: *Horæ subsecivæ* 1731. Trimestre æstivum, pp. 480–542 (GW II 34.3); *Theologia naturalis* I, § 103, pp. 83–84, and §§ 491–496, pp. 454–459 (GW II 7.1).

14 Cf. *De versione librorum juxta principia philosophiæ nostræ adornanda*, in: *Horæ subsecivæ* 1731. Trimestre brumale, pp. 242–281 (GW II 34.3). See my "Théorie du langage et philosophie de la traduction chez Christian Wolff", in: *Le masque de l'écriture. Philosophie et traduction de la Renaissance aux Lumières*, ed. by Charles Le Blanc and Luisa Simonutti, Genève, 2015, pp. 583–609.

15 This move is justified in *Anmerckungen zur Deutschen Metaphysik*, § 96, p. 167 (GW I 3). Cf. Stephan Meier-Oeser, *Die Spur des Zeichens. Das Zeichen und seine Funktion in der Philosophie des Mittelalters und der frühen Neuzeit*, Berlin-New York, 1997, pp. 331–335.

16 See Gianni Paganini, "Signes, imagination et mémoire. De la psychologie de Wolff à l'Essai de Condillac", in: *Revue des Sciences philosophiques et théologiques* 72 (1988), pp. 287–300; and Ricken, *Leibniz, Wolff*, op. cit., Berlin 1989, pp. 30–41.

prescribes conversational maxims such as respecting semantic conventions, speaking truthfully, and avoiding ambiguities except in special cases.[17] The latter recasts the doctrine of interpretation and applies it to juridical contexts.[18]

2 Semantics of terms

2.1 Words, ideas, and things

The basic principle of Wolff's semantics is the traditional but now discredited claim commonly associated with Locke that words are signs of mental contents such as ideas, concepts, or thoughts. This expressive function is regularly evoked by Wolff as the characterizing feature of words and terms as linguistic signs. Words "are nothing but signs of our thoughts, as from the former the others can come to know the latter"[19]; "Sunt adeo *Voces* soni articulati, quibus notiones significantur. Voces autem istæ *Termini* appellantur. Unde *Terminus* definitur, quod sit vox notionem quandam significans" (*Voices are articulated sounds that signify ideas. But these voices are called terms. Thus, term is defined as a voice that signifies some idea*)[20].

To express the relation between linguistic and mental items, Wolff uses rather interchangeably such German or Latin verbs as *bedeuten, andeuten, significare, denotare,* and *indigitare;* words mean, signify, denote, or indicate ideas.[21] Some passages even suggest that he identifies the *Bedeutung* of a word with the idea associated with it: "*Every word must have a meaning [Bedeutung]. Thus, for every word there must be an idea connected with it, and therefore there must always be something that is indicated by the word*"[22].

Wolff's embryonic argument for ideational semantics is reminiscent of Locke in that it invokes the communicative function of language.[23] Words are signs of thoughts

---

17 Cf. *Deutsche Ethik* (1720), §§ 276–278, 313, and 981–1024, resp. pp. 177–178, 205–206, and 686–710 (GW I 4); *Jus naturæ. Pars III* (1743), ch. 2, pp. 100–207 (GW II 19); *Institutiones juris naturæ et gentium* (1750), §§ 346–376, pp. 183–198 (GW II 26); *Philosophia moralis sive Ethica. Pars V* (1753), ch. 7, pp. 709–771 (GW II 16).
18 Cf. *Jus naturæ. Pars VI* (1746), ch. 3: "De Interpretatione", pp. 318–413 (GW II 22).
19 *Deutsche Logik*, ch. 2, § 1, p. 151 (GW I 1). Cf. *Deutsche Metaphysik*, § 291, p. 160 (GW I 2).
20 *Logica*, § 36, p. 128 (GW II 1.2). In Wolff's logic, the terms *Begriff* and *notio* have the very general meaning of mental representation or idea (cf. *Deutsche Logik*, ch. 1, § 4 [GW I 1]; *Logica*, § 34, p. 127 [GW II 1.2]), whereas in psychology they are restricted to universal concepts (cf. *Deutsche Metaphysik*, § 273 [GW I 2]; *Psychologia empirica*, § 49, p. 31 [GW II 5]). In what follows, they are translated according to the context.
21 I disagree with Ursula Neemann, *Gegensätze und Syntheseversuche im Methodenstreit der Neuzeit. Teil 2: Syntheseversuche*, Hildesheim 1994, pp. 17 and 21–23, who claims that Wolff's use of *denotare* is restricted to extra-mental objects.
22 *Deutsche Logik*, ch. 2, § 3, p. 151 (GW I 1).
23 Cf. John Locke, *An Essay Concerning Human Understanding*, ed. Peter H. Nidditch, Oxford, 1975, III, ch. 2, § 2.

because they serve the speaker to let her audience know what she is thinking of: "By means of words we usually let others know our thoughts. *And so*, words are nothing but signs of our thoughts [...]"[24]. This mentalistic picture sounds less odd when we recall that words are used primarily to convey information to an audience and that information was usually conceived by the early moderns in terms of mental content, as something that lies in the mind of the speaker and can be revealed to other minds only by means of external, physical signs.

The following example is intended to illustrate his point: "If one asks me what I am thinking of, and I answer: of the Sun, then by this word I let him understand what kind of thing I am presently representing to myself in my thoughts"[25]. Of course, the example is ad hoc, since ordinary conversation does not consist in answering questions about the content of one's own thoughts. A standard objection against ideational semantics is precisely that we use words to talk about things rather than our representations of things. However, if the speaker could not associate any idea with the word 'Sun', then there would be some reason to say either that the word has no meaning for her or that she does not know it. Actually, intuitions of this sort about the cognitive facts related to the use of linguistic signs dominate not only Wolff's reflection on the relation between words, ideas, and things, but also his overall psycholinguistic approach to language (see below).

Like most traditional philosophers, Wolff is well aware that words denote things:

"*Termini denotant res, quarum notiones habemus, aut habere possumus. Termini denotant notiones. Sed notionibus res nobis repræsentamus. Patet itaque, quod perinde res indigitent ac notiones, quas de iis habemus*" (*Terms denote the things of which we have or can have ideas. Terms denote ideas, but by means of ideas we represent things to ourselves. Therefore, it is clear that terms indicate both the things and the ideas we have of them*)[26].

"[...] *Vocabula sint signa nostrarum perceptionum, vel rerum per eas repræsentatarum*" (*words are signs of our perceptions or of the things represented by them*)[27].

"*Ita vocabulum arbor et corpus naturale in regno vegetabili denotat [...] et ideam arboris, quam habemus, et vi cujus nobis arborem tanquam præsentem repræsentare valemus, quotiescunque voluerimus*" (*Thus, the word tree denotes both a natural body in the vegetable kingdom [...] and the idea of tree that we have and in virtue of which we are able to represent to ourselves a tree as present whenever we may want to*)[28].

---

24 *Deutsche Logik*, ch. 2, § 1, p. 151, emphasis added (GW I 1).
25 *Ibid.*
26 *Logica*, § 37, p. 128 (GW II 1.2).
27 *Psychologia empirica*, § 271, p. 195 (GW II 5).
28 *Ibid.*, § 271n, p. 195 (GW II 5).

Although terms can be indifferently characterized in referential terms as "nomina rerum" (*names of things*) or in ideational terms as "notionum signa" (*signs of ideas*), Wolff claims that his treatment of universal concepts provides some reason to prefer the latter alternative.[29] Presumably, the reason is that common nouns *qua* names of classes of entities like genera and species express universals that are more easily framed as concepts than as things. As there exists no universal thing, the naive referentialist can hardly account for the meaning of universal terms, whereas the ideational theorist can rely on universal concepts to serve as the semantic correlate of common names. The same holds for the non-existent but possible objects that we can represent in our imagination, for the only expressions that Wolff's semantics rejects as meaningless are those that denote *impossibilia*.

2.2 Proper names and descriptions

The reason indicated is consistent with Wolff's tendency to shift to the referential picture in the case of proper names. Whereas a common term "notionem communem designat" (*designates a common concept*), an individual term like 'Peter' "individuum significat" (*signifies an individual*)[30]. Signification concerns both common and proper names, but the latter are said to signify their actual bearers, not the concepts that we have of them. Thus, it would be tempting to say that proper names refer directly and not via some concept, as is the case for common nouns. Elsewhere, however, Wolff describes the mental process triggered by proper names in the same associationist terms used for nouns in general; once a name is associated with the image of its bearer, hearing the name brings to mind that image.[31]

In the Second Part of *Theologia naturalis*, Wolff repeats that a proper name is that which is used "ad significandum individuum" (*to signify an individual*), then argues that 'God' is a proper name; as there is only one God, we can use the term only to signify an individual.[32] The argument appears inconclusive, but an annotation makes clear what Wolff has in mind. His point is that the term 'God' "salva definitione tribui nequ[it] nisi enti uni" (*can be attributed* salva definitione *only to one single being*), with any other use in the plural being either improper or metaphorical.[33] The description, or in Wolff's terminology the nominal definition, of God as the absolutely perfect being is said to specify the meaning of the term 'God'. As there can be only one being that satisfies this definition, this term must be considered a proper name. Thus, at least in the case of God's name, Wolff adopts a descriptivist view.

---

29 Cf. *Logica*, § 37n, p. 128 (GW II 1.2).
30 *Ibid.*, § 114, p. 169 (GW II 1.2).
31 Cf. *ibid.*, § 116n, p. 170 (GW II 1.2).
32 Cf. *Theologia naturalis* II, §§ 408–409, p. 367 (GW II 8).
33 Cf. *ibid.*, § 409n, p. 367 (GW II 8).

Further indications of the interplay between and respective roles of concepts and things in determining the semantic values of linguistic expressions arise from Wolff's treatment of identity and diversity of meaning. The first case discussed is the most interesting: "Si ejusdem rei plures formari possunt notiones distinctæ completæ, termini significatus idem est, quamcunque eidem jungere volueris" (*If it is possible to form several distinct complete concepts of the same thing, the meaning of the term is the same, whatever concept you may want to attach to it*)[34]. For instance, a regular pentagon can be variously described by specifying different combinations of its essential properties, such as number and equality of sides and angles, inscribability, etc. Each description—Wolff would call it a definition—expresses a different concept, composed of different conceptual marks or *notæ*, but since each of these concepts is sufficient to recognize that figure and distinguish it from all other things, they in fact all represent the same figure: "Termini igitur *pentagoni regularis* idem est significatus, quibuscunque notis utaris ad notionem ejus completam formandam: notio enim constanter eandem figuram repræsentat" (*Hence, the meaning of the term* regular pentagon *is the same, whatever marks you may use to form a complete concept of it, for the concept constantly represents the same figure*)[35]. In the final analysis, what ultimately determines the *significatus* or *Bedeutung* of a denoting expression is not the concept associated with it but the very object denoted.[36] Thus, using different concepts or descriptions to explain the meaning of a term does not entail ascribing a different meaning to that term, for the identity of meaning can be consistent with the difference of concepts.[37] In this context, concepts and definitions play a semantic role not entirely dissimilar from that of Fregean senses.

2.3 Normative aspects of meaning

The passages on identity and diversity of meaning quoted above are part of a group of paragraphs that explore the normative dimension of meaning, introduced by the distinction between *significatus proprius* and *significatus improprius*. A major interest of this distinction consists in combining semantic and pragmatic elements, insofar as the possibility of using words improperly reveals the difference and therefore the possible gap between the linguistic meaning of a word and the meaning intended by the speaker who utters that word. A term is taken in its proper meaning if it is used to express the concept that represents the thing that the term is "destined" or intended to denote, but is taken improperly if by virtue of some similarity it is "transferred"

---

34 *Logica*, § 141, p. 183 (GW II 1.2).
35 Ibid.
36 Cf. *Ausführliche Nachricht*, § 20, pp. 43–44 (GW I 9): whether defined in terms of sides or angles, the word 'triangle' "is taken in the same meaning [*in einerley Bedeutung*]".
37 Cf. *Logica*, § 141 (GW II 1.2).

to signify some other thing that already has a term destined for it.[38] The latter clause serves to point out that not every shift in meaning or every metaphorical use of words constitutes improper use, but only if it does not conform to any established use. Wolff proscribes improper words from philosophical and generally scientific language for the same reason that he is circumspect about synonymous terms; both multiply the names of things without necessity, which violates the principle of lexical economy that governs not only his precepts for philosophical style but also his theory of translation and his attitude towards neologism.[39]

However, this does not imply that each word must have only one meaning. On the contrary, additional semantic destinations are as proper as the original one: "Si terminus aliquis rei cuidam significandæ destinatus præterea adhuc rei significandæ alii, cujus notionem habemus, destinatur; significatus posterior perinde proprius est ac prior" (*If a term destined for signifying a certain thing is besides additionally destined for signifying another thing of which we have the idea, the latter meaning is as proper as the former*)[40]. One and the same term can be subject to more than one assignment of meaning. This idea of a semantic "destination" is the pivot of Wolff's attempt to discriminate between standard and non-standard uses of language whilst allowing for the legitimacy of multiple coexisting standards. A case in point is the coexistence of ordinary and technical language. The same term may admit two different proper meanings, "nempe alium in communi vita vel arte, alium in data quadam disciplina, vel alium in hac, alium in altera disciplina" (*for instance, one in ordinary life or art and the other in some given discipline, or one in this and the other in another discipline*), without this polysemy being a source of semantic ambiguity or "confusion"[41]. On the other hand, in ordinary language even the proper meaning of words is often "vague" (i.e., not fixed)[42]; it is because of this semantic instability that most texts require interpretation in order to be understood.[43]

Technical terms are introduced to name things that are relevant to some discipline or art but have no name in ordinary language, because common people do not pay attention to them.[44] Wolff's largely successful commitment to forge and stabilize German (and to some extent Latin) philosophical-scientific terminology[45] is based on his

---

38   Cf. *Discursus præliminaris*, § 149, p. 78 (GW II 1.1); *Logica*, § 138, p. 181, and § 146, p. 185 (GW II 1.2).
39   See resp. *Discursus præliminaris*, § 149, pp. 77–78 (GW II 1.1); *De versione*, in: *Horæ subsecivæ 1731. Trimestre brumale*, § 4, p. 253 (GW II 34.3); and *Ausführliche Nachricht*, § 16, p. 27 (GW I 9).
40   *Logica*, § 148, p. 186 (GW II 1.2).
41   Ibid., § 148n, p. 186.
42   Ibid., § 138n, p. 182.
43   Cf. *Jus naturæ*, VI, § 460, p. 319 (GW II 22).
44   Cf. *Discursus præliminaris*, § 146n, p. 75 (GW II 1.1).
45   Cf. Paul Piur, *Studien zur sprachlichen Würdigung Christian Wolffs. Ein Beitrag zur Geschichte der neuhochdeutschen Sprache*, Halle a. d. S., 1903; Eric A. Blackall, *The Emergence of German as a Literary Language. 1700–1775*, Cambridge, 1959, pp. 26–41; Wolfgang W. Menzel, *Vernakuläre Wissenschaft. Christian Wolffs Bedeutung für die Herausbildung und Durchsetzung des Deutschen als Wissenschaftssprache*, Tübingen, 1996.

refined view of the expressive possibilities and limits of natural languages. One particular aspect of this attempt at expanding our linguistic resources is of special philosophical interest. Several of Wolff's creative or simply corrective interventions and proposals appear to have been inspired by his awareness that the semantic structures of different languages can have different degrees of compositionality. The next section reviews the main contexts where this idea comes to light.

3 Compositional structures

3.1 Phrases and compounds

Wolff holds that words are the basic units of meaning as they express ideas or concepts, the basic units of thought. Just as ideas combine in judgments, words combine in sentences. However, as concerns linguistic structures, Wolff further recognizes a class of expressions that are somehow intermediate between words and sentences. He calls them *phrases* or *loquendi formulæ* in Latin, *Redensarten* in German. In terms of syntax, they are characterized as "termini complexi, ex pluribus quippe vocabulis compositæ" (*complex terms, as they are composed of several vocables*) and thus contrasted with monolexical units called "simple terms"[46]. From the semantic point of view, however, phrases function as simple expressions. Indeed, the reason for selecting some specific strings of words and classifying them as phrases is purely semantic. Such complex terms must be treated as grammatical units because they are units of meaning on a par with simple terms: "Denotant eædem res cum suis attributis, modis ac relationibus, atque adeo iisdem non minus quam terminis simplicibus notio quædam determinata respondet" (*They denote things with their attributes, modes, and relations, and therefore some determinate concept corresponds to them no less than to simple terms*)[47]. This could suggest that Wolff uses the term 'phrase' in the broad, contemporary sense, whereby all definite descriptions, for instance, are noun phrases. However, by 'phrases' Wolff actually means phraseological idioms:

> Phrases quod spectat, nemini ignotum est, etsi ex pluribus vocabulis componantur, eas tamen spectandas esse instar termini unius, cui quædam respondet notio complexa, per ipsum significata non vi vocabulorum, sed ex usu loquendi (*As for phrases, everybody knows that, although they are composed by several vocables, they are nevertheless to be regarded as a single term, to which corresponds a complex concept that is signified by the term in virtue not of the vocables but of linguistic custom*)[48].

---

46 *De usu methodi demonstrativæ in explicanda Scriptura sacra*, in: *Horæ subsecivæ* 1731. Trimestre vernale, § 7, p. 303 (GW II 34.3).
47 *Ibid.* (GW II 34.3).
48 *De versione*, in: *Horæ subsecivæ* 1731. Trimestre brumale, § 4, pp. 261–262 (GW 34.3). Wolff calls *idio-*

Thus, the essential feature for a complex expression to count as *phrasis* is that its meaning is not entirely determined by the meanings of its single lexical components but also depends on further linguistic conventions. As the semantics of such expressions is not compositional, their correct treatment is understandably of primary concern to both Wolff's theory of translation and to his effort to improve German as an academic language. Just as idioms cannot be translated verbatim,[49] they cannot be transplanted as loans. Thus, Wolff's rule for pure German consists in avoiding not only foreign words but also "all the idioms [*Redens-Arten*] that do not conform to our German vernacular and are merely [literal] translations of idioms borrowed from foreign languages"[50].

Compound words form another grammatical category that reveals the different degrees of compositionality. Here again, Wolff rejects mere loan words from Latin such as *Dinger-Lehre* to translate *ontologia* and prefers instead "purely German" compounds such as *Grund-Wissenschaft*, where the verbal composition is modelled "on the thing itself". The underlying idea is that compounds should be so formed as to express their meaning as compositionally as possible, which happens if "no other meaning is attributed to the words individually taken than the meaning they have, and this meaning shows the reason of the meaning that the words have in the composition"[51].

3.2 Essential meaning

Compositionality is also relevant to the construction of artificial languages. In verbal languages, simple words *qua* basic semantic units represent the lower limit of compositionality. Wolff expresses this idea by means of his concept of "essential meaning":

> Indeed, no language is available whose words have essential meanings [*wesentliche Bedeutungen*] that can be defined from their elements (i.e. syllables and letters) according to the rules of grammar in the same way as concepts are analysed in other simpler and more universal concepts according to the rules of logic. Therefore, a thing can be named in different ways [...] insofar as we consider one or another of its features[52].

In *Psychologia empirica*, essential meaning is characterized in terms of the fundamental distinction between primitive and derivative signs, which belongs to Wolff's general semiology. Signs are primitive if they do not originate from other, prior signs;

---

tismi only the phrases that are peculiar to one language and have no counterpart in any other: cf. ibid., § 6, pp. 265–269 (GW 34.3).
49 Cf. *ibid.*, § 4, p. 263 (GW 34.3).
50 *Ausführliche Nachricht*, § 16, p. 26 (GW I 9).
51 *Ibid.*, § 17, p. 33.
52 *Ibid.*, § 17, pp. 29–30.

otherwise, they are derivative.⁵³ For instance, in Arabic notation the figure '2' is primitive whereas '22' is derivative. This distinction may appear to pertain to the syntax of signs, but in fact its rationale is semantic. Primitive signs are the object of a primitive assignment of meaning, whereas for a sign to count as derivative requires that its meaning be entirely determined by and therefore deducible from the meanings of its components (along with some rules of composition, of course, whose specification is the task of the *ars combinatoria*⁵⁴). Thus, derivative signs are compositional: for any language *L*, once the meaning of *L*'s primitive signs is established, then so is the meaning of all the signs or characters or expressions of *L* that are derived from that primitive set.

Furthermore, Wolff is committed to a compositional theory of concepts. Like Leibniz before him, he thinks that most of our concepts are made up of simpler concepts or marks (*notæ*), and that it would be possible, at least in principle, to analyse complex concepts so as to find a set of "unresolvable" (i.e. unanalysable) conceptual marks. If primitive signs were introduced to express each of these elements of thought, the combinations of those simple signs would express the combinations of simple concepts.⁵⁵ Thus, derivative signs would express our complex concepts in the most perspicuous manner simply by virtue of their composition and structure. This is what Wolff calls having an essential meaning: vocables are "essentialiter significantia" (*essentially signifying*) if and only if they are "signa derivativa notionum distinctarum, minimum definitionum" (*derivative signs of distinct concepts, at least definitions*)⁵⁶.

3.3 Artificial characters

A language in which words have essential meaning is termed a "philosophical language"⁵⁷. Of course, no existing language qualifies as such, and Wolff rejects his former teacher Caspar Neumann's opinion that Hebrew enjoyed such a privilege.⁵⁸ However, Wolff deems it possible to construct an artificial language in which everything can be distinctly expressed by means of combinations of aptly chosen primitive signs, or, as he puts it, in which the derivative signs are equivalent to definitions in that they express the essential features of the things they denote.⁵⁹ Such derivative signs would be artificial insofar as the meanings of their primitive components are

---

53 Cf. *Philosophia prima sive ontologia*, § 964, p. 694 (GW II 3).
54 Cf. *Psychologia empirica*, § 297, p. 210 (GW II 5).
55 Primitive signs also include arithmetic operators: cf. *Philosophia prima sive ontologia*, § 965n, p. 695 (GW II 3).
56 *Psychologia empirica*, § 303, p. 217 (GW II 5).
57 Ibid.
58 Cf. *ibid.*, § 303n, pp. 217–218.
59 Cf. *Philosophia prima sive ontologia*, § 965, p. 695 (GW II 3).

arbitrarily established, but they would be like natural signs insofar as their derivative meaning corresponds to the things signified[60]—which is another way to formulate the idea that the more compositional a language is, the more expressive it is of thought and thus reality.

Wolff's presentation of the *ars characteristica combinatoria* in terms of a philosophical language with outstanding epistemic and heuristic virtues[61] is explicitly reminiscent of Leibniz's project for a universal characteristic.[62] As the value of expressions can be calculated from the value of their components, equivalent expressions are easily substituted for one another, which means that truths can be discovered "by a sort of calculation"[63]. More than Leibniz, Wolff appears guided by a single uniform intuition in both his theorizing of an artificial language and his plans to improve existing verbal languages and their technical terminologies, namely the intuition that, if human thought is compositional in character, then the most philosophical approach to any kind of language consists in increasing its degree of compositionality.

4 Language and mind

4.1 Semantic square

Although Wolff recognizes that words denote things and names refer to individuals, he also believes that having an idea of a certain thing is a necessary condition for learning and mastering the meaning of the word that denotes that thing, although not to use the word intelligibly (see below):

> *Si quis habet notionem alicujus rei novitque terminum, quo ea significatur; ei notio termino prolato in memoriam revocari potest. Terminus est vox notionem quandam et consequenter rem, quæ eadem repræsentatur, significans. Discimus itaque, quænam notio termino aliquo significetur, si rem nobis repræsentantes terminum ab aliis audimus, aut si ipsimet aliquam notionem pro arbitrio nostro eidem tribuimus* (If one has the idea of a thing and knows the term that signifies it, the idea can be recalled to his memory by uttering the term. A term is a vocable that signifies an idea and consequently the thing it represents. Thus, we learn what idea is signified by a term if we hear the term uttered by others while we are representing the thing to ourselves, or if we assign an idea to the term at our will)[64].

---

60 Cf. *ibid.*, § 967, p. 696.
61 Cf. Hans Werner Arndt, "Christian Wolffs Stellung zur 'ars characteristica combinatoria'", in: *Filosofia* 16 (1965), pp. 743–752.
62 Cf. *Psychologia empirica*, § 297, p. 210 (GW II 5).
63 *Ibid.*, § 299, pp. 212–213.
64 *Logica*, § 116, pp. 169–170 (GW II 1.2); cf. *Psychologia empirica*, § 273, p. 196 (GW II 5).

The semantic links between words and things are nothing but associations of ideas in the mind, which arise as consequences of the "law of imagination"[65]. Both native tongue acquisition and foreign language learning are explained along these lines.[66] Wolff shares the view—widespread among both late Scholastics and post-Cartesians— that words are the objects of a specific class of mental representations called 'ideas of words' or (in case of specifically acoustic images) 'ideas of the sound of words'. This explains how semantic links can take place. In fact, it is the idea of the word that becomes mentally connected with the idea of the thing; and as every mental representation corresponds to some representation in the brain, the semantic link established in the mind has a physical counterpart in the connection between two brain traces or "material ideas", the material idea of the word and the material idea of the thing.[67] Thus, Wolff's, and the dominant early modern picture of linguistic meaning is best described not in terms of a semantic triangle but as a semantic square, where two mental items represent two extra-mental objects—a thing and a word respectively—and are systematically correlated with two physiological items.

4.2 Semantic emptiness

This received view entails unexpected consequences as it merges with some ideas on language and thought that Wolff borrows from Leibniz, who observed that the ordinary use of language does not require the speaker constantly to inspect the meaning of (viz. the ideas of the things signified by) her words.[68] In 1713, Wolff highlights the same phenomenon:

> *In speaking, we are not always thinking of the meaning of words.* [...] we do not have the idea of the thing before us all the time when we speak or think of it, but rather we are content and think that we understand enough what we are saying, if only we suppose that we remember that at another time we had the idea that should be connected to this or that word, and so we represent to ourselves the things signified by the words only, as it were, from far away or obscurely[69].

The more often we use a word, the more familiar it becomes to us, and the more we exempt ourselves from inspecting its actual meaning, for we assume that we understand

---

65 Cf. *Psychologia empirica*, § 117, p. 76.
66 Cf. *ibid.*, §§ 273–274, pp. 196–197. Cf. *Disquisitio philosophica de loquela*, in: Meletemata, sect. II, § 29, p. 262 (GW II 35), which reveals that the primary source of Wolff's associationism is Malebranche's *Recherche de la vérité*.
67 Cf. *Deutsche Metaphysik*, § 837, p. 518 (GW I 2); *Psychologia rationalis*, § 290, pp. 232–233 (GW II 6).
68 Cf. Gottfried Wilhelm Leibniz, "Meditationes de cognitione, veritate et ideis", in: GP IV, pp. 423–424.
69 *Deutsche Logik*, ch. 2, § 5, p. 152 (GW I 1).

it.[70] Thus, the Cartesian speaker's persuasion of associating a consistent idea or concept with every piece of apparently meaningful language turns out to be a mere psychological delusion. By joining words that express mutually incompatible concepts, we can form complex expressions such as 'iron gold' and 'rectilinear biangle', which denote impossible entities and thus correspond to no concept at all; inconsistent concepts are not concepts in any proper sense, as the impossible is unconceivable. Nevertheless, such "empty words" appear perfectly intelligible to us, for "we understand what the others mean to say when they mention iron gold"[71].

That is why both informal conversations and scholarly debates are often mere verbiage revolving around nothing: "Thus it is clear as daylight that we can talk to each other, and understand each other, even though none of us has any idea of what he says or hears, as we are talking about a mere nothing"[72]. Wolff explains this phenomenon in terms of his semantic square. What actually goes on in our minds when we "intelligibly" use such meaningless expressions is that we do have some ideas, but they are simply the representations of the words themselves, or the "idea[s] of the sound of words"[73].

On the other hand, if we do not realize that some of the strings of words we utter and conceive are meaningless, it is because the neglect of the ideas of things is common to most of our intellectual operations, which are therefore prima facie indistinguishable from the kind of mental verbiage just described. This is how Wolffian psychology recasts Leibniz's doctrine of blind or symbolic thought as a psycholinguistic theory.[74]

---

70 Cf. *Logica*, §§ 132–133, pp. 176–177 (GW II 1.2).
71 *Deutsche Logik*, ch. 2, § 6, p. 152 (GW I 1). The Latin rendition of '*leeres Wort*' is '*terminus inanis*': cf. *Logica*, § 38, p. 129 (GW II 1.2).
72 *Deutsche Logik*, ch. 2, § 10, p. 153 (GW I 1).
73 *Ibid.*, ch. 2, § 9, p. 153.
74 See the reconstructions by Gerold Ungeheuer, "Sprache und symbolische Erkenntnis bei Wolff", in: Werner Schneiders (ed.), *Christian Wolff. 1679–1754. Interpretationen zu seiner Philosophie und deren Wirkung*, Hamburg, 1983, pp. 89–112; Cornelis-Anthonie van Peursen, "Cognitio Symbolica in the Philosophy of Christian Wolff", in: Il cannocchiale 2-3 (1989), pp. 61–76; Meier-Oeser, *Die Spur des Zeichens, op. cit.*, pp. 415–421; Clemens Schwaiger, "Symbolische und intuitive Erkenntnis bei Leibniz, Wolff und Baumgarten", in: *Nihil sine ratione. Mensch, Natur und Technik im Wirken von G. W. Leibniz*, ed. by Hans Poser, vol. 3, Berlin, 2001, pp. 1178–1184; Favaretti Camposampiero, *Conoscenza simbolica, op. cit.*; and Id., "What Is Symbolic Cognition? The Debate after Leibniz and Wolff", in: *Linguaggio, filosofia, fisiologia nell'età moderna. Atti del convegno*, ed. by Cristina Marras and Anna Lisa Schino, Roma, 2015, pp. 163–175, URL: http://www.iliesi.cnr.it/pubblicazioni/Ricerche-01-Marras_Schino.pdf.

4.3 Symbolic cognition

According to *German Metaphysics,* symbolic cognition (*figürliche Erkenntnis*) consists in representing things not in themselves but "through words or other signs"[75]. This characterization is unclear as to whether words play only an instrumental role in retrieving the ideas of things from memory or completely supplant these ideas in all processes of symbolic cognition. Later, however, *Psychologia empirica* confirms the latter position; in symbolic cognition, the content of ideas is expressed in the mind only by means of words or other signs, but there is no intuition of the ideas themselves.[76] To perform an act of symbolic cognition consists simply in processing strings of words or other non-linguistic signs without presently[77] focusing on their meanings viz. paying attention to the ideas of the things signified. This mental review of words (*recensio vocabulorum*) constitutes the core of all three kinds of intellectual operations when they are performed in the symbolic mode. As for the first operation, the formation of a universal concept is carried out in the symbolic mode by reviewing the words or signs that express the conceptual marks belonging to that concept.[78] As for the second operation, the act of judging is carried out by reviewing the words that express the subject and predicate of a judgment, that is, by mentally uttering the sentence that expresses that judgment.[79] As for the third operation, reasoning in the symbolic mode consists in processing the words that compose the premises and conclusion of an inference.[80]

The more complex an intellectual operation is, the less we can dispense with adopting the symbolic mode to perform it. Whereas the first operation is still accessible in the intuitive mode, judgments and especially negative judgments are far more easily formed by arranging words in sentences than by connecting the very concepts of things. Thus, our thought tends insensibly to shift to symbolic cognition, which makes our intellectual activity consist in a silent inner speech, a sort of mental uttering of words.[81]

---

75 *Deutsche Metaphysik,* § 316, p. 173 (GW I 2).
76 Cf. *Psychologia empirica,* § 289, p. 204 (GW II 5).
77 The mental use of words or signs as substitutes for ideas of things requires previous intuitive contact with the ideas signified: cf. *ibid.,* § 329, p. 239 (GW II 5). This makes it possible to retrieve the ideas of things and "reduce" symbolic cognition to the intuitive—or "quasi-intuitive", if the reduction is implemented by the symbols of *ars characteristica combinatoria*: cf. *ibid.,* § 312, p. 226 (GW II 5).
78 Cf. *ibid.,* § 328, p. 238.
79 Cf. *ibid.,* § 350, p. 257.
80 Cf. *ibid.,* § 368, pp. 276–277.
81 Cf. *ibid.,* § 353, p. 261.

4.4 Mind and brain

The claim that words or some other signs are necessary to perform mental operations is developed and thoroughly justified in a long paragraph of *Psychologia rationalis* devoted to the "Dependency of the use of reason on the use of language"[82]. First, from the principles established in logic and empirical psychology, Wolff argues that the mastery of language is a *sine qua non* for mental development in that it facilitates, increases, and even makes available the use of reason. Thus, he concludes that it is hardly credible, although not radically impossible, for the human mind to acquire the use of its higher cognitive faculties without using language. Second, Wolff argues for his dependency claim *a posteriori*, not only from introspection but also from the two cases he had discussed in 1707 (see 1.2 above) in order to show how drastically the total lack of language caused by infantile isolation impairs the development of higher cognitive abilities, and consequently "quanta sit necessitas verborum vel aliorum signorum æquipollentium ad edendas mentis operationes" (*how great the necessity is of words or other equivalent signs to carry out the mind's operations*)[83].

As noted above, ideas of words in the mind are always accompanied by specific brain configurations called 'material ideas of words'. Verbalized thoughts are therefore always correlated with specific brain processes. As intellectual operations are performed in the symbolic mode, they are expressed in the body by suitable arrangements of material ideas of words. Insofar as our concepts, judgments, and reasoning are linguistic in character and not purely intellectual, they constantly harmonize with the state of the body.[84] This makes it possible for Wolff both to dispense with Cartesian pure intellect and to uphold psychophysical parallelism and the possibility of pre-established harmony,[85] for if the brain's mechanism can express verbalized thoughts, then it is possible for the body to produce rational speech and behaviour even without being causally directed by the soul—a view that many early moderns rejected as implausible or even scandalous.[86]

---

[82] *Psychologia rationalis*, § 461, pp. 376–381 (GW II 6).
[83] Ibid., p. 380.
[84] Cf. *Deutsche Metaphysik*, § 835, p. 516 (GW I 2); *Psychologia rationalis*, §§ 395–397, 403–404, 414–418, 462, resp. pp. 312–314, 321–322, 330–334, 382–382 (GW II 6).
[85] Cf. *Deutsche Metaphysik*, §§ 836–845, pp. 516–525 (GW I 2); *Psychologia rationalis*, § 637, pp. 577–579 (GW II 6). On the early history of this theory, see my "Pure Intellect, Brain Traces, and Language. Leibniz and the Foucher-Malebranche Debate", in: *Oxford Studies in Early Modern Philosophy* 5 (2010), pp. 115–145.
[86] Cf. *Conoscenza simbolica, op. cit.*, pp. 546–587.

5 Language and truth

5.1 Determinism

Symbolic cognition has the further advantage of highlighting the difference between judgement and the complex concept that corresponds to it, whereas purely intuitive thought tends to blur the boundaries between the first and the second mental operations. When sentences translate judgments into words, they distinctly express by means of the copula the connection of subject and predicate that characterizes the second operation: "Nam si judicium exprimitur his verbis: charta est alba; notio complexa exprimitur istis: charta alba" (*For instance, if judgment is expressed by these words: paper is white; the complex concept is expressed by these: white paper*)[87]. Whereas the latter expression corresponds to the mental act of representing an object with some property, the former corresponds to the mental act of attributing the property to the object.[88] These correspondence relations between judgments, sentences, and complex concepts have the greatest relevance to Wolff's theory of truth.

Wolff considers both judgments and sentences to be truth-bearing, as is evident from the following characterization of logical truth: "Si prædicatum [...] subjecto [...] convenit, *propositio* dicitur *vera*; sin minus, *falsa*. Est itaque *veritas* consensus judicii nostri cum objecto, seu re repræsentata; *falsitas* vero dissensus ejusdem ab objecto" (*If the predicate [...] is consistent with the subject [...], the sentence is said true; if not, false. Thus, truth is the agreement of our judgment with the object or represented thing; whereas falsity is its disagreement with the object*)[89]. Here, Wolff appears committed to a correspondence theory of truth, according to which a proposition[90] is true if and only if things are the way it says they are. This is, however, a *nominal* definition. According to the *real* definition of truth, truth conditions are specified in purely analytical terms as the entailment relation which obtains between the (concept of the) subject and the (concept of the) predicate: "Veritas est determinabilitas prædicati per notionem subjecti" (*Truth is the determinability of the predicate through the concept of the subject*)[91]. In every true proposition, the predicate can be determined through the concept of the subject, which means that the latter must contain the reason why the former is attributed to it. If this sounds deterministic, the correlate definition of falsity as mutual "repugnancy" or incompatibility between subject and predicate is

---

[87] *Psychologia empirica*, § 352, p. 261 (GW II 5). Obviously, the copula can also hide in another verb: cf. Gabriel Nuchelmans, *Judgment and Proposition. From Descartes to Kant*, Amsterdam-Oxford-New York, 1983, p. 240.
[88] Cf. *Logica*, § 39, p. 129 (GW II 1.2).
[89] *Ibid.*, § 505, p. 387.
[90] In what follows, 'proposition' can be read either in Wolff's sense as 'sentence' or in the contemporary sense of the content expressed by the sentence.
[91] *Logica*, § 513, p. 392 (GW II 1.2).

even more suggestive in that regard.[92] Thus is the predicate either entailed by the subject or incompatible with it.

The issue becomes clearer if we consider the complex concept that corresponds to the proposition, the concept that includes all the conceptual marks of both subject and predicate. If the proposition is true, the corresponding concept is "possible", i.e. logically consistent; if the proposition is false, the concept is "impossible", it involves a contradiction.[93] Because of his parallel between propositions and concepts, Wolff is inclined to reduce truth and falsity, which properly belong to propositions alone, to the logical properties of consistency and inconsistency respectively.[94] As a consequence, truth values can be applied even to concepts or ideas, which are said to be true or false according to their possibility or impossibility.[95]

5.2 Bivalence

In addition to the modal-metaphysical difficulties concerning contingency, this account of falsity has the problem of blurring the semantic distinction between propositions about impossible objects and false propositions about possible objects. Wolff observes that in every true proposition "notio subjecti possibilis esse debet" (*the concept of the subject must be possible*)[96], for otherwise not even the concept corresponding to the whole proposition could be possible. If the subject is an empty term such as 'rectlinear biangle', no predicate can be said to be either consistent or inconsistent with it, as there is no such entity. Wolff concludes that sentences such as 'The rectilinear biangle has two angles' merely simulate the appearance of genuine sentences but express no judgment at all; they are effectively the sentential counterparts of empty terms.

This nihilistic stance on propositions about impossible objects does not imply that some propositions elude bivalence,[97] but rather that what is neither true nor false cannot count as a genuine proposition. However, if what makes a proposition genuine and meaningful is its correspondence relation to some consistent concept, then every false proposition turns out to be ultimately vacuous and unconceivable—a

---

92 Cf. *ibid.*, § 514, p. 393.
93 Cf. *ibid.*, §§ 518–521, pp. 395–396.
94 Indeed, Wolff's earlier characterizations of truth are in terms of logical consistency: cf. *Deutsche Logik*, ch. 9, §§ 5–6, pp. 212–214 (GW I 1); and *Deutsche Metaphysik*, § 395, p. 241 (GW I 2).
95 Cf. *Logica*, § 547, p. 411 (GW II 1.2). Once more, the source is Leibniz, "Meditationes de cognitione, veritate et ideis", in: GP IV, p. 425.
96 *Logica*, § 533, p. 403 (GW II 1.2).
97 As argued by Mirella Capozzi, "Biangoli rettilinei e centauri. L'ontologia di Wolff e Meinong", in: Rosa Maria Calcaterra (ed.), *Le ragioni del conoscere e dell'agire. Scritti in onore di Rosaria Egidi*, Milano, 2006, pp. 44–56, pp. 52–53. On the contrary, Wolff's unconditional acceptance of the principle of bivalence is evident from *Logica*, § 532, pp. 401–403 (GW II 1.2).

somewhat implausible consequence that Wolff nonetheless explicitly accepts.[98] How, then, to tell the difference between (fake) propositions about impossible objects and (genuine) false propositions? This appears to be the drawback of conceiving truth and falsity in terms of logical consistency and inconsistency, which in turn derives from the conviction that all semantic properties must be explainable in terms of concepts and their properties.

6 Bibliography

Arndt, Hans Werner (1965): "Christian Wolffs Stellung zur 'ars characteristica combinatoria'", in: *Filosofia* 16, pp. 743–752.

Blackall, Eric A. (1959): *The Emergence of German as a Literary Language. 1700–1775*, Cambridge.

Campo, Mariano (1939): *Cristiano Wolff e il razionalismo precritico*, Milano.

Capozzi, Mirella (2006): "Biangoli rettilinei e centauri. L'ontologia di Wolff e Meinong", in: Rosa Maria Calcaterra (ed.), *Le ragioni del conoscere e dell'agire. Scritti in onore di Rosaria Egidi*, Milano, pp. 44–56.

Coseriu, Eugenio (1972): *Die Geschichte der Sprachphilosophie von der Antike bis zur Gegenwart. Teil II: Von Leibniz bis Rousseau*, Tübingen.

Favaretti Camposampiero, Matteo (2008): "*Homo inter bestias educatus*. Langage et raison à partir du *Discursus præliminaris*", in: *Lumières* 12, pp. 29–39.

Favaretti Camposampiero, Matteo (2009): *Conoscenza simbolica. Pensiero e linguaggio in Christian Wolff e nella prima età moderna*, Hildesheim (GW III 119).

Favaretti Camposampiero, Matteo (2010): "Pure Intellect, Brain Traces, and Language. Leibniz and the Foucher-Malebranche Debate", in: *Oxford Studies in Early Modern Philosophy* 5, pp. 115–145.

Favaretti Camposampiero, Matteo (2015): "Théorie du langage et philosophie de la traduction chez Christian Wolff", in: Charles Le Blanc and Luisa Simonutti (eds.), *Le masque de l'écriture. Philosophie et traduction de la Renaissance aux Lumières*, Genève, pp. 583–609.

Favaretti Camposampiero, Matteo (2015): "What Is Symbolic Cognition? The Debate after Leibniz and Wolff", in: Cristina Marras and Anna Lisa Schino (eds.), *Linguaggio, filosofia, fisiologia nell'età moderna. Atti del convegno*, Roma, pp. 163–175. URL: http://www.iliesi.cnr.it/pubblicazioni/Ricerche-01-Marras_Schino.pdf.

Lenders, Winfried (1971): *Die analytische Begriffs- und Urteilstheorie von G. W. Leibniz und Chr. Wolff*, Hildesheim.

Locke, John (1975): *An Essay Concerning Human Understanding*, ed. Peter H. Nidditch, Oxford.

---

98 Cf. *ibid.*, § 528, p. 398.

Meier-Oeser, Stephan (1997): *Die Spur des Zeichens. Das Zeichen und seine Funktion in der Philosophie des Mittelalters und der frühen Neuzeit*, Berlin—New York.

Menzel, Wolfgang Walter (1996): *Vernakuläre Wissenschaft. Christian Wolffs Bedeutung für die Herausbildung und Durchsetzung des Deutschen als Wissenschaftssprache*, Tübingen.

Neemann, Ursula (1994): *Gegensätze und Syntheseversuche im Methodenstreit der Neuzeit. Teil 2: Syntheseversuche*, Hildesheim.

Nuchelmans, Gabriel (1983): *Judgment and Proposition. From Descartes to Kant*, Amsterdam—Oxford—New York.

Paganini, Gianni (1988): "Signes, imagination et mémoire. De la psychologie de Wolff à l'Essai de Condillac", in: *Revue des Sciences philosophiques et théologiques* 72, pp. 287–300.

Piur, Paul (1903): *Studien zur sprachlichen Würdigung Christian Wolffs. Ein Beitrag zur Geschichte der neuhochdeutschen Sprache*, Halle a. d. S.

Ricken, Ulrich (1989): *Leibniz, Wolff und einige sprachtheoretische Entwicklungen in der deutschen Aufklärung*, Berlin.

Schwaiger, Clemens (2001): "Symbolische und intuitive Erkenntnis bei Leibniz, Wolff und Baumgarten", in: Hans Poser (ed.), *Nihil sine ratione. Mensch, Natur und Technik im Wirken von G. W. Leibniz*, vol. 3, Berlin, pp. 1178–1184.

Specht, Rainer (1995): "Anmerkungen zu Wolffs *Disquisitio philosophica de loquela*", in: Robert Theis and Claude Weber (eds.), *De Christian Wolff à Louis Lavelle. Métaphysique et histoire de la philosophie*, Hildesheim, pp. 47–60.

Ungeheuer, Gerold (1983): "Sprache und symbolische Erkenntnis bei Wolff", in: Werner Schneiders (ed.), *Christian Wolff. 1679–1754. Interpretationen zu seiner Philosophie und deren Wirkung*, Hamburg, pp. 89–112.

Van Peursen, Cornelis-Anthonie (1989): "Cognitio Symbolica in the Philosophy of Christian Wolff", in: *Il cannocchiale* 2-3, pp. 61–76.

Wolters, Gereon (2005): "Christian Wolffs philosophischer Stil", in: Luigi Cataldi Madonna (ed.), *Macht und Bescheidenheit der Vernunft. Beiträge zur Philosophie Christian Wolffs*, Hildesheim, pp. 73–83 (GW III 98).

6 Metaphysik

6.1 Ontologie

Dirk Effertz

Keywords

Prinzipienlehre, Seinsweisen, Philosophie der Mathematik, Wahrheit, Vollkommenheit, Zeit, Raum

Abstract

In diesem Beitrag wird Wolffs *Philosophia prima sive Ontologia* in ihren Grundlagen, ihrer Struktur und ihrer Ausführung anhand ausgewählter Abschnitte vorgestellt. Eine besondere Rolle spielen dabei die Prinzipien des Widerspruchs, des ausgeschlossenen Dritten, der Identität und des Grundes, die auch für die weitere Entwicklung des Deutschen Idealismus wichtig werden. Hingewiesen sei ferner auf Wolffs Theorie von Raum und Zeit mit ihrer Unterscheidung eines realen und imaginären Begriffs. Der Beitrag wird abgerundet durch eine Skizze zur (historischen) Bedeutung der *Ontologia*.

1 Werkübersicht

Die *Philosophia prima sive Ontologia* erschien in erster Auflage in Frankfurt und Leipzig 1730 und wurde dort 1736 noch einmal gedruckt, weiterhin gab es eine Auflage in Verona im Jahre 1735 und dann ebendort 1779 nach Wolffs Tod.

Gegenstand der Ontologie ist in Wiederaufnahme der aristotelischen Metaphysik das Seiende als solches, also seine allgemeinen, die besondere Seinsregionen übergreifenden Eigenschaften. Zugleich erfüllt die Ontologie die Funktion einer Ersten Philosophie, sofern sie nach Wolffs Überzeugung die Grundsätze und Grundbegriffe aller anderen philosophischen Disziplinen bereitstellt. Im *Discursus praeliminaris* werden als von der Ontologie abhängige Disziplinen genannt die Logik, die Psychologie, die natürliche Theologie, die praktische Philosophie und die Physik. Während bei Aristoteles die Metaphysik sich sowohl auf das Seiende als solches als Ausgangsgegenstand als auch auf die göttliche Substanz als Zielgegenstand bezieht, verschieben sich in der wolffschen Ontologie die Akzente. Die Ontologie stellt Begriffe zur Verfügung, die als deduktives Fundament für die natürliche Theologie dienen können. So wird in der Ontologie erwähnt, dass aus dem dort entwickelten Begriff der Unendlichkeit sämtliche Attribute und Operationen Gottes ableitbar seien.[1] Auch können die ontologischen Begriffe der Essentialien und der Attribute auf die natürliche Theologie angewendet werden, der Begriff des Modus kann jedoch nur in analoger Weise auf das höchste Wesen bezogen werden.[2] Doch ist Wolff skeptisch bezüglich der Frage, ob es eine höhere Gattung gebe, unter die als Arten Gott und die Kreaturen gestellt werden könnten.[3]

Die so definierte Ontologie behandelt zuerst die Prinzipien des ausgeschlossenen Widerspruchs, des ausgeschlossenen Dritten, der Identität und des zureichenden Grundes. Daran wird die Betrachtung der Eigenschaften des Seienden angeschlossen, zu denen Identität und Ähnlichkeit, Singularität und Universalität, Notwendigkeit und Kontingenz, Quantität, Qualität, Ordnung, Wahrheit und Vollkommenheit gehören. Dann folgt die Unterscheidung des Seienden in das zusammengesetzte und einfache, mit der die Analyse der Ausdehnung, des Raumes, der Zeit und der Bewegung zusammenhängt. Zu erwähnen ist weiterhin die Distinktion des endlichen und unendlichen Seienden. Abschließend geht es um die Relationen zwischen Seienden, vornehmlich um die Kausalität.

Auch wenn die Anlage der wolffschen Ontologie auf die aristotelische Metaphysik zurückverweist, so fällt doch auf, dass die nähere Gliederung des thematischen Stoffes sich ziemlich genau in den Bahnen hält, die durch die deutsche Schulmetaphysik des 17. Jahrhunderts vorgezeichnet sind. Wie Max Wundt gezeigt hat, behandeln die metaphysischen Systementwürfe des 17. Jahrhunderts das Seiende und die Zustände

---

1 Vgl. *Philosophia prima*, § 838 not., S. 628 (GW II 3).
2 Vgl. *ebd.*, § 841, S. 628 f.
3 Vgl. *ebd.*, § 847 not., S. 631.

des Seienden (*affectiones, passiones*) in einem allgemeinen Teil, dem sich dann ein besonderer Teil anschließt, der die Arten des Seienden zum Gegenstand hat.[4] Auch die der wolffschen Ontologie vorausgeschickten „Prolegomena" haben ihr Vorbild in den Traktaten der Barockzeit.

Wolff hat mit seinem System maßgeblich zur Verselbständigung und Entwicklung der Ontologie beigetragen. Im Mittelalter gab es lediglich kleinere Abrisse wie die Schrift *De ente et essentia* des Thomas von Aquin.[5] Die ersten Erwähnungen des Terminus „Ontologie" in griechischer oder lateinischer Form finden sich 1613 bei Rudolphus Goclenius, ebenfalls 1613 bei Jacobus Lorhardus, dann 1620 bei Johan Heinrich Alstedt und 1627 bei Liborius Capsius.[6] Dabei handelt es sich jedoch bloß um kursorische Bemerkungen und Definitionen. Der erste ausgearbeitete Ontologieentwurf stammt dann von Abraham Calov, der ihn als ersten Teil seiner *Metaphysica divina* 1636 publiziert.[7]

Es sei erwähnt, dass derselbe Säkularisierungsprozess, der zur Verselbständigung der Ontologie bei Wolff führt, auch die natürliche Theologie betrifft. In dieser Disziplin gab es bereits in der zweiten Hälfte des 17. Jahrhundert Versuche einer Trennung von der geoffenbarten Theologie. Doch erst Wolff führt die Autonomisierung der natürlichen Theologie in erheblichem Umfange durch, ohne jedoch die Verbindung zur geoffenbarten Theologie gänzlich zu lösen.[8]

2 Die Prinzipienlehre

Das in der philosophischen Tradition seit Aristoteles bekannte Widerspruchsprinzip wird von Wolff mit leichten Variationen formuliert.[9] Eine Fassung besagt, dass wir dies als die Natur unseres Geistes erfahren, dass dieser nicht urteilen kann, dass etwas sei und nicht sei. Eine andere Fassung spricht davon, dass es nicht geschehen könne, dass dasselbe sei und nicht sei. In diesen Formulierungen kommt die ontologische

---

4   Max Wundt, *Die deutsche Schulmetaphysik des 17. Jahrhunderts*, Hildesheim 1992, S. 162 (= Schulmetaphysik).
5   Siehe ebd., S. 62 f.
6   Siehe Jean École, *Une étape de l'histoire de la métaphysique: l'apparition de l'Ontologie comme discipline séparée*, in: Autour de la philosophie Wolffienne. Textes de Hans Werner Arndt, Sonia Carboncini-Gavanelli et Jean École, hg. von Jean École, Hildesheim 2001 (GW III 65), S. 95–116, hier S. 96 f.; Jean École, *La place de la Metaphysica de ente, quae rectius Ontosophia dans l'histoire de l'Ontologie et sa réception chez Christian Wolff*, in: Autour de la philosophie Wolffienne, S. 117–130, hier S. 117 f. (= *La place*).
7   Siehe Wundt, Schulmetaphysik, a. a. O., S. 94, 135; École, Une étape, a. a. O., S. 97, La place, a. a. O., S. 118.
8   Siehe Jean École, *Les pièces les plus originales de la métaphysique de Christian Wolff (1679–1754), le „Professeur du genre humain"*, in: ders., Nouvelles études et nouveaux documents photographique sur Wolff, GW III 35, Hildesheim 1997, S. 23–33, hier S. 28–30.
9   Für eine ausführlichere Analyse der Prinzipienlehre vgl. meine Ausgabe, Christian Wolff, *Erste Philosophie oder Ontologie*, §§ 1–78, Hamburg 2005.

(auf Dinge bezogene), die logische (auf Urteile bezogene) und die psychologische (auf die Natur des menschlichen Geistes) bezogene Deutung des Widerspruchsprinzips zum Tragen. Wolff setzt das Widerspruchsprinzip als beweisunfähig und beweisunbedürftig an. An diesem Punkt steht er in Übereinstimmung mit Francisco Suárez, der in seinen *Disputationes metaphysicae* gezeigt hatte, dass das Widerspruchsprinzip nicht durch eine *deductio ad impossibile* bewiesen werden könne, da es eine größere Unmöglichkeit als die im Prinzip ausgesprochene nicht gebe.[10]

Das Prinzip des ausgeschlossenen Dritten lautet in Wolffs Analyse, dass A entweder ist oder nicht ist.[11] In der Ontologie werden dafür zwei Beweisversuche unternommen. Zunächst wird gezeigt, dass in einem einzelnen Falle jeder zugeben wird, dass A entweder ist oder nicht ist, also z.B. dass es entweder Tag ist oder nicht. Dann wird bemerkt,[12] dass das Prinzip des ausgeschlossenen Dritten auch als Korollar aus dem Widerspruchsprinzip deduziert werden kann. Wolff scheint hier mit der Diskussion über die Priorität des Widerspruchsprinzips oder des Prinzips des ausgeschlossenen Dritten vertraut zu sein. Schon bei Suárez finden wir die Frage behandelt, welchem der beiden Grundsätze die Priorität zukommt.[13] Er betont, dass sie insofern verschieden seien, als im Widerspruchsprinzip behauptet wird, dass zwei kontradiktorische Aussagen nicht zugleich wahr sein können, im Prinzip des ausgeschlossenen Dritten aber, dass sie nicht zugleich falsch sein können. Dem Widerspruchsprinzip komme aber deswegen Priorität zu, da es evidenter sei als das Prinzip des ausgeschlossenen Dritten, während dieses einer umfangreicheren Diskussion bedürfe, um zu zeigen, dass es zwischen zwei kontradiktorischen Aussagen kein Mittleres gebe.

Das traditionelle Prinzip der Identität wird von Wolff als Prinzip der Gewissheit bezeichnet und verhältnismäßig kurz behandelt. Die Formel lautet: Jegliches ist, wenn es ist.[14] Im Zuge eines indirekten Beweises wird zunächst das Negat dieses Prinzips angenommen, also dass A nicht sei, wenn es ist. Daraus folgt, dass A zugleich ist und nicht ist, was wiederum dem Widerspruchsprinzip widerspricht. Somit ist das Identitätsprinzip aus dem Widerspruchsprinzip abgeleitet und bewiesen.

Nach dem Vorgang von Leibniz wird nun diesen drei Prinzipien das Prinzip des zureichenden Grundes zur Seite gestellt und so metaphysikgeschichtlich Neuland betreten: Nichts ist ohne zureichenden Grund, weshalb es vielmehr ist als nicht ist.[15] Wolff bietet mehrere Beweisansätze.[16] Erstens wird im Rahmen eines indirekten Be-

---

10 Siehe Francisco Suarez, *Disputationes metaphysicae*, 2 Bde., Hildesheim 1965, hier Disputatio III, Sectio III, § 3, Bd. I, S. 114.
11 Vgl. *Philosophia prima*, § 53, S. 36 (GW II 3).
12 Vgl. *ebd.*, § 54, S. 36 f.
13 Siehe Suárez, *Disputationes metaphysicae*, Disputatio III, Sectio III, § 5, Bd. 1, S. 112 f.
14 Vgl. *Philosophia prima*, § 55, S. 38 f., (GW II 3).
15 Wilhelm Dilthey sieht in dieser Zuordnung des Satzes vom Grund zum Widerspruchsprinzip den formalen Abschluss der Metaphysik, *Einleitung in die Geisteswissenschaften*, Erster Band, in: ders., *Gesammelte Schriften*, I. Band, Göttingen 1990, S. 388 f.; vgl. auch Wundt, *Schulmetaphysik*, a.a.O., S. 197 f., S. 203 f.
16 Vgl. *Philosophia prima*, § 70, S. 47–49; §§ 72 f., S. 51–53; § 75, S. 54–56 (GW II 3).

weises gezeigt, dass nichts ohne Grund sein könne, weil sonst das Nichts als Grund fungieren würde, was aber ausgeschossen ist. Der Beweis scheint nicht haltbar zu sein, weil hier das „Nichts" substantiviert und hypostasiert wird.[17] Zweitens wird das Prinzip durch Erfahrung begründet, sei es nun, dass kein Gegenbeispiel beigebracht werden kann, sei es, dass es aus Einzelfällen abstrahiert werden kann. Drittens kann es ebenso wie das Widerspruchsprinzip als Axiom anerkannt werden.

Während die Schulmetaphysik des 17. Jahrhunderts sich auf Begriffsanalysen beschränkte und keine Versuche unternahm, das kategoriale Material synthetisch zu ordnen[18], kann Wolff mit seinen Prinzipien Ordnung in seine ontologische Begrifflichkeit bringen. An zwei Stellen gibt er selbst Hinweise auf die entsprechenden Zusammenhänge.[19] So werden u. a. aus dem Widerspruchsprinzip die Begriffe von Möglichkeit und Wesen abgeleitet, aus dem Prinzip des zureichenden Grundes die Begriffe des von sich oder von anderem her Seienden, der Tätigkeit und des Leidens, der Attribute und der Modi. Es sei aber vermerkt, dass Wolffs eigene Reflexionen über diese begrifflichen Zusammenhänge nicht ausgereift sind, so dass sie nur durch eine vertiefte Interpretation der Ontologie zu klären sind.[20]

Die ontologische Prinzipienlehre wurde wegweisend für die Systementwürfe des Deutschen Idealismus. Bei Kant entsprechen dem Widerspruchsprinzip und dem Prinzip des zureichenden Grundes, vereinfachend gesagt, der oberste Grundsatz aller analytischen Urteile und derjenige aller synthetischen Urteile.[21] Bei Fichte werden in den Grundsätzen der *Wissenschaftslehre* von 1794 die Prinzipien der Identität, des Widerspruchs und des Grundes rezipiert.[22] Hegel fasst diese Grundsätze unter dem Titel der Reflexionsbestimmungen als Identität, Unterschied und Grund zusammen.[23]

Wenn man sich fragt, welche Bedeutung der Satz vom Grund heute noch besitzen kann, so müsste man stärker als Wolff zwischen dem psychologisch-ethischen und dem physikalischen Bereich unterscheiden. In psychologischer Hinsicht wird man wohl empirisch verifizieren können, dass jede Handlung ein Motiv hat. Doch kommt bei Entscheidungen zwischen verschiedenen Motiven, und namentlich zwischen sittlichen und nichtsittlichen Motiven, ein kontingentes Moment in die Willenshand-

---

17 Wie Jean École zu diesem Beweis steht, wird nicht ganz klar, vgl. dazu seinen Aufsatz *Contribution à l'histoire des premiers principes. Exposé de la doctrine wolffienne*, in: ders., *Nouvelles études*, a. a. O., S. 83–97, hier S. 92.
18 Siehe Wundt, *Schulmetaphysik*, a. a. O., S. 30–32, 192, 203, 206, 282.
19 Vgl. *Ratio praelectionum*, Cap. III, § 64 f., S. 165 f. (GW II 36); *De notionibus directricibus & genuino usu philosophiae primae*, in: *Horae subsecivae Marburgenses*, Trimestre vernale 1729, §§ 1–11, S. 310–350, hier § 1, S. 310–314 (GW II 34.1–3).
20 Zur systematischen Organisation der ontologischen Kategorien siehe École, *La „Philosophia prima sive ontologia" de Christian Wolff: Histoire, doctrine et méthode*, in: ders., *Introduction à l'opus metaphysicum de Christian Wolff*, Paris 1985, S. 8–19, hier S. 17.
21 Siehe Kant, *Kritik der reinen Vernunft*, B 189–197.
22 Siehe Johann Gottlieb Fichte, *Grundlage der gesammten Wissenschaftslehre*, in: *Werke*, hg. von Immanuel Hermann Fichte, Bd. I, Berlin 1971, S. 99, 105, 111, 123.
23 Siehe Georg Wilhelm Friedrich Hegel, *Enzyklopädie der philosophischen Wissenschaften im Grundrisse* (1830), hg. von Friedhelm Nicolin und Otto Pöggeler, Hamburg 1991, §§ 115–121.

lung hinein. In der heutigen Physik ist der Satz vom Grund vornehmlich durch die indeterministischen Theorien der Mikrophysik gefährdet. Doch sei betont, dass bedeutende moderne Physiker das Kausalprinzip noch ernst genommen haben, so Max Planck (1858–1947), Albert Einstein (1879–1955), Paul Ehrenfest (1880–1933), Erwin Schrödinger (1887–1961) und Louis de Broglie (1892–1987).[24] Auch sei erwähnt, dass in einer der gegenwärtigen Deutungen der Quantenmechanik mit verborgenen Parametern gerechnet wird, deren Entdeckung zu einer Aufhebung des Indeterminismus und der Beobachterabhängigkeit dieser Theorie führen würde.[25]

3 Seinsweisen

Das entscheidende Kapitel, in dem Wolff seine ontologische Theorie vorträgt, trägt den Titel „De notione entis".[26] Es beginnt mit einer auf den ersten Blick befremdlichen Definition, der gemäß als Seiendes (*ens*) das bezeichnet wird, was existieren kann, dem also die Existenz nicht widerstreitet. Wolff selbst scheint die Schwierigkeit, die darin liegt, gesehen zu haben, wenn er in einer Erläuterung hinzufügt, dass diese Begriffsbestimmung dem allgemeinen Sprachgebrauch entspreche. Denn in diesem gelte auch als seiend, was in der Vergangenheit oder Zukunft liegt. Aufgrund dieses Theorems hat man von einer Deexistenzialisierung des Seinsbegriffs gesprochen.[27]

Die für das Verständnis eines Seienden maßgeblichen Bestimmungen sind nun die Essentialien, deren Zusammenfassung die Wesenheit eines Dinges ausmachen. Die Essentialien sind das, was in einem Ding zuerst begriffen wird. Sie dürfen einander nicht widersprechen, sind also, wie Leibniz das genannt hatte, kompossibel, und man kann hier ergänzen, dass sie auch intern widerspruchsfrei sein müssen. Als weitere Eigenschaft der Essentialien ist zu nennen, dass sie nicht durch eine andere Sache determiniert sind, dann aber auch, dass sie nicht wechselseitig voneinander abhängig sind. Diese drei Eigenschaften werden im § 142 der *Philosophia prima* angeführt, die beiden folgenden Paragraphen lassen die Indeterminiertheit durch eine andere Sache fallen. Hier liegt aber eher eine nachlässige Formulierung Wolffs, nicht ein Konzeptionswechsel vor.

---

24 Siehe Franco Selleri, *Die Debatte um die Quantentheorie*, Braunschweig 1990, S. 1–41. Aktuelles bei Dieter Lüst, *Quantenfische. Die String-Theorie und die Suche nach der Weltformel*, München 2011, S. 34–65. Aus der Perspektive der Religionsphilosophie siehe Alvin Plantinga, *Where the conflict really lies. Science, Religion, and Naturalism*, Oxford 2011, S. 91–125.

25 Vgl. Andreas Bartels, *Grundprobleme der modernen Naturphilosophie*, Paderborn 1996, S. 92; Wolfgang Detel, *Grundkurs Philosophie*, Bd. 2, *Metaphysik und Naturphilosophie*, Stuttgart 2008, S. 95 f.

26 *Philosophia prima*, §§ 132–178, S. 113–147 (GW II 3).

27 Siehe Jean École, *La „Philosophia prima sive ontologia" de Christian Wolff*, , in: *Introduction à l'opus metaphysicum de Christian Wolff*, a. a. O., S. 13 f.; ders., *La notion d'être selon Wolff ou la „désexistentialisation" de l'essence*, in: ders., *Nouvelles études*, a. a. O., S. 98–114; ders., *La définition de l'existence comme le complément de la possibilité et les rapports de l'essence et de l'existence selon Christian Wolff*, in: ders., *Nouvelles études*, a. a. O., S. 115–127.

Als Beispiel für solche ontologischen Essentialien werden in Bezug auf das gleichseitige Dreieck die Dreizahl der Seiten und die Gleichheit der Seiten angeführt. Im Bereich der Ethik gelten als wesentliche Bestimmungen der Tugend die Übereinstimmung der Handlungen mit dem natürlichen Sittengesetz und deren Ursprung aus einer Disposition des Willens. Andererseits ist in einem gleichseitigen Dreieck durch die Gleichheit der Seiten die Gleichheit der Winkel determiniert, die Winkelgleichheit ist also in diesem Falle keine essentielle, sondern eine unselbständige Eigenschaft des Dreiecks.

Mit dieser Auffassung der Essentialien trennt sich Wolff von einem Theorem der aristotelischen Metaphysik. Aristoteles lehrt, dass das Wesen eines Dinges durch ein System von Gattungen und Arten bestimmt wird. Für die Definition kommt aber dabei nur die letzte Differenz zum Tragen.[28] Wolff jedoch nimmt eine Pluralität der Essentialien an. So werden beispielweise als Essentialien des Dreiecks angeführt drei gerade Linien, die an ihren Endpunkten aufeinander treffen und von denen zwei zusammengenommen größer als die dritte sind.[29]

Der nächste und sich an den Begriff der Essentialien nahtlos anschließende Begriff ist der des Attributs. Ein Attribut liegt dann vor, wenn eine Eigenschaft eines Dinges aus den Essentialien folgt. Folgt es aus allen Essentialien insgesamt, dann handelt es sich um ein eigentümliches Attribut. So sind die Essentialien des gleichseitigen Dreiecks die Dreizahl und die Gleichheit der Seiten, ein eigentümliches Attribut ist in diesem Falle die Gleichheit der Winkel. Ein gemeinsames Attribut folgt dagegen nicht aus allen, sondern nur aus einigen Essentialien. Beispiel wäre die Dreizahl der Winkel des gleichseitigen Dreiecks, die nur aus dessen Dreizahl der Seiten folgt.

Was nun in der aristotelischen Tradition Akzidens heißt, nennt Wolff Modus einer Sache. Der Modus widerspricht zwar den Essentialien nicht, kann aus diesen aber nicht abgeleitet werden. Dabei gestaltet sich die Differenzierung der Modi komplex, da die Möglichkeit eines Modus noch einmal unterschieden werden muss in die nächste und entfernte.[30] Eine nächste Möglichkeit eines Modus hat ihren zureichenden Grund in den Essentialien und Attributen, eine entfernte Möglichkeit hat ihn zugleich in einigen vorangehenden Modi. Dabei gilt die nächste Möglichkeit eines Modus als Attribut eines Seienden, die entfernte Möglichkeit aber als Modus. Doch wenn man annimmt, dass dieser oder diese vorangehenden Modi tatsächlich gegeben sind, kann man auch die entfernte Möglichkeit eines Modus als Attribut bezeichnen. An einem Beispiel lässt sich dies klarmachen. Ein Stein hat das Vermögen zu erwärmen nur dann, wenn er selbst warm ist, diese eigene Wärme ist aber lediglich ein Mo-

---

28 Siehe Aristoteles, *Metaphysik*, hg. von Horst Seidl, 2 Bde., Hamburg 1989–1991, hier Buch VII, Kap. 12, 1037b–1038a.
29 Vgl. *Philosophia rationalis sive Logica*, Pars I, § 64 not., S. 146 (GW II 1.2), hier spricht Wolff von den „Essentialia", im vergleichbaren § 70, S. 149 f., jedoch vom „Essentiale" des Dreiecks. Die §§ 59–76 der *Logica* sind grundsätzlich für die Ontologie mitzuberücksichtigen.
30 Vgl. *Philosophia prima*, §§ 249 f., S. 206 (GW II 3).

dus des Steins. Ist aber dieser Modus der Wärme aktuell vorhanden, kann man das Erwärmungsvermögen als Attribut des Steines ansehen.

Mit diesem Argumentationsgang hat sich ergeben, dass alle intrinsischen Prädikate eines Seienden sich in Essentialien, Attribute und Modi klassifizieren lassen. Wichtig ist, dass Wolff sich also – schon vor Kant – um eine vollständige und begründete Aufzählung der ontologischen Kategorien bemüht und dabei zu einem plausiblen Ergebnis kommt.

Seit alters her steht die philosophische Theorie des Wesens mit der der Definition in engem Zusammenhang. Auch bei Wolff erschließt sich das Wesen durch eine Definition, und zwar zunächst durch eine genetische.[31] Ein Quadrat kann begriffen werden, wenn man seine Erzeugung beschreibt, indem man eine zu einer anderen geraden Linie in rechtem Winkel sich befindende Linie in paralleler Bewegung die entsprechende Fläche generieren lässt. Aber auch die nominale Definition dient der Wesenserfassung.[32] Im Unterschied zum heutigen Verständnis der Nominaldefinition, die gewöhnlich als willkürliche Zuordnung eines sprachlichen Ausdrucks zu einem Begriff genommen wird, zählt die essentielle Nominaldefinition die Essentialien auf, durch die das Definierte bestimmt wird. Die akzidentielle Nominaldefinition beschränkt sich auf die Attribute und die Möglichkeiten von Modi und Relationen, sofern diese als Attribute fungieren. Wenn man das wolffsche philosophische Œuvre in den Blick nimmt, wird man feststellen, dass die Nominaldefinitionen einen breiten Raum einnehmen und zu einem erheblichen Teil Beweislasten tragen. Ein spezielles Problem ist die sich auf einer Metaebene befindliche ontologische Begrifflichkeit selbst. Sie wird maßgeblich durch einen Ordnungszusammenhang gebildet,[33] in dem jedem Begriff seine Stelle in der durch die anfangs exponierten Grundsätze bestimmten Totalität zugewiesen wird. Doch auch hier spielen konventionelle Definitionen durch Gattung und Art ihre Rolle.

Auch die Existenz wird durch einen begrifflichen Ordnungszusammenhang erhellt. Sie wird nominal definiert als Ergänzung der Möglichkeit (*complementum possibilitatis*).[34] Die schon erwähnte Deexistenzialisierung von Wolffs Ontologie drückt sich hier darin aus, dass die Existenz nur kurz erwähnt wird. Doch sollte man beachten, dass dem auch die Tatsache zugrundeliegt, dass die Dreiheit von Essentialien, Attributen und Modi einen höheren Komplexitätsgrad besitzt als die verhältnismäßig arme Bestimmung der Existenz.

---

31 Vgl. *ebd.*, § 155, S. 127.
32 Vgl. *ebd.*, § 265, S. 217 f.
33 Siehe Hans Werner Arndt, *Zum Wahrheitsanspruch der Nominaldefinition in der Erkenntnislehre und Metaphysik Christian Wolffs*, in: Jean École, *Autour de la philosophie Wolffienne*, a. a. O., S. 28–40, hier insbesondere S. 31.
34 Vgl. *Philosophia prima*, § 174, S. 143 (GW II 3).

4 Grundlagen der Mathematik

Einen breiten Raum nehmen in der Ontologie die Überlegungen zur Grundlegung der Mathematik ein, die in den Kapiteln über Identität, Ähnlichkeit, Quantität und über das unendlich Große und Kleine enthalten sind.[35] Um hier den Abschnitt „De quantitate et agnatis notionibus" näher in den Blick zu nehmen, so wird der Anfang im systematischen Aufbau des Zahlenbereichs vermittels des Begriffs der Einheit gewonnen. Jedes Seiende, sei es nun eine Gattung, eine Art oder ein Einzelding, ist eines. Diese transzendentale Einheit wird nun in eine mathematisch-arithmetische transformiert und dadurch an erster Stelle der Bereich der gemeinen Zahlen (*numeri vulgares*) gewonnen, also die Zahlen zwei, drei vier usw., die von den zeitgenössischen Mathematikern als die ganzen rationalen Zahlen bezeichnet werden. Die gebrochenen Zahlen werden dann auf einfache Weise aus den gemeinen Zahlen abgeleitet, indem eine vorausgesetzte Einheit eingeteilt wird (z. B. in sechs Teile), so dass aus diesen Teilen dann die gebrochenen Zahlen resultieren (ein Sechstel, zwei Sechstel usw.). Der springende Punkt der Ableitung der gebrochenen aus den gemeinen Zahlen besteht in der Ansetzung des Nenners als einer bestimmten Art von Einheit, die dann mit den gemeinen Zahlen durchgezählt werden kann. Die irrationalen Zahlen sind ferner die Wurzeln von Zahlen, die im Bereich der rationalen Zahlen nicht angebbar sind. Dabei sind verschiedene Serien von irrationalen Zahlen zu unterscheiden, sofern aus einer bestimmten Zahl entweder die Quadratwurzel, die Kubikwurzel oder generell die n-te Wurzel gezogen wird.

Charakteristisch für Wolffs Ansatz ist nun, dass er den so deduzierten Zahlen als arithmetischen Größen geometrische Größen zuordnet. So entsprechen den gemeinen oder ganzen rationalen Zahlen bestimmte Verhältnisse von Geraden. Die Zahl sechs etwa kann dargestellt werden durch eine Einheitsgerade, die sechsmal wiederholt eben genau diese Zahl sechs ergibt. Die sechsmalige Wiederholung des Teils ist gleich dem Ganzen, und einen solchen Teil nennt Wolff aliquotalen Teil (*pars aliquota*)[36]. Die gebrochenen Zahlen werden dementsprechend in einer Umkehrung vorgestellt. Grundlage für die geometrische Darstellung einer gebrochenen Zahl ist eine Gerade, die in gleiche Teile gegliedert ist, z. B. in sechs gleiche Teile. Die gebrochene Zahl ein Sechstel lässt sich dann darstellen durch das Verhältnis der aliquotalen Geraden zur ganzen in sechs gleiche Teile dividierten Geraden. Auch die irrationalen Zahlen verhalten sich wie eine Gerade zu einer anderen Geraden.[37]

Die Argumentationen zum Aufbau der Zahlenbereiche erreichen ihren Kulminationspunkt in einer ontologischen Definition der Zahl, die in leicht variierten Fassungen vorgetragen wird. Eine Zahl im allgemeinen ist das, was zu einer Einheit in

---

35 Siehe *ebd.*, Editoris introductio, S. X; vgl. *ebd.*, §§ 179–224, S. 148–186; §§ 328–451, S. 260–346; §§ 796–850, S. 597–633.
36 *Ebd.*, § 360, S. 279.
37 Vgl. *ebd.*, § 405, S. 312 f.

der Relation steht, die zwischen einer Geraden und einer anderen Geraden bestehen kann.[38] Eine Zahl kann aber auch verstanden werden als das, was sich zu einer Einheit homogen verhält.[39] Des weiteren gilt als Zahl das, was sich zu einer Einheit wie das Ganze zum Teil oder der Teil zum Ganzen verhält.[40]

Das arithmetische Weltbild der Ontologie schließt sich, indem nachgewiesen wird, dass es genau vier Arten von Zahlen gibt.[41] Die Zahlen sind entweder rationale oder irrationale, und beide Species sind wiederum entweder gebrochene oder ganze Zahlen. Im Unterschied zur bereits erwähnten Definition der irrationalen Zahlen wird die Irrationalität jetzt dadurch die Inkommensurabilität der Zahl als Ganzes oder als Teil zur Einheit definiert. Wolff bemüht sich also, wie schon bei der Begründung der ontologischen Dreiheit von Essentialien, Attributen und Modi, um eine möglichst vollständige Ausgestaltung seiner Begrifflichkeiten.

5 Wahrheit und Vollkommenheit

Wie die Grundlagen der Mathematik im Ausgang vom Begriff der transzendentalen Einheit erläutert wurden, so nimmt der Abschnitt von der Wahrheit seinen Anfang bei der transzendentalen Wahrheit. Die transzendentale Wahrheit ist den Dingen selbst zuzusprechen und besteht in der Ordnung der Mannigfaltigkeit dessen, was einem Seienden gleichzeitig oder ungleichzeitig zukommt. Sie hat ihre Quelle in den beiden Prinzipien des ausgeschlossenen Widerspruchs und des zureichenden Grundes, da die Essentialien, Attribute und Modi einer Sache in eben diesen Prinzipien grundgelegt sind. Im Gegensatz zu Kant ist Wolff der Überzeugung, dass die transzendentale Wahrheit die Basis der logischen Wahrheit sei. Wenn es keine transzendentale Wahrheit gibt, kann es keine wahren universellen Urteile geben; singuläre Urteile haben Wahrheit nur in einem Augenblick. Ohne transzendentale Wahrheit gibt es demnach keine Wissenschaft. Wolff betont, dass diese transzendentale Wahrheit unabhängig vom Verstand gegeben sei.[42]

Nach der transzendentalen Einheit und der transzendentalen Wahrheit wird zuletzt, in Entsprechung zur bekannten scholastischen Dreiheit „unum verum bonum", die transzendentalen Güte thematisch. Wolff gewinnt im Briefwechsel mit Leibniz Klarheit über den Begriff der Vollkommenheit und definiert sie schließlich in der Ontologie als Übereinstimmung in der Verschiedenheit mit Blick auf ein identisches Ziel.[43] Die Perfectio ist ein Schlüsselbegriff von Wolffs Philosophie und namentlich Basis seiner weitverzweigten praktischen Philosophie.

---

38 Vgl. *ebd.*, § 407, S. 314.
39 Vgl. *ebd.*, § 415, S. 318.
40 Vgl. *ebd.*, § 417 not., S. 319 f.
41 Vgl. *ebd.*, § 416, S. 318 f.
42 Vgl. *ebd.*, § 502, S. 387–390.
43 Vgl. *ebd.*, § 503, S. 390 f.

Wie in Leibniz' Weltansicht die universale Harmonie vereinbar ist mit Disharmonien, die verwunden werden, so ist auch Wolffs Vollkommenheit kein starrer Begriff, sondern schließt die Reflexion auf Unvollkommenheiten ein. Eine Vollkommenheit wird nach Regeln beurteilt, die sich aus dem bestimmenden Grund oder Zweck einer Sache ergeben. Diese Regeln wiederum können in einer Pluralität gegeben sein, wenn etwa ein Fenster zwei Funktionen hat, nämlich die Beleuchtung eines Raumes und die Ermöglichung eines angenehmen Ausblicks. Wenn die pluralen Regeln der Vollkommenheit nicht miteinander vereinbar sind, wenn also eine Kollision von Regeln vorliegt (vergleichbar der Pflichtenkollision in der praktischen Philosophie), wird eine Ausnahme unvermeidlich. Unvermeidliche Ausnahmen erzeugen jedoch, eben aufgrund ihrer Unvermeidlichkeit, nur den Schein eines Mangels. Ein echter Mangel liegt jedoch dann vor, wenn die Verletzung einer Regel der Vollkommenheit nicht nötig war.[44]

6 Zeit und Raum

Kennzeichnend für Wolffs Theorie von Zeit und Raum[45] ist die Doppelung des Begriffs in einen realen und imaginären. Der reale Begriff der Zeit wird konzipiert durch die Analyse einer Bewegung, etwas das Ausgießen des Wassers aus einem Gefäß. Man kann diesen Vorgang in verschiedene Phasen (A, B, C, D usw.) zerlegen, die zueinander ungleichzeitig sind, aber ohne Abstand unmittelbar aufeinander folgen. Demnach ist Zeit die Ordnung des Sukzessiven in einer kontinuierlichen Reihe. Der springende Punkt dieser Definition ist die Abhängigkeit der Zeit von den in der Zeit sich abspielenden Dingen.[46] Dennoch wird die Verschiedenheit der Zeit von den Dingen und ihrer Existenz nicht geleugnet. Der Übergang vom realen zum imaginären Begriff der Zeit vollzieht sich nun dadurch, dass die Zeit als selbständige Größe, unabhängig von den sukzessiven Dingen in ihr, vorgestellt wird. Das Modell ist hier die durch einen fließenden Jetzt-Punkt erzeugte gerade Linie. Wolff ist der Auffassung, dass dieses Modell durchaus seine Funktion in der mathematischen Betrachtung der Zeit hat und dort eine stellvertretende Bedeutung (*notio verae vicaria*[47]) annimmt.

Der reale Begriff des Raumes wird in Analogie zu dem der Zeit gebildet. Ausgangspunkt ist wiederum die Erfahrung eines Gegenstandes, in dem Teile gegeben sind. Die Reflexion richtet sich nun auf deren Koexistenz und die verschiedenen Ver-

---

44 Vgl. *ebd.*, §§ 509–525, S. 396–408.
45 Vgl. *ebd.*, §§ 544–618, S. 425–477.
46 Siehe dazu Andreas Brandt, *Wolffs Raum- und Zeittheorie zwischen Leibniz, Newton und Kant*, in: *Zwischen Grundsätzen und Gegenständen. Untersuchungen zur Ontologie Christian Wolffs*, hg. von Faustino Fabbianelli u. a., Hildesheim 2011 (GW III 133), S. 143–154, hier S. 147.
47 *Philosophia prima*, § 581 not., S. 448 (GW II 3).

hältnisse, in denen die jeweiligen Teile zueinander stehen. Das führt zur Definition des Raumes als Ordnung des Gleichzeitigen, sofern es koexistiert.

Der imaginäre Begriff des Raumes[48] resultiert, wenn wir uns vorstellen, dass ein Teil des Raumes, der mit einem Gegenstand A erfüllt ist, von diesem Gegenstand verlassen wird und entweder das Vakuum oder ein anderer Gegenstand B an dessen Stelle tritt. Der so entstehende abstrakte Raum ist ausgedehnt, gleichförmig und kontinuierlich. Er ist des weiteren unteilbar, wie ein Gedankenexperiment zeigt, in dem von einem Raum mit drei möglichen Teilen A, B und C der mittlere Teil B weggenommen wird. Ähnliche Gedankenexperimente belegen die Unbeweglichkeit und Durchdringbarkeit des Raumes durch Körper.[49]

Abschließend sei der Blick auf einen kleinen Text von Leibniz, die *Initia rerum mathematicarum metaphysica*[50] gerichtet. Leibniz bemerkt zu Anfang, dass der ausgezeichnete Mathematiker Christian Wolff einige seiner Ideen aufgegriffen und erläutert habe. Dementsprechend kann man eine Reihe von Übereinstimmungen zwischen Leibniz und Wolff im genannten Beitrag finden. Leibniz geht die Theorie von Raum und Zeit vom Ordnungsbegriff her an. Auch für ihn sind Raum und Zeit durch Kontinuität gekennzeichnet, der Raum ist zudem gleichförmig. Sehr eng verwandt mit der oben herausgestellten wolffschen allgemeinen Definition der Zahl ist Leibnizens Bestimmung der Zahl als das, was sich zu einer Einheit wie eine Gerade zu einer anderen verhält. Doch nennt Leibniz als Zahlarten neben den ganzen, gebrochenen, rationalen und irrationalen Zahlen noch die bei Wolff nicht vorkommenden Ordinalzahlen sowie die transzendenten Zahlen.

7   Die Bedeutung von Wolffs Ontologie

An erster Stelle ist hier das Verdienst Wolffs zu nennen, die scholastische ontologische Tradition aufgenommen und sie für die weitere Entwicklung der neuzeitlichen Philosophie bereitgestellt zu haben.[51] Zugleich greift er zentrale Ideen Leibnizens, die bei diesem häufig nur programmatischen und fragmentarischen Charakter besitzen, auf und gestaltet aus ihnen eine ausführliche Theorie. Wolffs Ontologie gewinnt auch Profil durch die Einbeziehung der zeitgenössischen Wissenschaft und namentlich der Mathematik. Ihre Wirkungsgeschichte kann als beträchtlich bezeichnet werden. Über Alexander Gottlieb Baumgarten vermittelt, aber auch auf direktem Wege wirkt Wolff auf Kant ein. Selbst ein Kritiker Wolffs wie Hegel verdankt ihm noch vielfältige An-

---

48 Vgl. *ebd.*, § 599, S. 459–461.
49 Eine Andeutung des bloß in der Vorstellung vorhandenen Raums gibt es auch bei Leibniz, so Brandt, *Wolffs Raum- und Zeittheorie*, a. a. O., S. 148.
50 Gottfried Wilhelm Leibniz, *Mathematische Schriften*, hg. von Carl Immanuel Gerhardt, 7 Bde., Repr. Hildesheim 1971, hier Bd. 7, S. 17–29.
51 Siehe École, *La „Philosophia prima sive ontologia" de Christian Wolff*, , in: *Introduction à l'opus metaphysicum de Christian Wolff*, a. a. O., S. 18 f.

regung. So bemerkte Johann Eduard Erdmann, dass es kaum eine einzige Kategorie in Hegels *Wissenschaft der Logik* gebe, die Wolff in seiner Ontologie nicht auf seine Weise erörtert habe.[52] Auch die Systematisierung der ontologischen Kategorien im Ausgang von der Prinzipienlehre arbeitet Hegel vor.

8   Literaturverzeichnis

Aristoteles (1989–1991): *Metaphysik,* hg. von Horst Seidl, 2 Bde., Hamburg.
Arndt, Hans Werner (2000): *Zum Wahrheitsanspruch der Nominaldefinition in der Erkenntnislehre und Metaphysik Christian Wolffs,* in: *Autour de la philosophie Wolffienne. Textes de Hans Werner Arndt, Sonia Carboncini-Gavanelli et Jean École,* hg. von Jean École, Hildesheim, S. 28–40 (GW III 65).
Bartels, Andreas (1996): *Grundprobleme der modernen Naturphilosophie,* Paderborn.
Brandt, Andreas (2011): *Wolffs Raum- und Zeittheorie zwischen Leibniz, Newton und Kant,* in: *Zwischen Grundsätzen und Gegenständen. Untersuchungen zur Ontologie Christian Wolffs,* hg. von Faustino Fabbianelli u. a., Hildesheim, S. 143–154 (GW III 133).
Detel, Wolfgang (2008): *Grundkurs Philosophie,* Bd. 2, *Metaphysik und Naturphilosophie,* Stuttgart.
Dilthey, Wilhelm (1990): *Einleitung in die Geisteswissenschaften, Erster Band,* in: ders., *Gesammelte Schriften,* I. Band, Göttingen.
École, Jean (1985): *La „Philosophia prima sive ontologia" de Christian Wolff: Histoire, doctrine et méthode,* in: ders., *Introduction a l'opus metaphysicum de Christian Wolff,* Paris, S. 8–19.
École, Jean (1997): *Les pièces les plus originales de la métaphysique de Christian Wolff (1679–1754), le „Professeur du genre humain",* in: ders., *Nouvelles études et nouveaux documents photographique sur Wolff,* Hildesheim, S. 23–33 (GW III 35).
École, Jean (1997): *Contribution à l'histoire des premiers principes. Esposé de la doctrine wolffienne,* in: ders., *Nouvelles études et nouveaux documents photographique sur Wolff,* Hildesheim, S. 83–97 (GW III 35).
École, Jean (1997): *La notion d'être selon Wolff ou la „désexistentialisation" de l'essence,* in: ders., *Nouvelles études et nouveaux documents photographique sur Wolff,* Hildesheim, S. 98–114 (GW III 35).
École, Jean (1997): *La définition de l'existence comme le complément de la possibilité et les rapports de l'essence et de l'existence selon Christian Wolff,* in: ders, *Nouvelles études et nouveaux documents photographique sur Wolff,* Hildesheim, S. 115–127 (GW III 35).

---

52 Siehe Johann Eduard Erdmann, *Versuch einer wissenschaftlichen Darstellung der Geschichte der neuern Philosophie,* 7 Bde., Stuttgart-Bad Cannstatt 1977–1982, hier Bd. IV, Von Cartesius bis Kant, S. 289.

École, Jean (2001): *Une étape de l'histoire de la métaphysique: l'apparition de l'Ontologie comme discipline séparée*, in: *Autour de la philosophie Wolffienne. Textes de Hans Werner Arndt, Sonia Carboncini-Gavanelli et Jean École*, hg. von Jean École, Hildesheim, S. 95–116 (GW III 65).

École, Jean (2001): *La place de la metaphysica de ente, quae rectius ontosophia dans l'histoire de l'ontologie et sa réception chez Christian Wolff*, in: *Autour de la philosophie Wolffienne. Textes de Hans Werner Arndt, Sonia Carboncini-Gavanelli et Jean École*, hg. von Jean École, Hildesheim, S. 117–130 (GW III 65).

Erdmann, Johann Eduard (1977–1982): *Versuch einer wissenschaftlichen Darstellung der Geschichte der neuern Philosophie*, 7 Bde. (1834 ff.), Stuttgart-Bad Cannstatt.

Fichte, Johann Gottlieb (1971): *Grundlage der gesammten Wissenschaftslehre* (1794/95), in: *Werke*, hg. von Immanuel Hermann Fichte, Bd. 1, Berlin.

Hegel, Georg Wilhelm Friedrich (1991): *Enzyklopädie der philosophischen Wissenschaften im Grundrisse* (1830), hg. von Friedhelm Nicolin und Otto Pöggeler, Hamburg.

Kant, Immanuel (1902 ff.): *Kritik der reinen Vernunft* (1787 = B), in: *Kant's gesammelte Schriften*, hg. von der Preußischen Akademie der Wissenschaften u. Nachfolger, Berlin, Bd. 3.

Leibniz, Gottfried Wilhelm (1971): *Initia rerum mathematicarum metaphysica* (1715), in: *Mathematische Schriften*, hg. von Carl Immanuel Gerhardt, 7 Bde., Hildesheim, Bd. 7, S. 17–29.

Lüst, Dieter (2011): *Quantenfische. Die String-Theorie und die Suche nach der Weltformel*, München.

Plantinga, Alvin (2011): *Where the conflict really lies. Science, Religion, and Naturalism*, Oxford.

Selleri, Franco (1990): *Die Debatte um die Quantentheorie*, Braunschweig.

Suárez, Francisco (1965): *Disputationes metaphysicae* (1597), 2 Bde., Hildesheim.

Wolff, Christian (2005): *Erste Philosophie oder Ontologie, §§ 1–78*, hg. von Dirk Effertz, Hamburg.

Wundt, Max (1992): *Die deutsche Schulmetaphysik des 17. Jahrhunderts* (1939), Hildesheim.

6.2 Rationale Psychologie

Jean-François Goubet

Keywords

Wolff, Psychologie, Seele, Kraft, prästabilierte Harmonie, Materialismus, Egoismus, Anthropologie

Abstract

In einem ersten Schritt wird nach der eigentümlichen Kraft der Seele gefragt und im welchen Sinne von ihr als Wesen und Natur der Seele die Rede ist. Sodann wird die Verortung der rationalen Psychologie im Rahmen der metaphysischen Disziplinen thematisiert: Was bedeutet es, dass sie *nach* der Ontologie, der Kosmologie, der empirischen Psychologie und *vor* der natürlichen Theologie auftritt? Die philosophische Entwicklung Wolffs wird durch die chronologische Reihe seiner Schriften und einiger Vorlesungsnachschriften rekonstruiert. Die lateinischen Abhandlungen wird ausführlicher analysiert werden, weil sie einigen Erweiterungen bzw. Veränderungen den früheren deutschen Schriften gegenüber beinhalten. Insbesondere werden die konkurrierenden metaphysischen Hypothesen des physischen Einflusses, des Okkasionalismus und der prästabilierten Harmonie erklärt. Die Ablehnung des Materialismus und – im geringerem Maße – des Egoismus sind in der rationalen Psychologie im Spiel. In dieser rationalen Lehre sind auch das Erbe der alten Pneumatologie und die Antizipation der künftigen Anthropologie zu finden. Wolff erscheint in dieser Hinsicht als eine zentrale Gestalt der deutschen Aufklärung.

1 Einleitung: Was ist die rationale Psychologie?

Es existiert eine separate Wissenschaft der Seele, weil die Seele eine eigenständige Art von Substanz gegenüber dem Körper ist. Diese Lehre gliedert sich in zwei Teile, deren erster von der Ordnung der Vermögen handelt, der zweite das bereits ans Licht Gebrachte aus der Natur und dem Wesen der Seele herleitet, also a priori verfährt.

Was ist der Inhalt der Natur und des Wesens der Seele? Der Unterschied zwischen beiden Teilen hat auch eine materiale Bedeutung: hie Kraft, da Vermögen; hie eigentliche Quelle des Psychischen, da hervorgebrachte geistige Erscheinungen. Die rationale Psychologie steht unter dem Zeichen der *Kraft*. Die Seele ist beständig aktiv, egal ob sie empirisch affiziert wird oder durch ihren Willen bestimmend ist. Kognitive und volitive Vermögen stammen letztendlich aus einer einzigen tätigen Quelle.

Wie kann man diese Kraft näher bestimmen? In der Tat ist sie in diesem irdischen Leben mit einem Körper, einem Leib, verbunden. Die Seele besitzt die Fähigkeit, die Welt vorzustellen, und zwar, der Lage und der Beschaffenheit ihres Körpers nach. „Vorstellung" ist der Allgemeinbegriff, der alle Manifestationen der Seele einschließt. Sowohl das Denken als auch das Fühlen und das Begehren sind im Verhältnis auf sie zu verstehen.

Dadurch dass die Seele zunächst und zumeist mit dem Körper verbunden erscheint, stellen sich Fragen über die Beziehung dieser beiden Substanzen. Diesbezüglich sind mehrere Hypothesen möglich: Entweder gibt es eine Wechselwirkung zwischen beiden, oder Gott greift immer erneut in ihren Zusammenklang ein, oder aber Gott hat von Anfang an ihre Harmonie vorherbestimmt. Die rationale Psychologie ist der Ort, wo diese Annahmen diskutiert werden.

Mag man sich auch für den physischen Einfluss, den Okkasionalismus oder die prästabilierte Harmonie entscheiden, so ändert dies nichts an der Tatsache, dass die Sinne Einflüsse von außen erleiden und dass materiale Ideen bis ins Gehirn gelangen. Umgekehrt können Willensentschlüsse von Regungen und Blutbewegungen im Leib begleitet werden. Physische Geschehnisse und psychische Vorgänge laufen parallel, und die rationale Psychologie, weit entfernt beide leugnen zu dürfen, soll vielmehr von ihnen Rechenschaft geben, also den Grund der Parallelität angeben.

Der Körper und seine Weltgebundenheit sind immer in der Seelenlehre einbezogen. Am anderen Ende hat aber die Seele auch mit Gott und dem Jenseits zu tun. Unter welchen Bedingungen eine Seele auch „Geist" heißen darf, ist das, was Wolff am Ende seiner Analysen beschäftigt. Was Unsterblichkeit, und nicht nur Unverweslichkeit ist, soll erklärt werden. Dabei wird der Mensch in die Nähe der Gottheit gerückt und gleichzeitig vom Tierreich getrennt. Die rationale Psychologie erreicht ihre Vollendung, wo die Lehre von Gott anfängt. Anders gesagt: Der Mensch erfüllt seine Bestimmung, wenn er seine Vernunft genug gebildet hat, wenn er weise genug geworden ist, wenn er also den Stempel der Gottheit in seiner Seele trägt.

Zusammenfassend hat es die rationale Psychologie mit der Kraft zu tun, als Natur und Wesen der Seele, als Quelle aller ihren Vermögen und als beständige Tätigkeit, die Welt nach der Körperlage vorzustellen. Ihre Stelle liegt in der Metaphysik, nach der Erörterung der speziellen Fähigkeiten des Gemüts und vor der Einsicht in den göttlichen Weltplan. Die rationale Psychologie liegt in der Wolffschen Lehre zwischen der in eine Ordnung gebrachten Seelengeschichte, der empirischen Psychologie, und den vernünftigen Gedanken über Gott, der Theologie.

2 Inhalt und Stelle der rationalen Psychologie

Wolff ist der Erfinder der rationalen Psychologie oder, besser gesagt, er ist derjenige, der sie entwickelt hat; der erste, der den Terminus in einem Buch gebraucht hat, war sein Schüler L. P. Thümmig im Jahr 1725.[1] Weder in der ersten Auflage der *Ratio praelectionum* (1718)[2] noch in der *Deutschen Metaphysik* hatte Wolff den Ausdruck verwendet.[3] Wie dem auch sei, der Name ist nicht die Sache, und objektiv gesehen kann man wohl sagen, dass die Gliederung der Psychologie in einen empirischen und einen rationalen Teil bereits vor dem Erscheinen der lateinischen *Psychologia rationalis* im Jahr 1734 erfolgt war. Daraus ergeben sich zwei Fragestellungen. Die erste betrifft die Entwicklung eines identischen Gedankenguts durch die Jahre hindurch: Was ist der Inhalt der rationalen Psychologie? Die zweite betrifft die Stelle dieser Lehre innerhalb der metaphysischen Disziplinen: Was bedeutet es, dass die rationale Psychologie nach der Kosmologie vorgetragen wird; und warum kommt sie nach der empirischen?

2.1 In der ersten Auflage der *Ratio praelectionum* (1718)

Was zuerst auffällt, ist die Tatsache, dass die Bezeichnung Psychologie bzw. rationale Psychologie nicht selbstverständlich ist. Von Anfang an sieht sich Wolff genötigt, von der *Pneumatologie* zu sprechen.[4] Die alte Lehre von Geistern, d. h. von Menschen, Engeln und Gott, lässt sich hinter der neuen Psychologie erahnen. Die rationale Psychologie erscheint in diesem Kontext als die Tochter der ehemaligen Geisterlehre. ‚Rational' bedeutet nicht, dass sie mit vernünftigen Wesen zu tun hat, sondern dass sie a priori verfährt. Wolff möchte nach wissenschaftlicher Methode vorgehen, und

---

1   Vgl. Ludwig Philipp Thümmig, *Institutiones philosophiae Wolfianae* (GW III 19).
2   Diese Fassung deckt sich nicht genau mit der in der Reihe der Wolffschen Werke (GW II 36) aufgenommenen Schrift.
3   Über die Wichtigkeit dieser Entwicklung, vgl. Ferdinando L. Marcolungo, *Tra fenomenologia e metafisica: il compito della psicologia filosofica* in: *Macht und Bescheidenheit der Vernunft: Beiträge zur Philosophie Christian Wolffs. Gedenkband für Hans Werner Arndt*, hg. von Luigi Cataldi Madonna, Hildesheim/New York, 2005, S. 151–169 (GW III 98).
4   *Ratio praelectionum*, Halle, 1718, sect. II, cap. III, § 2, S. 140.

im vorliegenden Fall will er insbesondere aus der Einfachheit der Kraft die Mannigfaltigkeit der Vermögen deduzieren.[5]

Ein weiterer Aspekt ist wichtig: Die Behandlung der Seele weist eine gewisse Analogie mit derjenigen des Körpers auf:[6] Die Metaphysik, hier die Psychologie, wird kraft ihrer Prinzipien Rechenschaft von den Veränderungen im Gemüt geben, genauso wie die Physik es aufgrund physischer Prinzipien mit den Veränderungen in den Körpern macht. Unter solchen Bedingungen versteht man besser, dass die rationale Psychologie immer wieder in den Wolffschen Schriften *nach* der Kosmologie auftaucht. Im § 22 wird sogar der Körper in der Definition der Seele eingeführt: Sie ist die „substantia universi repraesentativa pro situ corporis alicujus organici in universo" (*Substanz, das Universum der Lage irgendwelches organischen Körpers nach vorzustellen*).[7] Um diesen Satz völlig zu verstehen, muss man *vorher* wissen, was die bewegende Kraft und die verschiedenen Gesetze der Bewegung sind. Deshalb kann die rationale Psychologie als Lehre in der Reihe der metaphysischen Disziplinen erst spät behandelt werden.

Es sind auch methodische Überlegungen, die Wolff dazu führen, die Psychologie der *Theologie* voranzustellen. Der Eintritt in die Gotteslehre geschieht in der Tat a posteriori, und die Kenntnis der menschlichen Vervollkommnung[8] ist derjenigen der göttlichen Vollkommenheit voranzustellen. Wenn Gott auch einen würdigeren Gegenstand bildet, qualifiziert sich die Würde nicht als methodisches Kriterium. In dieser Hinsicht ist Metaphysik nicht so sehr die Lehre von den herrlichsten Dingen als vielmehr eine geordnete und streng bewiesene Doktrin.

In der *Ratio praelectionum* findet man keine Hinweise auf eine klare Einteilung zwischen einer empirischen und einer rationalen Psychologie. Nur beim Vergleich mit späteren Werken findet man Stellen, die entweder zur ersten, wie z. B. der Passus über die empfundenen Veränderungen in der Seele, oder zur zweiten gehören, wie z. B. die Darlegungen über den Verkehr der Substanzen oder die Diskussion des Materialismus bzw. des Egoismus. Um ein vollständigeres Bild zu erlangen ist also ein Blick auf andere Schriften nötig.

---

5 Die rationale Psychologie vernachlässigt aber nie die Ebene der Erfahrung, weil sie eng mit der empirischen Psychologie verbunden ist. Über diese Art der Hochzeit (*connubium*) zwischen Erfahrung und Vernunft, vgl. Jean-Paul Paccioni, *Cet esprit de profondeur. Christian Wolff, l'ontologie et la métaphysique*, Paris 2006, S. 159–178. Siehe auch den Beitrag von Juan Gómez Tutor.
6 Siehe *Ratio praelectionum*, sect. II, cap. III, § 13, S. 145.
7 *Ebd.*, § 22, S. 149.
8 *Ebd.*, § 16, S. 146.

2.2 In der *Deutschen Metaphysik*

Das vierte Kapitel der *Deutschen Metaphysik* behandelt dieselben Objekte, und zwar die Seele überhaupt und den Geist insbesondere. Der Ausgangspunkt schließt sich an die Betrachtung des Bewusstseins an, die ihren Anfang nicht nur im *empirisch*-psychologischen Teil genommen, sondern ihren Ursprung bereits im ersten Kapitel hat. Den Endpunkt bildet, wie oben gesagt, der Übergang in die Theologie, die mit dem a posteriorischen Beweis des Daseins Gottes anfangen wird.

Im § 727[9] erfährt man sofort, worin die Eigentümlichkeit der rational-psychologischen Sichtweise besteht. Die Erfahrung leitet nicht sogleich auf das Wesen und die Natur der Seele hin; was wir von ihr wahrnehmen erschöpft keineswegs den Diskurs über sie. Wir haben es also mit einer Vertiefung der Untersuchung zu tun, wobei neue, höhere Gründe angeführt werden. Was ist unter ‚Vernunft' zu verstehen? Wolff definiert sie als Einsicht in den Zusammenhang der Dinge.[10] Der Zusammenhang der psychischen Dinge ist nun das, was die rationale Psychologie weiter erforscht. Die Seelenlehre hat nicht nur den Fluss des Bewusstseins und die Folge der Vermögen vom sinnlichen bis zum höheren zum Objekt; auch die letztendliche Fundierung im ontologischen Begriff der Kraft wird in ihr aufgezeigt. Die Verknüpfung der Erklärungen wird vollständiger, wenn die Sicht nicht nur die horizontale, zeitliche, sondern auch die vertikale, überzeitliche Ebene des Bewusstseins berücksichtigt.

Eine Konsequenz dieser Verknüpfung um der Wahrheit willen ist folgende: Die rational-psychologische Lehre darf auf keinen Fall mit der empirisch-psychologischen Doktrin in Widerspruch geraten. Hier spricht Wolff von den erreichten Resultaten im empirischen Teil als von einem Probierstein. An dem bereits Demonstrierten darf nicht mehr gezweifelt werden; dieses steht fest und liefert die Grundlage für die künftigen Beweise. Mit dem Ausdruck Probierstein erinnert der Philosoph an seine These der Fundierung der Wahrheit in der Erfahrung. Und er warnt darüber hinaus vor einer freischwebenden Spekulation, die sich über die Grenze des Möglichen verlaufen würde. Die empirisch-psychologischen Wahrheiten werden die Auswahl zwischen rein metaphysischen Hypothesen ermöglichen. Die rationale Ebene wurde von Wolff abgesondert, damit diesbezügliche Kontroversen für das bereits Bewiesene keine Gefahr beinhalten.

Im Text der *Deutschen Metaphysik* kommen sehr früh Betrachtungen vor, die eher mit der Seele als Geist zu tun haben. *Überdenken* und *Gedächtnis* sind zum Bewusstsein erforderlich:[11] Ohne diese Fähigkeiten, wäre ich nicht imstande, die Sachen zu vergleichen, die Unterscheidung zwischen ihnen und auch zwischen ihnen und mir zu machen, also wäre ich mir selbst nicht bewusst. Wird man aber den Tieren Überdenken und deutliche Kenntnisse zuschreiben? Zwar wird ihnen etwas Vernunftähn-

---

9 Vgl. *Deutsche Metaphysik*, § 727, S. 453–454 (GW I 2.2).
10 Vgl. *ebd.*, § 368, S. 224 ff.
11 Vgl. *ebd.*, § 732 f., S. 457–458.

liches zuerkannt, aber weder Vernunft, noch freier Wille im eigentlichen Sinn. Hier scheinen zwei Absichten Wolffs zu kollidieren. Zum ersten wollte er einen Aufstieg bis zu Gott graduell vorbereiten[12] und zum zweiten wollte er auch von der Seele der Tiere handeln;[13] auf der einen Seite wollte er also schnell in die Geisterlehre übergehen, während er auf der anderen länger im Gebiet des Bewusstseins und der Seele *tout court* verweilen wollte.

Der Schluss des rationalpsychologischen Kapitels lenkt die Aufmerksamkeit explizit auf die Geister. Diesbezüglich werden die Grade der Vollkommenheit der oberen Vermögen in Anspruch genommen. In dieser Hinsicht kollidieren die Betrachtungen über das „Vieh"[14] nicht mehr mit denjenigen über den Menschen und Gott. Die Zwischenstellung des Menschen kommt im Gegenteil zum Vorschein und seine Würde als Kreatur ist nicht zu verkennen. Je mehr er seine Vernunft gebraucht, desto menschlicher, humaner, ist der Mensch. Zwar darf man den Tieren eine Seele nicht absprechen, aber diese Geschöpfe spielen keine größere Rolle im Welttheater. Klar erkennt man hier einen Einfluss der Leibnizschen *Monadologie* auf Wolffs Lehrgebäude,[15] insbesondere was die Geisterlehre betrifft.

Die Nähe zu Leibniz ist unleugbar, wo es sich um die Hypothese der prästabilierten Harmonie handelt. Ganz entschieden bekennt sich Wolff, der Leser der *Théodicée*,[16] zu dieser metaphysischen Annahme. Im § 883[17] wehrt sich der Philosoph gegen die Verneinung der Freiheit bei gleichzeitiger Bejahung dieser Harmonie. Kein äußerer Zwang gibt den Grund der Handlungen an; vielmehr ist dieser Grund in der Seele selbst zu finden. Seinen Gegnern sagt Wolff deutlich, dass er ein Befürworter der Freiheit ist, und dass der Fatalismus seiner Philosophie völlig fremd ist.

Bei näherer Betrachtung bleibt aber die Wolffiche Harmonielehre ihrer Leibnizschen Herkunft nicht ganz treu. Wolff ist Dualist, jemand, der zwei Arten von Substanzen annimmt, während Leibniz ein Monist war.[18] Bei Wolff nimmt deswegen der Zusammenklang eine andere Bedeutung an: Er betrifft in der Tat die Parallelität zwischen der Seele und dem Körper, und hat also den Sinn einer lokalen Harmonie. Was

---

12 Vgl. Mariano Campo, *Christian Wolff e il razionalismo precritico*, Hildesheim/New York, 1980, S. 389.
13 Über die Schwierigkeiten der Wolffschen Einbeziehung einer tierischen Seele, vgl. Oliver-Pierre Rudolph, *Mémoire, réflexion et conscience chez Christian Wolff*, in: Revue philosophique de la France et de l'étranger. Christian Wolff 128 (2003), hg. von Jean-François Goubet, S. 351–360.
14 Vgl. *Deutsche Metaphysik*, § 894, S. 555 (GW I 2.2).
15 Vgl. Gottfried Wilhelm Leibniz, *Monadologie*, § 75, in: GP VI 620. Über Wolffs Verhältnis zu Leibniz vgl. ferner Antonio Lamarra, *Contexte génétique et première réception de la* Monadologie. *Leibniz, Wolff et la doctrine de l'harmonie préétablie*, in: Revue de synthèse. Leibniz, Wolff et les monades: science et métaphysique 128 (2007), hg. von Jean-Paul Paccioni, S. 311–323. Siehe auch den Beitrag von Christian Leduc.
16 Vgl. Arnaud Lalanne, *La recension des* Essais de Théodicée *dans les* Acta Eruditorum *par Wolff: une reconstruction systématique? Traduction inédite et présentation de la recension à l'occasion du tricentenaire de sa publication*, in: http://www.philosophiedudroit.org I (2011).
17 Vgl. *Deutsche Metaphysik*, § 883, S. 547–548 (GW I 2.2).
18 Über die Unterscheidung zwischen Leibniz und Wolff den Panpsychismus betreffend, vgl. Charles A. Corr, Introduction, in: *Deutsche Metaphysik*, S. 32* (GW I 2.1).

in der Seele geschieht wird immerhin von körperlichen Vorgängen begleitet. Obwohl die Seele an diesen Prozessen nicht teilnimmt, gibt es eine beständige physisch-psychische Konjunktion. Der Einfluss Leibniz' lässt immer noch kartesianische Züge erkennen: In der Wolffschen Philosophie beginnen wir (wie bei Descartes) mit einer Dualität der Substanzen; allein es ist nun von der Vereinigung der Substanzen in einem anderen Sinn die Rede. Was methodisch getrennt wird, weil es nicht dieselben Eigenschaften hat (Einfachheit gegenüber Teilbarkeit, Denken gegenüber Ausdehnung usw.), bleibt getrennt. Nur Gott kann diese zwei Reihen von Kausalitäten von Anfang an vereinigen.

Eben diese Dualität erklärt, dass die Seele beim Empfinden tätig ist. Wo Aristoteles und Locke die Seele mit einer wächsernen Tafel verglichen haben,[19] will Wolff davon nichts wissen. Es laufen zwei Erklärungsebenen parallel zueinander. Auf der einen Seite wird der Körper affiziert, von außen berührt; er darf als rein passiv angesehen werden, während er z. B. einen grünen Baum anschaut. Auf der anderen Seite produziert aber die Seele von selbst Vorstellungen, Gedanken; in diesem Sinne ist sie rein aktiv, sogar beim Anschauen. Beide Reihen sind beständig involviert, was verständlich macht, dass die Psychologie auch der Resultate der Kosmologie bedarf, um ein vollständiges Bild dessen zu entwerfen, was im Bewusstsein vorgeht. Und beide, Psychologie und Kosmologie, weisen auf Gott hin, der allein die Schlüssel des Zusammenklangs ihrer parallelen Prozesse besitzt.

Im rationalen Teil der Psychologie diskutiert Wolff mehrere Hypothesen über den Verkehr zwischen Leib und Seele, und er verbessert die von ihm als irrig empfundenen Systeme, so dass sie in Einklang gebracht werden können. Dass es zwei Arten von Substanzen gibt, dass es eine Kraft gibt, wovon wir nichts direkt erfahren, dies wird aber nie als Annahme präsentiert. Die rationale Psychologie hat nicht nur mit Hypothesen zu tun, sie beinhaltet sozusagen einen dogmatischen und einen polemischen – oder besser gesagt irenischen – Teil. Kant wird dies anders betrachten. Entschieden wird er im „Ich denke" einen bloßen empirischen Satz sehen und alle Behauptungen über das Wesen der Seele und ihre Unsterblichkeit im Gebiet der theoretischen Erkenntnis als problematisch erklären.[20] Bei Wolff ist im Gegensatz dazu die rationale Psychologie eine „gesunde" Wissenschaft, welche sicherlich noch verbessert werden kann, die aber an sich nicht problematisch ist.

In den *Anmerckungen zur Deutschen Metaphysik* wird man nicht viel Neues über die Absicht des Autors erfahren. Vom Anfang an bringt Wolff seine Freude zum Ausdruck, der Erste gewesen zu sein, der das Erfahrene im Bewusstsein „aus einem einigen Begriff der Seele"[21] hergeleitet hat. Dabei hat er natürlich einige Fehler begehen können, ohne dass der Versuch dadurch gescheitert wäre. Was ist für ihn das *Systema harmoniae praestabilitae* (System der prästabilierten Harmonie)? Eigentlich das, was

---

19 Vgl. *Deutsche Metaphysik*, § 820, S. 508–509 (GW I 2.2).
20 Vgl. Corey W. Dick, *Kant and Rational Psychology*, Oxford/New York, Oxford University Press, 2014.
21 *Anmerckungen*, § 261, S. 428 (GW I 3).

die Verhältnisse des Leibes und der Seele regelt, also lokal und nicht global fungiert. Dementsprechend ist man kaum erstaunt, wenn der Name des Cartesius auftaucht, um den Unterschied zwischen Denken und Materie zu rechtfertigen. Wie früher gesagt, beinhaltet die Wolffsche Philosophie einige Züge, die von einem cartesianischen eher als einem leibnizianischen Erbe zeugen.

In den *Anmerckungen* gibt Wolff Rechenschaft über sein eigenes Verfahren und seine eigenen Lehrsätze, wie er es später wiederum machen wird. Er wird nie müde, dieselben Wahrheiten bald auf Deutsch, bald auf Lateinisch vorzutragen. In den *Anmerckungen zur Deutschen Metaphysik* findet man einen Philosophen wieder, der sich gegen hartnackige Gegner wehrt, der aber auf seinem Lehrbegriff besteht: Die Seele hat eine einzige Kraft, wenngleich sie mehrere Vermögen besitzt.

2.3 Im *Discursus praeliminaris* (1728)

Die Frage nach der Ordnung der Disziplinen kommt am besten im *Discursus praeliminaris* zum Vorschein. Diese Schrift liefert eine Übersicht über die Teile der Philosophie und stellt sich deutlich unter dem Gesichtspunkt der Methode. Dementsprechend ist also in ihr die Rede von der Stelle der rationalen Psychologie innerhalb des demonstrativen Ganzen des systematischen Lehrgebäudes.

Der § 58 gibt eine sehr allgemeine Definition von der Psychologie überhaupt. Sie sei „*scientia eorum, quae per animas humanas possibilia sunt*" (*die Wissenschaft dessen, was durch die menschliche Seele möglich ist*).[22] Diese Erklärung folgt unmittelbar auf die der natürlichen Theologie.[23] Hier sieht man klar, dass Wolff sich mit der alten Pneumatologie auseinandersetzt[24] und seinem eigenen methodischen Verfahren noch nicht treu ist. Die Verwandtschaft zwischen Gott und dem Menschen, der Gottes Bild in seinem Vernunftgebrauch und seiner Unsterblichkeit trägt, wird in den Vordergrund gerückt. In diesem Sinne weist die Psychologie mehr auf ihre rationale als auf ihre empirische Seite hin. Von einem demonstrativen Aufstieg von der Seele überhaupt bis zu Gott durch die menschliche Seele insbesondere kann man beim Lesen dieses Passus nichts erkennen.

Erst in den §§ 96 und 98 erfährt man, warum die Ordnung der Disziplinen eben diese ist. „*Notiones attributorum divinorum formamus, dum notiones eorum, quae animae conveniunt, a limitibus liberamus*" (*Wir bilden Begriffe der göttlichen Attri-*

---

22 *Discursus praeliminaris*, § 58, S. 30 (GW II 1). Deutsche Übersetzung: *Einleitende Abhandlung über Philosophie im Allgemeinen*, hg. von Günter Gawlick und Lothar Kreimendahl, Stuttgart-Bad Cannstatt, 1996, S. 71.
23 Vgl. *Discursus praeliminaris*, § 57, S. 29 (GW II 1).
24 Vgl. Gideon Stiening, „Partes Metaphysicae sunt duae: Deus & Mentes". Anmerkungen zur Entstehung und Entwicklung der Psychologie als Metaphysica specialis zwischen Rudolph Goclenius und Christian Wolff, in: *Die Psychologie Christian Wolffs. Systematische und historische Untersuchungen*, hg. von Oliver-Pierre Rudolph und Jean-François Goubet, Tübingen, 2004, S. 207–226.

bute, wenn wir die Begriffe dessen, was der Seele zukommt, von ihren Schranken befreien).[25] Die in der rationalen Psychologie erklärte Weisheit des Menschen bereitet z. B. die Betrachtung des vernünftigen Plans Gottes vor. Also muss die natürliche Theologie nach der Psychologie kommen. Aber warum muss diese nach der Ontologie und der Kosmologie abgehandelt werden? Obwohl das Adjektiv im Text fehlt, ist es klar, dass die hier gemeinte Psychologie vor allem rational ist. In der Tat ist der Begriff von der vorstellenden Kraft zentral. Unproblematisch erscheint sie in Wolffs Augen, so als ob es sich um einen empirischen Tatbestand handelte: „Animae competere vim sibi repraesentandi universum convenienter mutationibus, quae in organis sensoriis contingunt, nemo negare potest" (*Niemand kann leugnen, dass die Seele die Kraft besitzt, sich die Welt gemäß den Veränderungen vorzustellen, die sich in den Sinnesorganen ereignen*).[26] Kurz darauf folgt die Konsequenz: Man muss erst die allgemeine Lehre von der Welt besitzen, bevor man das Gebiet der Seele betritt.[27] An dieser Stelle ist allerdings kein Hinweis auf die Kosmologie als Betrachtung der bewegenden Kraft zu finden; was diese betrifft, wird immer noch auf die Ontologie verwiesen, ohne dass sie weiter bestimmt wird.

Erst später, nämlich im § 112,[28] kommt die Berücksichtigung der rationalen Psychologie vor. Interessanterweise stellt Wolff selber einen Vergleich zwischen Psychologie und Physik an: In beiden Fällen muss eine experimentelle Wissenschaft einer dogmatischen vorangehen. Zu bedauern ist aber, dass der Philosoph diesen Vergleich nicht weiter vertieft. Im Kontext der rationalen Psychologie wäre es interessant gewesen, etwas von der Bewahrung der Kräfte, der bewegenden und der denkenden, zu erfahren. Denn die Behandlung der metaphysischen Hypothesen über den Verkehr zwischen Körper und Seele benötigt eine solche Erkenntnis, um präzise zu sein. Wer kann gegen den physischen Einfluss Stellung nehmen, wenn er nichts von der Bewahrung der bewegenden Kraft weiß? Wolff begibt sich aber im dritten Kapitel des *Discursus praeliminaris* nicht auf den Kampfplatz der konkurrierenden Systeme. Im Gegenteil zeigt er viel Vorsicht hinsichtlich der widerstreitenden metaphysischen Meinungen. Weil reine Tugend die größte Angelegenheit des menschlichen Lebens, weil praktische Philosophie von äußerster Wichtigkeit ist, sollen sie vor Polemik und Zweifeln bewahrt werden. Moral und Politik müssen gelehrt werden, ohne dass die Studenten sich ihren Resultaten entziehen können. Daraus ergibt es sich folgendes: „Ea de causa veritates philosophiae practicae non superstruimus nisi principiis, quae per experientiam in Psychologia empirica evidenter stabiliuntur" (*Aus diesem Grund bauen wir die Wahrheiten der praktischen Philosophie nur auf solche Grundsätze auf, die in der empirischen Psychologie durch Erfahrung evident festgestellt werden*).[29]

---

25 *Discursus praeliminaris*, § 96, S. 44 (GW II 1); deutsche Übersetzung, S. 105.
26 *Ebd.*, § 98, S. 44; deutsche Übersetzung, S. 107.
27 Vgl. *ebd.*, S. 44 f.
28 Vgl. *ebd.*, § 112, S. 51.
29 *Ebd.*, § 112 Anm., S. 51; deutsche Übersetzung, S. 123.

Hier sieht man, dass die Wolffsche Philosophie keine einfache Linearität besitzt. Dass eine Lehre auf eine andere folgt, bedeutet keineswegs, dass alle Wahrheiten dieser in jener Anwendung finden. Zum einen laufen einige Lehren fast parallel, wie Kosmologie bzw. Physik und Psychologie. Auf derselben ontologischen Grundlage generieren diese Disziplinen ihre Wahrheiten, die zwei ganz verschiedene Gegenstandsgebiete betreffen. Zum andern sind einige Stellen so wie ein Kommentar über das bereits Gesagte zu verstehen. Insbesondere ist dies der Fall bei der rationalen Psychologie, die mit dem Kraftbegriff eine Anreicherung enthält und somit Überlegungen über verschiedene Erklärungsmöglichkeiten des Leib-Seele-Verhältnisses liefert. Wolffs systematische Schreibart erfolgt weder ohne Umwege, noch ohne verdoppelte Demonstrationen von Ergebnissen. Die rationale Psychologie untermauert a priori, was a posteriori ans Licht gebracht wurde. Gleichzeitig begeht sie die härtesten Wege der Metaphysik, zu welchen nicht alle Köpfe berufen sind. Wer nicht Philosoph genug ist, der kann jedoch ohne die Belehrungen der rationalen Psychologie Logik oder praktische Philosophie studieren und in seinem Leben von ihnen Gebrauch machen.

2.4 In der *Psychologia rationalis* (1734)

Zweifellos ist die *Psychologia rationalis* die vollständigere Schrift, was die einzige Kraft der Seele, ihre Vorstellung der Welt, ihr Verhältnis zum Körper und ihre vernünftige Bestimmung als Geist betrifft. Wo die *Deutsche Metaphysik* eine kontinuierliche Folge von Abschnitten präsentierte, ist die *Psychologia rationalis* in vier Teile gegliedert. Die lateinische Schrift ist also nicht nur umfangreicher als die deutsche Skizzierung, sie ist auch stärker strukturiert.

Das Werk beginnt mit Prolegomena, die im direkten Anschluss zum *Discursus praeliminaris* und den folgenden lateinischen Werken stehen. Der Grunddiskurs ist immer derselbe, was nicht daran hindert, dass hie und da wichtige genauere Details angegeben werden. In der Anmerkung zum § 4[30] liest man, dass es den Philosophen mit den seelischen Dingen ebenso möglich ist, evidente Gründe anzugeben, wie den modernen Ärzten mit materiellen Dingen. Die Naturwissenschaft spielt auch die Rolle eines Musters, dem die Psychologie gewachsen sein soll. Physiker pflegen bereits, eine sichere Wissenschaft aufzustellen. Dem aufmerksamen Leser werden auch zwingende Gründe dargelegt. Wenn dieser davon nicht überzeugt ist, dann ist er selber schuld. Im § 5[31] stellt Wolff die These auf, dass die rationale Psychologie möglich, also kein leeres Wort ist. Gewiss hat er die Gefahr des Materialismus im Sinn. Die Zeitgenossen dürfen sich nicht einbilden, dass die Fortschritte der Naturwissenschaft diese zur einzigen festen und bestehenden Lehre machen. Es gibt zwar eine Kosmo-

---

30 *Psychologia rationalis*, § 4 Anm., S. 4 (GW II 6).
31 *Ebd.*, § 5, S. 4.

logie und eine Physik, aber die Psychologie existiert auch und ist diesen ebenbürtig. Freilich hat sie ihr eigenes Materialobjekt. Die strukturelle Analogie zwischen Physik und Psychologie hebt Wolff selbst in der Anmerkung zum § 6[32] hervor: Es sei gleichgültig, ob die Erzeugung des Menschen durch die Vermischung des männlichen und weiblichen Samens erfolge oder nicht; welches die Hypothese auch sein mag, sie hat nicht das Faktum der Erzeugung verhindert! In der Psychologie sind ebenfalls Hypothesen keine Gefahr, weil sie nichts an der Erfahrung ändern. Vielmehr schärft die rationale Psychologie die Fähigkeit, die psychischen Phänomene zu beobachten. Wie der Astronom nicht rein empirisch verfährt, sondern Gewinn aus Hypothesen zieht, so kann der Psychologe analog dazu neue Tatsachen entdecken.[33]

Die zwei ersten Kapitel betreffen die menschliche Seele überhaupt. Während das erste die Erkenntnisvermögen berücksichtigt, betrachtet das zweite das Begehrungsvermögen. Jean École hat in seiner Einleitung zur *Psychologia empirica* beide Sektionen unter dem Titel einer „Theorie der Seele" (*théorie de l'âme*)[34] gestellt. Diese Einteilung ist sinnvoll, weil alle Vermögen aus der einzigen Kraft der Seele hergeleitet werden. Beide Arten von Vermögen haben übrigens mit Vorstellungen zu tun. Wolff hätte vielleicht eine andere Darstellung der graduellen Verwirklichung der Kraft in den Vermögen machen können, wobei man mit der sinnlichen Vorstellung und dem sinnlichen Abscheu bzw. Begehren angefangen hätte. Um der Trennung zwischen theoretischer und praktischer Philosophie willen hat er es jedoch vorgezogen, den Aufstieg zweimal zu machen, das eine Mal in der ersten Sektion, das andere in der zweiten.

2.4.1 Das Erkenntnisvermögen

Das Selbstbewusstsein, oder die Apperzeption, bildet den Anfangspunkt des Kapitels über die Natur und das Wesen der Seele. Reflexion, Aufmerksamkeit und Gedächtnis, also die mittleren Seelenvermögen, die den Übergang von den unteren zu den oberen ermöglichen, sind zum Selbstbewusstsein erforderlich.[35] Die einzige Kraft geht durch alle Vermögen hindurch. Sicherlich tragen die mittleren Vermögen viel dazu bei, die scheinbare Kluft zwischen Sinnlichkeit und Vernunft zu überbrücken.

Ab dem § 27[36] tritt indirekt die Inanspruchnahme des Körpers auf. Durch die Unterscheidung der Vorstellungen untereinander und von uns, sind wir uns unserer selbst bewusst. Ein beständiger Wechsel der Vorstellungen findet in der Seele statt, was impliziert, dass die Gedanken eine bestimmte Dauer haben. Hier sieht man

---

32 *Ebd.*, § 7, S. 6.
33 Vgl. *ebd.*, § 8 Anm., S. 7.
34 *Introduction* in: *Psychologia rationalis*, S. X (GW II 6).
35 Vgl. *Psychologia rationalis*, § 23 und 25, S. 18–20 (GW II 6).
36 Vgl. *ebd.*, § 27, S. 20 f.

Wolffs Interesse an der Psychometrie.[37] Genauso wie die moderne Physik ihre großen Erfolge mit der Mathematisierung der Geschwindigkeiten und der Beschleunigungen hatte, wünscht sich der Philosoph für die Psychologie ein ähnliches Schicksal. Allerdings muss in diesem Zusammenhang sofort eine Warnung ausgesprochen werden: Dass die Vorstellungen eine gewisse Geschwindigkeit besitzen, heißt nicht, dass sie aus lauter Materie bestehen. Ab dem § 32[38] tauchen bereits die verschiedenen Schulrichtungen auf, die über Seele und Körper, Geist und Leib, Ideen und Materie streiten. Unter deren Repräsentanten ist sicherlich der Materialist der erste, dem widersprochen werden muss, wenn eine eigentliche rationale Psychologie bestehen soll. Ist die Welt nur materiell, dann sind Seele und Geist keine wissenschaftlichen Objekte, sogar keine daseienden Objekte überhaupt. Der Idealismus und seine übertragene Form, der „Egoismus" (Solipsismus), sind andere Arten des Monismus, die die rationale Psychologie allerdings nicht so sehr gefährden. Sie erscheinen vielmehr als eine Art Schatten von Wolffs eigener psychologischer Lehre, die mit dem Selbstbewusstsein anfängt und erst später die Körperwelt erschließt. Wir sind uns unserer bewusst, heißt es am Anfang der ersten Fassung der *Deutschen Metaphysik*.[39] Schon hier hatte er das Risiko des Egoismus (Solipsismus) im Sinne, was ihn dazu führte, einen Zusatz hinzufügen: Wir sind uns *und anderer Dinge* bewusst. In der *Psychologia rationalis* wird an die merkwürdige Pariser Sekte der Egoisten erinnert, wo viele sich für die Einzigseienden hielten![40] Mit dieser etwas merkwürdigen Zuspitzung des Idealismus wird Wolff keine große Schwierigkeit haben, seine dualistische Position zu festigen.

Durch die Verwerfung des Materialismus als falsche Hypothese kommt Wolff auf die Eigentümlichkeit der Seele, ihre Einfachheit, ihre Immaterialität und ihre Einzigkeit zu sprechen. Im § 60[41] wird eine neue Analogie mit der Kosmologie aufgestellt. Wo diese nur eine einzige bewegende Kraft annimmt und nichts von einer leuchtenden bzw. erhitzenden Kraft wissen will, darf jene ohne Schwierigkeit die Einzigkeit der vorstellenden Kraft mit der Mannigfaltigkeit der seelischen Vermögen zusammenhalten. Später wird diese Analogie noch einmal auftauchen, und zwar im § 77,[42] in dem die Rede von bewegender und wahrnehmender Kraft ist: Wo die Kraft generelle Gründe angibt, sind die speziellen Gesetze auf einer anderen Ebene zu eruieren. Die rationale Psychologie fungiert also mit der empirischen Psychologie wie der allgemeinste Teil der Kosmologie mit den zu beobachtenden Gesetzen der Natur.

---

37 Über Wolffs Rolle innerhalb der Geschichte der Psychometrie, vgl. Wolf Feuerhahn, *Die Wolffsche „Denkschulung" in der Psychometrie*, in: *Christian Wolff und die europäische Aufklärung*, hg. von Jürgen Stolzenberg und Oliver-Pierre Rudolph, Hildesheim/Zürich/New York, 2010, Teil 5, S. 69–85 (GW III 105).
38 Vgl. *Psychologia rationalis*, § 32, S. 24 (GW II 6).
39 Vgl. *Deutsche Metaphysik*, § 2, S 2 (GW I 2.1).
40 Vgl. *Psychologia rationalis*, § 38 Anm., S. 26 (GW II 6).
41 Vgl. *ebd.*, § 60, S. 39 f.
42 Vgl. *ebd.*, § 77, S. 55.

Aber wenden wir uns nun dem Kern der Theorie der Seele zum Wesen und zur Natur derselben zu. Es gibt zwei Grenzen der Vorstellung der Welt durch die Seele.[43] Zum einen gibt es dem Inhalt nach eine Beschränkung am *hic et nunc*, an unserer hiesigen Situation; zum andern ist auch die Vorstellungskraft an die Beschaffenheit der Sinnesorgane gebunden; der Form nach ist unsere Empfindungsweise begrenzt, was einen Niederschlag auf alle weiteren Vorstellungsarten haben wird, weil „omnes mutationes animae a sensatione originem ducunt" (*alle Veränderungen der Seele die Empfindung zum Ursprung haben*).[44] Was wir uns vorstellen und wie wir es uns vorstellen ist von Anfang an gewissen Einschränkungen unterworfen. Interessanterweise treten diese in die Definition des Wesens der Seele ein,[45] während die Erklärung der Natur der Seele von der bloßen Verwirklichung der Kraft handelt.[46] Das Wesen der Seele hat immer schon mit den Körpern zu tun; es ist der Begriff, womit man von der vorstellenden Kraft als innerlicher Quelle der bewussten Veränderungen zur Kraft, diese bestimmte Welt so oder so vorzustellen, übergehen kann. Mit der Unterscheidung zwischen Wesen und Natur ist Wolff also in der Lage, die Seele für sich allein zu beschreiben und gleichzeitig die Seele in ihrer Vernetzung mit Welt und Gott darzustellen.

In der Folge nimmt Wolff die Ordnung der empirischen Psychologie wieder auf, um deren Resultate zu bestätigen. Es ist noch einmal die Rede von den Gesetzen der Sinnlichkeit bzw. der Einbildungskraft, was überhaupt nicht daran hindert, dass die Seele ihre Freiheit behauptet. Im polemischen Kontext der Rezeption seines Werkes hatte Wolff gelernt, sich dem Vorwurf des Fatalismus zu entziehen. Was in der neuen Untersuchung der Vermögen interessant ist, ist, dass die parallelen Vorgänge im Körper dokumentiert werden: Es gibt sinnliche Ideen (*ideae sensuales*) im affizierten Leib und dann materielle Ideen (*ideae materiales*) im Gehirn.[47] Man könnte sogar behaupten, etwas Anthropologisches läge in der rationalen Psychologie: In ihr wird fast immer die Seele mit dem Leib, also der ganze Mensch, berücksichtigt. Freilich plädiert Wolff überhaupt nicht für einen physischen Einfluss und eine innigste Verschmelzung von Seele und Leib, wie es manche Ärzte später, etwa Platner, machen werden;[48] zwar stützt sich Wolff nicht auf Vergleiche zwischen Tieren und Menschen, wie es von Anatomen gemacht wurde. Es liegt jedoch auf der Hand, dass er ein Gesamtbild des Menschen als Bürger zweier Welten entwirft. Die anthropologischen Betrachtungen Wolffs bleiben philosophischer Natur und decken sich nicht mit häufigen medizinischen Ansichten. Was übrigens auf ein anthropologisches Vorhaben hinweist, ist die Tatsache, dass sich Wolff in der rationalen Psychologie immer

---

43 Vgl. *ebd.*, § 43, S. 42 f.
44 *Ebd.*, § 64, S. 43.
45 Vgl. *ebd.*, § 66, S. 45.
46 Vgl. *ebd.*, § 67 f. S. 45 ff.
47 Vgl. *ebd.*, §§ 112 f., S. 88.
48 Vgl. Werner Euler, *Commercium mentis et corporis? Ernst Platners medizinische Anthropologie in der Kritik von Marcus Herz und Immanuel Kant*, in: Aufklärung 19 (2007), S. 21–68.

wieder die Frage nach der humanen Bestimmung, nach dem Schicksal des Menschen als Vernunftwesen stellt.[49] Auch innerhalb der Theorie der Seele sind Ausführungen über die Endlichkeit der Seele und die Unterschiede zwischen menschlichen Individuen zu finden. Die §§ 264 und 265[50] drücken das aus, was die menschliche Endlichkeit ausmacht, und zwar die Unmöglichkeit, alle seine Vorstellungen *gleichzeitig* zu haben. Die rationale Psychologie ist in dieser Hinsicht nicht unfruchtbar, weil sie die Lehre des unendlichen Wesens, die natürliche Theologie, am besten vorbereitet. Worin besteht die Verschiedenheit der Menschen?[51] Im Vergleich von Mensch zu Mensch haben die Nerven nicht dieselbe Länge, Qualität noch Feinheit, was ausführlicher in der Physik diskutiert werden soll. Die Unterschiede zwischen den einzelnen Subjekten stehen auch für anthropologische Betrachtungen in der rationalen Psychologie.

2.4.2 Das Begehrungsvermögen

Die Lehre vom Begehrungsvermögen enthält zwei Kapitel. Im ersten handelt es sich darum, den empfindenden Teil des Willens und die Affekte darzustellen. Die natürliche Verankerung der Seele in ihrem Leib ist hier klar sichtbar: Ohne Einfluss der äußeren Dinge auf die Sinnesorgane kann die Seele keine sinnliche Vorstellung, demzufolge keine abstrakte Vorstellung hervorbringen; ohne Leiblichkeit sind die Leidenschaften, welche manchmal heftige Bewegungen des Blutes eingliedern, nicht zu verstehen. Im zweiten Kapitel ist die Rede vom vernünftigen Begehrungsvermögen, von der Freiheit der Seele. Hier ist ebenfalls die leibliche Lage der Seele von Belang. In der Tat besteht auch die Freiheit in der Fähigkeit, den eigenen Körper so zu richten, dass einige Vorstellungen vermieden und andere produziert werden. Die menschliche Freiheit erlaubt den Menschen keineswegs, über die Schatten seines Leibs zu springen. Zwar ist der Mensch frei, indem er spontan zwischen mehreren Möglichkeiten wählen kann. Aber er muss mit der Welt und den Einwirkungen der äußeren Dinge auf den Körper rechnen: Die Möglichkeiten, zwischen denen er wählt, sind in der Realität verankert.

Im § 480[52] wird das Begehren als Streben nach einer Veränderung der Wahrnehmung eingeführt. Der Appetit bezeichnet den Übergang von einer vorhandenen Vorstellung auf eine künftige, vorhergesehene Vorstellung;[53] im entgegengesetzten Fall

---

49 Vgl. Riccardo Martinelli, *Wolff, Kant e le origini dell'antropologia filosofica*, in: *Christian Wolff tra psicologia empirica e psicologia razionale*, hg. von Ferdinando L. Marcolungo, Hildesheim/New York, 2007, S. 205–218 (GW III 106).
50 Vgl. *Psychologia rationalis*, §§ 264 und 265, S. 213–215 (GW II 6).
51 Vgl. *ebd.*, § 308, S. 249.
52 Vgl. *ebd.*, S. 395 f.
53 Vgl. *ebd.*, § 495, S. 411 f.

spricht man aber von einer Abneigung.⁵⁴ Was in der *Psychologia rationalis* merkwürdig ist, ist, dass Wolff den verknüpften Begriffen der Lust und der Unlust eine gewisse Farbe gibt: Es ist nämlich die Rede von der außerordentlichen Lust bzw. Unlust, die mit heftigen Regungen des Bluts und der Nervenflüssigkeiten begleitet werden. Die Affekte werden auch durch ihre Vehemenz gekennzeichnet.⁵⁵ Glücklicherweise bleibt der Mensch nicht in der Gewalt der Leidenschaft gefangen, weil der empfindliche Appetit eine konfuse Ahnung des Guten⁵⁶ beinhaltet: Die Sinnlichkeit weist also auf etwas Höheres hin, das im zweiten Kapitel dargestellt wird. Für den vernünftigen Appetit bzw. die vernünftige Abneigung ist das Kriterium der Deutlichkeit zentral: Das Gute darf nicht mehr konfus erkannt werden. Der Mensch ist so beschaffen, dass er das Gute nicht nur erkennen, sondern auch begehren soll: „*Per essentiam & naturam suam bonum appetit, malum aversatur*" (*Von ihrem Wesen und ihrer Natur aus begehrt [die Seele] das Gute und lehnt das Böse ab*).⁵⁷ Die Freiheit hat insbesondere die Funktion, die Reihe der Wahrnehmungen zu lenken, den Blick so oder anders zu richten. Aus der vernünftigen Erkenntnis kann der Mensch dem Guten folgen, weil „ab intellectu pendet libertas" (*die Freiheit von dem Verstand abhängt*).⁵⁸

Am Schluss der sogenannten Theorie der Seele findet sich eine Zusammenfassung dessen, was für die theoretischen und praktischen Vermögen behauptet wurde. Um Jean École erneut zu zitieren, kann man Folgendes feststellen: „Nichts passiert in der Seele, das nicht durch die Bewegungen des Körpers befohlen wird, wenn es sich um das Erkenntnisvermögen handelt bzw. das nicht Bewegungen des Körpers antreibt, wenn es sich um Begehrungsvermögen handelt. Hier ist die zweite große Belehrung der Theorie der Seele [...]".⁵⁹ Die Zusammensetzung des Körpers und der Seele hat zum Resultat, dass alles geschieht, als ob es wirklich einen physischen Einfluss gäbe. Der Mensch fungiert also bereits bei Wolff als ganzer Mensch, obwohl andere Gründe die Erhaltung der Kraft betreffend diese metaphysische Hypothese nicht als die Beste qualifizieren.

---

54 Vgl. *ebd.*, § 496, S. 412 f.
55 Vgl. *ebd.*, § 504, S. 426.
56 Vgl. *ebd.*, § 515, S. 433 f.
57 *Ebd.*, § 520, S. 439.
58 *Ebd.*, § 528 Anm, S. 449.
59 „Rien ne se passe dans l'âme qui ne soit commandé par les mouvements du corps, s'il s'agit des facultés de connaissance, ou qui ne déclenche des mouvements dans le corps, s'il s'agit des facultés d'appétition. C'est là le second grand enseignement de la théorie de l'âme [...]" (Introduction, in: *Psychologia rationalis*, S. XXXI [GW II 6]).

2.5 Die metaphysischen Schulrichtungen des physischen Einflusses, des Okkasionalismus und der prästabilierten Harmonie

Nach dem, was Jean École die Theorie der Seele genannt hat, geht Wolff dazu über, metaphysische Streitfragen zu behandeln. Der Philosoph berücksichtigt nacheinander drei bereits erwähnte Hypothesen über die Beziehung der Seele und des Körpers, wobei die dritte endlich als die wahrscheinlichste erscheinen soll.

Eine erste Bemerkung Wolffs über den *physischen Einfluss* ist von äußerster Wichtigkeit: Eine solche Wechselwirkung ist nirgendwo durch die Erfahrung zu belegen und ist also eine philosophische Hypothese.[60] Man hätte denken können, dass die prästabilierte Harmonie bzw. der Okkasionalismus metaphysische Hypothesen seien, während die physische Einwirkung sich auf der rein empirischen Ebene bewegte. Dem ist aber nicht so, weil diese letztere Theorie stets eine Annahme bleibt. Diesbezüglich enthält Wolffs Stellungnahme eine gewisse Modernität. Gegen das, was man heute als Reduktionismus bezeichnen könnte, hebt der Philosoph hervor, dass man kausale Verhältnisse nicht so einfach aus einem bloßen Parallelismus herleiten darf. Zwar ist der physische Einfluss nicht zu verwerfen, weil man eben keine Erfahrung, also keinen Begriff von einer solchen Wechselwirkung hat, noch ist er jedoch naiv zu akzeptieren, weil er in der Tat einige Schwierigkeiten beinhaltet. Unter ihnen ist die folgende hervorzuheben: „Si anima in corpus & corpus in animam physice influit; in toto universo non semper conservatur eadem virium vivarum quantitas" (*Wenn Seele in Körper und Körper in Seele physisch einwirkt, wird in der ganzen Welt dieselbe Quantität von lebendigen Kräften nicht aufbewahrt*),[61] was der Ordnung der Natur zuwider ist, wie es Descartes schon bewiesen hat. In der *Psychologia rationalis* wird die Unwahrscheinlichkeit des *influxus physicus* viel expliziter als irgendwo vorher behauptet. Weil diese Kritik gute naturwissenschaftliche Kenntnisse voraussetzt, kann man leicht verstehen, dass ein nicht philosophischer Kopf sie nicht beachtet. Ein überlegener und gebildeter Mensch darf aber keineswegs die Belehrungen der Kosmologie verkennen.

Beim *Okkasionalismus* hat man es mit anderen Schwierigkeiten zu tun. Hier wird eine unmittelbare Einwirkung Gottes auf Körper und Geist behauptet, insofern der eine oder der andere Gelegenheitsursachen hierfür sind. Die Veränderungen, die zu jedem Zeitpunkt erfolgen, sind vom alleinigen Willen Gottes abhängig.[62] Hier ist bereits der Vorwurf des beständigen Wunders vernehmbar: Innerhalb einer solchen Ansicht wäre der Satz vom Grunde nicht ernst zu nehmen, weil ein Zustand ohne Beziehung zum Letzten und zum Nächsten existieren könnte. Das System des Okkasionalismus ist also ebenfalls der Ordnung der Natur zuwider. In der Kosmologie lernt man, dass eine neue Richtung nicht aus der vorhergehenden Bewegung entstehen

---

60 Vgl. *Psychologia rationalis*, § 564, S. 484 (GW II 6).
61 *Ebd.*, § 578, S. 498.
62 Vgl. *ebd.*, § 593, S. 516.

kann.⁶³ Genauso wie das System des physischen Einflusses erweist sich der Okkasionalismus als unwahrscheinlich. Auf diese Weise demonstriert Wolff indirekt, d. h. *per absurdum*, die Stichhaltigkeit der Hypothese von der prästabilierten Harmonie. Zum Schluss der dritten Sektion wird es leichter fallen, für diese dritte Möglichkeit zu argumentieren, nämlich wenn die Konkurrenten außer Gefecht gesetzt worden sind.⁶⁴ Die vorherbestimmte Harmonie beachtet die empirischen psychologischen Gesetze besser, nämlich diejenigen der Empfindungen bzw. der Einbildungskraft. Keine wunderbare Ausnahme dringt ein in das notwendige Verhältnis der seelischen Prozesse untereinander: „In Systemate harmoniae prastabilitatae anima vi sibi propria producit omnes suas perceptiones & appetitiones continua serie" (*Im System der prästabilierten Harmonie bringt die Seele durch ihre eigene Kraft alle ihre Wahrnehmungen und Appetite in einer Reihe hervor*).⁶⁵ Dazu kommt, dass diese Ansicht die Summe der bewegenden Kräfte bewahrt. Also ist sie den zwei anderen vorzuziehen. Freilich ändert es nicht viel im gewöhnlichen Gang des Lebens, ob man sich für die Harmonie bekennt oder nicht. Wenn er es nicht aus Bosheit macht, darf der stumpfe bzw. eher behinderte Kopf den physischen Einfluss behaupten.⁶⁶ Nicht jeder ist dazu fähig, die höheren philosophischen Gründe der rationalen Psychologie zu verstehen. Im Unterschied zur empirischen Psychologie erfordert die rationale gebildetere Köpfe, Geister, die im Vernunftgebrauch erfahrener sind. Die Vernünftigkeit ist die Bedingung zum Verständnis der letzten metaphysischen Lehren, zu denen die natürliche Theologie zählt.

Bevor Wolff zu dieser Lehre fortschreitet, behandelt er in der vierten Sektion das Problem der Geister als Substanzen, welche über Verstand und freien Willen verfügen.⁶⁷ Die Vervollkommnung der menschlichen Vermögen, die den Stempel der Gottheit tragen, steht in dieser Sektion der *Psychologia rationalis* zur Diskussion.

Die Distanz zwischen göttlichem und menschlichem Verstand und Willen ist unendlich, was die Teleologie insbesondere klar einsehen lässt.⁶⁸ Zwischen den Menschen existieren ihrerseits auch graduelle Unterschiede. Wenngleich sie hier nicht wie Klüfte aussehen, bilden sie merkwürdige Unterschiede: Verschiedene Grade der Vollkommenheit sind hier zu finden.⁶⁹ Die Distanz zwischen Gott und dem Menschen kann jedoch umso kleiner bzw. größer werden, wie dieser seine Vermögen angemessen ausübt bzw. vernachlässigt. Der Mensch ist geboren, um zu philosophieren, weil Gott ihm einen Geist gegeben hat.⁷⁰ Seine relative Vollkommenheit Gott gegenüber drückt sich aber nicht nur im Erkennen aus. Die Wolffsche Definition der Weis-

---

63 Vgl. *ebd.*, § 607, S. 534 f.
64 Siehe *ebd.*, § 612 ff., S. 542 ff.
65 *Ebd.*, § 613, S. 543.
66 Vgl. *ebd.*, § 640, S. 583–586.
67 Vgl. *ebd.*, § 643 ff., S. 588.
68 Vgl. *ebd.*, § 656, S. 595.
69 Vgl. *ebd.*, § 657, S. 596.
70 Vgl. *ebd.*, § 674, S. 605.

heit hebt im Gegenteil eine praktische Fähigkeit hervor. „Quo rarius quis in determinando fine a convenientia cum natura sua aberrat, eo sapientior est" (*Derjenige ist umso weiser, als er seltener beim Bestimmen des Zweckes von der Konvenienz mit seiner Natur abirrt*).[71] Danach kommen weitere Grade der Weisheit, wenn nämlich jemand fähig ist, die besseren Wege zu wählen, um seinen Zweck zu erreichen. Endlich ist die Zuspitzung der Weisheit in der Fertigkeit zu finden, seinen Zweck ohne Umwege zu erreichen.[72] Wo er an anderen Orten sagte, dass niemand außer Gott ein vollkommener Philosoph sei,[73] schreibt Wolff hier: „Nemo hominum in omnibus est sapiens" (*Niemand unter den Menschen ist in allen Dingen weise*).[74] Diese Lehre Wolffs pendelt also zwischen Beschränkung und Überschreiten der Grenze, zwischen Endlichkeit und Vervollkommnung seiner Dispositionen. Im Vergleich zu Gott ist das erste Glied am sichtbarsten. Wenn man aber die Menschen miteinander vergleicht, dann kommt das zweite Glied der Alternative zum Vorschein. Die Vervollkommnung wird nicht so sehr der Menschheit *qua* homogenem Ganzen, *qua* pilgerndem Volk Gottes, als den einzelnen moralischen und unsterblichen Menschen zugeschrieben. Was Wolff interessiert, ist die Vereinigung der Seele mit dem Körper am Ursprung des Lebens, und dann das Weiterleben der einzelnen Seele, sobald sie sich vom Leib trennt. Das persönliche Überleben als „*individuum morale*",[75] als moralisches Individuum, steht im Mittelpunkt des Wolffschen Nachdenkens. Vor diesem Hintergrund unterscheidet Wolff den Menschen vom Tier und macht einen Unterschied zwischen bloßer Unsterblichkeit (*immortalitas*) und Unverweslichkeit (*incorruptibilitas*). Tiere haben eine Seele, was empirisch sinnvoll ist, weil sie den Gesetzen der Empfindungen und den Einbildungen unterworfen sind. Die Darlegungen hinsichtlich des Körpers führen in der rationalen Psychologie dazu, den Tieren ein seelisches Leben zuzuschreiben. Wer wollte leugnen, dass die Tiere keine ähnlichen Sinnesorgane wie die Menschen besitzen, und also auch sinnliche und materielle Ideen haben? Aber für die Tiere gibt es eine Grenze, insofern ihnen die Vernunft fehlt; sie besitzen nur etwas Vernunftähnliches.[76] Von einer Vervollkommnung der Tiere einer Art ist aber nicht die Rede; Tiere sind den Menschen nicht ähnlich, insofern der Gebrauch der Vernunft keinen intraspezifischen Unterschied macht. Grade der Vollkommenheit existieren auch, sie hängen jedoch mit den Sinnesorganen zusammen, die jeder Spezies eigen sind.[77] Die rational-psychologische Lehre Wolffs stützt sich nicht auf einen Komparativismus zwischen Mensch und Tier als Naturwesen. Wolffs rationale Psy-

---

[71] *Ebd.*, § 679, S. 607.
[72] Vgl. *ebd.*, § 686, S. 610.
[73] Vgl. Werner Schneiders, „*Deus est philosophus absolute summus*". Über Christian Wolffs Philosophie und Philosophiebegriff, in: *Christian Wolff (1679–1754). Interpretationen zu seiner Philosophie und deren Wirkung*, hg. von Werner Schneiders, Hamburg, 1983, S. 9–30.
[74] *Psychologia rationalis*, § 692, S. 616 (GW II 6).
[75] *Ebd.*, § 741, S. 660.
[76] Vgl. *ebd.*, § 765, S. 678–679.
[77] Vgl. *ebd.*, § 750, S. 667.

chologie hat sich noch nicht von den Fesseln der alten Pneumatologie losgelöst. Insofern fungiert sie als Bindeglied zwischen der metaphysischen Tradition und den künftigen Psychologien und Anthropologien, die viel komparativer sein werden.[78]

3 Zusammenfassung

Was ist die rationale Psychologie? Sie ist die Lehre von der Seele als Quelle, als Prinzip des seelischen Seins. Zum einen gibt die Seele den Grund dafür, dass etwas eher im Bewusstsein ist als nicht. Hier erhalten wir Auskunft über ihre Natur. Zum zweiten enthält die Seele den Grund dafür, dass *etwas bestimmtes* im Bewusstsein ist, eher als *etwas anderes*. Damit bekommen wir Informationen über deren Wesen. Die rationale Psychologie leitet also nicht lediglich das seelische Sein her, sondern liefert weitere Erklärungen über das, was im Bewusstsein geschieht – weitere Erklärungen, weil die empirische Psychologie bereits wichtige Gesetze der Vorstellungen aufgestellt hat.

Lassen wir Wolff, den großen Kommentator seiner selbst, das Verhältnis zwischen beiden Psychologien erklären. In einer in Straßburg aufbewahrten Kollegmitschrift findet man Spuren von Wolffs Lehrtätigkeit. Hier erklärt er folgendes: Die empirische Psychologie nimmt nichts an, was sich nicht auf das Zeugnis der unzweifelhaften Erfahrung stützt; sie nährt sich von beobachteten Beispielen und deduziert ihre Begriffe aus beobachteten Dingen. Der andere Teil, „quā rationalem appello" (*den ich den rationalen nenne*) – fügt Wolff hinzu –, „ra[ti]o[n]em reddit a priori ex ipsa mentis essentia" (*gibt a priori den Grund aus dem Wesen des Gemüts selbst*).[79] Weiter hinten im Heft steht, dass die rationale Psychologie erklärt, warum diese und nicht andere Vermögen des menschlichen Gemüts existieren, und wie sie sich zu einander verhalten. In diesem rationalen Teil ist auch den Verkehr zwischen Gemüt und Körper darzustellen: Welche Operationen des Gemüts hängen vom Körper ab, und welche Bewegungen, „qui animales dicunt" (*die tierisch genannt werden*),[80] hängen von unserem Gemüt ab, das sind die Fragen, die an diesem Ort betrachtet werden sollen. Und wenn es in der rationalen Psychologie nicht möglich ist, überall die komplette Gewissheit zu erlangen, stehen dennoch wahrscheinliche Hypothesen zur Verfügung. Hier geht das Heft so weit, zu behaupten, dass man hier augenscheinlich keine neuen Dogmen aufstellt, sondern nur „den falschen Grund" (*falsam rationem*) denunziert und sich mit der Bestätigung „eorum, quo (sic)! p observationes stabili//ta sunt in Psychol. Empyrica" (*der in der empirischen Psychol. durch Beobachtungen aufgestellten*

---

78 Zum Beispiel wird Herbart am Anfang des 19. Jahrhunderts klar für eine Psychologie plädieren, welche nicht künstlich den Menschen von den oberen Tieren, wie z. B. den Hunden, absondern würde. Vgl. Johann Friedrich Herbart, *Psychologie als Wissenschaft neu gegründet auf Erfahrung, Metaphysik und Mathematik*, Zweyter, analytischer Teil, Königsberg, 1825, § 108, S. 119.
79 Manuskript MS3.014, Cap. V. *De Psychologia rationali*, Bibliothèque Nationale et Universitaire de Strasbourg, S. 1–2.
80 *Ebd.*, S. 2.

*Dinge)*⁸¹ begnügt. Daraus folgt unmittelbar, dass die praktischen Disziplinen mögliche Abweichungen von diesem Teil der Metaphysik nicht zu befürchten haben. Die empirischen Wahrheiten sind gerettet, egal was die rationale Psychologie dazu hinzufügen wird.

Warum kommt die rationale Psychologie nach der Kosmologie? Hinweise können in demselben Heft gefunden werden. Da wo er den § 745 der *Deutschen Metaphysik* kommentiert,⁸² rügt Wolff Coward und Toland, also Materialisten, die die Seele als etwas Ausgedehntes und aus Teilen Zusammengesetzes gedacht haben. Die englischen Autoren haben der Seele fälschlich mehrere Kräfte zugeschrieben, als ob die einzige Kraft mit der Pluralität ihrer möglichen Veränderungen, mit mannigfaltigen Vermögen, inkompatibel wäre. Gegen die Materialisten nimmt Wolff eindeutig einen offensiven Ton an:

> *Wir aber müßen in der Seel nur concipiren vim unicam 2dum certas leges communicabilem, die vis ist quoddam pdurabile et per certas leges modifi=cabile, die vix motrix hat gantz andere leges, per quas modificatur als die vis animae (Wir aber müssen in der Seele nur eine einzige mitteilbare Kraft nach gewissen Gesetzen konzipieren, die Kraft ist etwas Beständiges und durch gewisse Gesetze Veränderliches, die bewegende Kraft hat ganz andere Gesetze, durch sie modifiziert wird, als die Kraft der Seele).*⁸³

Der Materialismus gibt also einen „falschen Grund" an, warum wir auf der empirischen Ebene eine Mannigfaltigkeit von Vermögen besitzen. Um ihn zu widerlegen, muss man sich auf die transzendentale Kosmologie stützen, wo bereits ein Unterschied zwischen allgemeinen und speziellen Gründen behauptet wurde und die Zusammensetzung der Materie dargestellt wurde.

In einer anderen Mitschrift lesen wir, dass beide Disziplinen, die transzendentale Kosmologie und die rationale Psychologie, den Aufstieg zu Gott vorbereiten. Durch die Beobachtung der Welt wird der Mensch dazu eingeladen, bis zu ihrem Urheber fortzuschreiten und seine Handlungen der Natur gemäß einzurichten. Die Kenntnis der Weltordnung hat also auch Folgen für unser Benehmen, sie treibt uns zur praktischen Vernünftigkeit, zur Weisheit. In seinen Werken, in der Schöpfung der Welt, ist Gottes unsichtbares Wesen wahrzunehmen (vgl. Röm, 1, 20).⁸⁴ In unserer vernünftigen Bestimmung, im richtigen Gebrauch unseres Verstandes und vor allem unseres freien Willens, ist es ebenfalls wahrzunehmen.

---

81 *Ebd.*, S. 3.
82 Vgl. *ebd.*, S. 49 ff.
83 *Ebd.*, S. 50 f.
84 Vgl. Manuskript MS3.013, CAP: IV. *Metaphysicae seu Cosmologia*, Bibliothèque Nationale et Universitaire de Strasbourg, S. 1–2. Siehe auch den Beitrag von Robert Theis.

4 Literaturverzeichnis

Campo, Mariano (1980): *Christian Wolff e il razionalismo precritico*, Hildesheim/New York.

Cataldi Madonna, Luigi (Hg.) (2005): *Macht Und Bescheidenheit Der Vernunft: Beitrage Zur Philosophie Christian Wolffs Gedenkband für Hans Werner Arndt*, Hildesheim/New York.

Dick, Corey W. (2014): *Kant and Rational Psychology*, Oxford/New York, Oxford University Press.

École, Jean (1990): *La métaphysique de Christian Wolff*, Hildesheim/New York.

Euler, Werner (2007): *Commercium mentis et corporis? Ernst Platners medizinische Anthropologie in der Kritik von Marcus Herz und Immanuel Kant*, in: *Aufklärung* 19, S. 21–68.

Feuerhahn, Wolf (2010): *Die Wolffsche „Denkschulung" in der Psychometrie*, in: *Christian Wolff und die europäische Aufklärung*, hg. von Jürgen Stolzenberg und Oliver-Pierre Rudolph, Hildesheim/Zürich/New York, Teil 5, S. 69–85 (GW III 105).

Herbart, Johann Friedrich (1825): *Psychologie als Wissenschaft neu gegründet auf Erfahrung, Metaphysik und Mathematik*, Zweyter, analytischer Teil, Königsberg.

Lalanne, Arnaud (2011): *La recension des Essais de Théodicée dans les Acta Eruditorum par Wolff: une reconstruction systématique? Traduction inédite et présentation de la recension à l'occasion du tricentenaire de sa publication*, in: http://www.philosophiedudroit.org I.

Lamarra, Antonio (2007): *Contexte génétique et première réception de la* Monadologie. *Leibniz, Wolff et la doctrine de l'harmonie préétablie*, in: *Revue de synthèse. Leibniz, Wolff et les monades: science et métaphysique*, hg. von Jean-Paul Paccioni, S. 311–323.

Leibniz, Gottfried Wilhelm (1686): *Discours de métaphysique*, in: GP IV 427–463.

Leibniz, Gottfried Wilhelm (1720): *Monadologie*, in: GP VI 607–629.

Manuskript MS3.013, CAP: IV. *Metaphysicae seu Cosmologia*, Bibliothèque Nationale et Universitaire de Strasbourg.

Manuskript MS3.014, CAP. V. *De Psychologia rationali*, Bibliothèque Nationale et Universitaire de Strasbourg.

Marcolungo, Ferdinando L. (2005): *Tra fenomenologia e metafisica: il compito della psicologia filosofica* in: *Macht und Bescheidenheit der Vernunft: Beiträge zur Philosophie Christian Wolffs. Gedenkband für Hans Werner Arndt*, hg. von Luigi Cataldi Madonna, Hildesheim/New York, S. 151–169 (GW III 98).

Martinelli, Riccardo (2007): *Wolff, Kant e le origini dell'antropologia filosofica*, in: *Christian Wolff tra psicologia empirica e psicologia razionale*, hg. von Ferdinando L. Marcolungo, Hildesheim/New York, S. 205–218 (GW III 106).

Paccioni, Jean-Paul (2006): *Cet esprit de profondeur. Christian Wolff, l'ontologie et la métaphysique*, Paris.

Rudolph, Oliver-Pierre (2003): *Mémoire, réflexion et conscience chez Christian Wolff*, in: *Revue philosophique de la France et de l'étranger. Christian Wolff* 128, hg. von Jean-François Goubet, S. 351–360.

Schneiders, Werner (Hg.) (1983): *Deus est philosophus agbsolute summus*, in: *Christian Wolff (1679–1754). Interpretationen zu seiner Philosophie und deren Wirkung: mit einer Bibliographie der Wolff-Literatur,* Hamburg, S. 9–30.

Stiening, Gideon (2004): „Partes Metaphysicae sunt duae: Deus & Mentes". Anmerkungen zur Entstehung und Entwicklung der Psychologie als Metaphysica specialis zwischen Rudolph Goclenius und Christian Wolff, in: *Die Psychologie Christian Wolffs. Systematische und historische Untersuchungen,* hg. von Oliver-Pierre Rudolph und Jean-François Goubet, Tübingen, S. 207–226.

Wolff, Christian (1718): *Ratio praelectionum Wolfianarum in mathesin et philosophiam universam,* Halle, 1718.

6.3 Empirical Psychology

Paola Rumore

Kewords

empirical psychology, rational psychology, soul, connubium rationis et experientiae, cognitive faculty, appetitive faculty, anthropology

Abstract

The paper focuses on Wolff's empirical psychology, analyzing its contents both from an historical, and a theoretical point of view. Considering the discipline the main innovation that Wolff introduced in the 'science of the soul' in his time, the paper presents on the one hand the distance it displays between Wolff's metaphysical statements and Leibniz's monadology, and on the other hand the central role played by the *connubium rationis et experientiae*. This peculiar methodological purpose of Wolff's philosophy finds in the relation between the empirical and the rational science of the soul one of its most remarkable realizations. The final part of the paper presents the contents of the main sections of Wolff's *Psychologia empirica,* and briefly sketches the stages of its influence on the later philosophical and anthropological discussion.

1 The metaphysical premise of Wolff's empirical psychology

The introduction of an empirical investigation of the soul into the realm of metaphysics represents one of Wolff's most remarkable contributions to the history of Western philosophy, and at the same time one of the most long-lasting effects of his reform in metaphysics.

The distinction between an empirical and a rational branch of psychology in terms of two correlated but distinct sciences can be understood as one of the most obvious effects of his attempt to distance himself from Leibniz's panpsychism, i.e. from the idea that the very basic and simple metaphysical elements (*monads*) are nothing but centers of perception and spontaneous activity.[1] The different degrees in the clarity of the perceptions, as well as the emergence of consciousness determine the progression of the monads in a hierarchy that moves from the very low level of matter to the higher level of rational souls and spirits. In the mid-1730s Wolff clearly rejects Leibniz's idea that the simple elements bodies are made of are endowed with a power of perception.[2] Differently from souls and spirits, which do have perceptions and appetitions, Wolff conceives the elements of bodies as merely simple substances: "Falluntur autem, qui sibi aliisque persuadere conantur, quasi iuxta *Leibnitium* materia ex spiritibus tanquam totum ex partibus componatur, et multo magis falluntur, qui nobis hanc sententiam tribuunt, cum elementis rerum materialium, nonnisi simplicitatem vindicemus, qualis vero sit vis ipsis insita in dubio relinquamus" (*whereas those who try to convince themselves and other people that, as Leibniz states, matter is composed of spirits as a whole is composed of its parts, are mistaken and those who ascribe to us that judgment are even more mistaken, since I don't claim anything else than simplicity for the elements of material things, and I am in doubt as to the nature of the power they are endowed with*).[3] In order to stress his distance from Leibniz's monadology, Wolff calls these simple immaterial elements, which are not endowed with perceptions, "atomi naturae" (*atoms of nature*) or "elementa rerum materialium" (*elements of material things*)[4]. The main consequence of Wolff's new conception of the elements of the physical world is that they don't change by means of an internal power, but through external inputs. In this way Wolff introduces a kind of metaphysical dualism in his philosophy, in which he combines both the Cartesian and the Leibnizian legacies: the communication between the ontological realms of spiritual and physical substances is no longer explained by means of physical influx, nor in terms of oc-

---

1   Wolf Feuerhahn, "Comment la psychologie empirique est-elle née?", in: *Archives de Philosophie*, 65 (2002), pp. 47–64.
2   Cf. *Psychologia rationalis*, § 712, pp. 632–633 (GW II 6).
3   *Ibid.*, § 644 n, p. 589.
4   *Cosmologia*, § 187, p. 148 (GW II 4). Cf. Hans-Jürgen Engfer, "Von der Leibnizschen Monadologie zur empirischen Psychologie Wolffs", in: *Nuovi studi sul pensiero di Christian Wolff*, ed. by Sonia Carboncini and Luigi Cataldi Madonna, in: *Il cannocchiale*, 2/3 (1989), pp. 193–215, Reprint Hildesheim, 1992 (GW III 31).

casional causes, but through Leibniz's 'very probable' hypothesis of pre-established harmony.[5] Nevertheless in Wolff's system this general principle of accordance of substances no longer concerns the realm of beings in its entirety, but exclusively the connection between souls and bodies.

As both the physical and the spiritual realm are subjected to certain analogous powers,[6] the *ontological divide* leads Wolff to an *epistemic divide*, so that he introduces besides the science of bodies (a science he terms *cosmology*), a science of finite spirits that he, going back to an old but neglected tradition, names *psychology*.[7] Following his own idea of philosophy as the science of the possible, in the *Discursus praeliminaris* Wolff defines it as follows:

> Pars philosophiae, quae de anima agit, Psychologia a me appellari solet. Est itaque *Psychologia* scientia eorum, quae per animas humanas possibilia sunt. Ratio definitionis patet, ut ante. Est enim philosophia in genere scientia possibilium, quatenus esse possunt. Quare cum Psychologia sit ea philosophiae pars, quae de anima agit; erit ea scientia eorum, quae per animam humanam possibilia sunt (*I call the part of philosophy that concerns the soul Psychology. Psychology is therefore the science of what is possible by means of the human soul. The reason of the definition is clear. Philosophy being in general the science of the possible insofar as it can be; [and] psychology being the part of philosophy that deals with the soul, so this will be the science of what is possible by means of the human soul.*[8]

2 The mutual relation between empirical and rational psychology

The distinction between empirical and rational psychology rests on Wolff's idea that *science in general* must rely on principles that cannot be demonstrated a priori (according to the rational, dogmatic way), but must be taken from experience.[9] Experience indeed offers the principles by means of which we understand the reason of what can be by means of human souls. Thus understood, *empirical psychology* corre-

---

5   Cf. *Psychologia rationalis*, § 638 n, p. 580 (GW II 6).
6   Cf. *ibid.*, § 76 n, p. 54.
7   In the *Discursus praeliminaris* Wolff explains that the old pneumatology included both psychology and natural theology, and it was therefore the science of spirits in general (§ 79), whereas Wolff's psychology is the part of metaphysics that concerns exclusively the finite spirits (*Discursus praeliminaris*, § 79, p. 36 [GW II 1]). On the previous uses of the term "psychologia" cf. Jean Ecole, "Des rapports de l'expérience et de la raison dans l'analyse de l'âme ou la Psychologie empirica de Christian Wolff", in: *Giornale di metafisica*, 21 (1966), pp. 589–617.
8   *Discursus praeliminaris*, § 58, p. 29–30 (GW II 1). On the role of 'possibility' and 'actuality' in Wolff's psychology cf. Jean-Paul Paccioni, "Wolff est-il 'le vrai inventeur de la psychologie rationelle'? L'expérience, l'existence actuelle et la rationalité dans le projet wolffien de psychologie", in: *Die Psychologie Christian Wolffs. Systematische und historische Untersuchungen*, ed. by Oliver-Pierre Rudolph and Jean-François Goubet, Tübingen, 2004, pp. 75–98.
9   Cf. *Discursus praeliminaris*, § 111, pp. 50–51 (GW II 1).

sponds perfectly to *experimental physics:* as the latter provides to dogmatic physics the very first and immediate evidence that represent both the starting-point and the test bed (*Probier-Stein*) of its deductive reasoning a priori in order to achieve a scientific knowledge of nature,[10] *empirical psychology* provides *rational psychology* with both the certain empirical ground and the final confirmation of its a priori deductions. Physics concerns the laws that govern movements of bodies, whereas psychology deals with the laws of perception as occuring in the soul.[11]

In the Prolegomena to his Latin *Psychologia empirica* Wolff defines this as follows: "*Psychologia empirica* est scientia stabiliendi principia per experientiam, unde ratio redditur eorum, quae in anima humana fiunt" (*Empirical psychology is the science that establishes principles through experience, whence reason is given for what occurs in the human soul*)[12]. And, moreover, "[p]sychologia empirica inservit examinandis et confirmandi iis, quae de anima humana a priori eruuntur" (*empirical psychology serves to examine and confirm discoveries made a priori concerning the human soul*)[13]. The immediate reference to experience provides the empirical science of the soul with a higher degree of certainty than its rational correlate: even if a priori deductions of reason or its metaphysical hypothesis were wrong, "still, all the knowledge about the soul achieved through experience and presented in the *Psychologia empirica* remains unaffected"[14]. Indeed, according to Wolff, since empirical psychology provides *facta* that we acknowledge as soon as we pay attention to the modifications of the soul we are conscious of, each discovery made a priori by rational psychology should be compared with those *facta* established by experience; and in case there was no agreement between them, we were legitimately entitled to put into doubt the discoveries we made a priori. The priority of what is established through experience is at the basis of Wolff's idea of developing a psychological investigation on the model of the philosophy of nature:

> Quodsi in Psychologia empirica nondum reperitur, quod a priori de anima fuit evictum […] attentio ad mentem nostra dirigenda et in eo dirigenda, quod eidem respondere debet, ut appareat, utrum eidem conveniat, nec ne. Et si quid occurrat, quod ad observationem reduci nequit; videre licet, num cum eo, quod ex principio in Psychologia empirica stabilito consequitur, idem sit, vel num ex eo, quod a priori erutum, sequatur aliquid in Psychologia empirica stabilitum. Apparet itaque Psychologiam empiricam inservire ex-

---

10   Cf. *Deutsche Metaphysik*, § 727, pp. 453–454 (GW I 2.2).
11   On the relation between empirical psychology and experimental physics, cf. Jean École, "Des rapports de l'expérience et de la raison dans l'analyse de l'âme ou la Psychologia empirica de Christian Wolff", op. cit., and Id., "De la notion de philosophie expérimentale chez Wolff", in: *Les Etudes philosophiques*, 4 (1979), pp. 397–406; Anna Maria Vittadello, "Expérience et raison dans la psychologie de Christian Wolff", in: *Revue philosophique de Louvain*, 11 (1973), pp. 488–511.
12   *Psychologia empirica*, § 1, p. 1 (GW II 5).
13   *Ibid.*, § 5, p. 3.
14   *Ausführliche Nachricht*, § 104, p. 291 (GW I 9).

> minandis atque confermandis iis, quae de anima humana a priori eruuntur (*If something demonstrated of the soul a priori has not yet been recognized in empirical psychology [...] our attention should be directed to our mind and focused upon that which ought to correspond to the a priori discovery, so that it becomes clear whether it agrees with the a priori discovery or not. But if it happens that something cannot be reduced to observation, then one can see whether it is the same as that which follows from a principle established in empirical psychology, or whether from what is discovered a priori, something established in empirical psychology should follow. Clearly, therefore, empirical psychology serves to examine and confirm discoveries made a priori*)[15].

As the task of experimental physics is to supply experiments in order to examine the tenets of dogmatic physics, the task of empirical psychology is to provide a general foundation for the activity of mind investigated *a priori* by rational psychology. The intimate connection between these two parts of psychology was already presented in the *Discursus praeliminaris*:

> In Psychologia rationali ex unico animae humanae conceptu derivamus a priori omnia, quae eidem competere a posteriori observantur et ex quibusdam observatis deducuntur, quemadmodum decet Philosophum (*In rational psychology we derive a priori from a single concept of the human soul all of those features observed a posteriori to pertain to it, as well as those deduced by these observations, insofar as this is proper to a philosopher*)[16].

This idea was at the basis of the titles of chapters III and V of the early *German Metaphysics*, where Wolff first introduced the original distinction between the two disciplines: the future *psychologia empirica* is here presented as the science "[o]f the soul in general, of what we namely perceive of it", whereas *psychologia rationalis* is described as the science "of the essence of the soul and of a spirit in general". The first one deals with the 'perception' (*Wahrnehmung*) of what occurs in the soul, whereas the latter investigates its essence (*Wesen*). The first investigation is based on observation and description; the latter is developed by means of rational deductions. This difference is remarkable, since it stresses the fact that empirical psychology provides a "merely narrative description (*erzählen*)[17] of what we perceive of the soul in our daily experience", whereas rational psychology aims at "showing what the soul is, and how its modifications originate"[18]. To elaborate its description, empirical psychology doesn't require any further means than a *careful* observation of what happens in the soul, an

---

15 *Psychologia empirica*, § 5, p. 4 (GW II 5).
16 *Discursus praeliminaris*, § 112 n, p. 51 (GW II 1).
17 Wolff's usage of the German term "erzählen" amounts to the original meaning of the Latin *historia*, in the sense of *description*, *enumeration*, and *witness*. This is the reason at the basis of my choice to translate Wolff's "erzählen" with the English expression "narrative description".
18 *Deutsche Metaphysik*, § 191, pp. 106–107 (GW I 2.1).

observation that should be carried on in the same way usually adopted within the realm of physical phenomena.

Nevertheless empirical psychology cannot properly be understood as a mere 'history of the soul', since it doesn't simply collect evidence as offered by experience, but rather

> notiones facultatum atque habituum inde formantur et principia alia stabiliuntur, immo etiam nonnullorum ratio redditur: quae utique ad philosophicam cognitionem spectant, minime ad solam historicam referri possunt (*builds out of them concepts of faculties and habits of the soul, and sets further principles, and even provides the reason for what belongs for sure to the philosophical knowledge, and that cannot be included at all in the historical one*)[19].

The reference to the divide between philosophical and historical knowledge recalls Wolff's general idea about the different kinds of knowledge one can achieve depending on the objects of the investigation and on the sources one considers. In the first chapter of the *Discursus praeliminaris* Wolff explains indeed that knowledge can be either *historical*, when understood as a gathering of empirical facts; or *philosophical* and *scientific*, when it concerns the reasons (*rationes*) of the mentioned facts; or even *mathematical*, when those facts are expressed in quantitative terms. The idea that these different kinds of knowledge, especially the first ones, can and must be connected in a sort of virtuous circle is at the very basis of what Wolff calls without any hesitation the "sanctum connubium" (*holy bond*)[20] between reason and experience, often disregarded by the long-lasting near-sighted and misleading interpretation of Wolff as the promoter of a barren deductive and pure dogmatic philosophy.[21] On the contrary, in Wolff's eyes experience and reason stay in a mutual prolific relationship: on the one hand experience offers *a posteriori* the basic materials for the development of *a priori* rational deductions; on the other hand reason provides those materials with rational hypothesis concerning their metaphysical ground, and links them up in a scientific system of connections (*nexus*) where what follows has its grounds in what precedes. Taking the proper task of reason as the *reddere rationem* of what is stated by the senses, Wolff raises experience to the role of unavoidable starting point of any rational investigation. The prolific cooperation between reason and experience, the bond between *cognitio a priori* and *cognitio a posteriori*, produces the high desirable *cognitio mixta*, which most contributes to the development of science in general.[22]

---

19 *Discursus praeliminaris*, § 111 n, p. 51 (GW II 1).
20 *Ibid.*, § 12, p. 5.
21 On the importance of the *connubium* in Wolff's philosophy cf. Luigi Cataldi Madonna, "La metodologia empirica di Christian Wolff", in: *Il Cannocchiale*, 1/2 (1984), pp. 59–93; cf. Sébastien Neveu, *L'a priori, l'a posteriori, le pur, le non pur chez Christian Wolff et ses maîtres*, Hildesheim 2017 (GW III 148).
22 Cf. *Psychologia empirica*, § 434, pp. 342–343 (GW II 5). On the concept of 'non-pure reason' cf. Jean-

The dynamics between reason and experience are realized in a remarkable way by the connection between empirical and rational psychology, insofar as the descriptive, narrative approach of the first provides the basis for the rational arguments of the latter. To put it in a synthetic formula: Rational psychology *explains a priori* what empirical psychology *states a posteriori*. In this sense, as Wolff claims, both parts of the science of the soul are in fact by themselves types of *philosophical knowledge*: indeed the task of empirical psychology is not the mere accumulation of empirical data concerning the soul (which would make it *historical knowledge*), but rather a much deeper investigation that implies the deduction of "something else that one cannot immediately see by himself", i. e. the achievement of "distinct concepts of what we perceive in the soul" and "important truths that can be derived from them"[23]—truths which are the ground (*Grund*) of the *laws* that govern the main operations of the soul when it is engaged with knowledge (in logic), and with action (in morals and politics).[24] This statement explains Wolff's definition of psychology as the science in which "reddenda ratio est eorum, quae per animas humanas possibilia sunt" (*is provided the reason of what is possible by means of human souls*)[25]: "Principia psychologiae, quae a posteriori stabiliuntur, maximam habent per universam philosophiam practicam, immo per omnem quoque Theologiam tam naturalem, quam revelatam, utilitatem" (*principles of psychology established a posteriori have the greatest utility for universal practical philosophy and, indeed, for all of theology, natural as well as revealed*)[26]. Therefore it has to be considered a part of the philosophical system, whose investigation must precede the investigation of those other disciplines.

But empirical psychology doesn't only endorse the scientific method of any philosophical knowledge; rather, it provides the law of the functioning of the soul: according to Wolff it can also rise to the level of mathematical knowledge inasmuch it can express the mechanism of the soul in quantitative terms. In fact Wolff introduces a hierarchy among the degrees of intensity of sensations, so that the 'stronger' one can overshadow the 'weaker' one.[27] This idea, developed in the wake of Leibniz's classification between obscure, clear, confused, and distinct perceptions, relies on an analogy between the degrees of the 'physical light' that illuminates external things, and the 'light of the soul' that enlightens our mental representations. The quantification of the intensity of sense perceptions can be extended to the realm of both higher and lower faculties of cognition and appetition, in the large variety of their manifestations presented in the *Psychologia empirica*. Introducing the possibility of a mathe-

---

Paul Paccioni, *Cet esprit de profondeur: Christian Wolff, l'ontologie et la métaphysique*, Paris, 2006, ch. VII: "Psychologie empirique et psychologie rationelle: l'activité d'une raison non pure".
23 *Deutsche Metaphysik*, § 191, p. 107 (GW I 2.1).
24 Ibid.
25 *Discursus praeliminaris*, § 111, p. 50 (GW II 1).
26 *Psychologia empirica*, § 1 n, p. 1 (GW II 5).
27 Cf. *ibid.*, § 76, pp. 41–43.

matical knowledge of the laws of the soul (what he calls *psychometry*),²⁸ Wolff stresses the continuity between the method of investigation of the physical and of the mental realm, and once more empirical psychology confirms its tight relation to experimental physics.

3 An empirical investigation of the soul

As stated in the *Prolegomena* to empirical psychology, the investigation of the soul begins with a kind of introspection, i. e. with the observation and description of what occurs in the soul. In the *Psychologia empirica,* Wolff states the existence of the soul by means of a revised version of Descartes' *cogito* argument. Indeed he affirms that "non esse nostri rerumque aliarum extra nos constitutarum conscios quovis momento experimur. Non opus est nisi attentione ad perceptiones nostras, ut ea de re certi simus" (we experience in every moment that we are conscious of ourselves, and of other external things. To be conscious of this we don't need anything else than to pay attention to our perceptions)²⁹. The certainty of our existence is highly evident, and doesn't require any further demonstration. The same statement can be found in the opening paragraph of the *German Metaphysics,* where Wolff affirmed that:

> We are conscious (*bewust*) of ourselves and of other things. No one who is not completely out of his mind can doubt that, and should someone want to deny it by pretending, through his words, that things are other than he finds within himself, that person could quickly be shown that his pretense is absurd. For how could he deny something or call something into doubt if he were not conscious of himself and other things? But whoever is conscious of what he denies or calls into doubt, exists. And consequently it is clear that we exist³⁰.

Differently from Descartes' *cogito* argument, which rests on an immediate evidence provided by the *lumen naturale,* Wolff's argument rests on deductive reasoning, which is articulated as follows: "1. We undeniably experience that we are conscious of ourselves and of other things. 2. It is clear to us that whoever is conscious of himself and other things exists. Consequently, we are 3. certain that we exist"³¹. The argument is formulated in the form of a syllogism: "Whoever is conscious of himself and other things, exists. We are conscious of ourselves and other things. Therefore, we

---

28 Ibid., § 522 n, pp. 403–404. On this desideratum of Wolff's psychological investigation cf. Wolf Feuerhahn, "Entre métaphysique, mathématique, optique et physiologie: la psychométrie au XVIIIe siècle", in: *Revue Philosophique,* 3 (2003), pp. 279–292. Id., "Die Wolffsche Psychometrie", in: *Die Psychologie Christian Wolffs,* op. cit., pp. 227–236.
29 *Psychologia empirica,* § 11, p. 9 (GW II 5).
30 *Deutsche Metaphysik,* § 1, pp. 1–2 (GW I 2.1).
31 Ibid., § 5, p. 4.

exist"³². The thing in us that is conscious of itself and of other external things is the soul (*anima, mens*), which therefore exists.³³ The soul is here defined as a thing (*ens*), which shows the double level of *perception* (the act of representing something)³⁴ and *apperception* (the awareness of its own perceptions)³⁵. Thanks to this direct access to our perceptions, 'introspection' represents a privileged form of experience that leads us to the immediate knowledge of the existence of soul, which for Wolff precedes the knowledge we have of the existence of bodies, in complete accordance with the Cartesian doubt.³⁶ The capacity of thinking is nothing but the capacity the soul has of being conscious of what occurs in it, so that "*Cogitatio* igitur est actus animae, quo sibi sui rerumque aliarum extra se conscia est" (*Thought is an act of the soul, by means of which it is conscious of itself and of other external things*)³⁷; it means that every thought requires both perception and apperception.³⁸ The identification of thought with apperception distances Wolff from Descartes' idea of the *cogito* as an essential feature of the soul; in accordance with Leibniz Wolff admits rather that a huge part of our perceptions occurs in a state of obscurity and doesn't reach the threshold of our consciousness.³⁹ The scale of clarity of perceptions is modeled according to Leibniz's *Meditationes de cognitione, veritate et ideis* (1684), and goes from the degree of obscurity (when we are not aware of our perception, or we don't recognize what we perceive),⁴⁰ to clarity (when we are aware of our perception),⁴¹ confusion (when we cannot distinguish clearly the parts of a clear perception),⁴² and distinctness (when we do distinguish clearly among the parts of a clear perception).⁴³

At the basis of this hierarchy of the degrees of clarity of perception is the Leibnizian idea that this fundamental activity of the soul must be conceived as a *reductio ad unum*, i. e. a unification of the multiplicity of what is represented (the external object) in the unity of the (mental) representation. In his rational psychology Wolff will explain this feature by means of the simple nature of the soul, whose modifications are *repraesentationes compositi in simplici* and not *repraesentationes compositi in compo-*

---

32 Ibid., § 6, p. 4. On the relation between Descartes' cogito and Wolff's so-called cogitamus-argument cf. Thierry Arnaud, "Le critère du métaphysique chez Wolff. Pourquoi une Psychologie empirique au sein de la métaphysique", in: *Archives de philosophie*, 65 (2001), pp. 35–46: p. 44; Id., "Où commence la 'Métaphysique allemande' de Christian Wolff?", in: *Die Psychologie Christian Wolffs*, op. cit., p. 61–73; Pietro Kobau, *Essere qualcosa. Ontologia e psicologia in Wolff*, Torino, 2004, pp. 37–46.
33 Cf. *Psychologia empirica*, §§ 20–21, p. 15 (GW II 5).
34 Cf. ibid., § 24, p. 17.
35 Cf. ibid., § 25, p. 17.
36 Cf. ibid., § 22, pp. 15–16.
37 Ibid., § 23, p. 16.
38 Cf. ibid., § 26, pp. 17–18.
39 Cf. ibid., § 30, p. 21.
40 Cf. ibid., § 32, p. 22.
41 Cf. ibid., § 31, p. 22.
42 Cf. ibid., § 37, pp. 24–25.
43 Cf. ibid., § 38, p. 25.

sito like the ones that occur in physical substances, e. g. in a mirror.[44] But such statements about the nature of the soul as a simple substance cannot be introduced within the realm of empirical psychology, where Wolff only attempts to infer the presence of powers in the soul on the basis of the effects he can observe through internal experience. Once we observe our soul, we notice we have perceptions, i. e. the faculty of perceiving which can work on different levels of clarity, and can express itself in different ways. So, if *perception* is the *act* of representing, we call our representations *ideas* when we consider them objectively, i. e. as far as they concern a specific object,[45] or *notiones*, when they represent universals like genera and species.[46] Knowledge (*cognitio*) is therefore an expression of our act of perceiving when it concerns the acquisition of the idea or of the notion of something. The internal articulation of knowledge into *sensitive* and *intellectual* follows Leibniz's identification of the former with the realm of obscure and confuse representations,[47] and the latter with the realm of distinctness.[48] Considering the presence of these ideas and notions in the mind, Wolff infers the presence in it of a faculty in charge of their origin: the *facultas cognoscendi*,[49] to which he devotes the first part of the *Psychologia empirica*. Proceeding in the same way Wolff observes in the mind the presence of *appetites* (*appetitus*) and *repulsions* (*adversationes*), i. e. of inclinations towards what we consider good, and aversions from what we consider bad, and thereby considers the soul possesses a *facultas appetendi*, which is the subject of the second part of the work.

4 The cognitive faculty

Sections II and III of the first part of the *Psychologia empirica* concern respectively the *inferior* (lower) and the *superior* (higher) part of the cognitive faculty that Wolff identifies in the wake of Leibniz with the realms of *sensitive* and *intellectual* knowledge, i. e. with our capacity to deal either with obscure and confused, or with distinct ideas and notions.

The investigation of the *facultas cognoscendi pars inferior*[50] is articulated in four chapters, which focus on the main manifestations of this part of the soul: sense (*De*

---

44 Cf. *Psychologia rationalis*, § 83, pp. 62–63 (GW II 6). Cf. *Deutsche Metaphysik*, § 217, p. 120 (GW I 2.1); § 751, p. 467 (GW I 2.2). On this topic cf. Paola Rumore, "Die Bilder der Seele. Vorstellung und Einheit", in: *Macht und Bescheidenheit der Vernunft. Beiträge zur Philosophie Christian Wolffs*, ed. by Luigi Cataldi Madonna, Hildesheim, 2005, pp. 111–122 (GW III 98).
45 Cf. *Psychologia empirica*, § 48, pp. 30–31 (GW II 5).
46 Cf. *ibid.*, § 49, p. 31.
47 Cf. *ibid.*, § 54, p. 33.
48 Cf. *ibid.*, § 55, p. 33.
49 Cf. *ibid.*, § 53, pp. 32–33.
50 Cf. *ibid.*, § 54, p. 33.

sensu),⁵¹ imagination (*De imaginatione*),⁵² fictive faculty (*De facultate fingendi*),⁵³ and memory, forgetting and reminiscence (*De memoria, oblivione et reminiscentia*).⁵⁴ In each chapter Wolff defines the single faculties, pointing out the peculiarity of their representations, but focuses primarily on his attempt to identify the set of rules and laws that govern each specific field.

Sensation (*sensatio*) is "perceptio per mutationem, quae sit in organo aliquo corporis nostri qua tali, intelligibili modo explicabilis" (*the perception which originates by means of a modification which occurs in a certain organ of our body*)⁵⁵, so that the *facultas sentiendi* is the faculty of perceiving external objects insofar they provoke a mutation in our sense organs,⁵⁶ and can therefore concern the five usual senses. Wolff then lists a *facultas videndi* (sight), a *facultas audiendi* (hearing), a *facultas olfaciendi* (smell), a *facultas gustandi* (taste), and a *facultas tangendi* (touch).⁵⁷ All these faculties are subjected to the rules of sensations (*regulae sensationum*), which are a species of the rules of perceptions, according to which one can explain sensations occurring in the soul.⁵⁸ Wolff lists them as follows, inspired by the idea that the soul behaves in a merely passive way towards its sensations: "Anima in sensationibus suis nihil immutare potest, nec unam alteri pro arbitrio substitueret valet, dum objectum sensibile in organum sensorium agit" (*in its sensations the soul cannot change anything, nor can decide to replace one with the other until the sensitive object acts on the sense organ*)⁵⁹; "Si objectum sensibile in organum sensorium rite constitum agit; necessario sentimus, seu in animae potestate positum non est, utrum velit sentire, nec ne" (*if the sensitive object acts on a properly formed sense organ, we necessary have the sensation, which means that the soul doesn't have the power to decide if having it or not*)⁶⁰; "Si organum sensorium ab objecto avertimus, sensatio impeditur" (*if we distance the sense organ from the object, the sensation is impeded*)⁶¹; "Sensatio enim fortior ita obscurare potest debiliorem, ut hanc prorsus non appercipiamus" (*the stronger sensation can obscure the weaker, up to the point that we don't apperceive it anymore*)⁶². These rules are in turn subjected to the law of sensations, again a species of the laws of perceptions, which provides the general principles (*principia generalia*) that govern the corresponding rules.⁶³ Wolff states this law as follows:

---

51 Cf. *ibid.*, §§ 56–90, pp. 34–53.
52 Cf. *ibid.*, §§ 91–137, pp. 53–90.
53 Cf. *ibid.*, §§ 138–172, pp. 90–120.
54 Cf. *ibid.*, §§ 173–233, pp. 121–166.
55 Cf. *ibid.*, § 65, pp. 37–38.
56 Cf. *ibid.*, § 67, p. 38.
57 Cf. *ibid.*, §§ 69–73, pp. 39–40.
58 Cf. *ibid.*, § 83, p. 49.
59 *Ibid.*, § 78, p. 43.
60 *Ibid.*, § 79, p. 45.
61 *Ibid.*, § 80, p. 46.
62 *Ibid.*, § 83, p. 48.
63 Cf. *ibid.*, § 84, p. 49.

> Si in organo aliquo sensorio ab objecto aliquo sensibili quaedam producitur mutatio; in mente eidem coexistit sensatio per illam intelligibili modo explicabilis, seu rationem sufficientem, cur sit et cur talis sit, in illa agnoscens (*If in a certain sense organ a modification is produced by a certain sensitive object; in the mind there coexists a sensation that can be explained by means of that modification, or which has in it the sufficient reason that determines it to be, and to be as it is*)[64].

According to this law there is a constant correlation between the sensation in the soul and the modification in the body, that Wolff describes as an empirical evidence: whenever a modification is produced in the body, a sensation arises in the soul. And this coexistence seems to follow the general principle stated by the law of sensations, since the sensitive representation of the soul has its sufficient reason in the modification of the body, and we explain the first by means of the second. Nevertheless the ground of this connection moves beyond the borders of empirical psychology, and belongs rather to the realm of the metaphysical hypothesis developed a priori by reason on the basis of the empirical evidences.

The following chapter concerns *imaginatio*, i.e. the faculty to reproduce in the mind the ideas of sensitive objects when they are no longer affecting our senses.[65] The ideas of objects we once perceived but which are now absent are called *phantasmata*.[66] As in the case of the *ideae sensuales*, Wolff also investigates for these new kind of representations the rules and laws the mind is subjected to when it operates on them through connections or separations. The rules Wolff mentions concern first of all the tight link between *phantasmata* and *sensationes*, since the former always proceed from the latter,[67] and the reiteration or duration of the latter facilitates the production of the former.[68] These rules work under the general principle of association on the basis of the contiguity and resemblance of representations; Wolff calls this general principle the *law of imagination*, which affirms that if we perceive more things at one time, and the perception of one of those things is reproduced either by the sensation or by the imagination, the imagination itself produces the perception of the other thing too[69]. But the imagination doesn't only work when we are awake; indeed this is the faculty that rules the association of our representations that occurs in dreams. During the sleep *phantasmata* of the imagination are connected by means of that same rule that works when we are awake, even though now we are unable to distinguish them from the *ideae sensulaes* (sensations) they originated from, and we then represent absent things as if they were present to us.[70]

---

64 Ibid., § 85, p. 49.
65 Cf. ibid., § 92, pp. 54–55.
66 Cf. ibid., § 93, p. 55.
67 Cf. ibid., § 106, p. 65.
68 Cf. ibid., §§ 107, 108, 113, pp. 65–74.
69 Cf. ibid., §§ 104, 117, pp. 61–63, 76.
70 Cf. *ibid.*, § 127, p. 81. For a detailed analysis of the working of the imagination in dreams, cf. Sonia

Whereas this proceeding of the imagination *reproduces* our past sensations in a series according to the law of association, the *facultas fingendi* behaves in a more autonomous way, *producing* new *phantasmata* which have no direct connection to the original sensations.[71] The main difference between the reproductive and productive acts of these faculties consists in the possibility the mind has to intervene in the connection of the representations; indeed the imagination reproduces the former sensations in the same order or connection they were experienced in, whereas in the case of the fictive faculty the mind has the capacity to change their order, as it happens in different forms of artworks.[72] This faculty is also responsible for the production of 'artificial signs', i.e. of *phantasmata* which are meant to refer to certain things they have no natural connection to. These Wolff calls *figurae hieroglyphicae*.[73]

The last chapter of the *facultas cognoscendi inferior* concerns the faculty of *memory*, which Wolff distinguishes from the reproductive imagination we have just mentioned, on the basis of its capacity to *recognize* what the mind reproduced as something that has already been represented.[74] "*Ideam reproductam recognoscere* dicimur, quando nobis conscii sumus, nos eam jam antea habuisse" (*We say we recognize a reproduced idea when we are conscious we have already had it before*)[75]. Stressing the role played by consciousness in the exercise of memory Wolff puts this faculty on a higher rank than the bare imagination, to whom it is thought necessarily connected;[76] memory is actually the capacity the mind has to 'recall' and retain past representations 'on demand'. Wolff defines therefore *good memory* (*bona memoria*) as the capacity to recall our past representations *easily* (*facile*) and to bear them in mind for a long time (*diu*).[77] It can work on different degrees depending on the time and the number of acts required to recall and to bear in mind the *phantasmata* of the imagination.[78] The *magnitude of memory* (*magnitudo memoriae*) concerns, on the contrary, the amount of reproduced ideas the mind can hold in itself at one time. Both the *bonitas* and the *magnitudo memoriae* can be improved by means of what Wolff, invoking a long tradition that goes back to ancient philosophy, calls *ars mnemonica*,[79] i.e. the art of extending memory by means of actions that assist in reproducing and recognizing ideas (*artificium memoriae*).[80] Forgetting (*oblivio*) and reminiscence (*reminiscentia sive recordatio*) are respectively the "impotentia ideas reproductas (consequenter res per eas

---

Carboncini, *Transzendentale Wahrheit und Traum. Christian Wolffs Antwort auf die Herausforderung durch den Cartesianischen Zweifel*, Stuttgart-Bad Cannstatt, 1991.
71 Cf. *Psychologia empirica*, § 144, p. 97 (GW II 6).
72 Cf. *ibid.*, §§ 148–150, pp. 100–104.
73 Cf. *ibid.*, § 152, pp. 105–107.
74 Cf. *ibid.*, §§ 175–176, pp. 123–124.
75 *Ibid.*, § 173, p. 121.
76 Cf. *ibid.*, §§ 197–198, pp. 134–137.
77 Cf. *ibid.*, § 189, p. 129.
78 Cf. *ibid.*, § 190–191, pp. 129–132.
79 Cf. *ibid.*, § 204, p. 142.
80 Cf. *ibid.*, § 202, p. 141.

repraesentatas) recognoscendi" (*incapacity to recognize reproduced ideas [and thereon the things they represent]*), and the "facultas perceptiones praeteritas mediate reproducendi et recognoscendi" (*the faculty to reproduce and recognize past perceptions in a mediate way*)[81], i.e. by means of certain conditions that can concern the place and the time of the perceptions we had once.

The faculty of memory and its correlated capacity of the mind completes Wolff's investigation of the inferior part of the cognitive faculty, which is related to the superior one by means of two 'capacities' of the soul that play a sort of intermediary role between the sensitive and the intellectual knowledge. These capacities are *attention* and *reflection,* and Wolff devotes to them the first of the four chapters of this new section of his work ("De attentione et reflexione"). *Attention* is the faculty of improving the degree of clarity in composite perceptions, i.e. of obtaining a clear or distinct representation of their internal parts.[82] It implies an improvement of our *apperception*, which can be facilitated or hindered by many circumstances and means (e.g. hindered because of a temporary distraction due to the presence of stronger sensations and *phantasmata* in our soul; or, on the contrary, improved by means of enumeration and other artificial tricks). *Reflexion* is the second intermediary level between sensitive and intellectual knowledge, and is defined by Wolff as the faculty to direct our attention to the different aspects of the things we perceive in order to compare them.[83] Understood as the capacity the soul has in order to reflect on itself and on its actions, Wolff's idea of reflection takes inspiration from what Locke identified as the second source of our simple ideas in his *Essay Concerning Human Understanding*,[84] and it becomes the main instrument of the introspection at the basis of the investigation of empirical psychology.

The distinction in perception is what characterizes the activity of the intellect, which represents the *pars superior* of the *facultas cognoscendi*. The three following chapters of this section of Wolff's work are devoted to the analysis of the nature of the intellect, and to its operations. Intellect is defined as the "facultas res distincte repraesentandi" (*the faculty of distinct representations*)[85]; the degree of the intellect increases in accordance with the degree of distinction of its representations; this capacity to perceive distinctly is also the ground of the "facultas abstrahendi"[86], that Wolff defines as the capacity to conceive as separate what is connected in our representations and in the things we represent.[87] Understood as the faculty of distinct representations, Wolff's intellect is never *pure*, but always connected to the senses and to the imagina-

---

81 *Ibid.*, §§ 215, 230, pp. 150, 164.
82 Cf. *ibid.*, § 237, pp. 168–169.
83 Cf. *ibid.*, § 257, p. 187.
84 Cf. John Locke, *Essay Concerning Human Understanding* (1690), Oxford, 1979, II.1.4.
85 *Psychologia empirica*, § 275, p. 197 (GW I 5).
86 Cf. *ibid.*, § 282, pp. 200–201.
87 Cf. *ibid.*, §§ 282–283, pp. 200–201.

tion, which provide it with obscure and confused representations it has to operate on in order to increase their degree of distinctness.[88]

According to Leibniz, Wolff distinguishes between two kinds of knowledge we can achieve by means of the intellect: the *cognitio intuitiva*, when we are immediately conscious of our ideas and of what they represent,[89] and the *cognitio symbolica*, when we recur to words or other signs to refer to them.[90] The introduction of signs in cognition allows to discover new unknown truths on the basis of the ones we already own (*ars inveniendi*),[91] and is the origin of the *ars characteristica combinatoria*,[92] which represents for Wolff, as for Leibniz, the ideal of a universal language in philosophy modeled on the one of algebra. The combination of signs connected to distinct notions will then ideally allow us to bestow the *cognitio symbolica*—as much as possible—with the immediateness and the degree of certainty of the *cognitio intuitiva*.[93]

The path of the intellect towards the achievement of its distinct knowledge is described by Wolff in the wake of the traditional distinction adopted in logic between the "three operations of the intellect" ("De tribus intellectus operationibus in specie"), i.e. the *notio cum simplici apprehensione* (notion with simple apprehension, or concept), the *judicium* (judgement), and *discursus* (syllogism). This investigation represents the basis of Wolff's so-called 'psychologism', i.e. the idea that the workings of the mind presented in logic are grounded in the nature of the mind as described in psychology. The gap between the investigations of the two disciplines has to be found in their different tasks: whereas psychology *describes* the functioning of the mind, inducing from the observation of its operations the rules they are subjected to, and therefore offers a *natural logic* of the intellect; *artificial logic*, from its point of view, *prescribes* the mind the laws it has to follow in executing its operations in order to achieve *true* knowledge.[94]

The *notio cum simplici apprehensione* always concerns the capacity of the soul to connect the multiplicity of what we represent in the unity of a representation, i.e. to produce a *concept* as a general representation that includes the variety of its realizations; it can happen in an 'intuitive' way, when we form the distinct notions of genera and species connecting features two or more things have in common; or in a 'symbolic' way, when we choose a sign (e.g. a word) to express the distinct notion of a certain thing.[95] The *judicium* is a form of comparison that states the agreement (*affirmative judgment*) or disagreement (*negative judgment*) between a subject and a predicate,[96]

---

88 Cf. *ibid.*, §§ 313–316, pp. 228–232.
89 Cf. *ibid.*, § 286, p. 203.
90 Cf. *ibid.*, § 289, pp. 204–205.
91 Cf. *ibid.*, § 293, pp. 207–208, and §§ 454–457, pp. 356–357, §§ 473–475, pp. 365–367.
92 Cf. *ibid.*, §§ 29–297, pp. 209–211.
93 Cf. *ibid.*, § 312, pp. 226–228.
94 Cf. *ibid.*, § 325 n, p. 236.
95 Cf. *ibid.*, §§ 326–328, pp. 236–239.
96 Cf. *ibid.*, §§ 343–346, pp. 249–254.

and can concern both intuitive and symbolic knowledge insofar it concerns either the connection between our concepts, or the expression of that connection by means of signs or words.[97] The *discursus* is investigated in the form of the syllogism, which represents the connection of judgments expressed by means of words, i.e. in the realm of symbolic knowledge.[98] As Wolff had already clarified in his *Logica*, there are four types of syllogism (affirmative, negative, hypothetic and disjunctive) that he considers the natural ways in which our mind connects its judgments. The laws the mind follows in completing its reasoning, i.e. the general principles of this operation, are listed in § 374 and can be summarized in the general idea that the thing which belongs (or doesn't belong) to certain genera or species will present (or will not present) the same predicates of its genera and species, and vice versa.

In the final chapter of the section ("De dispositionibus naturalibus et habitibus intellectus")[99] Wolff explains the grounds of some 'natural' dispositions and habits of the intellect, by means of the laws that govern the functioning of the mind. Among them Wolff mentions its capacity to elaborate the three types of knowledge we have already considered above (*a priori*, *a posteriori* and *mixta*), the *ars inveniendi*,[100] the *ars observandi et experimentandi*,[101] the *artificia heuristica*,[102] the role of *ingenium*.[103] All these dispositions and habits are grounded in a fundamental idea Wolff declares at the end of the section: "Veritates universales inter se connectuntur" (*Universal truths are connected to each other*),[104] since the *nexus* between them has its ground in the same *nexus universalis* he illustrated in his *Cosmologia*, so that the *veritas logica* is grounded in the *veritas transcendentalis*.[105] The faculty to intuit or perceive the nexus between universal truths is what Wolff calls *reason* (*ratio*),[106] which he understands differently from Leibniz as a *faculty* of the soul, and not as the object the soul is directed to when it perceives the chain of truths (*catena veritatum*).[107] Reason represents for Wolff the highest faculty of the mind, and therefore its knowledge is the highest form of knowledge ever possible. But reason can never operate without a direct and recurrent reference to experience, as the investigation in psychology shows at best.

---

97 Cf. *ibid.*, § 350, pp. 257–258.
98 Cf. *ibid.*, § 368, pp. 276–277.
99 Cf. *ibid.*, §§ 425–508, pp. 337–384.
100 Cf. *ibid.*, §§ 454–462, pp. 356–359.
101 Cf. *ibid.*, §§ 458–459, pp. 357–358.
102 Cf. *ibid.*, §§ 469–472, pp. 362–365.
103 Cf. *ibid.*, §§ 476–481, pp. 367–371.
104 *Ibid.*, § 482, p. 371.
105 Cf. *ibid.*, § 482 n, p. 371.
106 Cf. *ibid.*, § 483, p. 372.
107 Cf. *ibid.*, § 483 n, p. 372.

5 The appetitive faculty

The second part of the *Psychologia empirica* is entirely devoted to the *facultas appetendi*, which is again divided into an *inferior part* (sect. I), and a *superior part* (sect. II). The inferior part is presented in three chapters dealing respectively with *Pleasure and displeasure, and the notion of good and evil* ("De voluptate ac taedio, nec non notione boni ac mali"),[108] *Sensitive appetite and adversion* ("De appetitu sensitivo et aversatione sensitiva"),[109] and *Passions* ("De affectibus").[110] The superior part consists again in three chapters: *Will and 'noluntas'* ("De voluntate ac noluntate"),[111] *Freedom* ("De libertate"),[112] *Mind-Body relations* ("De commercio inter mentem et corpus").[113]

The division of the *facultas appetendi* in these two parts is grounded on the idea that "appetitus nascitur ex cognitione" (*appetite originates from cognition*)[114], and follows therefore its articulation. In the sensitive realm, pleasure and displeasure are both defined as "intuitive cognitions", respectively of a true or apparent (false) perfection or imperfection.[115] Since the cognition of the perfection or imperfection at the basis of the pleasure or displeasure is confused, we can mistake an apparent pleasure or displeasure for a true one.[116] If considered objectively, in relation to external things, perfection is identified with *beauty* and imperfection with *ugliness*,[117] whereas when it's considered in relation to the subject, what improves perfection is called *good* and what hinders it *evil*[118]. Our judgment concerning what is good and what is evil is then related to what we perceive to be capable of improving or hindering our own perfection, and this judgment is itself related to the state of confusion or clarity of our perceptions. That is why the pleasures and displeasures we get from those perceptions can be either merely apparent or true, and therefore also what we judge as good or bad for us.[119] The same idea Wolff has of appetites relies on our judgment about what is good and what is evil, since he defines *appetitus* as "inclinatio animae ad objectum pro ratione boni in eadem percepti" (*an inclination of the soul towards an object grounded on what it perceives to be good in it*)[120], and *aversatio* as "reclinatio animae ab objecto, pro ratione mali in eodem percepti" (*an aversion of the soul from*

---

108 Cf. *ibid.*, §§ 509–579, pp. 387–440.
109 Cf. *ibid.*, §§ 579–602, pp. 440–457.
110 Cf. *ibid.*, §§ 603–879, pp. 457–663.
111 Cf. *ibid.*, §§ 880–925, pp. 663–695.
112 Cf. *ibid.*, §§ 926–946, pp. 696–711.
113 Cf. *ibid.*, §§ 947–964, pp. 711–720.
114 *Ibid.*, § 509, p. 387.
115 Cf. *ibid.*, §§ 511, 518, pp. 389, 397.
116 Cf. *ibid.*, §§ 536–537, pp. 414–417.
117 Cf. *ibid.*, §§ 543–548, pp. 420–422.
118 Cf. *ibid.*, §§ 554, 565, pp. 424–425, 431.
119 Cf. *ibid.*, §§ 559–571, pp. 427–435.
120 *Ibid.*, § 579, p. 440.

the object grounded on what it perceives to be bad in it)[121]. Depending on the state of the perceptions of good and evil, appetites and aversions are sensitive or rational. These attitudes are both justified by means of the general tendency Wolff recognizes in the soul to strive at good and shy away from evil, what he presents as the law of appetite and aversion.[122] The two inclinations of the soul are always accompanied by an act, a force, which is what Wolff calls *affectus* or passion, and concerns exclusively the manifestations of the sensitive part of the *facultas appetendi*, since it originates from a confused perception of good and evil.[123] Passions are always connected to physical modifications in the body, which concern the movements of blood and nerves, and do not pertain to the analysis of the soul that psychology is in charge of; nevertheless Wolff's investigation of the passions occupies, to be sure, the largest part of the whole second part of his work, since he specifies each possible manifestation of the variety of passions that can occur in the soul, labeling them under three different general categories: *affectus iucundi, molesti,* and *mixti*.[124]

The section devoted to the superior part of the *facultas appetendi* presents the two central notions of *Voluntas et Noluntas,* which Wolff also calls *appetitus et adversatio rationalis* in order to show that they behave in the rational realm in the same way appetites and aversions behave in the sensitive one.[125] Their sufficient reason is the distinct perception of good and evil,[126] and the law that rules their acts prescribes that "Quicquid nobis repraesentamus tanquam bonum quoad nos, id appetimus" (*we want what we represent distinctively as good for us*)[127], and "Quicquid nobis repraesentamus tanquam malum quoad nos, id adversamur" (*we don't want what we represent distinctively as bad for us*)[128]. The accordance between the two parts of the *facultas appetendi* strives at a form of *consensus*,[129] a harmony between what we desire and what is truly good for us, which is our highest scope in this life.

Beside pleasure and displeasure Wolff recognizes the possibility for the soul to find itself in a state of *indifference* he describes as a form of 'balance' (*equilibrium*) determined by the absence of any sufficient reason that can determine our inclination in one sense or in the other.[130] As we have seen, our volitions and nolitions don't have their sufficient reason directly in their objects, but in our judgments concerning the conformity of those objects to our perfection or imperfection, i. e. in our perceptions of what is good or bad in them for us. It means that external objects do not

---

121 *Ibid.*, § 581, p. 441.
122 Cf. *ibid.*, §§ 903–907, pp. 683–684.
123 Cf. *ibid.*, §§ 603–605, pp. 457–459.
124 Cf. *ibid.*, §§ 608–854, pp. 460–648.
125 Cf. *ibid.*, §§ 880–881, pp. 663–664.
126 Cf. *ibid.*, §§ 887–890, pp. 669–671.
127 *Ibid.*, § 904, p. 683.
128 *Ibid.*, § 907, p. 684.
129 Cf. *ibid.*, § 909, pp. 685–686.
130 Cf. *ibid.*, § 925, pp. 694–695.

act directly on our will, and that therefore we can direct our will independently from any external constraint: we can, for example, want something we cannot have, or do something we don't want to. Wolff explains these conditions by means of the *spontaneous* nature of the manifestations of our will: *spontaneitas* is the "principium sese ad agendum determinandi instrinsecum" (*internal principle that determines ourselves to act*)[131], and "volitiones ac nolitiones animae spontaneae sunt" (*volitions and nolitions of the soul are spontaneous*)[132]. *Spontaneity* is for Wolff one of the preconditions of *freedom*, the others being the distinct *cognition* of the object, and the *contingency* of our volitions which are not determined necessarily by the essence of the soul, but can change in different circumstances.[133] Wolff indeed defines the "freedom of the soul (*libertas animae*)" as the "facultas ex pluribus possibilibus sponte eligendi, quod ipsi placet, cum ad nullum eorum per essentiam determinata sit" (*faculty to choose what we like, spontaneously, and among many possibilities, since [the soul] is not determined by its essence to any of them*)[134].

Both parts of the *Psychologia empirica*, especially the theory of sensation and of affects, show a remarkable interdependence between mind and body, since the former seems to be continuously determined by what occurs in the latter,[135] and the latter seems to change continuously its state depending on what occurs in the soul.[136] As we already remarked, the analysis of empirical psychology are not allowed to move beyond these mere descriptions; it is the task of the rational science of the soul to provide its metaphysical hypothesis *a priori,* but on the basis of an undeniable observation, in order to point out the *reason* that determines on a transcendental level what our observation shows on the level of experience. This is the highest realization of the *connubium* that animates Wolff's investigation.

6   The legacy of empirical psychology

Wolff's empirical psychology was immediately perceived as a pioneering way to investigate the soul and its capacities. The idea that the science of the soul can use the same method commonly adopted in the investigation of natural phenomena had a revolutionary echo even among a large number of Wolff's contemporaries who were not well disposed towards the metaphysical frame of his empirical analysis. Especially remarkable was the attempt to develop the empirical investigation in psychology in the direction of a proper *experimental* science, which did not merely observe and describe mental phenomena, but carried out 'experiments' artificially, recreating certain

---

131 *Ibid.,* § 933, p. 702.
132 *Ibid.,* § 934, p. 702.
133 Cf. *ibid.,* §§ 940–941 n, pp. 706–707.
134 *Ibid.,* § 941, p. 706.
135 Cf. *ibid.,* §§ 948, 952, pp. 712–713, 714–715.
136 Cf. *ibid.,* §§ 953–954, pp. 715–716.

situations in the body in order to observe the ensuing behavior of the soul.¹³⁷ Such an attempt was at the basis of the *Versuch einer Experimental-Seelenlehre* published by the physician Johann Gottlob Krüger in Halle in 1756, who followed Wolff's path, although he firmly rejected the metaphysical hypothesis of pre-established harmony.¹³⁸ In the following decades the attempts to extend the investigations of the soul on an empirical basis were numerous and somehow successful, going from the so-called "rational physicians" (*vernünftige Ärzte*) active in Halle from the 1750s, to the later *Magazin zur Erfahrungsseelenkunde* by Karl Philipp Moritz (1783–1793).¹³⁹ Beside these recoveries within the realm of a 'science of the soul', the empirical psychology elaborated in the wake of Wolff's original idea had a further development in Kant's project to expel such an empirical science, which only describes internal phenomena, from the realm of pure *a priori* transcendental philosophy, in order to integrate it—as Kant claims in the "Architectonic" of the *Critique of Pure Reason*—in the field of anthropology.¹⁴⁰ In fact his late *Anthropology from an empirical point of view* (1798) collects in its first part ("The anthropological didactic") Kant's long-lasting reflections on Alexander Gottlieb Baumgarten's empirical psychology, which was sketched in principles on the model of Wolff's.¹⁴¹ But the *pragmatic* perspective of Kant's anthropology assigns the original psychological investigation to a task that differs radically from that of Wolff's empirical science of the soul. Kant's "Anthropological didactic", understood as "The way of cognizing the internal as well as the external of the human being" doesn't aim at providing the empirical basis of a complete science of the soul

---

137 It might be of some interest that the first French partial translation of Wolff's *Psychologia empirica* named it "psychologie expérimentale", cf. *Psychologie ou traité sur l'âme, contenant les conoissances, que nous en donne l'expérience, par M. Wolff*, Amsterdam, 1745, Repr.: Hildesheim, 1998 (GW III 46).

138 On Krüger's attempt at an experimental psychology cf. Carsten Zelle, "Experimentalseelenlehre und Erfahrungsseelenkunde. Zur Unterscheidung von Erfahrung, Beobachtung und Experiment bei Johann Gottlob Krüger und Karl Philipp Moritz", in: *"Vernünftige Ärzte": Hallesche Psychomediziner und die Anfänge der Anthropologie in der deutschsprachigen Frühaufklärung*, ed. by Carsten Zelle, Tübingen, 2001, pp. 173–185; Gideon Stiening, "Zwischen System und Experiment. Gottlob Krügers Versuch einer Experimental-Seelenlehre", in: *Another 18th-century German Philosophy? Rethinking German Enlightenment*, ed. by Enrico Pasini and Paola Rumore, in: *Quaestio*, 16 (2016), pp. 119–145.

139 On the early diffusion of Wolff's empirical psychology, cf. Paola Rumore, "Materiali per la ricostruzione della prima diffusione e ricezione tedesca della psicologia empirica di Christian Wolff", in: *Christian Wolff tra psicologia empirica e psicologia razionale*, ed. by Ferdinando L. Marcolungo, Hildesheim, 2007, pp. 177–193 (GW III 106).

140 On the development of the science of the human being in the 18th century, cf. Hans-Peter Nowitzki, *Der wohltemperierte Mensch. Aufklärungsanthropologien im Widerstreit*, Berlin, 2003.

141 On the relation between Kant's anthropology and empirical psychologies in Wolffianism cf. Soo Bae Kim, *Die Entstehung der kantischen Anthropologie und ihre Beziehung zur empirischen Psychologie der Wolffischen Schule*, Bern-New York, 1994; Norbert Hinske, "Wolffs empirische Psychologie und Kants pragmatische Anthropologie. Zur Diskussion über die Anfänge der Anthropologie im 18. Jahrhundert", in: *Aufklärung*, 11 (1999), pp. 97–107; Thomas Sturm, *Kant und die Wissenschaften vom Menschen*, Padeborn, 2009. On the birth of anthropology cf. the standard works by Mareta Linden, *Untersuchungen zum Anthropologiebegriff des 18. Jahrhunderts*, Frankfurt, 1976; and John Zammito, *Kant, Herder and the Birth of Anthropology*, Chicago, 2002.

conceived under the aegis of Wolff's *connubium rationis et experientiae;* free from any metaphysical implication, Kant's *pragmatic* anthropology dismisses the ideal of an *a priori* science of the soul in favor of a much broader comprehension of the human being: it investigates the functioning of the mind in order to make a pragmatic use of the knowledge thus achieved, i. e. in order to teach people what to do with themselves as free agents, how to behave in society, and how to contribute to the realization of a cosmopolitan society.

7 Bibliography

Arnaud, Thierry (2001): "Le critère du métaphysique chez Wolff. Pourquoi une Psychologie empirique au sein de la métaphysique", in: *Archives de philosophie,* 65, pp. 35–46.

Arnaud, Thierry (2004): "Où commence la 'Métaphysique allemande' de Christian Wolff?", in: *Die Psychologie Christian Wolffs. Systematische und historische Untersuchungen,* ed. by Oliver-Pierre Rudolph and Jean-François Goubet, Tübingen, Niemeyer, pp. 61–73.

Carboncini, Sonia (1991): *Transzendentale Wahrheit und Traum. Christian Wolffs Antwort auf die Herausforderung durch den Cartesianischen Zweifel,* Stuttgart-Bad Cannstatt, frommann-holzboog.

Cataldi Madonna, Luigi (1984): "La metodologia empirica di Christian Wolff", in: *Il Cannocchiale,* 1/2, pp. 59–93.

Ecole, Jean (1966): "Des rapports de l'expérience et de la raison dans l'analyse de l'âme ou la Psychologie empirica de Christian Wolff", in: *Giornale di metafisica,* 21, pp. 589–617.

Ecole, Jean (1979): "De la notion de philosophie expérimentale chez Wolff", in: *Les Etudes philosophiques,* 4, pp. 397–406.

Engfer, Hans-Jürgen (1989): "Von der Leibnizschen Monadologie zur empirischen Psychologie Wolffs", in: *Nuovi studi sul pensiero di Christian Wolff,* ed. by Sonia Carboncini and Luigi Cataldi Madonna, in: Il cannocchiale, 2/3, pp. 193–215, Reprint Hildesheim, 1992 (GW III 31).

Feuerhahn, Wolf (2002): "Comment la psychologie empirique est-elle née?", in: *Archives de Philosophie,* 65, pp. 47–64.

Feuerhahn, Wolf (2003): "Die Wolffsche Psychometrie", in: *Die Psychologie Christian Wolffs. Systematische und historische Untersuchungen,* ed. by Oliver-Pierre Rudolph and Jean-François Goubet, Tübingen, Niemeyer, pp. 227–236.

Feuerhahn, Wolf (2003): "Entre métaphysique, mathématique, optique et physiologie: la psychométrie au XVIIIe siècle", in: *Revue Philosophique,* 3, pp. 279–292.

Hinske, Norbert (1999): "Wolffs empirische Psychologie und Kants pragmatische Anthropologie. Zur Diskussion über die Anfänge der Anthropologie im 18. Jahrhundert", in: *Aufklärung,* 11, pp. 97–107.

Kim, Soo Bae (1994): *Die Entstehung der kantischen Anthropologie und ihre Beziehung zur empirischen Psychologie der Wolffischen Schule,* Bern—New York, Lang.

Kobau, Pietro (2004): *Essere qualcosa. Ontologia e psicologia in Wolff,* Torino, Trauben.

Linden, Mareta (1976): *Untersuchungen zum Anthropologiebegriff des 18. Jahrhunderts,* Frankfurt, Lang.

Locke, John (1690): *Essay Concerning Human Understanding,* Oxford, Oxford UP, 1979.

Neveu, Sébastien (2017): *L'a priori, l'a posteriori, le pur, le non pur chez Christian Wolff et ses maîtres,* Hildesheim, Olms (GW III 148).

Nowitzki, Hans-Peter (2003): *Der wohltemperierte Mensch. Aufklärungsanthropologien im Widerstreit,* Berlin, de Gruyter.

Paccioni, Jean-Paul (2004): "Wolff est-il 'le vrai inventeur de la psychologie rationelle'? L'expérience, l'existence actuelle et la rationalité dans le projet wolffien de psychologie", in: *Die Psychologie Christian Wolffs. Systematische und historische Untersuchungen,* ed. by Oliver-Pierre Rudolph and Jean-François Goubet, Tübingen, Niemeyer, pp. 75–98.

Paccioni, Jean-Paul (2006): *Cet esprit de profondeur: Christian Wolff, l'ontologie et la métaphysique,* Paris, Vrin.

Rumore, Paola (2005): "Die Bilder der Seele. Vorstellung und Einheit", in: *Macht und Bescheidenheit der Vernunft. Beiträge zur Philosophie Christian Wolffs,* ed. by Luigi Cataldi Madonna, Hildesheim, Olms, pp. 111–122 (GW III 98).

Rumore, Paola (2007): "Materiali per la ricostruzione della prima diffusione e ricezione tedesca della psicologia empirica di Christian Wolff", in: *Christian Wolff tra psicologia empirica e psicologia razionale,* ed. by Ferdinando L. Marcolungo, Hildesheim, Olms, pp. 177–193 (GW III 106).

Stiening, Gideon (2016): "Zwischen System und Experiment. Gottlob Krügers Versuch einer Experimental-Seelenlehre", in: *Another 18th-century German Philosophy? Rethinking German Enlightenment,* ed. by Enrico Pasini and Paola Rumore, Quaestio, 16, pp. 119–146.

Sturm, Thomas (2009): *Kant und die Wissenschaften vom Menschen,* Paderborn, Mentis.

Vittadello, Anna Maria (1973): "Experience et raison dans la psychologie de Christian Wolff", in: *Revue philosophique de Louvain,* 11, pp. 488–511.

Zammito, John (2002): *Kant, Herder and the Birth of Anthropology,* Chicago, The University of Chicago Press.

Zelle, Carsten (2001): "Experimentalseelenlehre und Erfahrungsseelenkunde. Zur Unterscheidung von Erfahrung, Beobachtung und Experiment bei Johann Gottlob Krüger und Karl Philipp Moritz", in: *"Vernünftige Ärzte": Hallesche Psychomediziner und die Anfänge der Anthropologie in der deutschsprachigen Frühaufklärung,* ed. by Carsten Zelle, Tübingen, Niemeyer, pp. 173–185.

6.4 Kosmologie

Sebastian Simmert

Keywords

corpuscula primitiva, corpuscula derivativa, Elemente, Kraft, Bewegung, Körper, mundus adspectabilis, Welt, Wunder, Lauf der Natur, coëxistentia, successio, Ding, *vis inertia*, *vis motrix*

Abstract

Der Beitrag behandelt die wolffsche Kosmologie als Teil der *metaphysica specialis*. Er stellt die wesentlichsten Bestandteile seiner Kosmologie systematisch dar. Der Beitrag geht zunächst auf Wolffs Kosmologieverständnis innerhalb der Metaphysik ein. Dem folgt die Entwicklung des spezifischen Weltbegriffs der sichtbaren Welt. Danach wendet sich der Beitrag dem wolffschen Verständnis der Körper in der Welt zu und wie diese aufgebaut sind. Daher wird genau auf das Verhältnis von Elementen, Korpuskeln und Körpern eingegangen. Im Anschluss daran wird das wolffsche Verständnis der Bewegungsgesetze abgehandelt, das überraschenderweise die Formulierung eines Krafterhaltungssatzes enthält. Abschließend stellt der Beitrag das Verhältnis von Natürlichem und Übernatürlichem nach Wolff dar, das den Grad der Vollkommenheit der Welt bestimmt.

1 Einleitung

Die wolffsche Kosmologie bildet eine systematische Synthese unterschiedlicher Standpunkte des 17./18. Jahrhunderts zur Erklärung der physikalischen Beschaffenheit der Welt. Davon legen die zahllosen Verweise auf Leibniz, Gassendi, Descartes, Boyle, Newton und viele andere mehr Zeugnis ab. Diese Verweise sind Ausdruck des wolffschen Vorgehens, um die Wahrheit über die Welt zu ergründen. Denn er schreibt:

> [...] alles Gute zu behalten suche, es mag angetroffen werden, wo es will, nur davor sorge, daß es von den anklebenden Vorurtheilen befreyet werde, damit nicht durch Mißbrauch der Wissenschaft daraus ein Nachtheil erwachsen kan. Und dieses dünckt mich, ist die rechte Art eines *Philosophi Eclectici*, oder eines Welt-Weisen, der zu keiner Fahne schwöret, sondern alles prüfet, und dasjenige behält, was sich einander in der Vernunft verknüpffen, oder in ein *Systema Harmonicum* bringen lässet[1].

Wolffs Kosmologie ist Bestandteil eines solchen *Systema Harmonicum*. Denn als Bestandteil der *metaphysica specialis* behandelt sie in allgemeiner Weise die Dinge im Bezug zur Welt.[2] Der Begriff des Dings (*ens*) – samt seiner Prädikate – ist in der Kosmologie also durch den Begriff der Welt bedingt. Der Begriff des Dings ist somit weniger allgemein, als etwa in der Ontologie. Doch ist er nicht so speziell, dass durch ihn etwas über wirkliche Dinge in der Welt ausgesagt ist. Denn: „In der Metaphysick redet man von dem Wesen der Dinge vor und an sich selbst, ohne auf die Würcklichkeit mit acht zu haben, die ein Ding, welches dieses oder jenes Wesen hat, erreichen kann"[3]. Wie die Dinge letztlich aktual in der Welt wirklich sind, ist Gegenstand der Physik.[4]

Die wolffsche Kosmologie ist somit zwischen Ontologie und Physik zu verorten. Denn die Ontologie gibt bei Wolff die Begriffe vor, derer man sich in der Kosmologie bedienen muss, um Erkenntnis von den möglichen Dingen in der Welt zu erlangen.[5] Der Physiker untersucht hingegen, in welcher Weise die möglichen Dinge in der Welt wirklich werden. Somit ist die Kosmologie das theoretische Fundament der Physik, wie die Ontologie das Fundament der Kosmologie ist.

In diesem Zusammenhang spricht Wolff von seiner Kosmologie als *cosmologia generalis seu transcendentalis*. Diese Bezeichnung ist in Abgrenzung zu anderen vorwolffschen Kosmologien zu verstehen, weil diese versuchten, bestehende Naturphänomene zu erklären. Deswegen unterscheiden sie sich nur geringfügig von astrono-

---

1 *Anmerckungen zur Deutschen Metaphysik*, § 242, S. 412 (GW I 3).
2 Vgl. *Cosmologia*, § 1, S. 1 (GW II 4).
3 *Deutsche Physik*, § 19, S. 35 (GW I 6).
4 Vgl. *Deutsche Metaphysik*, § 541, S. 329 f (GW I 2.2).
5 Vgl. Kristina Engelhard, *Das Einfache und die Materie. Untersuchungen zu Kants Antinomie der Teilung*. Berlin 2005, S. 57.

mischen Überlegungen.⁶ Ihr Ausgangspunkt ist also primär die Erfahrung. Somit erfolgte die Erklärung der Welt a posteriori. Wolff indes begründet durch seine Ontologie die Kosmologie nicht nur durch Erfahrung.

Wie mit dem Wort *transcendentalis* ausgedrückt, überschreitet seine Kosmologie das bloß Erfahrbare in der Welt. Schließlich handelt sie von den möglichen Dingen im Bezug zur Welt überhaupt. Das Erfahrbare, d.h. das Mögliche, das in der Welt wirklich wird, ist nur ein kleiner Bestandteil der Welt. Weil das Wirkliche seine Möglichkeit voraussetzt, ist aus der Erklärung der Möglichkeit verstehbar, was für die Wirklichkeit eines Dings in einer Welt vorauszusetzen ist. Die Kosmologie erklärt daher auch vollständig die Möglichkeiten, wie die Dinge in einer Welt wirklich sein können. Sie liefert somit eine Erklärung der Wirklichkeit ohne Erfahrung.⁷ Der Erfahrung kommt somit nach Wolff nur noch eine Funktion zu. Aus ihr kann bestätigt werden: „*Quae in Cosmologia generali de mundo in genere ex principiis philosophiae primae* [...] *demonstrantur,* [...]" (*Was in der allgemeinen Kosmologie von der Welt im Allgemeinen aus den Prinzipien der ersten Philosophie bewiesen wird,* [...])⁸.

2 Über den Begriff der Welt oder des Weltganzen

2.1 Verknüpfung der Dinge – *Nexus Rerum*

Wolff beginnt seine Kosmologie mit einer Bestimmung des Weltbegriffs. Dieser gibt die Bedingungen vor, unter denen der allgemeine Begriff des Dings auf die Welt anwendbar ist. Wolff setzt dabei, wie viele seiner Zeitgenossen, ein mechanistisches Verständnis der Welt voraus.

Dieses besteht darin, dass die Bestandteile in der Welt nicht losgelöst voneinander bestehen, sondern auf bestimmte Weise miteinander verknüpft sind. Daraus soll jede Veränderung in der Welt erklärbar sein.

2.1.1 Allgemeiner Begriff der Welt

Im Vordergrund steht hierbei der Begriff der Verknüpfung (*nexus*). Wolff versteht darunter: „*Ea inter se* connecti *dicuntur, quorum unum continet rationem sufficientem coëxistentiae, vel successionis alterius*" (*Dasjenige nennt man untereinander verknüpft, dessen eines den zureichenden Grund der Koexistenz oder des Folgens eines*

---

6 Vgl. Christian Bermes, ‚*Welt' als Thema der Philosophie. Vom metaphysischen zum natürlichen Weltbegriff,* Hamburg 2004, S. 45.
7 Vgl. Georg Sans, *Hypothetisch notwendige Begebenheiten. Zu Christian Wolffs kosmologischem Gebrauch der Modalbestimmungen,* in: *Christian Wolff und die europäische Aufklärung. Teil 3.* hg. von Jürgen Stolzenberg und Oliver-Pierre Rudolph. Hildesheim, 2007, S. 46 (GW III 103).
8 *Cosmologia,* § 3, S. 3 (GW II 4).

*anderen enthält.)*⁹. In allgemeiner Weise besteht eine Verknüpfung der Dinge in der Welt also auf zwei Ebenen. Zum einen sind sie nebeneinander miteinander verknüpft, indem ihr aktuales Bestehen von einem mit ihm zugleich bestehenden Ding abhängt.¹⁰ So sind „Z. E. Die Sonne und Erde [...] mit einander verknüpft, weil die Erde durch die Sonne in ihrem veränderlichen Zustande erhalten wird [...]"¹¹. Zum anderen sind die Dinge auf einander folgend verknüpft, wenn das Bestehen eines Dings die Wirkung eines ihm vorhergehenden Dings ist.¹² So ist „Der Regen und der Wachsthum der Pflanzen [...] mit einander verknüpft, weil er den Pflanzen Nahrung giebet [...], und also mit unter die Ursachen seines Wachsthums gehöret [...]"¹³.

Weil man in einer Welt nur Dinge antreffen kann, die nebeneinander oder aufeinander folgend miteinander verknüpft sind, stellen sie die Gesamtheit einer Welt dar. Somit „ist die Welt ein Gantzes, und die Dinge, welche neben einander sind, ingleichen die, so auf einander folgen, sind ihre Theile [...]"¹⁴.

Hinsichtlich der wolffschen Ontologie ist eine Welt also ein Ding. Denn etwas, das aus Teilen besteht, konstituiert sich durch diese Teile als etwas Bestimmtes.¹⁵ Da eine Welt nicht ohne ihre miteinander verknüpften Dinge sein kann, ist sie nach Wolff somit als ein „ens compositum"¹⁶ (*zusammengesetztes Ding*) anzusehen.

Da der Weltbegriff erst allgemein bestimmt ist, ist damit zunächst keine tatsächliche Zusammensetzung von Bestandteilen gemeint, sondern mögliche Zusammensetzungen. Denn die Begriffe *coëxistentia* und *successio* sagen die vollständige Möglichkeit der Zusammensetzung der Dinge für eine Welt aus. Schließlich sind sie in vielerlei Hinsicht noch unbestimmt und lassen sich entweder separat oder in Verknüpfung weiter spezifizieren.

2.1.2 Grundbegriffe der Zusammensetzung

Für die Spezifizierung von *coëxistentia* und *successio* gibt Wolff eine Vielzahl verschiedener Begriffe vor. Durch sie sind verschiedene Arten von Welten und somit Arten von Zusammensetzungen aussagbar. Um einen empirisch überprüfbaren Weltbegriff zu bilden, ist die Betrachtung zweier Begriffspaare ausreichend.

Zum einen sind das die Begriffe *causa* und *causatum*. Darunter versteht Wolff: „Causati enim existentia sive actualitas a causa dependet, tum quatenus ipsum existit, tum quatenus tale existit, [...], adeoque causa & causatum inter se connectuntur [...]"

---

9 *Ebd.*, § 10, S. 9 (GW II 4) und vgl. *Deutsche Metaphysik*, § 543, S. 330 f. (GW I 2.2).
10 Vgl. *Cosmologia*, § 26, 21 f (GW II 4).
11 *Deutsche Metaphysik*, § 545, S. 332 (GW I 2.2).
12 Vgl. *Cosmologia*, § 23, S. 19 f (GW II 4).
13 *Deutsche Metaphysik*, § 545, S. 332 (GW I 2.2).
14 *Ebd.* § 550, S. 333.
15 Vgl. *Philosophia prima*, § 531, S. 415 (GW II 3).
16 *Cosmologia*, § 56, S. 60 (GW II 4); *Deutsche Metaphysik*, § 551, S. 333 (GW I 2.2).

(*Die Existenz oder Wirklichkeit des Verursachten ist nämlich von der Ursache abhängig, sowohl insofern es selbst existiert, als auch insofern es als so beschaffen existiert [...], insoweit werden Ursache und Verursachtes miteinander verknüpft*)[17].

Durch die Ursache besteht ein Grund, auf den die aktuelle Beschaffenheit von etwas zurückzuführen ist[18], welche nicht wäre, wenn die Ursache nicht ist. Somit besteht durch *causa* und *causatum* eine Zusammensetzung, durch die ein Ding in einer Welt auf eine bestimmte Weise aktual sein kann. D. h. dass es in der Welt immer vollständig als etwas nebeneinander oder aufeinander folgend Seiendes bestimmt ist.

Zum anderen sind die Begriffe von *medium* und *finis* maßgebend. „Etenim in medio continetur ratio, cur finis actum consequatur [...], consequenter cur existente medio existat & ipse" (*Denn im Mittel ist ein Grund enthalten, warum ein Ziel einem Tätigsein nachfolgt [...], folgerichtig warum es durch ein existierende Mittel existiert und an und für sich ist*)[19]. Durch ein Mittel besteht ein Tätigsein, welches das Mittel zur Verwirklichung eines Ziels verändert. Demnach ist durch das Ziel bestimmt, wie sich etwas und was sich verändern muss, damit das Ziel verwirklicht ist.

Durch diese Begriffspaare ist spezifizierbar, wie sich die Dinge im Rahmen von *coëxistentia* und *successio* zusammensetzen lassen. So verweist Wolff darauf, dass Dinge als Ursache und Verursachtes aufeinander folgen.[20] Denn wenn ein Verursachtes erst besteht, wenn die Ursache gegeben ist, folgt das Verursachte seiner Ursache nach. Erlangen die Dinge nur durch eine Ursache ihre Aktualität, muss auch einem Ding als Ursache eine Ursache vorausgehen. Denn als ein aktuales Ding ist es selbst ein Verursachtes. Wolff schließt daraus, dass durch das Verhältnis von *causa* und *causatum* die Dinge in der Welt in einer Reihe aufeinander folgen.[21] Weil diese Aufeinanderfolge die Dinge in der Welt hervorbringt, muss ihnen etwas zukommen, das sie dazu befähigt, die Reihe als Ursachen zu bewirken. Andernfalls müsste man etwas Drittes annehmen, das die Abfolge der Dinge bestimmt, womit in den Dingen selbst aber kein Grund für die Bestimmtheit eines anderen Dings erkennbar wäre. Was die Dinge zur Bestimmung der Reihe befähigt, ist für Wolff eine „& potentia, & vis agendi (*sowohl ein Vermögen als auch eine Kraft zum Tätigsein*)[22]. Sie heißt *causa efficiens* (wirkende Ursache).

Reihen lassen sich für gewöhnlich unabhängig voneinander verstehen, wenn ihre Elemente losgelöst von einander bestehen. Da die Dinge der Welt selbst stets nebeneinander bestehen, nimmt ihr Tätigsein Einfluss auf alle anderen Dinge in der Welt. Somit kann das Tätigsein eines einzelnen Dings nicht unabhängig vom Tätigsein der anderen Dinge in der Welt sein. Schließlich verändert sich durch ihr Tätigsein die

---

17 *Cosmologia*, § 16, S. 15, (GW II 4).
18 Vgl. *Deutsche Metaphysik*, § 29, S. 15 (GW I 2.2).
19 *Cosmologia*, § 18, S. 16, (GW II 4).
20 Vgl. *ebd.*, § 23, S. 19.
21 Vgl. *ebd.* § 24, S. 20.
22 *Philosophia prima*, § 887, S. 654 (GW II 3).

Weise, wie die Dinge nebeneinander bestehen und somit die Möglichkeit eines Dings, selbst etwas zu verursachen.

2.1.3 Zeit

Diese wechselseitige Einschränkung durch *causae efficientes* ermöglicht zweierlei: Zum einen eine genaue Bestimmung der Reihe von Ursache und Verursachtem in der Welt in Form einer Ordnung, die man Zeit nennt.[23] Denn das Verhältnis von Ursache und Wirkung bestimmt, in welcher Weise alle Dinge schrittweise tätig sind, um selbst Dinge zu verursachen. Demnach ist für jeden Weltzustand aus dem Tätigsein der Dinge bestimmt, dass für einen aktualen Weltzustand einer davor und danach sein muss, solange es Dinge gibt. Sofern das Tätigsein ausschließlich dazu dient, etwas zu verursachen, ist das Verursachte das Ziel des Tätigseins. Sofern das Verursachte allein durch die Dinge in der Welt aktual werden kann, verhalten sich die Dinge nicht mehr wie die Mittel dazu. Wie die *causae efficientes* die Ziele durch die Veränderung der Mittel schrittweise erreichen, bestimmt demnach den Inhalt der Zeitabschnitte.

2.1.4 Raum

Zum anderen schränkt das Tätigsein der Dinge die Art ein, wie die Dinge überhaupt nebeneinander zugleich sein können.[24] Denn indem auch bloß ein Ding versucht, ein Ziel zu verwirklichen, macht es alle anderen Dinge, die neben ihm zugleich sind, zu Mitteln. Denn durch seine *causa efficens* geschieht eine Einschränkung der Möglichkeiten des Tätigseins aller anderen Dinge. Schließlich verändert es die Gesamtheit des Nebeneinanders und somit jedes einzelne Dings, indem es mit dem Ziel etwas verwirklicht, was vorher nicht mit den Dingen zugleich bestand.

Kein Ding kann zugleich auf dieselbe Weise durch andere Dinge eingeschränkt sein, wenn verschiedene Dinge nebeneinander zugleich sind. Sonst wären es keine verschiedenen Dinge. Daher ist auch die Einschränkung, die aus der Veränderung der Dinge resultiert, jeweils verschieden. Durch diese Verschiedenheit ist das Nebeneinander der Dinge vollständig bestimmt. Denn jedes Ding ist in Bezug zu jedem anderen Ding erkennbar. Wolff nennt die besondere Art der Verschiedenheit den Ort eines Dings.[25] Die Dinge die nebeneinander zugleich sind, sind somit relational im Nebeneinander geordnet. Diese Ordnung ist der Raum.[26] Der Ort ist somit eine Wei-

---

23 Vgl. *Deutsche Metaphysik*, § 94, S. 47 und § 547, S. 332 (GW I 2.2); *Cosmologia*, § 57, S. 55 (GW II 4).
24 Vgl. *Deutsche Metaphysik*, § 546, S. 332 (GW I 2.2).
25 Vgl. *ebd.*, § 47, S. 24 (GW I 2.2) und *Cosmologia*, § 56, S. 54 (GW II 4) und *Philosophia prima*, § 602, S. 462 (GW II 3).
26 Vgl. *Deutsche Metaphysik*, § 46, S. 24 (GW I 2.2) und *Cosmologia*, § 56 S. 54 (GW II 4).

se, wie ein Ding im Raum ist. Dadurch ist jedes Ding für sich im Raum und zueinander von Ort zu Ort bestimmt.[27]

2.1.5 Dinge in der Welt

Ergibt sich die Zusammensetzung der Dinge in der Welt allein im Raum und in der Zeit, so muss jedes Ding begrenzt sein. Denn sind die Dinge im Raum, ist die Möglichkeit des Tätigseins eines Dings durch das Tätigsein der anderen Dinge relational zueinander aktual begrenzt. Sind die Dinge in der Zeit, sind sie in ihrem gegenwärtigen Bestehen jeweils relational zu den Dingen, die ihnen vorausgehen und nachfolgen, begrenzt. Denn ihr gegenwärtiges Bestehen ist durch vergangene Dinge verursacht, und sie selbst sind wieder Ursache von zukünftigen Dingen, indem sie durch ihr Tätigsein sich und somit den aktuellen Weltzustand verändern.

2.2 Spezifischer Weltbegriff

Die angeführten Begriffe sind ausreichend, um Wolffs Weltbegriff zu verstehen. Er versteht darunter: „Series entium finitorum tam simultaneorum, quam successivorum inter se connexorum dicitur *Mundus*, sive etiam *Universum*" (*Eine Reihe von begrenzten Dingen, die sowohl zugleich als auch nacheinander miteinander verbunden sind, nennt man eine Welt oder auch ein Weltganzes*)[28]. Genauer gesagt ist eine Welt also eine Zusammensetzung aus begrenzten Dingen, die sich aufgrund ihres Tätigseins räumlich und zeitlich miteinander verknüpfen.

2.2.1 Die sichtbare Welt

Bei der Definition handelt es sich um eine Nominaldefinition.[29] Sie lässt unbestimmt, ob sie etwas Aktuales bezeichnet. Daher lässt sich mit ihr nur von der Welt der logischen Möglichkeit nach reden. Ein Anspruch auf empirische Überprüfbarkeit besteht daher nicht. Dieser besteht erst dann, wenn der Definition das Prädikat der Existenz hinzukommt. Es gibt zu erkennen, dass sich das durch den Weltbegriff Ausgesagte auch tatsächlich auf die bestehende Welt bezieht. Hierbei handelt es sich um ein epistemisches Prädikat. Denn wie Wolff meint, beziehen wir uns dadurch auf die sichtbare Welt (*mundus adspectabilis*), wie wir sie gegenwärtig vor Augen haben.[30]

---

27 Vgl. Desmond Hogan, *Wolff on Order and Space*. in: *Christian Wolff und die europäische Aufklärung*, hg. von Jürgen Stolzenberg und Oliver-Pierre Rudolph. Teil 3, Hildesheim, 2007, S. 35 f. (GW III 103).
28 *Cosmologia*, § 48, S. 44 (GW II 4).
29 Vgl. *ebd.*, § 48 not.
30 Vgl. *ebd.*, § 49, S. 45.

Methodisch überschreitet Wolff damit eine rein spekulative Sichtweise. Indem der Begriff des *mundus* auf die aktuale Welt referiert, lässt er sich durch empirische Erkenntnis spezifizieren.³¹ Im *mundus adspectabilis* beschränkt sich diese Erkenntnis zunächst auf beobachtbare Dinge. „*Observabilia dicimus, quae sensu percipi possunt, sive nudo, sive armato*" (*Wir nennen Beobachtbares, was wir entweder mit bloßem oder gerüstetem Sinn erfassen können*)³². Nach Wolffs eigener Erfahrung ist nur beobachtbar, was zusammengesetzt ist.³³ Denn selbst der Blick durch die stärksten Mikroskope seiner Zeit zeigt, dass die Stoffe immer voneinander unterscheidbar sind. Die Zusammensetzung gibt zudem Aufschluss über die Veränderungen in den beobachtbaren Dingen. Denn da die Veränderung nicht als solche beobachtet werden kann, lässt sie sich nur vermittelst einer anderen Zusammensetzung eines Dings bemerken.

2.2.2 Regeln der Zusammensetzung

Eine andere Zusammensetzung geschieht vermittels der Bewegung³⁴, durch die sich der Ort der Dinge verändert³⁵. Erfahrungsgemäß folgt diese Veränderung bestimmten Regeln.³⁶ Aus ihnen ist ersichtlich, warum sich die Dinge mit einer bestimmten Geschwindigkeit und Richtung bewegen. Durch die Regeln ist vollständig bestimmt, wie sich die zusammengesetzten Dinge in der Welt und somit die Welt selbst verändern. Daher kommt Wolff zum Schluss „*Mundus omnis, etiam adspectabilis, machina est*" (*Die ganze Welt, auch die beobachtbare, ist eine Maschine*)³⁷. Denn das besondere einer Maschine ist: „[…], *cuius mutationes modo compositionis convenienter beneficio motus consequuntur*" ([…], *dessen Veränderungen nur entsprechend den durch Bewegung vermittelten Zusammensetzungen folgen*"³⁸.

Somit scheint die Welt vollständig determiniert. Denn durch die Regeln lassen sich wahre Propositionen über jeden Zustand der Welt formulieren. Das würde voraussetzen, dass die Dinge zu jedem Zeitpunkt nicht anders sein könnten. Wolff betont jedoch die Kontingenz der Dinge.³⁹ Denn ihre Existenz ist keine wesentliche Eigenschaft. Wäre sie eine, könnte ein Ding niemals nicht sein. Weil jedes Ding zu unterschiedlichen Zeitpunkten existiert und in der Weise, wie es in der Welt ist, durch

---

31 Vgl. Christian Bermes, *‚Welt' als Thema der Philosophie: Vom metaphysischen zum natürlichen Weltbegriff*, a. a. O., S. 46 f.
32 *Cosmologia*, § 67, S. 63 (GW II 4).
33 Vgl. *ebd.*, § 66, S. 62.
34 *Ebd.*, § 71, S. 66.
35 Vgl. *Philosophia prima*, § 642, S. 493 und § 671, S. 507 (GW II 3).
36 Vgl. *Cosmologia* § 72, S. 66 f. (GW II 4).
37 *Ebd.*, § 73, S. 67.
38 *Ebd.*, § 65, S. 62.
39 Vgl. *ebd.*, § 80, S. 73.

andere Dinge bedingt ist, muss jedes Ding kontingent existieren.[40] Da dies für alle Dinge in der Welt gilt, ist auch der Verlauf der Welt kontingent.[41]

2.2.3 Der kontingente Weltverlauf

Für die Dinge in der Welt heißt das, dass sie aus einer vielfach kontingenten Reihe von Ursachen und Wirkungen hervorgehen.[42] Denn wenn kein Ding notwendigerweise zu irgendeinem Zeitpunkt existiert, ist die wechselseitige Einschränkung, die sie durch ihr Tätigsein erfahren, selbst kontingent. Somit ist nach Wolff aber auch das jeweilige Tätigsein der Dinge kontingent. Denn „*Actus contingentium in mundo determinatur per seriem contingentium, quae a se invicem dependent ut effectus a sua causa*" (*Das Tätigsein der kontingenten Dinge wird in der Welt durch die Reihe der kontingenten Dinge bestimmt, die wechselseitig voneinander abhängen, wie eine Wirkung von ihrer Ursache*)[43]. Dass ein Ding tätig sein kann, ist durch das Tätigsein der kontingenten Dinge bedingt, die es verursacht haben. Sein Tätigsein ist daher selbst kontingent wie alles andere, was mit ihm verbunden ist. Dazu zählen seine Seinsweise neben den Dingen neben ihm[44] oder die Welt im Ganzen, nach der sich das Tätigsein richten muss,[45] wenn es bestimmt ist.

Weil jedes Ereignis in der Welt somit von kontingenten Umständen abhängig ist, steht seine Existenz unter bestimmten Bedingungen. Ohne dass diese Bedingungen gegeben wären, wäre die Welt samt den Dingen in ihr eine andere. Daher sind die existierenden Dinge hypothetisch notwendig.[46] Dies ist der Grundgedanke eines mechanistischen Weltbildes.[47] D.h. dass aktuale Bestimmtheit der Dinge in der Welt nicht durch sie selbst gegeben ist, sondern durch sie in Bezug zueinander.[48]

Die Bedingungen geben somit vor, was der Möglichkeit nach aktual in der Welt sein kann. Solche aktual möglichen Dinge nennt Wolff „*extrinsece possibilia*" (*äußerlich Mögliche*).[49] Neben ihrer eigenen, inneren Möglichkeit, die in ihrer widerspruchsfreien Bestimmtheit besteht, weisen *extrinsece possibilia* auch keinen Widerspruch zu den aktualen Bedingungen der Welt auf.[50]

---

40 Vgl. *ebd.*
41 Vgl. *ebd.*, § 81, S. 74.
42 Vgl. *ebd.*, § 82, S. 74–77.
43 *Ebd.*, § 83, S. 77f.
44 Vgl. *ebd.*, § 84, S. 78–80.
45 Vgl. *ebd.*, § 87, S. 80f.
46 Vgl. *ebd.*, § 102, S. 93.
47 Vgl. Georg Sans, *Hypothetisch notwendige Begebenheiten. Zu Christian Wolffs kosmologischem Gebrauch der Modalbestimmungen*, a.a.O., S. 53.
48 Vgl. *Philosophia prima*, § 316, S. 249 (GW II 3).
49 *Cosmologia*, § 111, S. 99 (GW II 4).
50 Vgl. *ebd.*

Der hier gemeinte Widerspruch wird heutzutage als performativer Widerspruch bezeichnet. Er besteht in der Unmöglichkeit zwischen mindestens zwei Tätigkeiten, die nicht beide zugleich aktual sein können. Wenn die Dinge einander durch ihr Tätigsein begrenzen, ist die Möglichkeit des Tätigseins eines Einzeldings durch das Tätigsein aller anderen Dinge in der Welt bedingt. Daher kann es auch nur bestimmt sein, wenn es hinsichtlich dieser Möglichkeit bestimmt ist. Andernfalls könnte es zu keinem Zeitpunkt in der Welt sein.[51]

3 Über den Begriff der Körper in der Welt

3.1 Was ein Köper ist

Während der erste Teil seiner Kosmologie den Begriff der Welt allgemein abhandelt, wechselt Wolff im zweiten Teil zur spezifischen Erklärung ihrer Bestandteile. Dabei reichert er seine allgemeinen Erklärungen der Dinge in der Welt mit zu seiner Zeit vermeintlich erwiesenen empirischen Erkenntnissen an.

Zu diesem Zweck bestimmt er die zusammengesetzten Dinge als Körper.[52] Sie bestehen aus verschiedenen, den Raum einnehmenden begrenzten Teilen.[53] Man erkennt sie durch die Gestalt, die nach Wolff die Grenze einer Ausdehnung ist.[54] Die Gestalt bestimmt daher ganz allgemein, um was für eine Art von ausgedehntem Körper es sich handelt. Da überhaupt nur zusammengesetzte Körper eine Gestalt haben können, ist durch sie zugleich die Größe der Körper bestimmt. Denn die Größe ist die Menge der Teile eines Körpers.[55] Ergibt sich die Gestalt eines Körpers aus der Zusammensetzung seiner Teile, kann seine Größe nicht unbestimmt sein.

Insofern muss jeder Körper ein Ausgedehntes sein.[56] Denn „*Omne corpus terminatum praeditum est figura & determinatam habet magnitudinem*" (Jeder begrenzte Körper ist versehen mit einer Gestalt und hat eine bestimmte Größe.)[57], weshalb „[o]*mne corpus spatium determinatum replet*" (Jeder Körper einen bestimmten Raum ausfüllt.)[58].

---

51 Vgl. *ebd.*, § 112, S. 100.
52 Vgl. *ebd.*, § 119, S. 108.
53 Vgl. *Philosophia prima*, § 619–622, S. 477–479 (GW II 3).
54 Vgl. *ebd.*, § 621, S. 478.
55 Vgl. *Deutsche Metaphysik*, § 61, S. 29 (GW I 2.2).
56 Vgl. *Cosmologia*, § 122, S. 109 (GW II 4).
57 Vgl. *ebd.*, § 123, S. 109.
58 Vgl. *ebd.*, § 124, S. 109.

3.1.1 Veränderung der Körper in der Welt

Da sich die körperliche Ausdehnung somit auf Gestalt, Größe und räumliche Bestimmung der Teile eines Körpers beschränkt, ist damit zunächst ein bloß geometrisches Verständnis für die Veränderung von Körpern geschaffen.

Gibt es nur Ausgedehntes, beruht Veränderung auf der Neubestimmung der Ausdehnung eines Körpers. Veränderung findet daher nur statt, wenn sich die räumliche Zusammensetzung des Körpers ändert.[59] Darin besteht Bewegung.[60] Die singuläre Abgrenzung der Körper bleibt jedoch vollständig unklar. Denn mehrere Körper könnten zugleich Bestandteile der Ausdehnung verschiedener anderer aktualer Körper sein, wenn sie nicht als zu einem Körper zugehörig abgegrenzt sind.

Wolff löst dieses Problem durch den Verweis auf die Materie eines Körpers. „Materia est extensum vi inertiae praeditum." (*Materie ist mit Kraft der Trägheit versehene Ausdehnung*)[61]. Die *vis inertiae* der Materie eines Körpers widersteht der Bewegung, indem sie die Bestandteile eines Körpers an ihrem Ort im Körper zusammenhält. Alles was durch die *vis inertiae* erfasst ist, gehört somit zur Ausdehnung des Körpers und grenzt ihn von anderen Körpern durch seinen Bewegungswiderstand ab. Hinsichtlich der Bewegung des Körpers bedeutet das dreierlei. Für Wolff bestimmt sich Bewegung durch eine gegebene Geschwindigkeit und Ausrichtung. Demnach kann sich der Widerstand des Körpers nur auf diese zwei Faktoren beschränken. Entweder widersteht der Körper daher sowohl der Geschwindigkeit und der Ausrichtung, oder nur einem von beiden, während eines gleichbleibt.

Dass der Materie der Körper allein die *vis inertiae* zukommt ist problematisch, da dies geradewegs zu dem Schluss führt: „[…] so kan kein Cörper sich selbst bewegen […]"[62]. Wenn in der Welt nur Körper sind, denen Materie zukommt, dürfte überhaupt keine Bewegung stattfinden. Schließlich widersetzt sich jeder Körper durch die Materie der Bewegung. Indem er darauf aufmerksam macht, dass die Körper mit der Materie nicht identisch sind,[63] bietet Wolff einen Ausweg aus diesem Problem. Die Materie mag den Körpern zwar zukommen, doch sind es die Körper selbst, die die Bewegung verursachen. Schließlich kommt ihnen eine aktive Kraft (*vis activa*) bzw. bewegende Kraft (*vis motrix*) zu, durch die sie jegliche Bewegung herbeiführen bzw. beibehalten können.[64] D. h. sie können ihre Geschwindigkeit bestimmen und dadurch die Ausrichtung der Ausdehnung des Körpers an einem Ort im Bezug auf den Ort eines anderen Körpern.[65]

---

59 Vgl. *ebd.*, § 127 f, S. 111–113.
60 Vgl. *Philosophia prima*, § 642, S. 493 (GW II 3).
61 *Cosmologia*, § 141, S. 121 (GW II 4) und *Deutsche Metaphysik*, § 607, S. 376 (GW I 2.2).
62 *Deutsche Metaphysik*, § 608, S. 377 (GW I 2.2).
63 Vgl. *ebd.*, § 626, S. 383.
64 Vgl. *Cosmologia*, § 135–137, S. 118 f. (GW II 4).
65 Vgl. *ebd.*, § 152–166, S. 130–137.

3.1.2 Widerstreit der Kräfte

Wolff sieht die *vis inertiae* und *vis motrix* als voneinander substantiell scheinbar verschiedene an. Denn klare Begriffe von ihnen kann er nicht geben, da man von beiden durch die Sinne nur eine konfuse Perzeption erhält, was sie zu Phänomenen macht.[66] Trotzdessen ist von ihnen bemerkbar, dass sie losgelöst voneinander dauerhaft an Körper und Materie bestehen. Das führt zum Resultat, dass, wenn die Welt nur aus materiellen Körpern besteht, die ganze Materie ständig bewegt sein muss.[67] Denn die *vis motrix* kommt jedem Körper beständig zu, weshalb auch „*Omne corpus mutatur ab alio*" (*Jeder Körper wird von einem anderen bewegt*)[68].

Genauer betrachtet ist damit keine Erklärung für die Bewegung in der Welt gegeben. Denn unklar ist, wie die Wirkungen zweier verschiedener Kräfte vereinbar sind, wenn die Wirkung der einen Kraft die Gegenwirkung der anderen Kraft ist. Entweder ist die Wirkung der einen Kraft immer stärker als die Gegenwirkung der anderen. Das resultiert letztlich in der Zunahme der Geschwindigkeit der Körper oder zum langsamen Stillstand aller Körper. Oder die Wirkung der Kräfte ist gleich stark. Dann müsste die Welt stillstehen. Nichts davon trifft zu.

3.2 Elemente des Körpers

Da für Wolff ein jeder Körper in der Welt zusammengesetzt ist, stellt sich die Frage nach der Beschaffenheit seiner Bestandteile. Sollten diese wiederum Körper sein, müssten sie zusammengesetzt sein. Woraus dieselbe Frage für die Bestandteile erneut entspringt. Dies *ad infinitum*, weil die Zusammensetzung nicht endet. Wolff setzt dem Regress eine Schranke, indem er die Körper noch genauer als „*substantiarum simplicium aggregata*" (Aggregate einfacher Substanzen)[69]. bestimmt. Diese sind in ihrer Bestimmtheit beständig und sukzessiv veränderbar.[70] Denn die Bestimmtheit setzt sich zum einen aus essentiellen Eigenschaften und den durch sie bestimmten Attributen zusammen und zum anderen aus Modi.[71] Somit gehören sie also zu den einfachen und teillosen Dingen,[72] die man nach Wolff Elemente nennt.[73]

Die Elemente bilden somit das Prinzip für die Bestimmtheit der zusammengesetzten materiellen Körper überhaupt.[74] Denn jede Eigenschaft, die ein solcher Körper

---

66 Vgl. *ebd.*, § 295–298, S. 222–225.
67 Vgl. *ebd.*, § 170, S. 140.
68 Vgl. *ebd.*, § 139, S. 120.
69 *Cosmologia*, § 176, S. 143 (GW II 4).
70 Vgl. *Philosophia prima*, § 768, S. 574 und § 764 S. 572 (GW II 3).
71 Vgl. *ebd.*, § 770, S. 574 f.
72 Vgl. *Cosmologia*, § 177, S. 143 (GW II 4).
73 Vgl. *ebd.*, § 181, S. 145.
74 Vgl. *Philosophia prima*, § 866, S. 645 (GW II 3).

hat, ist auf seine Zusammensetzung aus Elementen zurückzuführen. Was nicht heißt, dass den Elementen dieselben Eigenschaften zukommen können wie den zusammengesetzten Körpern. Diese können die Elemente aufgrund ihrer Unteilbarkeit überhaupt nicht haben.[75]

Für Wolffs Stellung zu den Atomisten und Monadentheoretikern seiner Zeit ist diese Sichtweise bedeutend. Denn durch die Ungleichheit von Elementen und Körpern umgeht er das Erklärungsproblem, das Atomisten mit der Ausdehnung der Atome haben. Jene nahmen grosso modo an, dass den Atomen eine Ausdehnung zukommt.[76] Somit müssen sie eine bestimmte Gestalt haben. Weil eine Gestalt auf der Zusammensetzung von Teilen beruht, ist unverständlich, wie Atome die ersten Bestandteile eines Körpers sein können. Denn sie müssten dann teilbar sein. In dieser Hinsicht ist die Gestalt der Atome für Wolff eine *qualitas occulta*.[77]

Die wolffschen Elemente, die er in Abgrenzung zu den anderen Theorien *atom[i] naturae* nennt,[78] umgehen dieses Problem durch den Begriff der Kraft. Als positive Bestimmung ist jedes Element durch seine bewegende Kraft von anderen verschieden.[79] Sie ist somit die wesentliche Eigenschaft der Elemente. Weil sie hinsichtlich anderer Elemente graduell verschieden sein kann, ist damit auch der Modus des Elements bestimmt.

Ist dies die einzige Bestimmung der Elemente, führen sie eine ständige Veränderung herbei[80], indem sie ihre Bestimmtheit zueinander verändern.[81] Somit findet eine Reihe sukzessiver Veränderungen statt, die auf jedes einzelne der Elemente zurückführbar ist.[82]

3.3 Korpuskeln

Die qualitativen Eigenschaften eines Körpers sind durch die Elemente allein nicht erklärt. Wolff erklärt sie mit Rückgriff auf seine Korpuskulartheorie die er in der Erfahrung bestätigt sieht.[83]

---

75 Vgl. *Cosmologia*, § 184 f S. 147 f. (GW II 4).
76 Vgl. Daniel Garber, *Physics and Foundations*. in: *The Cambridge History of Science: Volume 3, Early Modern Science*. Edited by Katharine Park, Lorraine Daston. Cambridge, 2006, S. 47 f.
77 Vgl. *Cosmologia* § 189 f., S. 149 f. (GW II 4).
78 Vgl. *ebd.*, § 186 f., S. 148.
79 Vgl. *ebd.*, § 195 f., S. 152.
80 Vgl. *ebd.* § 197, S. 197 (GW II 4).
81 Vgl. *ebd.* § 203–207, S. 156–159 (GW II 4).
82 Vgl. *ebd.* § 197 f, S. 152–154 (GW II 4).
83 Grundlage für die Korpuskulartheorie im 18. Jhd. ist Boyles *corpuscular philosophy*, die auf dem europäischen Festland eher als Grundlage mechanischer Philosophie als der Chemie angesehen wurde. Siehe: Antonio Clericuzio, *Elements, Principles and Corpuscles. A Study of Atomism and Chemistry in the Seventeenth Century*. Dordrecht, 2000, S. 103–148.

Ein Korpuskel ist ein zusammengesetztes Ding, das entweder nicht beobachtbar ist oder sich einer direkten Beobachtung aufgrund seiner Kleinheit entzieht.[84] Im ersten Fall handelt es sich um *corpuscula primitiva*.[85] Sie sind ausschließlich aus Elementen zusammengesetzt. Im zweiten Fall handelt es sich um *corpuscula derivativa*.[86] Sie bestehen aus kleineren Bestandteilen, d. h. entweder aus *corpuscula primitiva* oder anderen *corpuscula derivativa*.

Die Existenz der Korpuskeln bestätigt nach Wolff der Blick durch Mikroskope unterschiedlicher Stärke. Egal, wie sehr ein Stoff vergrößert wird, man sieht nur immer kleiner werdende materielle Teile, aus denen der Stoff zusammengemischt ist.[87] Da sich die *corpuscula primitiva* der Sicht entziehen, handelt es sich bei den betrachteten Teilen stets um *corpuscula derivativa*, die man auch Partikel nennt.[88]

Die Zusammensetzung der Korpuskeln ist für Wolff der Grund für die bestimmten Erscheinungsformen der Körper überhaupt.[89] Sie bestimmen die mechanischen Qualitäten, wie z. B. eine bestimmte Gestalt, Masse und Lage[90], und die physikalischen Qualitäten, die alle Eigenschaften der Körper erfassen, die sich aus physikalischen Prinzipien erklären lassen.[91] Letztere Eigenschaften ergeben sich also aus der wechselseitigen Einwirkung von Körpern.[92]

Die wolffschen Korpuskeln erklären somit die qualitative Beschaffenheit der Körper. Weil die *corpuscula primitiva* aus Elementen zusammengesetzt sind und jedes Element aufgrund seiner Kraft von allen anderen verschieden ist, besteht ein jedes *corpusculum primitivum* aus von anderen *corpuscula primitiva* vollständig differenten Elementen. Somit sind sie alle vollkommen voneinander verschieden. Setzen sich die ersten *corpuscula derivata* aus den *corpuscula primitiva* zusammen, so gilt die Individualität der daraus entstehenden Korpuskeln auch für diese. Weil sich die qualitative Beschaffenheit der Korpuskeln aus der Zusammensetzung ihrer Teile ergibt, ist somit auch ihre qualitative Beschaffenheit individuell verschieden. Bestehen Körper in der Welt aus einer Mischung von *corpuscula derivativa*, kann es somit keinen Körper geben, der identisch mit einem anderen Körper ist.[93] Denn die qualitativen Eigenschaften einer jeden Mischung sind einzigartig.

---

84 Vgl. *Cosmologia* § 227, S. 174 (GW II 4).
85 Vgl. *ebd.*, § 229 not., S. 175.
86 Vgl. *ebd.*, § 229, S. 175.
87 Vgl. *ebd.*, § 228, S. 175.
88 Vgl. *ebd.*, § 233 not. S. 177.
89 Vgl. *ebd.*, § 237, S. 180.
90 Vgl. *ebd.*, § 240, S. 181 f.
91 Vgl. *ebd.*, § 238, S. 180 f.
92 Vgl. *ebd.*, § 240 not., S. 182 f.
93 Vgl. *ebd.*, § 247, S. 191 f.

4 Die Bewegungsgesetze

Weiterer Bestandteil der wolffschen Kosmologie sind die Bewegungsgesetze. Sie werden als „principia generalia regularum motus" (*allgemeine Prinzipien der Regeln der Bewegung*)[94] bestimmt. Aus ihnen ist also die gleichbleibende Bestimmtheit des Grundes der Veränderung eines Körpers verstehbar.[95] Sie geben somit an, warum ein Körper zu jedem Zeitpunkt seiner Existenz sich so bewegt, wie er sich bewegt.

4.1 Aneinanderschlagen der Körper

Wolff greift bei seiner Darstellung anfangs auf Newtons *Principia Mathematica* zurück. Sie umfasst daher zunächst das Inertialgesetz für den Zustand der Ruhe und der Bewegung der Körper.[96] Darauf folgt das Aktionsprinzip für die Veränderung der Bewegung der Körper.[97] Zuletzt erklärt er das Reaktionsprinzip und seine Implikationen.[98]

Anders als Newton in seinen *Principia* lehnt Wolff den Begriff der Fernwirkung explizit ab.[99] Dies stimmt mit seinem mechanischen Weltbild überein, in dem Bewegung nur durch Kontakt von Körpern geschieht. Wolff erläutert dies näher durch den Begriff *conflictus*. „*Conflictus corporum dicitur eorum status, quo in se invicem agunt & reagunt*" (*Das Aneinanderschlagen der Körper wird deren Zustand genannt, wodurch sie gegeneinander wechselseitig agieren und reagieren*)[100]. Bewegung beruht somit auf der Einwirkung von aneinander angrenzenden Körpern aufeinander.[101] Jede Veränderung in der Welt ist somit entweder durch direkte oder indirekte Einwirkung erklärbar.[102] Denn entweder agieren und reagieren zwei Körper, die unmittelbar nebeneinander liegen, oder sie tun selbiges vermittels dazwischenliegender Körper.

---

94 Vgl. *ebd.*, § 302, S. 228.
95 Vgl. *ebd.*, § 302, S. 228 und *Philosophia prima*, § 475, S. 362 (GW II 3).
96 Vgl. *Cosmologia*, § 304–309, S. 229–232 (GW II 4).
97 Vgl. *ebd.*, § 310–312, S. 233 f.
98 Vgl. *ebd.* § 313–341, S. 234–251.
99 Vgl. *ebd.* § 322 f, S. 240 f. Auch wenn Newton die Schwerkraft aus einer sich unendlich erstreckenden Ursache erklärt, (Vgl. Isaac Newton, *Philosophiae Naturalis Principia Mathematica. Editio Tertia*. 1726, London, Scholium Generale, S. 530), so lehnt er den Begriff der Fernwirkung dennoch ab. (Vgl. Alexander Dyce, *The Works of Richard Bentley D.D. Vol. III.*, Newton to Bentley, Letter 3, London, 1838, S. 212).
100 *Cosmologia*, § 324, S. 241 (GW II 4).
101 Vgl. *ebd.*, § 325, S. 241.
102 Vgl. *ebd.*, § 330–334, S. 244–246.

4.1.1 Die Leibnizschen Kräfte

Die Aktualität der Bewegungen der Körper begründet Wolff mit den leibnizschen Kräften.[103] *Vis mortua* und *vis viva* begründen die translativen Bewegungen zwischen Körpern. Als potenzielle Energie und kinetische Energie werden sie seit dem 19. Jhd. bezeichnet.[104] Die *vis primitiva* und *vis derivativa* begründen die Eigenbewegung der Körper.

Die *vis mortua* verharrt in einem steten Streben zur Bewegung, ohne dass sie eine bestimmte Bewegung aktual herbeiführt.[105] Sie verleiht somit den Körpern das Potenzial, in bestimmter Weise zueinander bewegt zu sein. Die *vis viva* ist mit der örtlichen Bewegung verbunden und strebt fortdauernd zur Hervorbringung örtlicher Bewegung hin.[106] Sie hält somit die Aktualität der Bewegung, bestehend aus Geschwindigkeit und Ausrichtung, aufrecht.

Das Potenzial zur aktualen Eigenbewegung der Körper ist durch die *vis primitiva* gegeben. Sie ist durch die Elemente der Körper bestimmt.[107] Die aktuale Eigenbewegung ist durch die *vis derivativa* bestimmt. Sie entsteht aus dem Aneinanderstoßen der Körper und ist somit das Resultat eines bewegungsmechanischen Vorgangs.[108] Denn das Aneinanderstoßen bewirkt eine Veränderung der vires primitivae, indem sie in bestimmter Weise begrenzt werden.[109]

4.1.2 Schädliche Wirkung

Wie Wolff bemerkt, ist dieser Vorgang im Zusammenspiel der Kräfte nicht unproblematisch. Da die *vis dervativa* aus der Veränderung der *vires primitivae* entsteht, absorbiert erstere die letzteren. Die *vis derivativa* ist somit eine Wirkung, die aus dem Zusammenstoß der Körper resultiert[110], was die Veränderung der *vires primitivae* herbeiführt. Um diese Wirkung zu beschreiben, führt Wolff den Begriff des *effectus nocuus* ein. „*Effectus nocuus* est, qui vim, qua producitur, absorbet" (*Eine schädliche Wirkung ist das, was die Kraft verschluckt, durch die es hervorgebracht wurde*)[111]. Da

---

103 Leibniz führt die Kräfte erstmals in der April Ausgabe der Acta Eruditorum ein. Siehe: Gottfried Wilhelm Leibniz, Specimen *Dynamicum, pro admirandis naturae legibus circa corporum vires et mutuas actiones detegendis, et ad suas causas revocandis*. in: *Acta Eruditorum*. April 1695. Leipzig, S. 145–157.
104 Vgl. Wilhelm H. Westphal, *Physikalisches Wörterbuch. Zwei Teile in einem Band*, Berlin Heidelberg 1952, Band 1. S. 342.
105 Vgl. *Cosmologia* § 356, S. 259 (GW II 4).
106 Vgl. *ebd.*, § 357, S. 259.
107 Vgl. *ebd.*, § 358 f., S. 159 f.
108 Vgl. *ebd.*, § 478, S. 370.
109 Vgl. *ebd.*, § 362–364, S. 262–264.
110 Vgl. *ebd.*, § 478, S. 370.
111 *Ebd.*, § 471, S. 363.

sich die Stärke der Wirkung der *vis derivativa* aus der Anzahl der vereinnahmten *vires primitivae* ergibt, scheint sie ab einer bestimmten Anzahl die Wirkung der *vis viva* und somit die *vis viva* selbst aufzuheben. Aus diesem Problem heraus entwickelt Wolff noch vor Julius Robert von Mayer[112] einen Erhaltungssatz der Kräfte.

4.2 Erhaltungssatz der Kräfte

Die *vis derivativa* ist das Resultat der zusammenstoßenden Körper, die nicht zusammenstoßen könnten, wenn sie nicht bewegt wären. Ihnen kommt daher eine *vis viva* zu, die ihre Geschwindigkeit und Ausrichtung bestimmt. Da das Zusammenstoßen zu einer Änderung von Geschwindigkeit und Ausrichtung führt, übertragen sich die Kräfte der Körper aufeinander. Weil die *vis viva* der zureichende Grund für die Veränderung der *vis primitiva* ist, kann eine *vis derivativa* nur genauso stark sein, wie die *vis viva* des Körpers.[113] Da die aktuale Eigenbewegung des Körpers durch seine *vis derivativa* bestimmt ist und diese nicht größer sein kann, als seine vis viva, kann durch den Zusammenstoß die *vis viva* eines anderen Körpers nur entsprechend der Stärke der *vis derivativa* verändert werden. Die *vis viva* geht daher nicht verloren, sondern wird in anderer Form erhalten, bis sie durch einen Zusammenstoß wieder hervorgebracht wird.[114] Somit gilt „*In toto universo semper conservatur eadem virium vivarum quantitas*" (Im ganzen Universum wird stets dieselbe Menge lebendiger Kräfte erhalten)[115].

5 Über die Natur des Universums und die Vollkommenheit der Welt

5.1 Das Natürliche

In einem mechanischen Weltverständnis kommt den Begriffen des Natürlichen und Übernatürlichen ein besonderer Stellenwert zu. Denn sie geben Aufschluss über die Vollkommenheit einer Welt.

Nach Wolff „bestehet die Vollkommenheit der Welt darinnen, daß alles, was zugleich ist, und auf einander folgt, mit einander übereinstimmet, das ist, daß die besonderen Gründe, die ein jedes hat [...], sich immerfort in einerley allgemeine Gründe auflösen lassen"[116].

---

112 Vgl. Julius Robert Mayer, *Bemerkungen über die Kräfte der unbelebten Natur.* in: *Annalen der Chemie und Pharmacie.* Band XLII, Heidelberg, 1842, S. 233–240.
113 Vgl. *Cosmologia*, § 479, S. 371 (GW II 4).
114 Vgl. *ebd.*, § 484, S. 375 f.
115 Vgl. *ebd.*, § 487, S. 378.
116 *Deutsche Metaphysik*, § 701, S. 436. (GW I 2.2).

Da die Welt aus bewegten Dingen besteht und jedes aufeinander einwirkt, muss es eine Erklärung geben, weshalb die Bewegungen der Dinge derart bestimmt ist, dass sie einander ergänzen. Wolff liefert eine solche Erklärung mithilfe des Begriffs der *Natur des Universums*. Sie ist nach ihm die *vis motrix* selbst[117] und setzt sich als Aggregat aus den Bewegungskräften aller koexistierenden Dinge zusammen.[118] Als solche ist sie nur eine allgemeine Bestimmung der Natur, ohne dass sie vollkommen ist. Denn wie ihre Bestandteile aufeinander bezogen sind, so dass durch sie die *vis motrix* im Ganzen bestimmt ist, ist aus dem Begriff des Aggregats nicht ersichtlich. Er sagt also ein Ganzes aus, dessen Teile zueinander unbestimmt sind, sodass das Ganze durch seine Teile nicht vollständig bestimmt ist.

In der vollständigen Bestimmtheit besteht jedoch die Vollkommenheit des Ganzen. Denn aus ihr ist ersichtlich, ob die Teile in jedem Zustand ein bestimmtes Ganzes bilden. Da die *vires motrices* des Aggregats nicht nur koexistent, sondern auch sukzessiv bestehen, bezieht sich die Bestimmtheit auch auf die verschiedenen Zustände des Aggregats zueinander. Diese Bestimmtheit erlangt die Natur, wenn sie unter den Bedingungen einer Welt steht. Für Wolff gehören dazu die Regeln und Gesetze, die die Ordnung im Weltganzen erklären.[119] Schließlich ist durch sie bestimmt, wie sich die einzelnen Dinge ihrem Wesen nach im Weltganzen verändern können[120], so dass durch die *vires motrices* im Einzelnen eine Ordnung für die *vis motrix* des Ganzen bestimmt ist.[121] Dieses Zusammenspiel nennt Wolff auch den „Lauf der Natur"[122].

Im Lauf der Natur erklärt sich jede Veränderung aus dem Wesen der Dinge und den Regeln und Gesetzen der Weltordnung. Jede Veränderung, die sich allein aufgrund dessen vollzieht, ist daher als natürlich für die Welt anzusehen.[123] Jede Veränderung, die weder dem Wesen der Dinge noch den Regeln und Gesetzen entspricht, muss auf etwas von der Bestimmung der Welt Verschiedenes zurückgeführt werden. Sie ist somit übernatürlich.[124] Für Wolff ist eine solche Veränderung als eine Unvollkommenheit hervorbringende Ausnahme in der Welt anzusehen.[125]

Je mehr Ausnahmen es im Lauf der Natur gibt, desto unvollkommener muss daher eine Welt sein.[126] Denn die Ausnahme ist etwas, dass in Bezug zur Welt selbst unbestimmt ist, da es zu einem bestimmten Weltzustand nicht aus dem Wesen der Dinge und den Regeln und Gesetzen der Weltordnung hervorgehen kann. Mit der Ausnahme ist die Welt also nicht mehr vollständig bestimmt, weil sie sich als Aggregat

---

117 Vgl. *Cosmologia*, § 506, S. 394 (GW II 4).
118 Vgl. *ebd.*, § 507, S. 394 f.
119 Vgl. *Deutsche Metaphysik*, § 709, S. 440 f. (GW I 2.2).
120 Vgl. *Cosmologia*, § 545, S. 427 (GW II 4).
121 Vgl. *ebd.*, § 557–559, S. 436.
122 *Deutsche Metaphysik*, § 724, S. 452 (GW I 2.2) und *Cosmologia*, § 567, S. 441 (GW II 4).
123 Vgl. *Cosmologia*, § 509, S. 396 und § 511, S. 397 (GW II 4).
124 Vgl. *ebd.*, § 510, S. 396 f.
125 Vgl. *ebd.*, § 544, S. 427.
126 Vgl. *ebd.*, § 549, S. 429.

in Bezug auf ihre Bedingungen aus bestimmten und unbestimmten Bestandteilen zusammensetzt.

5.2 Das Übernatürliche

Die Erkenntnis, dass das Übernatürliche die Unvollkommenheit einer Welt bestimmt, ist nicht unproblematisch. Denn wie Wolff festhält, versteht man unter dem Übernatürlichen auch die Wunder.[127] Allgemeinhin verstehen die „Leute, die in der Erkäntniß der Natur nicht weit kommen"[128], alles als Wunder, das eine „ungewöhnliche Begebenheit der Natur"[129] ist. In dieser Weise drückt der Begriff aber nur einen epistemischen Zustand aus. Denn er sagt nur die Unkenntnis über den Grund einer Begebenheit aus.

Das Natürliche und Übernatürlich sind aber kontradiktorische Gegensätze.[130] Denn das Übernatürlich ist mit den Bedingungen, unter denen die Natur besteht, nicht vereinbar. Konsequenterweise ist es somit nicht Bestandteil des Laufs der Natur.[131] Ein Wunder ist daher nicht beobachtbar.[132]

5.2.1 Möglichkeit von Wundern

Dennoch schließt Wolff Wunder nicht aus. Da sie nicht durch die Bedingungen des Laufs der Natur bestimmt sind, sind sie von keinem ihnen vorhergehenden Weltzuständen abhängig. „[...] [D]emnach geschiehet es auf einmahl und in einem Augenblicke"[133]. Gemeint ist damit, dass ein bestimmter „Zusammenhang der Dinge, wie eines aus dem andern kommt"[134], einfach existiert oder aufhört zu existieren.[135]

Das erscheint zunächst widersprüchlich zu der Aussage, dass ein Wunder nicht Bestandteil des Laufs der Natur ist. Das stimmt nur, wenn derselbe Lauf der Natur gemeint ist. Wenn das Wunder einen Lauf der Natur neu bestimmt oder ihn überhaupt erst hervorbringt, ist das nicht der Fall.[136] Diese Möglichkeit besteht, wenn ein

---

127 Vgl. *ebd.*, § 510, S. 396 f.; *Deutsche Metaphysik*, § 633, S. 386 (GW I 2.2).
128 Vgl. *Deutsche Metaphysik*, § 634, S. 386 (GW I 2.2).
129 Vgl. *ebd.*, § 634, S. 386.
130 Vgl. *Cosmologia*, § 510 not., S. 396 (GW II 4).
131 Vgl. *ebd.*, § 568, S. 441.
132 Vgl. *ebd.*, § 521 f., S. 404 f.
133 *Deutsche Metaphysik*, § 688, S. 426 (GW I 2.2).
134 *Ebd.*, § 689, S. 426.
135 Vgl. *ebd.*
136 Vgl. Werner Euler, *Über das Verhältnis des Natürlichen und Übernatürlichen und seine Konsequenzen für die Begründung göttlicher Wunder in der Metaphysik Christian Wolffs*. in: *Die natürliche Theologie bei Christian Wolff*, hg. von Michael Albrecht, Hamburg 2011 (*Aufklärung*, Band 23), S. 140 f.

Wunder mit der Essenz eines Körpers übereinstimmt.[137] Denn was mit ihr vereinbar ist, ist eine mögliche Bestimmung des Körpers, nur dass er diese unter den aktuellen natürlichen Bedingungen nicht aufweist.[138] Das Wesen eines Körpers besteht in dem Modus (Art der Zusammensetzung)[139], wodurch seine Teile nicht anders miteinander verbunden sein können.[140] Weil der Modus eines zusammengesetzten Körpers die Zusammensetzung seiner Teile ist, diese Zusammensetzung aber durch den Lauf der Natur bedingt ist, ist ein Wunder mit seiner Essenz unvereinbar.

5.2.2 Wirklichkeit von Wundern

Für den Modus eines einfachen Körpers gilt das nicht. Denn als *corpusculum primitivum* besteht er aus Elementen.[141] Diese sind als einfache Substanzen von sich aus intrinsisch ständig bestimmt, nur dass diese Bestimmtheit einer sukzessiven intrinsischen Veränderung fähig ist.[142] Die Essenz eines *corpusculum primitivum* besteht daher in der intrinsischen Bestimmtheit der Elemente, aus denen sie hervorgeht. Sind die Elemente stets gleich bestimmt, so bleiben die Eigenschaften eines jeden *corpusculum primitivum* gleich. Weil die Körper aus ihnen bestehen, bleibt somit auch jede Eigenschaft der Körper gleich, die ohne die Beschaffenheit der *corpuscula primitiva* nicht gegeben wäre. Der Lauf der Natur ist somit konstant.

Ändert sich die Bestimmtheit der Elemente, muss dies die Existenz ganz anderer einfacher Körper und die Vernichtung der bisher bestandenen einfachen Körper zur Folge haben.[143] Besteht die wesentliche Eigenschaft der Elemente in der Veränderung und ist ein Wunder eine Veränderung, ist somit ein Wunder mit der Essenz der Elemente vereinbar.

Weil der Lauf der Natur die einfachen Körper nicht hervorbringt, sondern erst durch sie besteht, müssen sie einen Anfang ihrer Existenz haben. Nach Wolff kann dieser nur in einem göttlichen Wunder begründet sein.[144] Denn Gott ist das einzige, das unabhängig von der Welt besteht und somit vor ihrer Existenz ursächlich für sie sein kann.[145]

---

137 Vgl. *Cosmologia*, § 517, S. 401 f. (GW II 4).
138 Vgl. *ebd.*, § 518, S. 402 f.
139 Vgl. *Deutsche Metaphysik*, § 611, S. 378 (GW I 2.2).
140 Vgl. *Cosmologia*, § 140, S. 120.
141 Vgl. *ebd.*, § 229, S. 175.
142 Vgl. *ebd.*, § 182, S. 146; *Philosophia prima*, § 768, S. 574 (GW II 3).
143 Vgl. *Deutsche Metaphysik*, § 688, S. 426 (GW I 2.2); *Cosmologia*, § 205, S. 157 (GW II 4).
144 Vgl. *Deutsche Metaphysik*, § 89, S. 45 und § 688, S. 426 (GW I 2.2).
145 Vgl. *ebd.*, § 939 f., S. 579 f. und § 945, S. 583 f. (GW I 2.2). Siehe auch den Beitrag von Robert Theis.

6 Das Besondere der wolffschen Kosmologie

Zweifelsohne ist die wolffsche Kosmologie im Deutschland des 18. Jahrhunderts ein intellektueller Fixpunkt in der Auseinandersetzung mit der Beschaffenheit der Welt. Denn die kosmologischen Werke jener Zeit orientierten sich entweder an Wolffs *cosmologia transcendentalis* oder grenzten sich gezielt von ihr ab. Gewährsmänner hierfür sind z. B. Crusius, Eschenbach, Meier, Gottsched, Baumgarten und viele mehr.[146]

Orientierung und Abgrenzung lassen sich durch Wolffs innovative Synthese verschiedener Positionen zur Erklärung der Welt begründen. Aufgrund des Erfolgs des englischen Empirismus in Europa, begegnete man spekulativen Entitäten und allem was mit ihnen zusammenhängt mit großer Skepsis. Da sie sich der direkten Erfahrung entziehen, sah man sie als bloße Hirngespinste an. Man lehnte daher die wolffsche und leibnizsche Position ab.[147]

Empiristische Kosmologien waren jedoch nicht in der Lage, Ereignisse über das Erfahrbare hinaus systematisch zu erklären. Anders die wolffsche Kosmologie. Denn sie lieferte erstmals Erklärungen, die das Erfahrbare in einen vollständigen und lückenlosen Zusammenhang setzte. Die Abstraktionsebene ist dabei höher als beim Empirismus. Schließlich umfasst sie die Erklärungen der Empiristen gleich mit und ergänzt sie um deren rationale Begründungen.

Gezeigt zu haben, dass man alle Ereignisse in der Welt rational und systematisch begründen kann, ist letztlich die Besonderheit der wolffschen Kosmologie. Sie lieferte damit den Maßstab für die wissenschaftliche Erklärung von Ereignissen in der Welt überhaupt. Der zumindest die deutschen Naturwissenschaftler des 18. Jahrhunderts und darüber hinaus vor den irrationalen Begründungen newtonscher Empiristen schützte.[148]

7 Literaturverzeichnis

Bermes, Christian (2004): ‚Welt' als Thema der Philosophie. Vom metaphysischen zum natürlichen Weltbegriff, Hamburg.

Clericuzio, Antonio (2000): *Elements, Principles and Corpuscles. A Study of Atomism and Chemistry in the Seventeenth Century*. Dordrecht.

Dyce, Alexander (1838): *The Works of Richard Bentley D. D. Vol. III*. London.

---

146 Vgl. Alexei N. Krouglov, *Die Wahrheit der Welt in der* [sic!] *Meiers Kosmologie*. in: *Georg Friedrich Meier (1718–1777): Philosophie als „wahre Weltweisheit"*, hg. von Frank Grunert und Gideon Stiening Berlin, 2015, S. 123–128.
147 Vgl. J. B. Shank, *The Newton Wars & the Beginning of the French Enlightenment*. Chicago & London, 2008, S. 444–445.
148 Vgl. J. L. Heilbron, *Electricity in the 17th and 18th Centuries: A Study of Early Modern Physics*, Berkeley 1979, S. 46.

Engelhard, Kristina (2005): *Das Einfache und die Materie. Untersuchungen zu Kants Antinomie der Teilung.* Berlin.

Euler, Werner (2011): *Über das Verhältnis des Natürlichen und Übernatürlichen und seine Konsequenzen für die Begründung göttlicher Wunder in der Metaphysik Christian Wolffs.* in: *Die natürliche Theologie bei Christian Wolff,* hg. von Michael Albrecht (Aufklärung, Bd. 23), Hamburg, S. 123–146.

Garber, Daniel (2006): *Physics and Foundations.* in: *The Cambridge History of Science: Volume 3, Early Modern Science.* Edited by Katharine Park, Lorraine Daston. Cambridge, S. 21–69.

Heilbron, J. L. (1979): *Electricity in the 17th and 18th Centuries: A Study of Early Modern Physics,* Berkeley.

Hogan, Desmond (2007): *Wolff on Order and Space.* in: *Christian Wolff und die europäische Aufklärung,* hg. von Jürgen Stolzenberg und Oliver-Pierre Rudolph, Teil 3, Hildesheim, 2007, S. 29–42 (GW III 103).

Krouglov, Alexei N. (2015): *Die Wahrheit der Welt in der* [sic!] *Meiers Kosmologie.* in: *Georg Friedrich Meier (1718-1777): Philosophie als „wahre Weltweisheit",* hg. von Frank Grunert und Gideon Stiening, Berlin, S. 123–144.

Leibniz, Gottfried Wilhelm (1695): *Specimen Dynamicum, pro admirandis naturae legibus circa corporum vires et mutuas actiones detegendis, et ad suas causas revocandis.* in: *Acta Eruditorum.* April, Leipzig, S. 145–157.

Mayer, Julius Robert (1842): *Bemerkungen über die Kräfte der unbelebten Natur.* in: *Annalen der Chemie und Pharmacie. Band XLII,* Heidelberg, S. 233–240.

Newton, Isaac (1726): *Philosophiae Naturalis Principia Mathematica. Editio Tertia.,* London.

Sans, Georg (2007): *Hypothetisch notwendige Begebenheiten. Zu Christian Wolffs kosmologischem Gebrauch der Modalbestimmungen,* in: *Christian Wolff und die europäische Aufklärung.* hg. von Jürgen Stolzenberg und Oliver-Pierre Rudolph, Teil 3, Hildesheim, S. 43–55 (GW III 103).

Shank, J. B. (2008): *The Newton Wars & the Beginning of the French Enlightenment.* Chicago & London.

Westphal, Wilhelm H. (1952): *Physikalisches Wörterbuch. Zwei Teile in einem Band.,* Berlin Heidelberg.

6.5 Theologie

Robert Theis

Keywords

Rationale bzw. natürliche Theologie, Gottesbeweise, Gottesbegriff, Verhältnis natürliche und geoffenbarte Theologie

Abstract

Wolffs rationale Theologie bildet den Schlussstein seines metaphysischen Systems. Die Theologie handelt von Gottes Dasein, seinen Attributen und seinem Handeln. Der für Wolff entscheidende Beweis des *Daseins* Gottes ist aposteriorischer Natur, d.h. erfolgt im Ausgang vom zufälligen Dasein der Welt bzw. der Seele. In seinem lateinischen Oeuvre entwickelt er einen – gegenüber der Tradition verbesserten – apriorischen Beweis. In der Darlegung der göttlichen *Attribute,* deren hauptsächliche Verstand, Wille und Macht sind, sowie des göttlichen Handelns (Schöpfung, Erhaltung und Regierung), nimmt Wolff weitgehend klassische Topoi der Tradition auf, entwickelt sie aber streng am Leitfaden seiner demonstrativischen Methode. Wolff geht es letztlich – über die metaphysische Begründung des weltlichen Seienden in einem Urheber hinaus – um den Aufweis einer fundamentalen Übereinstimmung seiner Philosophie mit der Lehre der Hl. Schrift.

1 Einleitung

Die Lehre von Gott ist „die allerwichtigste [...], welche in der gantzen Welt-Weißheit vorkommet"[1]. Demzufolge ist sie auch auf „demonstrativische Art abzuhandeln"[2]. Im Aufbau der Metaphysik bildet die natürliche Theologie den letzten Teil, weil sie auf Grundsätze der Ontologie, der Kosmologie sowie der Psychologie zurückgreift.[3]

Dieses methodische Ordnungsprinzip besagt indes nichts über die metaphysische Dignität der zu behandelnden Gegenstände. Im *Discursus praeliminaris* schreibt Wolff bezüglich der Grundlage der Teile der Philosophie, also derjenigen Dinge (*entia*), von denen die Philosophie handelt: „*Entia, quae cognoscimus, sunt Deus, animae humanae ac corpora seu res materiales*" (*Das Seiende, das wir erkennen, sind Gott, die menschlichen Seelen und die Körper oder materiellen Dinge*)[4]. Diese Aufzählung lässt eine Art hierarchische Metaphysik erkennen, die auf der Überzeugung fußt, dass Gott der letzte Grund von jeglichem Seienden ist; Seelen und Körper sind nicht durch sich selber, sondern bedürfen, um zu sein und im Sein zu beharren, eines Urhebers (*auctor*). Dieser wird Gott genannt.[5]

2 Zum Begriff der natürlichen Theologie

Wolff definiert die natürliche Theologie folgendermaßen: „Ea pars philosophiae, quae de Deo agit, dicitur *Theologia Naturalis*. Quamobrem *Theologia naturalis* definire (sic!) potest per scientiam eorum, quae per Deum possibilia intelliguntur" (*Der Teil der Philosophie, der von Gott handelt, heißt natürliche Theologie. Daher kann die natürliche Theologie definiert werden als die Wissenschaft dessen, was als durch Gott möglich verstanden wird*)[6].

Diese Definition wird quasi unverändert am Anfang der *Theologia naturalis* I wiederholt.[7] Die natürliche Theologie handelt also von göttlichen Attributen und von dem, was kraft dieser Attribute als möglich begreifbar ist. Wenn dies, wie es aus der Definition der Teile der Philosophie hervorgeht, die Seelen und die Körper sind, dann bildet die natürliche Theologie insofern den Abschluss der Philosophie als in ihr der letzte Grund (*ratio*) der Seienden erreicht wird. Interessant an dieser Definition ist allerdings, dass der Erweis des *Daseins* Gottes *nicht* als erstes Thema angegeben

---

1 *Ausführliche Nachricht*, § 107, S. 296 (GW I 9).
2 *Ebd.*
3 Vgl. *Ratio praelectionum*, sec. II cap. 3, § 2, S. 141 (GW II 36).
4 *Discursus praeliminaris*, § 55, S. 28 (GW II 1), (Übersetzung G. Gawlick/L. Kreimendahl, Stuttgart Bad Cannstatt 1996).
5 Vgl. *ebd.* Zur Frage der Priorität der *methodischen* Ordnung gegenüber dem Gesichtspunkt der „Würdigkeit" der Dinge, vgl. auch *Ratio praelectionum*, sec. II cap. 3, § 16, S. 147 (GW II 36).
6 *Discursus praeliminaris*, § 57, S. 29 (GW II 1) (Übersetzung Gawlick/Kreimendahl).
7 Vgl. *Theologia naturalis* I, § 1, S. 1 (GW II II 7.1).

wird. Im § 4 der *Theologia naturalis* I wird das Programm der natürlichen Theologie wie folgt beschrieben: Als erstes ist Gottes Dasein zu beweisen, da es ansonsten keine natürliche Theologie gäbe; als zweites sind Gottes unabhängige Eigenschaften und Attribute (*essentialia* und *attributa*) zu erweisen. In der Anmerkung zu diesem Paragrafen führt Wolff noch ein weiteres Thema an, nämlich das der Schöpfung und der Erhaltung der Welt bzw. der endlichen zufällig existierenden Dinge von Gott.[8]

Die natürliche Theologie unterscheidet sich von der *geoffenbarten*. Als Teil der Philosophie fußt sie auf dem alleinigen Gebrauch der Vernunftkräfte.[9] Nichtsdestotrotz wird Wolff nicht müde – gerade auch angesichts der Angriffe seiner pietistischen Gegner –, auf die *Übereinstimmung* der natürlichen Theologie mit den Lehren der Hl. Schrift sowie auf den Nutzen der ersteren zur *Verteidigung* der letzteren hinzuweisen.[10]

Kritik bestehender Beweisarten des Daseins Gottes

In der *Ratio praelectionum* beginnt Wolff seine Darlegungen zum Thema der rationalen Theologie mit einer kritischen Darstellung bestehender Gottesbeweise. Dabei unterscheidet er zwischen solchen, die der *Form* nach fehlerhaft sind (a), und solchen, die es der *Materie* nach sind (b).[11]

a) Der zuerst diskutierte Beweis versteht sich als mathematische Demonstration und geht vom *Begriff von Gott* als *ens a se* aus. In „logische" Form gebracht lautet er: Es existiert etwas. Was nichts ist, kann auch nichts wirken. Folglich existiert etwas von sich selbst, d. h. das Wesen, das sein Dasein von sich selbst hat, existiert.[12] Nach Wolff ist das Argument der *Form* nach fehlerhaft, was bedeutet, dass es sich in keine der logischen Schlussarten bringen lässt. Nichtsdestotrotz verdient es besondere Beachtung, weil es, in veränderter und vollständigerer Ausführung, demjenigen nahesteht, das er selber in der *Deutschen Metaphysik* und in der *Theologia naturalis* I entwickelt.

Der zweite kritisierte Beweis schließt aus der Ordnung in der Welt auf einen Urheber dieser Ordnung. Dieser Beweis unterliegt nach Wolff einem Fehler, indem etwas überhaupt von einer Sache behauptet wird, was nur unter einer gewissen Einschränkung von ihr gilt (die sog. *fallacia dicti simpliciter*).[13] Genauerhin müsste das Argument dahingehend verbessert werden, dass zuerst bewiesen würde, dass die

---

8   Vgl. *ebd.*, § 4 Anm., S. 5.
9   Vgl. *ebd.*, § 1 Anm., S. 2.
10 Vgl. z. B. *Ratio praelectionum*, sec. II cap. III, § 59, S. 163 (GW II 36).
11 *Ebd.*, sec. II cap. III, § 39, S. 156.
12 Vgl. *ebd.*, sec. II cap. III, § 40, S. 156.
13 Vgl. *ebd.*, sec. II cap. III, § 41, S. 156 f.

Ordnung, von der die Rede ist, *zufällig* ist.¹⁴ Bei einer notwendigen Ordnung z. B. ist „keine würckende Ursache"¹⁵ nötig.

Der dritte Beweis fußt auf der Idee einer *künstlichen Struktur* der Weltmaschine. Ein künstlicher Bau setzt einen Baumeister voraus. So schließt man dann von der Welt, die in Analogie zu einem Kunstwerk gedacht wird, auf einen göttlichen Urheber derselben. Den Beweis kritisiert Wolff mit zwei Argumenten: Einmal indem er die Analogie in Frage stellt, die zwischen einem künstlichen Bau und der Weltmaschine besteht. Was für Werke der Kunst gilt, gilt nicht schon allgemein.¹⁶ Zum andern ist es fehlerhaft, von einzelnen Beispielen ausgehend, einen allgemeinen Schluss zu ziehen. Zunächst müsste bewiesen werden, dass das in der Kunst Stattfindende sich ebenfalls auf die Natur bzw. die Welt anwenden lässt.¹⁷

b) Bezogen sich die vorhin dargelegten Beweise auf formale Fehler, so die folgenden auf solche, die die *Materie* der Beweise berühren. Dies betrifft insbesondere unbewiesene Annahmen auf der Ebene der Voraussetzungen der Beweise.

Im ersten dieser Beweise geht es um die These, gemäß der das Menschengeschlecht bzw. die Welt einen *Anfang* genommen habe. Dies demonstrativ zu erweisen ist schwierig, ja es ist „bis *dato* noch nicht öffentlich"¹⁸ geschehen. In seiner Kritik an diesem Beweis hebt Wolff indes nur einen *formalen* Fehler hervor, nämlich den der *fallacia dicti simpliciter*: Aus dem Aufweis, dass der gegenwärtige Zustand unserer Erde einen Anfang habe, kann nicht geschlossen werden, (1) dass der *gesamte* Zustand der Erde oder *jeder* besondere Zustand einen Anfang habe; (2) dass, was von der Erde behauptet wird, nicht von der Welt insgesamt behauptet werden kann.

Der zweite Beweis ist das „heutiges Tages sehr gebräuchliche *Argument*, welches vom *Cartesio* wieder auf die Bahn gebracht worden"¹⁹. In ihm wird Gottes Dasein aus dem Begriff des vollkommensten Wesens eruiert. Wolff hebt hier gleich mehrere

---

14 Im Jahr 1731 wird Wolff diesen Beweis einer eingehenden Dekonstruktion unterziehen (*De methodo demonstrandi existentiam Dei ex ordine naturae*, in: *Horae subsecivae* 1730. Trimestre autumnale, S. 660–683 (GW II 34.2). Damit er schlüssig sei, müssten vier Aussagen bewiesen werden: 1. Dass eine Ordnung der Natur sei; 2. Dass diese kontingent sei; 3. Dass sie einen Urheber habe; dass dieser Urheber Gott sei (vgl. *ebd.*, S. 660). Es ist die dritte dieser Behauptungen, die nicht bewiesen wird. Erfolgt dies, dann läuft der Beweis, so Wolff, auf sein eigenes aposteriorisches Argument hinaus: „[...] sic argumentum ab ordine universi contingente desumtum redit ad contingentiam ipsius universi: quo argumento nos utimur existentiam Dei demonstraturi" (so läuft der Beweisgrund, den man aus der zufälligen Ordnung der Natur hernimmt, auf die Zufälligkeit der Welt selbst hinaus: welchen Beweisgrund wir gebrauchen, um Gottes Dasein zu beweisen) (*ebd.*, § 5, S. 678).
15 *Nachricht von den Vorlesungen*, in: *Kleine Schriften*, II. Hauptst., § 41, S. 645 (GW I 22) = *Ratio praelectionum*.
16 Vgl. *Ratio praelectionum*, sec. II cap. III, § 42, S. 157 (GW II 36).
17 Vgl. *ebd.*
18 *Nachricht von den Vorlesungen*, in: *Kleine Schriften*, II. Hauptst., § 43, S. 646 (GW I 22) = *Ratio praelectionum*.
19 *Nachricht von den Vorlesungen*, in: *Kleine Schriften*, II. Hauptst., § 44, S. 646 f. (GW I 22) = *Ratio praelectionum*.

Schwachstellen hervor: Die erste betrifft die bereits von Leibniz gegen Descartes vorgebrachte Kritik, nämlich, dass die *Möglichkeit* einer höchsten Vollkommenheit nicht erwiesen sei. Eine weitere besteht darin, dass, ohne einen Paralogismus zu begehen, ebenfalls bisher nicht gezeigt worden ist, dass die höchsten Vollkommenheiten des vollkommensten Wesens (dazu Verstand und Wille gehören) mit einem notwendigen Dasein verknüpft sein müssen.

Der letzte Beweis, der in diesem Zusammenhang erörtert wird, ist derjenige aus den Absichten oder Endzwecken der Dinge.[20] Von diesem heißt es, in ihm werde mit großem Geprange[21] hergeholt, was sich nicht erweisen lasse, nämlich, dass die natürlichen Dinge ihre *Endzwecke* hätten. Der hier kritisierte Beweis entspricht dem Vorgehen der sog. *Physikotheologie,* die in ihren unzähligen Varianten Gottes Dasein und seine Eigenschaften aus der Beschaffenheit der natürlichen Gegebenheiten zu erweisen suchen.[22]

c) In der *Ratio praelectionum* führt Wolff noch eine dritte Art von Gottesbeweis an, nämlich das Argument „a dictamine conscientiae" (*aus dem Gewissensspruch*)[23]. Hier soll die Wirklichkeit eines Wesens bewiesen werden, das das Gute belohnt und das Böse bestraft. Gegen dieses Argument wird eingewendet, ein derartiger Gewissensspruch sei eine durch Erziehung beigebrachte Einbildung, ein Einwand der, wie Wolff zu bedenken gibt, nicht so leicht zu widerlegen ist, solange das Dasein Gottes nicht durch andere Argumente dargetan worden ist.[24]

d) An vierter und letzter Stelle handelt Wolff nicht mehr direkt von Beweisen betr. das *Dasein* Gottes, sondern von der Ableitung bestimmter göttlicher Eigenschaften. Dabei rekurriert er auf das im vorigen Punkt dargestellte Beispiel: Wenn im Ausgang von Gewissenszuständen (etwa der Angst vor ewiger Strafe oder der Zufriedenheit angesichts vollbrachter guter Werke) Gottes *Dasein* erwiesen worden ist, wird es schwierig sein, die Eigenschaften des strafenden oder belohnenden Gottes zu beweisen.[25]

3 Die natürliche Theologie in ihrer systematischen Durchführung

Die ausführlichsten *systematischen* Darlegungen zur natürlichen Theologie finden sich einerseits im sechsten Kapitel der *Deutschen Metaphysik,* andererseits in den beiden lateinischen Traktaten zur *Theologia naturalis* (pars prior und pars posterior).

---

20 Vgl. *Ratio praelectionum,* sec. II cap. III, § 45, S. 158 (GW II 36).
21 Vgl. *ebd.*
22 Siehe Wolfgang Philipp, *Das Werden der Aufklärung in theologiegeschichtlicher Sicht,* Göttingen 1957.
23 *Ratio praelectionum,* sec. II cap. III § 46, S. 159 (GW II 36).
24 *Ebd.,* sec. II cap. III, § 46, S. 159.
25 Vgl. *ebd.,* sec. II cap. III, § 47, S. 159.

In der *Deutschen Metaphysik* und – ausführlicher – in der *Theologia naturalis* I ist Wolffs Vorgehen *aposteriorischer* Natur: Im Ausgang vom Dasein der Welt und der Seele werden Gottes Dasein und seine Eigenschaften bewiesen. Dieser Beweis genießt Wolffs Vorzug und ist nach seinen eigenen Worten ausreichend.²⁶

Eine gegenüber diesem irritierende Feststellung ist die Präsenz einer *zweiten* Theologie in Wolffs lateinischem Oeuvre. Ein Jahr nach der Veröffentlichung der *Theologia naturalis. Pars prior* folgt im Jahre 1737 ein weiterer Traktat, die *Theologia naturalis. Pars posterior*. Aus ihrem Untertitel geht hervor, dass in ihr das Dasein Gottes und seine Attribute „ex notione entis perfectissimi et natura animae" (*aus dem Begriff des vollkommensten Wesens und der Natur der Seele*) bewiesen werden. Das Werk setzt sich darüberhinaus noch ein weiteres Ziel, nämlich eine Widerlegung der Atheisten, Deisten, Fatalisten, Spinozisten u. a. vorzunehmen. Bereits in der Vorrede zur *Theologia naturalis* I hatte Wolff auf diese zweite Theologie hingewiesen und zwar mit einem im weiten Sinn philosophiehistorischen Argument, nämlich mit Hinweis auf Descartes, dessen Beweis er mit diesem zweiten Traktat zu verbessern gedachte.²⁷

Wolff scheint sich indes auch der Schwierigkeit bewusst gewesen zu sein, die mit dem apriorischen Beweis verbunden ist: So behauptet er, letztlich sei der Beweis des Daseins Gottes aus dem Begriff des vollkommensten Wesens dasselbe, wie dieses aus der Betrachtung der Seele herzuleiten, und deshalb sei er nicht minder a posteriori geführt als derjenige, der aus der Betrachtung der Welt erfolge.²⁸

3.1 Die Beweise des Daseins Gottes

3.1.1 Der aposteriorische Beweis (*Deutsche Metaphysik* und *Theologia naturalis* I)

In der *Deutschen Metaphysik* und in der *Theologia naturalis* I bildet die Behauptung, dass „wir sind"²⁹ bzw. dass die menschliche Seele existiert („anima humana existit"³⁰) den Ausgangspunkt des Beweises. In den *Anmerckungen* finden wir eine Variante, die bereits eine erste wichtige *Interpretation* dieses Ausgangspunktes beinhaltet: Hier

---

26　Vgl. *Theologia naturalis* I, § 10, S. 12 (GW II 7.1).
27　Vgl. *Theologia naturalis* I, Praefatio, S. 24* f. (GW II 7.1). Im Widmungsschreiben der *Theologia naturalis* II spielt Wolff erneut auf Descartes' Beweis an: „Cartesius, fulgens istud Galliae sidus, ex notione entis perfectissimi existentiam Numinis supremi demonstrare aggressus est; sed foetum in partu destituit" (*Descartes, jenes hellglänzende Gestirn Frankreichs, hat aus dem Begriff des vollkommensten Wesens, den Beweis, dass ein Gott sei, zu führen angefangen; aber er hat das Kind gleich bei der Geburt verlassen*) (S. 9*).
28　*Theologia naturalis* II, Praefatio, S. 13* (GW II 8); Vgl. *Ethica*, Pars III, § 13, S. 15 f. (GW II 14).
29　*Deutsche Metaphysik*, § 928, S. 574 (GW I 2.2).
30　*Theologia naturalis* I, § 24, S. 25 (GW II 7.1).

heißt es allgemeiner, es werde „aus der Natur des Zufälligen [erwiesen], daß ein nothwendiges oder selbständiges Wesen vorhanden seyn müsse"[31].

Die Behauptung unserer Existenz ergibt sich auf der Grundlage einer ungezweifelten Erfahrung, nämlich, daß „wir uns unserer und anderer Dinge [...] bewust sind"[32]. Dass wir sind, leitet sich aus dieser Erfahrung sowie aus dem Grundsatz ab, dass dasjenige ist oder existiert, das sich seiner und anderer Dinge bewusst ist. Das so behauptete Dasein ist nicht das eines körperlichen, welthaften Seienden, sondern, wie es in der *Psychologia empirica* heißt, das der Seele (*anima* bzw. *mens*). Als solche, die wir uns unserer selbst sowie anderer Dinge außer uns bewusst sind, sind wir Seele.[33] Diese Erkenntnis geht derjenigen der Körper voraus.[34]

Wie gelangt Wolff zur Behauptung von *Gottes* Dasein? Es ist diesbezüglich zunächst auf folgenden wichtigen Sachverhalt aufmerksam zu machen: Auch wenn die natürliche Theologie ihrer Finalität nach von *Gott* handelt[35], so ergibt sich dieser Begriff erst am *Ende* einer Ableitung von Bestimmungen, die es erlauben, ihn einzuführen.

Mit Rückgriff auf den Satz vom zureichenden Grund, gemäß dem alles, was ist, einen zureichenden Grund hat, warum es eher ist als nicht ist, wird in einem ersten Zwischenergebnis behauptet, es müsse einen zureichenden Grund dafür geben, dass wir sind bzw. dass unsere Seele existiert. Dieser ist entweder in uns oder außer uns anzutreffen. Besagte Alternative führt, nach der Lesart der *Deutschen Metaphysik*, zu einem zweiten Zwischenergebnis: Ist der zureichende Grund des Daseins der Seele in ihr selbst zu finden, so existiert sie notwendig.[36] Ist er außer uns in einem anderen Seienden, so muss dieses den Grund seines Daseins in sich haben und notwendig sein.[37] Daraus zieht Wolff nun den Schluss, *dass es ein notwendiges Wesen* gebe.

Mit der Behauptung der Existenz eines notwendigen Wesens ist indes nur ein erster Schritt gemacht; es gilt nämlich, oben genannte Alternative (wir selbst oder ein anderes Wesen) zu entscheiden.

In der *Deutschen Metaphysik* ist die erste Bestimmung des notwendigen Wesens die der *Selbständigkeit*: Das Wesen, das den „Grund seiner Würcklichkeit in sich hat, und also dergestalt ist, daß es unmöglich nicht seyn kan, wird ein *selbständiges We-*

---

31 *Anmerckungen*, § 343, S. 561 (GW I 3).
32 *Deutsche Metaphysik*, § 5, S. 4 (GW I 2.1).
33 Vgl. *Psychologia empirica*, § 21, S. 15 (GW II 5).
34 Vgl. ebd., § 22, S. 15.
35 Vgl. *Theologia naturalis* I, § 3, S. 3 f. (GW II 7.1).
36 Die These, dass die notwendige Existenz dann behauptet wird, wenn der zureichende Grund des Existierens *in* einem Seienden liegt, ist erklärungsbedürftig. In der *Deutschen Metaphysik* erhalten wir indes nur begrenzte Auskunft. Wolff verweist auf den § 32, wo es heißt, dasjenige, was notwendig ist, bedürfe keines weiteren Grundes, warum es ist (Vgl. *Deutsche Metaphysik*, § 32, S. 18 [GW I 2.1]).
37 Wolff verwendet in diesem Zusammenhang bewusst den weiteren Begriff des Grundes (*ratio*) und nicht den engeren der Ursache (*causa*). Zum Unterschied zwischen ‚Grund' und ‚Ursache' äußert er sich in den *Anmerckungen*: „Das Wort *Raison* oder *Ratio* ist allgemeiner, als das Wort *Causa* oder Ursache, und hat etwas mehrers, als dieses, zu sagen" (§ 13, S. 26 f.; GW I 3).

sen genennet"³⁸. Von ihm zu unterscheiden ist das nicht-selbständige, das den Grund seines Daseins nicht in sich hat. Weitere ontologische Eigenschaften, die auf dieser Grundlage eruiert werden, sind die *Ewigkeit* (als anfanglos und endlos sein³⁹), damit einhergehend Erstes und Letztes⁴⁰ sowie unverweslich zu sein⁴¹. Damit ist ein wichtiges Zwischenziel im Beweisgang erreicht, nämlich, dass das selbständige Wesen ein *einfaches Ding* sein muss, dies im Gegensatz zum zusammengesetzten, sprich körperlichen Seienden, das aufgrund seines Wesens, nämlich der bestimmten Art der Zusammensetzung seiner Teile, entstehen und aufhören kann.⁴²

Um die *Independenz* des selbständigen Wesens zu erweisen, greift Wolff nun auf einen weiteren Begriff zurück, nämlich den der *Kraft*.

> Alles, was ist, ist entweder durch seine eigene Kraft, oder durch die Kraft eines andern. Was durch die Kraft eines andern ist, das hat den Grund, warum es ist, in etwas anderem, nehmlich […] in demjenigen, durch dessen Kraft es ist […]. Das selbständige Wesen hat den Grund, warum es ist, in sich selbst […], und kan dannenhero durch keines andern Kraft seyn, folgends muß es durch seine eigene Kraft seyn⁴³.

Was durch die Kraft eines andern ist, das ist durch dieses andere *verursacht*. Solches trifft auf *nicht notwendige* Dinge zu.⁴⁴ Was aber heißt dies für ein *selbständiges* Ding? Hier wird die Rede von Verursachung selbstwidersprüchlich, denn es würde bedeuten, dass ein solches Ding, um sich zu verursachen, also im Sein hervorzubringen, bereits existieren müsste. Die Rede von der Kraft muss demzufolge hier in einem *anderen Sinn* verstanden werden. In der *Theologia naturalis* I gesteht Wolff, dass er nicht in der Lage sei, deutlich zu erklären, was es heißt, durch seine eigene Kraft wirklich zu sein. Ausdrücklich wird hervorgehoben, dass wir zur Genüge verstehen, wie etwas durch die Kraft eines andern existiert: Täglich erfahren wir den Einfluss wirkender Ursachen, wodurch etwas hervorgebracht wird, was vorher nicht war. Dann gesteht er, dass wir eigentlich nur via negationis „magis negante quam ajente sensu" (*mehr im verneinenden als bejahenden Sinn*)⁴⁵ sagen können, was mit der Formel „propria vi" (*aus eigener Kraft*) gemeint ist: „[…] quando intelligimus, quid sit existere vi alterius, ea removemus ab ente, quod propria vi existere ponitur […]"(*wenn wir begreifen, was es heißt, kraft eines anderen zu existieren, so lassen wir es von demjenigen Dinge weg, von dem wir annehmen, dass es durch eigene Kraft existiert*)⁴⁶.

---

38 *Deutsche Metaphysik*, § 929, S. 575 (GW I 2.2).
39 Vgl. *ebd.*, § 931, S. 576.
40 Vgl. *ebd.*, § 933 f., S. 577 f.
41 Vgl. *ebd.*, § 934, S. 578.
42 Vgl. *ebd.*, § 936, S. 578; § 59 ff., S. 29 ff. (GW I 2.1).
43 *Ebd.*, § 937, S. 578 f. (GW I 2.2).
44 Vgl. *ebd.*, § 30, S. 16 (GW I 2.1); vgl. *Anmerckungen*, § 343, S. 561 (GW I 3).
45 *Theologia naturalis* I, § 26 Anm. S. 27 (GW II 7.1).
46 *Ebd.*, § 26 Anm., S. 28.

Das notwendige Wesen hat demnach eine Art *Sonderstellung* und unsere Begriffe vermögen letztlich nur annähernd seine Seinsmächtigkeit zu erfassen.

In der *Philosophia prima* hatte Wolff behauptet, das notwendige Wesen sei dasjenige, dass den zureichenden Grund seiner Wirklichkeit in seinem Wesen habe.[47] Diese These wird nun in der *Theologia naturalis* I als nächstes mit Bezug auf das *selbständige* Wesen bewiesen. Wolff hebt ausdrücklich hervor, im Gegensatz zu nicht selbständigen Dingen, fließe beim selbständigen Wesen das Dasein aus dessen Wesen. Es sei dies ein *besonderes Merkmal* (*singularis character*)[48] des selbständigen Wesens. Die Existenz, allgemein betrachtet, ist nicht notwendig; es muss demnach ein zureichender Grund vorhanden sein, wenn sie in einem gewissen Ding vielmehr notwendig als zufällig ist. Dieser liegt in den wesentlichen Bestimmungen des besagten Dinges selber.

Aus diesen Bemerkungen wird ersichtlich, dass die vollständige Begründung der notwendigen Existenz des selbständigen Wesens, d.h. die Antwort auf die Frage, *warum* es notwendig existiert, im aposteriorischen Beweis zwar mit Aufweis der dafür *notwendigen* Bedingung (nämlich *dass* es den Grund seines Daseins in sich hat), aber nicht mit Aufweis der *hinreichenden* Bedingung erfolgt (*warum*). Demnach erweist es sich als unerlässlich, näherhin nach dem Status der wesentlichen Bestimmungen, die dem selbständigen Wesen innewohnen, zu fragen. Der sich dabei aufdrängende Begriff ist der des *ens perfectissimum* (vollkommenstes Wesen), auf den Wolff indes hier nicht zurückgreift, und der den Ausgangspunkt der apriorischen *Theologia naturalis* II bildet. Das vollkommenste Wesen ist dasjenige, dem alle miteinander möglichen Realitäten im höchsten Grade innewohnen.[49] Nun ist das notwendige Dasein eine Realität und zwar in höchstem Grade.[50] Insofern „fließt" das notwendige Dasein aus dem vollkommensten Wesen. Es zeigt sich somit, dass das aposteriorische Argument nur durch eine apriorische Zusatzkonstruktion in der Lage ist, die Notwendigkeit des Daseins hinreichend einsichtig zu machen.

Auf der Grundlage dieser Voraussetzungen gelangen beide Traktate *zur Entscheidung der Ausgangsfrage*, nämlich, dass weder die Welt noch die Seele mit dem selbständigen Wesen identisch sind, sondern dass sie in ihrem Sein *kontingent*[51] sind und von besagtem notwendigem selbständigen Wesen abhängen.[52] Erst damit ist der Punkt erreicht, wo es sachlich möglich ist, den Übergang zum *Gottes*begriff zu ma-

---

47 Vgl. *Philosophia prima*, § 309, S. 245 (GW II 3).
48 *Theologia naturalis* I, § 31 Anm., S. 30 (GW II 7.1).
49 Vgl. *Theologia naturalis*. II, § 6, S. 4 (GW II 8).
50 Vgl. *ebd.*, § 20, S. 13.
51 Die *Theologia naturalis* I betont den Aspekt der Zufälligkeit ausdrücklicher als die *Deutsche Metaphysik*, die sich mit der Abhängigkeit begnügt.
52 Vgl. *Deutsche Metaphysik*, §§ 939 ff., S. 579 ff. (GW I 2.2); *Theologia naturalis* I, §§ 50 ff., S. 40 ff. (GW II 7.1).

chen: „Es ist [...] GOtt ein selbständiges Wesen, darinnen der Grund von der Würcklichkeit der Welt und der Seelen zu finden"[53] ist.

Die *Theologia naturalis* I hebt mehrfach hervor und zeigt akribisch auf, dass die Nominaldefinition von Gott als selbständigem Wesen, auf deren Grundlage der erste Argumentationsschritt erfolgte, mit dem *biblischen* Gottesbegriff konform ist,[54] so wie ja insgesamt gesehen, in diesem lateinischen Traktat eine derartige Konformität immer wieder betont wird.

3.1.2 Der apriorische Beweis (*Theologia naturalis* II)

In der *Theologia naturalis* II beweist Wolff Gottes Dasein und seine Eigenschaften aus dem Begriff des vollkommensten Wesens und aus der Natur der Seele oder, wie er schreibt, auf apriorischem Weg. Eine erste Skizze eines apriorischen Beweises findet sich bereits in der 1703 erschienenen *Philosophia practica universalis*.[55]

Die Aufgabenteilung wird in der Vorrede der Schrift zunächst dahingehend präzisiert, dass Gottes Dasein aus dem Begriff des vollkommensten Wesens dargetan werde, also a priori, seine Eigenschaften hingegen aus der Betrachtung unserer Seele, also a posteriori.[56] Die *Theologia naturalis* II wäre demzufolge eine Art *opus mixtum*. Dann aber heißt es auch, der Beweis Gottes aus dem Begriff des vollkommensten Wesens sei *derselbe* wie die Ableitung dieses Daseins aus der Betrachtung der Seele, so dass er „non minus a posteriori procedit, quam si ex contemplatione mundi hujus adspectabilis derivatur" (*nicht weniger a posteriori geführt wird, wie wenn er aus der Betrachtung dieser sichtbaren Welt hergeleitet würde*)[57].

Der Beweis des *Daseins* bzw. genauer des *notwendigen Daseins* Gottes erfolgt in mehreren Etappen, und zwar auf der Grundlage der Nominaldefinition des *ens perfectissimum* (vollkommenstes Wesen). „*Ens perfectissimum* dicitur, cui insunt omnes realitates compossibiles in gradu absolute summo" (*Das vollkommenste Wesen ist dasjenige, dem alle beieinander möglichen Realitäten im höchsten Grade innewohnen*)[58].

„Compossibile" wird das genannt (z. B. Verstand und Wille in der Seele), was sich zugleich und ohne Widerspruch in genau einem Subjekt befinden kann. Zum „zugleich Möglichen" in einem Subjekt gehören, allgemein betrachtet, sog. wesentliche

---

53 *Deutsche Metaphysik*, § 945, S. 584 (GW I 2.2); vgl. *Theologia naturalis* I, § 67, S. 53 (GW II 7.1); vgl. *Ausführliche Nachricht*, § 108, S. 299 (GW I 9).
54 Vgl. *Theologia naturalis* I, § 68, S. 53 (GW II 7.1).
55 Vgl. *Philosophia practica universalis*, Definitio 23 und Corollarium 2, in: *Meletemata*, S. 195 f. (GW II 35).
56 Vgl. *Theologia naturalis* II, Praefatio, S. 12* (GW II 8).
57 *Ebd.*, Praefatio, S. 13*.
58 *Ebd.*, § 6, S. 4.

Bestimmungen (*essentialia*), Eigenschaften (*attributa*) und Modi.[59] Das als zugleich Mögliche setzt voraus, dass jegliches, woraus es besteht, in sich möglich, d.h. nicht widersprüchlich ist.[60]

Weiterhin wird der Begriff der *Realität* definiert: Sie ist dasjenige, wodurch sich das verstehen lässt, was einem Seienden in Wahrheit innewohnt, nicht hingegen das, was durch unsere undeutlichen Vorstellungen ihm innezuwohnen scheint.[61] Was die nähere Bestimmung des Begriffs der „realitas" betrifft, bleibt Wolff eigentümlich zurückhaltend. In der *Philosophia prima* wird „realitas" mit dem scholastischen Terminus „quidditas", „Washeit" als synonym gesetzt. Von „realitates" spricht man, wenn einem Ding ein bestimmter Begriff entspricht.[62]

In der Definition des „ens perfectissimum" sind zwei weitere Bestimmungen enthalten: (1) ist die Rede davon, dass diesem Wesen *alle zugleich möglichen Realitäten* innewohnen; (2) dass diese Realitäten diesem Wesen im *höchsten Grade* zukommen. Was das erstere betrifft, präzisiert Wolff, dass er die bestimmte Weise, wie eine Realität im höchsten Wesen anzutreffen ist, nämlich ob in formaler oder in eminenter Weise[63], außer Acht lässt. Was letzteres betrifft, so wird damit zum Ausdruck gebracht, dass die dem vollkommensten Wesen innewohnenden Realitäten *ohne Mangel* sind, was so viel heißt wie: unbegrenzt, unveränderlich und aktual unendlich. Wichtig ist, aufzuweisen, dass alle diese Realitäten *zugleich* möglich sind.

Damit gelangt Wolff zu einem ersten – gerade auch von Leibniz gegen Descartes geforderten[64] – wichtigen Zwischenergebnis, nämlich zu der Behauptung, das vollkommenste Wesen sei *möglich*.[65]

Diese Vorbemerkungen führen zu der Definition: „*Deus est ens perfectissimum, scilicet absolute tale*" (*Gott ist das vollkommenste Wesen, und zwar schlechthin*)[66]. Obgleich naheliegend ergibt sich die Einführung dieser Gleichung auf der Basis der vorliegenden Elemente an dieser Stelle der Argumentation noch nicht. In der Anmerkung verweist Wolff zum einen auf die in der *Theologia naturalis* I gegebene Definition und fügt hinzu, dass es von demselben Wesen mehrere Nominaldefinitionen geben könne.

Die zentrale Frage indes, die einer Beantwortung harrt, betrifft die *Existenz* des vollkommensten Wesens als des ersten Beweisziels der natürlichen Theologie.[67]

---

59 Vgl. *ebd.*, §§ 2 und 3, S. 2. zur Definition dieser Begriffe vgl. *Philosophia prima*, § 143 ff., S. 120 ff. (GW II 3).
60 Vgl. *Theologia naturalis* II, § 4, S. 3 (GW II 8).
61 Vgl. *ebd.*, § 5, S. 3.
62 Vgl. *Philosophia prima*, § 243, S. 196 und § 59, S. 41 (GW II 3).
63 Siehe unten Seite 232, Anm. 83.
64 Gottfried Wilhelm Leibniz, *Meditationes de cognitione, veritate et ideis*, in: *Die philosophischen Schriften von G. W. Leibniz*, hg. von Carl. I. Gerhardt, Berlin 1875, (ND: Hildesheim 1978), Bd. IV S. 424.
65 Vgl. *Theologia naturalis* II, § 13, S. 9 f. (GW II 8).
66 *Ebd.*, § 14, S. 12.
67 Vgl. *Theologia naturalis* I, § 4, S. 4 (GW II 7.1).

Ausgehend (1) von der These, Gott sei möglich (auf der Grundlage der Behauptung, der Begriff des vollkommensten Wesen sei möglich), (2) von der ontologischen Voraussetzung, das Mögliche könne existieren,[68] (3) von der Unterscheidung betr. das Dasein zwischen Notwendigem und Zufälligem,[69] (4) von der These, das notwendige Dasein sei eine Realität und zwar im höchsten Grad,[70] (5) davon, dass Gott alle Realitäten im höchsten Grad enthalte, wird behauptet, Gott komme das notwendige Dasein zu bzw. Gott existiere notwendig.[71]. Dies führt zur weiteren Behauptung, dasjenige, das notwendig existiere, sei ein notwendiges Ding.[72]

Eine wichtige Frage in diesem Zusammenhang ist die nach dem exakten Status des *Daseins als einer Realität*. Aus der *Philosophia prima* wissen wir, dass aus der alleinigen Möglichkeit eines Dinges sein Dasein nicht mit Notwendigkeit folgt.[73] Die bloße Möglichkeit ist nicht der zureichende Grund des Daseins. Um zu existieren, bedarf es deshalb noch etwas anderem. Um dies zu erweisen, stellt Wolff die gegenteilige Hypothese auf, nämlich außer der Möglichkeit sei nichts anderes erfordert, um zu existieren, also etwas würde existieren, *weil* es möglich ist, d. h. die Möglichkeit sei der zureichende Grund des Daseins, was er an dieser Stelle als widersinnig bezeichnet.[74] Das Dasein (*existentia* oder *actualitas*) ist das „complementum possibilitatis" (Erfüllung der Möglichkeit)[75].

Wie nun ist dieser Sachverhalt in Einklang zu bringen mit der vorhin erwiesenen Behauptung, Gott existiere notwendig aufgrund der Tatsache, dass er *möglich* sei und alle Realitäten in sich enthalte, worunter auch das notwendige Dasein zu zählen ist? Dies ist nur möglich unter Hinzufügung der These, dass das Zuteilen des Daseins im Sinn seiner Verursachung das entsprechende Ding als *kontingentes* qualifiziert. Dies entspricht dem, was Wolff bereits in den Eingangsparagrafen der *Deutschen Metaphysik* behauptet hatte, nämlich, dass alles, was ist, einen zureichenden Grund haben muss, warum es ist, d. h. es an sich möglich sein muss (im Sinn der Widerspruchsfreiheit) „und eine Ursache haben, die es zur Würcklichkeit bringen kan, wenn wir von Dingen reden, die nicht nothwendig sind"[76].

Gott existiert notwendig, dies bedeutet demzufolge *nicht*, dass es keinen zureichenden Grund seines Existierens gebe – der Satz vom zureichenden Grund gilt universal –, sondern dass er eine *Sonderstellung* innehat. Auf diese wurde bereits oben im Zusammenhang mit dem aposteriorischen Beweis hingewiesen. „Nullum cognoscitur ens aliud praeter Deum, ex cujus definitione nominali, per quam possibile in-

---

68 Vgl. *Philosophia prima*, § 133, S. 114 (GW II 3).
69 Vgl. *Theologia naturalis* II, § 20, Anm., S. 14 (GW II 8).
70 Vgl. *ebd.*, § 20, S. 13.
71 Vgl. *ebd.*, § 21, S. 15.
72 Vgl. *ebd.*, § 22, S. 16.
73 Vgl. *Philosophia prima*, § 171, S. 141 (GW II 3).
74 Vgl. *ebd.*, § 173, S. 142.
75 *Ebd.*, § 174, S. 143.
76 *Deutsche Metaphysik*, § 30, S. 16 (GW I 2.1).

telligitur, existentia seu actualitas ejus concluditur" (*Man kennt kein anderes Seiendes außer Gott, aus dessen Worterklärung, durch die man es als möglich erkennt, auf seine Wirklichkeit geschlossen wird*)[77]. Gott ist insofern das Wesen, das durch eigene Kraft existiert und damit unabhängig und selbständig ist.

Genauso wie in der *Theologia naturalis* I, auf die im Übrigen auch immer wieder verwiesen wird, leitet Wolff auf dieser Grundlage eine Reihe von ontologischen Eigenschaften (Ewigkeit, Einfachheit ...) ab, die ihrer Intention nach dazu dienen, aufzuzeigen, dass weder die sichtbare Welt und die in ihr enthaltenen Körperdinge noch die menschliche Seele Gott sein können.[78] Damit ist das nämliche Beweisziel erreicht wie in der aposteriorischen Theologie.

Als absolut transzendenter ist Gott „*sibimet sufficientissimus*" (sich selbst höchst zureichend)[79].

3.2 Gottes Wesen

Wolffs Darlegungen über Gottes Wesen bilden in den verschiedenen Traktaten, wenigstens in der *Deutschen Metaphysik* und in der *Theologia naturalis* I, das Herzstück der natürlichen Theologie. Dies ergibt sich auch gewissermaßen aus der Definition der natürlichen Theologie selber, nämlich die Wissenschaft dessen zu sein, was durch Gott möglich ist. Das setzt freilich den Beweis seines Daseins voraus, aber dieses allein reicht nicht aus, um zu erweisen, was durch Gott möglich ist.

Was dieses Lehrstück betrifft, sind folgende zusammengehörige Voraussetzungen zu beachten:

1) Allgemein: Die Welt und die Seelen hängen in ihrem Sein und in ihren Eigenschaften von Gottes Eigenschaften ab. Insofern sind die Geschöpfe „Spiegel der göttlichen Vollkommeheiten"; es existiert eine gewisse Ähnlichkeit[80] (*similitudo*) zwischen Gott und den Geschöpfen, weil bereits die Ideen der endlichen Dinge selber durch Einschränkungen göttlicher Vollkommenheiten entstehen, so dass sich dann umgekehrt die letzteren aus ersteren durch Weglassung der Einschränkungen ableiten bzw. verständlich machen lassen.[81] Dem entspricht die These der *Theologia naturalis* II, gemäß der aus der Betrachtung der Seele hergeleitet wird,

---

77 *Theologia naturalis* II, § 28 Anm., S. 18 (GW II 8).
78 Vgl. *ebd.*, § 58 ff., S. 33 ff.
79 *Ebd.*, § 76, S. 48.
80 Vgl. *Deutsche Metaphysik*, § 1076, S. 665 (GW I 2.2); *Theologia naturalis* I, § 1095, S. 1057 (GW II 7.1).
81 Vgl. *Deutsche Metaphysik*, Vorbericht zur 4. Aufl., § 4, s. p. (GW I 2.1); vgl. auch *ebd.*, § 1076, S. 665 (GW I 2.2); *Theologia naturalis* I, § 1095, S. 1057 ff. (GW II 7.1); *Theologia naturalis* II, § 121, S. 99 ff. (GW II 8). Matteo Favaretti Camposampiero weist zurecht darauf hin, dass dieses Verfahren nicht mit der scholastischen *via negationis* zu verwechseln ist (siehe *Der psychotheologische Weg. Wolffs Rechtfertigung der Gotteserkenntnis*, in: *Die natürliche Theologie bei Christian Wolff*, hg. von Michael Albrecht, (Aufklärung 23 [2011]), S. 92.

was es für eine Bewandtnis mit dem vollkommensten Wesen habe („quale sit ens perfectissimum"[82]). Diese Zuordnung erfolgt entweder „formaliter" oder „per eminentiam".[83] Dabei ist zu beachten, dass unsere Gotteserkenntnis nicht intuitiver, sondern symbolischer oder figürlicher Natur ist.[84]

2) Grundsätzlich: Gott bleibt dem Menschen unbegreiflich (*incomprehensibilis*) und zwar aufgrund der allgemeinen These, gemäß der unser Verstand begrenzt ist, sowohl bezüglich des Gegenstandes als auch bezüglich der Art und Weise sich Gegenstände vorzustellen.[85]

Gottes Wesen besteht in seiner *Geistigkeit*: Gott ist vollkommenster Geist.[86] Von diesem Begriff des vollkommensten Geistes aus sind die grundlegenden Attribute Gottes, nämlich *Verstand* und *freier Wille*[87] darzulegen. Diesen beiden ist als drittes die *Macht* hinzuzufügen. Von Gottes *Verstand* hängt alle *Möglichkeit* der Dinge ab, von Gottes *freiem Willen* und seiner *Macht* rührt alle *Wirklichkeit* der Dinge her.[88] Aus dem Zusammenspiel dieser Attribute soll letzlich verständlich werden, warum die Welt ist bzw. warum sie so ist und nicht anders.[89]

a. Der göttliche Verstand

In der *Theologia naturalis* I stellt Wolff im ersten Paragrafen des Kapitels über den göttlichen Verstand die These auf, die als Grundlage für alle weiteren damit verbundenen Bestimmungen angesehen werden kann: „*Deus omnes mundos possibiles atque semetipsum cognoscit*" (*Gott kennt alle möglichen Welten sowie sich selbst*)[90]. Diese These bzw. deren erster Teil gründet auf dem Beweis, den Wolff bereits an früherer Stelle geführt hat, dass und warum es nur diese eine Welt geben kann und dass der objektive Grund für das Dasein dieser Welt in deren größerer Vollkommenheit ge-

---

82 *Theologia naturalis* II, Praefatio, S. 12* (GW II 8).
83 Vgl. *ebd.*, § 6, S. 4. „Formaliter" besagt: dass die Eigenschaft in der nämlichen Bedeutung, wenngleich schrankenlos von Gott und vom Geschöpf ausgesagt wird, so z. B. der Verstand; „eminenter" hingegen bedeutet, dass eine Eigenschaft nicht im eigentlichen Sinn Gott zugesprochen wird, z. B. das Sehen oder das Hören (Auge bzw. Ohr hingegen werden Gott nur metaphorisch zugesprochen) (vgl. *ebd.*, § 160 ff., S. 145 ff. (GW II 8).
84 Vgl. *Deutsche Metaphysik*, § 1078, S. 666 (GW I 2.2) siehe Matteo Favaretti Camposampiero, *Der psychotheologische Weg. Wolffs Rechtfertigung der Gotteserkenntnis*, in: *Die natürliche Theologie bei Christian Wolff*, hg. von Michael Albrecht, a. a. O., S. 88.
85 Vgl. *Psychologia empirica*, § 279, S. 199 (GW II 5).
86 Vgl. *Deutsche Metaphysik*, § 904, S. 561 (GW I 2.2); vgl. *Theologia naturalis* I, § 124, S. 101 (*Deus est spiritus*); § 397, S. 361 (*Deus est spiritus perfectissimus*) (GW II 7.1); vgl. *Theologia naturalis* II, § 186, S. 177 (GW II 8).
87 Vgl. *Deutsche Metaphysik*, § 896, S. 556 (GW I 2.1).
88 Vgl. *ebd.*, § 993, S. 613.
89 Vgl. *Ausführliche Nachricht*, § 111, S. 305 (GW I 9).
90 *Theologia naturalis* I, § 141, S. 114 (GW II 7.1).

genüber Vorstellungen anderer Welten besteht, was Gott bewogen hat, diese Welt zu erschaffen.[91]

Unter Vollkommenheit allgemein versteht Wolff die „Uebereinstimmung des mannigfaltigen"[92]. Die Vollkommenheit der *Welt* definiert er demnach folgendermaßen: „[…] daß alles, was zugleich ist, und auf einander folgt, mit einander übereinstimmet […] Je grösser nun diese Uebereinstimmung ist, je grösser ist auch die Vollkommenheit der Welt"[93].

Die Kraft, mit welcher das Mögliche deutlich vorgestellt wird, ist der *Verstand*.[94] Ein Verstand ist umso vollkommener, je mehr Mögliches er sich deutlich vorstellen kann.[95] Im höchsten Grade vollkommen ist der göttliche Verstand, der sich *alles* auf deutlichste und auf einmal vorstellen kann, und zwar als Einzelnes und als in allen möglichen Verknüpfungen stehend. Das setzt voraus, dass Gottes Verstand die *Quelle* des Wesens aller möglichen Dinge ist.[96] Die Wesen der Dinge sind seit Ewigkeit in Gottes Verstand und demnach auch notwendig.[97] Gott erkennt alles Mögliche, und zwar sowohl in sich selbst (*absolute*) betrachtet, als auch, wie es in allen möglichen Verbindungen (*systemata*) besteht, letztlich also in der Form möglicher Welten.[98]

Gottes Verstand ist insofern reiner, unendlicher und unbegrenzter Akt (*actus*) (im Gegensatz zum menschlichen Verstand, der ein begrenztes Vermögen (*facultas*) ist.[99] Im Aktcharakter des göttlichen Verstandes liegt auch beschlossen, dass Gottes Erkennen *anschauender* Natur ist.[100]

Eng verbunden mit dem Vorigen ist die göttliche Allwissenheit (*omniscientia*) und das göttliche *Vorherwissen* (*praescientia*). In seinem Anschauungswissen (*scientia visionis*) weiß Gott das Künftige vorher, weil er den ersten Zustand der Welt deutlich erkennt und demnach auch alle weiteren daraus folgenden.[101]

Dadurch, dass Gott alles erkennt, was möglich ist und dies in seinem Zusammenhang sieht, begreift er gleichzeitig auch, wie alles ineinander gegründet und miteinander verknüpft ist. Insofern kommt ihm *Vernunft* im höchsten Grade zu.[102] Gott hat also ein vollständiges Wissen der Gründe, ob und warum eine Sache sein kann. Ein

---

91 Vgl. *ebd.*, § 115 ff., S. 93 ff.
92 *Deutsche Metaphysik*, § 701, S. 436 (GW I 2.2).
93 *Ebd.*
94 Vgl. *ebd.*, § 954, S. 589.
95 Vgl. *ebd.*, § 848, S. 526.
96 Vgl. *ebd.*, § 975, S. 601.
97 Vgl. *Theologia naturalis* II, § 189, S. 164 (GW II 8).
98 Vgl. *Theologia naturalis* I, § 155, S. 135 (GW II 7.1).
99 Vgl. *ebd.*, § 163, S. 148.
100 Vgl. *Deutsche Metaphysik*, § 963, S. 594 (GW I 2.2); vgl. *Theologia naturalis* I, § 207, S. 181 (GW II 7.1).
101 Vgl. *Deutsche Metaphysik*, § 968 ff., S. 596 ff. (GW I 2.2).
102 Vgl. *Theologia naturalis* II, § 122, S. 102 (GW II 8). Vernunft definiert Wolff, in der Folge von Leibniz, als das Vermögen, die Verknüpfung allgemeiner Wahrheiten einzusehen (vgl. *Psychologia empirica*, § 483, S. 372 [GW II 5]). Bei Gott ist Vernunft als intuitiver Akt zu verstehen.

solches Wissen heißt „cognitio philosophica". Insofern diese vollkommen ist, ist Gott ein „vollkommener Welt-Weiser"[103] oder „philosophus absolute summus"[104].

Das Kapitel über Gottes Verstand hebt mit der These an, Gott erkenne alle möglichen Welten *und sich selbst*.[105] Wolff widmet dieser letzten Frage in den verschiedenen Traktaten wenig Beachtung. Der Beweis fußt auf der in der *Psychologia rationalis* entwickelten Überlegung, gemäß der man sich seiner bewusst ist, sofern man den Unterschied zwischen sich selbst und anderen Dingen bemerkt.[106] Da Gott der sich in seinem Verstand vorfindbaren Vorstellungen aufs deutlichste bewusst ist, ist er sich ebenfalls des Unterschieds zwischen ihnen und sich selber bewusst, damit aber auch aufs deutlichste seiner selbst.[107]

b. Der göttliche Wille

Das zweite Hauptattribut Gottes ist der *Wille*. Den Willen allgemein definiert Wolff als „Neigung des Gemüthes gegen eine Sache um des Guten willen, das wir bey ihr wahrzunehmen vermeinen"[108].

Gott kommt ein Wille im höchsten Grade zu. In der *Theologia naturalis* II wird diese These im Ausgang vom menschlichen Willen als einer Realität, die der Seele innewohnt, gewonnen.[109] Ein Wille im höchsten Grade ist absolut vollkommen und geht demzufolge auf das Beste.[110]

Der göttliche Wille ist *frei*, ja höchstfrei[111], was impliziert, dass er sich aus sich (*sponte*) selbst zur Wahl des Besten, sprich der vollkommensten Welt, bestimmt (hat). Dennoch ist Gottes freie Wahl nicht ohne Beweggrund.[112] Wolff formuliert als Gesetz des göttlichen Willens (*lex voluntatis divinae*): „*Quicquid Deus sibi repraesentat tanquam optimum tum in se, tum in relatione ad semetipsum, illud vult*" (*Was sich Gott als das Beste vorstellt, sowohl an sich als auch in Beziehung auf sich selbst, das will er*)[113].

---

103 *Deutsche Metaphysik*, § 973, S. 601 (GW I 2.2); vgl. *Theologia naturalis* I, § 268, S. 244 (GW II 7.1). siehe Werner Schneiders, *Deus est philosophus absolute summus*, in: *Christian Wolff 1679–1754*, hg. von Werner Schneiders, Hamburg 1986, S. 9–30.
104 Vgl. *Theologia naturalis* I, § 268, S. 244 (GW II 7.1).
105 Vgl. *ebd.*, § 141, S. 114 (GW II 7.1).
106 Vgl. *Psychologia rationalis*, § 10 ff., S. 9 ff. (GW II 6).
107 Vgl. *Deutsche Metaphysik*, § 978 f., S. 603 f. (GW I 2.2).
108 *Ebd.*, § 492, S. 299 (GW I 2.1).
109 Vgl. *Theologia naturalis* II, § 184, S. 175 (GW II 8).
110 Vgl. *Psychologia rationalis*, § 650, S. 591 (GW II 6); *Theologia naturalis* II, § 185, S. 175 (GW II 8).
111 Vgl. *Theologia naturalis* I, § 123, S. 100; *Theologia naturalis* II, § 277, S. 246. In der *Deutschen Metaphysik* (§ 984, S. 609 [GW I 2.2]), schreibt Wolff, die Freiheit des göttlichen Willens sei der Freiheit des Menschen ähnlich.
112 Vgl. *Deutsche Metaphysik*, § 981, S. 604 (GW I 2.2).
113 *Theologia naturalis* I, § 390, S. 362 (GW II 7.1).

Genauso wie der göttliche Verstand als *Akt* verstanden werden muss, so auch der göttliche Wille.[114] Darin liegt, dass Gott von Ewigkeit her die vollkommenste Welt erwählt (hat) und zwar „unico voluntaris actu"[115].

Eine wichtige im Zusammenhang mit Gottes Willen zu erörternde Frage ist die nach dem Übel bzw. Bösen. Während die *Deutsche Metaphysik* das Thema relativ kurz behandelt[116], widmet Wolff der Frage in den lateinischen Traktaten eine eingehendere Behandlung.

In der Folge von Leibniz unterscheidet er zwischen metaphysischem, physischem und moralischem Übel. Was *ersteres* betrifft, so wird darauf hingewiesen, dass die Wesen der Dinge, die in ihrer inneren Möglichkeit bestehen, ewig sind und demnach auch nicht von Gottes Willen abhängen (dies gegen Descartes[117]). Das metaphysische Übel besteht in der Einschränkung der wesentlichen Bestimmungen einer Sache; es ist „absolute necessarium"[118] und demnach auch aus keiner (möglichen) Welt auszuschliessen. Das *physische Übel* hingegen ist ein solches, das den Zustand der Welt hinsichtlich der natürlichen Wirkungen unvollkommen macht.[119] Es ist kontingenter Natur und findet sich vor, sofern es dafür eine Wirkursache gibt.[120] Das *moralische Übel* betrifft die freien Handlungen der Menschen.[121] Die Seele strebt ihrem Wesen und ihrer Natur gemäß zum Guten, „non vult actu positivo malum" (*sie will vermöge einer zustimmenden Handlung das Böse nicht*)[122]. Strebt der Mensch nach dem Bösen, so weil er dieses als ein Gut beurteilt; umgekehrt verabscheut er das Gute, sofern er dieses als ein Übel beurteilt.

c. Die göttliche Macht

In der *Ausführlichen Nachricht* führt Wolff neben Gottes Verstand und Willen als dritte grundlegende Eigenschaft dessen *Macht* an.

Mit dem Thema der göttlichen Macht befinden wir uns an der Schnittstelle zwischen *möglicher* und *real existierender* Welt. In der *Deutschen Metaphysik* heißt es, Gott habe eine Kraft, „das Mögliche würcklich zu machen. […] dergleichen Kraft oder Vermögen [wird] eine Macht genennet"[123].

---

114 Vgl. *ebd.*, § 356, S. 340.
115 *Theologia naturalis* II, § 190, S. 181 (GW II 8).
116 Vgl. *Deutsche Metaphysik*, § 1056 f., S. 650 f. (GW I 2.1).
117 Vgl. *Theologia naturalis* II, § 280 Anm., S. 250 (GW II 8).
118 *Theologia naturalis* I, § 375, S. 352 (GW II 7.1); vgl. *Deutsche Metaphysik*, § 1056, S. 650 (GW I 2.2).
119 Vgl. *Theologia naturalis* I, § 373, S. 352 (GW II 7.1); *Theologia nauralis* II, § 285, S. 256 (GW II 8).
120 Vgl. *Theologia naturalis* II, § 286, S. 257 (GW II 8).
121 *Theologia naturalis* I, § 374, S. 352 (GW II 7.1); *Theologia naturalis* II, § 289, S. 259 (GW II 8).
122 *Theologia naturalis* II, § 289 Anm., S. 260 f. (GW II 8).
123 *Deutsche Metaphysik*, § 1020, S. 629 (GW I 2.2).

Gott ist *allmächtig,* insofern er *alles Mögliche* hervorbringen kann.[124] Genauso wie Gottes Verstand und Wille ist Gottes Macht in einem *aktualen* Sinn zu verstehen, also immer am Werk.[125]

Ein mit der Frage nach Gottes Macht verbundenes Thema ist das der Möglichkeit des *Wunders.*[126] Die Diskussion um die Möglichkeit des Wunders ist zunächst im Kontext der *Kosmologie* angesiedelt. In der *Deutschen Metaphysik* definiert Wolff das „Wunder-Werck" als eine „übernatürliche Würckung"[127]. Der Begriff wird im Ausgang vom Natürlichen gebildet: Was im Wesen (*essentia*) und in der Natur, d. h. der Kraft eines Körpers, gegründet ist und sich demnach auch aus diesen erklären lässt, d. h. in ihnen seinen zureichenden Grund hat, das wird als *natürlich* bezeichnet.[128] Demzufolge wird als übernatürlich bezeichnet, was *nicht* aus den genannten Gründen hergeleitet werden kann.

Wie lässt sich nun die Möglichkeit des Wunders ohne Widerspruch mit der prinzipiellen These von der *Welt als Maschine,* d. h. einem zusammengesetzten Werk, deren Wesen in der Art der Zusammensetzung besteht, deren Begebenheiten aus diesem Grund gewiss sind und damit mit Notwendigkeit erfolgen[129], in Einklang bringen? Dass Wunder möglich sind, dies ist nur insofern einzusehen, als es ein von der Welt unterschiedenes Wesen gibt. Damit ist indes nichts über deren tatsächliches Vorkommen ausgesagt.

In der *Deutschen Metaphysik* werden eigens die Gegner genannt, die Wolff mit seiner These anvisiert: die Atheisten und Spinoza, aber auch Locke und Clarke. Da Wunderwerke die Existenz Gottes voraussetzen, der allein den Lauf der Natur abändern kann, reduzieren diese die Wunderwerke auf natürliche Begebenheiten.[130]

In der *Theologia naturalis* I wird die Möglichkeit des Wunders durch Verweis auf Gottes Macht betont. Wolff führt dabei die Unterscheidung zwischen *innerer Möglichkeit* des Wunders (*possibilitas intrinseca*), welche in der Kosmologie aufgezeigt worden ist, und *äußerer Möglichkeit* (*possibilitas extrinseca*) an, welche ein spezielles Thema der Theologie ist. Wolff betont eigens, dass mit dem Aufweis, dass Gott Wunder vollbringen könne, so oft es ihm beliebe, nicht erwiesen sei, dass tatsäch-

---

124 Vgl. *Theologia naturalis* I, § 343, S. 334; § 349, S. 336 (GW II 7.1).
125 Vgl. *ebd.,* § 356, S. 340.
126 Siehe Werner Euler, *Über das Verhältnis des Natürlichen und Übernatürlichen und seine Konsequenzen für die Begründung göttlicher Wunder in der Metaphysik Christian Wolffs,* in: *Die natürliche Theologie bei Christian Wolff,* hg. von Michael Albrecht (*Aufklärung* 23 [2011]), S. 123–145.
127 Vgl. *Deutsche Metaphysik,* § 633, S. 386 (GW I 2.2).
128 Vgl. *ebd.,* § 630, S. 385.
129 Vgl. *ebd.,* § 557, S. 336 f.; § 552, S. 334; § 561 ff., S. 338 f. Zu beachten ist, dass die Notwendigkeit der Begebenheiten der Welt keine absolute, sondern eine bloß hypothetische ist. Die Welt ist ihrer Wirklichkeit nach zufällig, d. h. eine andere wäre im Prinzip möglich (vgl. *ebd.,* § 575, S. 352 f.; *Anmerckungen,* § 187, S. 308 (GW I 3); vgl. auch *ebd.,* § 190, S. 313).
130 Vgl. *Deutsche Metaphysik,* § 642, S. 391 f. (GW I 2.2). In der *Theologia naturalis* II wird die gesamte Problematik des Wunders im Rahmen der Widerlegung der Irrtümer des Atheismus behandelt; vgl. dort, § 450 ff., S. 414. ff. (GW II 8).

lich Wunder geschehen seien bzw. geschehen. Um die Wahrheit der christlichen Religion zu verteidigen, reiche es aus, bewiesen zu haben, dass Gott Wunder vollbringen könne.[131]

d. Weisheit und Güte

Zwei weitere Attribute Gottes sind die Weisheit und die Güte. In der *Deutschen Metaphysik* bemerkt Wolff, dass der göttliche Wille in der Weisheit gründe, während die Möglichkeit der Dinge vom göttlichen Verstand herrühre.[132] Wie bereits gesehen ist der Beweggrund des göttlichen Willens die größte Vollkommenheit der Welt.[133] Indem Gott beschlossen hat, diese real existierende Welt hervorzubringen, hat er gleichzeitig auch eine Absicht oder einen Zweck (*finis*) verfolgt[134] und zwar nach dem Gesichtspunkt der Angemessenheit. Anders gewendet: Durch das Wesen der Dinge und ihre Natur führt Gott seine Absichten in der für ihn angemessensten Weise aus. In der Welteinrichtung ist einiges Mittel für anderes. Eine solche Einrichtung aber zeugt von *Weisheit*. Gottes Weisheit ist absolut vollkommen.[135]

In der *Deutschen Metaphysik* greift Wolff, zur Erläuterung der Weisheit Gottes, auf das Maschinenmodell der Welt zurück: Die Welt und alles in ihr sind Gottes Mittel, durch die er seine Absichten ausführt, weil sie Maschinen sind. „Woraus erhellet, daß sie dadurch ein Werck der Weisheit Gottes werden, weil sie Maschinen sind"[136]. Damit einher geht, dass die „mechanische" Interpretation (und in eins damit die Behauptung der in der Welt waltenden Notwendigkeit) nicht zum Atheismus führt; vielmehr lässt sich auf der Grundlage der so verstandenen Welt auf Gottes Vollkommenheit schliessen.[137] Wolff verwendet bezüglich dieser Art von Erkenntnis häufig das Bild von einer Leiter: Von der Kreatur kann man zu Gott wie auf einer Leiter hinaufsteigen.[138]

Die letzte Absicht, die Gott mit seinem Entschluss, diese Welt hervorzubringen, verfolgt, besteht in der *Offenbarung seiner Herrlichkeit* bzw. *seiner höchsten Vollkom-*

---

131 *Theologia naturalis* I, § 363 Anm., S. 344f. (GW II 7.1).
132 *Deutsche Metaphysik*, § 887, S. 552 (GW I 2.2).
133 Vgl. ebd., § 981, S. 604.
134 Vgl. *Theologia naturalis* I, § 603, S. 563 (GW II 7.1).
135 Vgl. ebd., § 640, S. 592; *Theologia naturalis* II, § 293, S. 264 (GW II 8).
136 *Deutsche Metaphysik*, § 1037, S. 637 (GW I 2.2). Eine Welt, die keine Maschine wäre, wäre wohl ein Werk göttlicher Macht, nicht aber göttlicher Weisheit, weil in ihr keine universale Verknüpfung (*nexus universalis*) und damit keine Mittel-Ziel Beziehungen bestünden. Es bedürfte deswegen in ihr, um solche Beziehungen herzustellen, des Wunders. Eine Welt mit wenig Wundern ist vollkommener als eine mit zahlreicheren.
137 Vgl. z.B. *Deutsche Metaphysik*, § 1046, S. 648 (GW I 2.2); vgl. auch Vorbericht zur 4. Auflage, § 5, o.S.; vgl. *Ausführliche Nachricht*, § 111, S. 307 (GW I 9). Der Ausdruck geht auf Bonaventura zurück; Wolff entlehnt ihn Leibniz (siehe Jean École, *Introduction de l'éditeur*, in: *Theologia naturalis* I, S. LX [GW II 7.1]).
138 Vgl. z.B. *Deutsche Metaphysik*, § 1046, S. 648 (GW I 2.2).

menheit.[139] Diese These trifft man bereits in der frühen *Philosophia practica universalis* an.[140] In der *Deutschen Metaphysik* führt Wolff als hervorragendes Zeugnis dieser Herrlichkeit die *vorherbestimmte Harmonie* an, insbesondere zwischen Leib und Seele (dies gegen die These von punktuellen wunderbaren Eingriffen Gottes).[141]

Was die *Güte* betrifft, so behandelt die *Deutsche Metaphysik* das Thema im Anschluss an die Diskussion der Schöpfungsproblematik;[142] die *Theologia naturalis* I erörtert Weisheit und Güte (*sapientia* und *bonitas*) in ein und demselben Kapitel;[143] die *Theologia naturalis* II hingegen geht im Rahmen des Kapitels über Gottes Wille[144] auf die Güte ein.

Gut lässt sich, allgemein betrachtet, in zweifacher Hinsicht verstehen: a. *an sich* wird etwas gut genannt, insofern es in seiner wesentlichen und akzidentellen Beschaffenheit vollkommen ist. In der *Philosophia prima* bezeichnet Wolff dies als *bonitas transcendentalis*[145]; b. *in Beziehung auf anderes* wird als gut bezeichnet, was zur Vollkommenheit eines andern beiträgt.[146] Gut wir demnach auch die Bereitschaft, anderen Gutes zu erweisen, genannt.[147]

Wie ist vor diesem Hintergrund die These von Gottes Güte zu verstehen? Die *Deutsche Metaphysik* und die *Theologia naturalis* I gehen von der zweiten Bedeutung an das Thema heran: Gott hat jedem Ding so viel Güte wie möglich erwiesen.[148] Die *Theologia naturalis* I präzisiert diesen Gedanken noch dahingehend, dass Gott dem Geschöpf soviel Gutes erweist, wie sich ohne Nachteil für seine Weisheit tun lässt.[149] Es wird daraus geschlossen, dass Gott die „allergröste Güte [hat], und […] gegen die Creatur im höchsten Grade gütig [ist]"[150] – „*Deus summe bonus est*"[151].

Mit der Frage der göttlichen Güte und der von Gott verfolgten Ziele bei der Hervorbringung der Welt taucht erneut das Problem des Bösen auf. Die grundsätzliche Lösung betr. die Vereinbarung der göttlichen Güte mit dem vorhandenen Bösen be-

---

139 Vgl. *ebd.*, § 1045, S. 648; *Theologia naturalis* I, § 629, S. 585 (GW II 7.1).
140 Vgl. *Philosophioa practica universalis*, Prop. 11, Theorema 5, in: *Meletemata*, S. 207 (GW II 35).
141 Vgl. *Deutsche Metaphysik*, § 1051, S. 645 f. (GW I 2.2). Zum Thema der prästabilierten Harmonie vgl. *Psychologia rationalis*, § 612 ff., S. 542 ff. (GW II 6). Die prästabilierte Harmonie – Wolff bezeichnet sie als eine *Hypothese* (*ebd.*, § 626, S. 559) – kann es nicht geben, wenn es nicht einen allwissenden, höchst weisen, absolut freien und allmächtigen Schöpfer und Regierer der Dinge gibt (vgl. *ebd.*, § 626, S. 559). Zu Wolffs Stellung bezüglich der prästabilierten Harmonie siehe Mario Casula, *Die Lehre von der prästabilierten Harmonie in ihrer Entwicklung von Leibniz bis A. G. Baumgarten*, in: *Studia Leibnitiana. Supplementa* 14 (1975), S. 397–414; Jean École, *La métaphysique de Christian Wolff*, S. 307 ff.; ders., *War Christian Wolff ein Leibnizianer?* in: *Aufklärung* 10 (1998), S. 34 ff.
142 Vgl. *Deutsche Metaphysik*, § 1062, S. 657 ff. (GW I 2.2).
143 Vgl. *Theologia naturalis* I, cap. 4, S. 563 ff. (GW II 7.1).
144 Vgl. *Theologia naturalis* II, § 215 ff., S. 200 ff. (GW II 8).
145 Vgl. *Philosophia prima*, § 503, S. 390 (GW II 3).
146 Vgl. *Theologia naturalis* I, § 370, S. 350 (GW II 7.1).
147 Vgl. *Deutsche Metaphysik*, § 1063, S. 658 (GW I 2.2).
148 Vgl. *ebd.*
149 Vgl. *Theologia naturalis* I, § 699, S. 667 f. (GW II 7.1).
150 *Deutsche Metaphysik*, § 1063, S. 658 (GW I 2.2).
151 *Theologia naturalis* I, § 699, S. 667 (GW II 7.1).

steht darin, dass sein Vorhandensein im Hinblick auf eine von Gott intendierte gute Absicht verstanden werden muss. Wolff gibt freilich zu, dass in der ganzen natürlichen Theologie kein Kapitel anzutreffen sei, „quod tot tantisque difficultatibus implicitum sit, quam quod de bonitate divina agit" (*das so vielen und so großen Schwierigkeiten unterworfen ist, als dasjenige von der göttlichen Güte*)[152].

Dem Attribut der göttlichen Güte inhärent ist auch die göttliche *Liebe*. Gott liebt dasjenige, von welchem er beschlossen hat, dass es sein soll.[153] Da Liebe in der Bereitschaft besteht, aus eines andern Glück Vergnügen zu schöpfen[154], hat Gott Vergnügen. Dies darf indes nicht so verstanden werden als gebe es in Gott Affekte. Das ist deshalb nicht der Fall, weil Affekte auf undeutlichen Vorstellungen beruhen, in Gott jedoch keine solchen vorhanden sind.[155]

Die göttliche Güte richtet sich, so wird ersichtlich, nach den Regeln der Weisheit. Solches bezeichnet Wolff als *Gerechtigkeit*.[156] Die *Theologia naturalis* I fügt diesbezüglich eine eindrucksvolle Nuance hinzu: Gerechtigkeit ist eine durch die Weisheit bei der Güte gebrauchte Mäßigung.[157]

3.3 Gottes Handeln: Schöpfung, Erhaltung, Regierung

In der *Ausführlichen Nachricht* beschreibt Wolff den Zusammenhang zwischen den Darlegungen über Gottes Wesen und den Themenfeldern in Bezug auf sein Handeln folgendermaßen:

> Nachdem ich diejenigen Eigenschafften GOttes erkläret, daraus man als aus seinen ersten Gründen die Einrichtung der Welt, oder der gegenwärtigen Ordnung der Dinge erkennen kan; so komme ich auch darauf, wie GOtt sowohl durch die Schöpffung, als durch die Erhaltung und Regierung, oder *Providentz* dasjenige ausführet, was er vermöge seiner Allwissenheit, seiner allerhöchsten Vernunfft und unendlichen Weißheit in seinem ewigen Rathe beschlossen hat [...][158].

Schöpfung (*creatio*), Erhaltung (*conservatio*) und Regierung (*gubernatio*) der Dinge sind göttliche Handlungen.[159]

---

152 *Ebd.*, § 698 Anm., S. 667.
153 Vgl. *ebd.*, § 704, S. 691.
154 Vgl. *Deutsche Metaphysik*, § 449, S. 276 (GW I 2.1).
155 Vgl. *ebd.*, § 441, S. 270; § 1070, S. 662 (GW I 2.2).
156 Vgl. *ebd.*, § 1084, S. 669.
157 Vgl. *Theologia naturalis* I, § 1067, S. 1033 (GW II 7.2).
158 *Ausführliche Nachricht*, § 111, S. 307 (GW I 9).
159 Vgl. *Theologia naturalis* I, § 1072, S. 1039 (GW II 7.2).

a) Wenngleich nicht ausdrücklich als solche bezeichnet, bildet die These von Gott als Schöpfer der Dinge, gemäß *Genesis* I 1, eine Art Subtext der gesamten Wolffschen Metaphysik. Dies geht nicht zuletzt aus einer Bemerkung zu Beginn der *Deutschen Metaphysik* hervor, wo Wolff darauf hinweist, dass die Frage, wie das Mögliche wirklich wird, „in Ansehung GOttes" behandelt wird.[160] In der *Praefatio* der *Theologia naturalis* I wird dieser Gedanke dann dahingehend formuliert, dass das unabhängige Wesen (*ens a se*) den zureichenden Grund des kontingenten Daseins aller übrigen Dinge enthält.[161] Wolff entwickelt von dieser Grundthese her die Hervorbringung der Weltdinge bzw. der Seelen. Dafür verwendet er Ausdrücke wie „machen" (*facere*), „hervorbringen" (*producere*), zur Wirklichkeit führen (*ad actum perducere*). Der zentrale Punkt, der indes hier zur Diskussion steht, betrifft eine bestimmte Art von Hervorbringung, nämlich die Hervorbringung *aus nichts,* oder auch die Schöpfung aus nichts (*creatio ex nihilo*).

b) Wir waren bereits im Zusammenhang der Behandlung der göttlichen Macht auf das Thema gestoßen: Durch Gottes Macht wird den bloß möglichen Dingen das Dasein verliehen.[162] Dies bezeichnet die *Deutsche Metaphysik* als *Schöpfung*.[163] Diese Definition ist indes zu schwach, um das Spezifische des damit gemeinten Begriffs zu bezeichnen; worauf es in der Tat beim Schöpfungsbegriff ankommt, ist das „ex nihilo" einsehbar zu machen.

In der Ontologie definiert Wolff das „ex nihilo producere" folgendermaßen: „[...] existentiam impertiri ei, quod ex nihilo oriri debebat" (*etwas das Dasein zukommen lassen, was aus dem Nichts entstehen musste*)[164]. Feststeht, dass die sichtbare Welt bzw. die einfachen Elemente der materiellen Dinge, aus denen sie besteht, sowie die menschlichen Seelen „entia ab alio" sind.[165] Insofern sie einfache Wesen sind, können sie nicht aus anderem Einfachen entstehen[166]; des weiteren gilt, dass die Welt nicht aus dem Chaos hervorgebracht worden ist[167]. Also muss das Einfache aus dem Nichts entstanden sein. Eine derartige Hervorbringung aus Nichts bezeichnet Wolff als *Schöpfung*.[168] Allerdings bekennt er, dass wir letztlich keinen Begriff davon haben, weil wir selber keine Kraft haben, etwas zu erschaffen, d.h. aus Nichts hervorzubringen.[169] Die *Theologia naturalis* I sagt, die „potentia creatrix" sei Gott allein eigen[170]

---

160 Vgl. *Deutsche Metaphysik*, § 14, S. 9 (GW I 2.1).
161 Vgl. *Theologia naturalis* I, Praefatio, S. 20* (GW II 7.1).
162 Vgl. *Deutsche Metaphysik*, § 1020, S. 629 f. (GW I 2.2).
163 Vgl. *ebd.*, § 1053, S. 647.
164 *Philosophia prima*, § 690, S. 522 (GW II 3).
165 Vgl. *Theologia naturalis* I, § 64, S. 50 (GW II 7.1).
166 Vgl. *Philosophia prima*, § 688, S. 520; § 691, S. 521 (GW II 3).
167 Vgl. *Theologia naturalis* II, § 402, S. 360 (GW II 8).
168 Vgl. *Philosophia prima*, § 691 Anm., S. 52 (GW II 3); *Psychologia rationalis*, § 697, S. 621 (GW II 6).
169 Vgl. *Deutsche Metaphysik*, § 1053, S. 647 (GW I 2.2).
170 Vgl. *Theologia naturalis* I, § 767, S. 755 (GW II 7.2).

und die Schöpfung selber sei ein ursprüngliches Wunder[171] – ja sogar, dass sich kein größeres Wunder als die Schöpfung denken lasse.[172]

Gott ist nicht nur der Schöpfer der Welt, sondern auch der Urheber der Ordnung der Natur. Diese Behauptung (die bereits oben im Zusammenhang der Diskussion des Beweises des Daseins Gottes aus der Naturordnung besprochen wurde) wird damit begründet, dass im Schöpfungsakt der Welt zugleich auch die Ordnung der Natur erschaffen worden ist.[173]

Die These von der Schöpfung der Welt schließt im Prinzip deren Ewigkeit aus. In der *Deutschen Metaphysik* geht Wolff ausdrücklich auf diese Frage ein. Selbst wenn Gott die Welt von Ewigkeit her hervorgebracht hätte, wie dies Aristoteles behauptet, wäre diese von Gottes Ewigkeit zu unterscheiden; letztere ist außer der Zeit, die der Welt hingegen in einer unendlichen Zeit.[174]

Es ist diese These gewesen, die Joachim Lange in seiner *Bescheidene[n] und ausführliche[n] Entdeckung …* (1724) kritisiert. Er behauptet, sie grenze an Atheismus. Wolff, so sein Vorwurf, wisse, dass das Dogma von der Ewigkeit der Welt ein Prinzip des Atheismus sei, und weil er dies wisse, spreche er davon in hypothetischer Form. Das aber bedeute, dass Wolff das aristotelische Dogma als nicht absurd annehme; solches aber reiche dem Atheisten. Lange sieht sich in seiner Behauptung durch die Randanmerkung zum § 1075 der *Deutschen Metaphysik* bestätigt, wo es heißt: „Ewigkeit einer Welt ist von GOttes Ewigkeit unterschieden"[175]. In der *Theologia naturalis* I nimmt Wolff Stellung zu diesem Vorwurf, den er als üble „Consequenzienmacherey" bezeichnet.[176]

c) Gott ist nicht allein Schöpfer der Welt, sondern auch *Erhalter* der einfachen Dinge und der Seelen. Dies ergibt sich aus deren metaphysischer Unselbständigkeit. Wolff behauptet, die Erhaltung der Welt sei *nicht* von der Schöpfung unterschieden[177], so dass erstere als *fortgesetzte Schöpfung* (*creatio continuata*)[178] verstanden werden muss.[179] Genauso wie die Schöpfung ist auch die Erhaltung ein Wunder.[180]

d) Neben der Erhaltung der Geschöpfe durch Gott erörtert Wolff auch die Frage nach Gottes *Mitwirkung* (*concursus divinus*). Den Zusammenhang zwischen beiden beschreibt er wie folgt: „Quoniam Deus per conservationem concurrit ad singulas crea-

---

171 *Ebd.*, § 768, S. 757.
172 Vgl. ebd., § 768 Anm., S. 757.
173 Vgl. ebd., § 765, S. 753.
174 Vgl. *Deutsche Metaphysik*, § 1075, S. 665 (GW I 2.2).
175 *Ebd.*, S. 665.
176 Vgl. *Theologia naturalis* I, § 760, S. 749 (GW II 7.2). Siehe Robert Theis, Penser la „creatio ex nihilo", in: Robert Theis, *De Wolff à Kant/Von Wolff zu Kant. Études/Studien*, Hildesheim 2013, S. 61–70.
177 Vgl. *Theologia naturalis* I, § 848, S. 828 (GW II 7.2).
178 *Ebd.*, § 845, S. 829.
179 Vgl. *Deutsche Metaphysik*, § 1054, S. 647 f. (GW I 2.2).
180 Vgl. *Theologia naturalis* I, § 868, S. 845 (GW II 7.2).

turae cujuslibet actiones [...]; *concursus Dei per conservationem universalis est*" (*Weil Gott durch die Erhaltung zu allen und jeden Handlungen des Geschöpfes etwas beiträgt, ist die Mitwirkung Gottes durch die Erhaltung allgemein*)[181].

Handlungen der Geschöpfe, sowohl der Seelen als auch der Körper, beruhen auf der Kraft ihrer Naturen. Gottes Mitwirkung ist insofern eine Mit-Wirkung und darf nicht als *zusätzliches* Eingreifen Gottes verstanden werden. Eine entscheidende Frage betrifft die göttliche Mitwirkung am Bösen. Diese löst Wolff durch die Einführung der Unterscheidung zwischen Handlungen im Allgemeinen und als spezifizierte. In der ersten Bedeutung ist von Gottes Mitwirkung zu reden, da das Handeln überhaupt von der Wirklichkeit und von der Erhaltung des substanziellen Seins des Geschöpfs abhängt; das spezifische Handeln indes, insofern es auf Freiheit beruht und moralisch konnotierte Zwecke verfolgt, ist *nicht* durch das Wesen des Menschen (als *perfectio essentialis*) bestimmt, sondern entstammt seiner akzidentellen Unvollkommenheit (etwa aufgrund der Tatsache, dass man das sittlich Böse als gut ansieht). Insofern gilt auch hier, dass Gott nicht wollen – und demzufolge auch nicht mitwirken – kann, dass der Mensch sich unvollkommener macht, sondern dass er lediglich *zulässt*, dass dies so sei.[182]

e) Gott *regiert* diese Welt.[183] Unter „Regierung" (*gubernatio*) versteht Wolff die Einrichtung der Handlungen auf einen gewissen *Zweck*.[184] Die *Deutsche Metaphysik* bringt das Thema der göttlichen Regierung im Rahmen der These von Gottes Macht und Handeln zur Sprache.[185] Gott handelt nach Absichten; die gesamte Schöpfung ist voll von göttlichen Absichten oder Zwecken. Die letzte Absicht Gottes ist, wie bereits gesehen, die Offenbarung seiner Herrlichkeit.

f) Eine letzte Eigenschaft, die es im Zusammenhang des göttlichen Wirkens zu erörtern gilt, betrifft die göttliche *Vorsehung* (*providentia*).[186] Unter Vorsehung versteht Wolff den Ratschluss (*decretum*) von der Erhaltung, Regierung und Mitwirkung.[187] In diesem Begriff werden demnach die vorhin vorgestellten Handlungen gleichsam synthetisiert.

Die *Theologia naturalis* II schließt die Ausführungen über Gottes Wirken mit der These, es gebe nur *einen* Gott: „*Non datur Deus nisi unus*"[188]. Damit einher geht dann

---

181 *Theologia naturalis* I, § 875, S. 849 (GW II 7.2); *Theologia naturalis* II, § 394, S. 353 (GW II 8).
182 Vgl. *Theologia naturalis* I, § 890, S. 864 (GW II 7.2).
183 Vgl. *ebd.*, § 900, S. 875.
184 Vgl. *ebd.*, § 899, S. 875.
185 Vgl. *Deutsche Metaphysik*, § 1025 f., S. 631 f. (GW I 2.2).
186 Vgl. Manfred Büttner, *Zum Gegenüber von Naturwissenschaft (insbesondere Geographie) und Theologie im 18. Jahrhundert. Der Kampf um die Providentiallehre innerhalb des Wolffschen Streites,* in: Philosophia naturalis 14 (1973), S. 95–123.
187 Vgl. *Theologia naturalis* I, § 922, S. 896 (GW II 7.2).
188 *Theologia naturalis* II, § 406, S. 365 (GW II 8).

auch die andere, nämlich das Wort ‚Gott' sei ein Eigenname, weil damit ein *Einzelding* (*ens singulare, individuum*) bezeichnet wird.

In der *Theologia naturalis* I führt Wolff in einem abschließenden Kapitel noch weitere Attribute (etwa Allgegenwart, Heiligkeit, weitere Aspekte der Gerechtigkeit usw.) an, die z. T. Wiederholungen von bereits Früherem sind.

3.4 Experimentaltheologie

Im *Discursus praeliminaris* gibt Wolff zu bedenken, dass die Verknüpfung der Dinge (*nexus rerum*) auf zweierlei Arten von Ursachen ruht: Wirkursachen und Zweckursachen. Die Behandlung der letzteren gehört in eine Disziplin, von der er behauptet, sie habe bisher noch keinen Namen und könnte *Teleologie* genannt werden.[189] Aufgabe der *Physik* ist es, die dem Weltgeschehen zugrundeliegenden Wirkursachen zu ermitteln.[190] Dieser lässt sich indes eine weitere zur Seite stellen, die das der ersteren zugrundeliegende mechanische Ursache-Wirkungsverhältnis *finalistisch* deutet.[191] In der *Deutschen Physik* schreibt Wolff, in der Natur sei eins um des andern willen.[192] In der *Philosophia prima* hatte Wolff die Voraussetzungen für diese These erarbeitet: Die Wirkung ist das Ziel (*finis*) der Wirkursache; erst durch das Ziel wird verstehbar, warum die Wirkursache handelt.[193]

In der teleologischen Weltbetrachtung, so wie Wolff sie in der *Deutschen Teleologie* entwickelt, wird der Kontext um eine *theologische Seite* erweitert. Dafür waren die Voraussetzungen bereits in der natürlichen Theologie entwickelt worden: Diese Welt als Schöpfung ist einer Absicht der göttlichen Weisheit entsprungen, von der sie in der natürlichen Verknüpfung der Dinge, die am Leitfaden der Bewegungsgesetze erkennbar ist, zeugt.

Der Erweis also der zweckmäßigen Einrichtung der Welt (deren teleologische Verfasstheit) bildet die Grundlage einer eigenen Art von Theologie, die Wolff als *Theologia experimentalis* bezeichnet,[194] von der es heißt, in ihr werde dasjenige a posteriori *bestätigt* (*confirmari*), was in der natürlichen Theologie bewiesen worden ist.[195] Damit ist der epistemische Ort dieser Art von *Theologie* benannt: Man kann in ihr nicht im eigentlichen Sinn von einem *Beweis* des Daseins Gottes sowie seiner Eigen-

---

189 Vgl. *Discursus praeliminaris,* § 85, S. 38 (GW II 1).
190 *Ebd.,* § 100, S. 45.
191 Zur „Einbindung" einer finalistischen Perspektive in die Physik siehe Stefanie Buchenau, *Die Teleologie zwischen Physik und Theologie,* in: *Die natürliche Theologie bei Christian Wolff,* hg. von Michael Albrecht (Aufklärung 23 [2011]), S. 163–174.
192 *Deutsche Physik,* Vorrede, s. p. 2 ((GW I 6).
193 Vgl. *Philosphia prima,* § 933 f., S. 679 (GW II 3).
194 Vgl. *Ausführliche Nachricht,* § 187, S. 512 (GW I 9).
195 Vgl. *ebd.*; vgl. *Cosmologia,* § 53 Anm., S. 49 (GW II 4).

schaften reden. Dass diese Theologie *nach* der natürlichen Theologie zu behandeln ist, begründet Wolff im *Discursus praeliminaris* folgendermaßen:

> *Teleologia post Theologiam naturalem pertractanda.* In Teleologia cognitio Dei ex Theologia naturali hausta confirmatur [...]. In ea igitur supponitur, nos non modo habere notiones perfectionum divinarum, verum etiam demonstrare posse, quod Deo istiusmodi perfectiones conveniant. Quamobrem cum ista cognitio ex Theologia naturali hauriatur [...], ea ante Teleologiam tractanda (*Die Teleologie muß nach der natürlichen Theologie behandelt werden. In der Teleologie wird die aus der natürlichen Theologie geschöpfte Erkenntnis Gottes bestätigt [...]. In ihr wird also nicht nur vorausgesetzt, daß wir Begriffe von den göttlichen Vollkommenheiten haben, sondern auch, daß wir beweisen können, daß Gott solche Vollkommenheiten zukommen. Weil diese Erkenntnis aus der natürlichen Theologie geschöpft wird [...], muß diese daher vor der Teleologie behandelt werden*)[196].

Am teleologischen Verfahren, das ohne den vorherigen Aufweis des Daseins Gottes aus der Zufälligkeit der Welt verfährt, kritisiert Wolff überdies einen Aspekt, der sich später bei Hume und bei Kant wiederfinden wird, nämlich, dass die in den natürlichen Dingen festgestellten Absichten zwar den Begriff einer erstaunlichen Weisheit hervorbringen, nicht jedoch den einer allerhöchsten. Es muss zuerst gezeigt werden, dass dieser Begriff möglich ist, sodann ist zu erweisen, dass die allerhöchste Weisheit eine Eigenschaft des notwendigen Wesens ist.[197]

In der umgekehrten Reihenfolge der Beweisschritte hingegen, also im Aufweis des Daseins Gottes aus der Zufälligkeit der Welt, lässt sich die Hauptabsicht Gottes bei der Erschaffung dieser Welt eruieren, nämlich die Offenbarung seiner Herrlichkeit, und demzufolge auch diese Welt als Spiegel der göttlichen Vollkommenheiten lesen.[198]

4 Weltweisheit und geoffenbarte Theologie: ein „mirus consensus"

Ein von Wolff immer wieder betontes Anliegen ist der Aufweis der Übereinstimmung (*harmonia, consensus, concordia, connubium*) zwischen Philosophie und geoffenbarter Theologie (Hl. Schrift und sog. *theologia revelata*). Diesbezüglich sind mehrere Ebenen zu unterscheiden, auf denen das Problem zur Sprache kommt.

---

196 *Discursus praeliminaris,* § 102, S. 46 (GW II 1); (Übersetzung Gawlick/Kreimendahl).
197 Vgl. *De differentia nexus rerum ...*, in: *Opuscula metaphysica,* § 5, S. 12 (GW II 9).
198 Vgl. *Deutsche Teleologie,* § 2, S. 2; § 8, S. 6 (GW I 7).

a. Eine erste Ebene betrifft sog. *articuli mixti*, d. h. Sätze, die der natürlichen und der geoffenbarten Theologie gemein sind,[199] deren Wahrheit also nicht ausschließlich durch göttliche Offenbarung feststeht, sondern zugleich durch die Vernunft eingesehen werden kann (z. B. Gott als Schöpfer, Erhalter und Regierer der Welt; der Mensch als Geschöpf Gottes). Solches ist aus dem philosophischen Begriff von Gott herleitbar. Dabei ist nicht zu befürchten, „daß solchergestalt der Glaube mit dem Wissen vermenget wird"[200].

In *De usu* stellt Wolff einige wichtige Erwägungen an, was die Frage nach der Abgrenzung betr. das methodische Vorgehen bei den *articuli mixti* angeht: Wenn *articuli mixti* in der Theologie auf eben dieselbe Weise demonstriert werden wie in der Philosophie, dann wird die geoffenbarte Theologie mit der natürlichen vermengt, und es wird nur bewiesen, dass sie „der Vernunft gemäß sei", da hingegen der Philosoph beweisen soll, dass diese *articuli* mit der Hl. Schrift *übereinstimmen*: Es ist etwas anderes, zu lehren, was die Hl. Schrift sagt, und wieder etwas anderes zu *belehren*, „quaenam rationis lumine agnoscantur vera" („was aus dem Lichte der Natur als wahr erkannt wird")[201]. Methodisch gesehen wird in der geoffenbarten Theologie jeder Satz *für sich* aus den Sprüchen der Hl. Schrift demonstriert; in ihr wird mehr auf die Sachen als auf die Mittel zu deren Erkenntnis Acht gegeben. In der *natürlichen* Theologie hingegen wird jeder Satz aus anderen vorhergehenden bewiesen; hier ist die Vernunft der Grund der Erkenntnis und der Gewissheit.[202]

Diese Sicht der Dinge hat eine apologetische Pointe: Was die *articuli mixti* betrifft, so hilft am allermeisten, die Wahrheit der geoffenbarten Theologie „gegen die Feinde der Christlichen Religion zu behaupten, soferne in den vermischten Articuln die Uebereinstimmung der Glaubens=Lehren mit der Vernunft gewiesen"[203]. Anders hingegen, was die *articuli puri* betrifft: da reicht es, zu zeigen, dass sie der Vernunft nicht widersprechen.

In der *Theologia naturalis* I finden wir eine originelle Lesart dieses Verhältnisses zwischen Hl. Schrift und natürlicher Theologie. Wolff behauptet einerseits, in der natürlichen Theologie werde bewiesen, dass der „consensus" mit der Heiligen Schrift ein *Erfordernis der göttlichen Offenbarung* sei, andererseits, dass die Hl. Schrift ein Hilfsmittel (*adjumentum*) für die natürliche Theologie sei.[204] Wie ist dies zu verstehen? In der Hl. Schrift wird das über Gott gelehrt, was aus Grundsätzen der Vernunft über ihn in der natürlichen Theologie bewiesen werden kann. Unter der Voraussetzung, dass in beiden die Wörter die gleiche Bedeutung haben, kann der Mensch, unterstützt „solis naturae viribus" erkennen, dass wahr ist, was die Hl. Schrift von Gott

---

199 Vgl. *De usu methodi demonstrativae ...*, in: *Horae subsecivae* 1731. Trimestre aestivum, § 8, S. 500 (GW II 34.3).
200 *Deutsche Logik*, Kapitel 12, § 10, S. 230 (GW I 1).
201 *De usu methodi demonstrativae ...*, § 8, S. 501 (GW II 34.3).
202 Vgl. *ebd.*, § 14, S. 523.
203 Vgl. *ebd.*, § 8, S. 502 (dtsch. in: GW I 22, S. 363).
204 Vgl. *Theologia naturalis* I, § 18, S. 19 (GW II 7.1).

überliefert. Und dann fügt Wolff hinzu, dass durch den in der natürlichen Theologie der so als „requisitum" der Offenbarung bewiesene *consensus* mit der Schrift mit sich bringe, dass die Göttlichkeit der Hl. Schrift „probabilis fit". Der Begriff der „probabilitas" ist naturgemäß epistemisch unscharf. Er bedeutet generell, dass zur Erkenntnis der Wahrheit eines Satzes nicht alle Voraussetzungen bekannt sind, warum ein Prädikat einem Subjekt zukommt.[205] Wolff scheint, was unser Problem betrifft, hier eine gewisse Vorsicht walten zu lassen, indem er der Vernunft eine epistemische Vorrangstellung gegenüber der Offenbarung zuspricht, sie aber im gleichen Atemzug relativiert.

Inwieweit ist nun die Hl. Schrift „adjumentum", Hilfsmittel der natürlichen Theologie? Die Hl. Schrift versieht die natürliche Theologie mit Aussagen, die in dieser lediglich *bewiesen*, jedoch nicht mehr von ihr *aufgefunden* werden müssen.[206] Es ist leichter, bereits aufgefundene Sätze zu beweisen als neue zu entdecken.

b. Die zweite zu erörternde Ebene betrifft die sog. *articuli puri,* d. h. solche Aussagen, die auf der alleinigen göttlichen Offenbarung fußen. Was Wolff diesbezüglich intendiert, ist ein Programm zur Verwissenschaftlichung der Theologie. In der *Ratio praelectionum* heißt es, reine Glaubenslehren könnten anhand der mathematischen Lehrart erforscht werden.[207]

In *De philosophia non ancillante* schreibt Wolff – Kants Diktum aus dem *Streit der Facultäten* von der Magd, die ihrer Herrin die Fackel voranträgt,[208] vorwegnehmend –, dass die Philosophie „dominae alias in tenebris ambulaturae facem praefert, ne forte labatur" (insofern sie ihrer Herrin, die sonst im finstern wandeln würde, das Licht vorträgt, damit sie nicht etwa falle)[209], wobei diese *dienende* Funktion eben in der Bereitstellung einer *sicheren Methode* besteht.

In *De influxu* verkündet Wolff gar enthusiastisch, wenn „nostra philosophia" in der gesamten Theologie ihren Einfluss ausbreite, werde es nichts Dunkles mehr geben, was nicht *ganz und gar* verstanden werde und es werde deren schönste Übereinstimmung (*concentus*) aufscheinen.[210] Damit ist nun allerdings ein epistemisch starker Anspruch der Vernunft bzw. der für diese maßgeblichen Methode ausgedrückt, und zwar für die *gesamte* Theologie. Aber setzt sich Wolff damit nicht dem Vorwurf aus, letztlich doch das *mysterium* in Vernunft aufzulösen? Gleichsam um einem solchen Einwand zu begegnen, heißt es, die mathematische Methode lasse sich in ihrer

---

205 Vgl. *Philosophia rationalis,* Pars II, § 578, S. 437 (GW II 1.2).
206 Vgl. *Theologia naturalis* I, § 22, S. 22 f. (GW II 7.1).
207 Vgl. *Ratio praelectionum,* sectio II, cap. 1, § 26, S. 116 (GW II 36).
208 Vgl. Immanuel Kant, *Der Streit der Facultäten,* in: Kant's gesammelte Schriften, hg. von der Preußischen Akademie der Wissenschaften und Nachfolger, Berlin 1902 ff., Band VII, S. 28.
209 *De philosophia non ancillante,* in: *Horae subsecivae* 1730. Trimestre autumnale, § 13, S. 477 (GW II 34.1).
210 Vgl. *De influxu philosophiae Autoris ...,* in: *Horae subsecivae* 1731. Trimestre brumale, § 14, S. 53 (GW II 34.3).

strengen Form *nicht* in der dogmatischen Theologie durchführen. Zwar soll die geoffenbarte Theologie systematisch dargestellt werden – dies ist ein Erfordernis der Zeit und, so seine Meinung, es gibt überhaupt noch keine derartige systematische Darstellung.[211] Dennoch gilt es, zwei wichtige Einschränkungen zu beachten. Die erste betrifft die *Begriffe*. Entsprechend der ersten Regel der Methode müssen sie immer in derselben Bedeutung verwendet werden, aber – und hier liegt die Begrenzung – sie sind nicht bis ins Letzte begreifbar, da sie, im Gegensatz zu den Nominaldefinitionen in den anderen Wissenschaften, nicht willkürlich sind. Die Auflösung in einfachste Begriffe hat zu geschehen *soweit dies erforderlich ist*.[212] Was die dritte Regel der Methode betrifft, also die *Beweisbarkeit* der „Förder-Sätze", in unserem Fall die in der Schrift enthaltenen Aussagen, so steht deren Gewissheit aufgrund von Gottes Autorität fest.[213]

In *De influxu* führt Wolff hinsichtlich der „articuli puri" noch eine neue Terminologie ein. Diese sind *nur* durch Offenbarung bekannt und demgemäß „supra rationem"[214] – der Begriff findet sich erst in den Schriften dieser Jahre vor –, d. h. dass sie nicht aus Grundsätzen der Vernunft beweisbar sind.[215] Dasjenige, was „supra rationem" ist, ist ein *mysterium*[216] und ist nicht in der vernünftigen Welt enthalten,[217] wenngleich es deshalb nicht unmöglich ist.[218] Dieser letzte Zusatz ist wichtig, denn er impliziert, dass ihnen in irgendeiner Weise Rationalität innewohnt, auch wenn sie einem *integralen* Begreifen und demzufolge auch einer integralen Behandlung anhand der mathematischen Methode enthoben bleiben (z. B. Trinität, Inkarnation ...).

Wolff macht eine weitere bemerkenswerte Überlegung, wenn er schreibt, der „nexus articulorum purorum" wohne ihnen *durch sie selber inne, und zwar aufgrund ihres göttlichen Ursprungs,* so dass die „methodus scientifica eundem non efficit, sed tantum patefacit" *(die wissenschaftliche Methode ihn nicht herstellt, sondern bloß offenlegt)*[219] Diesbezüglich ließe sich von einer *methodologischen* Normativität der Glaubensaussagen gegenüber der Vernunft sprechen.[220]

---

211 Vgl. *ebd.*, § 15, S. 56.
212 *Ebd.*, § 8, S. 24.
213 Vgl. *De usu methodi demonstrativae* ..., in: *Horae subsecivae* 1731. Trimestre aestivum, § 14, S. 523 (GW II 34.3).
214 *De influxu philosophiae Autoris* in: *Horae subsecivae* 1731. Trimestre brumale, § 8, S. 23 (GW II 34.3).
215 Vgl. auch *Theologia naturalis* I, § 454, S. 423 (GW II 7.1).
216 Vgl. *ebd.*, § 458, S. 427.
217 Vgl. *ebd.*, § 455, S. 423.
218 Vgl. *ebd.*, § 456, S. 425.
219 *De usu methodi demonstrativae* ..., in: *Horae subsecivae* 1731. Trimestre aestivum, § 18, S. 537 (GW II 34.3).
220 Ulrich G. Leinsle weist, mit Blick auf die *Theologia naturalis* I (§ 145), darauf hin, dass die „Wissenschaft durch ihre Methode zum Abbild der göttlichen Vernunfttätigkeit wird" (Ders., *Reformversuche protestantischer Metaphysik im Zeitalter des Rationalismus*, Augsburg 1988, S. 255).

Dies ist nun ein wahrhaft unerwarteter methodologischer Zirkel: Einerseits stärkt die „demonstrativische Lehrart" den Glauben („roborare fidem"[221]) – es gibt für Wolff keinen „blinden Glauben", sondern der Glaube *wächst* kraft dieser Lehrart; andererseits wird die demonstrativisch verfahrende Vernunft in der Erkenntnis der geoffenbarten Wahrheiten von Gott erleuchtet.

c. Neben den zwei genannten Diskursebenen findet sich in der *Deutschen Metaphysik* und in der *Theologia naturalis* I noch eine *wissenschaftstheoretische* Beschäftigung mit dem Thema der *Offenbarung*. Diese betrifft die *Kennzeichen* (*criteria* oder *motiva credibilitatis*) der Offenbarung. In der *Deutschen Metaphysik* werden zwei Gesichtspunkte angeführt, unter denen diese Frage erörtert wird: Ein erster betrifft die *Sache*, die geoffenbart wird; ein zweiter die *Art und Weise* der Offenbarung.[222] Wolff führt sieben Kriterien oder Merkmale an, von denen sich die vier ersten auf die Inhalte der Offenbarung beziehen, die drei letzten auf die Art, wie Offenbarung erfolgt.[223]

Das *erste* besagt, dass Gott nur solches offenbart, was den Menschen zu wissen nötig, aber mit den alleinigen Mitteln der Vernunft unerkennbar ist. Freilich, so ergänzt die *Deutsche Metaphysik*, können in einer göttlichen Offenbarung auch Dinge „mit vorkommen, die man auch durch rechten Gebrauch der Vernunft erkennen kan"[224].

Weiterhin, so das *zweite* Kriterium, darf sich aufgrund von Gottes Allwissenheit kein Widerspruch in den göttlichen Offenbarungen finden. Das *dritte* Kriterium besagt, dass die geoffenbarten Wahrheiten den notwendigen Vernunftwahrheiten sowie sicher feststehenden Erfahrungen nicht widersprechen dürfen. Das *vierte* Kriterium betrifft die *Ethik*: Die göttliche Offenbarung kann nichts vorschreiben, was den Naturgesetzen und dem Wesen der Seele in Bezug auf Pflichten widerspricht. Als *fünftes* Kriterium wird festgesetzt, dass dasjenige, was sich auf natürliche Weise erkennen lässt, keine unmittelbare Offenbarung sei. Das *sechste* Kriterium besagt, dass Gott keine überflüssigen Wunder tut und nicht unmittelbar verrichtet, was auf natürlichem Wege erfolgen kann. Als *letztes* Kriterium werden Bedingungen der Verstehbarkeit der Offenbarung aufgestellt: Die Offenbarung muss in einer Sprache verfasst sein, die die Regeln der allgemeinen Grammatik und der rationalen Rhetorik zu beachten hat.[225]

Diese wissenschaftstheoretischen Erörterungen zum Thema ‚Offenbarung' zeigen eine starke epistemische Normativität der natürlichen Vernunft gegenüber der Offenbarung. Dem liegt allerdings eine andere Überzeugung zu Grunde, nämlich die der Normativität der *göttlichen Vernunft*, die die Quelle der Wahrheit überhaupt ist.[226]

---

221 Vgl. *De usu methodi demonstrativae …*, in: *Horae subsecivae* 1731. Trimestre aestivum § 18, S. 536 (GW II 34.3).
222 Vgl. *Deutsche Metaphysik*, § 1011, S. 623 f. (GW I 2.2).
223 Vgl. *ebd.*, § 1011 ff., S. 623 ff.; *Theologia naturalis* I, § 451 ff., S. 420 ff. (GW II 7.1).
224 *Deutsche Metaphysik*, § 1012, S. 624 f. (GW I 2.2).
225 Vgl. hierzu auch *Deutsche Logik*, 12. Kapitel, S. 228 ff. (GW I 1).
226 Vgl. *Deutsche Metaphysik*, § 976, S. 602 (GW I 2.2).

5 Schluss

Wolffs Theologie bildet die Vollendung des Projekts der Metaphysik: „[…] Theologia naturalis est scopus, ad quem tendunt disciplinae Metaphysicae anteriores omnes" (*Die natürliche Theologie ist der Zweck, auf den alle vorhergehenden metaphysischen Wissenschaften hinzielen*)[227]. In ihrem Kern läuft die Erkenntnis von Gottes Dasein, seiner Eigenschaften sowie seines Handelns darauf hinaus, ihn als *Urheber* des Seienden (Seelen und Körperwelt) zu erweisen.

Damit verfolgt Wolff nicht zuletzt das Ziel, die fundamentale Übereinstimmung seiner Philosophie mit den Lehren der Hl. Schrift, insbesondere mit deren Grundaussage von Gott, dem Schöpfer (siehe Gen. I 1), nachzuweisen.

In weiten Bereichen seiner Darlegungen zur natürlichen Theologie ist Wolff nicht innovativ, sondern übernimmt klassische Topoi dieser Disziplin, so wie sie sich etwa bei Leibniz, in der Schulphilosophie oder bei Thomas von Aquin (über den Weg von Carbo a Costaciario) wiederfinden.[228] Die Singularität seiner Darlegungen in den metaphysischen Traktaten besteht in der Systemazität, dem Geist der Gründlichkeit und der demonstrativischen Methodik, die dem Ganzen der Theologie ihre Einheit verleiht.

6 Literaturverzeichnis

Albrecht, Michael (Hg.) (2011): *Die natürliche Theologie bei Christian Wolff*, Aufklärung 23

Bianco, Bruno (1989): *Freiheit gegen Fatalismus. Zu Joachim Langes Kritik an Wolff*, in: Halle. Aufklärung und Pietismus, hg. von Norbert Hinske, Heidelberg, S. 111–155.

Bissinger, Anton (1970): *Die Struktur der Gotteserkenntnis. Studien zur Philosophie Christian Wolffs*, Bonn.

Buchenau, Stefanie (2011): *Die Teleologie zwischen Physik und Theologie*, in: Albrecht (2011), S. 163–174.

Büttner, Manfred (1973): *Zum Gegenüber von Naturwissenschaft (insbesondere Geographie) und Theologie im 18. Jahrhundert. Der Kampf um die Providentiallehre innerhalb des Wolffschen Streites*, in: Philosophia naturalis 14, S. 95–123.

Campo, Mariano (1939; 1980): Cristiano Wolff e il razionalismo precritico, Milano (Nachdruck: Hildesheim – New York [GW III 9]).

Casula, Mario (1975): *Die Lehre von der prästabilierten Harmonie in ihrer Entwicklung von Leibniz bis A. G. Baumgarten*, in: Studia Leibnitiana. Supplementa 14, S. 397–414.

Casula, Mario (1986): *Die Theologia naturalis von Christian Wolff: Vernunft und Offenbarung*, in: Schneiders (1986).

---

227 Theologia naturalis I, Praefatio, S. 25* (GW II 7.1).
228 Siehe Mario Casula, *Die Beziehungen Wolff – Thomas – Carbo in der Metaphysica latina. Zur Quellengeschichte der Thomas-Rezeption bei Christian Wolff*, in: Studia leibnitiana XI/1 (1979), S. 98–123.

Casula, Mario (1979): *Die Beziehungen Wolff – Thomas – Carbo in der Metaphysica latina. Zur Quellengeschichte der Thomas-Rezeption bei Christian Wolff*, in: Studia leibnitiana XI/1, S. 98–123.
Corr, Charles A. (1973): *The Existence of God. Natural Theology and Christian Wolff*, in: International Journal for Philosophy 4/2, S. 105–118.
École, Jean (1990): *La métaphysique de Christian Wolff* I–II, Hildesheim – New York.
École, Jean (1998): *War Christian Wolff ein Lebnizianer?* in: Aufklärung 10, S. 34 ff.
Euler, Werner (2011): *Über das Verhältnis des Natürlichen und Übernatürlichen und seine Konsequenzen für die Begründung göttlicher Wunder in der Metaphysik Christian Wolffs*, in: Albrecht (2011), S. 123–145.
Favaretti Camposampiero, Matteo (2011): *Der psychotheologische Weg. Wolffs Rechtfertigung der Gotteserkenntnis*, in: Albrecht (2011), S. 71–96.
Henrich, Dieter (1960): *Der ontologische Gottesbeweis*, Tübingen.
Leinsle, Ulrich G. (1988): *Reformversuche protestantischer Metaphysik im Zeitalter des Rationalismus*, Augsburg.
Li, Juan (2016): *Metaphysik zwischen Tradition und Aufklärung. Wolffs theologia naturalis im Kontext seines Gesamtwerkes*, Bern.
Marcolungo, Ferdinando Luigi (2011): *Christian Wolff und der physiko-theologische Beweis*, in: Albrecht (2011), S. 147–161.
Paccioni, Jean-Paul (2006): *Cet esprit de profondeur. Christian Wolff. L'ontologie et la métaphysique*, Paris.
Schneiders, Werner (1986): *Deus est philosophus absolute summus*, in: *Christian Wolff 1679–1754*, hg. von Werner Schneiders, Hamburg 1986, S. 9–30.
Theis, Robert (2011): *„Ut scias, & credas, quae simul sciri & credi possunt". Aspekte der Wolffschen Theologie*, in: Albrecht (2011), S. 17–39.
Theis, Robert (2013): *Penser la „creatio ex nihilo"*, in: De Wolff à Kant/Von Wolff zu Kant. Études/Studien, Hildesheim, S. 61–70.
Weber, Claude (1986): *Christian Wolff, Moses Mendelssohn et la métaphysique de Descartes*, Lille (Atelier national de reproduction de thèses).

7 Praktische Philosophie

7.1 Ethik

Clemens Schwaiger

Keywords

Ethik, Moralphilosophie, allgemeine praktische Philosophie, Vollkommenheit, Letztziel, Lust, Freude, Glück, Weisheit, Verbindlichkeit, Tugend

Abstract

Wolff hat über fünf Jahrzehnte hinweg in immer neuen Anläufen um eine wissenschaftliche Grundlegung der praktischen Philosophie gerungen. Symptomatisch dafür ist die von ihm neugeschaffene Disziplin einer ‚allgemeinen praktischen Weltweisheit'. Eine quellen- und entwicklungsgeschichtliche Rekonstruktion der Schlüsselbegriffe seiner Vollkommenheits- und Glückseligkeitsethik zeigt, dass er auf diesem kontroversenreichen Gebiet mehr als irgendwo sonst nicht bloß ein umfassender Systemdenker, sondern ebensosehr ein nimmermüder Prozeßdenker gewesen ist. Das in einer Definitionenkette fassbare gedankliche Gerüst seiner Moraltheorie stammt dabei im Wesentlichen von Leibniz, obgleich er expressis verbis mehr auf Descartes zurückgreift. Doch stets hat Wolff den übernommenen Termini eine unverkennbar eigene, intellektualistische Prägung gegeben, so wenn er etwa beim menschlichen Handeln durchgehend zwischen trügerischem Schein und unverstellter Wahrheit unterscheidet.

1 Einleitung

Wolffs Ethik hat bisher eher magere Beachtung gefunden. In der älteren wie in der jüngeren Forschung ist sie nur selten einmal monographisch behandelt worden. Eingehender untersucht hat man lediglich Wolffs Auffassung von Vollkommenheit und Glück.[1] Andere ebenfalls gewichtige Aspekte seiner Moralphilosophie sind dagegen erst sporadisch oder noch gar nicht näher analysiert worden, beispielsweise seine Konzeption von Tugend, Gerechtigkeit und Liebe, seine Gewissenslehre oder sein Projekt einer moralischen Semiotik. Die traditionelle Vernachlässigung gerade seiner philosophischen Ethik muss eigentlich erstaunen, denn wegen des Fehlens geeigneter Vorlagen bei seinen neuzeitlichen Vorgängern bescheinigt man Wolff auf diesem Gebiet gewöhnlich eine größere Selbstständigkeit als anderswo.[2]

Diese stiefmütterliche Behandlung hat Wolffs praktische Philosophie schon aufgrund ihrer enormen geschichtlichen Bedeutung nicht verdient. Wolff und seine Schüler dominieren mit ihrer Orientierung an der Leitidee der Vollkommenheit die Aufklärungsethik in Deutschland bis hin zu Kant. Im 18. Jahrhundert, das nicht zuletzt als Jahrhundert der praktischen Philosophie par excellence gelten kann, bildet Wolffs Moraltheorie eine entscheidende Etappe auf dem Weg zu einer wissenschaftlichen Ethik, die sich an modernen methodologischen Standards orientiert.

Die unablässige Bemühung um eine zureichende Moralbegründung durchzieht Wolffs gesamtes Lebenswerk von der ersten kleinen bis zur letzten großen Publikation, mithin über nicht weniger als fünfzig Jahre hinweg. Sie führt gleich auf Anhieb zu einer echten Innovation, der Einführung einer neuen philosophischen Disziplin mit dem Titel ‚Philosophia practica universalis'. Diese allgemeine praktische Weltweisheit lebt noch in Kants späterer ‚Metaphysik der Sitten' fort, wenn auch in radikal veränderter Weise.[3]

Gerade die Beiträge zur Ethik waren für Wolff selbst öfters folgenreich, leiteten sie doch mehrfach bedeutsame Lebenswenden ein. Die originelle Erstlingsschrift von 1703, die *Philosophia practica universalis, mathematica methodo conscripta*, ver-

---

1 Vgl. dazu Clemens Schwaiger, *Das Problem des Glücks im Denken Christian Wolffs. Eine quellen-, begriffs- und entwicklungsgeschichtliche Studie zu Schlüsselbegriffen seiner Ethik*, Stuttgart-Bad Cannstatt 1995 mit einer Aufarbeitung der bis dahin erschienenen Sekundärliteratur. Im Folgenden werden Hauptergebnisse dieses Bandes in komprimierter Form präsentiert; daneben gilt das besondere Augenmerk den seither vorgelegten Forschungen.
2 So etwa Winfried Lenders, *Nachwort* zu: *Philosophia moralis* V, S. II, IX u. XXI (GW II 16).
3 Vgl. Clemens Schwaiger, *Christian Wolffs ‚Philosophia practica universalis'. Zu ursprünglichem Gehalt und späterer Gestalt einer neuen Grundlagendisziplin*, in: *Macht und Bescheidenheit der Vernunft. Beiträge zur Philosophie Christian Wolffs*, hg. von Luigi Cataldi Madonna, Hildesheim 2005 (GW III 98), S. 219–233; ders., *Die Anfänge des Projekts einer ‚Metaphysik der Sitten'. Zu den wolffianischen Wurzeln einer kantischen Schlüsselidee*, in: *Kant und die Berliner Aufklärung. Akten des IX. Internationalen Kant-Kongresses*, Bd. 2, hg. von Volker Gerhardt, Rolf-Peter Horstmann u. Ralph Schumacher, Berlin – New York 2001, S. 52–58.

mittelt Wolff die schicksalsträchtige Bekanntschaft mit Leibniz, die einen tiefgreifenden Umbau seines anfänglichen Cartesianismus zur Folge hat. Biographisch noch gravierender sind die Auswirkungen der berühmt-berüchtigten *Oratio de Sinarum philosophia practica* von 1721. Die von Wolff als Prorektor der Universität Halle gehaltene Rede führt zum Ausbruch der schon länger schwelenden Spannungen mit seinen pietistischen Gegnern und nach erbittertem Ringen schließlich 1723 zu seiner schmachvollen Vertreibung aus preußischen Landen. Bereits kurz vor und sodann nach seiner ehrenvollen Rückberufung an die Hallenser Fridericiana im Jahre 1740 widmet sich Wolff bis an sein Lebensende ganz der Ausarbeitung eines umfassenden, auf Lateinisch verfassten und somit auf europaweite Geltung gerichteten Systems der praktischen Philosophie. Die angezielte Praxisrelevanz seines gesamten akademisch-schriftstellerischen Schaffens drückt sich aus in seinem Lebensmotto, ‚ad usum vitae' philosophieren zu wollen.

Schon aufgrund dieser gerafften Skizze von Wolffs Wirken als Moralphilosoph dürfte einsichtig sein, dass sich mehr als irgendwo sonst auf dem Gebiet der Ethik ein entwicklungsgeschichtlicher Zugang nahelegt. Im Folgenden soll die denkerische Entwicklung Wolffs bei der Neubegründung einer wissenschaftlichen Ethik, die sich über die ganze erste Hälfte des 18. Jahrhunderts hinweg erstreckt, anhand zentraler, einschlägiger Leitbegriffe exemplarisch rekonstruiert werden. Dabei wird sich zeigen, dass Wolff – dem gegenteiligen Anschein zum Trotz – auch ein eminenter Prozessdenker und nicht bloß ein typischer Systemdenker gewesen ist.

2 Der Begriff der Vollkommenheit

Wolffs moralphilosophischer Ansatz kann mit Recht als Vollkommenheitsethik charakterisiert werden.[4] Die Leitidee der Vollkommenheit (perfectio) spielt in seiner Philosophie durchweg eine tragende Rolle; insbesondere aber bildet sie die Quelle aller praktischen Philosophie. Sich selbst und andere unaufhörlich und umfassend zu vervollkommnen ist das moralische Grundgebot überhaupt. In der *Deutschen Ethik* lautet der oberste Imperativ allen Handelns: „Thue was dich und deinen oder anderer Zustand vollkommener machet; unterlaß, was ihn unvollkommener machet"[5]. Nicht zufällig wurde die durchgängige Ausrichtung am Ideal der Vollkommenheit

---

4 Vgl. Heiner F. Klemme, *Werde vollkommen! Christian Wolffs Vollkommenheitsethik in systematischer Perspektive*, in: *Christian Wolff und die europäische Aufklärung. Akten des 1. Internationalen Christian-Wolff-Kongresses, Halle (Saale), 4.–8. April 2004*, Bd. 3, hg. von Jürgen Stolzenberg u. Oliver-Pierre Rudolph, Hildesheim 2007 (GW III 103), S. 163–180.

5 *Deutsche Ethik*, § 12, S. 12 (GW I 4); vgl. *Philosophia practica universalis* I, § 152, S. 126 (GW II 10); zum späteren Fortwirken bei Kant s. a. Eberhard Günter Schulz, *Wolffs Moralprinzip und Kants kategorischer Imperativ*, in: *Nuovi studi sul pensiero di Christian Wolff*, hg. von Sonia Carboncini u. Luigi Cataldi Madonna, Hildesheim 1992, S. 217–237.

zum Erkennungs- und Markenzeichen der Wolffianer, die man scherzhaft schon mal als ‚Vollkommenheitsmänner' etikettierte.[6]

Dass Wolff zum paradigmatischen Vertreter einer Vervollkommnungsethik wurde, verdankt sich nachweislich der maßgeblichen Einwirkung von Leibniz. Im frühen Ethikentwurf von 1703 wird das letzte Ziel des Menschen noch im Sinne einer traditionell religiösen Ethik in der Verherrlichung der Ehre Gottes gesehen.[7] Gleich in seinem ersten Brief an Wolff vom 21. Februar 1705 unterzieht Leibniz diese moralphilosophische Skizze einer ausgiebigen kritischen Würdigung. Da Gottes wahre Ehre in der höchsten Vollkommenheit alles Geschaffenen bestehe und der Mensch unausweichlich auf seine Glückseligkeit ausgerichtet sei, dürften Eigen- und Gemeinwohl nicht äußerlich als bloße Mittel zur Verherrlichung Gottes aufgefasst werden.[8] Noch im gleichen Jahr macht sich Wolff im Rahmen von Lehrveranstaltungen zur Moralphilosophie an der Leipziger Universität diese Aufwertung der Vollkommenheit zur ethischen Schlüsselkategorie zu eigen. Es sei geradezu Gottes Wille, dass der Mensch alle seine Handlungen am Letztziel der Vollkommenheit ausrichte.[9] Das ursprüngliche Hauptattribut Gottes, der als ‚ens perfectissimum' Inbegriff aller Vollkommenheiten ist, wird humanistisch ausgelegt: Die Vollkommenheit benennt nicht mehr allein das Wesen göttlichen Seins, sondern bildet nun auch die Richtschnur für menschliches Handeln.[10]

Ein Jahrzehnt später kommt es zwischen Wolff und Leibniz erneut zu einem intensiven brieflichen Austausch über ethische Grundlagenfragen, die zentral um das rechte Verständnis des Begriffs ‚perfectio' kreisen. Wolff hält inzwischen als Professor an der Hallenser Universität moralphilosophische Kollegia nach eigenen Ausarbeitungen, aus denen bald die *Deutsche Ethik* hervorgehen wird. Leibniz, der erst unlängst im Manuskript der *Monadologie* den gedanklichen Kern seiner *Essais de Théodicée* und damit seines philosophischen Systems niedergelegt hat, zieht in dieser Korrespondenz eine Art Summe lebenslangen Nachdenkens über die Vollkommenheitsidee.[11] Ohne Zweifel hat sich Wolff damit ein Insider-Wissen von Leibniz'

---

6 Vgl. Clemens Schwaiger, *Vollkommenheit als Moralprinzip bei Wolff, Baumgarten und Kant*, in: ders., *Alexander Gottlieb Baumgarten – ein intellektuelles Porträt. Studien zur Metaphysik und Ethik von Kants Leitautor*, Stuttgart-Bad Cannstatt 2011, S. 155–165, bes. 155.

7 Vgl. *Philosophia practica universalis, mathematica methodo conscripta*, in: *Meletemata*, Sectio II, S. 208 (GW II 35): „Gloriae divinae illustratio est finis ultimus hominis".

8 Vgl. den Brief von Leibniz an Wolff vom 21. 02. 1705, in: *Briefwechsel zwischen Leibniz und Christian Wolff*, hg. von Carl Immanuel Gerhardt, Halle 1860, Nachdruck: Hildesheim – New York 1971, S. 18–20.

9 Vgl. die Briefe von Wolff an Leibniz vom 13. 05. 1705 und 15. 10. 1705, in: ebd., S. 26–28 u. 36 f.; zum Ganzen s. a. Schwaiger, *Das Problem des Glücks im Denken Christian Wolffs*, a. a. O., S. 95–102.

10 Vgl. Hans Poser, *Christian Wolffs Forderung nach Vervollkommnung als Grundelement seiner praktischen Philosophie*, in: *Geschichte und Philosophie vor und nach Hegel*, hg. von Leona Miodońskiego, Wrocław 2008, S. 180–192, bes. 188 ff.

11 Dieser für beide Beteiligten wichtige, aber bei Gerhardt (*Briefwechsel*, a. a. O., S. 166 f., 170–172 u. 174) leider nur unvollständig dokumentierte Gedankenaustausch erlaubt bis zum Erscheinen einer historisch-kritischen Edition bloß eine vorläufige Auswertung. Zusammen mit ebenfalls noch vor-

Auffassung der Vollkommenheit, aber auch von anderen ethischen Grundbegriffen aneignen können, das er freilich vor den Augen der Mit- und Nachwelt sorgfältig zu verbergen suchte. In enger Zusammenarbeit mit dem Leibniz-Vertrauten Heinrich Köhler, mit dem er dann gemeinsam die postume deutsche und lateinische Veröffentlichung der *Monadologie* besorgte, legte er so die Fundamente für seine von Leibniz inspirierte Vollkommenheitskonzeption in der *Deutschen Metaphysik* und in der *Deutschen Ethik*.[12]

Aus einem Bündel von Definitionsvorschlägen wählt Wolff die Leibnizsche Formel „consensus vel identitas in varietate"[13] aus, die er dann zeitlebens getreulich festhalten wird. „Die Zusammenstimmung des mannigfaltigen machet die Vollkommenheit der Dinge aus"[14], so lautet die entsprechende Wiedergabe in der deutschsprachigen Metaphysik. Auch die lateinische Ontologie hat daran später, trotz größerer Ausführlichkeit, in der Substanz nichts mehr zu ändern.[15]

Wolffs metaphysisch-ethische Auffassung der Vollkommenheit wurde aber rasch nach der Publikation der deutschen Hauptwerke zur Zielscheibe pietistischer Kritik. In seiner Prorektoratsrede hatte Wolff nämlich die alten Chinesen, namentlich seinen Helden Konfuzius, dafür gelobt, dass sie ihre sämtlichen Handlungen am Endzweck höchster Vollkommenheit, der eigenen und der von anderen, ausgerichtet hätten, auch wenn sie noch über keinen deutlichen, wissenschaftlich gesicherten Begriff der ‚perfectio' verfügt hätten.[16] Nicht von ungefähr nahm daher insbesondere Wolffs Hauptgegner Joachim Lange die hier propagierte perfektionistische Ethik massiv unter Beschuss. Neben manchen eher theologischen Einwänden, etwa der mangelnden Schriftgemäßheit und versteckten Egozentrik der alten und neuen Moral, erhob er vor allem den Vorwurf der Inhaltsleere. Das Vervollkommnungsgebot wurde von

---

handenen, unpublizierten Mitschriften von Wolffs Ethikkolleg der Jahre 1717 und 1718 (vgl. Antonio Lamarra, *Le traduzioni settecentesche della „Monadologie". Christian Wolff e la prima ricezione di Leibniz*, in: ders./Roberta Palaia/Pietro Pimpinella, *Le prime traduzioni della „Monadologie" di Leibniz [1720–1721]. Introduzione storico-critica, sinossi dei testi, concordanze contrastive*, Florenz 2001, S. 1–117, hier 14) böte sich die Möglichkeit, weiteres Licht auf die entscheidenden Jahre der Ausbildung von Wolffs ethischem System zu werfen.

12 Vgl. Hanns-Peter Neumann, *Monaden im Diskurs. Monas, Monaden, Monadologien (1600 bis 1770)*, Stuttgart 2013, S. 260–294.

13 Brief von Leibniz an Wolff vom 18.05.1715 (*Briefwechsel*, a.a.O., S. 172); vgl. Schwaiger, *Das Problem des Glücks im Denken Christian Wolffs*, a.a.O., S. 102–106.

14 *Deutsche Metaphysik*, § 152, S. 78 (GW I 2).

15 Vgl. *Philosophia prima*, § 503, S. 390 (GW II 3): „*Perfectio* est consensus in varietate, seu plurium a se invicem differentium in uno." – Der genuin Leibnizsche Charakter seiner Begriffsbestimmung wird Wolff später selbst von dem ‚Nur-Leibnizianer' Michael Gottlieb Hansch bestätigt: *Godefridi Guilielmi Leibnitii principia philosophiae, more geometrico demonstrata*, Frankfurt – Leipzig 1728, S. 42.

16 Vgl. *Oratio de sinarum philosophia practica*, in: *Meletemata*, Sectio III, S. 106 (GW II 35); einen vorzüglichen Überblick über Wolffs Verhältnis zu China gibt Michael Albrecht, *Einleitung* zu: Christian Wolff, *Oratio de Sinarum philosophia practica. Rede über die praktische Philosophie der Chinesen*, Hamburg 1985, S. IX–LXXXIX; aus der seither erschienenen, umfangreichen Literatur zum Thema ragt heraus Henrik Jäger, *Konfuzianismusrezeption als Wegbereitung der deutschen Aufklärung*, in: Allgemeine Zeitschrift für Philosophie 37 (2012), S. 165–189.

ihm als reine Kohärenzforderung gedeutet: Auch ein lasterhafter oder verbrecherischer Mensch, bei dem alle Handlungen untereinander bestens zusammenstimmten, sei auf seine Art vollkommen.[17]

In der Entgegnung auf diesen schwerwiegenden Einwand eines puren Formalismus unterstreicht Wolff zunächst den teleologischen Charakter seines Vollkommenheitsbegriffs. Die Vollkommenheit eines Gegenstandes bemisst sich an der bestmöglichen Realisierung eines in der Natur der Sache liegenden Zieles. So ist eine Uhr vollkommen, wenn sie die Zeit stets richtig anzeigt, oder ein Auge, wenn man den mit ihm wahrgenommenen Gegenstand optimal erkennt. Beim menschlichen Handeln sind die Ziele freilich nicht einfach fertig von der Natur vorgegeben, sondern vom Handelnden allererst frei zu wählen. Wolff veranschaulicht das schon früh an seiner Leitmetapher von der Vollkommenheit des Gebäudes, die „in einer völligen Uebereinstimmung desselben mit den Haupt-Absichten des Bau-Herrn"[18] bestehe. Hier liegt es im Ermessen des Auftraggebers, ob beim Bauwerk eher Aspekte der wirtschaftlichen Nutzung oder des prachtvollen Aussehens den Vorrang haben sollen.

In der anhaltenden kritischen Diskussion um seine Vollkommenheitskonzeption scheint bei Wolff das Bewusstsein dafür gewachsen zu sein, dass eine abstrakte metaphysische Definition der Vollkommenheit nicht etwa eine Zauberformel liefern kann, um sogleich beurteilen zu können, wie perfekt bzw. unvollkommen etwas ist. In einer Neuerung erst der lateinischsprachigen Schriftenreihe wird ihr deshalb lediglich der Wert eines sog. richtungweisenden Begriffs zugesprochen. Eine solche ‚notio directrix' vermag lediglich eine grobe Orientierung über die einzuschlagende Marschrichtung zu geben, macht aber eine gediegene Sachkenntnis in dem jeweiligen Fachgebiet keineswegs überflüssig.[19] Um die notorische Lücke zwischen dem bloß allgemeinen Begriff der ‚perfectio' und der zu seiner Anwendung erforderlichen Näherbestimmung zu schließen, denkt Wolff gelegentlich sogar daran, eine eigene Wissenschaft von den Regeln der Vollkommenheit in Natur und Kunst zu begründen, von der er sich spezifische Aufschlüsse gerade auch für die Lebensführung verspricht.[20]

---

17 Vgl. Joachim Lange, *Bescheidene und ausführliche Entdeckung der falschen und schädlichen Philosophie in dem Wolffianischen Systemate metaphysico von Gott, der Welt, und dem Menschen*, Halle 1724, S. 374 f. u. 382 f. (GW III 56); vgl. dazu und zum Folgenden Clemens Schwaiger, *Wolffs Vollkommenheitsbegriff im Kreuzfeuer pietistischer Kritik*, in: *Perfektionismus und Perfektibilität. Sollzustände in Pietismus und Aufklärung*, hg. von Konstanze Baron u. Christian Soboth (im Erscheinen).
18 *Anfangs-Gründe aller mathematischen Wissenschaften* I, S. 307 (GW I 12).
19 Vgl. *De notionibus directricibus*, in: *Horae subsecivae. Trimestre vernale* 1729, S. 316 u. 326–328 (GW II 34.1); *Philosophia practica universalis* I, § 49, S. 44 (GW II 10); *Philosophia practica universalis* II, § 2, S. 3 u. § 58, S. 44 (GW II 11).
20 Vgl. *Deutsche Metaphysik*, § 708, S. 440 (GW I 2).

3 Der Begriff der Lust

Nach der Vollkommenheit bildet die Lust (voluptas) den nächsten Schlüsselbegriff in der Kette miteinander verknüpfter Definitionen, die im Gefolge von Leibniz das begriffliche Grundgerüst der Wolffschen Ethik ausmachen. Dieser zweite Leitterminus ist zwar jetzt nicht mehr in der Ontologie, sondern in der empirischen Psychologie verortet, gehört aber damit ebenfalls noch zum metaphysischen Fundament von Wolffs Moralbegründung. Nicht zuletzt ist die Auffassung der Lust als einer klaren, wenn auch undeutlichen Erkenntnis für die ausgesprochen intellektualistische Prägung seiner praktischen Philosophie verantwortlich.

Entwicklungsgeschichtlich stammt Wolffs Begriffsbestimmung der Lust nachweisbar erneut von Leibniz, auch wenn Wolff die von seinem großen Mentor zunächst unverändert übernommene Formel von der Lust als Empfindung einer Vollkommenheit im Laufe der Zeit beträchtlich abgewandelt hat. In seinem akademischen Erstlingswerk von 1703 definiert Wolff die Lust als jene angenehme Empfindung des Geistes, die die Gegenstände hervorbrächten, von denen wir glaubten, dass sie der menschlichen Natur entsprächen.[21] In seiner kritischen Analyse der Wolffschen Dissertation rügt Leibniz diese Begriffsbestimmung als nichtssagend und unbrauchbar, wobei er generell auf die Definitionsproblematik eingeht. Das Phänomen der Lust erlaube überhaupt keine Nominaldefinition, sondern lediglich eine ihre Ursache angebende Realdefinition. Der Begriff der Annehmlichkeit sei um nichts bekannter als der Begriff des Vergnügens. Demgegenüber halte er dafür, dass die Lust die Empfindung einer Vollkommenheit sei.[22] Die prägnante ‚sensus-perfectionis'-Formel, die bald auch in den *Essais de Théodicée* ihren Niederschlag fand, hat sich Wolff umgehend zu eigen gemacht.[23] In der *Deutschen Logik* von 1713 teilt er uneingeschränkt nicht bloß den ihm unterbreiteten Definitionsvorschlag (ohne freilich Leibniz' Namen zu erwähnen), sondern auch die These von der Notwendigkeit einer Sacherklärung anstelle einer Worterklärung.[24]

Nach und nach nimmt Wolff indessen einige Modifikationen an der Leibnizschen Standardformulierung vor, wodurch die Spuren ihrer ursprünglichen Herkunft verwischt werden. Erstens wird der Gattungsbegriff ‚Empfindung' (sensus) präzisierend durch den des ‚Anschauens' (intuitus) oder auch der ‚anschauenden Erkenntnis' (co-

---

21 Vgl. *Philosophia practica universalis, mathematica methodo conscripta*, in: *Meletemata*, Sectio II, S. 193 (GW II 35): „*Voluptas* est suavis ille Mentis sensus, quem objecta producunt, quae naturae humanae convenire putamus."
22 Vgl. den Brief von Leibniz an Wolff vom 21.02.1705, in: *Briefwechsel*, a. a. O., S. 18: „*Voluptatis* definitionem nominalem dare non possumus, nec notior est suavitas quam voluptas; realem tamen definitionem voluptas recipit, et puto nihil aliud esse quam sensum perfectionis."
23 So schon im Brief an Leibniz vom 15.10.1705, in: ebd., S. 37; vgl. ferner die erneute Bekräftigung im Brief von Leibniz an Wolff vom 18.05.1715, in: ebd., S. 172 und die *Essais de Théodicée*, § 33 u. § 278 (in: *Die philosophischen Schriften von Gottfried Wilhelm Leibniz*, hg. von Carl Immanuel Gerhardt, Bd. 6, Berlin 1885, Nachdruck: Hildesheim 1961, S. 122 u. 282).
24 Vgl. *Deutsche Logik*, Cap. 1, §§ 46–48, S. 146 f. (GW I 1).

gnitio intuitiva) ersetzt.[25] Mit dieser Klassifizierung als einer intuitiven Form der Erkenntnis schließt Lust notwendig ein Bewusstseins- und Urteilsmoment mit ein. Weil sie stets eine gewisse Erkenntnisqualität besitzt, kann sie prinzipiell auf ihre Wahrheit hin befragt werden und wird der Kontrolle durch die Vernunft zugänglich.[26] Zweitens kann die angeschaute Vollkommenheit eine ganz beliebige sein; es muss sich nicht zwingend um eine Vollkommenheit des Handelnden selbst oder um einen Fortschritt auf dem Wege zu größerer eigener Vollkommenheit handeln. Auch die Vollkommenheit unserer Mitmenschen, anderer Lebewesen und bloßer Dinge kann gleichermaßen Lust bereiten. Und drittens muss die empfundene Lust nicht unbedingt auf wahrer Vollkommenheit beruhen, sondern kann auch von einer bloß vermeinten Vollkommenheit herrühren. In letzterem Falle ist sie freilich nicht beständig, sondern droht sich in ihr Gegenteil zu verkehren, sobald der täuschende Schein aufgedeckt wird. Ein solches trügerisches Vergnügen hält zumindest nicht auf Dauer an; schlimmstenfalls wird es sich auf lange Sicht sogar schädigend auswirken. Die aufgezählten Abänderungen an Leibniz' Begriffsbestimmung sind komprimiert zusammengefasst in Wolffs wohl reifster Definition in der *Psychologia empirica*: „*Voluptas est intuitus, seu cognitio intuitiva perfectionis cujuscunque, sive verae, sive apparentis*" (*Lust ist das Anschauen oder die anschauende Erkenntnis irgendeiner Vollkommenheit, mag dies eine wahre oder eine scheinbare sein*)[27].

Auf dem Hintergrund der bislang umrissenen Begriffsgeschichte wirkt es doch einigermaßen überraschend, dass Wolff seit Anfang der zwanziger Jahre, mithin nach Ausbruch seiner Kontroverse mit den Pietisten, plötzlich René Descartes und dessen Briefwechsel mit Prinzessin Elisabeth von der Pfalz geradezu penetrant als die angeblich maßgebliche Autorität für seine Lustkonzeption ins Feld führt.[28] Denn obwohl Wolff bereits in seinem allererersten Ethikentwurf von 1703 mehrfach auf diese berühmte Korrespondenz zurückgegriffen hatte, so vor allem für seine dortige Glücksauffassung, spielte Descartes just bezüglich seines Lustverständnisses damals noch keinerlei Rolle. Jetzt aber bezieht sich Wolff als Hauptstütze auf Descartes' Schreiben an Elisabeth vom 1. September 1645, in dem es heißt, unsere gesamte Zufrieden-

---

25 Erstmals in *Deutsche Metaphysik*, § 404, S. 247 (GW I 2); dazu s. a. ebd., § 316, S. 173 f.
26 Diesen für die Verhältnisbestimmung von Vernunft und Wille folgenreichen Schritt betont nachdrücklich Hans Poser, *Die Bedeutung der Ethik Christian Wolffs für die deutsche Aufklärung*, in: *Theoria cum praxi. Zum Verhältnis von Theorie und Praxis im 17. und 18. Jahrhundert. Akten des III. Internationalen Leibniz-Kongresses, Hannover, 12. bis 17. November 1977*, Bd. 1, Wiesbaden 1980, S. 206–217, hier 211.
27 *Psychologia empirica*, § 511, S. 389 (GW II 5); vgl. für eine detaillierte Rekonstruktion dieser modifizierenden Eingriffe Schwaiger, *Das Problem des Glücks im Denken Christian Wolffs*, a. a. O., S. 125–139.
28 Vgl. *Deutsche Metaphysik*, § 404, S. 247 (Einfügung erst seit der 2. Aufl.) (GW I 2); *Anmerkungen zur Deutschen Metaphysik*, § 129, S. 210–212 (GW I 3); *Ausführliche Nachricht*, § 94, S. 261 (GW I 9); *Oratio de sinarum philosophia practica*, in: *Meletemata*, Sectio III, S. 71 (GW II 35); *De voluptate ex cognitione veritatis percipienda*, in: *Horae subsecivae. Trimestre aestivum 1729*, S. 170 (GW II 34.1); *Psychologia empirica*, § 511, S. 389 (GW II 5).

heit bestehe nur in dem uns innewohnenden Zeugnis, eine gewisse Vollkommenheit zu besitzen.[29] Diese Textstelle kann aber die Beweislast, die Wolff ihr aufbürdet, schon allein deshalb nicht schultern, weil dort genaugenommen gar nicht von Lust (volupté) die Rede ist. Vielmehr geht es Descartes um die Zufriedenheit (contentement), die sich ein weiser Mensch aufgrund vernünftiger Lebensführung auch bei einem widrigen Schicksal zu verschaffen vermag. Diese erhebliche terminologische Differenz hat Wolff – wohl aufgrund der Verwendung einer freien lateinischen Übersetzung[30] – einfach eingeebnet. Damit aber nährt die Anrufung Descartes' als Kronzeugen den Verdacht, nicht zuletzt als Manöver zur Verschleierung des Leibnizschen Einflusses zu dienen.[31]

4 Der Begriff der Freude

Ein weiteres Glied, das Wolff aus der metaphysisch-ethischen Definitionskette von Leibniz übernommen hat, stellt der Begriff der Freude (laetitia, gaudium) dar. Damit wird eine vermittelnde Ebene zwischen der elementaren Lustempfindung einerseits und der komplexen Glückserfahrung andererseits gewonnen. Das auf einem mittleren Niveau angesiedelte Erleben von Freude schafft einen Bezug zur vielgestaltigen Welt der Affekte und beugt der Gefahr des Abgleitens in einen kruden Hedonismus vor.

In seiner moralphilosophischen Dissertation von 1703 hatte Wolff die Affekte noch kaum näher behandelt, sondern war unvermittelt von der Lust zur Glückseligkeit übergegangen, ohne das Thema der Freude eigens zu berühren.[32] Als Wolff zwölf Jahre später, wie schon erwähnt, mit Leibniz über ein angemessenes Verständnis von Vollkommenheit debattiert, wird er in der bis dahin vollständigsten Auflistung moralphilosophischer Grundbegriffe auch mit Leibniz' Auffassung der Freude vertraut gemacht. Unter Freude sei das merkliche Vorherrschen von Vergnügen zu verstehen, denn ein freudiger Mensch könne beim Überwiegen eines größeren Gutes kleinere Widrigkeiten wegstecken.[33] In der *Deutschen Metaphysik* eignet sich Wolff diesen Definitionsvorschlag erstmals an: „Ein mercklicher Grad der Lust, der auch die Unlust

---

29 Vgl. Descartes' Brief an Elisabeth vom 1.09.1645, in: René Descartes, *Der Briefwechsel mit Elisabeth von der Pfalz. Französisch – deutsch*, hg. von Isabelle Wienand u. Olivier Ribordy, Hamburg 2015, S. 132: „[ ] tout notre contentement ne consiste qu'au témoignage intérieur que nous avons d'avoir quelque perfection".
30 Zur vermittelnden Rolle lateinischer Ethikkompilationen im seinerzeitigen Cartesianismus vgl. Roger Ariew, *Ethics in Descartes and Seventeenth Century Cartesian Textbooks*, in: *The Rationalists: Between Tradition and Innovation*, hg. von Carlos Fraenkel, Dario Perinetti u. Justin E.H. Smith, Dordrecht – Heidelberg – London – New York 2011, S. 67–75.
31 Vgl. dazu näher Schwaiger, *Das Problem des Glücks im Denken Christian Wolffs*, a.a.O., S. 56–66.
32 Vgl. *Philosophia practica universalis, mathematica methodo conscripta*, in: *Meletemata*, Sectio II, S. 192f. (GW II 35).
33 Vgl. Brief von Leibniz an Wolff vom 18.05.1715 (*Briefwechsel*, a.a.O., S. 171): „*Laetitiam* definio praedominium insigne voluptatum"; zum Ganzen ebd., S. 171f.

überwiegt, so etwan zugegen ist, machet die *Freude*"³⁴. Ebenso findet die prägnante Leibnizsche Begriffsbestimmung später unverändert in die Affektenlehre der *Psychologia empirica* Eingang, ohne dass jedoch ihres Urhebers hier oder anderwärts je namentlich gedacht würde.³⁵ An einem solchen Gedenken konnte Wolff freilich kein Interesse haben, da seine für die Schultradition ungewohnte Erklärung der Freude und anderer Affekte inzwischen als des Spinozismus verdächtig attackiert wurde.³⁶ Stattdessen bemüht er sich jetzt in der lateinischen Psychologie, seine leibnizianische Bestimmung der Freude, die hier als Nominaldefinition klassifiziert wird, um eine auf Descartes zurückgehende Realdefinition zu ergänzen. In genetischer Hinsicht könne die Freude als der Affekt bestimmt werden, der in uns aus der Meinung über ein gegenwärtiges, zwar nur verworren wahrgenommenes, aber keineswegs geringes Gut entstehe.³⁷ Auch in diesem Fall dient der Rückgriff auf den weniger kontroversen Neuerer Descartes letztendlich dazu, der impliziten Leibniz-Kritik seiner Gegner den Wind aus den Segeln zu nehmen.³⁸

5 Der Begriff des Glücks

Hinsichtlich seiner Glückskonzeption steht Wolff ebenfalls in einem intensiven, langjährigen Dialog mit seinen frühneuzeitlichen Hauptgesprächspartnern Descartes einerseits und Leibniz andererseits, die ja beide Glücksphilosophen par excellence gewesen sind. Doch verläuft die Entwicklung hier in wiederum anderer Form und Folge. Um seine Aufgeschlossenheit für die moderne Philosophie zu untermauern, rezipiert bereits der frühe Wolff in seinem literarischen Erstling den cartesischen Glücksbegriff. Glückseligkeit sei „die gänzliche und vollkommene Befriedigung der eigenen von der Vernunft geordneten Wünsche". Wie Descartes in seiner Korrespondenz mit der pfälzischen Prinzessin Elisabeth dargelegt habe, heiße glücklich leben „nichts anderes als ein vollkommen zufriedenes und ruhiges Gemüt zu genießen"³⁹.

---

34 *Deutsche Metaphysik*, § 446, S. 274 (GW I 2).
35 Vgl. *Psychologia empirica*, § 614, S. 463 (GW II 5): „Voluptatum insigne praedominium est id, quod *Gaudium* dicimus."
36 Vgl. *Anmerckungen zur Deutschen Metaphysik*, § 147, S. 236 (GW I 3).
37 Vgl. *Psychologia empirica*, § 624, S. 470 (GW II 5): „*Gaudium* definiri potest per affectum, qui in nobis oritur ex opinione boni praesentis confuse percepti & quidem haud parvi." In § 618, S. 466 wird auf Descartes' Abhandlung *Les passions de l'âme*, Art. 61 verwiesen, wo es heißt: „Et la consideration du bien present excite en nous de la Ioye [...], lors que c'est un bien [...] qui nous est representé comme nous apartenant" (*Oeuvres de Descartes*, hg. von Charles Adam u. Paul Tannery, Bd. 11, Paris 1967 [¹1909], S. 376). – Eine solche cartesianisch gefärbte Definition hatte Wolff im Übrigen schon in der *Deutschen Logik* beispielhaft angeführt, als er erklärte, dass die Freude „ein Affect sey, welcher aus Geniessung des gegenwärtigen Guten entstehet" (Cap. 1, § 26, S. 137 [GW I 1]).
38 Vgl. zum ganzen vorstehenden Abschnitt auch Schwaiger, *Das Problem des Glücks im Denken Christian Wolffs*, a. a. O., S. 153–161.
39 *Philosophia practica universalis, mathematica methodo conscripta*, in: *Meletemata*, Sectio II, S. 193 f. (GW II 35): „*Beatitudo* est omnimoda & perfecta votorum suorum ex ratione ordinatorum frui-

An dieser Idealvorstellung von einem still genossenen, wunschlosen Glück übt Leibniz in seinem schon zitierten Schreiben vom 21. Februar 1705 sogleich eine schneidende Kritik. Für ein geschaffenes Geistwesen könne es gar keine umfassende Bedürfnisbefriedigung geben. Gegen ein allzu statisches Glücksverständnis setzt Leibniz ein betont dynamisches: Wahres Glück bestehe in einem unaufhörlichen Fortschreiten zu größeren Gütern.[40] Wieder lässt sich Wolff von der Wucht des vorgebrachten Angriffs auf Anhieb überzeugen. Noch im gleichen Jahr übernimmt er Leibniz' ‚progressive' Auffassung menschlichen Glücks[41] und macht sie fortan in der deutschen Aufklärung populär. Nunmehr bezeichnet ‚Seligkeit' (so seine Eindeutschung von ‚beatitudo') „einen ungehinderten Fortgang zu grösseren Vollkommenheiten".[42] Neu gegenüber Leibniz ist allerdings, dass er diese durchaus diesseitig und mit philosophischen Mitteln zu erreichende Erfüllung ausdrücklich mit dem höchsten Gut des Menschen identifiziert.[43]

Neben der philosophischen Seligkeit kennt Wolff noch eine zweite Grundform eines handlungsabhängigen Daseinsglücks, die er mit dem Terminus ‚Glückseligkeit' (felicitas) benennt. Auch für diese greift er auf eine von Leibniz stammende Definition zurück, mit der er anscheinend erst relativ spät bekannt geworden ist. Im Kontext der schon erörterten Definitionen der Lust und der Freude bestimmt der Hannoveraner Universalgelehrte die Glückseligkeit als Stand einer dauerhaften Freude.[44] Auch diese Erklärung findet faktisch unverändert, wieder ohne Herkunftsnennung, Aufnahme in die *Deutsche Ethik*: „Der Zustand einer beständigen Freude machet die

---

tio. [...] Bene hinc *Descartes* [...] ad Elisabetham: Vivere beate, inquit, nihil aliud est, quam animo perfecte contento & tranquillo frui." Wolff bezieht sich auf eine Passage im Brief vom 4. August 1645: „la béatitude consiste, ce me semble, en un parfait contentement d'esprit et une satisfaction intérieure, que n'ont pas ordinairement ceux qui sont le plus favorisés de la fortune, et que les sages acquièrent sans elle. Ainsi *vivere beate*, vivre en béatitude, ce n'est autre chose qu'avoir l'esprit parfaitement content et satisfait" (*Der Briefwechsel mit Elisabeth von der Pfalz*, a. a. O., S. 100). Die für die Auseinandersetzung zwischen Descartes und Elisabeth entscheidende Problematik des Umgangs mit einem widrigen Schicksal wird von Wolff hierbei freilich ausgespart.

40 Vgl. den Brief von Leibniz an Wolff vom 21.02.1705, in: *Briefwechsel*, a.a.O., S. 18: „Beatitudinem non puto dari posse in creatura, quae sit omnimoda votorum fruitio, sed potius veram creatae mentis beatitudinem consistere in non impedito progressu ad bona majora."

41 Vgl. den Brief von Wolff an Leibniz vom 15.10.1705, in: *Briefwechsel*, a.a.O., S. 37: „beatitudo non impeditum ad majorem indies perfectionem progressum dicit in mente creata"; zum Ganzen s. a. Schwaiger, *Das Problem des Glücks im Denken Christian Wolffs*, a.a.O., S. 44–51.

42 *Deutsche Ethik*, § 44, S. 32 (GW I 4).

43 Vgl. *Philosophia practica universalis* I, § 374, S. 293 (GW II 10): „*Beatitudo philosophica* seu *summum bonum* hominis est non impeditus progressus ad majores continuo perfectiones"; dazu Schwaiger, *Das Problem des Glücks im Denken Christian Wolffs*, a.a.O., S. 179–188; zur Wolffschen Relativierung des Unterschiedes zwischen ewigem und zeitlichem Glück s. a. Frank Grunert, *Die Objektivität des Glücks. Aspekte der Eudämonismusdiskussion in der deutschen Aufklärung*, in: *Aufklärung als praktische Philosophie. Werner Schneiders zum 65. Geburtstag*, hg. von Frank Grunert u. Friedrich Vollhardt, Tübingen 1998, S. 351–368, bes. 353–362.

44 Vgl. den Brief von Leibniz an Wolff vom 18.05.1715 (*Briefwechsel*, a.a.O., S. 171: „Finem in moralibus constituo (ut nostri) *Felicitatem*, quam definio statum laetitiae durabilis".

Glückseligkeit aus"⁴⁵. Wolff vertieft allerdings, über Leibniz hinausgehend, die Frage, worin die Beständigkeit der Freude im Letzten eigentlich gründet. Sie beruht auf wahrer Lust, welche wiederum auf wahrer Vollkommenheit basiert. Auf diese Weise kann Wolff dann durchaus originell zwischen wahrer und bloß vermeinter Glückseligkeit differenzieren.⁴⁶ Dass sich die Unterscheidung von Wahrheit und Schein auf allen Ebenen der Strebenspsychologie so konsequent durchhalten lässt, ist in Wolffs stark kognitiver Auffassung der Lust grundgelegt. Weil Lust eine Art von Erkenntnis ist, enthält sie in gewisser Hinsicht einen Wahrheitsanspruch, kann aber auch täuschen.

Ähnlich wie Leibniz weiß sich auch Wolff der Devise ‚Glück durch Wissen' verpflichtet und versteht seine gesamte Philosophie als Dienst am Glück der Menschheit. Trotzdem schließt er sich nicht einfach der Bestimmung der Weisheit (sapientia) als ‚Wissenschaft der Glückseligkeit' an, wie sie Leibniz in seinem Vorwort zum *Codex juris gentium diplomaticus* von 1693 prominent gemacht hatte.⁴⁷ Vielmehr hält er, wenngleich mit mancherlei Modifikationen, zeitlebens an seiner früh schon entwickelten Auffassung der Weisheit als optimaler Zweck-Mittel-Kalkül fest. Diese bestehe in der bestmöglichen Wahl der Lebensziele bzw. der Mittel zu ihrer Verwirklichung.⁴⁸ Zwar räumt Wolff ein, dass sein teleologischer Weisheitsbegriff mit dem Leibnizschen kompatibel sei. Wenn der Mensch die Vollkommenheit seines innerlichen wie äußeren Zustandes zum letzten Ziel seines Lebens mache und unaufhörlich von einer Vollkommenheit zur anderen fortschreite, genieße er eine beständige Freude und erlange die Glückseligkeit.⁴⁹ Dennoch bleibt Wolff – wie anderwärtig, so auch hier – in seiner Außendarstellung peinlich darauf bedacht, möglichst wenig als Leibnizianer zu erscheinen.

---

45 *Deutsche Ethik*, § 52, S. 35 (GW I 4).
46 Vgl. hierzu *Psychologia empirica*, § 636, S. 477 (GW II 5): „Per *felicitatem* hic intelligimus statum, quo voluptas vera perdurat. Dicitur *felicitas vera* ad differentiam *apparentis,* quae est status, quo quis voluptate apparente fruitur"; ferner Schwaiger, *Das Problem des Glücks im Denken Christian Wolffs*, a. a. O., S. 165–179.
47 Vgl. *Praefatio Codicis juris gentium diplomatici* (in: Gottfried Wilhelm Leibniz, *Sämtliche Schriften und Briefe,* Vierte Reihe, Bd. 5, Berlin 2004, S. 61): „Arbitror autem notioni hominum optime satisfieri, si *sapientiam* nihil aliud esse dicamus, quam ipsam scientiam felicitatis."
48 Vgl. *Philosophia practica universalis, mathematica methodo conscripta,* in: *Meletemata,* Sectio II, S. 194 (GW II 35); *Deutsche Metaphysik,* § 914, S. 565 (GW I 2); *Psychologia rationalis,* § 678, S. 606 f. (GW II 6); für eine eingehendere quellen- und entwicklungsgeschichtliche Analyse von Wolffs Weisheitsbegriff s. a. Schwaiger, *Das Problem des Glücks im Denken Christian Wolffs,* a. a. O., S. 188–197.
49 Vgl. *Deutsche Ethik,* § 325, S. 214 f. (GW I 4).

6 Der Begriff der Verbindlichkeit

Aus dem menschlichen Streben nach Vollkommenheit und Glück leitet Wolff letztlich die gesamte (natürliche) Verbindlichkeit (obligatio) her. Wir sind von Natur aus zu bestimmten Handlungen verbunden oder verpflichtet, weil wir uns dadurch vervollkommnen und darin unsere Erfüllung finden. Das ganze System der Pflichten gegen sich selbst, gegen andere und gegen Gott beruht darauf. Denn Pflichten sind nichts anderes als Handlungen, zu denen wir gemäß einem Gesetz verbunden sind.[50]

Entwicklungsgeschichtlich gesehen hat bei Wolffs Erarbeitung des Schlüsselterminus der Obligation erneut der Einfluss von Leibniz eine ausschlaggebende Rolle gespielt. Wolff hat in diesem zentralen Punkt, wie er selbst offen zugibt, sogar eine regelrechte ‚Umkippung' durchgemacht. In der *Philosophia practica universalis* von 1703 vertrat er noch einen weitgehend an Samuel Pufendorf angelehnten, rein positivistischen Verpflichtungs- bzw. Gesetzesbegriff. Die Verbindlichkeit besteht auf Seiten des Gesetzgebers in der Festsetzung einer Strafe für Gesetzesübertreter, auf Seiten des Gesetzesunterworfenen in der Furcht vor der Strafsanktion. Das Gesetz ist seinerseits lediglich der Befehl eines Oberen, der den Untergebenen verpflichtet, sobald er öffentlich bekanntgemacht ist.[51]

In seiner Besprechung von Wolffs erster Dissertation übt Leibniz gerade an diesem Punkt eine einschneidende Kritik. Gegen Pufendorfs Naturrechtsdenken gerichtet, hält er dafür, dass es grundsätzlich auch ohne einen Oberen und eine theologische Letztbegründung Verpflichtung geben könne. Die moralische Verbindlichkeit dürfe man nicht ausschließlich von der Furcht vor Strafe oder der Hoffnung auf Belohnung herleiten wollen, wie überhaupt das Tun des Guten nicht durch blankes Lohndenken einzuholen sei.[52] Seinen dezidierten Antivoluntarismus hat Leibniz in den *Monita quaedam ad Samuelis Puffendorfii principia* (verfasst 1706, gedruckt 1709) dann bald auch publik gemacht. Wolff, der diese berühmte Invektive zweifelsohne kannte, rückt infolgedessen in seiner *Ratio praelectionum* von 1718 in einer für ihn eher seltenen öffentlichen Selbstkritik von seinem Jugendirrtum einer Verwechslung von bürgerlicher und natürlicher Verpflichtung ab. Gegen die Pufendorfianer für eine intrinsische Moralität plädierend, besteht er darauf, dass die menschlichen Hand-

---

50 Vgl. *ebd.*, § 221, S. 143; *Philosophia practica universalis* I, § 224, S. 178 (GW II 10).
51 Vgl. *Philosophia practica universalis, mathematica methodo conscripta*, in: *Meletemata*, Sectio II, S. 197 (GW II 35): „*Obligatio* duplici modo spectari potest, vel quatenus est aliquid in obligante, vel quatenus aliquid importat in obligato. Priori modo obligatio est actus superioris, quo poenam statuit transgressoribus legum harumque rationem reddit. Posteriori autem est metus, quem sanctio poenalis, & reverentia erga superiorem, quam expositio rationis legum producit. [...] *Lex* est jussus superioris inferiori promulgatus eumque obligans."
52 Vgl. den Brief von Leibniz an Wolff vom 21. 02. 1705, in: *Briefwechsel*, a. a. O., S. 19: „Putem esse etiam sine superiore obligationem, uti aliqua esset etiam apud Atheos obligatio [...]. Nolim igitur obligationem unice a metu poenae et spe praemii peti, cum sit aliquod non mercenarium recte faciendi studium [...]".

lungen an und vor sich selbst gut und böse seien und nicht erst durch Gottes Willen dazu gemacht würden.⁵³

Nach Wolffs späterer, selber gebildeter Definition bedeutet (aktive) Verpflichtung ganz allgemein die Verknüpfung eines Beweggrundes mit einer Handlung bzw. ihrer Unterlassung. Dem entspricht auf Seiten des Verpflichteten die moralische Notwendigkeit zu einem entsprechenden Tun und Lassen.⁵⁴ Wolff baut die Verbindlichkeit in erster Linie auf die Motivation des Handelnden durch eigene Einsicht, nämlich aufgrund deutlicher Vorstellungen des Guten und Bösen. Entschieden von jeglichem politischen und theologischen Moralpositivismus abrückend, macht er schon einen großen Schritt in Richtung von Kants späterer Autonomie der Moral. Das (moralische) Gesetz der Natur, also die in der Natur des Menschen und der Dinge begründete Verbindlichkeit „würde stat finden, wenn auch gleich der Mensch keinen Oberen hätte, der ihn dazu verbinden könte: ja es würde statt finden, wenn auch gleich kein GOtt wäre". Denn „ein vernünftiger Mensch [brauchet] kein weitere Gesetze, sondern vermittelst seiner Vernunfft ist er ihm selbst ein Gesetze"⁵⁵. Mit diesen provokanten, immer wieder zitierten Spitzenaussagen nimmt Wolff auch den Ungläubigen nicht von der moralischen Verantwortlichkeit aus, sondern gesteht ihm genauso wie jedem anderen die Befähigung zu moralischer Tugend zu.

---

53 Vgl. *Ratio praelectionum*, Sectio II, Cap. VI, §§ 4–14, S. 192–196 (GW II 36); s. a. *Deutsche Ethik*, § 5, S. 6 f. (GW I 4); zum Ganzen ferner Dieter Hüning, *Christian Wolffs Begriff der natürlichen Verbindlichkeit als Bindeglied zwischen Psychologie und Moralphilosophie*, in: *Die Psychologie Christian Wolffs. Systematische und historische Untersuchungen*, hg. von Oliver-Pierre Rudolph u. Jean-François Goubet, Tübingen 2004, S. 143–167, bes. 144–156; Andreas Thomas, *Die Lehre von der moralischen Verbindlichkeit bei Christian Wolff und ihre Kritik durch Immanuel Kant*, in: ebd., S. 169–189; Clemens Schwaiger, *Zur Theorie der Verbindlichkeit bei Wolff, Baumgarten und dem frühen Kant*, in: ders., *Alexander Gottlieb Baumgarten – ein intellektuelles Porträt*, a. a. O., S. 144–154, hier 147–151.

54 Vgl. *Deutsche Ethik*, § 8, S. 8 (GW I 4): „Einen verbinden etwas zu thun, oder zu lassen, ist nichts anders als einen Bewegungs-Grund des Wollens oder nicht Wollens damit verknüpffen"; *Philosophia practica universalis* I, § 118, S. 103 (GW II 10): „Necessitas moralis agendi vel non agendi dicitur *obligatio passiva*. Connexio autem motivi cum actione, sive positiva, sive privativa *obligatio activa* appellatur."

55 *Deutsche Ethik*, § 20, S. 16 f. bzw. § 24, S. 18 f. (GW I 4); zu Wolffs Wegbereiterrolle hinsichtlich des Autonomiegedankens s. a. Christian Schröer, *Sittliche Autonomie bei Christian Wolff und Kant. Kontinuität und Diskontinuität*, in: *Akten des Siebenten Internationalen Kant-Kongresses Kurfürstliches Schloß zu Mainz 1990*, Bd. II.2, hg. von Gerhard Funke, Bonn – Berlin 1991, S. 567–576.

7 Der Begriff der Tugend

Der Mensch bedarf schließlich der Tugend (virtus), um sowohl seinen Verstand wie seinen Willen dauerhaft zu vervollkommnen und in fester Gewohnheit der naturgesetzlichen Verbindlichkeit gemäß leben zu können. Wolff versteht unter Tugend daher die „Fertigkeit seine Handlungen nach dem Gesetze der Natur einzurichten"[56].

Dieser konventionelle, an sich unkontroverse Tugendbegriff rückt jedoch ins Zentrum der Auseinandersetzung mit den Pietisten, sobald er in der 1721 gehaltenen, 1726 mit umfangreichen Anmerkungen versehenen *Oratio de Sinarum philosophia practica* zu einem mehrstufigen Tugendmodell erweitert wird. Die Unterscheidung verschiedener Grade von Tugend ermöglicht es Wolff, den alten Chinesen mit ihrem herausragenden Repräsentanten Konfuzius eine zwar nicht religiöse, aber sog. philosophische Tugend zuzusprechen. Die chinesische Kultur dient als geschichtliches Exempel dafür, dass man sich auch ohne (geoffenbarten) Gottesglauben sehr wohl durch wahre Tugend auszeichnen kann. Konfuzius und seine Zeitgenossen hätten keineswegs bloß den äußeren Anschein von Tugend besessen, so dass der augustinische Vorwurf von den Tugenden der Heiden als glänzenden Lastern hier verfehlt sei. Dagegen würden so manche (Namens-)Christen nicht einmal ein solches Minimum an Tugend erreichen.[57] Die Erkenntnis Gottes durch das natürliche Licht der Vernunft (die sog. philosophische Frömmigkeit) bzw. durch die (christliche) Offenbarung (die sog. theologische bzw. christliche Tugend) liefert damit lediglich eine vertiefende Motivation zum moralischen Handeln, wobei es aber keineswegs gesagt ist, dass Christen letztere auch tatsächlich erlangen.[58] Wolffs vielbeachtete, folgenschwere Chinesenrede dient so betrachtet nicht bloß der „Emanzipation der philosophischen Tugend von der Herrschaft religiöser Moralvorstellungen"[59], sondern taugt bis heute als mustergültiges Lehrstück für den interkulturellen Dialog.

---

56 *Deutsche Ethik*, § 64, S. 41 (GW I 4); gleichlautend auch *Philosophia practica universalis* I, § 321, S. 254 (GW II 10): „*Virtus est habitus actiones suas legi naturali conformiter dirigendi.*" – Ähnlich definiert Wolff bereits im Frühwerk von 1703, wo allerdings die Zielorientierung allen Handelns noch in die Begriffsbestimmung aufgenommen ist: „*Virtus est potentia actiones suas ad finem lege naturali praescriptum dirigendi*" (*Philosophia practica universalis, mathematica methodo conscripta*, in: *Meletemata*, Sectio II, S. 198 [GW II 35]).
57 Vgl. *Oratio de sinarum philosophia practica*, in: *Meletemata*, Sectio III, S. 60–64, 80 u. 111–115 (GW II 35).
58 Vgl. *ebd.*, S. 57–60; *Philosophia practica universalis* I, §§ 338–340, S. 265 f. (GW II 10).
59 Michael Albrecht, *Die Tugend und die Chinesen. Antworten von Christian Wolff auf die Frage nach dem Verhältnis zwischen Religion und Moral*, in: *Nuovi studi sul pensiero di Christian Wolff*, hg. von Sonia Carboncini u. Luigi Cataldi Madonna, a. a. O., S. 239–262, hier 255.

8 Literaturverzeichnis

Cacciatore, Giuseppe; Gessa-Kurotschka, Vanna; Poser, Hans; Sanna, Manuela (Hgg.) (1999): *La filosofia pratica tra metafisica e antropologia nell'età di Wolff e Vico. Atti del Convegno Internazionale Napoli, 2–5 aprile 1997,* Neapel.

Campo, Mariano (1980): *Cristiano Wolff e il razionalismo precritico,* Mailand 1939, Nachdruck: Hildesheim – New York (GW III 9).

Gawlick, Günter (1997): *Neues zur Ethik Christian Wolffs,* in: Philosophische Rundschau 44, S. 259–263.

Joesten, Clara (1931): *Christian Wolffs Grundlegung der praktischen Philosophie,* Leipzig.

Kohlmeyer, Ernst (1911): *Kosmos und Kosmonomie bei Christian Wolff. Ein Beitrag zur Geschichte der Philosophie und Theologie des Aufklärungszeitalters,* Göttingen.

Schröer, Christian (1988): *Naturbegriff und Moralbegründung. Die Grundlegung der Ethik bei Christian Wolff und deren Kritik durch Immanuel Kant,* Stuttgart [u. a.].

Schwaiger, Clemens (1995): *Das Problem des Glücks im Denken Christian Wolffs. Eine quellen-, begriffs- und entwicklungsgeschichtliche Studie zu Schlüsselbegriffen seiner Ethik,* Stuttgart-Bad Cannstatt.

Stolzenberg, Jürgen; Rudolph, Oliver-Pierre (Hgg.) (2007): *Christian Wolff und die europäische Aufklärung. Akten des 1. Internationalen Christian-Wolff-Kongresses, Halle (Saale), 4.–8. April 2004,* Bd. 3, Hildesheim (GW III 103.3), S. 125–343 (Praktische Philosophie).

7.2 Naturrecht

Alexander Aichele

Keywords

Naturrecht, Freiheit, Vollkommenheit, Prinzip, Handlung, Zurechnung, Schuld, Verbindlichkeit, Gesetz, Gleichheit, Eigentum, Normenanwendung

Abstract

Christian Wolff behauptet die Absolutheit des Naturrechts. Sein Prinzip kann weder – auch von Gott nicht – verändert werden noch hätte es Gott anders machen können. Das Gesetz der Natur ist sowohl universal als auch vollständig: Es gibt keine moralisch indifferenten Handlungen. Vielmehr ist jede Handlung Gegenstand von Verpflichtung und kann daher moralisch zugerechnet werden. Eben solche Verpflichtungen werden durch natürliche Gesetze ausgedrückt, die für jedermann unterschiedslos gelten. Ihre Übertretung muss, indes gemäß ihrer Umstände, stets bestraft werden. Strafe dient dabei als Mittel sowohl zur General- wie Spezialprävention als auch zur Besserung des Täters. Aus der Unterscheidung von Dingen nach ihrm Ursprung entwickelt Wolff einen Begriff von Eigentum, der das jus proprium begründet. Nur auf dieser Basis sind überhaupt Rechtsstreite möglich, die letztendlich stets mit Wolffs Methode der juristischen Deduktion entschieden werden

1 Einleitung

Anders als die meisten anderen philosophischen Disziplinen hat Wolff das Naturrecht nicht im eigentlichen Sinne zweimal behandelt. Die als Kompendium[1] des monumentalen *Jus Naturae* (1740–48) verfaßten *Grundsätze des Natur- und Völckerrechts* von 1754 stellen indes eine autorisierte und daher durchaus authentische Übersetzung der 1750 erschienen *Institutiones Iuris Naturae et Gentium* aus der Hand Gottlob Samuel Nicolais dar. Das achtbändige *Jus Naturae* selbst, das in erstaunlicher, ja geradezu abschreckender Vielfalt rechtliche Detailfragen traktiert, hingegen besitzt keinen deutschsprachigen Widerpart. Jedoch finden sich alle grundlegenden Teile des Naturrechts im engeren Sinn, freilich in geringerer Ausführlichkeit, nicht nur im *Natur- und Völckerrecht*, sondern ebenso in der *Deutschen Ethik*, aber auch der *Deutschen Politik*. Denn seine Prinzipien und Grundbegriffe gehören zur Allgemeinen Praktischen Philosophie (*Philosophia practica universalis*),[2] aus deren Einteilungen auch der Gegenstandsbereich des Naturrechts, nämlich äußere freie Handlungen, hervorgeht.[3]

Dieser, hier naturgemäß besonders interessierende Bereich kann daher anhand der diversen deutschen Schriften dargelegt werden. Kaum verzichtbar ist das *Jus Naturae* indes, wenn es um die zentrale Frage der Normen- bzw. Rechtsanwendung geht. Dem leicht einsichtigen systematischen Aufbau folgend sind daher zunächst die Prinzipien des Naturrechts und sodann sein Gegenstand, insbesondere Wolffs die juristische Terminologie bis heute prägenden Begriffe von Zurechnung, Verbindlichkeit bzw. Verpflichtung, Gesetz, Gleichheit, Strafe und Eigentum zu erörtern. Abschließend ist Wolffs folgenreiche Analyse der Methode der Normenanwendung und Rechtsfindung, die sog. „juristische Deduktion", zu untersuchen.

2 Prinzipien

Wolff beginnt seine *Deutsche Ethik* mit der Exposition des „natürlichen Gesetzes" auf der Basis des Begriffs der Vollkommenheit. Aus ihm sind alle weiteren naturrechtlichen Normen durch logisch gültigen Schluss abzuleiten bzw. zu beweisen, während das positive Recht nicht im Widerspruch zu ihm stehen darf. Die elementaren Bausteine seiner Theorie umfassen menschliche Freiheit; eine ebenso kausale wie intrinsische Definition von Gut und Böse; rationale Verpflichtung durch das Naturrecht; seine Notwendigkeit, Ewigkeit und Vollständigkeit; seine Äquivalenz mit dem Willen Gottes; und eine Teleologie. Auch ein Überblick über Wolffs Naturrecht erfordert

---

[1] *Natur- und Völckerrecht*, Vorrede, S. 15 (GW I 19).
[2] Vgl. *Jus Naturae*, Prolegomena, § 4, S. 4 f. (GW II 17).
[3] *Natur- und Völckerrecht*, 1. Teil, 1. Hauptstück, § 1, S. 38 (GW I 19).

daher eine zumindest knappe Analyse jener Begriffe und ihres systematischen Zusammenhangs.

Da Freiheit nicht nur die notwendige, sondern auch hinreichende Bedingung moralischer – also sowohl ethisch als auch naturrechtlich relevanter – Handlungen bildet, ist diese zuerst in den Blick zu nehmen. Wolff zufolge ist Freiheit eine essentielle Eigenschaft des Menschen. Denn Freiheit ist ein aktives Vermögen der menschlichen Seele. Man nennt es üblicherweise „Wille". Es wird in doppelter Weise aktualisiert. Zum einen verursacht die Verwirklichung des Willens mentale oder physische Veränderungen der wollenden Person:

> Da nun dasjenige, was von unserem Willen herrührt, seinen Grund im Willen (§ 29. Met.) und also in uns hat (§ 197. Met.), ingleichen die Bewegungen des Leibes, die dem Willen unterworfen sind, ihren Grund in dem Zustande des Leibes haben (§ 878. 882. Met.); so gehören so wohl die Gedancken der Seele, als die Bewegungen des Leibes, welche von dem Willen herrühren, unter unser Thun (§ 104. Met.) [...]⁴.

In diesem, aristotelischen Sinn gilt der Wille als intrinsische Ursache bestimmter Bewegungen. Zum anderen wählt der Wille frei unter möglichen Alternativen und befriedigt dadurch kontingente Begierden der Seele: „da der Wille eine Freyheit hat aus möglichen Dingen zu erwehlen, was uns am meisten gefället (§ 510. Met.); so ist auch dieses Thun der Menschen frey, und erhält daher den Nahmen freyer Handlungen"⁵. In diesem, christlichen Sinn gilt der Wille als liberum arbitrium. Weil nun ohne alternative Wahlmöglichkeiten zu handeln einem Handeln aus Notwendigkeit entspricht, das eo ipso nicht frei sein kann, bilden Verursachung und Wahl zusammengenommen eine vollständige Definition menschlicher Freiheit. Willensfreiheit besteht im Vermögen zu handeln oder gar nicht oder anders zu handeln. Alle Moral – und deswegen auch das Naturrecht – bezieht sich ausschließlich auf in diesem intrinsischen Sinne freie Handlungen: „Hier haben wir bloß mit den freyen Handlungen der Menschen; keines Weges aber mit den nothwendigen zu thun"⁶.

Freie Handlungen verändern den mentalen und physischen Zustand des Handelnden. Dies kann entweder gemäß der oder wider die menschliche oder individuelle Natur geschehen:

> Die freyen Handlungen der Menschen ziehen viel veränderliches nach sich, so wohl in dem inneren Zustande des Menschen, in Ansehung der Seele und des Leibes, als in dem äusseren, in Ansehung seiner Ehre, seines Vermögens und was sonst dazu gehöret, nicht allein unter den allgemeinen Umständen, die sich jedesmahl bey derselben Handlung finden, sondern auch unter den besonderen, die nur in einigen Fällen vorkommen und wo-

---

4 *Deutsche Ethik*, Cap. 1, § 1, S. 2 (GW I 14).
5 Ebd.
6 Ebd., S. 3.

durch die besonderen Fälle voneinander unterschieden sind. Hierinnen sind sie nicht alle einander gleich. Der innere Zustand der Seele und des Leibes, so wohl als der äussere, welcher durch Hülffe unserer freyen Handlungen erhalten wird, stimmet entweder mit dem Wesen der Seele und des Leibes und dem vorhergehenden Zustande überein, oder ist ihm zu wieder[7].

Zwar kann keine Essenz durch kontingente Handlungen verändert werden. Dennoch ist der Mensch fähig, seiner eigenen zuwider zu handeln. Solches geschieht schlicht durch Nichtgebrauch oder Missbrauch der mit seinem Wesen verbundenen Kräfte. Widernatürliches Verhalten in diesem allgemeinen Sinne verschlechtert den Zustand des Handelnden oder macht ihn jedenfalls nicht besser. Da Einzeldinge dieselben essentiellen Eigenschaften mit allen anderen Dingen derselben Art teilen, unterscheiden sich einzelne Menschen voneinander durch akzidentielle Eigenschaften, die durch die Umstände von Geburt und weiterer Existenz, d. h. durch aktive oder passive Interaktion mit anderen Dingen bzw. der Welt, erzeugt werden. Die Individualität von Menschen besteht daher genau wie bei allen anderen Dingen in nichts anderem als in der kontiniuierlichen Veränderung ihrer Zustände. Weil eine solche Reihe von Zuständen aufgrund ihrer temporalen Notwendigkeit nicht mehr verändert werden kann, wenn sie einmal erzeugt worden ist, bildet sie die individuelle Natur einer Person. Aufgrund seiner wesentlichen Rationalität und Freiheit kann allerdings kein Mensch von Geburt an eine vollkommen schlechte Natur besitzen. Da nämlich erst die Reihe seiner Zustände seine Identität sukzessiv bildet, beginnt jeder Mensch in einem Zustand zu handeln, der nur minimal von seiner essentiellen Natur differiert, d. h. in einem wesentlich guten Zustand. Von Anfang an gemäß der eigenen allgemeinen und besonderen Natur zu handeln, wird folglich den Zustand eines Menschen kontinuierlich verbessern. Wolff nennt dies Vervollkommnung. Vollkommenheit bestimmt er demnach durch Übereinstimmung oder auch Harmonie: Die Übereinstimmung kontinuierlich sich verändernder Zustände miteinander und mit der allgemeinen Natur des Menschen ist Vollkommenheit:

> Wenn nun der gegenwärtige Zustand mit dem vorhergegenden und dem folgenden und aller zusammen mit dem Wesen und der Natur des Menschen zusammen stimmet; so ist der Zustand des Menschen vollkommen (§ 152. Met.) und zwar um so viel vollkommener, je grösser diese Übereinstimmung ist (§ 150. Met.): hingegen wenn der vergangene mit dem gegenwärtigen, oder der gegenwärtige mit dem zukünfftigen streitet, oder auch in dem, was auf einmahl ist eines wieder das andere lauffet; so ist der Zustand des Menschen unvollkommen[8].

---

7 *Ebd.*, § 2, S. 3.
8 *Ebd.*, S. 5.

Und weil jede freie Handlung den Zustand des Handelnden verändert, „befördern die freye Handlungen des Menschen entweder die Vollkommenheit, oder Unvollkommenheit ihres innerlichen und äusserlichen Zustandes"[9].

Diese notwendige Wirkung freier Handlungen dient als Kriterium moralischer Beurteilung: „Was unseren so wohl innerlichen, als äusserlichen Zustand vollkommen machet, das ist gut (§ 422. Met.); hingegen was beyden unvollkommener machet, ist böse (§ 426. Met.). Derowegen sind die freyen Handlungen der Menschen" – nach dem Satz des ausgeschlossenen Dritten – „entweder gut oder böse (§ 2)"[10].

Weil jeder freien Handlung ihre moralische Qualität innewohnt, behauptet Wolff einen intrinsischen Begriff moralischer Qualität, der exklusiv von freien Handlungen erfüllt wird. Er besitzt jedoch auch ein relationales, genauer: kausales Element. Denn es ist allein die Wirkung einer freien Handlung, die sie gut oder böse macht. Jede freie Handlung aber verändert den mentalen oder physischen Zustand des Handelnden. Also ist sie die Ursache dieser Veränderung. Nach Wolff sind Ursache und Wirkung durch metaphysische Notwendigkeit verknüpft. Also bringt jede freie Handlung ihre besondere Wirkung mit Notwendigkeit hervor. Folglich ist jede freie Handlung deswegen in sich selbst gut oder böse, weil es keine freie Handlung geben kann, die ihre besondere Wirkung nicht hervorbringt.

Moralische Qualitäten sind also intrinsisch, weil ihre Definition kausal ist:

> Weil die freyen Handlungen der Menschen durch ihren Erfolg, das ist, dasjenige, was dadurch veränderliches in dem inneren und äusseren Zustande der Menschen erfolget, gut oder böse werden (§ 2. 3), was aber aus ihnen erfolget, nothwendig daraus kommen muß, und nicht aussen bleiben kan (§ 575. Met.); so sind sie vor und an sich selbst gut oder böse, und werden nicht erst durch GOTTes Willen dazu gemacht. Wenn es derowegen gleich möglich wäre, daß kein GOtt wäre, und der gegenwärtige Zusammenhang der Dinge ohne ihn bestehen könte; so würden die freyen Handlungen der Menschen dennoch gut oder böse verbleiben[11].

Wenn daher jede freie Handlung in sich selbst gut oder böse ist, besteht auch keine Veranlassung, den Willen oder auch nur die Existenz Gottes in die Theorie moralischen Urteilens einzuführen. Deswegen sollten sie auch Atheisten akzeptieren, da sie ebenfalls rationale Wesen mit der Fähigkeit sind, kausale Zusammenhänge einzusehen:

> Weil unsere freye Handlungen durch dasjenige, was aus ihnen entweder schlechterdinges, oder unter gewissen Umständen nothwendig erfolget, gut oder böse werden (§ 4. 5); so

---

9   Ebd.
10 Ebd., § 3.
11 Ebd., § 5, S. 6 f.

wird zu Beurtheilung derselben eine Einsicht in den Zusammenhang der Dinge erfordert. Da nun die Einsicht in den Zusammenhang der Dinge die Vernunfft ist (§ 368. Met.); so wird das Gute und Böse durch die Vernunfft erkandt[12].

Sind nun moralische Qualitäten unabhängig von Gott, muss dies auch für moralische Verpflichtungen gelten. Wenn gutes Handeln den eigenen geistigen oder körperlichen Zustand verbessert und ihn böses Handeln verschlechtert, existiert zumindest eine natürliche Neigung, das Gute zu erstreben und das Böse zu meiden. Wolff behandelt sie jedoch niemals als Verpflichtungsgrund. Dies trifft hingegen für die vernüftige Erkenntnis von Gut und Böse zu, die zugleich den Beweggrund des Willens bildet:

> Die Erkäntniß des Guten ist ein Bewegungs-Grund des Willens (§ 496. Met.). Wer die freye Handlungen der Menschen, die vor und an sich gut sind (§ 5) deutlich begreiffet, der erkennet daß sie gut sind (§ 206. Met.). Und daher ist das Gute, was wir an ihnen wahrnehmen, ein Bewegungs-Grund, daß wir sie wollen. Da nun nicht möglich ist, daß etwas zugleich ein Bewegungs-Grund des Wollens und nicht Wollens seyn kan (§ 10. Met.); so gehet es auch nicht an, daß man eine an sich gute Handlung nicht wollen solte, wenn man sie deutlich begreiffet[13].

Nun besteht nach Wolff jemand zu verpflichten, etwas zu tun oder nicht zu tun, allein darin, einen derartigen Beweggrund mit der entsprechenden Handlung zu verbinden.[14] Indes ist begriffliche Erkenntnis nichts anderes als eine aktive und intentionale Veränderung des mentalen Zustands eines Menschen, d. h. eine freie Handlung:

> Es beruhet auf meinem Willen, daß ich jetzund meine Gedancken auf die Betrachtung der Wohlthaten GOttes richte, die er mir in den vergangenen Zeiten erwiesen; aber nicht, daß ich die Person sehe, die mir begegnet, oder das Geschrey der Lermenden höre (§ 219. 786. Met.); noch auch daß ich an diejenigen Dinge gedencke, die mir dabey einfallen (§ 238. Met.)[15].

Eine solche freie Handlung kann zwar unterlassen werden, stimmt aber mit der allgemeinen und besonderen Natur des Menschen überein:

> Der Mensch hat ein Geschicke von Natur die Wahrheit zu erkennen: jemehr er Wahrheit würcklich erkennet, je geschickter wird er dieselbe zu erkennen. Der Zustand also der See-

---

12 *Ebd.*, § 23, S. 18.
13 *Ebd.*, § 6, S. 7.
14 Vgl. *ebd.*, § 8, S. 8.
15 *Ebd.*, § 1, S. 1 f.

le, welcher durch ihre freye Handlung, nemlich durch vielfältige Bemühung in Erkäntniß der Wahrheit erhalten wird, stimmet mit dem natürlichen zusammen, und ist ihm keines Weges zu wieder[16].

Weil jedoch ein rationales Wesen nicht seine eigene Natur nicht kennen kann, ist jeder Mensch jederzeit dazu frei, gemäß oder wider seine(r) Natur zu handeln. Deswegen können Menschen jederzeit allein durch ihre Natur Gut und Böse erkennen. Solches Wissen ist der Beweggrund des Willens und folglich mit Freiheit verknüpft. Diese Verbindung definiert nach Wolffs natürliche Verpflichtung. Also sind Menschen allein durch ihre eigene Natur und die Natur der Dinge, die beide von jedem erkannt werden können, verpflichtet, Gutes zu tun und Böses zu unterlassen:

> Da nun dasjenige, was aus den Handlungen der Menschen erfolget und sie entweder gut oder böse machet (§ 2. 3), von dem Wesen und der Natur herkommet (§ 614. 615. 754. Met.); das gute und schlimme aber, was wir in den Handlungen antreffen, die Bewegungs-Gründe des Wollens und Nicht-Wollens sind (§ 496. Met.): so hat mit den vor sich guten und bösen Handlungen der Menschen (§. 5) die Natur die Bewegungsgründe verknüpfft. Und solchergestalt verbindet uns die Natur der Dinge und unsere eigene das vor sich gute zu thun, und das vor sich böse zu unterlassen (§. 8)[17].

Auf dieser Grundlage lässt sich leicht eine allgemeine Regel für naturgemäßes menschliche Verhalten formulieren: „Thue was dich und deinen oder anderer Zustand vollkommener machet; unterlaß, was ihn unvollkommener machet"[18]. Da es sich hierbei um eine Verpflichtung handelt, die allein freie Handlungen betrifft, heißt diese Regel ein „Gesetz"[19]. Und weil seine verpflichtende Kraft der Natur entspringt ist es ein „Gesetze der Natur"[20]. Mehr noch, es ist nur eines, da es universale Gültigkeit für alle freien Handlungen besitzt und so als der einzige zureichende Grund für jedes mögliche besondere natürliche Gesetz fungiert:

> Da nun diese Regel sich auf alle freye Handlungen der Menschen erstrecket (§ 14); so hat man kein anderes Gesetze der Natur mehr nöthig sondern alle besonderen Gesetze müssen daraus erwiesen werden auf die Art und Weise, wie schon (§ 14) erinnert worden. Und also ist diese Regel ein vollständiger Grund aller natürlichen Gesetze[21].

---

16 *Ebd.*, § 2, S. 4.
17 *Ebd.*, § 9, S. 9 f.:
18 *Ebd.*, § 12, S. 12.
19 *Ebd.*, § 16, S. 15: „Eine Regel, darnach wir verbunden sind, unsere freye Handlungen einzurichten, heisset ein Gesetze."
20 *Ebd.*, § 17, S. 15: „Insonderheit aber wird eine Regel ein Gesetze der Natur gennenet, wenn uns die Natur verbindet unsere freye Handlungen darnach einzurichten".
21 *Ebd.*, § 19, S. 16.

Folgt man nun der kausalen Definition von Gut und Böse, die beide rationaler Erkenntnis offenstehen, erweist sich die Vernunft als „Lehrmeisterin des Gesetzes der Natur"[22]. Daher ist vernunftgemäßes Handeln dasselbe wie das Handeln gemäß des natürlichen Gesetzes.[23] Ein vernünftiges Individuum benötigt folglich kein anderes göttliches oder menschliches Gesetz neben seiner eigenen Vernunft. Vielmehr ist es sich selbst Gesetz, d. h. autonom: „Ja weil wir durch die Vernunfft erkennen, was das Gesetze der Natur haben will (§ 23); so brauchet ein vernünftiger Mensch kein weiteres Gesetze, sondern vermittelst seiner Vernunfft ist er ihm selbst ein Gesetz"[24].

Der intrinsische Charakter des Guten und Bösen führt zur Notwendigkeit der moralischen Qualität entsprechender Handlungen. Folglich ist das Gesetz der Natur selbst unveränderlich und notwendig: „Da die vor sich gute Handlungen nothwendig gut, und die vor sich böse nothwendig böse sind (§ 5); so sind auch beyde unveränderlich (§ 41. Met.). Das Gesetze der Natur will, daß wir jene thun, diese hingegen unterlassen (§ 9), und ist deswegen unveränderlich"[25].

Wenn aber etwas notwendig ist, ist es auch ewig. Also ist das Gesetz der Natur ewig.[26] Weil nun jede freie Handlung durch ihre notwendige Wirkung entweder Vollkommenheit oder Unvollkommenheit befördert, ist auch ihre moralische Qualität durch das Gesetz der Natur festgelegt. Es kann daher keine moralisch indifferenten freien Handlungen geben:

> Dieses ewige Gesetze erstrecket sich auf alle Handlungen der Menschen in allen Fällen. Denn was in einem jeden vorkommenden Falle unter denen sich ereignenden Umständen erfolget, das ist durch die Natur der Dinge *determiniret*, daß es kommen muß (§ 575. Met.). Da nun die Handlungen der Menschen durch das, was aus ihnen nothwendig erfolget gut oder böse werden (§ 4); so sind alle Handlungen der Menschen von der Natur *determiniret*, ob sie gut oder böse sind. Und demnach befiehlet das Gesetze der Natur in einem jeden vorkommenden Falle, was der Mensch unter denen sich ereignenden Umständen thun oder lassen soll. Daher ist es auch das allervollständigste Gesetze, u. irren diejenigen gar sehr, welche vorgeben, als wenn das Gesetze der Natur viele Handlungen der Menschen unentschieden liesse, die nachdem erst durch menschliche Gesetze müßten entschieden werden. Das Gesetze der Natur hat alles entschieden, und ist an sich gantz vollständig, unerachtet es bisher noch nicht vollständig ist erkandt worden[27].

Offensichtlich ist der entscheidende Punkt in Wolffs Begriff des Gesetzes der Natur seine modale Charakteristik. Wolff behauptet seine metaphysische, d. h. erkennt-

---

22 *Ebd.*, § 23, S. 18.
23 *Ebd.*, § 24, S. 18: „Und demnach lehrt uns die Vernunfft, was wir thun und lassen sollen, das ist, die Vernunfft ist die Lehrmeisterin des Gesetzes der Natur (§ 19)."
24 *Ebd.*, S. 18 f.
25 *Ebd.*, § 25, S. 19:
26 Vgl. *ebd.*, § 26, S. 19.
27 *Ebd.*, § 27, S. 19 f.

nis-unabhängige, Notwendigkeit und Ewigkeit. Dies, insbesondere die Betonung der Ewigkeit, scheint jede Bedingung auszuschließen, von der die Gültigkeit des Gesetzes der Natur abhängen könnte. Daraus müsste folgen, dass auch Gott in seiner Entscheidung, diese Welt zu schaffen, nicht vollständig frei ist, soweit dies das Gesetz der Natur betrifft. Die Frage ist nun, ob das nur für diese oder eine unmittelbar zugängliche mögliche Welt gilt oder für jede mögliche Welt überhaupt. Im ersten Fall würde das Gesetz der Natur nur unter der Bedingung gelten, dass Gott beschließt, die aktual existente Welt zu schaffen. Die Notwendigkeit des natürlichen Gesetzes wäre dann kontingent und seine Ewigkeit würde bloß die Unmöglichkeit indizieren, es nach der Schöpfung zu verändern. Im zweiten Fall würde jede Welt, die der Möglichkeit nach existieren kann, durch ein und dasselbe Gesetz der Natur beherrscht, und jede andere Welt wäre unmöglich. Dies bedeutete letztlich zu behaupten, dass eine solche Welt nicht gedacht werden könnte, d. h. logisch unmöglich wäre, und zwar auch für Gott, da gemäß seiner Allmacht alles logisch Mögliche auch metaphysisch möglich sein muss. Träfe dies zu, wäre das Gesetz der Natur ein unveränderlicher Teil der göttlichen Essenz und das einzig mögliche im Verhältnis zu jeder möglichen Welt. Folglich würde dieses eine Gesetz der Natur auch ohne die Schöpfung irgendeiner Welt in der Art einer transzendenten Entität in Gottes Geist existieren. Wolff scheint in der Tat für diese Variante zu optieren. Zunächst erinnert er an die relevanten Funktionen von Gottes Geist, wobei Sein Intellekt als zureichender Grund von Möglichkeit und Sein Wille als zureichender Grund der Wirklichkeit dient. Demnach sind ohne Zweifel sowohl die notwendige Kausalrelation der freien Handlung zu Vollkommenheit und Unvollkommenheit als auch die notwendige Verknüpfung der Erkenntnis von Gut und Böse mit dem Willen als dessen Beweggrund von Gott geschaffen:

> Weil der göttliche Verstand alles möglich machet (§ 975. Met.), und durch seinen Willen das mögliche die Würcklichkeit erreichet (§. 988. Met.); so ist auch durch den Verstannd GOttes möglich worden, daß aus den freyen Handlungen der Menschen entweder die Vollkommenheit, oder Unvollkommenheit ihrer und ihres Zustandes herrühret, und nach seinem Rathschlusse (§. 997. Met.) erfolget es auch in der That. Derowegen da die Vorstellung dieser Vollkommenheit der Bewegungs-Grund ist, daß wir einige Handlungen vollbringen; hingegen die Vorstellung der Unvollkommenheit, daß wir andere unterlassen (§ 422. 426. 496. Met.); so hat auch GOtt die Bewegungs-Gründe mit den Handlungen verknüpffet, und demnach verbindet er auch die Menschen zu thun, was das Gesetze der Natur haben will, und zu unterlassen, was es nicht haben will (§ 8)[28].

Die natürliche Verpflichtung ist deswegen zugleich göttliche Verpflichtung, und das Gesetz der Natur ist äquivalent mit dem göttlichen Gesetz.[29] Wolff fährt nun fort: „Ja

---

28 *Ebd.*, § 29, S. 20 f.
29 *Ebd.*, S. 21: „Auf eine solche Weise ist die natürliche Verbindlichkeit zugleich eine göttliche Verbindlichkeit, und das Gesetze der Natur zugleich ein göttliches Gesetze (§ 17)."

es erhellet hieraus zugleich, daß GOtt dem Menschen kein ander Gesetze als das Gesetze der Natur geben kan: keinesweges aber ein Gesetze, daß dem Gesetze der Natur zu wieder lieffe"[30].

An dieser Stelle ließe sich Wolffs These noch ohne weiteres im Sinne hypothetischer Notwendigkeit verstehen: Wenn Gott beschließt, irgendeine Welt zu schaffen, in der Menschen wohnen, muss er ihr aufgrund des Wesens des Menschen und einer solchen Welt das Gesetz des Natur mit Notwendigkeit geben. Er wäre demnach frei, einer anderen Welt, die keine Menschen oder andere frei handelnde Wesen beherbergt, ein anderes Gesetz zu geben. Dies trifft jedoch nicht zu. Wolffs These ist radikaler. Sein erster argumentativer Schritt ist unauffällig. Er wiederholt nur die Behauptung der Äquivalenz von natürlichem und göttlichem Gesetz, und zwar auf dreifache Weise: Erstens, der Gegenstand göttlicher Verpflichtung ist äquivalent mit dem Gegenstand natürlicher Verpflichtung; zweitens, der göttliche Wille hinsichtlich freier Handlungen ist äquivalent mit dem Gesetz der Natur; und, drittens, gemäß dem Gesetz der Natur zu leben ist äquivalent mit einem Leben gemäß dem Willen Gottes:

> Weil nun GOtt die Menschen eben dazu verbindet, wozu sie die Natur verbindet (§ 29. 30); so ist der Wille GOttes von der Einrichtung der freyen Handlungen mit dem Gesetze der Natur einerley, und wer sein Leben nach dem Gesetze der Natur einrichtet, der richtet es auch nach GOttes Willen ein, und lebet nach seinem Willen: und hinwiederum, wer sein Leben nach GOttes Willen einrichtet, der richtet es nach dem Gesetze der Natur ein[31].

Nun ist daran zu erinnern, dass Äquivalenz und Identität nicht dasselbe sind. Im Gegenteil setzt Äquivalenz Differenz voraus. Gottes Willen mag zwar die causa efficiens des natürlichen Gesetzes sein, indem er es von der Möglichkeit zur Wirklichkeit bringt, genau deswegen jedoch kann er nicht dasselbe wie das Gesetz der Natur sein, weil dies selbst causa finalis ist. Es muss also einen Unterschied zwischen beiden geben. Um diesen zu erhellen, greift Wolff zu metaphorischer Rede, wenn er sich bemüht zu zeigen, dass der Wille Gottes nicht die „Quelle" des Gesetzes der Natur ist.[32] Denn das Gesetz der Natur gilt ebenso für den Willen Gottes, der selber größtmögliche Vollkommenheit zum Beweggrund hat: „Denn die größte Vollkommenheit ist der Bewegungs-Grund des göttlichen Willens, (§ 981, Met.) und also kan er keine Handlungen verlangen, als daraus die Vollkommenheit der Menschen und ihres Zustandes erwächset, und er muß diejenigen allen vorziehen, daraus die größte Vollkommenheit erfolget"[33].

---

30 *Ebd.*
31 *Ebd.*, § 34, S. 26.
32 *Ebd.*, § 35, S. 26 f.: „Derowegen wenn auch gleich jemand den Willen GOttes zu der Quelle des natürlichen Gesetzes machen wolte; so könnte er doch kein anderes Gesetze der Natur heraus bringen, als wir oben heraus gebracht haben (§ 19)."
33 *Ebd.*, S. 27.

Folglich gilt das Gesetz der Natur unabhängig vom Willen Gottes. Also ist Gott selbst unfähig, das Gesetz der Natur zu ändern, da es Teil Seiner eigenen Essenz ist.[34] Deswegen „entspringen" weder dieses Gesetz noch logische oder moralische Qualität dem göttlichen Willen:

> Unterdessen ist doch aus dem, was oben erwiesen worden, klar, daß das Gesetze der Natur nicht von dem göttlichen Willen entspringet, sondern die Handlungen der Menschen gut, oder böse, ingleichen besser oder schlimmer gewesen, ehe man sagen kan, daß sie GOTT gewolt, oder nicht gewolt. Ja es ist auch dieses aus dem allgemeinen Satze klar, daß der Wille GOttes keine Wahrheiten machet (§ 976. Met.), und schon oben erwiesen worden (§ 5)[35].

Das Gesetz der Natur bildet demzufolge eine transzendente Entität, die notwendig und ewig in Gottes Essenz existiert. Weil Gott notwendigerweise existiert und nicht, auch nicht durch sich selbst, verändert werden kann, kann es kein anderes Gesetz der Natur geben. Also steht die Schöpfung von vorneherein unter dem Gesetz der Natur. Folglich ist Gott nur frei zu entscheiden, ob er die Welt schafft oder nicht; er ist aber nicht frei zu entscheiden, welche Art von Welt er schafft, da es nur eine gibt, die er in metaphysischer wie in logischer Bedeutung zu schaffen imstande ist, und dies ist die Welt, die existiert.

3   Der Gegenstand des Naturrechts

Das Naturrecht behandelt, „wie der Mensch seine freien Handlungen zu bestimmen gehalten ist, damit er das Leben eines Menschen lebe"[36]. Demnach sind die einander korrespondierenden[37] natürlichen Rechte und Pflichten aus dem Wesen des Menschen und der Dinge zu beweisen.[38] Die inhaltliche Bestimmung der praktischen Philosophie, hier: des Naturrechts, setzt daher die erfolgreiche Bearbeitung der allgemeinen und besonderen Metaphysik wie der Logik voraus. Weil es nach Wolff keine moralisch indifferenten freien Handlungen geben kann und das Gesetz der Natur vollständig ist, begreift er jede freie Handlung als unter einer Verpflichtung stehend. Da folglich jede solche Handlung entweder zu vollziehen oder zu unterlassen ist, unterscheidet er zwischen positiven und privativen Handlungen und dementsprechend Begehungs- und Unterlassungstaten:

---

34   *Ebd.*: „Und auf solche Weise erhellet, daß GOtt das Gesetze der Natur nicht zu ändern verlanget, ja vermöge seiner Natur es nicht geschehen kan, daß er es ändert."
35   *Ebd.*
36   *Jus Naturae*, Prolegomena, § 1, S. 1 (GW II 17).
37   *Ebd.*: „[...] jura naturalia & obligationes naturales sibi mutuo respondere."
38   *Ebd.*, § 2, S. 2: „*Quae in Jure Naturae traduntur, demonstranda sunt, ex ipsa quidem essentia & natura hominis atque rerum.*"

Es ist überdem eine Handlung entweder *positiv,* eine auszuübende (*actio positiva*), wenn sie in der That ausgeübt wird; oder *privativ,* eine zu unterlaßende (*actio privativa*), welche in der Unterlaßung einer Handlung besteht, welche gethan werden konnte. Eine positive freye Handlung heißt eine Begehungs-That (*factum commissionis*). Eine privative, oder verneinende freye Handlung heißt eine Unterlassungs-That (*factum omissionis*)[39].

3.1 Zurechnung (*imputatio*)

Nun sind nicht alle Handlungen des Menschen frei. Um eine Handlung als Begehung oder Unterlassung auszuzeichnen, ist daher eine eigene Prädikation nötig.[40] Sie besteht in der Zurechnung: „Das Urtheil, wodurch man erklärt, die freye Ursache sey entweder die handlende Person von der Handlung selbst, oder desjenigen, was aus der Handlung erfolgt, es sey gut, oder böse, wird die *Zurechnung* genannt"[41].

Der Grad der Zurechnung bemisst sich am Grad der Freiheit des Täters. Wolff unterscheidet hier mehrere Stufen. Nicht zugerechnet werden Handlungen aus äußerem Zwang, wenn die als „Werckzeug (*instrumentum*)" gebrauchte Person „die Kräfte nicht hat, der Handlung eines anderen zu wiederstehen"[42]. Denn sie wird zur Unterlassung der pflichtgemäßen Unterlassung einer Handlung gewaltsam gezwungen „(actio privativa coacta)" und handelt daher gar nicht frei; es sei denn, sie billigte die erzwungene Handlung nachträglich.[43] Demgegenüber kann „eine Handlung wieder Willen" zugerechnet werden, da hier „jemand das thut, was er lieber unterlassen, und das unterläßt, was er gern thun wolte, wenn er nur ein Uebel, welches aus der entgegen gesetzten Handlung entstehet, vermeiden könte"[44]. Jedoch fällt die Zurechnung einer solchen *actio invita* aufgrund der „durch Furcht, oder Gewalt" bewirkten Nötigung, die als Entschuldigungsgrund dient, geringer aus als bei einer „freywillige(n) *Handlung mit Willen (actio voluntaria)*"[45]. Derartige Handlungen können nun mit verstandesmäßiger Überlegung, „durch welche man untersucht, ob eine Handlung auszuüben sey, oder nicht, und auf was vor Art dieselbe auszuüben sey", vollzogen werden oder nicht.[46] Da „eine überlegte Handlung mehr eine freye Handlung ist, als eine unüberlegte", steigt der Zurechnungsgrad mit dem Reflexionsgrad.[47] Das-

---

39 *Natur- und Völckerrecht,* 1. Theil, 1. Hauptstück, § 2, S. 38 (GW I 19).
40 Vgl. Joachim Hruschka, *Zurechnung seit Pufendorf. Insbesondere die Unterscheidungen des 18. Jahrhunderts,* in: *Zurechnung als Operationalisierung von Verantwortung,* hg. von Matthias Kaufmann u. Joachim Renzikowski, Frankfurt/M. u. a. 2004, S. 17–27.
41 *Natur- und Völckerrecht,* 1. Theil, 1. Hauptstück, § 3, S. 39 (GW I 19).
42 Ebd., § 4.
43 Ebd., S. 40.
44 Ebd., § 5.
45 Ebd.
46 Ebd., § 6, S. 41.
47 Ebd.

selbe gilt für den Grad der Vermeidbarkeit. Eine weder durch Wissen noch durch Wollen vermeidliche (*invincibile*) Tat ergibt keine Zurechnung, während ein durch Einsatz des Verstandes vermeidbares Versehen (*vincibile culpa*) zwar zugerechnet wird, jedoch in geringerem Maße als eine Tat aus mangelnder Rechtheit des Wollens, d. h. aus „Boßheit" oder „Vorsatz" (*dolus*).[48] All diese Zurechnungsmöglichkeiten erstrecken sich ebenso auf die Teilnahme an der Handlung eines anderen durch eigene innere oder äußere Handlungen.[49]

3.2 Verbindlichkeit (*obligatio*)

Neben der Freiheit einer Handlung ist die Verpflichtung, eine solche zu vollziehen oder zu unterlassen, Bedingung ihrer Zurechnung. Wolff unterscheidet zwischen aktiver und passiver Verbindlichkeit, wenngleich erstere in der Regel nicht beachtet wird.[50] Sie besteht in der „Verbindung eines Bewegungsgrundes mit einer Handlung".[51] Dabei wird „die Vorstellung des Guten, welches aus der auszuübenden Handlung, und des Bösen, welches aus der zu unterlassenden Handlung fließt", d. i. das „motivum", als möglicher Gegenstand des Wollens oder Nichtwollens betrachtet.[52] Weil jene Handlungen von sich aus auf den zukünftigen Zustand der sie vorstellenden Person bezogen sind, weil sie entweder ihre Vollkommenheit oder Unvollkommenheit befördern und weil jeder Mensch von Natur aus Gutes will und Böses nicht will, enthalten sie jeweils den entsprechenden Bewegungsgrund „in sich"[53]. „Folglich wird der Mensch auch durch die Natur zu denjenigen Handlungen verbunden"[54], die aus eigener Einsicht zu vollziehen und zu unterlassen dem natürlichen Ziel seiner Vollkommenheit gemäß ist.

Da jede freie Handlung entweder die Vollkommenheit oder Unvollkommenheit des Menschen befördert, „so ist es nothwendig, daß ein Mensch, der ein menschliches Leben, oder ein Leben, das seiner Natur gemäß ist, führen will, so und nicht anders seine Handlungen bestimme"[55]. Was seiner Natur „als eines vernünftig handelnden Wesens, wiederspricht", ist deswegen „sittlich unmöglich (*moraliter impossibile*)"[56]. Diesbezügliche Widerspruchsfreiheit bzw. Wohlbegründetheit ergibt sittliche Möglichkeit, so dass hier verschiedene Handlungsoptionen bestehen, während „sittlich nothwendig (*moraliter necessarium*)" jede freie Handlung ist, deren Vernei-

---

48 Vgl. *ebd.*, § 17, S. 47 f.
49 Vgl. *ebd.*, §§ 26–32, S. 53 ff.
50 Vgl. *ebd.*, 2. Hauptstück, § 37, S. 61.
51 *Ebd.*, § 35, S. 59.
52 *Ebd.*
53 *Ebd.*, § 36, S. 60.
54 *Ebd.*
55 *Ebd.*, § 37, S. 60 f.
56 *Ebd.*, S. 61.

nung sittlich unmöglich wäre.⁵⁷ Aus solcher Eindeutigkeit folgt unmittelbar positive Verpflichtung, die den Begriff der „leidenden"⁵⁸ Verbindlichkeit (*obligatio passiva*) ausmacht.

Wenn sowohl aktive als auch passive Verbindlichkeit „ihren hinreichenden Grund selbst in dem Wesen und der Natur des Menschen und der übrigen Dinge hat", ist sie natürlich (*obligatio naturalis*) und besteht „unveränderlich und nothwendig, weil dieselbe also bald da ist, als man das Wesen und die Natur des Menschen und der übrigen Dinge annimmt"⁵⁹.

3.3 Gesetz (*lex*)

Gesetze drücken Verpflichtungen aus: „Ein Gesetz nennt man die Vorschrift, nach welcher wir unsere Handlungen einzurichten verbunden sind"⁶⁰. Demgemäß lassen sich natürliche und positive bzw. willkürliche Gesetze unterscheiden, deren „Verbindlichkeit von dem Willen eines vernünftigen Wesens abhänget"⁶¹ und die deshalb, anders als das Gesetz der Natur, das „wir durch den Gebrauch unseres Verstandes erkennen können", eigens öffentlich bekanntgemacht werden müssen und erst dann Geltung gewinnen.⁶² Beide Arten von Gesetzen lassen sich in Gebote (*lex praescriptiva*), Verbote (*l. prohibitiva*) und Erlaubnisse (*l. permissiva*) einteilen.⁶³ Die unter die jeweiligen Gesetze fallenden Handlungen sind daher entweder geboten bzw. geschuldet (*debitum*), verboten bzw. unerlaubt (*illicitum*) oder erlaubt (*licitum*).⁶⁴ Jedem Gesetz entspricht ein Recht. Das Recht überhaupt setzt daher Verpflichtung voraus:

> Die Fähigkeit, oder das moralische Vermögen etwas zu thun, oder zu unterlassen, wird das Recht genannt. Daher erhellet, *daß das Recht aus der leidenden Verbindlichkeit entstehet; und daß kein Recht seyn würde, wenn keine Verbindlichkeit da wäre; wie auch, daß uns durch das natürliche Gesetze ein Recht zu allen denjenigen Handlungen gegeben werde, ohne welche wir die natürliche Verbindlichkeit nicht erfüllen können.* [...] *Wenn uns also das Gesetze der Natur zu einem Zweck verbindet, so giebt es uns auch ein Recht zu den Mitteln* [...]⁶⁵.

---

57 *Ebd.*
58 *Ebd.*
59 *Ebd.*, § 38, S. 61 f.
60 *Ebd.*, § 39, S. 62.
61 *Ebd.*
62 *Ebd.*, § 67, S. 78 f.
63 *Ebd.*, § 47, S. 66 f.
64 *Ebd.*, § 49, S. 67 f.
65 *Ebd.*, § 46, S. 66.

Aus der Universalität des Gesetzes der Natur bzw. des natürlichen Rechts[66] folgt das Recht eines jeden Menschen, sich gegen den Versuch, seinen Rechtsgebrauch zu behindern, zur Wehr zu setzen.[67] Es ist daher moralisch unmöglich und demzufolge verboten, einen Menschen daran zu hindern, seinen natürlichen Verbindlichkeiten nachzukommen. Umgekehrt ist jede Handlung, die unter ein Gesetz fällt, Pflicht (*officium*), die entweder gegen den Handelnden selbst, gegen andere oder gegen Gott bestehen kann:

> Eine Handlung die nach dem Gesetz bestimmt ist, in so weit wir verbunden sind dieselbe also zu bestimmen, wird *die Pflicht (officium)* genennet; und besonders die *Pflicht gegen sich selbst*, welche der Mensch sich selbst schuldig ist; die *Pflicht gegen andere*, welche er andern schuldig ist; und endlich die *Pflicht gegen GOtt*, welche wir GOtt schuldig sind[68].

Naturrechtswidrige Handlungen sind Sünden, die entweder in Begehung oder Unterlassung bestehen können und Gesetzesübertretungen darstellen:

> Eine Handlung, die dem Gesetz der Natur zuwieder ist, nennt man eine *Sünde*, und sie ist *eine Begehungssünde (peccatum commissionis)* wenn sie in einer vollbrachten Handlung bestehet; *eine Unterlassungssünde (peccatum omissionis)* aber, wenn sie in einer unterlassenen Handlung bestehet, wenn nämlich dasjenige nicht geschiehet, was wir zu thun verbunden waren. Gleichwie man aber sagt, daß derjenige *ein Gesetz halte*, (beobachte, *servare legem*), der das thut, was das Gesetz zu thun verbindet, und das unterläßt, was es verbiethet; also *übertritt der das Gesetz (legem transgreditur)*, welcher das Gegentheil thut, oder sündigt[69].

Jede Verpflichtung und damit auch jede Sünde und Zurechnung findet allerdings ihre Grenze in der Beschränktheit der Fähigkeiten eines Handelnden – ultra posse nemo obligatur:

> Es ist also nothwendig, daß man gehöriger massen erwege, was in unserm Vermögen, und was nicht in demselben stehet. Es *stehet* nämlich *in unserem Vermögen (in potestate nostra est)*, was wir durch den Gebrauch unserer Kräfte, so wohl des Leibes als der Seelen, Dinge die uns zugehören, und durch anderer Hülffe und Beystand erhalten, oder vermeiden können. *Es stehet aber nicht in unsern Vermögen,* was wir durch den Gebrauch unserer Kräfte des Leibes und der Seele, und der Dinge die uns zugehören, wie auch durch anderer Beystand und Hülfe zu erhalten, oder zu vermeiden nicht im Stande sind. *Es ist uns aber allein zuzurechnen, daß etwas nicht in unserm Vermögen stehet*, wenn wir *selbst Ursache*

---

66 Vgl. *ebd.*, §§ 42/43, S. 63 f.
67 Vgl. *ebd.*, § 50. S. 68 f.
68 *Ebd.*, § 57, S. 72 f.
69 *Ebd.*, § 58, S. 73.

> *sind, warum es nicht in unserm Vermögen ist* (§. 3). Es hat diese Betrachtung nicht allein ihren Nutzen, wenn wir andern unsere Pflichten erweisen; sondern auch bey anderen Arten der Handlungen. *Also erstreckt sich keine Verbindlichkeit über unser Vermögen* (§ 37)[70].

Dies gilt nicht im Falle von Pflichtenkollisionen,[71] da diese nach Wolff jederzeit gemäß der Regeln der deontischen Logik und unter Rückgriff auf das oberste Prinzip des Naturrechts aufgelöst werden können.[72]

3.4 Gleichheit (*aequalitas*)

Da sie aus dem Wesen des Menschen abgeleitet werden, betreffen die natürlichen Verpflichtungen und Rechte alle Menschen gleichermaßen, d. h. einen jeden Menschen, „in so fern als er ein Mensch ist"[73]. Sie sind also ebenso universal wie einheitlich:

> Weil die natürliche Verbindlichkeit selbst in der Natur und dem Wesen des Menchen ihren hinreichenden Grund hat, und mit derselben zugleich da ist (§. 38), und weil die Natur und das Wesen überhaupt bey allen Menschen einerley ist; so ist die Verbindlichkeit, die der *Mensch als ein Mensch erfüllen muß, bey allen Menschen einerley;* und *folglich sind auch die Rechte, die dem Menschen zukommen, in sofern als er ein Mensch ist, bei jedem Menschen einerley*. Also ist klar, *daß es allgemeine Verbindlichkeiten und allgemeine Rechte gebe*[74].

Folglich gilt: „Jm moralischen Verstande sind die *Menschen* einander *gleich (homines aequales)*"[75]. Es gibt daher keine natürlichen Prärogative,[76] sondern es ist, „was natürlicher Weise dem einen, in so weit als er ein Mensch ist, erlaubt ist, auch dem andern erlaubt; ja, was einer dem andern schuldig ist, das ist der andere ihm auch schuldig (§. 49)"[77]. Daraus folgt nun die sog. Goldene Regel, die das gesamte Naturrecht Wolffs einleuchtend zusammenzufassen vermag: *„*[D]*as, was man rechtmäßiger Weise nicht will, daß es uns von andern geschehe, das muß man einem andern auch nicht thun; und was man rechtmäßiger Weise will, daß es geschehen soll, das muß man auch gegen andere ausüben*"[78].

Das aus der vom Menschen unabtrennbaren Verbindlichkeit (*obligatio connata*) folgende „*angebohrne Recht (jus connatum)*" ist unveräußerlich[79] und schließt daher

---

70 *Ebd.*, § 60, S. 74 f.
71 Vgl. *ebd.*, § 63, S. 76.
72 *Ebd.*, § 64, S, 76 f.
73 *Ebd.*, 3. Hauptstück, § 68, S. 79 f.
74 *Ebd.*, § 69, S. 80:
75 *Ebd.*, § 70.
76 Vgl. *ebd.*, § 71, S. 81.
77 *Ebd.*, § 72.
78 *Ebd.*, § 73.
79 *Ebd.*, § 74, S. 82.

„*ein Recht über die Handlungen (in actiones) eines andern*" aus.[80] Dies begründet die äußere Freiheit des Menschen: „*Es sind also von Natur die Handlungen des Menschen gar nicht dem Willen eines andern, er sey wer er wolle, unterworffen; und er darf in seinen Handlungen* niemanden *als sich selbst folgen*, Und diese Unabhänglichkeit bey den Handlungen von dem Willen eines andern, oder die Einrichtung (dependentia) seiner Handlungen, nach seinen eigenen Willen wird die Freyheit (libertas) genannt. Von Natur sind also alle Menschen frey*"[81]. Es besteht daher für jeden Menschen eine natürliche Erlaubnis zur Autonomie, d.h. „*bey der Bestimmung seiner Handlungen seinem Urtheil*" zu folgen, und keinerlei Rechenschaftspflicht, „*wenn er nur nicht gegen jemand anders etwas unternimmt, welches er zu unterlassen vollkommen (perfecte) verbunden ist (§.80)*"[82].

Aus einer derartigen Verbindlichkeit folgt ein „*vollkommenes Recht (jus perfectum)*", das sich vom *jus imperfectum* durch seine Erzwingbarkeit unterscheidet.[83] Auf dieser Basis definiert Wolff Gerechtigkeit und Billigkeit: „*Gerecht (justum)* nennt man dasjenige, was dem vollkommenen Rechte des andern gemäß geschieht: *Billig (aequum)* aber dasjenige, was dem unvollkommenen Recht des andern gemäß geschieht*"[84]. Die entsprechenden Gegensätze des Ungerechten und Unbilligen ergeben sich schlicht aus der Negation dieser Bestimmungen.[85]

3.5 Strafe (*poena*)

Das Unrecht (*injuria*) ist verboten und von Natur aus unerlaubt.[86] Wolff unterscheidet hier zwischen personen- und rechtsbezogener Verletzung:

> Man sagt, daß derjenige *den andern beleidige (alterum laedit)*, wer sein vollkommenes Recht verletzet, oder ihm unrecht thut; und also *ist bey jeder Beleidigung das Unrecht*. Weil wir niemand unrecht thun dürfen (§. 87), *so muß auch niemand beleidiget werden*. Ob aber gleich die Beleidigung und das Unrecht in eben derselben Handlung bestehen; so sieht man doch darin den Unterschied, daß die Beleidigung sich auf die Person, deren Recht verletzet wird, als eine Handlung beziehet, die sie nicht dulden darf; das Unrecht aber wird als eine Verletzung des Rechts an und vor sich selbst angesehen, ohne auf die Person zu sehen, die dadurch beleidiget wird, nämlich als eine Handlung, die an sich unerlaubt, oder man sieht nur auf das Recht selbst, welches verletzet wird[87].

---

80 *Ebd.*, § 76, S. 83.
81 *Ebd.*, § 77, S. 83 f.
82 *Ebd.*, § 78, S. 84.
83 *Ebd.*, § 80, S. 85 f.
84 *Ebd.*, § 83, S. 88.
85 Vgl. *ebd.*, S. 87.
86 Vgl. *ebd.*, § 87, S. 90.
87 *Ebd.*, § 88, S. 91.

Da ein natürliches Recht auf die Unverletztheit eigener vollkommener Rechte besteht (*jus securitatis*),[88] besitzt jeder Mensch auch Recht, sich gegen Beleidigungen zu wehren (*jus defensionis*).[89] Um nun möglichen Beleidigern einen Beweggrund zu geben, von einer solchen Tat Abstand zu nehmen, *„so ist es erlaubt, demjenigen ein natürliches Übel zuzufügen, welcher uns in der That beleidiget hat (§. 91), damit er uns nicht selbst von neuem, oder andere die seinen Exempel folgen, uns beleidigen, oder auch er, oder andere nach seinen Exempel andere beleidiget"*[90]. Wolff begründet also Strafe sowohl durch ihre general- wie spezialpräventive Wirkung, die gemäß des Naturrechtsprinzips ebenso auf die Besserung des Täters zielt:

> Ein natürliches übel (*malum physicum*), welches einem wegen eines sittlichen Uebels von dem zugefügt wird, der das Recht einen zu verbinden hat, nennt man *die Strafe (poenam)*. *Dem Menschen kömmt also von Natur das Recht zu denjenigen zu strafen, welcher ihn beleidiget hat.* Und in so weit die Strafe die Absicht hat, das Gemüthe der beleidigenden Person zu ändern, wird sie eine *bessernde Strafe (poena emendatrix)* genennet; in so fern sie aber andere von Beleidigungen abschrecken soll, heist sie *eine exemplarische (exemplaris)*. Da nun die Besserung des Gemüths desjenigen, der einen andern beleidiget, und die Furcht bey denen zu erwecken, welche der Muthwille zu Beleidigungen reitzen könnte, die Absicht des Strafenden sind; die Strafe aber als ein Mittel anzusehen ist, wodurch man diese Absicht erhält; *so muß man die Grösse der Strafe aus den vorkommenden Umständen bestimmen* (§. 46)[91].

3.6 Eigentum (*dominium*)

Da ein Eigentum an Menschen durch das Naturrecht ausgeschlossen ist, kann es Eigentum ausschließlich an Sachen geben. Wolff definiert den Begriff einer „körperlichen (corporalis)", d. h. sinnlich empfindbaren, wie einer „unkörperlichen (incorporalis)", d. h. rein intelligiblen, Sache wie folgt: *„Eine Sache (res)* nennen wir ein jedes Ding *(ens omne)*, welches uns nützlich seyn kann; nämlich um das Leben zu erhalten und bequem und vergnüglich zu leben; entweder die Vollkommenheit des Leibes und der Seele auf alle Art und Weise zu befördern, oder die Unvollkommenheit abzuwenden"[92]. Gemäß ihrer Bedeutung für die Lebensführung und ihrer Herkunft entwickelt Wolff eine doppelte Einteilung. Zum einen sind Sachen entweder notwendig (*res necessaria*) „zur Erhaltung des Lebens und der Gesundheit, und um die Seele vollkommen zu machen"; oder nützlich (*res utiles*), d. h. sie tragen dazu bei,

---

88 *Ebd.*, § 89, S. 92.
89 *Ebd.*, § 90, S. 93.
90 *Ebd.*, § 92, S. 93 f.
91 *Ebd.*, § 93, S. 94.
92 *Ebd.*, 4. Hauptstück, § 121, S. 114.

„daß man bequem leben und das seine verrichten kann"; oder vergnüglich (*res voluptaria*), so dass sie allein „zur Lust dienen"[93]. Ihrer Herkunft nach sind Sachen sodann entweder „blos natürliche (*res pure naturales*), welche die Natur von sich selbst hervorbringt"; oder sie werden der Natur durch den Einsatz von Fleiß abgerungen (*res industriales*); oder sie werden durch Bearbeitung hergestellt und sind also künstlich (*res artificiales*).[94]

Von Natur aus haben nun alle Menschen ein Recht zum Gebrauch aller natürlichen Sachen.[95] Die Natur ist daher „eine *gemeinschaftliche Sache (res communis)*", auf deren Gebrauch ein gemeinschaftliches Recht (*jus commune*) besteht.[96] Dem gegenüber steht „*das eigene Recht (jus proprium)* […], welches einer allein, oder mehrere zusammengenommen mit Ausschliessung der übrigen haben"[97]. Derartige „*eigene Sachen (res singulares, vel singulorum)*" gibt es von Natur aus nicht, sondern nur solche, auf die „niemand ein besonderes Recht […] (*res nullius*)" hat.[98] Gerade deswegen und weil jeder das Recht auf ihren Gebrauch besitzt, ist es auch nicht erlaubt, einem Menschen diese Sachen zu entziehen, wenn er sie unmittelbar gebraucht oder zum künftigen Gebrauch aufbewahrt.[99] Hierdurch nun „sind die Menschen zuerst auf den Begriff eines eigenen Rechts in einer Sache gefallen"[100]. Da zur von Natur aus gebotenen Verbesserung der Lebensführung Dinge nötig sind, deren Produktion „Fleiß und Kunst" und daher Arbeit[101] erfordert, und nicht zu erwarten ist, dass die Menschen jederzeit ihre gemeinschaftskonstitutiven „Pflichten gegen sich selbst und andere auf das genaueste erfüllen", fordert das jus securitatis, dass „das, was keinem zugehöret, einzelen eigen werden muß"[102]. Damit „*ist, ohne dem Rechte der Natur zu nahe zu treten, die Gemeinschaft aufgehoben, und das, was gemein war, eintzelen eigen, oder einem eigenen Rechte unterworfen worden*"[103].

Weil aus diesem das Recht folgt, andere vom Gebrauch einer Sache auszuschließen, ohne ihnen dafür weitere Rechtfertigung zu schulden, „*so erhält ein jeder, wenn die Sachen einem eigenen Rechte unterworffen werden, ein Recht mit allen dem, was seinem Rechte unterworfen ist, anzufangen, was er will. Und dieses eigene Recht mit einer Sache vorzunehmen, was man will oder nach seinem Gutdünken, wird das Eigenthum (dominium) genannt*"[104]. Aus dem negativen Ausschlussrecht des Eigentümers (*dominus*) und seinem positiven Verfügungsrecht folgt das Verbot „*alle(r)*

---

93 Ebd.
94 Ebd., S. 114 f.
95 Vgl. *ebd.*, II. Theil, 1. Hauptstück, § 183, S. 152.
96 Ebd., § 186, S. 153 f.
97 Ebd., § 191, S. 157.
98 Ebd.
99 Vgl. ebd., § 185, S. 153.
100 Ebd., § 192, S. 158.
101 Vgl. ebd., I. Theil, 4. Hauptstück, § 124, S. 80 f.
102 Ebd., II. Theil, 1. Hauptstück, § 194, S. 159.
103 Ebd.
104 Ebd., § 195, S. 160.

Handlungen, die dem Eigenthum eines andern entgegen stehen"[105]. Seine Grenze findet dieses Verbot indes im Notrecht (*jus necessitatis*), welches das ursprüngliche Gemeinschaftsrecht wieder in Kraft setzt:[106] „*Wenn also jemanden gantz und gar die nothwendigen Sachen zu seinem Gebrauch fehlen, und es nicht in seinem Vermögen stehet, daß er sich dieselben für einen billigen Preis anschaffen, oder durch geleistete Arbeit erwerben, noch auch dieselben durch Bitten von andern erhalten kann; so kann er sie im natürlichen Stande dem andern, welcher sie wohl entbehren kann, wieder sein Wissen und Willen, ja gar mit Gewalt wegnehmen (§. 304)*"[107]. Hierbei geschieht weder Diebstahl noch Raub, „(d)enn die äusserste Nothwendigkeit verwandelt das Recht zu bitten in das Recht zu zwingen, daß man es uns gebe"[108].

4 Normenanwendung

Da es zwar erst mit dem Begriff des Eigentums erworbene Rechte (*jura acquisita*) geben kann, dies aber bereits im Naturrecht auftritt,[109] besteht auch auf dieser Stufe der Bedarf nach einer Möglichkeit, rechtlich über konkurrierende Eigentumsansprüche zu entscheiden. Wolff entwickelt hierzu das Verfahren der später so genannten und bis heute wirkmächtig gebliebenen „juristischen Deduktion". Er definiert seinen Zweck wie folgt: „Der Beweis, dass irgendjemand ein erworbenes Recht zusteht, pflegt *Deduktion* genannt zu werden: so dass *sein oder eines anderen Recht zu deduzieren dasselbe ist wie zu beweisen, dass ihm selbst oder einem anderen dies Recht zusteht, oder*, weil hier von erworbenem Recht die Rede ist, *dass durch diese Handlung er selbst oder ein anderer dieses Recht erworben hat*"[110].

Die Deduktion stellt nach Wolff ein rechtliches Beweisverfahren mit Gewissheitsanspruch dar: „Wer eines anderen Recht deduzieren will, muss zeigen, dass dasselbe gewiss ist"[111]. Der alleinige Zweck einer Deduktion ist somit der Beweis der Gewissheit eines Rechts. Ihr Erfolg hängt von der Durchführung eines entsprechenden Beweises ab: Was das mathematisch-syllogistische Verfahren in der Logik leistet, leistet nach Wolff im Bereich des Eigentumsrechts die Deduktion,[112] denn ihr liegt eine allgemeine logische Form zugrunde:

---

105 *Ebd.*, S. 160 f.
106 *Ebd.*, 4. Hauptstück, § 308, S. 226 f.
107 *Ebd.*, § 305, S. 224 f.
108 *Ebd.*, S. 225.
109 Vgl. *Jus naturae*, p. III, cap. 4, § 445, S. 298 ff. (GW II 19).
110 *Ebd.*, § 443, S. 298: Demonstratio juris acquisiti alicui competentis appellari solet *Deductio*: ut adeo jus suum vel alterius deducere idem sir ac demonstrare, quod sibi vel alteri hov jus competat, vel, cum de jure acquisito hic sermo sit; quod hoc facto jus hoc acquisiverit ipse, vel alius.
111 *Ebd.*, § 444: Jus alterius deducturus ostendere debet, idem esse certum.
112 *Ebd.*, § 441, S. 296: Eodem sensu jus certum dicimus, quo propositionem certam appellamus in Logica. Certa es propositio, quae demonstrari potest (§. 568. *Log.*). Ergo certum quoque est jus, quod quod nobis competat demonstrari potest. Nimirum si dicis: Mihi competit hoc jus, & tu demonstra-

Die Gewissheit eines erworbenen Rechts hängt von dieser allgemeinen Schlussform ab, welche die Überlegungen dessen anleitet, der beweisen will, dass irgendjemandem ein erworbenes Recht zusteht:

> Wenn eine Handlung so beschaffen war, wird durch dieselbe ein so beschaffenes Recht erworben.
> Nun war diese Handlung so beschaffen.
> Also wurde ein so beschaffenes Recht durch dieselbe erworben[113].

Die Schlussform einer solchen Deduktion besteht also im modus ponens, vermittels dessen die Wahrheit von Konditionalen bewiesen werden kann. Den Obersatz bildet das fragliche Konditional, d.h. eine allgemeine Regel, und den Untersatz die Beschreibung der wesentlichen Merkmale einer Handlung, die der im Antezedens formulierten Bedingung entspricht, so dass der Konsequens in der Konklusion bestätigt wird. Auf zwei Punkte ist hinzuweisen: Zum einen ist der hier beschriebene Subsumtionsschluss dann unproblematisch, wenn eine zutreffende Handlungsbeschreibung im Sinne eines der Möglichkeit nach anzuwendenden Gesetzes vorliegt,[114] und zum anderen spielt die Frage nach der Herkunft des Gesetzes, das den Obersatz bildet, keine Rolle. Der Erfolg des Verfahrens entscheidet sich also ganz offenkundig an der Darstellung des Untersatzes, welche die Legitimität der Erfassung des Geschehens als eines Falls der Regel, d.h. des Obersatzes, begründet.

Freilich ist dies nicht allein mit logischen Mitteln möglich.[115] Zwar ist das Deduktionsverfahren vollständig logisch bestimmt, jedoch treten in seinem Untersatz, der die Fallbeschreibung enthält, zwangsläufig empirische Begriffe auf, deren Einsatz deswegen nicht als notwendig bewiesen werden kann. Daher sind mehrere konkurrierende Beschreibungen eines Sachverhalts möglich, bevor er durch eine geeignete Institution, d.h. ein Gericht, zum Fall eines Gesetzes erklärt, d.h. unter den Obersatz subsumiert, wird. Genau darin besteht jede Entscheidung über eine anstehende *quaestio juris*.

---

re potes, quod tibi competat, jus tuum certum est. In casu autem opposito incertum utique dicendum. Potest tibi actu competere aliquod jus, adeoque habere potes jus quaesitum (§. 102.); quoniam tamen demonstrare nequis, quod tibi competat, jus tumm certum non est. Apparet adeo jus quaesitum omne non esse certum.

113 *Ebd.*, § 442, S. 297: Certitudo juris acquisiti pendet ab hoc syllogismo catholico, qui dirigit cogitationes demonstraturi jus acquisitum alcui competere.
Si factum fuerit tale, eodem tale jus acquiritur.
Atque hoc factum fuit tale.
Ergo tale jus eodem fuit acquisitum.

114 Vgl. Joachim Hruschka, *Die species facti und der Zirkel bei der Konstitution des Rechtsfalles in der Methodenlehre des 18. Jahrhunderts*, in: *Theorie der Interpretation vom Humanismus bis zur Romantik – Rechtswissenschaft, Philosophie, Theologie. Beiträge zu einem interdisziplinären Symposion in Tübingen, 29. September bis 1. Oktober 1999*, hg. von Jan Schröder, Stuttgart 2001, S. 203–214, insb. S. 211 f.

115 Vgl. Alexander Aichele, *Enthymematik und Wahrscheinlichkeit. Die epistemologische Rechtfertigung singulärer Urteile in Universaljurisprudenz und Logik der deutschen Aufklärung: Christian Wolff und Alexander Gottlieb Baumgarten*, in: Rechtstheorie 42 (2011), S. 495–513, hier: S. 498–502.

5 Zusammenfassung

Christian Wolff vertritt eine Theorie des absoluten Naturrechts. Sein Prinzip kann selbst von Gott nicht geändert werden noch hätte er es auf andere Weise einrichten können. Das Gesetz der Natur gilt universal und ist vollständig, so dass es keine moralisch indifferenten freien Handlungen gibt. Vielmehr stehen alle unter einer Verbindlichkeit und sind daher Gegenstand von Zurechnung. Solche Verbindlichkeiten werden durch natürliche Gesetze ausgesagt, die ohne jeden Unterschied alle Menschen gleichermaßen betreffen. Ihre Übertretung wird nach Maßgabe der Umstände bestraft. Dies dient sowohl spezial- wie generalpräventiven als auch pädagogischen Zwecken. Aus der Unterscheidung von Sachen gemäß ihrer Herkunft entwickelt Wolff einen Begriff des Eigentums, der als jus proprium erst Rechtsstreite ermöglicht, die durch das Vefahren der juristischen Deduktion entschieden werden können.

6 Literaturverzeichnis

Aichele, Alexander (2011): *Enthymematik und Wahrscheinlichkeit. Die epistemologische Rechtfertigung singulärer Urteile in Universaljurisprudenz und Logik der deutschen Aufklärung: Christian Wolff und Alexander Gottlieb Baumgarten*, in: Rechtstheorie 42, S. 495–513.
Goyard-Fabre, Simone (2002): *Les embarras philosophiques du droit naturel*, Paris.
Haakonssen, Knud (1996): *Natural Law and Moral Philosophy: From Hugo Grotius to the Scottish Enlightenment*, Cambridge 1996.
Haakonssen, Knud (2003): *Divine/Natural Law Theories in Ethics*, in: Hgg. Daniel Garber u. Michael Ayers, *The Cambridge History of Seventeenth-Century Philosophy*, 2 Vols., Cambridge, Bd. 2, S. 1317–1357.
Hruschka, Joachim)2001): *Die species facti und der Zirkel bei der Konstitution des Rechtsfalles in der Methodenlehre des 18. Jahrhunderts*, in: Hg. Jan Schröder, *Theorie der Interpretation vom Humanismus bis zur Romantik – Rechtswissenschaft, Philosophie, Theologie. Beiträge zu einem interdisziplinären Symposion in Tübingen, 29. September bis 1. Oktober 1999*, Stuttgart, S. 203–214.
Hruschka, Joachim (2004): *Zurechnung seit Pufendorf. Insbesondere die Unterscheidungen des 18. Jahrhunderts*, in: Hgg. Matthias Kaufmann u. Joachim Renzikowski, *Zurechnung als Operationalisierung von Verantwortung*, hg. von, Frankfurt/M. u. a., S. 17–27.
Röd, Wolfgang (1970), *Geometrischer Geist und Naturrecht. Methodengeschichtliche Untersuchungen zur Staatsphilosophie im 17. und 18. Jahrhundert*, München.

7.3 Ökonomie

Birger P. Priddat & Christoph Meineke

Keywords

Arbeitsteilung, Handelsbilanz, Kameralismus, Liberalismus, Markt, Merkantilismus, Naturrecht, Oikos, Politische Ökonomie, Peuplierung, Polizey, Reichtum, Wachstumstheorie, Zirkulation

Abstract

Christian Wolffs ökonomisches Denken ist Teil des deutschsprachigen Kameralismus, der sich seit Mitte des 17. Jahrhunderts vor allem in Form praktischer Handlungsempfehlungen zur herrschaftlichen Steuerung der Territorialwirtschaften etablierte. Seine wirtschaftlichen Lehren, die er maßgeblich in der *Deutschen Politik* ausarbeitete, beinhalten merkantilistische Kernideen wie die Verbesserung der Handelsbilanz, Einfuhr von Rohstoffen und Ausfuhr von Fertigwaren sowie freie Geldzirkulation im Inneren. Durch ihre naturrechtliche Grundlage und die sich daraus ergebenden Nexus kann ein Theoriekomplex rekonstruiert werden, der jedoch deutlich über das Gedankengut seiner Zeit hinausgeht. Die klassische Entität des ganzen Hauses im Mittelpunkt, entwirft er eine eigenständige gesellschaftliche Produktions- und Innovationslehre und damit einen Rohentwurf gesellschaftlichen Fortschritts, der im Kern bereits den Merkantilismus seiner Zeit hinter sich lässt und die Skizze einer eigenständigen Ökonomik darstellt. Wolffs Gedanken unterscheiden sich deutlich von der sich ebenfalls auf naturrechtlicher Basis entwickelnden ökonomischen Klassik der schottischen Aufklärung, da nicht das Individuum im Mittelpunkt steht, sondern produktive Gemeinschaften, die sich in einem Prozess gemeinsamen Entwickelns und Verbessern, befinden. Da Wolff die Idee der Selbstkoordination durch Marktprozesse noch fremd ist, ist die Rolle des Herrschers nicht nur eine im engeren Sinne politische, sondern auch eine koordinativ-ökonomische. Aufgrund der Grundbedürfnisse des Einzelnen und ihrer naturrechtlichen Sicherung, reicht der Handlungsspielraum des Staates tief in die Grundstruktur der Gesellschaft hinein. Dieser Beitrag beginnt daher mit der Analyse der arbeitsteiligen Gesellschaft und der daraus erwachsenden Rolle des Staates als wirtschaftlicher Akteur. Sodann soll der Frage des Handels nachgegangen werden und schließlich Wolffs Fortleben in ökonomischen Theorien der auf ihn folgenden Epochen.

1 Einleitung

Das 18. Jahrhundert war für das ökonomische Denken in Europa richtungsweisend. Mit Adam Smiths *Wealth of Nations* erschien im Jahr 1776 das Grundlagenwerk der politischen Ökonomie. Wie ein Prisma nahm es vorhandene Theorien auf und gab sie als in sich geschlossene politische Ökonomie wieder an die Gelehrtenwelt zurück. In der deutschsprachigen Ökonomik zeichnete sich das Jahrhundert durch eine strenge Systematisierung und das Ausfächern der staatswirtschaftlichen Disziplinen aus, insbesondere der *Policey*-Wissenschaften und des Kameralismus. In Preußen wurden 1727 an den Universitäten Halle und Frankfurt/Oder die ersten ökonomischen Lehrstühle etabliert, denen rasch weitere folgten.[1] Das Jahrhundert begann in theoretischer Hinsicht jedoch schleppend. Zwischen 1690 und 1720 konstatiert Axel Nielsen eine deutliche „Literaturarmut"[2]. Wolffs *Deutsche Politik* (1721) mit ihren Abhandlungen zu Staatsreichtum, Handel und Wohlfahrt ist daher eine der ersten bedeutsamen Schriften, die im deutschsprachigen Raum dieses in der Theoriegeschichte grundlegende Jahrhundert einläuten. Die heimischen Referenzwerke lagen mit Johann Joachim Bechers *Politischem Discurs* (1668), Wilhelm von Schröders *Fürstliche(r) Schatz- und Rentkammer* (1686) und Veit Ludwig von Seckendorffs *Teutscher Fürsten-Stat* (1656) bereits mehr als eine Gelehrtengeneration zurück.[3] Daraus ergibt sich insbesondere die Frage nach Einflüssen auf Wolffs wirtschaftstheoretisches Denken und dessen Originalität.

---

[1] Erster Lehrstuhlinhaber in Halle war Simon Peter Gasser. Der Hallesche Universitätskanzler Johann von Ludewig fasste die königl. Intention zusammen: „Denn in Policeysachen allemal dieses als Regel: daß die gemeine Wohlfahrt des Landes und aller Unterthanen überhaupt dem Eigennutzen diesen oder jenen einzelnen Mannes vorzusetzen." Zit. nach Rüdiger vom Bruch, *Wissenschaftliche, institutionelle oder politische Innovation? Kameralwissenschaft – Polizeiwissenschaft – Wirtschaftswissenschaft im 18. Jahrhundert im Spiegel der Forschungsgeschichte*, in: Die Institutionalisierung der Nationalökonomie an deutschen Universitäten, hg. von Norbert Waszek, St. Katharinen 1988, S. 93. Axel Rüdiger, *Staatslehre und Staatsbildung. Die Staatswissenschaft an der Universität Halle im 18. Jahrhundert*, Tübingen 2005, S. 213. Dazu auch Johannes Burkhardt und Birger P. Priddat, *Geschichte der Ökonomie*, Frankfurt (Main) 2009, S. 777, sowie Wilhelm Stieda, *Die Nationalökonomie als Universitätswissenschaft*, Leipzig 1906, S. 19.

[2] Axel Nielsen, *Die Entstehung der deutschen Kameralwissenschaft*, Jena 1911, S. 121.

[3] Siehe Kurt Zielenziger, *Die alten deutschen Kameralisten. Ein Beitrag zur Geschichte der Nationalökonomie und zum Problem des Merkantilismus*, Jena 1914, S. 335 ff. Vgl. Thomas Simon, *Ursprünge und Entstehungsbedingungen der „Politischen Ökonomie"*, in: Wirtschaft und Wirtschaftstheorien in Rechtsgeschichte und Philosophie, hg. von Jean-Francois Kervégan und Heinz Mohnhaupt, Frankfurt (Main) 2002. Ludwig Fertig, *Veit Ludwig von Seckendorff: Patriarchalischer Fürstenstaat und territoriale Erziehungspolizei*, in: Veit Ludwig von Seckendorff, Teutscher Fürsten Stat. Glashütten 1976, S. 19 ff.

2 Grundlagen

2.1 Die arbeitsteilige Gesellschaft

Der Ursprung der von Wolff als natürlich zugrunde gelegten Sozialität des Menschen liegt in dessen unterschiedlichen Neigungen und Fähigkeiten. Jedes Individuum ist ein Mangelwesen und bedarf zu seiner Existenzsicherung und Vervollkommnung seines Fleißes sowie seines Nächsten praktischer Hilfe.[4] Erst durch eine vertragliche Gesellschaftsbegründung kann sich der Mensch vollends entfalten. Die Kontraktfähigkeit ergibt sich aus der Abgrenzung des Menschen zum Tier, daraus folgt zugleich ein Zwang zum Kontraktschluss.[5] Der Vertrag ist doppelt pflichtbegründet, gegen sich selbst und gegen andere; die reziproke Bindung aneinander und der zwingend notwendige Austausch begründen naturrechtlich die auf Arbeitsteilung angelegte Gesellschaft. Erst in dieser können höherwertige Güter verschiedener Bedürfniskategorien hergestellt werden. Wolff unterscheidet zwischen notwendigen, nützlichen und vergnüglichen Sachen, die sowohl Fleiß als auch Kunst hervorbringen.[6] Zu den Rechten und Freiheiten, die in den *status civilis* mit überführt werden, gehört die Verfügungsgewalt über den Einsatz der eigenen Arbeitskraft:

> Und weil gar vielerley Arbeit ist, dazu eines einigen Menschen Kräfte nicht zureichen, die Menschen aber verbunden sind mit vereinigten Kräften sich und ihren Zustand zu verbessern [...]; so muß ein jeder die Arbeit erwählen, wozu er seine Kräfte hinreichend befindet, folgends die Lebensart, wozu er geschickt ist, das ist, denjenigen Stand, darinnen er seine Zeit mit Arbeit zubringt, welche recht zu verrichten er den nöthigen Gebrauch der Kräfte vermöge seiner natürlichen Fähigkeiten und Neigungen, zu erlangen im Stande ist[7].

Aus der Pflichtenlehre wird abgeleitet, dass eine freie Verortung der individuellen Kompetenzen in der Gesellschaft der bestmöglichen Entwicklung dieser dient. Nur im Rahmen dieser Absicherung ist die von der Natur geforderte Pflichterfüllung möglich. Damit bekommt auch der Gesellschaftsvertrag eine andere Konnotation. Er verbrieft die Rechte des Einzelnen im Hinblick auf seine Neigungen und Fähigkeiten und ermöglicht der menschlichen Gemeinschaft Differenzierung und Komplexitätsaufbau zum Zwecke des Fortschritts.

Anders als bei Adam Smith ist nicht Akt des Tausches das konstitutive Moment der wirtschaftlichen Sozialität. Des Menschen *Propensity to barter* führte bei diesem zur stetigen Zerlegung von Produktionsprozessen. So war das Ausdifferenzieren

---

4 Siehe *Natur- und Völckerrecht* § 44, 28 f.(GW I 19).
5 Siehe *Deutsche Politik,* § 1, S. 1 ff. (GW I 5).
6 Siehe *Natur- und Völckerrecht,* § 188, S. 119 f. (GW I 19).
7 *Ebd.,* § 124, S. 80 f.

verschiedener Berufe die Wirkung der Arbeitsteilung, nicht aber ihre Ursache.[8] Bei Wolff ist es umgekehrt:

> Wir haben demnach wohl zu bedencken, daß bey der großen Menge der Menschen nicht wohl alle durch dergleichen Verrichtungen, die bloß die Nothdurft des Lebens erfordert, ihren zur Nothdurft erforderten Unterhalt finden können. Und eben daher ist es geschehen, daß, da die Menschen sich gemehret haben, und ein jeder hat gerne seinen Unterhalt haben wollen, sie auf allerhand Arbeit gefallen, von der man Anfangs nichts gewußt[9].

Der Mensch ist in diesem Urbild gezwungen, sich stetig neue Verrichtungen zu suchen. Dies führt zur Erfindung von Arbeits- und Produktionsprozessen und neuen, höherwertigen Gütern. Aus dem Menschenbild und der Handlungsmotivation heraus ist damit eine gänzlich andere Ökonomie als bei Smith angelegt – und ein anderer Strang der Theoriegeschichte: Die tauschzentrierte Ökonomie spiegelt sich in der klassischen und neoklassischen Theorie; sie orientiert sich statisch an wirtschaftlichen Gleichgewichtsfragen. Bestimmendes Element sind Märkte als Plattformen für Tausch und zur initialen Erklärung des Wachstums dient die Kapitalakkumulation. Die Ökonomik Wolffs ist innovations- und produktionsorientiert. Sie stellt den Prozess kreativen Entdeckens in den Mittelpunkt und greift damit einer endogenen Wachstumstheorie vor, die von Technologie, Wissen und Erfindergeist getragen wird. Dies öffnet den Weg in ein evolutionäres und dynamisches Paradigma.[10]

2.1.1 Arbeit und Herrschaft

Wolff definiert Arbeit als die Mühe, „welche man auf die Hervorbringung von körperlicher und unkörperlicher Sachen, und zur Beförderung der Bequemlichkeit, des Vergnügens und des Wohlstandes anwendet [...]"[11]. Damit unterscheidet er nicht zwischen produktiver und unproduktiver Arbeit im Sinne klassischer Ökonomik. Zum Erreichen von Glückseligkeit dienen beide Arten der Verrichtungen. Aufgrund der Unvollkommenheit des Menschen in Verbindung mit seinen positiven, gänzlich verschiedenen Neigungen und Fähigkeiten sowie der daraus naturrechtlich gebotenen gesellschaftlichen Vereinigung, begründet er einen moralischen Zwang zur Ar-

---

8   Friedrich Hoffmann, *Zur Geschichte der Stellung der Arbeitsteilung im volkswirtschaftlichen Lehrsystem*, in: Weltwirtschaftliches Archiv, 60. Band (1944), S. 23 ff.
9   *Deutsche Politik,* § 211, S. 158 (GW I 5).
10 Eric Reinert und Arno Daastøl, *Exploring the Genesis of Economic Innovations: The Religious Gestalt-Switch and the Duty to Invent as Preconditions for Economic Growth*, in: *Christian Wolff and Law & Economics. The Heilbronn Symposium,* hg. von Jürgen Backhaus, Hildesheim, Zürich, New York 1988, S. 134 und 154. Dazu beispielsweise Wolffs Vorschlag zur Einführung von Maschinen in der Produktion: *Deutsche Politik,* § 488, S. 579 ff (GW I 5).
11 *Natur- und Völckerrecht,* § 124, S. 80 f. (GW I 19).

beit. Für die Gesellschaft schädlicher Müßiggang soll damit unterbunden werden. Aus den hohen Freiheitsgraden, je nach Kräften, Geschick, Fähigkeiten seine Arbeit zu erwählen, ergibt sich eine gesellschaftliche Komplexität, die sich jedoch nicht wie in der Tradition der englischen Klassik zu einer individualistisch atomisierten Wirtschaftstheorie entwickelt.[12] Erst das Eingehen kontraktueller Bindungen in hierarchischen Organisationen ermöglicht, dass produktive Einheiten geschaffen werden und ein gesamtgesellschaftlicher *Output* erwirtschaftet wird. Das Einbringen der Arbeitskraft in diese Wirtschaftsorganismen ist zwar eine vertragliche, es spiegelt allerdings nicht den Arbeitsbegriff im heutigen Faktor-Sinne auf Basis freier Austauschbeziehungen wider. Wolff befasst sich zwar sowohl mit dem Tauschwert der Arbeit als auch von lebensnotwendigen Mindestlöhnen.[13] In seinen Schriften finden sich aber vor allem Unterwerfungsverträge alteuropäischen Musters mit hohen Ein- und Austrittsbarrieren in Häuser oder Korporationen, beispielsweise durch Knechtschaft. Damit fehlt seiner Theorie ein wichtiger Anknüpfungspunkt für die Ökonomik des späten 18. und frühen 19. Jahrhunderts beim Aufkommen der sozialen Frage.

Die gemeinschaftliche Grundentität ist bei Wolff der *oikos*.[14] Diese klassisch antike Einheit bildet in seiner Theorie sowohl eine juristische Herrschaftskategorie als auch eine sozialhistorisch gewachsene sowie eine ökonomische Einheit. Gerade in letzterer Sicht ist eine produktive Hierarchie von Hausvater, seiner Familie und dem Gesinde vorgegeben. Da einem Haus allein der Mangel-Ausgleich nicht gelingt, bedarf es des Zusammenschlusses zur zweckdienlichen Ausdifferenzierung der Arbeitsteilung. Erste Stufe ist das Dorf (*vicus*).

In der *Deutschen Politik* erläutert Wolff, dass, wenn die Menschen:

[...] alle Bequemlichkeiten des Lebens, die sie zu erlangen fähig sind, genießen wollen; so müssen die vielfältigen Verrichtungen, die hierzu erfordert werden, unter viele Menschen eingetheilet werden. Die Menge und Mannigfaltigkeit der Verrichtungen zeiget, wie vielerley Lebens-Arten und Handthierungen man von nöthen hat. Man bedencke nur, was für Bemühungen der Menschen dazu sind erfordert worden, daß einer seine Kleidung erhalten, daß er eine Mahlzeit genossen, daß er zu einer Wissenschaft gelanget, und so weiter fort. Gewiß man erstaunet, daß zu einer dem Ansehen nach öffters gantz kleinen Sache so viele Sorge, Arbeit und Bemühung so verschiedener Menschen dazu erfordert worden. Und wer dieses erkennet, wird mehr als zu deutlich begreifen, daß in einem Hause, es mag so weitläufftig eingerichtet seyn als es immer mehr will, man unmöglich alles erhalten kan, was zur Bequemlichkeit des Lebens erfordert wird[15].

---

12 Uwe Gerecke, *Soziale Ordnung in der modernen Gesellschaft. Ökonomik – Systemtheorie – Ethik*, Tübingen 1998, S. 13 ff.
13 Vgl. *Natur- und Völckerrecht*, § 496, S. 310, sowie § 498, S. 310 f. (GW I 19).
14 Zur Rolle des Hauses in der Entwicklung des dt. Kameralismus siehe Keith Tribe, *Governing Economy. The Reformation of German Economic Discourse 1750–1840*, Cambridge 1988, S. 30 ff.
15 *Deutsche Politik*, § 210, S. 156 f. (GW I 5); siehe auch *Jus Naturae* VIII, § 1 f., S. 1 ff. (GW II 24).

Damit verwirft Wolff das klassische *Autarkeia*-Ideal des Hauses. Er verlässt den Boden der alteuropäischen Ökonomik, indem er nicht mehr vom Ideal der häuslichen Fähigkeit zur Selbstgenügsamkeit und Eigenversorgung ausgeht.[16] Zum Funktionieren bedarf das Gemeinwesen so vieler häuslicher Einheiten, wie zur Beförderung von Sicherheit und Wohlfahrt notwendig sind.[17] Je mehr Häuser sich zusammenschließen desto mehr steigen Qualität und Quantität der ökonomischen Ausdifferenzierung, damit der Produktionskompetenzen, der Gütererzeugung und umso höher ist die zu erreichende Glückseligkeit.[18] Auf naturrechtlicher Basis deutet Wolff ein zentrales Motiv der klassischen Ökonomik an: Die Reichweite der Interdependenz als das bestimmende Ausmaß der Arbeitsteilung und damit letzten Endes des Wohlfahrtseffektes.[19] Auch hier bedingen wachsende Bedürfnisse und neue Verrichtungen einander, wie es sich besonders in Dörfern und vor allem in Städten mit ihren vielschichtigen wirtschaftlichen Verknüpfungen zeigt. Aus der Menge und Mannigfaltigkeit der Verrichtungen, die die Arbeitsteilung der Häuser erfordert und neue hervorbringt, wird deutlich, dass das Haus stellvertretend für andere wirtschaftliche Einheiten eine wirtschaftlich innovative Sphäre darstellt. Innere Produktionsabläufe kombiniert mit äußerem Wissen bedingen gesellschaftlichen Fortschritt.

Die aus den Häusern gebildete *societas domestica* stellt ein Ordnungssystem dar, das an das Marktmodell von Robert Coase erinnert: Eine unsichtbare Hand des Marktes, die erst durch unternehmerische Produktionseinheiten mit sichtbarer Hierarchie wirken kann.[20] Aufgrund der hierarchischen Schichtung findet keine individuelle, marktliche Kommunikation aller an der Gesellschaft teilhabenden Individuen statt, sondern lediglich über die Schnittstelle der kooperierenden Hausväter.[21] Betrachtet man dies zunächst in einem gesellschaftlichen Zustand nach dem Zusammenschluss der Häuser, aber noch vor Intervention eines Souveräns, so offenbart sich ein System freien Austausches unter den Hausvätern. Die externe Koordination findet über Vereinbarungen von Gleichberechtigten statt, nach innen stellen sie hierarchische Produktionseinheiten dar, bei denen sich Verfügungs- und Herrschafts-

---

16 Leonhard Bauer und Herbert Matis, *Geburt der Neuzeit. Vom Feudalsystem zur Marktgesellschaft*, München 1989, S. 45. Zur aristotelischen Frage von Autonomie und Austausch der häuslichen Einheiten und ihrer Weiterentwicklung in der neuzeitlichen Ökonomik siehe Birger P. Priddat, *Politische Ökonomie: Die oikos-polis-Differenz als prägende Struktur der neuzeitlichen Ökonomie/Politik-Formation*, in: Oikonomia und Chrematistike. Wissen und Strukturen von „Wirtschaft" im antiken und frühneuzeitlichen Europa, hg. von Iris Därmann, Helmuth Pfeiffer und Aloys Winterlich. (In der Herausgabe 2016), passim.
17 Siehe *Deutsche Politik*, § 213, S. 161 f. (GW I 5).
18 *Ebd.*, § 210, S. 156 f. Vgl. Jutta Brückner, *Staatswissenschaften, Kameralismus und Naturrecht. Ein Beitrag zur Geschichte der Politischen Wissenschaft im Deutschland des späten 17. und frühen 18. Jahrhunderts*, München 1977, S. 222 ff.
19 George J. Stiegler, *The Division of Labor is Limited by the Extent of the Market*, in: Journal of Political Economy Bd. 59 (1951), S. 185 ff.
20 Birger P. Priddat, *Alternative Interpretation einer ökonomischen Metapher: die ‚invisible hand' bei Adam Smith*, in: Ethik und Sozialwissenschaften 8 (1997), S. 197.
21 Siehe *Deutsche Politik*, § 210, S. 156 (GW I 5).

rechte mischen. Die Hausväter können über den Einsatz und die Kombination der Wirtschaftsfaktoren relativ frei entscheiden. Damit bestimmt sich auch der Grad der Autonomie der Häuser: Dieser wird lediglich über das Ausmaß der in sie hineinreichenden Arbeitsteilung beschränkt. Da der deutsche Kameralismus keinen Selbststeuerungsmechanismus kannte, kann hier aus der Summe der häuslichen Einheiten und dem von Wolff beschriebenen Wohlfahrtsgewinn durch arbeitsteilige Produktion sowie der Steigerung der Güterproduktion auf eine koordinativ freie Ebene geschlossen werden.

Empirisch verlor der *oikos* als soziologische Entität zur Mitte des 18. Jahrhunderts an Relevanz, insbesondere durch den Bedeutungsverlust der Stände, soziale Differenzierung und die aufkommende Sphäre bürgerlicher Öffentlichkeit. Als Wirtschaftseinheit wurde er von ländlichen Verlagen und der Protoindustrie verdrängt, in der Landwirtschaft von der Pachtdomäne. Dieser Vorgang ging mit der Ausprägung des Faktormarktes für (oftmals prekäre) Lohnarbeit einher, welcher in der Folge eine der Ausgangsbedingungen der europäischen Industrialisierung werden sollte. Auch im naturrechtlich abstrakten Sinne büßte der *oikos* den Modellcharakter menschlicher Basissozialität ein. Dem erodierenden Modell der *societates minores* widmet Wolff sein letztes Werk, das von seinem Schüler Michael Christoph Hanov ergänzt und 1754 posthum veröffentlicht wurde.[22] Die *Oeconomica* ist kein ökonomisches Werk im heutigen Sinne, sondern klassische Hausväterliteratur, gegründet auf einer naturrechtlichen Basis. Ihre umfangreichen Ratschläge zur Verbesserung häuslicher Praxis orientieren sich an den Wurzeln der Gattung, die in das 16. und 17. Jahrhundert zurück reichen.[23] Dogmengeschichtlich setzt hier deutliche Kritik über den Abschluss seines Schaffens an.[24] Insbesondere stellt er Abhängigkeitsverhältnisse dar, die zum Zeitpunkt des Erscheinens an praktischer Relevanz verloren hatten, aber in der Theorie der überkommenen aristotelischen Ordnung unnötigen Stellenwert einräumten. Das Buch „signalisiert eine historische Zäsur. Vermutlich zum letzten Mal erscheint hier der Lehrgegenstand Ökonomik in seiner alteuropäischen, auf das aristotelische Verständnis der *philosophia practica* zurückweisenden Tradition in einem noch geschlossenen, wissenschaftssystematischen Kontext. Nach Wolff setzt ein Zer-

---

22 *Oeconomica* I (GW II 27–28). Hanov vervollständigte das Werk von § 244 an. Zudem fügte er mit der *Philosophia civilis sive politica, partes I–IV*, einen dritten Teil hinzu. Zu Hanov siehe sein Lemma in: *The Bloomsbury Dictionary of Eighteenth-Century German Philosophers*, hg. von Heiner F. Klemme und Manfred Kuehn, London, Oxford, New York, Neu Delhi, Sidney 2016, S. 301.
23 Diese spezielle Gattung zeitigte allerlei Traktate verschiedener Qualität, vor allem praktische Ratgeber zu Hauswirtschaft, Garten- und Feldbau. Exemplarisch an Wolf Helmhardt von Hohbergs *Georgica Curiosa* ausgearbeitet: Johannes Burkhardt und Birger P. Priddat, *Geschichte der Ökonomie*, Frankfurt (Main) 2009, S. 759. Eine erste dogmengeschichtliche Kritik der *Oeconomica* unternimmt Wilhelm Roscher, *Geschichte der National-Oekonomik in Deutschland*, München 1874, S. 349.
24 Z. B. Axel Nielsen, *Die Entstehung der deutschen Kameralwissenschaft*, Jena 1911, S. 120. Sowie gs. Peter Duve, *Der blinde Fleck der „Oeconomia"? Wirtschaft und Soziales in der Frühen Neuzeit*, in: *Wirtschaft und Wirtschaftstheorien in Rechtsgeschichte und Philosophie*, hg. von Jean-Francois Kervégan und Heinz Mohnhaupt, Frankfurt (Main) 2002, S. 34.

fallsprozess der Einheit dieses Lehrgebäudes praktischer Philosophie ein"[25]. Wie es in der Einleitung heißt: „[…] consequenter salus domestica Oeconomicae finis est"[26].

2.1.2 Aufgaben und Grenzen des Staates

Da die Häuser nicht in der Lage sind, den gesellschaftlichen Zweck von Wohlfahrt und Sicherheit zu gewährleisten, begründen sie kontraktuell eine *Civitas*, den Staat.[27] Sie schaffen einen Souverän und zedieren ihm die Macht zur Gewaltausübung und zur Schaffung eines Ordnungsrahmens für gesellschaftliche Vollkommenheit sowie zur Erfüllung des *Telos* der Glückseligkeit. Die Landesobrigkeit vermag dank der ihr verliehenen Rechte unumschränkt aber nicht willkürlich „alles anzuordnen und auszuführen […], was für die gemeine Wohlfahrt zuträglich ist"[28]. Sie erlangt damit eine Gewalt, über die niemand als Gott zu gebieten hat.

Die Macht eines Staates beruht unmittelbar auf seiner finanziellen Stärke. Wolff bedient sich der ökonomischen Leitmotive, die mit der Territorialisierung von Herrschaft nach dem Dreißigjährigen Krieg dominieren und politische Philosophie mit staatsökonomischer Ratgeberliteratur verweben. So steht für ihn die Vielzahl an reichen Untertanen und deren aktive Mehrung als Handlungsaufgabe des Monarchen im Mittelpunkt der Politik, operationalisiert als *Policey*.[29] Zur qualitativen und quantitativen Peuplierung des Landes kommt die Förderung von Landwirtschaft und Bergbau, der *Commercien* und *Handtierungen* hinzu sowie in streng merkantilistischer Manier ein Augenmerk auf den Bilanzüberschuss im Außenhandel. Letztendlich dienen alle Maßnahmen der Stärkung des fürstlichen Schatzes und damit der Sicherung und Erweiterung der herrschaftlichen Machtbasis.

Wolff definiert das Handlungsfeld der *Policey* allumfassend. Selbst Grundbedürfnisse wie „Nahrung, Kleidung und Wohnung"[30] fallen unter die regulatorische Zuständigkeit. Daher sind die von ihm aufgeführten Felder wirtschaftlich bedeutsamer staatlicher Aktivität vielfältig und lassen sich grob in zwei Kategorien aufteilen: zum einen in eine Schutz- und Regulierungsfunktion, zum anderen in eine aktive Bereitstellungsfunktion.[31] Zu ersterer gehört die Schaffung eines Rechtssystems zur Durchsetzung vertraglicher Vereinbarungen, grundlegender Regulation in zentralen

---

25 Gotthardt Frühsorge, *Die Begründung der ‚väterlichen Gesellschaft' in der europäischen oeconomia christiana*, in: *Das Vaterbild im Abendland*, hg. von Hubertus Tellenbach, Stuttgart 1978, S. 111.
26 *Oeconomica* I, § 5, S. 6 (GW II 27).
27 *Jus Naturae* VIII, § 4, S. 5 (GW II 24).
28 *Deutsche Politik*, § 490, S. 590 f. (GW I 5).
29 Siehe *ebd.*, § 459, S. 491 f.
30 *Ebd.*, § 333, S. 280.
31 Eine methodologische Grundlage zu dieser Art von Analyse gibt vor allem die konstitutionelle Ökonomik. Grundlegend dafür James M. Buchanan, *Politische Ökonomie als Verfassungstheorie*, Zürich 1990.

wirtschaftlichen Bereichen wie beispielsweise Kreditwesen und Zins, Fragen von Arbeitszeit und Lohn. Die aktive Bereitstellung von Gütern und Dienstleistungen erfolgt bei der öffentlichen Infrastruktur durch den Bau und Erhalt von Straßen, Brücken und Wasserwegen, Getreidespeichern, im sozialen Bereich im öffentlichen Gesundheitssystem, bei der Waisenfürsorge, in der Armenfürsorge, bei Zucht und Arbeitshäusern, im Wissenschaftsbetrieb mit Schulen, Universitäten und Akademien u. v. m.[32]

Wolff erarbeitet für die Obrigkeit detaillierte Vorschläge, wie „der Unterthanen Wohlfahrt auf das bequemste [...] befördert werden kan, auch ihnen ihre Handlungen dergestalt einzurichten, wie es diese Absicht erfordert".[33] Dank seiner Regelungsfülle wird er vornehmlich als Begründungsphilosoph des staatswirtschaftlichen Paternalismus gesehen. Setzt man seine Schriften in unmittelbare Relation zum absolutistischen Machtstaat seiner Tage, erscheint dies plausibel. So schreibt Frauendienst, dass Wolff die Wirtschaft „nicht als Ausfluß der Selbständigkeit des Individuums, sondern als Ergebnis einer staatlichen, oft gewaltsamen Schöpfung der ‚hohen Landesobrigkeit'" begreife: „Das Wirtschaftsleben ist ganz auf Gebot und Verbot, auf die Leitung durch die Obrigkeit gestellt"[34]. Eine schwächere, liberale Argumentationslinie ergibt sich aus dem durchaus republikanischen Moment des Gesellschaftsschlusses. Da die Hausväter den Staat konstituieren, verbleibt ihnen die prästaatlich existierende Souveränität des Hauses, die ein erhebliches Maß an Freiheit gegenüber dem Herrscher zusichert. Die Grenzziehung erfolgt anhand des Freiheitsresiduums aus dem ursprünglichen Vertrag:

> Da die Herrschaft in einem Staate aus seiner Absicht ermessen werden muss [...]; so erstreckt sie sich nicht weiter als auf die Handlungen der Bürger, welche zur Beförderung der gemeinen Wohlfahrt gehören; folglich da nur bloß in Absicht dieser Handlungen die natürliche Freyheit der einzelen Glieder eingeschräncket wird [...]; so bleibt sie in Ansehung der übrigen Handlungen ungekränckt[35].

Dieses Konstrukt birgt Spannungen im Verhältnis zwischen Regierendem und Regierten. Backhaus zeigt die Grenzen auf: „Public policy is exclusively defined in terms of social welfare, and it is limited by the ability of the households to take care of their

---

32 Einführend in die Vielzahl staatlicher Aufgaben Hanns-Martin Bachmann, *Die naturrechtliche Staatslehre Christian Wolffs*, Berlin 1977, S. 237 ff.
33 *Deutsche Politik.*, § 264, S. 201 (GW I 5).
34 Werner Frauendienst, *Christian Wolff als Staatsdenker*, Berlin 1927, S. 27.
35 *Natur- und Völckerrecht*, § 980, S. 701 (GW I 19), sowie *Deutsche Politik*, § 12, S. 8 (GW I 5). Kontrovers dazu: „Post pactum' besteht bei Wolff keine natürliche Freiheit mehr, jedenfalls keine, die als Rechtsbegriff fassbar wäre und somit Gegenstand seiner Naturrechtslehre sein könnte." Klaus-Gert Lutterbeck, *Staat und Gesellschaft bei Christian Thomasius und Christian Wolff. Eine historische Untersuchung in systematischer Absicht*, Stuttgart-Bad Cannstatt 2002, S. 199.

own affairs. [...] Yet all these measures have the same purpose: to support the households in their ability to take care of themselves"[36].

Vor dem heutigen Hintergrund zweier gefestigter Sphären, der staatlichen und der privaten, ist diese Abgrenzung zunächst stichhaltig. Staatliche Aktivität, zum Beispiel alle polizeiliche Regulierung, bedarf eines rechtfertigenden Handlungsauftrages, private Aktivität hingegen nicht, solange ihr Tun nicht schädigend zulasten der Gemeinschaft ausfällt. In der Vorstellung der englischen Ökonomen können sich selbst individuelle Laster zum öffentlichen Nutzen kehren – das klassische Diktum der *private vices, public benefits*. Dahinter steht die Idee einer sich selber zum Positiven hin organisierenden Gesellschaft. Insbesondere die Tauschprozesse stellen Mechanismen gesellschaftlicher Selbstorganisation dar, die sich beispielsweise bei Smith zu einem System natürlicher Freiheit zusammenfügen.[37] Der Markt spielt dabei eine zentrale Rolle als Organisations-, Koordinations- und Informationsmedium. Die auf ihm gebildeten Preise lassen Rückschlüsse auf Knappheiten und Präferenzen zu, steuern Produktionsentscheidungen und damit den Fluss von Waren und Gütern sowie Dienstleistungen.[38] Smith geht davon aus, dass eine „natural balance of industry" den „progress of society towards real wealth and greatness" bewirke.[39]

Bei Wolff finden wir mit dem Ausspruch „der natürlichen Freyheit der einzelen Glieder"[40] eine Formulierung, die durchaus an Smith erinnert. Der in der klassischen Ökonomik ausgeprägte Marktbegriff fehlt im deutschen Kameralismus allerdings fast gänzlich.[41] Freie Handlungen führen im Rahmen dieser Wissensordnung nicht zu einem natürlichen Fortschritt, vielmehr behindern diese in Wolffs Gesellschaftsauffassung den Weg zu Glückseligkeit und Vollkommenheit.[42] Da das Ziel aller Handlungen die gemeinschaftliche Wohlfahrt ist, „hat ein jeder bey seinen Handlungen

---

36 Jürgen Backhaus, *Christian Wolff on Subsidiarity, the Division of Labor, and Social Welfare*, in: *Christian Wolff and Law & Economics. The Heilbronn Symposium*, hg. von Jürgen Backhaus, Hildesheim, Zürich, New York 1988, S. 24.
37 Siehe Birger P. Priddat, *Alternative Interpretation einer ökonomischen Metapher: die ‚invisible hand' bei Adam Smith*, in: Ethik und Sozialwissenschaften 8 (1997), S. 19
38 Siehe Oliver Volckart, *Die Wirtschaftsordnung der Ständegesellschaft*, Diskussionsbeitrag 13–98, Max-Planck-Institut zur Erforschung von Wirtschaftssystemen, Jena 1998, S. 19 ff.
39 Zit. in Birger P. Priddat, *Alternative Interpretation einer ökonomischen Metapher: die ‚invisible hand' bei Adam Smith*, in: Ethik und Sozialwissenschaften 8 (1997), S. 197.
40 *Natur- und Völckerrecht*, § 980, S. 701 (GW I 19).
41 In der Preistheorie des *pretium aequum* finden wir bei Wolff zumindest eine angedeutete Markttheorie: „Weil man sich aber hierin nach der gemeinen Einwilligung der Menschen in der Vertauschung der Sache und der Arbeit richten muß (§ 498); so hält man vor einen billigen Preiß, welcher nach der gemeinen Einwilligung der Menschen an einem Orte eingeführet worden." *Natur- und Völckerrecht*, § 499, S. 312 (GW I 19).
42 „Denn da uns die Natur verbindet nach dem besten zu streben, so weit es in unserer Gewalt ist; so müssen wir ja auch einen Begriff von dem besten, oder vollkommensten haben, damit wir urtheilen können, wornach wir streben sollen." *Deutsche Politik*, § 226, S. 168 (GW I 5); vgl. Axel Rüdiger, *Staatslehre und Staatsbildung. Die Staatswissenschaft an der Universität Halle im 18. Jahrhundert*, Tübingen 2005, S. 185.

darauf zu sehen, was sie veränderliches in dem Zustande des gemeinen Wesens nach sich ziehen."[43] Der Einzelne kann die arbeitsteilige Gesellschaft mit der ihr zunehmend innewohnenden Komplexität nicht mehr überschauen. Da das ordinäre Mitglied der Gesellschaft, ja sogar der Hausvater als politischer Bürger überfordert ist, bedarf es eines staatlichen Übervaters.[44] Was bei Smith und in den darauf folgenden klassischen Theorien eine unsichtbare Hand erfüllt, schafft bei Wolff nur der Staatsmann. Der Herrscher und seine Bürokratie als ausführender Arm haben zentral die gesellschaftliche Koordination zu übernehmen. Die Steuerungslogik und -technik des Hauses wird auf den Staat als *superoikos* übertragen.[45] Der Regent als sein rational handelnder Wirt muss das vielfältige Tun der Einzelnen lenken, um sicherzustellen, dass sein Telos erreicht werden kann.[46] Damit wird deutlich, dass eine Auslegung auf moderner Basis zu kurz greift. Dem deutschen Kameralismus fehlt das seit der ökonomischen Klassik aufgebaute Marktverständnis. Diese substituiert die koordinative Metafunktion mit herrschaftlicher Lenkung und die wissensvermittelnde mit staatlicher Information. Bei Wolff erreicht die empirisch fundierte Staatsführung ihre bisherige Blüte. Seine Vorschläge zur Datenerhebung und Verwissenschaftlichung des öffentlichen Lebens sind zahlreich und vielfältig.[47]

---

43 *Deutsche Politik*, § 216, S. 163 (GW I 5), basierend auf den Grundannahmen seiner Handlungstheorie des ersten Kapitels der *Deutschen Ethik* (GW I 4).

44 Zu den Entscheidungsbäumen, die aufgrund der normativ moralischen Bewertungen der Handlungen rasch eine unüberschaubare Komplexität aufbauen, siehe Eric Reinert und Arno Daastøl, *Exploring the Genesis of Economic Innovations: The Religious Gestalt-Switch and the Duty to Invent as Preconditions for Economic Growth*, in: *Christian Wolff and Law & Economics. The Heilbronn Symposium*, hg. von Jürgen Backhaus, Hildesheim, Zürich, New York 1988, S. 150. Da die Untertanen nicht im Stande seien, zu urteilen, „was zum gemeinen Besten gereicht, weil sie von der Beschaffenheit des gantzen gemeinen Wesens und seinem wahren Zustande nicht gnungsame Erkäntniß haben. Sie urtheilen gemeiniglich bloß darnach, ob es ihnen vortheilhafft sey, was befohlen wird, oder nicht. Allein es pfleget gar offt zu geschehen, daß dem gantzen gemeinen Wesen ersprießlich ist, was einem oder dem andern von den Unterthanen nachtheilig befunden wird." *Deutsche Politik*, § 433, S. 460 (GW I 5).

45 Wie Hans Maier, *Die ältere deutsche Staats- und Verwaltungslehre*, München 1980, S. 140, herausarbeitet, entwarf bereits Seckendorff dieses Modell für den kameralistischen Ordnungsrahmen. Vgl. Kurt Wolzendorff, *Der Polizeigedanke des modernen Staates. Ein Versuch zur allgemeinen Verwaltungslehre unter besonderer Berücksichtigung der Entwicklung in Preußen*. Breslau 1918.

46 Siehe *Deutsche Politik*, § 253, S. 190 f. (GW I 5) Vgl. Jutta Brückner, *Staatswissenschaften, Kameralismus und Naturrecht. Ein Beitrag zur Geschichte der Politischen Wissenschaft im Deutschland des späten 17. und frühen 18. Jahrhunderts*, München 1977, S. 218. In Deutschland waren „bis gegen Ende des 18. Jahrhunderts keinerlei Anzeichen dafür erkennbar, dass man der *oeconomia publica* irgendwelche Selbststeuerungsfähigkeit zugeschrieben hätte.[...] Die Staatswirtschaft musste wie jeder andere Betrieb geführt werden." Thomas Simon, „*Gute Policey*". *Ordnungsleitbilder und Zielvorstellungen politischen Handels in der Frühen Neuzeit*, Frankfurt (Main) 2004, S. 27.

47 Das ist keinesfalls ein Phänomen des 18. Jahrhunderts. Fürstliche Ratgeber wie Georg Obrecht arbeiteten bereits mehr als 100 Jahre zuvor umfangreiche statistische Erhebungssysteme aus, um dem Herrscher die für komplexer werdende politische Systeme notwendige Steuerungsfunktion zu ermöglichen. Zur Verwissenschaftlichung der Staatsführung siehe *Deutsche Politik*, § 495, S. 598 ff. (GW I 5).

Das Staatsgebiet wird zum Haus, dessen letzten Winkel der Monarch zu kennen, zu verbessern und zu führen hat.[48] Die fürstliche Polizey erfüllt den Raum, ebenso abstrakt gesellschaftlich wie konkret territorial. Das, was die Bürger nicht selbst politisch regeln können und somit auch nicht dürfen, wird anstelle ihrer mittels Polizey geregelt. Indem man die Bürger und ihre Wirtschaftsaktivitäten Regelungen unterwirft, unterwirft man sie nicht nur, sondern sichert zugleich ihre bürgerlichen Rechte; dies geschieht nicht nur auf individueller, kontraktfiktiver Basis, sondern sichert ganz praktisch ihre Einkommenssphäre ab. Was ‚polizeylich' geregelt ist, entzieht sich zugleich der absolutistischen fürstlichen Willkür. Die Polizey wird zu einer *Governance* der Ordnung des neuen Staates: Im absolutistischen Machtrahmen kann sich durchaus eine wirtschaftlich liberale Sphäre entfalten. Diese beruht auf freiem Handel und Gewerbe, einer privaten Eigentumsordnung[49] und der Notwendigkeit des starken Erwerbs der Untertanen. Indem die Polizey dem Markt Freiheiten über Handlungsregeln gewährt, schützt sie diese, indem sie sie regelt.[50]

2.2 Der merkantile Staat

In Wolffs ökonomischen Vorschlägen spiegelt sich eine inzwischen lehrbuchmäßige Einsicht Eli F. Heckschers wieder. „So eigentümlich es erscheinen mag", heißt es in dem 1932 erschienenen Standardwerk, „der Merkantilismus war in Wirklichkeit und mehr noch in den Augen seiner Repräsentanten auf Freiheit eingestellt und, wegen seiner allgemeinen Orientierung nach der Wirtschaft, in erster Linie auf wirtschaft-

---

48 Marcus Sandl, *Ökonomie des Raumes. Der kameralwissenschaftliche Entwurf der Staatswissenschaft im 18. Jahrhundert*, Köln, Weimar, Wien 1999, S. 72 ff. Keith Tribe, *Governing Economy. The Reformation of German Economic Discourse 1750–1840*, Cambridge 1988, S. 31. Marc Raeff, *The Well-Ordered Police State. Social and Institutional Change through Law in the Germanies and Russia, 1600–1800*, New Heaven und London 1983, S. 174. Zum Paternalismus: *Deutsche Politik*, § 219, S. 164 f., § 265–267, S. 201 ff. sowie § 131, S. 97 ff.; zum Verhältnis der Eltern zu den Kindern, die „in knechtischer Furcht zu halten sind" (GW I 5). Zur Subordination: Eckhart Hellmuth, *Naturrechtsphilosophie und bürokratischer Werthorizont. Studien zur preußischen Geistes- und Sozialgeschichte des 18. Jahrhunderts*, Göttingen 1985, S. 54 ff. Klaus-Gert Lutterbeck, *Staat und Gesellschaft bei Christian Thomasius und Christian Wolff. Eine historische Untersuchung in systematischer Absicht*, Stuttgart-Bad Cannstatt 2002, erklärt es als „Vernunftdefizit der ‚Unverständigen'" (S. 200), das die Regierungspraxis zu kompensieren habe. *Deutsche Politik*, § 433, S. 460 (GW I 5): „Offters verstehen auch die Unterthanen selbst nicht, was zu ihrem Besten dienet und halten für gut, was ihnen schädlich seyn würde."
49 Vgl. Emanuel Stipperger, *Freiheit und Institutionen bei Christian Wolff (1679–1754)*, Frankfurt (Main) 1984, S. 59 f. und S. 82. Norbert Horn, *Utilitarismus im aufgeklärten Naturrecht von Thomasius und Wolff. Historische und aktuelle Aspekte*, in: *Usus modernus pandectarum. Römisches Recht, Deutsches Recht und Naturrecht in der Frühen Neuzeit*, hg. von Hans-Peter Haferkamp und Tilman Repgen: Köln, Weimar, Wien 2007, S. 54 f.
50 Vgl. Birger P. Priddat, *Kameralistisches Menschenbild: homo imperfectabilis und die Vervollkommnung des Menschen durch die Ordnung*, in: *Das Menschenbild in der Ökonomie. Eine verschwiegene Voraussetzung*, hg. von Andrea Grisold, Luise Gubitzer und Reinhard Pirker, Wien 2007, S. 75 ff.

liche Freiheit"⁵¹. In Preußen hatte sich unter Friedrich Wilhelm I. zunächst eine dirigistische Wirtschaftspolitik entwickelt. Kammerdirektor Christoph Werner Hille erklärte seinem Monarchen, „die gemeine Sage" sei nicht richtig, dass der Handel frei sein müsse. In seiner praktischen Philosophie setzte Wolff den Kontrapunkt:

> Weil es der Kaufleute ihr Interesse ist, daß der Handel im Flor ist, so wird sie als interessirte Leute ihr eigener Vortheil antreiben, ihn in Flor zu bringen und zu erhalten. Derowegen gehe es nicht besser, als wenn man ihnen ihren Willen lässet. Und die Erfahrung hat dies bestätigt, aus welcher man angemercke: der Handel florire nirgends mehr, als wo er frey ist, und komme nirgends mehr herunter, als wo man ihn einschräncken will⁵².

Wolff unterbreitet eine Vielzahl an Vorschlägen, die sich vor allem auf die Rechte der Kaufleute in den Handelsstätten beziehen und damit deren Attraktivität, Funktionalität und letztendlich Prosperität steigern sollen. Dazu gehören Rechte auf freie Religionsausübung, beständige Wohnung, den exterritorialen Gebrauch ihres Heimatrechtes untereinander, auf Zollfreiheit und nur maßvoll erhobene Abgaben.⁵³ Wert legt er auch auf den Abbau überkommener institutioneller Restriktionen, die als zünftische, ständische oder städtische Rechte den freien Warenfluss und Wettbewerb hemmen. Als Beispiel nennt er die Abschaffung des Stapelrechtes, eines aus dem Mittelalter stammenden Feilbietungs- und Verkaufszwanges von Transitwaren an Flüssen.⁵⁴

So progressiv die Sätze über den Freihandel klingen mögen, eine allgemeine Liberalisierungstendenz für das Bürgertum lässt sich daraus noch nicht herauslesen. Die Handelsfreiheit schwächte zunächst die städtischen sowie geburts- und berufsständischen Autoritäten, die sukzessive ihre Privilegien und damit ihre Existenzgrundlage verloren. Die Terminologie des Eigennutzes wird von Wolff noch in einer alteuropäischen Variante gebraucht. Sie bezieht sich noch nicht auf die Masse der bürgerlichen Individuen und damit mögliche Freiheitsgrade innerhalb der politischen und wirtschaftlichen Sphäre. Wolff bewegt sich auf aristotelischem anstatt auf mandeville'schem Grund. Aus dem Kontext heraus wird deutlich, dass es sich um ein chrematistisches Rudimentin der Theorie handelt, das sich nur auf einen kleinen Teil des sozialen Systems bezog. Die Argumentation ist der Reichtumslehre entnommen und nicht aus der Frage grundsätzlich notwendiger, durch den Handel zu erfüllender Austauschbeziehungen hergeleitet. Er nimmt mit der Liberalisierung des Handels zwar eine Kernargumentation späterer politischer Ökonomie vorweg, allerdings nur für eine vergleichsweise schmale Gruppe der Gesamtgesellschaft, die Kaufleute.

---

51 Eli F. Heckscher, *Der Merkantilismus*, Bd. 2, Jena 1932, S. 247 f.; auch beim zugrunde gelegten Menschenbild und der allgemeinen Gesellschaftsauffassung sieht Heckscher wenig Differenz zwischen Merkantilismus und Liberalismus. Folgezitat *ebd.* S. 251.
52 *Deutsche Politik*, § 488, S. 585 (GW I 5).
53 Vgl. *Natur- und Völckerrecht*, § 1115, S. 814 (GW I 19).
54 Vgl. *ebd.*, § 1117, S. 815.

Er bezieht sich auf das grundlegende Ermöglichen von profitablen Tauschgeschäften im Fernhandel unter dem Aspekt von Wagnis und Gewinn. Dazu gehört der Profit als angemessene Entschädigung für die Risiken des zumeist über weite Strecken handelnden Kaufmannes. Dem Staat, der diese operative Sphäre des Kaufmannsdaseins sichert, kommt dies durch die monetären Effekte des Handels zugute.[55]

Auf Basis seines Naturrechts sind dem Erwerb für das Individuum an sich und damit auch einer potenziellen Kapitalakkumulation der Gesellschaft und ihrer wirtschaftlichen Einheiten Grenzen gesetzt. Das natürliche Maß an Mühe und Fleiß der Arbeitskraft des Einzelnen limiert seinen Erwerb. Nicht das angelsächsische, offensive Motiv des *Pursuit of Happiness* leitet die Handlung an, sondern ein defensives Diktum: Dass „wir das übrige der göttlichen Vorsicht überlassen und mit unserm Schicksal zufrieden seyn sollen [...]; folglich uns deswegen nicht grämen, daß wir nicht so viel erwerben können, als erfordert wird, beqvem zu leben [...]"[56]. Die Erfüllung der natürlichen Pflichten stellt den Erwerbszweck dar, nicht die Anhäufung von Reichtum. Dazu gehört die caritative Mildtätigkeit gegenüber denen, die nicht selbst für ihren Lebensunterhalt aufkommen können. Dazu gehört aber auch das Sparen, um auf die „künftige Nothdurft" zu sichern.[57]

2.3   Reichtum und Zirkulation

Der nationale Reichtumsbegriff ist bei Wolff noch merkantilistisch geprägt. Dabei handelt es sich um einen rein monetären Gewinn, der durch bilanzielle Überschüsse im Außenhandel erzielt wird. Diesem zugrunde liegt die Annahme eines Nullsummenspiels, des einen Gewinn ist des anderen Verlust. Abgesehen von wenigen Ausnahmen der inländischen Zuwachsmöglichkeiten an Edelmetall wie z. B. durch Bergwerke, muss der Monarch den Außenhandel fördern: „Das vornehmste Mittel Geld ins Land zu bringen, ist der Handel, wenn man nehmlich mehr Waren an auswärtige verhandelt, als man nöthig hat von ihnen zu nehmen, denn der blosse Überfluss machet reicher"[58].

Mit einer Vielzahl an Vorschlägen legt er zu erreichen nahe, dass in Summe mehr Geld ins Land fließt als hinaus. Dazu gehören exemplarisch das Konsumverbot von Waren, die im Inland nicht produziert werden, eine innerterritoriale Warenalloka-

---

55 Alfred Bürgin, *Zur Soziogenese der Politischen Ökonomie. Wirtschaftsgeschichtliche und dogmenhistorische Betrachtungen.* Marburg 1993, S. 255 ff sowie S. 299. Sowie Thomas Simon, *„Gute Policey", Ordnungsleitbilder und Zielvorstellungen politischen Handels in der Frühen Neuzeit,* Frankfurt (Main) 2004, S. 462.
56 *Natur- und Völckerrecht,* § 510 S. 318 (GW I 19).
57 *Ebd.,* § 508, S. 318, sowie § 512 S. 318 f.
58 *Deutsche Politik,* § 488, S. 579 sowie § 476, S. 550 (GW I 5). Zu weiteren Maßnahmen zählt Wolff den Zuzug reicher Untertanen, die Attraktivität des Landes für Durchreisende, monetäre Effekte durch ausländische Studenten etc.

tion, um Einfuhren zu vermeiden oder den Zuzug ausländischer Fachkräfte zur inländischen Verfertigung heimischer Rohmaterialien. Allerdings argumentiert er mit Bedacht und verweist auf die reziproke Wirkung restriktiver Handelshemmnisse.[59] Wenn man im eigenen Land den Import fremder Waren verbietet, so kann es das andere Land mit den eigenen Waren ebenso tun. Auch kann es vorteilhafte Situationen beim Warenimport geben, zum Beispiel wenn die inländische Produktion teurer wäre als die Einfuhr oder wenn durch den Import weiterer Handel ins Land gezogen würde, der den Export anderer Waren erleichtert. Insgesamt handelt es sich um eine pragmatische Mischung aus Außenhandelsdiplomatie und situativer Betrachung von Handelskonstellationen. Die von Wolff gewählte Sichtweise auf die monetäre Handelsbilanz soll aber nicht den Blick darauf verstellen, dass allein die Abwägung nach der Frage der Vorteilhaftigkeit des Ortes der Verfertigung – „wegen des Unterscheides der besonderen Umstände"[60] –, der mitunter jenseits der Landesgrenzen liegen kann, bereits den Vorteil internationaler Arbeitsteilung impliziert. Er hinterfragt nicht nur den monetären Gewinn. Mit der Frage: „Wen man Materialien nicht im Lande verarbeiten soll"[61] wechselt er vom kompetitiven Aspekt in einen kooperativen und unternimmt einen wichtigen Schritt zur Überwindung des in seiner Zeit vorherrschenden reinen Bilanzmerkantilimus.[62] Freilich entwirft er damit noch keine Theorie komparativer Kosten, die Anfang des 19. Jahrhunderts David Ricardo für sich reklamiert.

Nominale Reichtumseffekte sind durch inländischen Handel nicht zu erwirtschaften. Der innerterritoriale Geldverkehr hebt sich in seinem Saldo auf:

> Solange das Geld, was einmahl im Lande ist, darinnen verbleibet; so lange wird der Staat nicht ärmer, noch reicher, obgleich das Geld nicht immer bey einem verbleibet, sondern von einem zu dem andern kommet, und also von der Unterthanen einer reicher, der andere ärmer wird. Hingegen kommet mehr Geld ins Land, als vorhin darinnen war, so wird der Staat reicher, es mag solches von denen Unterthanen haben, wer da will.[63]

Ein Wirtschaftssubjekt konnte nur auf Kosten eines anderen zu Reichtum gelangen. Da dieser stets monetär und nur in einer Außen-/Innen-Differenz gemessen wurde, wirkte im Inland ein anderes Narrativ. Die wirtschaftlich expansive Sphäre war nicht der Handel, sondern die Policey. Daher stellte sich primär auch nicht die klassische Frage nach der Limitation von Staatseingriffen in die freie und sich ausbreitende Sphäre der Kommerzien. Die Kernfrage lautete, wie das Ausdehnen von Vorschriften dazu beitragen konnte, Ordnung und Rationalität in der Gesellschaft zu beför-

---

59 Siehe *Deutsche Politik*, § 477, S. 550 ff. (GW I 5).
60 *Ebd.*, § 477, S. 554.
61 *Ebd.*, Randnotiz, S. 553 (vgl. zudem § 488, S. 579 ff.).
62 Gavin Reid, *Classical Economic Growth. An Analysis in the Tradition of Adam Smith*, Oxford 1989, S. 97.
63 *Deutsche Politik*, § 476, S. 550 (GW I 5).

dern und zugleich Produktivkraft durch Menschen, Maschinen und Melioration in die Fläche zu bringen. Dies waren die eigentlichen Faktoren der kameralistischen Wachstumstheorie.

Der in der staatswirtschaftlichen Literatur dominierende Blick auf die monetären Effekte des Außenhandels soll aber nicht zu dem Trugschluss verleiten, dass der inländische Geldverkehr keine Relevanz aufweise – im Gegenteil. Das Zirkulieren des Geldes ist ein Kerngedanke des Merkantilzeitalters und auch bei Wolff essentiell. Nur die umlaufende Münze konnte die ökonomischen Kräfte von Handel und Wandel mobilisieren.

> Für allen Dingen siehet ein jeder gleich vor sich selbst, daß, woferne das Geld rouliren soll, man nicht verstatten kan, daß vieles Geld bey einigen müßig im Kasten liege. Denn ob dadurch das Land gleich nicht ärmer wird, so werden doch viele von den Unterthanen unvermögend, ihre Hanthierungen und Gewerbe zu treiben, und müssen sich deswegen armseeliger behelffen: woraus denn ferner folgt, daß der Aufgang abnimmt, und die Handlung geschwächet wird[64].

Seit der in die Philosophie übertragenen Erkenntnis des Blutkreislaufes durch Thomas Hobbes akzentuierte das Bild der Geldzirkulation die inneren, wirtschaftlichen Vorgänge zur Stärkung und Aktivierung des Staatskörpers.[65] Am Beispiel ungemünzten Edelmetalls macht Wolff deutlich, dass Geld, welches nicht rouliert, auch nicht „in Handel und Wandel gebraucht werden kan, so ist es wie ein todtes Capital anzusehen, das ein Geitziger im Kasten verschlossen hat."[66] Der fundamentale Unterschied zur späteren Ökonomik lag darin, dass es keinen wirtschaftlichen Wachstumsbegriff außerhalb des in Edelmetall geschlagenen Geldreichtums gab, keine Vorstellung von den sich gleichermaßen drehenden Spiralen von Geld- und Wertschöpfung und damit wirtschaftlicher Expansion im modernen Sinne. Da der Ressourcenbegriff noch statisch war, beschränkte sich des einen Zugewinn stets auf des anderen Verlust.

Wolff hinterfragt die Verteilung des Geldes in der Bevölkerung, die *proportio*: „[…] so muß sie [die hohe Landesobrigkeit] auch ferner darauf bedacht seyn, daß das Geld nicht bey einem bleibe, sondern in einer guten Proportion sich unter die Einwohner des Landes vertheile, das ist, wie man insgemein zu reden pfleget, daß das Geld roulire"[67]. Dies hat zwei Gründe: Zum einen sieht Wolff darin einen naturrechtlich verankerten Gerechtigkeitsgrundsatz. Er hebt den distributiven Charakter der Zirkulation hervor – die Glückseligkeit der großen Anzahl. Zum anderen hatte es aus Abgabensicht aber auch einen Vorteil. Das in guter Proportion auf viele verteilte

---

64 *Ebd.*, § 489, S. 587 f.
65 Vgl. Jutta Hosfeld-Guber, *Der Merkantilismusbegriff und die Rolle des absolutistischen Staates im vorindustriellen Preußen*, München 1985, S. 67 f.
66 *Deutsche Politik* (GW I 5), § 485, S. 571 (GW I 5).
67 *Ebd.*, § 489, S. 585.

Geld bedeutete höhere Steuereinnahmen ohne einen Einzelnen übermäßig zu belasten.[68] Wolff erlaubt sich außerdem einen pädagogischen Hinweis. Er räumt ein – man bedenke, dass seine Schriften an angehende Staatsdiener, Räte, Juristen und höfische Kameralisten adressiert waren –, dass der Aspekt des Geldroulierens gar wenig beachtet werde und manche denken mögen, es sei nicht nötig, dass der Landesherr sich über die Verteilung des inländischen Geldes Sorgen mache. „Und also fließet dieses aus der schlimmen Staats-Maxime, dadurch Land und Leute verdorben werden, daß man das Interesse des Landes-Hherrn von dem Interesse der Unterthanen trennet und als zwey wiedrige Dinge einander entgegensetzet"[69]. Hier gibt Wolff ein Exempel, wie die *bürgerliche* Absicherung ihrer Rechte bereits in den naturrechtlichen Schriften beginnt, um herrschaftliche Willkür zu vermeiden. Die dank der relativen Erwerbsfreiheit der Bürger erfolgte Verteilung des Geldes sichert dem Fürsten Steuer- und Zolleinnahmen. Indem die Bürger Positionen staatlicher Räte erlangen und in den Kammern die Stellen konsultativer Administratoren besetzen, übernehmen sie subkutan die Regie über die Polizeyordnungen bzw. die regulative Macht über ihre relativen Freiheiten.[70]

2.4 Luxuskonsum

Die ökonomische Kernfrage, *was* produziert werden soll, entzieht Wolff weitgehend der Entscheidung des Staatswirtes. Anhand der Luxusgüter wird deutlich, dass er hier auf das freie Zusammenspiel von Konsum und Produktion setzt. Dabei handelt es sich um einen viel beachteten Topos, der nicht erst im Zuge des aufstrebenden Bürgertums des 18. Jahrhunderts aufkam, sondern um eine tief verwurzelte abendländische Reflexion zur Gleichheit des Menschen vor dem Hintergrund der Differenz von arm und reich.[71] So „[…] muß man im Land mit allem handeln lassen, es mag nöthig, oder unnöthig seyn.[72]. An diesem Beispiel wird deutlich, dass die moralphi-

---

68 *Jus naturae* VIII, § 777, S. 592 (GW II 24). Der Steuerthematik widmet sich Wolff nur oberflächlich. Sein System an „Contributionen" ruht auf vier Säulen, den Grundsteuern, Kopfsteuern, Vermögenssteuern sowie Verbrauchssteuern. Bei letzterer handelt es sich um die Akzise nach preußischem Vorbild. Eine Übersicht gibt Werner Frauendienst, *Christian Wolff als Staatsdenker*, Berlin 1927, S. 118.
69 *Deutsche Politik*, § 489, S. 586 (GW I 5).
70 Vgl. Birger P. Priddat, *Kameralistisches Menschenbild: homo imperfectabilis und die Vervollkommnung des Menschen durch die Ordnung*, in: *Das Menschenbild in der Ökonomie. Eine verschwiegene Voraussetzung*, hg. von Andrea Grisold, Luise Gubitzer und Reinhard Pirker, Wien 2007, S. 91. Sowie zu den Kammern Andre Wakefield, *The Disordered Police State. German Cameralism as Science and Practice*, Chicago und London 2012, S. 16 f.
71 Vor dem 18. Jahrhundert herrschte eine „Caritas-Ökonomie" vor, die den Überschuss des Wirtschaftens als Mildtätigkeit den Armen zur Verfügung stellte. Birger P. Priddat, *Theoriegeschichte der Wirtschaft. oeconomia/economics*, München 2002, S. 20 ff. Zur Luxus-Debatte in Preußen vor dem geschichtlichen Hintergrund Wolffs siehe Klaus-Peter Tieck, *Staatsräson und Eigennutz. Drei Studien zur Geschichte des 18. Jahrhunderts*, Berlin 1998, S. 101 f.
72 *Deutsche Politik*, § 489, S. 589 (GW I 5).

losophische Begründung der arbeitsteiligen Erwerbsgesellschaft durch den Monarchen nicht durchbrochen werden kann. Wolff legt als Grundprämisse die naturrechtliche Verpflichtung des Menschen an, für seinen Lebensunterhalt zu schaffen: „Und da der Müssiggang ein so schädliches Laster ist [...]; so ist es besser, wenn reiche Leute durch ihren Aufgang andern etwas zu verdienen geben, als daß sie solches unterlassen und, nachdem sie sie dadurch in Bettelstand gesetzt, ihnen Allmosen geben"[73].

Um das Geld roulieren und sich adäquat distribuieren zu lassen, ist es sinnvoller, dass die Reichen die Armen beschäftigten, als ihnen Transferleistungen im Zuge von Almosen zukommen zu lassen. Anstatt Luxusverbote auszusprechen, wie sie viele territoriale und ständische Policeyordnungen noch kannten, sieht Wolff eine gesamtwirtschaftlich vorteilhafte Produktion bei diesen Produkten. So öffnet der moralische Imperativ ökonomische Handlungsmöglichkeiten. Er gibt der bürgerlichen Sphäre Freiheiten im Konsum und der gewerblichen Freiheiten in der Produktion. Dem Monarchen werden moralphilosophisch begründete Restriktionen in seiner regulatorischen Allmacht auferlegt.

Damit schafft Wolff das, was Hegel anstelle des christlichen Almosens als die vernünftigere Art der Barmherzigkeit bezeichnet. Die Armen erhalten ihren Anteil am volkswirtschaftlichen Gesamtprodukt nur „unter der Bedingung, dass sie tätig sind"[74]. Luxus-Konsum steht moralisch höher als der Müßiggang der Armen. Die Distinktionsgüter der Reichen stimulieren. Es handelt sich um eine moralisch unterlegte *Horse-and-Sparrow*-Theorie, die von der Annahme ausgeht, dass der Wohlstand der Begüterten durch Investitionen und Konsum in die unteren Schichten der Gesellschaft durchsickert. Selbiges betrifft den Landesherren, der mit seiner standesgemäßen Verpflichtung zur Repräsentation einen Teil der Steuereinnahmen wiederum der breiten Bevölkerung durch Auslobung von Arbeitsleistung zugute kommen lassen muss.

3 Fortwirken – zwei Stränge

Die funktionale Neuordnung der Gesellschaft unter den Bedingungen des Aufschwungs eines ökonomisch erstarkenden Bürgertums, der Auflösung alteuropäischer Strukturen und zugleich unter dem Willen des Souveräns, die Wirtschaftsgesellschaft nach dem machtpolitischen Gesichtspunkt der Einnahmeerzielung funktional neu anzuordnen, wirft in der Reflexion in der zweiten Hälfte des 18. Jahrhunderts Fragen zur Dichotomie von Freiheit und Autorität auf. Zwei Stränge ökonomischer Theorie-

---

73 *Ebd.* Vgl. Martina Komm, *Zu einigen Aspekten von Christian Wolffs Ökonomik*, in: *Christian Wolff als Philosoph der Aufklärung in Deutschland. Hallesches Kolloquium 1979 anläßlich der 300. Wiederkehr seines Geburtstages*, hg. von Hans-Martin Gerlach, Günter Schenk und Burchard Thaler, Halle 1980, S. 85.
74 Birger P. Priddat, *Theoriegeschichte der Wirtschaft. oeconomia/economics*, München 2002, S. 41.

bildung sollen das Fortwirken Wolffs skizzieren: James Steuarts Idee vom *Statesman* sowie die staatswirtschaftliche Konzeption der deutschen Physiokratie.[75]

Steuart hatte in seinen Tübinger Exiljahren intensiven Kontakt mit dem deutschen Naturrecht und entwickelte eine eigenständige Merkantiltheorie innerhalb der politischen Ökonomik. Der von Adam Smith leidenschaftlich befehdete Ökonom arbeitete einen Nexus allokativer Koordination durch die Obrigkeit aus, ohne dabei an der Komplexität arbeitsteiliger Gesellschaft und vermeintlicher Uneinsichtigkeit oder Unmündigkeit der Untertanen zu scheitern.[76]

Zum Ende des 18. Jahrhunderts bricht sich ideengeschichtlich das Individuum Bahn, seine individuellen Rechte gegenüber dem der Majestät werden rechtsphilosophisch verbrieft. Der Absolutismus wolffscher Prägung wird – nicht zuletzt aufgrund von Kants Intervention – als despotischer Paternalismus kritisiert. Mit der Physiokratie blühte eine Denkrichtung auf, die noch einen Vermittlungsversuch wagte. 1779 fordert Johann August Schlettwein[77] die „unumschränkte Freyheit des Gebrauchs des Eigenthums, und der Gewerbe, und des Handels muß nothwendig hergestellt werden"[78]. Zugleich aber geht er vom starken Herrscher aus und skizziert einen Herrschaftsvertrag konsequenter Interesseninterdependenz mit den Beherrschten. Im Ordnungsmodell des Physiokraten vereint sich das Interesse des Fürsten nach Steuereinnahmen mit seiner Pflicht, die Glieder seines Staates reicher und glücklicher zu machen. Sobald der Regent vom Wohlstand seiner Untertanen abhängig ist, kann auch das Volk versichert sein, dass er alles in seiner Macht stehende tue, um dessen Glückseligkeit zu befördern.[79] Wolff hatte eine Vielzahl an Gesellschaftsverträgen mit eigenständigen Wohlfahrtswirkungen entworfen. Schlettwein ergänzt das Stufenwerk um einen finalen, reziproken Kontrakt, der statt eines reinen Delegations- einen Kooperationsvertrag darstellt. Damit wird zumindest in der Theorie ein Gedanke Wolffs – die Glückseligkeit einer freiheitlich verfassten Vertragsgemeinschaft unter dem Schirm eines starken Monarchen –, ein Vierteljahrhundert nach dessen Tod in der deutschen Physiokratie vollendet.

---

75 Dogmengeschichtlich ist Wolff umstritten. Einen Überblick gibt Peter Senn, *What is the Place of Christian Wolff in the History of the Social Sciences?*, in: *Christian Wolff and Law & Economics. The Heilbronn Symposium*, hg. von Jürgen Backhaus, Hildesheim, Zürich, New York 1988, S. 180 ff.

76 Deborah A. Redman und Joachim Starbatty, *Die Figur des Staatsmanns bei Sir James Steuart im Lichte des kontinentalen Einflusses*, in: Kommentarband zu James Steuarts *An Inquiry into the Principles of Political Oeconomy (1769)*, Düsseldorf 1983, S. 86 f.

77 Schlettwein war ein Schüler des Wolffianers Joachim Georg Darjes, bei dem er in Jena von 1749 an studiert hatte. Über ihn: Birger Priddat, *Le Concert Universel. Die Physiokratie. Eine Transformationsphilosophie des 18. Jahrhunderts*, Marburg 2001, S. 121 ff. Zu Wolffs Einfluss auf Darjes siehe Günter Mühlpfordt, *Radikaler Wolffianismus*, in: *Christian Wolff 1679–1754. Interpretationen zu seiner Philosophie und deren Wirkung*, hg. von Werner Schneiders, Hamburg 1983, S. 242.

78 Johann August Schlettwein, *Grundfeste der Staaten oder die politische Ökonomie*, Gießen und Marburg 1779, § 230, zit. nach: Birger P. Priddat, *Produktive Kraft, sittliche Ordnung und geistige Macht. Denkstile der deutschen Nationalökonomie im 18. und 19. Jahrhundert*, Marburg 1998, S. 54.

79 Siehe Birger P. Priddat, *Le Concert Universel. Die Physiokratie. Eine Transformationsphilosophie des 18. Jahrhunderts*, Marburg 2001, S. 126.

4 Zusammenfassung

Christian Wolff legt mit seiner *Deutschen Politik* ein Werk vor, dass eine etwa drei Jahrzehnte andauernde Literaturarmut in der Ökonomie beendet. Naturrechtlich begründet er eine arbeitsteilige Gesellschaft, die von gänzlich anderen Bedingungen ausgeht als die klassische Theorie Adam Smiths. Die von ihm entwickelte Wachstumsidee ist innovationsgetrieben und produktionsorientiert. Sie geht nicht atomistisch vom Individuum aus, sondern von produktiven Zusammenhängen wie dem ganzen Haus. Die dem deutschsprachigen Kameralismus innewohnenden Defizite im koordinativen Sinne wie mangelnde Erkenntnis über den Markt und gesellschaftliche Selbstorganisation kompensiert er mit einem umfangreichen Handlunsgauftrag der Majestät. Seine Idee vom Reichtum der Nationen ist merkantilistisch geprägt. Nach außen hin müssen Bilanzüberschüsse erwirtschaftet werden, nach innen hin soll das Geld frei zirkulieren. Wirtschaftliche Prosperität wird erreicht durch Peuplierung, neue Produktionstechniken und das Governance-Modell umfassender, guter herrschaftlicher *Policey*. Am Beispiel der Luxus-Debatte wird deutlich, dass dem Herrscher über das Vehikel der Moral Grenzen beim Eingriff in Produktions- und Konsumentscheidungen gesetzt werden. Seine Ideen wirken bei James Steuart und der deutschen Physiokratie fort und werden dort weiter entwickelt.

5 Literaturverzeichnis

Bachmann, Hanns-Martin (1977): *Die naturrechtliche Staatslehre Christian Wolffs*. Berlin

Backhaus, Jürgen (1988): *Christian Wolff on Subsidiarity, the Division of Labour, and Social Welfare*, in: Hg. Jürgen Backhaus. *Christian Wolff and Law & Economics. The Heilbronn Symposium*, Hildesheim, Zürich, New York, S. 19–36.

Bauer, Leonhard und Herbert Matis (1989): *Geburt der Neuzeit. Vom Feudalsystem zur Marktgesellschaft*, München.

Becher, Johann Joachim (1668): *Politische Discurs*, Frankfurt (Main).

Brückner, Jutta (1977): *Staatswissenschaften, Kameralismus und Naturrecht. Ein Beitrag zur Geschichte der Politischen Wissenschaft im Deutschland des späten 17. und frühen 18. Jahrhunderts*, München.

Buchanan, James M. (1990): *Politische Ökonomie als Verfassungstheorie*, Zürich.

Burkhardt, Johannes und Birger P. Priddat (2009): *Geschichte der Ökonomie*, Frankfurt (Main).

Bürgin, Alfred (1993): *Zur Soziogenese der politischen Ökonomie. Wirtschaftsgeschichtliche und dogmenhistorische Betrachtungen*, Marburg.

Duve, Peter (2002): *Der blinde Fleck der „Oeconomia"?. Wirtschaft und Soziales in der Frühen Neuzeit*, in: *Wirtschaft und Wirtschaftstheorien in Rechtsgeschichte und Philosophie*, hg. von Jean-Francois Kervégan und Heinz Mohnhaupt, Frankfurt (Main), S. 29–61.

Fertig, Ludwig (1665): *Veit Ludwig von Seckendorff: Patriarchalischer Fürstenstaat und territoriale Erziehungspolizei.* In: Veit Ludwig von Seckendorff, *Teutscher Fürsten Stat.* Glashütten 1976.

Frauendienst, Werner (1927): *Christian Wolff als Staatsdenker,* Berlin.

Frühsorge, Gotthardt (1978): *Die Begründung der ‚väterlichen Gesellschaft' in der europäischen oeconomia christiana,* in: Hg. Hubertus Tellenbach, *Das Vaterbild im Abendland,* Stuttgart, S. 110–123.

Gerecke, Uwe (1998): *Soziale Ordnung in der modernen Gesellschaft. Ökonomik – Systemtheorie – Ethik.* Tübingen.

Heckscher, Eli F (1932): *Der Merkantilismus.* Bd 1 u. 2., Jena.

Hellmuth, Eckhart (1985): *Naturrechtsphilosophie und bürokratischer Werthorizont. Studien zur preußischen Geistes- und Sozialgeschichte des 18. Jahrhunderts,* Göttingen.

Hoffmann, Friedrich (1944): *Zur Geschichte der Stellung der Arbeitsteilung im volkswirtschaftlichen Lehrsystem,* in: Weltwirtschaftliches Archiv, 60. Band, S. 23–51.

Horn, Norbert (2007): *Utilitarismus im aufgeklärten Naturrecht von Thomasius und Wolff. Historische und aktuelle Aspekte,* in: Hg. Hans-Peter Haferkamp und Tilman Repgen: *Usus modernus pandectarum. Römisches Recht, Deutsches Recht und Naturrecht in der Frühen Neuzeit.* Köln, Weimar, Wien, S. 45–62.

Hosfeld-Guber, Jutta (1985): *Der Merkantilismusbegriff und die Rolle des absolutistischen Staates im vorindustriellen Preußen,* München.

Komm, Martina (1980): *Zu einigen Aspekten von Christian Wolffs Ökonomik,* in: Hg. Hans-Martin Gerlach, Günter Schenk und Burchard Thaler, *Christian Wolff als Philosoph der Aufklärung in Deutschland. Hallesches Kolloquium 1979 anläßlich der 300. Wiederkehr seines Geburtstages,* Halle, S. 83–90.

Klemme, Heiner F. und Manfred Kuehn (2016): *The Bloomsbury Dictionary of Eighteenth-Century German Philosophers.* London, Oxford, New York, Neu Delhi, Sidney.

Lutterbeck, Klaus-Gert (2002): *Staat und Gesellschaft bei Christian Thomasius und Christian Wolff. Eine historische Untersuchung in systematischer Absicht,* Stuttgart-Bad Cannstatt.

Maier, Hans (1980): *Die ältere deutsche Staats- und Verwaltungslehre.* München.

Mühlpfordt, Günter (1983): *Radikaler Wolffianismus,* in: Hg. Werner Schneiders, *Christian Wolff 1679–1754. Interpretationen zu seiner Philosophie und deren Wirkung,* Hamburg, S. 237–253.

Nielsen, Axel (1911): *Die Entstehung der deutschen Kameralwissenschaft,* Jena.

Priddat, Birger P. (1997): *Alternative Interpretation einer ökonomischen Metapher: die ‚invisible hand' bei Adam Smith,* in: Ethik und Sozialwissenschaften 8, S. 195–204.

Priddat, Birger P. (1998): *Produktive Kraft, sittliche Ordnung und geistige Macht. Denkstile der deutschen Nationalökonomie im 18. und 19. Jahrhundert,* Marburg.

Priddat, Birger P. (2001): *„Le Concert Universel". Die Physiokratie. Eine Transformationsphilosophie des 18. Jahrhunderts,* Marburg.

Priddat, Birger P. (2002): *Theoriegeschichte der Wirtschaft. oeconomia/economics,* München.

Priddat, Birger P.(2006): *Leidenschaftliche Interessen: Hirschmans Theorem im Blickpunkt alternativer Rekonstruktionen,* in: *Albert Hirschmans grenzüberschreitende Ökonomik,* hg. von Ingo Pies und Martin Leschke, Tübingen, S. 29–54.

Priddat, Birger P. (2007): *Kameralistisches Menschenbild: homo imperfectabilis und die Vervollkommnung des Menschen durch die Ordnung,* in: *Das Menschenbild in der Ökonomie. Eine verschwiegene Voraussetzung,* hg. von Andrea Grisold, Luise Gubitzer und Reinhard Pirker, Wien, S. 75–104.

Priddat, Birger P. (2016): *Politische Ökonomie: Die oikos-polis-Differenz als prägende Struktur der neuzeitlichen Ökonomie/Politik-Formation,* in: *Oikonomia und Chrematistike. Wissen und Strukturen von „Wirtschaft" im antiken und frühneuzeitlichen Europa,* hg. von Iris Därmann, Helmuth Pfeiffer, und Aloys Winterlich (in der Herausgabe).

Raeff, Marc (1983): *The Well-Ordered Police State. Social and Institutional Change through Law in the Germaniesan Russia, 1600–1800,* New Heaven und London.

Redman, Deborah A. und Joachim Starbatty (1983): *Die Figur des Staatesmannes bei Sir James Steuart im Lichte des kontinentalen Einflusses,* in: Kommentarband zu James Steuart, *An Inquiry into the Principles of Political Oeconomy,* Düsseldorf, S. 81–94.

Reinert, Eric und Arno Daastøl (1988): *Exploring the Genesis of Economic Innovations: The Religious Gestalt-Switch and the Duty to Invent as Preconditions for Economic Growth,* in: *Christian Wolff and Law & Economics. The Heilbronn Symposium,* hg. von Jürgen Backhaus Hildesheim, Zürich, New York, S. 123–175.

Roscher, Wilhelm (1874): *Geschichte der National-Oekonomik in Deutschland,* München.

Rüdiger, Axel (2005): *Staatslehre und Staatsbildung. Die Staatswissenschaft an der Universität Halle im 18. Jahrhundert,* Tübingen.

Sandl, Marcus (1999): *Ökonomie des Raumes. Der kameralwissenschaftliche Entwurf der Staatswissenschaft im 18. Jahrhundert.* Köln, Weimar, Wien.

Schröder, Wilhelm von (1686): *Fürstliche Schatz- und Rentkammer,* Leipzig.

Senn, Peter (1988): *What is the Place of Christian Wolff in the History of the Social Sciences?,* in: *Christian Wolff and Law & Economics. The Heilbronn Symposium,* hg. von Jürgen Backhaus Hildesheim, Zürich, New York 1988, S. 37–122.

Simon, Thomas (2002): *Ursprünge und Entstehungsbedingungen der „Politischen Ökonomie",* in: *Wirtschaft und Wirtschaftstheorien in Rechtsgeschichte und Philosophie,* hg. von Jean-Francois Kervégan und Heinz Mohnhaupt Frankfurt (Main), S. 1–28.

Simon, Thomas (2004): *„Gute Policey". Ordnungsleitbilder und Zielvorstellungen politischen Handels in der Frühen Neuzeit,* Frankfurt (Main).

Stieda, Wilhelm (1906): *Die Nationalökonomie als Universitätswissenschaft.* Leipzig.

Smith, Adam (1776): *Der Wohlstand der Nationen. Eine Untersuchung seiner Natur und seiner Ursachen.* Übers. und hg. von Horst Claus Recktenwald. München 1974.

Stiegler, George J. (1951): *The Division of Labor is Limited by the Extent of the Market,* in: Journal of Political Economy. Bd. 59, S. 185–193.

Stipperger, Emanuel (1984): *Freiheit und Institutionen bei Christian Wolff (1679–1754),* Frankfurt (Main).

Tieck, Klaus-Peter (1998): *Staatsräson und Eigennutz. Drei Studien zur Geschichte des 18. Jahrhunderts*, Berlin.

Tribe, Keith (1988): *Governing Economy. The Reformation of German Economic Discourse 1750–1840*, Cambridge.

Volckart, Oliver (1998): *Die Wirtschaftsordnung der Ständegesellschaft*, Diskussionsbeitrag 13-98, Max-Planck-Institut zur Erforschung von Wirtschaftssystemen, Jena.

Vom Bruch, Rüdiger (1988): *Wissenschaftliche, institutionelle oder politische Innovation? Kameralwissenschaft – Polizeiwissenschaft – Wirtschaftswissenschaft im 18. Jahrhundert im Spiegel der Forschungsgeschichte*, in: *Die Institutionalisierung der Nationalökonomie an deutschen Universitäten*, St. Katharinen, hg. von Norbert Waszek, S. 77–108.

Wakefield, Andre (2012): *The Disordered Police State. German Cameralism as Science and Practice*, Chicago und London.

Wolzendorff, Kurt (1918): *Der Polizeigedanke des modernen Staates. Ein Versuch zur allgemeinen Verwaltungslehre unter besonderer Berücksichtigung der Entwicklung in Preußen*, Breslau.

Zielenziger, Kurt (1914): *Die alten deutschen Kameralisten. Ein Beitrag zur Geschichte der Nationalökonomie und zum Problem des Merkantilismus*, Jena.

7.4 Politik

Annika Büsching

Keywords

Politik, gemeines Wesen, Gesellschaft, Regierungsformen, Strafrecht

Abstract

Der Beitrag beschäftigt sich mit Christian Wolffs *Deutscher Politik*. Im ersten Teil behandelt Wolff hierin die Gesellschaften der Menschen, also die Ehe, das Verhältnis zwischen Eltern und Kindern sowie zwischen Gesinde und Herrschaft. Im zweiten Teil erläutert er das gemeine Wesen, wobei er einen besonderen Schwerpunkt auf die Regierungsform und die Stellung der Obrigkeit legt. Ziel des Gemeinwesens ist für Wolff die allgemeine Glückseligkeit. Obwohl die *Deutsche Politik* im Kontext des systematischen Aufbaus des Programms der „Vernünfftigen Gedancken" steht, zeigt Beitrag, dass sie nicht als streng konzipierter gesellschafts- und staatstheoretischer Traktat zu lesen ist, sondern eher als Sammlung guter Ratschläge, wie das gemeine Wesen Wolffs Ziel der allgemeinen Glückseligkeit näherkommen könnte.

1 Die „Deutsche Politik"

Christian Wolffs *Vernünfftige Gedancken von dem gesellschaftlichen Leben der Menschen und insonderheit dem gemeinen Wesen* (*Deutsche Politik*), auf die sich unser Beitrag vornehmlich bezieht, sind in den Jahren 1720/21 entstanden, also kurz vor seiner Rede über die Praktische Philosophie der Chinesen, aufgrund derer er im Streit mit den Pietisten Halle „bey Strafe des Stranges"[1] verlassen musste. Dieses erste Werk handelt, neben der Ökonomik, von bestimmten Rollen, „die der Mensch in kleineren oder größeren Gesellschaften zu spielen hat, nachdem er den Naturzustand verlassen hat"[2].

Zu dieser Zeit hatte Wolff bereits einige mathematische Werke verfasst, seine Metaphysik unter dem Titel *Vernünfftige Gedancken von Gott, der Welt und der Seele des Menschen, Auch allen Dingen überhaupt* (1720) und sein moralphilosophisches Werk, die *Vernünfftige[n] Gedancken von der Menschen Tun und Lassen* (1720) veröffentlicht. Seine *Deutsche Politik* schließt hieran inhaltlich nahtlos an. In *Vernünfftige Gedancken von der Menschen Tun und Lassen* legt Wolff neben der Frage, wie der Mensch Glückseligkeit erlangen kann, vor allem die Pflichten des Menschen gegen sich selbst, gegen Gott und gegen andere dar. Diese Gedanken seiner Pflichtenlehre führt Wolff mit seiner *Deutschen Politik* fort. Ging es in der Ethik, wie Hans Werner Arndt schreibt, „zunächst um das moralische Handeln in seiner Bezogenheit auf den Handelnden", so geht es in der *Deutschen Politik* „um die thematische Entfaltung des Begriffs der ‚Glückseligkeit' und der Betrachtung der ethischen Relevanz des Handelns im gesellschaftlichen Status"[3].

Das Werk besteht aus zwei Teilen. Im ersten behandelt Wolff die *Gesellschaften der Menschen* (Cap. I), für ihn sind das der *Ehestand* (Cap. I.2), die *väterliche Gesellschaft* – hiermit meint er nicht das gesamte Familiengefüge, sondern nur die Beziehung zwischen Eltern und Kindern (Cap I.3) –, die *herrschaftliche Gesellschaft,* also die Beziehung zwischen Gesinde und Herrschaft (Cap. I.4) und das *Haus* als zusammengesetzte Gesellschaft, in dem Menschen in den drei oben genannten Gesellschaften leben (Cap. I.5). Im zweiten Teil geht es um das *gemeine Wesen* (Cap. II); Wolff erläutert die *Arten und Einrichtung des gemeinen Wesens* (Cap. II.1–II.3), die *bürgerlichen Gesetze* (Cap. II.4), die *Stellung der Obrigkeit* (Cap. II.5), die *Regierung* (Cap. II.6) und die *Kriegsführung* (Cap. II.7).

Ziel des Werkes ist, wie bereits oben angedeutet, für Wolff „gründlich und ausführlich zu zeigen, wie die Menschen mit vereinigten Kräften ihre Glückseeligkeit

---

1 Kabinettsordre vom 8. November 1723, abgedruckt in: *Christian Wolffs eigene Lebensbeschreibung*, hg. von Heinrich Wuttke, S. 28 (GW I 10).
2 Michael Albrecht, *Christian Wolff*, in: *Grundriss der Geschichte der Philosophie. Die Philosophie des 18. Jahrhunderts*. Band 5, hg. von Helmut Holzhey und Vilem Mudroch, Basel 2014, S. 152.
3 Hans Werner Arndt, *Einleitung in Christian Wolffs „Vernünftige Gedancken vom gesellschaftlichen Leben"*, in: *Deutsche Politik*, S. VII* (GW I 5). Über den „quellengeschichtlichen Hintergrund" von Wolffs Auffassungen informiert Arndt in vorhin genannter Einleitung. Siehe *ebd.*, S. XII ff.

befördern können"⁴. Wolffs Grundannahme ist, dass bisher noch kein vollkommener Staat mit allgemeiner Glückseligkeit bestehe – obwohl „die gantze zeitliche Glückseligkeit [...] auf einem wohleingerichteten Staate" beruhe,⁵ weil es dem größten Teil der Menschen an Verstand und Tugend fehle.⁶ Trotzdem will er in der *Deutschen Politik* zeigen „wie sich ein [solcher] Staat auf unserem Erdboden einrichten lässet"⁷. Seine streng mathematische Methode besteht darin, die Begrifflichkeiten zuerst genau zu klären um daraus Schlussfolgerungen herzuleiten – was er an vielen Stellen allerdings nicht durchhält.

2 Teil I der Politik: Von den Gesellschaften der Menschen

2.1 Wolff, China und die Gesellschaften der Menschen

Gliederung und Inhalt der *Deutschen Politik* zeigen deutlich den Einfluss von Wolffs Lektüre der *Sinensis Imperii Libri Classici Sex*⁸, der Noelschen Übersetzungen einiger klassischer chinesischer Werke ins Lateinische, die Wolff einige Jahre früher in den *Acta Eruditorum* rezensiert hatte⁹ und die die Grundlage für seine spätere *Rede über die Praktische Philosophie der Chinesen*¹⁰ sein sollte, was an dieser Stelle nur ansatzweise erwähnt werden kann. Bereits im Vorwort der *Deutschen Politik* schreibt Wolff:

> Die Sineser haben von alten Zeiten her auf die Kunst zu regieren vielen Fleiß gewendet: was ich aber in ihren Schrifften hin und wieder zur Probe zu untersuchen mich beflissen, das finde ich meinen Lehren gemäß. Derowegen da dieses Volck in der Kunst zu regieren alle übertrifft und für allen den Ruhm erhalten; so ist mir lieb, daß ich ihre Maximen aus meinen Gründen erweisen kan¹¹.

---

4 *Deutsche Politik*, Vorrede, [4] (GW I 5).
5 *Ebd.*, [11].
6 Siehe *ebd.*, [12].
7 *Ebd.*, [5].
8 François Noël, *Sinensis Imperii Libri Classici Sex, nimirum Adultorum Schola, Immutabile Medium, Liber Sententiarum, Memcius, Filius observantia, Parvolorum Schola, e Sinico idiomate in Latinum traducti*, Hildesheim 2011, (GW III 132).
9 *Sinensis Imperii Libri Classici Sex, nimirum Adultorum Schola, Immutabile Medium, Liber Sententiarum, Memcius, Filius observantia, Parvolorum Schola, e Sinico idiomate in Latinum traducti a. P. Francisco Noel, Societatis Jesu Missionario. Pragae, apud Joannem Kamenicky, 1711, 4. Alph. 3. plag. II.* (GW II 38.2.) [1711–1718], S. 624 f. Sämtliche Rezensionen in den Acta Eruditorum (1705–1731). Teil 2 [Mensis Martii A. M DCC XII, S. 123 f.], sowie GW II 38.2., [1711–1718], S. 646 f. Sämtliche Rezensionen in den Acta Eruditorum (1705–1731). Teil 2 [Mensis Maji A. M DCC XII, S. 224 f.].
10 *Oratio de Sinarum philosophia practica. Rede über die praktische Philosophie der Chinesen*, hg. von Michael Albrecht, Hamburg 1985.
11 *Deutsche Politik*, Vorrede, [12] (GW I 5). Hier legt er auch schon seinen Plan für seine Chinesenrede vor: „Vielleicht finde ich einmahl Gelegenheit die Sitten- und Staats-Lehre der Sineser in Form einer Wissenschaft zu bringen, da sich die Harmonie mit meinen Lehren deutlich zeigen wird" (*ebd.*).

Die Gesellschaft ist für Wolff „ein Vertrag einiger Personen [...] mit vereinigten Kräfften ihr Bestes worinnen zu befördern"[12]. Hieraus erklärt sich auch, dass jede Mehrheit von Personen, also jede Bindung zwischen Personen für Wolff eine Gesellschaft darstellt, deren Wohlfahrt „das höchste oder letzte Gesetze in einer Gesellschaft"[13] und Glückseligkeit zu fördern ist. „Thue, was die Wohlfahrt der Gesellschaft befördert; unterlaß, was ihr hinderlich, oder sonst nachtheilig ist"[14].

Diese Gesellschaften sind angelehnt an das Grundprinzip der *fünf Beziehungen* aus den von Wolff gelesenen konfuzianischen Schriften: „Fünf Wege gibt es auf Erden, die immer gangbar sind [...]. Sie heißen Fürst und Diener, Vater und Sohn, Gatte und Gattin, älterer und jüngerer Bruder und der Verkehr der Freunde"[15]. In der chinesischen Gesellschaft (zumindest in der in den konfuzianischen Schriften beschriebenen) gelten diese fünf Beziehungen des Menschen als Grundlage für den Staat. Nur wenn diese Beziehungen in Harmonie sind, ist der gesamte Staat in Ordnung. Wohlstand für den Staat kann es nur geben, wenn jeder Mensch seiner Stellung in der jeweiligen Beziehung gerecht wird:

Der Fürst Ging von Tsi fragte den Meister Kung nach der Regierung. Meister Kung sprach: ‚Der Fürst sei Fürst, der Diener sei Diener; der Vater sei Vater, der Sohn sei Sohn.' Der Fürst sprach: ‚Gut fürwahr! Denn wahrlich, wenn der Fürst nicht Fürst ist und der Diener nicht Diener; der Vater nicht Vater und der Sohn nicht Sohn: obwohl ich mein Einkommen habe, kann ich dessen dann genießen?[16]

In der *Deutschen Politik* werden dagegen bloß der *Ehestand* (Gatte und Gattin), die *väterliche Gesellschaft* (Vater und Sohn), und die *herrschaftliche Gesellschaft* (Fürst und Diener; gemeint ist in den konfuzianischen Schriften jedes Über- und Unterordnungsverhältnis) und das *Haus* an sich beschrieben. Auch wenn Wolff nur drei dieser fünf Beziehungen beschreibt, sind sie für ihn genauso Vorbedingung für die Glückseligkeit in einem Staat, und es ist erforderlich, dass jeder seiner gesellschaftlichen Stellung innerhalb der Beziehung gerecht wird.

---

12 *Ebd.*, § 2, S. 3.
13 *Ebd.*, § 11, S. 7.
14 *Ebd.*
15 Entspricht Noël, *Sinensis imperii, Immutabile Medium*, 80., S. 57: „Communis omnium hominum vivendi via quinque [...]. Illa quinque, sunt Princeps & Subditus, inter quos aequitas; pater & filius, inter quos amor; maritus & uxor, inter quos diversitas; frater natu major & minor, inter quos subordinatio; amicus & amicus, inter quos fides intercedit".
16 Entspricht Noël, *Sinensis imperii, Libri Sententiarum*, Articulus XII, 14.: „Regni Cy Regulus Kim kum interrogavit Confucium regendi artem. Rex, inquit, Regis; Praefectus, Praefecti; Pater, Patris; Filius, Filii partes omnes expleat; & artem regendi tenes".

2.2 Wohlfahrt und Pflichten innerhalb und außerhalb der Gesellschaft

Für Wolff ist „die gemeine Wohlfahrt [...] das höchste oder letzte Gesetz in einer Gesellschafft"[17]. Die Pflichten aus der jeweiligen Gesellschaft stehen über den Pflichten, die man gegenüber Außenstehenden hat.[18] Wolff sieht die jeweilige Gesellschaft als einzelne Person, genau wie er verschiedene Staaten, wenn sie miteinander agieren, als einzelne Personen sieht. Daraus folgt, dass die Pflichten die der Einzelne, das „Mitglied"[19], hat, den Pflichten entsprechen, die die „Person Gesellschaft" innehat. Gesellschaften, die aus einzelnen Personen bestehen, nennt er „einfache Gesellschaften", solche die aus mehreren Gesellschaften bestehen, wie zum Beispiel das Haus, nennt er „zusammengesetzte Gesellschaften"[20].

Steht die Wohlfahrt des Einzelnen im Konflikt mit der des Staates, so gehen die Gemeinwohlinteressen dem Individualwohl vor, jedoch nur soweit es notwendig ist:

> Derowegen wenn es geschehen solte, daß die besondere Wohlfahrt eines einzigen, der in der Gesellschafft lebet, mit der gemeinen Wohlfahrt nicht bestehen könnte, und dannenhero nöthig wäre, eine Ausnahme zu machen [...]; so müste die gemeine Wohlfahrt der besonderen vorgezogen, die besondere aber der gemeinen nachgesetzet werden. Man muß aber wohl darauf acht haben, daß man die gemeine Wohlfahrt nicht weiter erstrecket, als es die Absicht der Gesellschafft erfordert [...]: woran insonderheit in dem gemeinen Wesen gar viel gelegen[21].

2.3 Die einzelnen Gesellschaften der Menschen

Teil I der *Deutschen Politik* wird oft gegenüber dem zweiten Teil über das gemeine Wesen im Schrifttum vernachlässigt. Jedoch darf nicht vergessen werden, dass der zweite Teil auf dem ersten beruht, dass also das gemeine Wesen nicht ohne die Gesellschaften gedacht werden kann, aus denen es besteht. Außerdem zeigen sich gerade im ersten Teil Schwächen in Wolffs Anspruch an seine Methode „zu gründlicher Erkäntniß"[22], die Begrifflichkeiten zuerst genau zu klären um daraus logische Schlussfolgerungen herzuleiten. Das heißt, dass Fehler im Beschreiben der menschlichen Gesellschaften Grundlage werden für seine *Politik* im zweiten Teil.

Auch ergeht sich Wolff im ersten Teil in langen Ausführungen von wenig rechtshistorischem Interesse, indem er mehr Ratgeber für Eheführung und Kindererzie-

---

17 *Deutsche Politik*, § 11, S. 7 (GW I 5).
18 Siehe *ebd.*, § 13, S 8.
19 Siehe *ebd.*, § 15, S. 9.
20 *Ebd.*
21 *Ebd.*, § 12, S. 8.
22 *Ebd.*, Vorrede, [10].

hung (s. u. 2.3.1) ist als eine logische Argumentation wie sich ein guter Staat einrichten ließe.

In der Folge sollen zum besseren Verständnis des zweiten Teils die einzelnen Gesellschaften der Menschen näher beleuchtet werden.

2.3.1 Die eheliche Gesellschaft

Für Wolff besteht „dem Gesetze der Natur gemäß"[23] die eheliche Gesellschaft zwischen einem Mann und einer Frau und hat den Zweck, Kinder zu zeugen und zu erziehen. Da die Erziehung der gemeinsamen Kinder durch die Eltern alleiniger Zweck der Ehe ist, schließt Wolff, dass außereheliche Kinder nicht nur nicht recht erzogen werden können, sondern auch die übrigen Gesellschaften im Staat unter ihnen leiden würden. Nichteheliche Beziehungen, die eine Erziehung der gemeinsamen Kinder genauso gut leisten können, sieht Wolff als „eine Art des Ehestandes"[24], die zwar nach den „natürlichen Rechten in einigen Fällen"[25] erlaubt sein kann, auch wenn sie nach den bürgerlichen Gesetzen nicht erlaubt sei. Heiraten darf nur, wer sowohl Kinder zeugen als auch erziehen kann.

Lust und Sexualität, die nicht der Zeugung eines Kindes dienen (z. B. Sodomie, Homosexualität, Prostitution, Ehebruch, Geschlechtsverkehr mit einer bereits schwangeren Frau, und alles was Lust erregend sein könnte, unzüchtige Gedanken, Worte, Gebärden, auch bloßes gegenseitiges Anfassen unter Ehepartnern) sind abzulehnen. Die Ehe darf nicht aufgelöst werden; auch wenn die Kinder erwachsen seien, müssen die Eheleute zusammenbleiben. Da sie als Gesellschaft einen Vertrag darstellt, machen Täuschung oder Drohung das Eheversprechen unwirksam.

Wolff hält seinen Anspruch, die Begrifflichkeiten richtigzustellen und stringent daraus seine Thesen herzuleiten, nicht durch. Oft definiert er zwar den Begriff, aber die Schlussfolgerungen werden aus Gründen der Sitte, Ehre oder gar ohne jegliche Begründung dann abgeändert, wenn sie seinem Weltbild widersprechen. Zum Beispiel ist der Gesellschaftszweck der Ehe die Aufziehung der Kinder und könnte nach Wolffs Logik dann mit deren Selbstständigkeit aufgelöst werden. Ein Mann darf nicht mehrere Frauen haben, auch wenn er gleichermaßen alle Kinder erziehen könnte, weil ungewiss sei, wie viele Kinder man mit einer Frau kriege und wie sich das eigene Vermögen entwickele – es sei sicherer, nur eine Frau zu haben, und überhaupt sei es beschwerlich, viele Kinder zu haben. Mit der Argumentation sollte aber Wolff höchstens begründen können, dass ein Mann nur eine gewisse Höchstanzahl von Kindern zeugen dürfte. Zwar sollen beide Eheleute so viel wie möglich erwerben, je-

---

23 *Ebd.*, § 20, S. 13.
24 *Ebd.*, § 21, S. 14.
25 *Ebd.*

doch solle der Mann mehr erwerben, da die Frau mit der Kinderaufzucht beschäftigt sei – den Fall der Kinderlosigkeit erwähnt er nicht – und es der Sitte entspreche. Um die höchstmögliche Wohlfahrt zu erreichen – was Wolffs höchste Maxime ist – solle derjenige, der „in einer Sache mehr Verstand hat, als der andere, […] sagen, was zu thun ist, und der andere ist verbunden zu gehorsamen"[26]. In der Ehe gebührt zwar „dem Manne die Herrschafft […], jedoch [ist] dieselbe dergestalt eingeschrencket […], daß er das Weib sonderlich in solchen Sachen, die sie besser als er verstehet, mit zu Rathe ziehen soll. Und hat demnach das Weib dem Manne, so lange er nichts unbilliges befiehlet, zu gehorchen"[27]. Jedoch weil „der Mann in den meisten Fällen die Sache am besten verstehen soll"[28] – ohne Begründung warum – soll er sagen, was zu tun ist; es „sei klar", dass der Mann die Herrschaft hat – zunächst ohne Begründung. Eine solche reicht Wolff dennoch nach: „Ein verständiges Weib wird dem Manne auch gerne die Herrschafft überlassen", da sie sich für einen unverständigen Mann schämen müsse und um seine „Ehre zu retten, und seine Gunst zu erhalten", weshalb sie ihm das Gefühl geben solle, es ginge nach seinem Willen auch *wenn* „er in der That ihr folget"[29]. Wolff verliert sich in Ausführungen, die einem schlechten Beziehungsratgeber mehr ähneln als einer stringenten Gedankenführung wie denn ein glückseliger Staat erreicht werden könnte, also „ein Zustand einer dauerhafften Freude"[30].

Bedingung einer glückseligen Ehe ist zum einen die Liebe als innerer Faktor als auch die finanzielle Absicherung als äußerer Faktor[31] – beides sei gleichermaßen notwendig. Auch eine unglückselige Ehe solle jedoch – ohne Begründung – lebenslang bestehen, „so hat man das Heyrathen für das allergefährlichste anzusehen, was man in seinem gantzen Leben zu wagen hat"[32].

2.3.2 Die väterliche Gesellschaft

„Die Väterliche Gesellschafft [ist] eine Gesellschafft zwischen Eltern und Kindern, um ihrer Aufziehung willen"[33]. Die Auferziehung muss durch die Eltern geschehen, da „nun aber kein Grund vorhanden"[34], warum andere dies tun sollten.

Dazu gehört zum einen das Versorgen, also die Mittel um den inneren und äußeren Zustand der Kinder vollkommen zu machen (Nahrung, Kleidung) und das Re-

---

26 *Ebd.*, § 57, S. 43.
27 *Ebd.*, § 58, S. 43.
28 *Ebd.*
29 *Ebd.*, § 59, S. 43 f.
30 *Ebd.*, § 63, S. 49.
31 Siehe *ebd.*, § 67, S. 50 f.
32 *Ebd.*, § 70, S. 53.
33 *Ebd.*, § 80, S. 57.
34 *Ebd.*, § 81, S. 58.

gieren, die Steuerung ihrer Handlungen. Im Wesentlichen gibt Wolff in der Folge Ratschläge zur Kindererziehung, die er oft nur mit „Erfahrung, oder Vernunfft"[35] begründet. Wolff fordert jedoch eine Erziehung, die zum kritischen Gebrauch des eigenen Verstandes befähigt:

> Jedoch damit [sc. die Kinder nicht durch bloßes Auswendiglernen] in das Vorurtheil verleitet werden, als wenn man etwas andern zu Gefallen glauben müste: so hat man sie bey Zeiten dazu zu gewöhnen, daß sie überall fragen, warum dieses ist und warum sie dieses oder jenes thun sollen. [...] [Sie] erkennen auch, es sey etwas nicht deswegen wahr, weil es der andere saget. Und dadurch gewohnet man, nichts von anderen bloß deswegen anzunehmen, weil sie es sagen"[36].

Die Erziehung solle sich nach den Neigungen des Kindes richten. Geleitet werden sollen sie durch gutes Vorbild und Fernhalten von schädlichen Einflüssen.[37] Er fordert mehr Forschung auf dem Gebiet der Kindererziehung, da „man bisher in diesem Stücke der Kinderzucht sich nach keinen Regeln richtet, so ist es ein blosses Glück [...], wenn man es trifft"[38]. Bemerkenswert ist, dass Wolff in diesem Kapitel nicht zwischen der Aufziehung der Söhne und Töchter differenziert – aber auch damit folgt er nicht seiner Ansicht von den unterschiedlichen gesellschaftlichen Rollen, die sich doch auch in der Erziehung widerspiegeln müssten.

2.3.3 Die herrschaftliche Gesellschaft (und die Sklaverei)

Mit der herrschaftlichen Gesellschaft ist die Beziehung zwischen Herrschaft und Gesinde gemeint, also nicht jede Beziehung zwischen Arbeitnehmer und Arbeitgeber, sondern spezifisch derjenigen, die in einem Haushalt/Hof dienen:

> Da ein Mensch, der sich nicht selbst erhalten kan, durch Arbeit seinen Unterhalt suchen soll [...]; so kan er sich auch gegen einen gewissen Lohn, der ihm zu seinem Unterhalt zureichend ist, andern zu gewissen Verrichtungen verdingen. Wenn nun aus dieser Absicht Menschen bey andern auf eine gewisse Zeit leben, so machen sie mit ihnen eine Gesellschafft aus, [...] welche man die Herrschafftliche zu nennen pfleget[39].

An dieser Stelle der Dienstbeziehungen aus Vertrag fügt Wolff plötzlich einen Abschnitt zur Sklaverei ein: Auch Sklaven sollen genauso gut wie Gesinde behandelt

---

35 *Ebd.*, § 86, S. 62.
36 *Ebd.*, § 92, S. 69.
37 Vgl *Ebd.*, § 101 f., S. 75 ff.
38 *Ebd.*, § 105, S. 80 f.
39 *Ebd.*, § 162, S. 116 f.

werden. Zur Rechtmäßigkeit der Haltung von Sklaven führt er aus, Grundsatz sei, dass „ein jeder Mensch zu der Glückseeligkeit des andern so viel beytragen soll, als ihm möglich ist". Daraus folge, dass „man einen Menschen, der in der Freyheit sein Glück besser finden kan, nicht zum Sclaven machen soll"[40]. Es gebe aber auch Menschen, die ohne feste Führung in die Kriminalität abrutschten oder die für ein Leben in Freiheit nicht geeignet seien, so dass hier die Sklaverei ein Mittel sei, um die Glückseligkeit des anderen zu befördern. Insgesamt hält Wolff sich in diesem Kapitel kurz und erwähnt nur die gegenseitigen Pflichten zwischen Herrschaft und Gesinde (letzteres soll fleißig und willig sein und auf die Erhaltung seiner Arbeitskraft achten, und erstere soll für Unterhalt sorgen).

2.3.4 Das Haus

Im letzten Kapitel des ersten Teils der *Deutschen Politik* geht Wolff auf das Haus ein, also „eine Gesellschaft, die auf verschiedene Weise aus den vorhergehenden einfachen zusammen gesetzet wird"[41]. Sie kann bestehen aus Eheleuten, Kindern und Gesinde. Ziel dieser Gesellschaft ist, dass „keine von den einfachen Gesellschafften die Absicht der anderen sthöre, sondern vielmehr eine jede das ihre mit dazu beyträget, daß die andere ihre Absicht desto bequemer erreichen kan"[42]. Der Hausvater habe die Herrschaft über alle Hausgenossen, wobei die Hausmutter gegenüber den Kindern und dem Gesinde weisungsberechtigt sei, soweit dies nicht dem Willen des Hausvaters widerspreche. Kinder sollen vom Gesinde und dessen schlechten Einfluss ferngehalten werden.

3 Teil II der *Politik:* Von dem gemeinen Wesen

Ein Haus kann nicht für alle Bedürfnisse seiner Bewohner sorgen, hierzu benötigt es eine Gesellschaft, bestehend aus vielen Häusern. Außerdem braucht es eine Vielzahl von Häusern, um sich gegenseitig zu schützen,

> so ist nöthig, daß so viele sich zusammen begeben und mit vereinigten Kräfften ihr Bestes befördern, biß sie in dem Stande sind sich alle Bequemlichkeiten des Lebens zu verschaffen, der natürlichen Verbindlichkeit gemäß von einer Vollkommenheit zu der andern ungehindert fortzuschreiten und sich wieder alle Beleidigungen sattsam zu vertheidigen. Wenn dieses geschiehet, so begeben sie sich in eine Gesellschaft […], und der ungehinder-

---

40 *Ebd.*, § 187, S. 133.
41 *Ebd.*, § 192, S. 135.
42 *Ebd.*, § 193, S. 136.

te Fortgang in Beförderung des gemeinen Bestens, das sie durch vereinigte Kräffte erhalten können, ist die Wohlfahrt dieser Gesellschafft […]"⁴³,

nämlich das gemeine Wesen. Ziel des Zusammenschlusses mehrerer Häuser ist also zum einen die gemeine Wohlfahrt und zum anderen die „Erhaltung der Sicherheit"⁴⁴. Oberstes Gesetz ist daher für Wolff: „Thue, was die gemeine Wohlfahrt befördert und die gemeine Sicherheit erhält. Hingegen unterlaß, was die gemeine Wohlfahrt hindert und der gemeinen Sicherheit zuwider ist […]".⁴⁵ Jede Handlung des Einzelnen soll an diesem Gemeinwohlziel ausgerichtet sein, da auch, wenn eine Handlung für das Individuum keine negativen Konsequenzen hat, dies auf gesamtgesellschaftlicher Ebene schädlich sein könnte. Jeder solle also so handeln, dass seine Handlung Maßstab für die Handlungen einer ganzen Gesellschaft sein könnten.

3.1 Exkurs: Arbeit, Luxus und Konsum

An diesem Punkt seiner Argumentation entwickelt Wolff einen nicht uninteressanten Gedanken: Es sei nicht erstrebenswert, nur das Nötigste zu haben, also jeden Überfluss zu vermeiden, denn wenn alle Menschen so einfach lebten, gäbe es nicht genug Arbeit für alle und kaum einer könnte für seinen Unterhalt sorgen: „Und eben daher ist es geschehen, daß, da die Menschen sich gemehret haben, und ein jeder hat gerne seinen Unterhalt haben wollen, sie auf allerhand Arbeit gefallen, von der man Anfangs nichts gewust"⁴⁶. Wolff zeigt hier also auf, dass eine „Konsumgesellschaft" wichtig sei, weil sie für Arbeitsplätze sorgt – und auch, dass es gerade gut sei, auch Überflüssiges zu kaufen im Gegensatz zum bloßen Spenden von Geld, da nur durch Arbeit die Ärmeren vom Müßiggang und damit Lastern abgehalten werden können⁴⁷. „Einige Menschen in der Welt [müssen] in Nahrung, Kleidung, Wohnung und andern Bequemlichkeiten des Lebens weiter gehen […], als es die Nothdurfft des Lebens erfordert, damit viele andere auf eine bequeme Art finden mögen, was sie zur Nothdurfft brauchen."⁴⁸ Außerdem dürfe man dem Menschen keine Bequemlichkeit und kein Vergnügen missgönnen, solange es nicht schadet.⁴⁹

Und da kein Mensch dem andern Unterhalt geben darff, der arbeiten kan und so viel zu arbeiten Gelegenheit findet, daß er dadurch seinem Leibe nöthigen Unterhalt zu ver-

---

43 *Ebd.*, § 213, S. 162.
44 *Ebd.*, § 214, S. 162.
45 *Ebd.*, § 215, S. 163.
46 *Ebd.*, § 261, S. 158.
47 Siehe auch den Beitrag von Birger Priddat/Christoph Meineke.
48 *Deutsche Politik.*, S. 159 (GW I 5).
49 Siehe *ebd.*, S. 160.

schaffen vermögend ist, [...] über dieses auch ein jeder Mensch so viel arbeiten soll, als ohne Abbruch seiner Gesundheit und der Kräffte seines Leibes, auch der zuläßigen Ergötzlichkeit seines Gemüthes geschehen kan [...]; so hat man absonderlich darauf bedacht zu seyn, wie man einem jeden so viel Arbeit verschaffe, als er ertragen kan, auch den Lohn der Arbeit dergestalt setze, daß man dabey sein nöthiges Auskommen finden könne[50].

Jedoch spricht sich Wolff für eine Regulierung der Arbeit aus: Wenn „in einem Handwercke, der Leute zuviel werden; so hat man auch die Anzahl in einem jeden Stande nach Erforderung der Umstände zu determiniren"[51].

3.2 Wohlfahrt und Pflichten innerhalb und außerhalb der Gesellschaft

Auch im Gemeinwesen muss niemand Außenstehenden helfen, wenn dies dem Gemeinwohl schadet.[52] Mehrere Gemeinweisen verhalten sich wie einzelne Personen zueinander.[53] Jedoch erwähnt Wolff nicht, wie groß das gemeine Wesen sein soll, also wie viele Häuser sich zusammenschließen sollen: „[N]icht zu viel und auch nicht zu wenig"[54] – denn wenn größtmögliche Versorgung und Sicherheit Ziel sind – besteht eigentlich kein Grund, deren Größe überhaupt zu begrenzen, solange alle „im Lande ihren nöthigen Unterhalt finden können"[55]. Am sichersten wäre doch ein Zusammenschluss aller Häuser weltweit – den Gedanken erwähnt Wolff nicht, genauso wenig wie er die bestehenden Staaten erwähnt. Deshalb liest sich seine Argumentation eher wie eine Rechtfertigung des *status quo*. Er setzt einfach voraus, dass es andere Staaten geben muss, genauso wie Feinde. Dabei sagt er selbst zur Vollkommenheit des gemeinen Wesens, dass Vollkommenheit zwar nicht praktisch, aber doch theoretisch möglich sei. Vollkommenheit ist also das Ideal. Bedingung für die bestmögliche Einrichtung des gemeinen Wesens ist die „genaue Erkäntniß von dem Rechte der Natur und den Tugenden und Lastern [...], wie weit sie nehmlich in der Menschen Gewalt sind"[56], also der Sittenlehre. Die Politik soll also Naturrecht und Sittenlehre entsprechen.

---

50 *Ebd.*, § 280, S. 213.
51 *Ebd.*, § 282, S. 214.
52 Siehe *ebd.*, § 219, S. 164.
53 Siehe *ebd.*, § 220, S. 165.
54 *Ebd.*, § 274, S. 209.
55 *Ebd.*
56 *Ebd.*, § 228, S. 172.

3.3 Über- und Unterordnung sowie Regierungsformen

Wolff unterteilt die Menschen in Personen, die das Naturrecht und die Sittenlehre einhalten und „Wiederspenstige"[57], die das nicht können. Erstere sollen die Obrigkeit („Personen, denen die Sorge für die gemeine Wohlfahrt und Sicherheit im gemeinen Wesen oblieget"[58]) sein, letztere Untertanen („Personen, welche sich verbindlich gemacht, den Willen der Obrigkeit ihren Willen seyn zu lassen"[59]). Zwischen beiden besteht ein Vertrag – dieser sei rechtmäßig, weil er dem Naturrecht entspreche.

Aus den verschiedenen Ausgestaltungsmöglichkeiten der Obrigkeit entwickelt Wolff die drei „gute[n]"[60] Regierungsformen Monarchie, Aristokratie und „*Politie*" (Republik) und die drei schlechten Tyrannei, Oligarchie und Demokratie – Wolff bleibt hier also bei der aristotelischen Einteilung, ohne sie weiter zu begründen oder zu hinterfragen. Auch können die Regierungsformen gemischt werden. Die Obrigkeit solle sich die Untertanen als gut vorstellen und sie lieben, um ihre Glückseligkeit zu befördern. Er setzt voraus, dass „der gemeine Mann weder Verstand genung hat zu urteilen, was dienlich oder schädlich ist, weil er nicht weit genung hinaus siehet, noch auch in der Tugend und Liebe gegen andere so fest gesetzt ist, dass er seinen vermeinten besonderen Nutzen in sich ereignenden Fällen dem gemeinen Besten nachsetzet"[61], weshalb keine Demokratie möglich sei. Dies gilt natürlich nicht für Gelehrte, siehe 3.4.

Er spricht damit dem einfachen Menschen Tugend und Vernunft ab. Tugend und Vernunft sind nur Eigenschaften der regierenden Menschen (und der Gelehrten, s. u.). Ob jeder, der regiert, diese Tugend einfach hat, oder ob sie Voraussetzung für die Erlangung der Regierungsgewalt ist, lässt Wolff offen.

Wolff bevorzugt (zumindest indirekt[62]) die Monarchie, da diese am effektivsten sei, denn es sei am leichtesten hier einen Beschluss zu fassen und auch Regierungsangelegenheiten geheim zu halten. Aristokratie, und in erhöhtem Maße Republik verlangen immer eine Willensbildung, die dauert. Wolff erkennt aber auch an, dass dadurch die Gefahr einer Monarchie zur Tyrannei zu werden, steigt. Jedoch können „Unverstand und Hartnäckigkeit eben so grossen Schaden anrichten, als Mißbrauch der Macht in andern Regierungs-Formen"[63]. Monarchien seien mangels gemeinsamer Willensbildung sowohl nach innen als auch nach außen stabiler, weil sie effektiver auf feindliche Bedrohungen reagieren können.

---

57 *Ebd.*, § 229, S. 173.
58 *Ebd.*
59 *Ebd.*, S. 173 f.
60 *Ebd.*, § 237, S. 177.
61 *Ebd.*, § 253, S. 191.
62 Siehe Hasso Hofmann, *Christian Wolffs Deutsche Politik*, in: *Christian Wolff und die europäische Aufklärung*, hg. von Jürgen Stolzenberg und Oliver-Pierre Rudolph, Hildesheim 2007, Bd. 1 S. 205–221, hier: S. 208. (GW III 101).
63 *Deutsche Politik*, § 263, S. 198 (GW I 5).

„Regierende Personen verhalten sich zu Unterthanen wie Väter zu den Kindern"[64], also besteht die „väterliche Gesellschafft" im gemeinen Wesen zwischen Untertan und Obrigkeit, genauso wie auch die „häusliche Gesellschaft", wobei hier die Regierenden die Rolle des Hausvaters übernehmen.

Er lehnt die Republik auch deshalb ab, weil diese am wenigsten mit den Gesellschaften des ersten Teils vereinbar sei:

> Da in einer Politie alle herrschen, und also ohne aller ihre Bewilligung nichts beschlossen, vielweniger bewerckstelliget werden kan [...]; hingegen weder ein Vater mit seinen Kindern [...], noch ein Haus-Vater mit dem Hausgenossen sich berathschlaget [...], was zu thun und zu lassen ist, vielweniger zu Bewerckstelligung seiner Anstalten erst ihre Einwilligung begehren darf; so hat auch die Monarchie und Aristocratie mehr Aehnlichkeit mit der väterlichen Gesellschafft und dem Hause, als die Politie [...]. Und demnach lässet sich nicht alles auf die Politie ziehen, was sich auf die Monarchie und Aristocratie deuten lässet[65].

Und hieran zeigt sich deutlich, warum unbedingt auch der erste Teil der *Deutschen Politik* gründlicher analysiert werden muss: weist man hierbei logische Fehler nach, fällt Wolffs ganzes Gedankengebäude zur besten Regierungsform zusammen. Und er widerspricht sich: Wolff begründet nicht, warum gegenseitiges Beratschlagen in den Gesellschaften der Menschen gemeinwohlhindernd ist, vielmehr sagt er oben gerade, dass „zwar dem dem Manne die Herrschaft gebühret, jedoch dieselbe dergestalt eingeschrencket ist, daß er das Weib sonderlich in solchen Sachen, die sie besser als er verstehet, mit zu Rathe ziehen soll"[66] – auch wenn er diesen Grundsatz in der Folge ohne Begründung einschränkt – und zur Kindererziehung (s. o.).

Während Wolff oben also behauptet, dass Diskussion und Kritik notwendig für die Entwicklung der Vernunft sind – auch wenn der Hausherr bzw. Ehemann die (unbegründete) Letztentscheidungskompetenz hat –, widerspricht er dem hier bei der Republik. Vielmehr hätte seine Schlussfolgerung lauten müssen, dass vernünftige Beratschlagung und kritische Diskussion Wesen der Gesellschaften der Menschen ist und daher auch die Republik den menschlichen Gesellschaften am ehesten entspräche.

---

64 *Ebd.*, § 264, S. 200. „Derowegen ist klar, daß Obrigkeiten oder regierenden Personen eben das in Ansehung ihrer Unterthanen oblieget, was Vätern in Ansehung ihrer Kinder: und sowohl Unterthanen, als Kinder zum Gehorsam bereit und willig seyn sollen. Und dannenhero werden auch regierende Personen mit Recht Landes-Väter und Väter des Vaterlandes genennet" (*ebd.*, S. 201).
65 *Ebd.*, § 268, S. 203.
66 *Ebd.*, § 58, S. 43.

3.4 Bildung

Es soll Schulen und Forschungsakademien für höhere Bildung geben.

> Man hat in Einrichtung des gemeinen Wesens darauf zu sehen, dass diejenigen, so willig sind der natürlichen Verbindlichkeit ein Gnügen zu thun, nicht allein von andern nicht gehindert, sondern vielmehr gefördert werden, und dazu alle Gelegenheit und allen Vorschub finden; hingegen die andern, welche die natürliche Verbindlichkeit aus den Augen setzen, dazu angehalten werden, daß sie wenigstens die äusserlichen Handlungen vollziehen, die das Gesetze der Natur erfordert, und diejenigen unterlassen, welche ihm zuwieder sind[67].

Im Wesentlichen besteht dieser Abschnitt jedoch aus einem Bericht über die Anstrengungen der Lehre und die schlechte Bezahlung der Professoren, Stipendien für begabte Studierende und das ausschweifende Leben der Studenten.

3.5 Wolffs Ansichten zum Strafrecht

Strafen bestehen, „damit man Beleidigungen und Schaden abwenden mag"[68]. Wolffs Ansichten zum Strafrecht sind aus heutiger Sicht streng: Wenn Diebstahl trotz Todesstrafe nicht eingedämmt werden könne, also „[w]enn die Diebe sich nicht mehr vor dem Strange fürchten, wäre es nicht unrecht, wenn man sie mit dem Rade verfolgete"[69].

Wer von Natur aus schon ein Verbrecher bzw. eine strafgeneigte Person ist, soll noch härter bestraft werden. Bestraft wird hier nicht die Tat, sondern der Täter.

> Wiederum, wer sich in seiner gantzen Lebens-Art liederlich aufgeführt, der kan leichter Unglück anrichten als ein anderer der sich wohl aufführt, und ist daher ein sehr gefährlicher Mensch. Da man nun im gemeinen Wesen alle Ubelthaten, so viel möglich, verhüten soll [...]: so muß man auch mit davor sorgen, daß gefährliche Leute sich für dergleichen in acht nehmen. Derowegen weil sie einen Denckzettel bekommen, wenn ihre Verbrechen härter angesehen werden; so hat man dieses zu thun genungsamen Grund[70].

---

67 *Ebd.*, § 207 f., S. 208.
68 *Ebd.*, § 343, S. 288.
69 *Ebd.*, § 344, S. 290.
70 *Ebd.*, § 348, S. 294 f.

Strafzweck sei nicht Vergeltung, sondern allein die Generalprävention:

> Weil die Straffen auch, wo es die Noth erfordert, am Leben der Verbrecher vollzogen werden, damit jedermann den Ernst der Obrigkeit siehet, und dadurch eine Furcht erwecket wird [...]; so geschehen sie nicht allein zur Besserung derer, die sie ausstehen, daß sie sich künfftig nicht mehr auf dergleichen Unthaten, als sie ausgeübet, betreten lassen, sondern hauptsächlich, ja die Lebens-Straffen einig und allein, zum Exempel anderer, daß sie sich daran spiegeln. Und hierinnen sind sie von den väterlichen Züchtigungen unterschieden, die hauptsächlich auf die Besserung der Kinder gehen[71].

Zur Aufklärung eines Verbrechens befürwortet Wolff die Folter

> Weil man nun in solchen Fällen, wo auf das Verbrechen eine Lebens-Straffe gesetzet ist, nichts finden kan, wodurch man ihm weh thäte (indem der Mensch alles für sein Leben giebet und waget) als sehr empfindliche Schmerzen an seinem Leibe; so kan man ihn mit Marter bedrohen, ihm auch würcklich dergleichen anthun, wodurch ein unendlicher Schmertz erreget wird, wenn er hartnäckig zu leugnen fortfähret, worinnen doch ein sehr grosser Verdacht wieder ihn ist [...]. Und demnach ist klar, daß man sich der peinlichen Frage gebrauchen kan, wenn es die gemeine Wohlfahrt und Sicherheit unumgänglich erfordert ein Verbrechen zu straffen, und den Thäter heraus zu bringen, kein anderes Mittel vorhanden ist, jedoch bereits sehr grosser Verdacht wieder ihn vorhanden[72].

Dies sei z. B. schon beim Straßenraub der Fall, weil damit die Sicherheit der Reisenden gefährdet würde. Wolff „weiß wohl, daß einige die peinliche Frage überhaupt verwerffen wollen"[73], jedoch sieht er sie trotzdem als notwendig an, wenn die obigen Bedingungen erfüllt sind, denn hierbei habe er „als ein Weltweiser ihre Richtigkeit erwiesen"[74].

3.6 Religion und Atheismus

Die Notwendigkeit der Religion erklärt Wolff mit der Angst vor Strafe nach dem Tod die notwendig sei, damit sich alle Menschen gut verhalten. Deswegen solle Gottesfurcht gelehrt werden; Atheismus sei nicht zu dulden, da dieser das Gemeinwohl gefährde.

---

71 *Ebd.*, § 346, S. 292 f.
72 *Ebd.*, § 365, S. 320 f.
73 *Ebd.*, S. 322.
74 *Ebd.*

> Weil ein Atheist leugnet, daß ein Gott sey; so hält er auch die Religion für nichts [...]. Da man nun aber über der Religion mit allem Ernste halten soll [...]; so kan man auch die Atheisten, die sich bloß geben, im gemeinen Wesen nicht dulden. Auch wenn durch grossen Verdacht wieder einen wegen der Atheisterey viele zu Verachtung der Religion Anlaß nehmen; hat man darauf zu sehen, wie dieser Verdacht gehoben wird. Und deswegen darff man nicht dulden, daß öffentliche Lehrer, welche die Religion in ihrem Welthe [sic!] erhalten sollen, auf Leute, welche wegen ihres Verstandes in Ansehen sind, den Verdacht der Atheisterey bringen, weil sie dadurch eben so viel Unheil anrichten als durch die Atheisterey selbst. ( ) Man hat demnach sowohl diejenigen zu bestraffen, welche wegen ihres Verstandes berühmte Männer in Verdacht der Atheisterey bringen; als die welche die Atheistische Lehren unter die Leute bringen [...][75].

Wolff räumt jedoch ein, dass auch atheistische Völker gut leben können, wenn sie Gut und Böse unterscheiden können – der Atheist selbst sei nicht böse, solange er vernünftig ist, aber er könnte andere Menschen, die unvernünftig sind, zum Atheismus verführen und sei damit gemeinwohlschädlich.[76] Als gutes Beispiel für ein nichtchristliches Volk nennt er die Hottentotten, die tugendhaft und bescheiden seien.[77]

3.7 Von den bürgerlichen Gesetzen

Bürgerliche Gesetze sind notwendig: „Unterweilen geschiehet es, daß das Gesetze der Natur sich nicht genau beobachten lässet, weil es dadurch zu vielem Streite und Uneinigkeit würde Anlaß geben, nachdem man im gemeinen Wesen verbunden ist, einem jeden, dem Unrecht geschiehet, Recht zu verschaffen"[78]. Jedoch gilt: „Da das Gesetze der Natur unveränderlich ist [...] und wir verbunden sind darüber zu halten; [...] so soll man auch niemanden im gemeinen Wesen dazu verbinden, was dem Gesetze der Natur zuwider ist"[79]. Rechtsfortbildung sieht für Wolff so aus: Ausnahmen von den Gesetzen solle es nicht geben, da dies ausgenutzt werden könnte. Da es jedoch den „Gesetzgebern wohl gar unmöglich [sei], daß sie alle Fälle vorher sehen können"[80] soll gelten

---

75 *Ebd.*, § 368, S. 327 f. Hierbei ist anzumerken, dass diese „Verteidigung" gegen Atheismusvorwürfe erst in der zweiten Auflage – also nach Wolffs umstrittener Chinesenrede, im Zuge derer er dem Atheismusvorwurf ausgesetzt wurde – ingefügt worden ist.
76 Siehe *ebd.*, § 369, S. 329.
77 Diese Gedanken über nichtchristliche Völker mit funktionierendem Gemeinwohl führt Wolff erst im folgenden Jahr in seiner Rede von der Praktischen Philosophie der Chinesen genauer aus. In der *Deutschen Politik* nennt er die Chinesen noch nicht als Beispiel für ein funktionierendes nichtchristliches Gemeinwohl.
78 *Deutsche Politik*, § 401, S. 416 (GW I 5).
79 *Ebd.*, § 402, S. 418.
80 *Ebd.*, § 412, S. 427.

Derowegen, wenn sich ein solcher Fall ereignete, so solte Leuten, die im Nachdencken geübet und in Rechts-Gründen erfahren sind, dergleichen man bey der Academie der Wissenschafften haben soll [...], die Entscheidung desselben zu untersuchen aufgegeben werden. Wenn man nun heraus gebracht hätte, was in diesem Falle der Billigkeit gemäß ist, solte man dieses an den Landes-Herrn berichten, damit die Entscheidung von ihm confirmiret würde. Wäre nun dieses geschehen, so würde sie nachmals mit den Umständen des dazu gehörigen Falles, in das Gesetz-Buch eingetragen, damit man künfftig, wenn er wieder vorkommet, sich darnach richten soll. Auf solche Weise würden die Gesetze nach und nach immer besser erläutert werden [...][81].

Gesetze sollen die gemeine Wohlfahrt und Sicherheit erhalten und sich anpassen, wenn sich die Umstände ändern. Eine Rezeption fremden Rechts erfordert daher, dass man sich das gemeine Wesen des Ursprungsorts anschaut. Wolff mäandert hier zwischen den verschiedenen Rechtsgebieten, er diskutiert das Vertragsrecht, aber auch das Recht der Bürgschaften und das Erbrecht, doch einen gründlichen Aufriss des bürgerlichen Rechts bietet er nicht.

3.8 Von der Macht, Gewalt und Regierung der Obrigkeit

Da die gemeine Wohlfahrt der besonderen vorzuziehen ist, müssen die Untertanen der Obrigkeit gehorchen, da sie „nicht immer in dem Stande sind zu urtheilen, was zum gemeinen Besten gereicht, weil sie von der Beschaffenheit des gantzen gemeinen Wesens und seinem wahren Stande nicht gnungsame Erkäntniß haben"[82]. Die Grenze der Befehlsgewalt der Obrigkeit liegt jedoch im naturrechtlich Erlaubten – hier hat der Untertan ein Recht zum Ungehorsam, aber nur in engen Grenzen, nämlich dann, wenn das Gehorchen zu mehr Unheil führen würde als das Verweigern des Gehorsams. Die Gewalt der Obrigkeit kann je nach Regierungs(misch)form beschränkt sein. Diese Beschränkung wird in einem Grundgesetz oder Fundamentalgesetz festgehalten. Gebunden wird die Obrigkeit an das Grundgesetz durch Eid bei Regierungsantritt.[83]

Souveränität definiert Wolff als eine „ganz uneingeschränckte Gewalt" und wer sie innehat sei „ein Herr, über den niemand als GOTT zu gebieten hat"[84], also für Wolff der Monarch in der Monarchie. Eingeschränkt wird diese höchste Gewalt von der Natur, also von Gott: „Ihr Wille ist nicht die Regel ihrer Handlungen, sondern er hat eine Regel, darnach er determiniret werden muß, wenn es recht hergehen soll [...]".[85]

---

81 *Ebd.*, S. 428.
82 *Ebd.*, § 433, S. 460 (GW I 5).
83 Vgl. *ebd.*, § 433, S. 467 (GW I 5).
84 *Ebd.*, § 441, S. 473 (GW I 5).
85 *Ebd.*, S. 474 (GW I 5).

In den Grenzen der Wohlfahrt und Sicherheit hat die Obrigkeit damit Gewalt über Leben und Tod der Untertanen,[86] auszuüben durch das Strafrecht.

4 Die Bedeutung der *Deutschen Politik*

Wenn Hofmann sagt, dass die *Deutsche Politik* hinsichtlich ideengeschichtlicher, politischer und staatstheoretischer Fragen vor allem in Bezug auf die Freiheit des Einzelnen „nicht sehr viel"[87] bietet, hat er Recht. Wie oben dargelegt, wird in weiten Teilen des Werkes nur der *status quo* beschrieben und gerechtfertigt. Außerdem sind Wolffs Ansichten zum Strafrecht, zur Sklaverei und zu den Menschen generell nicht nur unerträglich (oder „ziemlich abstoßend"[88]), sondern auch noch oft schlecht begründet. Die Regierungsformen übernimmt er von Aristoteles, ohne einen neuen Gedanken hinzuzufügen, und handelt sie kurz ab, obwohl zu erwarten wäre, dass er gerade hierauf besondere Sorgfalt aufwendet, um seine Theorie zur Glückseligkeit des gemeinen Wesens „gründlich und ausführlich zu zeigen"[89]. Das letzte Kapitel über die Kriegsführung ist kurz und das Buch bricht recht plötzlich ab. Kurzum, Wolff tritt zwar in seiner *Deutschen Politik* an zu zeigen, wie man einen glückseligen Staat zu ordnen hätte, verliert sich aber in weitschweifigen Ratschlägen zur Sexualität, Kindererziehung, der Besoldung der Professoren und des ausschweifenden Studentenlebens, ohne die wichtigen Fragen im Staat, wie die Wahl der Regierungsform, gründlich zu analysieren. Er verwendet mehr Platz auf Ausführungen zur englischen Kaffeehauskultur und zum Ofenbau als auf die Diskussion der Republik.[90]

Das Bedeutende an Wolffs *Deutscher Politik* ist jedoch ihre große Verbreitung. Nicht nur ist sie – aus heutiger Sicht fast popularwissenschaftlich – leicht verständlich, sondern auch in deutscher Sprache[91] geschrieben. Sie wurde Teil der Allgemeinbildung und eines aufkommenden Nationalbewusstseins,[92] „so trägt dieses bedeutende Zeugnis politischen Denkens und des Staatsverständnisses der deutschen Aufklärung vor Kant zu der allgemeinen politischen Theorie- und Ideengeschichte

---

86 Vgl. *ebd* (GW I 5).
87 Hasso Hofmann, *Einleitung*, in: *Deutsche Politik*, a. a. O., S. 23.
88 *Ebd.*, S. 17.
89 *Deutsche Politik*, Vorrede, S. [4] (GW I 5).
90 Vgl. z. B. *ebd.*, § 379, S. 349.
91 *Ausführliche Nachricht*, § 15, S. 25 f. (GW I 9): „ Am allerwenigsten aber halte ich wohl gethan zu seyn, wenn man einige gar entweder versäumen, oder von der Erlernung der Wissenschaften wegtreiben wollte, weil sie das Unglück gehabt in ihren Schul-Jahren in der Latinität versäumet zu werden. Hierzu kam noch dieses, daß mir bekandt war, wie sich aus deutschen Schrifften auch andere erbauen, welche nicht studiret haben, und es öffters in Wissenschaften andern zuvorthun, die studiret haben."
92 Siehe Hasso Hofmann, *Einleitung*, in: *Christian Wolff. Vernünftige Gedanken von dem gesellschaftlichen Leben der Menschen und insonderheit dem gemeinen Wesen. Deutsche Politik*, a. a. O., S. 38.

vergleichsweise wenig bei, ist aber andererseits ein wichtiges Stück deutscher Sozial-, Bildungs- und Mentalitätsgeschichte".[93]

Und vielleicht sollte die *Deutsche Politik* auch so verstanden werden – im Kontext der anderen „vernünfftigen Gedancken" als eine Ideensammlung, wie man das gemeine Wohl auf Basis von Wolffs Pflichtenlehre etwas glückseliger machen könnte und nicht als großer gesellschafts- und staatstheoretischer Aufriss, der völlig logisch aufgebaut ist. Eine genauere Analyse seiner Pflichtentheorie folgt später im 8. Band über das Naturrecht – und dort argumentiert er viel tiefgehender.

5 Literaturverzeichnis

Albrecht, Michael (Hg.) (1985): *Oratio de Sinarum philosophia practica. Rede über die praktische Philosophie der Chinesen,* Hamburg.

Albrecht Michael (2014): *Christian Wolff,* in: *Grundriss der Geschichte der Philosophie. Die Philosophie des 18. Jahrhunderts.* Band 5, hg. von Helmut Holzhey und Vilem Mudroch, Basel, S. 152.

Arndt, Hans Werner (1996): *Einleitung* in: Christian Wolff. Vernünfftige Gedancken von dem gesellschaftlichen Leben der Menschen und insonderheit dem gemeinen Wesen, Hildesheim (GW I 5).

Frauendienst, Werner (1927): *Christian Wolff als Staatsdenker,* Berlin.

Hofmann, Hasso (Hg.) (2004): Christian Wolff. Vernünftige Gedanken von dem gesellschaftlichen Leben der Menschen und insonderheit dem gemeinen Wesen. Deutsche Politik (GW I 5), München.

Hofmann, Hasso (2007): *Christian Wolffs Deutsche Politik,* in: Jürgen Stolzenberg und Oliver-Pierre Rudolph, *Christian Wolff und die europäische Aufklärung,* Hildesheim, Bd. 1, S. 205–221 (GW III 101).

Link, Christian (1983): *Die Staatstheorie Christian Wolffs,* in: *Christian Wolff (1679–1754). Interpretationen zu seiner Philosophie und deren Wirkung,* hg. von Werner Schneiders, Hamburg, 2. durchgse. Ausgabe: Hamburg 1986.

---

93 *Ebd., Einleitung,* S. 38.

8 Physik

Simone De Angelis

Keywords

Physik, Erfahrung, Evidenz, Gewissheit, Testimonium, Experiment, Natur, Geometrie, Kraft, Monade, Substanz, Schwere, Teleologie

Abstract

Im Gegensatz zu Newtons *Principia* (1687) stellt Christian Wolffs *Deutsche Physik* (1723) keine mathematisch ausgearbeitete physikalische Theorie dar. Das Werk steht vielmehr in der Tradition von Lehrbüchern über Physik und Kosmologie, wie sie an deutschen Universitäten seit der Frühen Neuzeit gelehrt wurden. Dennoch zeigt Wolffs Diskussion der Begriffe *Erfahrung, Evidenz, Gewissheit* und *Zeugenschaft,* dass er in seinen Lehrbüchern über Physik eine empiristische Haltung einnimmt, mit der er die Position des klassischen Rationalismus ergänzt. Darüber hinaus behandelt er darin zentrale Probleme wie die Bewegung von Körpern und die Ursache der Schwere, die, trotz der vorhandenen Krafttheorien von Newton und Leibniz, bislang nur ungenügend gelöst worden waren. Hinsichtlich des Problems der Ursache der Schwere erörtert Wolff besonders die Hypothese von Christiaan Huygens, dessen Experiment mit Spanischem Wachs in einem kreisenden Wasserbehälter er im Detail schildert und sogar reproduziert, um die Effekte der Gravitation auf phänomenologischer Ebene nachvollziehen zu können.

1 Einleitung

Wie Hans Poser einst formulierte, wird „vielfach gar nicht klar genug gesehen", dass Christian Wolff „den klassischen Rationalismus um einen Empirismus für die Naturerkenntnis ergänzte, indem er die Grundgesetze der Natur als allein aus der Erfahrung gewonnen sah"[1]. Wie Wolff diesen Empirismus im Hinblick auf Fragen der Naturerkenntnis verstand und in seinem Werk zur Physik umsetzte, thematisiert der vorliegende Beitrag. Wolffs physikalisches Werk besteht nicht nur aus den *Vernünfftige[n] Gedancken von den Würckungen der Natur* von 1723, ein 736-seitiges Kompendium, welches das damalige Wissen über die belebte und unbelebte Natur zusammenfasst und systematisch darstellt (*Deutsche Physik*). Dazu gehört auch das dreibändige Werk *Allerhand Nützliche Versuche* (1721–1722), in dem Wolff seine unzähligen physikalischen Experimente sorgfältig darlegt. Diese beiden Werke zeigen in der Tat eine Seite von Wolffs Philosophie, die bislang wenig zur Kenntnis genommen wurde. Aus epistemologischer und methodologischer Sicht sind dabei besonders die „Vorreden" zu den *Versuchen* relevant. In diesen *Vorreden* ist nachzuvollziehen, wie sich aus der Perspektive der Naturerkenntnis auch der Wolff'sche Rationalismus besser begreifen lässt, gerade wenn man seine Begriffe von Erfahrung, Evidenz, Gewissheit oder *Testimonium*, d. h. Zeugenaussage, untersucht. Der erste Teil des Beitrags nimmt genau diese Begriffe in den Blick, während der zweite Teil die *Deutsche Physik* behandelt. Nach Angaben zu Struktur und Anspruch dieses Werkes konzentriert sich die Darstellung im zweiten Teil auf die Erörterung dreier relevanter Aspekte der Wolffschen Physik, die auch über Wolff hinaus die europäische *scientific community* der Mathematiker und Physiker bis um 1750 weiter beschäftigt haben: das Verhältnis zwischen Geometrie und Natur, das Problem der Bewegung und die Frage nach der (mechanischen) Ursache der Schwerkraft. Dabei setzt sich Wolff nicht nur mit zentralen Aspekten der metaphysischen Systeme Descartes' und Leibniz', sondern auch mit solchen der physikalischen Theorien Newtons und Huygens' auseinander.

2 Rationalismus und Empirismus

2.1 Epistemologische Prinzipien

Dass Wolffs Rationalismus von der Tradition des Rationalismus à la Descartes oder Leibniz in vielerlei Hinsicht abweicht, ist unbestritten.[2] Wolffs Form des Rationalismus als Kombination von teils rationalistischen und teils empiristischen Elementen

---

[1] Hans Poser, *Das Genie als Beobachter. Zur Preisfrage der Holländischen Akademie von 1768 über die Kunst der Beobachtung*, in: Paragrana 4 (1995), S. 86–103, Zitat S. 86.
[2] Vgl. zu Wolffs Rationalismus und philosophischer Methode etwa Corey W. Dyck, *Kant and Rational Psychology*, Oxford 2014, S. 20–27.

geht auch aus seinen Schriften zur Physik deutlich hervor. Aus der Perspektive von Wolffs Physik sind im Hinblick auf die Rationalismusfrage vor allem drei Aspekte relevant: 1. die Frage nach dem Erfahrungsbegriff, 2. die Evidenz- bzw. Gewissheitsfrage und 3. die Lehre von der Autorität und des *Testimonium* oder Zeugenschaft. Aus ideen- und wissenschaftsgeschichtlicher Sicht ist von einem epistemologischen Wandel auszugehen, der einerseits die Rezeption der cartesianischen Philosophie nach 1650, andererseits die Entwicklungen des Empirismus im Zuge der sog. *New Science* um 1700 umfasste. Denn nur so lässt sich die epistemologische Position Wolffs zu Beginn der 1720er Jahre, als die *Deutsche Physik* und die *Versuche* erstmals erschienen, adäquat erfassen. Die folgenden drei Abschnitte gelten der Erfassung von Wolffs epistemologischer Position aus der Sicht seiner physikalischen Studien.

2.2 Der Erfahrungsbegriff

Wolffs epistemologische Position betrifft insbesondere die Begriffe der Erfahrung und der sinnlichen Wahrnehmung, die als Grundlage nicht nur der philosophischen Methode, sondern auch der Naturerkenntnis erwähnt werden. In der *Vorrede* zum dritten Teil der *Versuche* heißt es beispielsweise über Erfahrung und Sehen:

> Die Erfahrung ist ein unerschöpflicher Brunn der Wahrheit, welcher niemanden leer von sich lässet, der nur Krafft zu schöpffen hat. Freylich meinen viele, es würden zur Erfahrung weiter nichts als Augen und, wenn es weit käme, die übrigen Sinnen erfordert: allein wie sehr sie sich betrügen, kan man aus gegenwärtigen Versuchen abnehmen. Die nicht mehr als ihre Sinnen mit sich bringen, wenn sie aus der Erfahrung Wahrheiten lernen wollen, müssen meistentheils gar leer abziehen: denn entweder sie übersehen das beste und nöthigste, oder sie wissen nicht zu nutzen, was sie gesehen und durch die übrigen Sinne begreiffen[3].

Der Erfahrungsbegriff hat bei Wolff somit mindestens zwei Komponenten: Ein *Wahrnehmen* mit den Sinnesorganen – wie etwa den Augen – und ein *Begreifen* dessen, was nicht bloß optisch, sondern auch durch die anderen Sinnesorgane wahrgenommen wurde. Diesem zweifachen Erfahrungsbegriff liegt die Unterscheidung zwischen zwei Arten menschlicher Erkenntnis zugrunde: Die *cognitio communis* oder *vulgaris*, die im wesentlichen auf Sinneswahrnehmung und Alltagserfahrung beruht, und die *cognitio philosophica* oder *accurata*, welche die zum Teil nur verworrenen oder undeutlichen Erkenntnisinhalte der Sinneswahrnehmung einer strengeren Prüfung und Analyse unterzieht. Obwohl Wolff die Unterscheidung zwischen der *cognitio philosophica* und der *cognitio communis* bzw. *historica* im *Discursus praeliminaris* explizit

---

3 *Allerhand Nützliche Versuche*, Dritter Teil, Vorrede 2 (GW I 20.3).

einführt⁴, ist diese Unterscheidung wesentlich älter: So diente die *cognitio philosophica* cartesianischen Theologen um 1650 dazu, Vorurteile der *cognitio communis,* die sich im Bibeltext auf die Naturphänomene bezogen, wie etwa den Geozentrismus, zu korrigieren und die Wahrheit aufzudecken und die Wissensansprüche des Bibeltextes allein auf Glaubensfragen einzuschränken.⁵ Wolff brauchte am Beginn des 18. Jahrhunderts die Rolle der Naturwissenschaften bei der Ermittlung von (neuen) Wissensansprüchen natürlich nicht mehr grundsätzlich zu rechtfertigen. Gleichwohl benutzte er die *cognitio philosophica,* um zu begreifen, was die Sinne wahrgenommen haben oder welche Kenntnisse bzw. Implikationen sich in der Sinneswahrnehmung verbergen, die ohne die philosophische Erkenntnis eben nicht unmittelbar offen zu Tage getreten wären. Umgekehrt spielte bei Wolff die Erfahrung bzw. das Experiment bei der Überprüfung von Vernunftschlüssen, die als Naturerklärungen gelten sollen, eine zentrale Rolle:

> Indem ich aber alles, was die Versuche gezeiget, ordentlich und umständlich erzehlet, auch in Erwegung dessen, was ich deutlich dabey angemercket, einige Dinge geschlossen, die ich als Gründe in künfftiger Erklärung der Natur anzunehmen gedencke; so erlanget zugleich dadurch das Capitel von der Erfahrung in den Gedancken von den Kräfften des menschlichen Verstandes und ihrem richtigen Gebrauche in Erkäntnis der Wahrheit ein grosses Licht, und kan man durch fleißige Erwegung dessen, was in gegenwärtigem Buche vorgetragen wird, zu fertiger Ausübung der daselbst vorgeschriebenen Regeln gelangen. Ja ich vermeyne nicht zu viel gesagt zu haben, wenn ich hinzusetze, daß man auf eben diesem Wege die Kunst Versuche anzustellen, und dadurch verborgene Wahrheiten hervor zu bringen, zweiffelhaffte zu untersuchen, gewisse durch untrügliche Proben zu bestetigen finden werde⁶.

Somit trugen die experimentellen Versuche bei Wolff dazu bei, die Naturerkenntnis im Sinne der *cognitio philosophica* zu fördern und zu verfeinern. Dieser Weg führt direkt zum zweiten Aspekt in Wolffs Rationalismuskonzept: der *Evidenzfrage.*

---

4 *Discursus praeliminaris,* §§ 3–7, S. 2 f. (GW I, I); vgl. auch Dyck, *Kant and Rational Psychology,* a. a. O., S. 21.
5 Christoph Wittich, *Consensus Veritatis in Scriptura Divina et infallibili Revelatae cum Veritate Philosophica a Renato Des Cartes detecta [...],* Nijmegen 1659, Kap. I. Vgl. hierzu Simone De Angelis, *Anthropologien. Genese und Konfiguration einer ‚Wissenschaft vom Menschen' in der Frühen Neuzeit,* Berlin, New York 2010, S. 303–309.
6 *Allerhand Nützliche Versuche,* Erster Teil, Vorrede 5 (GW I 20.3).

2.3 Evidenz und Gewissheit

Im Bereich der Physik versteht Wolff Evidenz oder Gewissheit als Gradationsbegriffe, also als Erkenntnisformen, die unterschiedliche Grade oder Stufen haben können. Dabei unterscheidet er zwischen Wahrheit, Gewissheit und Wahrscheinlichkeit, wobei das Ziel in der Physik gewisse Erkenntnis sein muss:

> Ich suche Gewisheit in Erkänntnis der natürlichen Dinge, oder zum wenigsten Wahrscheinlichkeit, dadurch zu fernerer Untersuchung Anlaß gegeben wird. Und deswegen verlange ich in Erklärung dessen, was in der Natur vorgehet, nichts anzunehmen, als von dessen Richtigkeit man zur Gnüge ist überführet worden. Mir hat also niemahls gefallen, wenn man in der Physick Elemente gesucht, daraus man nach diesem den Ursprung aller Dinge hat erklären wollen. Denn ich habe gefunden, daß man alsdenn die Natur zwingen will sich nach unseren angenommenen Sätzen zu richten, und dannenhero an statt der Wahrheit Einbildungen erwehlet, auch nicht möglich ist zu einer gewissen Erkäntnis zu gelangen, wo man ohne genungsame Gewisheit Gründe annimmt, darauf alles beruhen muß[7].

Wolffs Zielscheibe sind hier klar die methodologischen Prinzipien der Naturphilosophie Descartes', der – wie es in der Vorrede zur *Deutschen Physik* heißt – „gewisse allgemeine Gründe, als Elemente der Dinge setzet, daraus man alles durch den blossen Verstand herleiten will, was in der Natur möglich ist"[8]. Wolff zeigt den erfolgten epistemologischen Wandel seit Descartes klar an, wenn er zur Einsicht kommt, „daß wir die wahren Elemente nimmermehr ergründen können, sie auch gantz anderer Beschaffenheit sind als alles dasjenige, was man bisher für Elemente ausgegeben"[9]. Nicht nur haben für Wolff die Elemente ganz andere Eigenschaften als bisher gedacht, sondern er glaubt auch nicht, „dass wir, wenigstens in diesen unseren Zeiten, in dem Stande sind die Erkäntnis der Natur bloß aus einigen Gründen der Vernunfft durch Schlüsse herzuleiten, auch allem Ansehen nach nicht zu vermuthen, daß man bald in den Stand gesetzet werden möchte […]"[10]. Das heißt nun aber nicht, dass in Wolffs Rationalismus der empiristische Teil überwiegt; denn, wenn wir die methodologische Ebene von der epistemologischen unterscheiden wollen, so ist Wolffs Methodologie sicherlich empirisch, weil er – wie in den *Versuchen* dargestellt – offenbar selber Experimente gemacht hat. Wenn wir aber die Sache aus epistemologischer Sicht betrachten und fragen, was die Quellen seiner Erkenntnis sind, so ist Wolffs Epistemologie gewiss nicht empirisch, denn er unterscheidet zwischen zwei Quellen der

---

7   *Ebd.*, Erster Teil, Vorrede 2 (GW I 20.1).
8   *Deutsche Physik*, Vorrede 5 (GW I 6).
9   *Allerhand Nützliche Versuche*, Erster Teil, Vorrede 2 (GW I 20.1).
10 *Ebd.*

Erkenntnis: Vernunft, speziell in Form mathematischer Erkenntnis einerseits, und Erfahrung andererseits:

> [E]inem jeden aber, der sich um die Erkäntnis der Menschen bekümmert, sattsam bekand ist, wie keine Wahrheit von uns könne erkandt werden, als wenn wir sie entweder aus einigen Gründen der Vernunfft schlüssen, wie wir in der Mathematick zu thun gewohnet sind, absonderlich in denen Theilen, denen hauptsächlich dieser Nahme gebühret, ich meyne in der Arithmetick, Geometrie und Algebra; oder in dem wir sorgfältig Erfahrungen sammlen, wodurch die meiste Erkäntnis erreichet worden, die man im gemeinen Leben zu Beförderung dessen Bequemlichkeit mit gutem Vortheile gebrauchet; [...][11].

Allerdings privilegierte Wolff in der Naturerkenntnis nicht eine der beiden Erkenntnisquellen, sondern plädierte dafür, Vernunft und Erfahrung miteinander zu verknüpfen:

> [...] oder endlich wenn wir die Vernunfft mit der Erfahrung vereinbahren und ihr ein Recht einräumen die Wahrheiten, welche uns die Erfahrung gewehret, mit einander zu verknüpffen: so habe keinen sichereren Weg zur Erkäntnis der Natur erwehlen können, als wenn ich die Vernunfft mit einander verknüpffen liesse, was durch vorsichtige Erfahrung erkandt worden, und ausser diesem weiter nichts einräumete, als was sich ferner daraus durch richtige Schlüsse herleiten liesse[12].

Warum hebt nun aber Wolff die Kombination von Vernunft und Erfahrung so hervor? Vermutlich weil er nicht nur auf der phänomenalen Ebene der Naturerkenntnis stehen bleiben wollte, sondern auch nach den Gründen der Naturphänomene fragte, die er durch Vernunftschlüsse aus der Erfahrung ableitete. Anders als im traditionellen Rationalismus ging es Wolff jedoch vor allem darum, diese Vernunftschlüsse durch bestimmte Strategien abzusichern und zu begründen sowie empirisch zu überprüfen. Ein einzelner Naturforscher konnte mit dieser Aufgabe allerdings auch an seine Grenzen stoßen, weshalb Wolff die Gewissheitsfrage um den wichtigen Aspekt der Autopsie und des Vertrauens auf (fremde) Zeugenschaft ergänzt. Autopsie und Vertrauen sind Konzepte, die das Verfahren der frühneuzeitlichen empirischen Wissenschaften der Natur und des Menschen grundsätzlich prägen.

---

11 *Ebd.*, 2 f.
12 *Ebd.*, 3.

2.4 Die Lehre vom *Testimonium*

Wolff geht in seiner Darlegung der Art und Weise, wie Naturerkenntnisse zu gewinnen waren, von den Konzepten Autopsie und Zeugenschaft aus, wobei er mit Letzterem vor allem das Lesen in den Büchern anderer einschlägiger Autoren meinte:

> Da ich nun auf diese Weise [durch Verknüpfung von Vernunft und Erfahrung] zur Erkäntnis der Natur zu gelangen mir vorgenommen; so ist die erste Arbeit, die hierbey vorzunehmen, daß man sich in der Natur fleißig umsiehet, und alles genau anmercket, was man darinnen antrifft, und was daselbst vorgehet, auch in den Schrifften, die von geschickten Männern herausgegeben worden, nachforschet, was sie von natürlichen Begebenheiten und ihren besonderen Umständen angemercket[13].

Wolff ging selbstverständlich davon aus, dass die Schriften anderer Autoren, die über Naturphänomene geschrieben hatten, vertrauenswürdig waren. Diese Annahme gründete auf der Theorie der Autorität und des Testimoniums bzw. auf dem sog. Autoritätsargument, das bereits aus den Topiken und Logiken der Antike und des Spätmittelalters – etwa in der *Logik* des Petrus Hispanus – bekannt war und das trotz der Veränderung des Erfahrungsbegriffs in der Frühen Neuzeit – etwa bei Naturforschern wie Robert Boyle, Charles Bonnet oder Albrecht von Haller – weiterhin Geltung behalten hatte; u. a. basierte die Übernahme eines Zeugnisses aufgrund einer fremden Autorität auf der Annahme, dass die darin enthaltenen Wissensansprüche – nach der Terminologie der antiken Rhetorik des Aristoteles – auf einem *technischen*, d. h. selbstproduzierten *Argument* oder *Beweis* bzw. auf Autopsie beruhten und dass dem Expertenurteil eines Wissenschaftlers zu glauben war (*cuique experto in sua scientia credendum est*).[14] Natürlich stellte sich Wolff in seinem physikalischen Werk die Aufgabe, in erster Instanz die Natur selbst als Zeugnisgeberin zu befragen. Dies geschah in Form von Experimenten, wodurch die Natur in die Lage gebracht wurde, auch diejenigen Prozesse und Eigenschaften sichtbar werden zu lassen, die dem menschlichen Auge verborgen waren:

> Wir vermögen die Natur uns zu zeigen, was sie sonst für unseren Augen zu verbergen pfleget, damit wir dadurch zu einiger Erkäntnis gelangen, daraus wir den Grund von ihren Begebenheiten, die wir bald hier, bald dort, bald zu dieser, bald zu einer anderen Zeit wahrnehmen, ohne Irrthum anzeigen können. Ja wir bewegen auch die Natur ein Zeug-

---

13 *Ebd.*, 3.
14 Vgl. hierzu Simone De Angelis, *Experiments, Judicial Rhetoric and the Testimonium. Practices of Demonstration in the Hamberger-Haller Controversy on the Respiration Mechanism*, in: *Scholars in Action. The Practice of Knowledge and the Figure of the Savant in the 18th Century*, hg. von André Holenstein et al., Leiden, Boston 2013, Bd. 2, S. 679–701, bes. S. 693–696 (zur Autoritäts- und Testimoniumslehre in Albrecht von Hallers Experimentalphysiologie).

nis von dem abzulegen, was wir durch die Schlüsse der Vernunfft herausgebracht, damit wir dadurch als durch eine Probe der Richtigkeit unserer Schlüsse desto mehr vergewissert werden. Also habe ich zweyerley Absichten bey gegenwärtigen Versuchen: Die eine bestehet darinnen, daß wir tüchtige Gründe zur Erklärung der natürlichen Begebenheiten erlangen; die andere aber gehet da hinaus, daß wir, was wir durch die Vernunfft heraus gebracht, durch untrügliche Proben rechtfertigen[15].

Wir verstehen nun vielleicht etwas besser, was Wolff meinte, wenn er von der Kombination von Vernunft und Erfahrung in der Naturerkenntnis spricht: Ziel seiner Physik war es, nicht nur Naturphänomene zu erklären, sondern auch eine Begründung dafür zu erarbeiten, die auf Vernunftschlüssen beruht. Es handelt sich hier um eine durchaus legitime Form, über physikalische Dinge nachzudenken. So hatte schon Leibniz betont, dass man sich in der Philosophie bemühen müsse, gegenstandsadäquate Begründungen abzugeben, nämlich in dem Sinne „daß man zeigt, auf welche Weise die Dinge sich durch die göttliche Weisheit in Gemäßheit des Begriffs des Gegenstandes, um den es sich handelt, vollziehen"[16]. Der experimentelle Teil, die Probe also, erfolgte damit bei Wolff im Rahmen einer Vergewisserungs- und Rechtfertigungsstrategie. Es galt nämlich, sich der Vernunftschlüsse aus der Beobachtung von Naturprozessen zu vergewissern oder die Gründe von Naturerklärungen zu rechtfertigen. Wie gleich gezeigt werden soll, argumentiert Wolff hier im Rahmen der Theorie der Autorität und des Testimoniums. Er traf nämlich zwei Maßnahmen, um sich seiner Überlegungen zu vergewissern oder Zweifel an seinen Schlussfolgerungen auszuräumen. Die erste Maßnahme betraf die *eigene* Wiederholung der Experimente:

Wenn ich etwas aus der Erfahrung, dazu ich durch die angestellten Versuche gelanget, geschlossen und vermeynet, es könte vielleicht noch einem und dem andern einiger Zweiffel dabey entstehen, oder mir auch schon bekandt gewesen, daß einer oder der andere noch hierbey etwas einzuwenden findet; so habe ich mich bemühet durch andere Versuche den Zweiffel aus dem Wege zu räumen, und nach Gelegenheit zugleich die dabey gemachten Schlüsse der Vernunfft durch unwiedersprechliche Proben zu rechtfertigen[17].

Wichtiger noch war die zweite Maßnahme: die Veröffentlichung der Versuche in Buchform, also als Textmaterial, das jeder lesen und worüber sich jedermann ein Urteil bilden konnte. Das heißt, Wolff setzte seine Leserschaft in die Lage, die Experimente prinzipiell auch eigenständig zu wiederholen und damit mit eigenen Augen zu sehen:

---

15 *Allerhand Nützliche Versuche,* Erster Teil, Vorrede 3 f. (GW I 20.1).
16 Gottfried Wilhelm Leibniz, *Neues System über die Natur, über den Verkehr zwischen den Substanzen und über die Verbindung zwischen Seele und Körper,* in: *Kleinere philosophische Schriften von G. W. Leibniz. Mit Einleitung und Erläuterungen deutsch von Robert Habs,* Leipzig 1883, S. 50.
17 *Allerhand Nützliche Versuche,* Erster Teil, Vorrede 4 (GW I 20.1).

Damit auch ein jeder, der gegenwärtige Versuche lieset, von der Art und Weise, wie wir dieselben angestellet, urtheilen und sich dadurch ihrer Richtigkeit desto besser versichern, ja selbst ohne einige Schwierigkeiten dieselben wieder nachmachen kan, wenn er entweder vor sich selbst lieber mit seinen eigenen Augen als mit fremden sehen will, oder auch anderen solche zu zeigen willens ist; so habe alles auf das genaueste beschrieben, was dabey in acht zu nehmen, wenn man den Versuch vornimmt, und überall genungsamen Grund angezeiget, warum man so und nicht anders verfahren müsse[18].

Da zur Wiederholung der Versuche auch wissenschaftliche Instrumente benötigt wurden, hat Wolff diese Instrumente als Kupferstiche in den *Versuchen* abbilden lassen, deren Teile im Detail beschrieben und deren Verwendung minutiös erklärt. Neben der Autopsie und dem Vertrauen in fremde Zeugenschaft gehörte somit auch die Wiederholbarkeit von Experimenten durch *andere* Experten zu einem zentralen Kriterium der Autoritäts- und Testimoniumslehre zu Beginn des 18. Jahrhunderts.[19] In den Termini der aristotelischen Rhetorik handelte es sich bei der Beschreibung der Experimente um sog. *atechnische Argumente* oder *Beweise*, die durch die Wiederholung derselben Experimente durch andere Experten in *technische Beweise* transformiert wurden.[20] Durch das Wiederholbarkeitskriterium wird schließlich erst richtig klar, warum Wolff neben seiner *Deutschen Physik* auch noch das dreibändige Werk der *Versuche* publizierte. Was Wolff mit seinem Verfahren nämlich zeigen wollte, war, „wie man von vorkommenden Sachen deutliche Begriffe formiren soll: Woran fürwahr! nicht wenig gelegen, indem sie der Grund zu gründlicher Erkäntnis der Wahrheit sind"[21]. Welche Begriffe Wolff in seiner Physik besonders behandelte, erörtert das nächste Kapitel.

2.5 Teleologie

Bevor ich zu Wolffs physikalischen Begriffen komme, ist noch auf ein weiteres Konzept in seinem Denken über Physik kurz einzugehen: die Teleologie[22]. Obwohl Wolff im Prinzip klar zwischen Ursachen- und Zweckfragen in der Untersuchung der Natur unterscheidet und die Teleologie in der *Deutschen Physik* nicht behandelt, hat er ihr

---

18 *Ebd.*
19 Vgl. De Angelis, *Experiments, Judicial Rhetoric and the Testimonium*, a. a. O., S. 696–700.
20 Vgl. *ebd.*, bes. S. 700.
21 *Allerhand Nützliche Versuche*, Erster Teil, Vorrede 5 (GW I 20.1).
22 Der Neologismus „Teleologie" stammt von Wolff. Im *Discursus praeliminaris* heißt es: „Es können zweierlei Gründe von den natürlichen Dingen angegeben werden, von denen die einen von der bewirkenden Ursache, die anderen von dem Zweck hergenommen werden. Die von der bewirkenden Ursache hergenommenen werden in den bisher definierten Disziplinen gesucht. Außer diesen gibt es daher noch einen anderen Teil der Naturphilosophie, der die Zwecke der Dinge erklärt und der bisher noch keinen Namen hat, obwohl er von höchster Bedeutung und größtem Nutzen ist. Er könn-

im Anschluss an die Physik dennoch ein gesondertes Werk gewidmet, wie folgende Passage zeigt:

> Gleichwie ich aber in gegenwärtigem Wercke bloß gezeiget habe, wie die Veränderungen in der Natur aus einander erfolgen und ihre nächste Ursachen, die sie haben, untersuchet: also habe ich mir nun auch vorgenommen noch in einem besonderen Theile die Absichten der natürlichen Dinge zu erklären, damit dadurch der Haupt=Nutzen von der Erkäntniß der Natur erhalten, nemlich GOTTES verborgene Majestät in den Wercken der Natur als in einem Spiegel erblicket wird[23].

Das Werk zur Teleologie, die *Vernünfftigen Gedancken von den Absichten der natürlichen Dinge* (1723/26), ordnet sich im Grunde genommen in Wolffs empiristische Konzeption der Naturerklärung ein. Diese war auch vom englischen Empirismus Robert Boyles beeinflusst und damit auch von der englischen *Physicotheology*, die in den Werken der Natur, also in der Beschaffenheit der natürlichen Dinge, einen Gottesbeweis erkannte; ein Konzept, das in Wolffs Zitat klar zum Ausdruck kommt. Die doppelte Beziehung der Teleologie zur Physik kann bei Wolff somit wie folgt umrissen werden: Die Teleologie ist zum einen „Teil der Physik (weil sie nicht einfach eine Sache der Theologen sein kann)", zum andern ist sie eine „propädeutische[n] Disziplin für die Theologie"[24]. Dies bedeutet, dass Wolff den Gottesbeweis aus den Werken der Natur nicht abstrakt ableiten wollte (wie dies eben die Theologen taten), sondern die empirische Naturerkenntnis als „Probe" begreift (analog zu den Experimenten), mit der er seinen Schluss auf die „verborgene Majestät in den Wercken der Natur" sozusagen absicherte. Dies erklärt auch die Neufassung der Spiegelmetapher in obigem Zitat, die eindeutig von Leibniz' Monadenkonzeption (die Monade als Spiegel des Universums) abweicht: Wolffs Spiegel ist die reale Natur, die seiner Wahrnehmung und Beobachtung zugänglich war.[25]

---

te *Teleologie* genannt werden" (§ 85, S. 38 [GW II 1]; dtsche. Übersetzung: *Einleitende Abhandlung über Philosophie im allgemeinen*, übersetzt, eingeleitet und herausgegeben von Günter Gawlick und Lothar Kreimendahl, Stuttgart Bad Cannstatt 1996, S. 91–93).

23 *Deutsche Physik*, Vorrede 5 (GW I 6).
24 Stefanie Buchenau, *Die Teleologie zwischen Physik und Theologie*, in: *Aufklärung* 23 (2011), S. 163–174, Zitat S. 170.
25 Siehe auch den Beitrag von Robert Theis.

3 Deutsche Physik

3.1 Allgemeine Bemerkungen

Es handelt sich bei der *Deutschen Physik* Christian Wolffs nicht um die Darstellung einer vollständig ausgearbeiteten physikalischen Theorie, wie etwa Newtons *Philosophiae Naturalis Principia Mathematica,* auch wenn die Schrift eine eigene Interpretation des Begriffs der „bewegenden Kraft" enthält.[26] Die *Deutsche Physik* ist in Lehrbuchform geschrieben und prinzipiell an ein Publikum von Studierenden und interessierten Laien gerichtet, die nicht unbedingt auch über fundierte physikalisch-mathematische Kenntnisse verfügten. Seit 1707 hielt Wolff die Professur für Mathematik an der Universität Halle inne, in deren Rahmen er auch Vorlesungen über andere Teile der Philosophie hielt, u. a. über Experimentalphilosophie. Das 736-seitige Physik-Lehrbuch, das Wolff 1723 erstmals veröffentlichte, ist somit aus seiner Vorlesungstätigkeit in Halle hervorgegangen.[27] Von der Lehrbuch-Typologie her gesehen, ist die *Deutsche Physik* somit in die Lehrbuchtradition deutscher (protestantischer) Universitäten seit der Frühen Neuzeit einzuordnen. Dieser Lehrbuchtypus geht u. a. auf die Bildungsreform des Reformators und Humanisten Philipp Melanchthon zurück, der in Wittenberg eine Reihe von Lehrbüchern für seine Studierenden schrieb; zu denken ist hier etwa an das Lehrbuch über Physik und Kosmologie, die *Initiae doctrinae physicae* (1550), sowie an dasjenige über Psychologie und Medizin, den *Liber de Anima* (1553).[28] In der Tat erinnert auch die Struktur und die Systematik von Wolffs *Deutscher Physik* an eine aristotelische Konzeption der Auseinandersetzung mit dem Wissen über die Teile der physischen Welt, welche die folgenden Bereiche oder Teile umfasst: 1. allgemeine Erörterung der Körper und deren Eigenschaften und Unterschiede; 2. Kosmologie oder Weltsystem (Planeten, Sonnen, Monde); 3. Geographie (Erde); 4. Meteorologie (Atmosphäre, Wetter); 5. ‚Biologie' (Wachstum, Fortpflanzung, Ernährung von Pflanzen); 6. Physiologie (Sinneswahrnehmung, Bewegung von Mensch und Tier); 7. Zeugungslehre (Leben und Tod). Die Teile 1–4 behandeln die unbelebte, die Teile 5–7 die belebte Natur; Teil 5 entspricht – gemäß Aristoteles' Seelenarchitektonik – der vegetativen Natur (Pflanzen, Steine), Teil 6 der sensitiven und motorischen Natur der Lebewesen; Teil 7 schließlich, die Zeugungslehre, hat Aristoteles in *De generatione animalium* ebenfalls getrennt behandelt. Na-

---

26 Siehe weiter unten.
27 Vgl. auch Gunter Lind, *Physik im Lehrbuch 1700–1850. Zur Geschichte der Physik und ihrer Didaktik in Deutschland,* Berlin et al. 1992, bes. S. 99–121 (über Wolff).
28 Vgl. *Melanchthon und die Marburger Professoren (1527–1627),* hg. von Barbara Bauer, Marburg 1999, 2 Bde., Bd. 1, S. 371–376 u. S. 524–527; vgl. auch Simone De Angelis, *Bildungsdenken und Seelenlehre bei Philipp Melanchthon. Die Lektüre des Liber de anima (1553) im Kontext von Medizintheorie und reformatorischer Theologie,* in: *Anfänge und Grundlegungen moderner Pädagogik im 16. und 17. Jahrhundert,* hg. von Hans-Ulrich Musolff und Anja-Silvia Göing, Köln, Weimar, Wien 2003, S. 95–119.

türlich zeigt sich Wolffs Lehrbuch auf der Höhe des zeitgenössischen Wissens über Physik bis um 1700 im Zuge der *New Science* des 17. Jahrhunderts. Nicht nur, was die Kenntnisse der Physik, Astronomie und Kosmologie betrifft (Descartes, Boyle, Newton, Huygens), sondern auch in den sog. „Wissenschaften vom Leben" und der Medizin (Malpighi, Loewenhoek, Borelli, Lower) zeigt sich Wolffs Lehrbuch auf aktuellem Stand. Offenbar kannte er nicht nur die Primärtexte der Physik wie etwa Newtons *Principia mathematica,* sondern las auch die gelehrten Zeitschriften (etwa die Leipziger *Acta Eruditorum*) sowie die spezialisierten Organe der naturwissenschaftlichen Publizistik wie die *Philosophical Transactions,* die von der Londoner *Royal Society* herausgegeben wurden; auch die *Mémoires* der Pariser *Académie des Sciences* werden in der *Deutschen Physik* zitiert, was für eine gute Kenntnis der europäischen Wissenschaftsdebatte spricht. In den folgenden Kapiteln werde ich mich nicht auf alle oben genannten Teile des Werkes beziehen, da Wolffs Darstellung in vielerlei Hinsicht keine Originalität beanspruchen kann und er vorhandenes Wissen lediglich zusammenfasst und darstellt. Ich werde meine Darstellung vielmehr auf drei wesentliche Aspekte seiner Physik fokussieren, in denen sich Wolff einerseits von Descartes und Leibniz, andererseits von Newton absetzt und zentrale Begriffe der Physik, wie etwa den Kraftbegriff, erörtert: 1. Das Verhältnis von Geometrie und Natur; 2. Das Problem der Bewegung und 3. Das Problem der Schwere. Dadurch weist Wolffs Physik bereits auf zentrale Fragen der Newton-Debatte um 1730 sowie auf die Diskussion über die Leibnizsche Monadenlehre an der Berliner Akademie der Wissenschaften in den Jahren 1746–47 voraus.

3.2 Geometrie und Natur

Eine zentrale Frage, die Wolff in den Anfangsparagraphen seiner Physik anspricht, ist das Verhältnis zwischen Geometrie und Natur. Es gibt nämlich für Wolff keinen Übergang von der Geometrie auf die Natur. Dies mag auf den ersten Blick erstaunen. Im Anschluss an die von Robert Boyle gestellte Frage, wie viele Teile ein Gramm Gold enthalte, entwickelt Wolff nämlich eine etwas komplizierte Argumentation, bei der es nicht nur darum geht, „die Subtilität der Materie [zu] begreifen", sondern generell darum, die Teilbarkeit der Materie zu erweisen, ohne jedoch „die geometrischen Beweisthümer" anzuführen, die große Mathematiker wie Guido Grandi, Weiher Wilhelm Muys, Jean-Baptiste du Hamel, Jacques Rohault und John Keill bei der Erörterung „der unendlich kleinen Größen in der neuern Geometrie" benutzt hätten.[29] Grund dafür ist, „daß kein dergleichen Wesen, als wie die Grössen sind, welche man in der Geometrie hat, in der Natur vorhanden, noch auch in derselben seyn kan"[30]. Die geometrischen Körper (Linien, Flächen) basieren nämlich auf ähnlichen Teilen,

---

29 *Deutsche Physik,* §§ 2–3, S. 4–11, Zitate S. 7 u. 11 (GW I 6).
30 *Ebd.,* § 4, S. 11.

während „[i]n der Natur aber kan kein Cörper angetroffen werden, da ein Theil dem andern ähnlich wäre"[31]. Damit wendet sich Wolff gegen Descartes, der „den natürlichen Cörper mit dem geometrischen für einerley gehalten und daher zu dem Wesen des Cörpers weiter nichts erfordert, als daß er in die Länge, Breite und Dicke ausgedehnet sey"[32]. Dadurch stellt Wolff Descartes' Konzept der *res extensa* in Frage, was mit seinem unterschiedlichen Verständnis des Kraftbegriffs zu tun hat, wie wir noch sehen werden. Wolff stellt ferner das Verhältnis Geometrie – Natur als Verhältnis von Wirklichem und Möglichem dar, so dass das, was mathematisch möglich ist, nicht unbedingt auch mit dem Wirklichen übereinstimmen muss. Wolff macht diesen Aspekt am folgenden Zahlenbeispiel fest: Die Zahlen 1, 2, 3 usw. bis 11 sind alle kleiner als die Zahl 12 und also Teile von ihr; dennoch können nicht alle Zahlen, die kleiner als 12 sind, in der Summe die Zahl 12 ergeben, sondern nur einige unter ihnen (z. B. 11 + 1, 7 + 5, 7 + 3 + 2 usw.). Daher sind die Teile, die kleiner als 12 sind, „nur mögliche, […] nicht würckliche Theile"[33]. Denn: „Wollte man die möglichen Theile mit den würcklichen vermengen und den an sich klaren Satz **das gantze ist seinen Theilen zusammen gleich,** als etwas wahres annehmen; so folgete daraus, daß 66 so groß wäre wie 12: welches augenscheinlich ungereimet ist"[34]. Daraus zieht Wolff den wichtigen Schluss: „Es lassen sich demnach die mathematischen Beweise keinesweges auf die Materie, wie sie in der Natur angetroffen werden, deuten"; täte man dies, würde man „in allerhand Wiedersprüche" verfallen.[35] Der alternative Weg führt über die sinnliche Wahrnehmung: Wollen wir also „in der Natur" bestimmen, wie viele Teile in einem Raum sind, „so müssen wir es durch den Unterschied dessen, was wir in ihm würcklich wahrnehmen, oder, daß es da sey, ferner daraus erweisen können, ausmachen"[36]. Wichtiger noch ist die Erkenntnis, dass der Begriff des geometrischen Körpers, wie auch Linien und Flächen, „nichts anders als ein Bild ist welches die Einbildungs=Krafft vermittelst dessen erdichtet, was die Sinne in der grösten Verwirrung vorstellen"[37]. Geometrische Begriffe sind also Fiktionen oder Vorstellungen der Einbildungskraft, denen in der Wirklichkeit nichts entspricht. So wenig wie die Vorstellung einer grünen oder roten Farbe eine Ähnlichkeit mit etwas hat, was wirklich in der Natur vorhanden ist.[38] Seinen Nutzen hat das „erdichtete Bild des Cörpers" jedoch in der Geometrie, indem es hilft, die „Grösse des Cörpers u. was ihr anhängig ist daraus zu determiniren", d. h. die räumlichen Proportionen und die Beziehungen des Körpers zu bestimmen, obwohl es der Wahrheit entspricht, dass der Raum, in dem sich ein wirklicher Körper befindet, mit vielen wirklichen und voneinander

---

31 *Ebd.,* S. 12.
32 *Ebd.*
33 *Ebd.,* S. 13.
34 *Ebd.,* S. 13 f.
35 *Ebd.,* S. 15.
36 *Ebd.,* S. 17.
37 *Ebd.*
38 Siehe *ebd.*

unterschiedenen Teilen erfüllt ist, die sich nicht nur im Ort, sondern auch an sich voneinander unterscheiden.[39] Interessanterweise bringt Wolff die Unterscheidung Imagination-Wirklichkeit hier auch mit der experimentellen Praxis in den Naturwissenschaften in Verbindung, die sich bemüht, bei undeutlicher Sinneswahrnehmung „durch Hülffe der Vergrösserungs=Gläser Deutlichkeit zuerlangen"; denn auch da gilt, dass „wir es eben wieder so antreffen, wie wir es bey dem vorigen gefunden, was sich mit bloßen Augen unterscheiden ließ"[40]. Das heißt: Auch bei der Form von Evidenz, die wir durch das Vergrößerungsglas erlangen, gilt das, was auch beim Sehen mit bloßem Auge gilt: Wir sehen wiederum bloß Bilder, die nicht der Wirklichkeit entsprechen. Offenbar setzt Wolff bei der Naturerkenntnis nicht auf der Ebene der geometrischen Evidenz an, sondern bei der Empirie und einer Evidenzform, die weitere Forschung erfordert.

3.3 Das Problem der Bewegung

Ein besonderes Merkmal rationalistischer Systeme der Naturphilosophie wie diejenigen von Descartes oder Leibniz ist, dass sie auf metaphysischen Prinzipien beruhen. Auch Wolffs Physik setzt metaphysische Prinzipien oder Annahmen voraus, die zum Beispiel sind: die unendliche Teilbarkeit der Materie (§ 5); die beständige Bewegung der Materie (§§ 5 u. 8) sowie das Prinzip des *Plenums,* dass also kein leerer Raum existiert (§ 6). Die Geschwindigkeit v eines Körpers mit der Masse m ist in der Physik Wolffs keine für sich bestehende Größe, sondern eine abgeleitete Größe, die jedoch auch nicht vom Raum abhängig ist, den der Körper einnimmt und in dem sich dieser bewegt, „indem kleine und grosse Cörper sich mit einer Geschwindigkeit, ja sehr kleine geschwinder als grosse bewegen können"[41]. Damit drückt Wolff aus, dass die Geschwindigkeit nicht aus der Ausdehnung und der Quantität der Materie resultiert, wie dies hingegen bei Descartes der Fall ist. Was in einem Körper m die Geschwindigkeit v ändert, ist also bei Wolff etwas, das vom Raum verschieden bzw. nicht mit der Ausdehnung identisch ist. Kern der Wolffschen Physik ist nämlich eine dynamische Theorie der Bewegung von Körpern, die auf dem Begriff der „bewegenden Krafft" beruht:

> Da nun durch die Bewegung alle Veränderungen in dem Cörper geschehen, die sich in ihm ereignen, […]; so ist dasselbe, welches durch die Geschwindigkeit seine Schrancken erhält, die Quelle aller Veränderungen im Cörper und also eine Krafft […]. Und demnach haben wir Ursache in allem, was cörperlich ist, eine bewegende Krafft zuzugeben […]. Wir

---

39 *Ebd.,* S. 18.
40 *Ebd.*
41 *Ebd.,* § 11, S. 27.

haben auch dieselbe in flüßigen Materien durch Versuche würcklich entdecket [...], und nun keine Ursache zu zweiffeln, daß sie nicht aller Materie gemein sey⁴².

Für Wolff ist die „bewegende Krafft" zudem eine essentielle Eigenschaft der Körper (§ 12), die er sogar als Naturgesetz begreift:

> Und eben diese bewegende Krafft ist dasjenige, warum wir denen Cörpern eine Natur zueignen [...]. Derowegen wenn wir sagen, daß etwas der Natur eines Cörpers gemäß sey; so verstehen wir dadurch nichts anders, als daß es aus den Bewegungen erfolgen können, die ein Cörper haben kan: gleichwie wir sagen, es sey seinem Wesen gemäß, was seinen Grund in seiner Art der Zusammensetzung hat [...]. Ja eben deswegen nennen wir die Maximen, darinnen die Regeln der Bewegung gegründet sind [...], Gesetze der Natur, weil sich die Natur der Cörper darnach achtet⁴³.

In der Überwindung des cartesischen *res extensa*-Konzepts durch den Begriff der Kraft knüpft Wolff klar an Leibniz an. Allerdings ergeben sich gerade in der Konzeption der Kraft bei Wolff gewichtige Unterschiede gegenüber Leibniz. So hatte Leibniz etwa in der kleinen Schrift *Neues System über die Natur* (1695) sowie in seiner umfassender ausgearbeiteten dynamischen Theorie der Bewegung, dem *Specimen dynamicum* (1695), auf die Unzulänglichkeit der ausgedehnten Masse und der rein geometrischen Konzepte hingewiesen, um den Prinzipien der Mechanik auf den Grund zu gehen und die Bewegung von Körpern zu begründen⁴⁴; im *Neuen System über die Natur* hatte er auch davon gesprochen, dass man noch den Begriff der Kraft benützen müsse, obwohl dieser zur Metaphysik gehöre.⁴⁵ Dabei hatte Leibniz den aristotelischen Begriff der substantiellen Formen in sein Denken über die Natur wieder eingeführt.⁴⁶ Leibniz fand, dass das Wesen der substantiellen Form in der Kraft besteht, und hat das Konzept der primitiven Kräfte in seiner rationalen Mechanik operabel gemacht. Die primitive physikalische Kraft zeichnet sich nun bei Leibniz durch Aktivität (*action*) sowie durch ein Vorstellungsvermögen (*perception*) oder Begehren (*appetition*) aus.⁴⁷ Primitive Kräfte haben bei Leibniz also den Charakter von Substanzen oder Monaden. Das bedeutet konkret, dass die primitive Kraft eine Vorstel-

---

42   *Ebd.*, S. 27.
43   *Ebd.*, § 12, S. 27 f.
44   Siehe Gottfried Wilhelm Leibniz, *Systeme nouveau pour expliquer la nature des substances et leur communication entre elles, aussi bien que l'union de l'ame avec le corps*, in: *Die philosophischen Schriften von Gottfried Wilhelm Leibniz*, hg. von C. J. Gerhardt, Bd. 4, Berlin 1880 (ND Hildesheim 1996), S. 471–477, hier S. 472; ders. I, *Specimen dynamicum II*, in: *Mathematische Schriften*, hg. von C. J. Gerhardt, Halle 1860 (ND Hildesheim 1971), S. 246 f.
45   Siehe Leibniz, *Systeme nouveau*, a. a. O., S. 472.
46   Siehe *Leibniz's Metaphysics and Adoption of Substantial Forms. Between Continuity and Transformation*, hg. von Adrian Nita, Dordrecht et al. 2015.
47   Siehe Richard T. W. Arthur, *The Relativity of Motion as a Motivation for Leibnizian Substantial Forms*, in: *Leibniz's Metaphysics and Adoption of Substantial Forms*, S. 143–160, hier: S. 154 f.

lung der nächstfolgenden Veränderung hat; die primitive Kraft wirkt unmittelbar, hat aber eine Vorstellung dessen, was der nächstfolgende Zustand des Körpers ist. Dies hat Konsequenzen für die Konzepte von Raum und Zeit: Jeder Körper muss nämlich zwei Dinge in sich haben: 1. eine Vorstellung von seiner räumlichen Beziehung zu anderen Körpern, 2. die Mittel, seine Vorstellung in Abstimmung mit der entsprechenden Masse und Geschwindigkeit unmittelbar zu ändern.[48] Und diese Fähigkeit ist eben in der Substanz oder primitiven Kraft begründet. Raum und Zeit sind für Leibniz Ordnungen, d. h. Systeme von Relationen – von Koexistenz und Sukzession –, die ohne die perzeptiven Relationen zwischen den Substanzen oder Monaden nicht denkbar sind. Leibniz hatte also zwischen der Realität und ihrer Abstraktion in der Theorie der Substanzen oder Monaden ein subtiles Gleichgewicht hergestellt, das Wolff mit seinem Konzept der Kraft vollends durchbricht: Es kommt in Wolffs System nämlich zu einer Physikalisierung der Monade, indem diese nunmehr zu einer materieinhärenten physikalischen Kraft oder einfachen Substanz zurückgestuft wird, die darüber hinaus auch als perzeptionslos verstanden wird.[49] Später hat Wolff in seiner *Ontologia* und *Cosmologia* die Theorie der einfachen Substanzen weiter ausgearbeitet und seine Materie-Kraft-Bewegungen eigens metaphysisch begründet.[50] Im Rahmen der Preisfrage der Berliner Akademie der Wissenschaften von 1747 zur Leibniz-Wolff'schen Monadenlehre wurde der Monadenbegriff noch unter seinem „physikalisierten" Aspekt diskutiert: Die Debatte entzündete sich gerade am zentralen Problem der materieinhärenten Bewegungsprinzipien (Kräfte) der Körper, wie sie Wolff in seiner Physik konzipiert hatte.[51] Damit unterschied sich seine Kraftkonzeption auch von derjenigen in der Physik Newtons, der die Kraft nicht als intrinsische Eigenschaft der Materie betrachtete, sondern als von der Materie verschieden dachte.[52] Neben der Trägheitskraft (*vis insita*), der zufolge die Körper im Zustand der Ruhe oder der geradlinig-gleichförmigen Bewegung verbleiben, war für Newton eine äußere Kraft – die sog. *vis impressa* –, welche von außen auf die Körper einwirkt, für deren Bewegung verantwortlich.[53] Dass um 1750 das Problem der Bewegung und der Kräfte in der Physik jedoch noch längst nicht geklärt war, zeigt schließlich auch der Ansatz des Schweizer Mathematikers Leonhard Euler in den Jahren 1746/47: Auf der einen

---

48 Siehe *ebd.*, S. 158.
49 Siehe Simone De Angelis, *Von Newton zu Haller. Studien zum Naturbegriff zwischen Empirismus und deduktiver Methode in der Schweizer Frühaufklärung*, Tübingen 2003, S. 198–205, bes. S. 204 (zur Physikalisierung des Monadenbegriffs).
50 Siehe *ebd.*, S. 201–204; vgl. auch Eric Watkins, *Leibniz und Wolff im Vergleich. Sine entibus simplicibus composita existere nequeunt*, in: *Christian Wolff und die europäische Aufklärung*, Teil 3, hg. von Jürgen Stolzenberg und Oliver-Pierre Rudolph, Hildesheim u. a. 2007 (GW III 103), S. 13–28.
51 Siehe Roberto Palaia, *Berlino 1747: Il dibattito in occasione del concorso dell'Accademia delle Scienze*, in: Nouvelles de la République des lettres I (1993), S. 91–119, hier S. 98 f.
52 Siehe De Angelis, *Von Newton zu Haller*, a. a. O., S. 151 f.
53 Siehe Isaac Newton, *Die Mathematischen Prinzipien der Physik*. Übers. und hg. von Volkmar Schüller, Berlin, New York 1999, Definition III u. IV, S. 23 f.; De Angelis, *Von Newton zu Haller*, a. a. O., S. 151.

Seite kritisierte Euler in seiner Preisschrift für die Berliner Akademie *Gedanken von den Elementen der Cörper* (1746) die Leibniz-Wolffsche Monadenlehre aufs Schärfste, auf der anderen versuchte er, Newtons äußere Kraft rational bzw. materietheoretisch zu begründen, indem er sämtliche Bewegungsänderungen von Körpern auf die Trägheitskraft zurückführte, die für ihn zum damaligen Zeitpunkt als einzige real existierende Kraft galt.[54] Im Zuge der Empirisierung der Naturwissenschaften und der zunehmenden Bedeutung der Experimentalphysik, verlor die Leibniz'-Wolffsche Monadenlehre nach 1750 schließlich allmählich an Bedeutung.

3.4 Das Problem der Schwere

Ein ähnlich gelagertes Problem wie das der Kräfte und der Bewegung war um 1700 die Erklärung der Ursache der Schwere. Dieses Problem war in der neueren Physik durch die Gravitationstheorien von Descartes und Newton aufgeworfen worden, die beide die *scientific community* nicht ganz zu überzeugen vermochten und womit sich auch Wolff in seiner Physik beschäftigte. Problematisiert wurde zunächst die Schwerekonzeption, wie sie in England die Newtonianer, die Anhänger der Physik Newtons, vertraten: „Ich weiß wohl, daß heute zu Tage verschiedene in Engelland vorgeben, die Schwere sey aller Materie eigenthümlich und daher in einem jeden Cörper der in ihm enthaltenen Materie proportional, und habe keine mechanische Ursache, daraus sie sich erklären lasse"[55]. In seinen publizierten Schriften hatte sich Newton über die Schwerkraft tatsächlich nur in mathematischer Hinsicht geäußert; in seiner Gravitationstheorie nimmt die Schwerkraft eines Körpers umgekehrt proportional zu dessen Abstand vom Erdmittelpunkt ab. Weder hatte sich Newton über die physikalische Natur der Schwere noch über deren Sitz in Körpern explizit geäußert („über die physikalischen Ursachen und Sitze der Kräfte stelle ich keine Überlegungen mehr an"[56], schrieb er an prominenter Stelle der *Principia mathematica*). Aus diesem Grund warfen ihm die Cartesianer vor, sog. „okkulte" Kräfte in die Physik wiedereingeführt zu haben. Die Diskussion über die ontologischen Eigenschaften der Schwerkraft und deren Implikationen für das physikalisch-kosmologische Weltbild hatte Newton dennoch seinen Anhängern überlassen. Die Newtondebatte, die auf dem Kontinent bis ins erste Drittel des 18. Jahrhunderts hinein andauern sollte, entzündete sich u. a. gerade auch an der Frage nach der (mechanischen) Ursache der Schwere. In seinem antinewtonianischen Programm nahm sich Wolff also vor, „zu zeigen, daß nicht alle Materie schwer sey und daß die Schweere allerdinges ihre mechanischen Ursachen

---

54 Siehe Enrico Pasini, *La prima recezione della Monadologia. Dalla tesi di Gottsched alla controversia sulla dottrina delle monadi*, in: Studi Settecenteschi 14 (1994), S. 107–163, hier S. 131–133; De Angelis, *Von Newton zu Haller*, a. a. O., S. 199–201.
55 *Deutsche Physik*, § 82, S. 116 (GW I 6).
56 Newton, *Die Mathematischen Prinzipien der Physik*, Definition VIII, a. a. O., S. 27.

habe, das ist, aus der Bewegung ihren Ursprung nehme, nach den ordentlichen Regeln derselben, die in Bewegung anderer Cörper von der Natur beobachtet werden"[57]. Wolff begreift die Schwere mithin „als eine Art der Bewegung", die jedoch dem Körper nicht eigentümlich zukommt, sondern von außen, sprich „aus der Bewegung einer anderen Materie"[58] entsteht. Zu diesem Zweck und weil bei Wolff „alles seinen zureichenden Grund haben muß, weshalb es vielmehr ist, als nicht ist"[59], führt er das Konzept der „schweermachende[n] Materie"[60] in seine Physik ein. Seine Position ist methodologisch reflektiert und als Zeichen dafür zu deuten, dass zu Beginn des 18. Jahrhunderts ein epistemologischer Wandel stattgefunden hatte:

> Gesetzt nun aber, daß wir es nicht bis dahin bringen könten, daß wir diese Ursache [der Schwere] entdeckten; so würde doch deswegen der Mangel unserer Erkäntnis der Würcklichkeit der Sache keinen Eintrag thun. Es sind ja Materien in der Natur vorhanden, die wir nicht kennen, und wir werden im Fortgange sehen, daß viel in der Natur vorhanden ist, an dessen Würcklichkeit wir nicht zweiffeln können, und gleichwohl keine Möglichkeit ersehen, wie wir zu desselben Erkäntnis gelangen können[61].

Wolff zweifelt also nicht, dass eine materielle Ursache der Schwere existiert, jedoch sehe man (noch) keine Möglichkeit, eine solche zu erkennen. Die Ursache der Schwere müsste nämlich nach Wolff aus der Bewegung von Naturkörpern erkannt werden, die man beobachten kann. Wie wir gleich sehen werden, wird dies die zirkuläre Bewegung von Flüssigkeiten sein. Das Beispiel der Behandlung des Schwere-Problems ist insofern interessant, als es Wolffs epistemische Praxis in der Physik im Ansatz aufzeigt. Ausgangspunkt ist eine Beobachtung, die er experimentell darlegen kann: „Die Versuche zeigen es, daß ein schweerer Cörper, indem er zu fallen beginnet, seine Geschwindigkeiten in einem fort ändert und ohne Unterlaß sich immer geschwinder beweget […]"[62]. Wolff zeigt hier also kein idealisiertes Verständnis von Physik, wie etwa bei Galilei oder Newton, sondern die Körper werden in den sie umgebenden Medien, seien diese Luft, Wasser oder eben die „schweermachende Materie" beobachtet, ohne von deren Reibung oder Druck zu abstrahieren. Da er nach einer mechanischen Erklärung der Schwere sucht, ist es folgerichtig, dass die „Geschwindigkeit nicht anders als durch einen neuen Stoß sich ändern lässet […]; so

---

57 *Deutsche Physik*, § 82, S. 116 (GW I 6). Noch bis um 1730 war die Vorstellung einer ‚schwerelosen' Materie oder eines ‚widerstandslosen' Äthers in mechanistischen Schweretheorien, besonders unter den Cartesianern, sehr verbreitet. Auch Newton äußerte sich in den *Opticks* (1717) zu einem ätherischen Medium und formulierte in der *Query 21* eine Ätherhypothese zur Erklärung der Schwere. Vgl. hierzu De Angelis, *Von Newton zu Haller*, S. 104–109 u. S. 121–123.
58 *Deutsche Physik*, § 86, S. 122 (GW I 6).
59 *Ebd.*, § 83, S. 118.
60 *Ebd.*, § 86, S. 122.
61 *Ebd.*, § 85, S. 121.
62 *Ebd.*, § 88, S. 123.

muß auch die schweermachende Materie den schweeren Cörper beständig fort stossen"⁶³. Das Konzept der „schweermachenden Materie" basiert auf der Vorstellung einer äußerst subtilen Materie, die in der machanistischen Physik der Zeit auch *matière subtile* bezeichnet wurde. Diese äußerst subtile Materie ist das Medium, in dem die Körper wie in einem Meer schwimmen; sie ist so subtil, dass sie die Körper nicht nur von außen, d. h. auf deren Oberfläche, drückt. Stattdessen dringt sie ins Innerste der dichtesten Materie wie etwa Gold ein, bewegt sich frei und presst die Körper gegen den Mittelpunkt der Erde; da die subtile Materie subtiler ist als Luft, dringt sie in die Luftstäubchen der Atmosphäre ein und wirkt somit auch in der Entfernung von der Erde auf die Luftschichten, die dadurch auch schwer gemacht werden.⁶⁴ Entscheidend ist nun bei diesem mechanistischen Modell der Körperbewegung nicht, ob sich die subtile Materie überall mit gleicher Geschwindigkeit bewegt oder ob sich ihre Geschwindigkeit mit der Entfernung vom Erdmittelpunkt ändert: „Denn wir komen eben nicht gar hoch über die Erde, noch auch gar tief unter dieselbe"⁶⁵. Entscheidend ist vielmehr die Bewegungsrichtung der subtilen Materie, die sich zum Erdmittelpunkt bewegt. Dabei ergibt sich nach Wolff eine Schwierigkeit, die durch zwei entgegengesetzte Bewegungen der subtilen Materie am Erdmittelpunkt entsteht: Behindert nämlich die subtile Materie am Erdmittelpunkt nicht die ihr von der anderen Seite der Erdkugel entgegenkommende subtile Materie, so dass die Körper dort weg vom Mittelpunkt getrieben werden?⁶⁶ Wolffs formuliert dabei die Annahme: „Wil man diese beyde Bewegungen nicht zu geben; so bleibet keine andere übrig, als daß wir setzen, sie [die schweermachende Materie] werde umb den Mittel= Punct der Erde herumb beweget"⁶⁷. Die kreisförmige Bewegung der subtilen Materie um die Erde wurde schon von Kepler und Descartes und zuletzt auch von Christiaan Huygens in seinem *Discours de la cause de la pesanteur* (1690) vertreten: „Hugenius hat noch deutlicher ausgeführt, daß die Schweere von dieser Art der Bewegung herkomme"⁶⁸, so Wolff. Methodologisch relevant ist hier nicht nur, dass Wolff in seiner Physik Huygens' Experiment minutiös beschreibt und sogar selbst wiederholt, sondern es ist der Wissensanspruch, den Wolff damit verbindet. Was er also mit diesem Experiment zu zeigen beansprucht, ist in argumentativer Hinsicht bemerkenswert. Huygens' Versuch geht ungefähr so: Huygens füllt einen zylinderförmigen Behälter mit Wasser und wirft sog. „Spanisches Wachs" hinein, das, weil dieses schwerer ist als Wasser, auf den Behälterboden sinkt. Der Wasserbehälter wird nun auf einer Platte festmontiert und schnell im Kreis gedreht. Dabei ist zu sehen, wie das Wachs vom zirkulierenden Wasser gegen die Wände des Behälters gepresst wird. Huygens hält nun abrupt die Platte an, wobei zu sehen ist, wie sich das Wachs im Augenblick

---

63 *Ebd.*, § 88, S. 123 f.
64 Siehe *ebd.*, §§ 89–95, S. 124–132.
65 *Ebd.*, § 95, S. 132.
66 Siehe *ebd.*, § 95, S. 133 f.
67 *Ebd.*, § 95, S. 134.
68 *Ebd.*, § 95, S. 134 f.

zum Zentrum bewegt, während sich das Wasser im Kreis weiterdreht. Dieser Vorgang, so Huygens, stelle „den Effekt der Schwere"[69] dar. Der Schwere-Effekt zeige sich außerdem noch besser bei Körpern, die ebenso schwer seien wie Wasser; zudem werde ein Körper, welcher der zirkulierenden Bewegung des Wassers nicht folge, nicht in einer spiralförmigen, sondern in einer geraden Linie nach unten gestoßen.[70] Wolff sieht nun eine Analogie zwischen diesem Experiment und seinem mechanistischen Modell der „schweermachenden Materie": „Man setze demnach in die Stelle des Wassers die schweermachende Materie und an stat des Spanischen Wachses irrdische Cörper, endlich an stat des Bodens im Glase einen Circul, der die Erde in ihrem Mittel=Puncte durchschneidet; so wird man bald begreiffen, daß die irrdischen Cörper in der schweermachenden Materie sich gegen den Mittel=Punct der Erde bewegen müssen"[71]. Wolff kommentiert schließlich Huygens' Versuch wie folgt: „Eben so ist uns genung, daß wir aus der Erfahrung ersehen, es werde durch die Bewegung einer flüßigen Materie im Wirbel eine andere, die ihrer Bewegung nicht mit folgen kan, gegen den Mittel=Punct des Wirbels getrieben, und verlangen nicht zu untersuchen, wie es möglich sey"[72]. Hier wird nun eben der Wissensanspruch relevant, den Wolff mit diesem Experiment bzw. mit seiner Vorstellung von der schweermachenden Materie verbindet. Denn es handelt sich hier – wie Wolff in seinem Text an mehreren Stellen betont – lediglich um Vorstellungen der Einbildungskraft darüber, wie die Schwere von Körpern durch eine mechanische Ursache erklärt werden kann. Um Wolffs Wissensanspruch nachzuvollziehen, ist ein Satz hilfreich, den Huygens seinem Versuch voranstellte: Sein Experiment sei bemerkenswert, „weil es dem Auge ein Bild der Schwere zeigt"[73]. Huygens (und mit ihm Wolff) hat somit nicht den Anspruch, mit diesem Experiment die Ursache der Schwere zu erklären, sondern lediglich ein Bild davon zu geben, wie man sich eine (mechanische) Ursache der Schwere vorstellen könnte. Ferner verbindet Wolff mit seinem Erklärungsmodell ja auch nicht den Anspruch zu zeigen, „wo die schweermachende Materie ihre Bewegung um den Mittel=Punct der Erde herbekomme"; das war zum damaligen Zeitpunkt technisch ja auch nicht wirklich umzusetzen. Vielmehr „begnügen [wir uns], wenn wir die nächsten Ursachen der natürlichen Würckungen entdecket haben"[74]. Damit setzt Wolff sein epistemologisches Prinzip um, das er bereits in den *Versuchen* dargelegt hat: Versuche haben den Zweck, zu helfen, deutliche Begriffe von natürlichen

---

69 Christiaan Huygens, *Discours de la cause de la pesanteur*, Leiden 1690, S. 132 f.: „j'arrestay soudainement la table; & alors à l'instant toute la cire d'Espagne s'enfuit au centre en un monceau, qui me representa l'effet de la pesanteur".
70 Siehe *ebd.*, S. 133.
71 *Deutsche Physik*, § 96, S. 136 f. (GW I 6).
72 *Ebd.*, § 97, S. 141.
73 Huygens, *Discours de la cause de la pesanteur*, a. a. O., S. 132: „L'on peut voir cet effet par une experience que j'ay faite expres pour cela, qui merite bien d'estre remarquée, parce qu'elle fait voir à l'œil une image de la pesanteur."
74 *Deutsche Physik*, § 97, S. 142 (GW I 6).

Phänomenen zu bilden (s. oben 2.2.). Das Problem der Kräfte und der (essentiellen) Eigenschaften der Körper sollte auch noch die nächste Generation von Mathematikern und Physikern beschäftigen. Spätestens um 1750 hatte sich Newtons Gravitationstheorie zwar grundsätzlich durchgesetzt, sie wurde allerdings auch schon wieder mathematisch und physikalisch modifiziert und weiterentwickelt, wie dies etwa anhand der Arbeiten Eulers nachzuvollziehen ist.

4 Zusammenfassung

Im Gegensatz zu Newtons *Principia* (1687) stellt Christian Wolffs *Deutsche Physik* (1723) keine mathematisch ausgearbeitete physikalische Theorie dar. Das Werk steht vielmehr in der Lehrbuchtradition deutscher Universitäten seit der Frühen Neuzeit. Dennoch hat gerade die Diskussion der Begriffe *Erfahrung, Evidenz, Gewissheit* und *Zeugenschaft* gezeigt, dass Wolff in seinen Schriften zur Physik methodologisch an die empiristische Tradition der Naturerkenntnis seit der Frühen Neuzeit anschließt. Indem er die Vernunft als zusätzliche Quelle der Erkenntnis ansieht, behält er gleichzeitig ein zentrales Merkmal des Rationalismus bei. In der Naturerkenntnis kombiniert Wolff vielmehr Vernunft und Erfahrung und überprüft eigene empirische Aussagen und Vernunftschlüsse mitunter durch das Vertrauen auf fremde Zeugenschaft. In der *Deutschen Physik* spricht er zudem zentrale Probleme der zeitgenössischen physikalischen Debatte an, allen voran die Körperbewegung und die Ursache der Schwere, für die es trotz der dynamischen Theorien von Leibniz und Newton um 1700 noch keine befriedigende Lösung gab. Erst eine neue Generation von Mathematikern und Physikern – unter ihnen Euler – sollten diese Probleme um 1750 erneut in Angriff nehmen.

5 Literaturverzeichnis

Arthur, Richard T. W. (2015): *The Relativity of Motion as a Motivation for Leibnizian Substantial Forms,* in: *Leibniz's Metaphysics and Adoption of Substantial Forms,* S. 143–160.

Bauer, Barbara (Hg.) (1999): *Melanchthon und die Marburger Professoren (1527–1627),* 2 Bde., Marburg.

Buchenau, Stefanie (2011): *Die Teleologie zwischen Physik und Theologie,* in: *Aufklärung,* Bd. 23, S. 163–174.

De Angelis, Simone (2010): *Anthropologien. Genese und Konfiguration einer ‚Wissenschaft vom Menschen' in der Frühen Neuzeit,* Berlin, New York 2010.

De Angelis, Simone (2013): *Experiments, Judicial Rhetoric and the Testimonium. Practices of Demonstration in the Hamberger-Haller Controversy on the Respiration Mechanism,* in: *Scholars in Action. The Practice of Knowledge and the Figure of the Savant in the 18th Century,* hg. von André Holenstein et al., Leiden, Boston, Bd. 2, S. 679–701.

De Angelis, Simone (2003): *Von Newton zu Haller. Studien zum Naturbegriff zwischen Empirismus und deduktiver Methode in der Schweizer Frühaufklärung*, Tübingen 2003.

De Angelis, Simone (2003): *Bildungsdenken und Seelenlehre bei Philipp Melanchthon. Die Lektüre des Liber de anima (1553) im Kontext von Medizintheorie und reformatorischer Theologie*, in: Hgg. Hans-Ulrich Musolff und Anja-Silvia Göing, *Anfänge und Grundlegungen moderner Pädagogik im 16. und 17. Jahrhundert*, Köln, Weimar, Wien, S. 95–119.

Dyck, Corey W. (2014): *Kant and Rational Psychology*, Oxford.

Huygens, Christiaan (1690): *Discours sur la cause de la pesanteur*, Leiden.

Leibniz, Gottfried Wilhelm (1883): *Neues System über die Natur, über den Verkehr zwischen den Substanzen und über die Verbindung zwischen Seele und Körper* (1695), in: *Kleinere philosophische Schriften von G. W. Leibniz. Mit Einleitung und Erläuterungen deutsch von Robert Habs*, Leipzig.

Leibniz, Gottfried Wilhelm (1880): *Systeme nouveau pour expliquer la nature des substances et leur communication entre elles, aussi bien que l'union de l'ame avec le corps* (1695), in: *Die philosophischen Schriften von Gottfried Wilhelm Leibniz*, hg. von C. J. Gerhardt, Bd. 4, Berlin, S. 471–477.

Leibniz, Gottfried Wilhelm (1695): *Specimen dynamicum II*, in: *Mathematische Schriften*, hg. von C. J. Gerhardt, Halle 1860, S. 246–254.

Lind, Gunter (1992): *Physik im Lehrbuch 1700–1850. Zur Geschichte der Physik und ihrer Didaktik in Deutschland*, Berlin u. a.

Newton, Isaac (1687): *Philosophiae Naturalis Principia mathematica = Die Mathematischen Prinzipien der Physik*. Übers. und hg. von Volkmar Schüller, Berlin, New York 1999.

Nita, Adrian (Hg.) (2015): *Leibniz's Metaphysics and Adoption of Substantial Forms. Between Continuity and Transformation*, Dordrecht et al.

Palaia, Roberto (1993): *Berlino 1747: Il dibattito in occasione del concorso dell'Accademia delle Scienze*, in: Nouvelles de la République des lettres I, S. 91–119.

Pasini, Enrico (1994): *La prima recezione della Monadologia. Dalla tesi di Gottsched alla controversia sulla dottrina delle monadi*, in: Studi Settecenteschi 14, S. 107–163.

Poser, Hans (1995): *Das Genie als Beobachter. Zur Preisfrage der Holländischen Akademie von 1768 über die Kunst der Beobachtung*, in: Paragrana 4, S. 86–103.

Watkins, Eric (2007): *Leibniz und Wolff im Vergleich. Sine entibus simplicibus composita existere nequeunt*, in: *Christian Wolff und die europäische Aufklärung*, hg. von Jürgen Stolzenberg und Oliver-Pierre Rudolph, Teil 3, Hildesheim et al., S. 13–28 (GW III 103).

Wittich, Christoph (1659): *Consensus Veritatis in Scriptura Divina et infallibili Revelatae cum Veritate Philosophica a Renato Des Cartes detecta […]*, Nijmegen.

9 Mathematics. Systematical Concepts

Paola Cantù

Keywords

Mathematical method, number, quantity, similarity, probability

---

Abstract

The paper investigates the notions of number, extensive quantity, algebraic quantity, similarity, and probability as introduced in Wolff's mathematical writings, and evaluates the coherence of these definitions with Wolff's presentation of the mathematical method. Wolff's original epistemology is based on the belief that the discussion on the foundation of mathematics and on the history of mathematical ideas is essential not only to pure mathematics but also to its application and teaching. Mathematics is integrated into a larger body of knowledge and subordinated to philosophy, which explains the impurity of definitions and proofs and why certain notions, such as that of similarity and probability, cannot be understood without reference to ontology and logic. Wolff's investigation of probable propositions allowed for a unique demonstrative methodology applied to philosophical, mathematical, and historical knowledge, because he described probable reasoning as an insufficient knowledge of the requisites for the truth of the premises. This explains the importance assigned to the right order of concepts and the inferential role of definitions. The paper shows the internal coherence between Wolff's choice of mathematical definitions and his overall epistemology, and underlines the heritage of Descartes, of Barrow's edition of Euclid's *Elements* and of Aristotle's notion of contiguity rather than the influence exerted by Leibniz's mathematics or by Newton's fluxional conception of geometrical quantities.

1 Introduction

Both in philosophy and in mathematics Wolff has often been considered a mere epiphenomenon of other authors (Leibniz, Euclid), at best appreciated for his didactical influence. Certainly, the construction of the so-called Leibnizio-Wolffian tradition has seen Wolff play this role in the history of philosophy. In the history of mathematics, Wolff was mainly mentioned for his influential textbooks, which practically replaced Euclid's *Elements* in the university curricula. His mathematical contributions, on the contrary, have mostly been criticized, because of his insistence on geometrical representation, on the non-existence of negative quantities, and on the idea that infinitesimals cannot be taken to be numbers (see § 2.4).[1]

Whereas the literature on Wolff's philosophy is now quite rich, the same cannot be said for the analysis of Wolff's mathematical notions, which are still evaluated mainly in comparison to others' ideas—especially Euclid's[2] or Leibniz's[3], or appreciated for their historical and pedagogical impact.[4] For example, Wolff has been considered as an opponent of negative numbers,[5] and contrasted to Kant.[6] With the exception of Kästner and Lambert, who combined sharp criticism of specific aspects of Wolff's mathematics with general praise for undertaking such a difficult task, mathematicians have mainly been critical towards Wolff (e. g. Gauss and Schumacher, Euler, …).[7]

---

1 Interesting exceptions are Shabel and Schubring, who analyze in detail Wolff's mathematical practice and Wolff's foundational stance on algebra, geometry, and analysis. Shabel traces the origin of Wolff's concept of number in traditional geometric notions, underlying the connection with a mathematical tradition that was strongly influenced by Euclid, and includes Descartes, Viète, Williamson, Barrow and Lamy. Schubring discusses at length the connection between proportion theory and Wolff's reasons for refuting the idea that zero is a number, as well as earlier and later supporters of similar arguments (Arnauld, Leibniz, Duhamel, Martin). See Lisa Shabel, *Mathematics in Kant's Critical Philosophy. Reflections on Mathematical Practice*, New York and London, 2002; see also Gert Schubring, *Conflicts Between Generalization, Rigor, and Intuition. Number Concepts Underlying the Development of Analysis in 17th–19th Century*, New York, NY, 2005.
2 See Shabel, *Mathematics in Kant's Critical Philosophy. Reflections on Mathematical Practice*, op. cit.; see also Henk J. M. Bos, *Lectures in the History of Mathematics*, London, Providence, 1993, pp. 141–152.
3 See Shabel, *Mathematics in Kant's Critical Philosophy. Reflections on Mathematical Practice*, op. cit.; see also Katherine Dunlop, "Mathematical method and Newtonian science in the philosophy of Christian Wolff", in: *Studies in History and Philosophy of Science*, Part A 44/3 (2013), Cf. Charles A. Corr, "Christian Wolff and Leibniz", in: *Journal of the History of Ideas*, 36(2) (1975), pp. 241–262.
4 See Joseph W. Dauben and Cristoph J. Scriba, *Writing the History of Mathematics. Its Historical Development*, Basel, 2002.
5 See Johann Michael Hube, *Versuch einer Analytischen Abhandlung von den Kegelschnitten*, Göttingen, 1759, p. xxxi, cited in Schubring, *Conflicts Between Generalization, Rigor, and Intuition*, op. cit., p. 135, fn. 77.
6 See Jennifer McRobert, *Kant on negative quantities, real opposition and inertia*, Paper Presented at the 2004 Meeting of the Western Canadian Philosophical Association in Victoria B. C., Canada, 2004.
7 See Christian Friedrich Gauss, *Briefwechsel zwischen C. F. Gauss und H. C. Schumacher*, ed. by C. A. F. Peters, Altona, vol. 4, 1862, pp. 332–342; see also Calinger, R. S., *Leonhard Euler: Mathematical Ge-*

This article will investigate Wolff's mathematical definitions from a point of view that is rather internal to his epistemology, especially in the light of the mathematical method presented in the mathematical writings. The aim will be to evaluate the coherence and epistemic value of Wolff's elucidation and definition of mathematical technical terms. Much has been said in the literature about Wolff's mathematical method, but the focus has often been on the application of this method to Wolff's philosophy, or its intrinsic relation to logic.[8] Consequently, the mathematical method has often been presented as it is introduced in Wolff's philosophical—especially logical or metaphysical—writings. The starting point here will be the method as it is presented in the mathematical writings, to verify its application in Wolff's mathematical textbooks. We will consider here only pure mathematics, but a second step of the investigation should include applied mathematics too, given Wolff's firm belief that applications belong to mathematics, and especially that the practical use of a theory should be explained together with the theory itself.[9] The analysis is focused on the first edition of Wolff's *Mathematical Dictionary*[10], on the German and Latin editions of the *Elements of All Mathematical Sciences*, on their German and Latin summaries, and on the *Mathematico-Philosophical Essays and Dissertations* (1740)[11].

Among the most important mathematical concepts defined by Wolff, one should examine the notions of number, extensive quantity and algebraic quantity—occur-

---

nius in the Enlightenment. Princeton, NJ, 2015, pp. 146 ss.; see Schubring, *Conflicts Between Generalization, Rigor, and Intuition*, op. cit., p. 134 and p. 135, fn. 77.

8   See Herman J. de Vleeschauwer, (1931). "La genèse de la méthode mathématique de Wolff", in: *Revue belge de philologie et d'histoire*, 11 (1931), pp. 651–677; see Giorgio Tonelli, "Der Streit über die mathematische Methode in der Philosophie in der ersten Hälfte des 18. Jahrhunderts und die Entstehung von Kants Schrift über die 'Deutlichkeit'", in: *Archiv für Philosophie*, 9 (1959), pp. 51–84; see Tore Frängsmyr, "Christian Wolff's mathematical method and its impact on the Eighteenth century", in: *Journal of the History of Ideas*, 36/4 (1975), pp. 653–668; see Guido Zingari, "Die Philosophie von Leibniz und die 'deutsche Logik' von Christian Wolff", in: *Studia Leibnitiana*, 12/2 (1980), pp. 265–278; see Katerine Dunlop, "Mathematical method and Newtonian science in the philosophy of Christian Wolff", in: *Studies in History and Philosophy of Science*, Part A 44/3 (2013), pp. 457–469; see Paola Basso, *Il secolo geometrico. La questione del metodo matematico in filosofia da Spinoza a Kant*. Firenze, 2004; see Volker Peckhaus, *Logik, Mathesis universalis und allgemeine Wissenschaft. Leibniz und die Wiederentdeckung der formalen Logik im 19. Jahrhundert*. Berlin, 1997; see Ferdinando L. Marcolungo, "Wolff e il problema del metodo", in: *Nuovi studi sul pensiero di Christian Wolff*, ed. by Sonia Carboncini and Luigi Cataldi Madonna, Hildesheim, Zürich and New York, 1992, pp. 11–37.

9   See Henk J. M. Bos, *Lectures in the History of Mathematics*. Providence, RI and London, 1993, p. 146.

10 Wolff never acknowledged further editions of the dictionary. See Christian Wolff, *Elementa Matheseos V*, chap. 1, p. 10 (GWII 33). See also Moritz Cantor, *Vorlesungen über die Geschichte der Mathematik*, Leipzig, vol. 3, 1898, p. 478.

11 See in particular the following writings: *Mathematisches Lexicon* (1717) (GW I 11), *Auszug aus den Anfangs-Gründen aller mathematischen Wissenschaften* (1732) (GW I 25), *Anfangs-Gründe aller mathematischen Wissenschaften* (1737) (GW I 12-15), *Elementa Matheseos I–V* (1740–46) (GW II 29-33), *Meletemata* (1740) (GW II 35), *Kurtzer Unterricht von den vornehmsten mathematischen Schriften* (GW I 15.2).

ring in the definition of mathematics itself—but also the concept of probability[12], the notions of infinitesimals and continuum[13], and the concept of similarity, which is related to the concepts of quantity and quality[14].

2 Mathematics consists of arithmetic, algebra and geometry

The concepts of arithmetical number, algebraic quantity, and geometrical magnitude are the subjects of what Wolff identifies as the three main disciplines of mathematics: arithmetic, geometry, and algebra. The analysis of Wolff's definition of these notions is useful to test his mathematical method, which rests exactly on the analysis and comparison of definitions. As Cantor remarked, the mathematical dictionary is a collection of definitions or clarifications of technical mathematical terms, rather than an introductory survey of mathematics.[15] The survey of contemporary mathematics is not extensive neither in the Latin nor in the German version of the *Elements of Mathematics* either, and many shortcomings and gaps have been noted. Besides criticism of shortcomings and gaps in the treatment of mathematical topics, mathematicians criticized Wolff's choice of definitions: e. g. Schumacher and Gauss commented on the errors contained in the definition of barycenter.[16] This proves not only the difficulty but also the fruitfulness of Wolff's enterprise, which had at least the merit of highlighting the problematic character of several definitions actually used in mathematical practice or in teaching practice, thereby calling for emendations. But the modernity of Wolff's perspective lies mainly in his belief that the discussion about the foundation of mathematics and about the history of mathematical ideas is not only intrinsic to the development of pure mathematics, but is also essential to the applications of mathematics and to the whole enterprise of education. Not only did he create a new literary genre (see e. g. Bolzano's text "On the mathematical method"), but he based his textbooks on extensive surveys of mathematical literature, long before Kästner.[17]

---

12 See Luigi Cataldi Madonna, "Wolff, Bolzano e la probabilità", in: *Nuovi studi sul pensiero di Christian Wolff*, ed. by Sonia Carboncini and Luigi Cataldi Madonna, Hildesheim 1992, pp. 107–130 (GW III 31). See also Martin Schönfeld, "Wolff, Christian (1679–1754)", in: *Encyclopedia of Philosophy*, ed. by D. M. Borchert, Detroit, vol. 9, 2006, pp. 822–832. See Luigi Cataldi Madonna, "Wahrscheinlichkeit und wahrscheinliches Wissen in der Philosophie von Christian Wolff", in: *Studia Leibnitiana*, XIX/1 (1987), pp. 2–40.
13 See Gert Schubring, *Conflicts Between Generalization, Rigor, and Intuition*. op. cit.
14 See Daniel Sutherland, "Philosophy, Geometry, and Logic in Leibniz, Wolff, and the Early Kant", in: *Discourse on a New Method: Reinvigorating the Marriage of History and Philosophy of Science*, ed. by M. Friedman, M. Domski, and M. Dickson, Chicago, 2010, pp. 155–192.
15 Moritz Cantor, *Vorlesungen über die Geschichte der Mathematik*, op. cit., p. 477.
16 See Christian Friedrich Gauss, *Briefwechsel zwischen C. F. Gauss und H. C. Schumacher*, ed. by C. A. F. Peters, Altona, vol. 4, 1862, pp. 332–342.
17 I do not share here Dauben and Scriba's belittling remark that Wolff's achievements in the fifth volume of the *Anfangsgründe* and in the fifth volume of the *Elementa Matheseos*, were "no more than a

2.1 Mathematics as the science of quantities

Mathematics is, according to Wolff's definition in the *Mathematical Dictionary,* a science that measures all that can be measured, a "science of quantities" [*scientia quantitatum, Grössenlehre*], i. e. a science of all things that can be enlarged or reduced; pure mathematics embraces only three disciplines: geometry, arithmetic and algebra.[18] In the Latin version of the *Elements of mathematics* Wolff distinguishes between arithmetic, geometry, trigonometry, finite analysis (algebra), and infinite analysis (differential and integral calculus).[19] But to better understand what mathematics is, let's look at what it is not.

Mathematics is not a *universal mathesis,* which means that mathematics is not a calculus, because Wolff distinguishes four different conceptions of *mathesis universalis,* which have in common precisely the fact that they are kinds of calculi: 1) Rasmus Berthelsen's art of symbolical calculus, 2) John Wallis' calculus with cyphers and letters, 3) the investigation of general properties of quantities by means of the symbolical calculus, and 4) Leibniz's science of the measurement of all things.[20] Wolff's distinction is acute, because he clearly distinguishes four tendencies in mathematics that have sometimes been misunderstood: 1) the literal calculus, 2) the unification of arithmetical and algebraic calculus (Wallis), 3) the study of general properties of magnitudes (Viète, Descartes, Newton), and 4) the investigation of other things beyond quantities (Leibniz). Yet, Wolff does not really do justice to Leibniz's project, because even if he rightly asserts that it concerns *all* things, he also insists on the notion of measurement, whereas Leibniz claims that the *mathesis universalis* does not concern only the relationship of equality, and thus size and quantities, but also other types of relationships between things, and therefore also quality.[21]

To resume, mathematics is the science of the measurement of certain kinds of things that Wolff generically calls quantities. To avoid the ambiguity of the term, let's

---

dry annotated guide to the literature", or Struijk's comment on Kästner's *Geschichte der Mathematik* as "an artless compilation of titles and descriptions of ancient books without an attempt at a readable narrative". See Dauben, and Scriba, *Writing the History of Mathematics. Its Historical Development,* op. cit., pp. 111–113.

18 See *Mathematisches Lexicon,* pp. 864–66 (GW I 11). But in the entry on *mathesis pura,* Wolff also mentions trigonometry as a distinct discipline. Ibid., p. 868 (GW I 11).

19 See *Elementa Matheseos I,* § 132, p. 341 (GW II 29). Note that in the *Mathematical Dictionary,* the differential calculus included differential, exponential and integral calculus [Calculus differentio-differentialis, exponentialis, integralis seu sommatorius]. See *Mathematisches Lexicon,* pp. 283–291 (GW I 11). Analysis is a part of algebra because differentiation and integration were conceived as arts of calculi, or, as Shabel has claimed, because both analysis and algebra are, in a sense, arts of calculi. See Shabel, *Mathematics in Kant's Critical Philosophy. Reflections on Mathematical Practice,* op. cit.

20 See *Mathematisches Lexicon,* p. 869 (GW I 11).

21 See Gottfried W. Leibniz, "Mathesis universalis", in: *Mathematische Schriften,* ed. by Carl I. Gerhardt, vol. 7, Halle, 1863 (ND Hildesheim 1971), pp. 49–76. See also Vincenzo De Risi, *Geometry and Monadology: Leibniz's Analysis Situs and Philosophy of Space,* Basel, Boston and Berlin, 2007, p. 118.

turn to the analysis of the objects of the main mathematical disciplines: the number in arithmetic, extensive quantities in geometry, and quantity in algebra.

2.2 Arithmetical numbers

Wolff defines arithmetic (*Arithmetica, Rechenkunst*) as the science of numbers, which includes the infinitesimal calculus and the arithmetic of irrationals.[22] Again, arithmetic is better understood by verifying what it is not: it is distinguished from the algebraic or literal calculus [*arithmetica speciosa sive litteralis, Buchstabenrechenkunst*], and from algebra, which Wolff conceives as the theory of equations (see further § 2.4).[23] Yet, Wolff's analysis undergoes some changes over time, because in the later Latin versions of the *Elements of mathematics*, algebra is merged with finite analysis, and the latter is part of arithmetic.[24]

If arithmetic is the science of numbers, and includes analysis, the definition of number [*numerus, eine Zahl*] should be as general as possible, in order to include not only integers, but also rational and irrational numbers, and even 1, which is not a number according to the Euclidean definition of number as a multitude of units.[25] On the contrary, the definition should not be as general as to include zero, which is, according to Wolff, a sign, and not a concept. This depends on the metaphysical implications of Wolff's understanding of a concept as a representation of a thing that the subject should acknowledge. Zero [*Cyphra, eine Nulle*] is not a concept, because it does not represent anything; it is rather a cipher that is used in decimal notation.[26]

Wolff defines a number as "what stands in proportion to 1 as a straight line stands in a proportion to another straight line"[27]. For example, an integer [*Numerus integer, ganze Zahl*] is "a number that stands in proportion to 1 as the whole stays to a part"; a fraction [*Fractio, Bruch*] is "a number that stands in proportion to 1 as a part stays to the whole"; a rational number [*Numerus rationalis, eine Rational-Zahl*] is "a number that consists either of pure units or of equal parts of the units"; an irrational number [*Numerus irrationalis, surdus, eine Irrational-Zahl*] is "a number that has no rational proportion to 1"[28]. So, arithmetic is the science of natural, fractional, rational and irrational numbers.

---

22 See *Mathematisches Lexicon*, pp. 169, 176, 179 (GW I 11).
23 Ibid., pp. 280, 292, 178 (GW I 11).
24 See *Elementa Matheseos I*, § 132, p. 341 (GW II 29).
25 See *Mathematisches Lexicon*, p. 945 (GW I 11).
26 "The symbol 0, denoting nothing [...] is needed to fill in the empty places, where no number stands. For example, 1 means in the third place 'hundred': to understand that it stays in the third place, when there are no other numbers near to him, two zeros are placed there. So, 'hundred' is written 100". Ibid., p. 1485 (GW I 11).
27 Ibid., p. 944 (GW I 11).
28 Ibid., pp. 953, 647, 965, 953 (GW I 11).

It should be noted that fractions are numbers of the form $1/b$, whereas rationals have the form a/b, with a and b being natural numbers. Even if this is certainly far away from the contemporary distinction between fractions and rational numbers (a distinction that has been introduced only at the beginning of the 20th century[29]), it is very interesting to remark that Wolff accurately distinguishes these two kinds of number, which are used in different ways in their applications: one use is to divide a whole into parts (fraction), another use is to measure how many times a quantity is measured by another quantity, thereby establishing the ratio of two quantities. Wolff's belief that the applications of mathematics belong to mathematics is evident here: the operation that gave origin to the specific kind of number is recalled in its definition. Only afterwards, a general definition is given that might include all the specific cases. Thus, one should not expect Wolff to produce pure definitions, i. e. definitions that include notions belonging to the same discipline, e. g. only arithmetical notions in arithmetic. Another reason is of course that mathematics is subordinated to philosophy.[30] Wolff's definition of number is impure for two reasons: it presupposes the notion of straight line, and the notion of 1. If 1 is conceived as the integer number 1, then the definition is circular (at least in the case of number 1 itself). If 1 is conceived as the whole, then metaphysical, or more precisely ontological notions enter the definition of number, which is then impure because philosophical considerations enter an arithmetical definition.

The presence of non-arithmetical elements in Wolff's definition has been explained in the literature as an effect of his interpretation of Descartes' geometry, where an operation of addition and multiplication is defined in segments by means of certain geometrical constructions.[31] Following Euclid, Wolff defines a ratio as "the relation of a

---

29 See Alessandro Padoa, "Che cosa è una relazione?", in: *Atti della Accademia Reale delle Scienze di Torino*, 41 (1905–06), pp. 818–826. See also Alessandro Padoa, *Frazioni, relazioni ed astrazioni*, in: *Periodico di Matematica*, (3) 25/7 (1910), pp. 257–258.

30 The notion of purity is usually applied to proofs, and goes back to a passage by Aristotle, where he claims that "you cannot prove anything by crossing from another kind—e. g. something geometrical by arithmetic. … where the kinds are different, as with arithmetic and geometry, you cannot attach arithmetical demonstrations to what is incidental to magnitudes—unless magnitudes are numbers. … Hence the kind must be the same, if a demonstration is to cross". See Aristotle, *Posterior Analytics*, 75a–75b, transl. by Jonathan Barnes, Oxford, 1994, p. 12. The notion of a pure definition is less common in the literature. Transposing Arana's notion of extraneousness from proof to definitions is one way to give a general definition of impure definition, i. e. definitions containing notions that are extraneous to the disciplinary field. See Andrew Arana, "On formally measuring and eliminating extraneous notions in proofs", in: *Philosophia Mathematica*, 17/2 (2009), pp. 189–207 and also Andrew Arana, *Purity in arithmetic: Some formal and informal issues*. In Formalism and Beyond. On the Nature of Mathematical Discourse, ed. by M. Detlefsen and G. Link, Boston, 2014, pp. 275–314. Craig Walton used the notion of impure definition in a different sense, as he considered Ramus as one of the first who explicitly introduced impure definitions in mathematics, i. e. including notions that do not belong to pure mathematics but rather to its applications. See Craig Walton, "Ramus and Socrates", in: *Proceedings of the American Philosophical Society*, 114/2 (1970), p. 122.

31 See Shabel, *Mathematics in Kant's Critical Philosophy. Reflections on Mathematical Practice*, op. cit. Shabel's remarks on the geometrical origin of the notion are certainly confirmed by Wolff's own

thing to another homogeneous thing that determines the quantity [*Grösse*] of the former by means of the quantity of the latter, without need for a further measure [*Maaß*]. For example, "taking the width of a window as measurement unit, then if the length of the window is the double of the width, the relation of the latter to the former is 1:2. On the contrary, if the length of the window is taken as measurement unit, then the relation of the height to the width is 2:1"[32]. So, a ratio of two quantities expresses a measurement of the quantities, but is not a number. Numbers are introduced only by proportions, i.e. by "the similarity of two ratios"[33].

It has been remarked that Wolff's definition is like Newton's definition of number as the ratio of two quantities, but Newton is not explicitly mentioned in the 1714 edition, and one should note that Wolff defines number as the fourth proportional of a proportion and not explicitly as the ratio of two quantities. This difference is even more evident if one considers that Newton's definition is not as impure as Wolff's. The modern aspect of Wolff's notion, an aspect that he was probably unaware of, is that measuring (constructing ratios of quantities) might take place both between numbers and between lines, but numbering arises only when one perceives the similarity between the two ratios by means of a proportion. In modern parlance, numbering occurs when one recognizes by means of a representation theorem that the structure of a given numerical system and the structure of the quantities to be measured are similar.

2.3 Geometrical extensive quantities

The definition of geometry and in particular of geometrical quantities is ambiguous. It changes over time, and expresses in the clearest way Wolff's tension between the attention to mathematical practice, the search for distinct and adequate definitions (see below), and the debt to Euclid's tradition. Wolff considers geometrical quantities sometimes from a rather applied perspective (e.g. in the *Anfangsgründe* and in the *Mathematisches Lexicon*), and sometimes from a pure mathematical point of view (as in the later editions of the *Elementa Matheseos*). Besides, Wolff is partly fascinated

---

claim that his definition explains why "it is possible to multiply and divide lines by lines so that the product or respectively the quotient might be itself a line, as Descartes showed in Book 1 and 2 of Geometry", and is thus useful in the application of algebra to geometry. See *Mathematisches Lexicon* (GW I 11), pp. 944–5. Yet, it should be remarked that Wolff gives an epistemological justification too. Wolff's notion of number satisfies what is nowadays called an "application constraint", i.e. the fact that the notion already contains a hint to its possible application.

32 *Ibid.*, p. 1169 (GW I 11). See also *Elementa Matheseos I*, § 126, p. 55 (GW II 29).
33 See *Mathematisches Lexicon*, p. 1105 (GW I 11). Here Wolff introduces only numerical examples, but elsewhere he considers generic quantities (letters or numbers). See *Elementa Arithmeticae*, part III, § 155 in: *Elementa Matheseos I*, p. 60 (GW II 29). See Gert Schubring, *Conflicts Between Generalization, Rigor, and Intuition*, op. cit.

by Barrow's edition of the *Elements*, and partly strongly dissatisfied with the order of the propositions in the *Elements*. The definition of arithmetic is based on the kind of objects it concerns (i.e. numbers) but can also be enriched by opposition to what arithmetic is not (*mathesis universalis*). Geometry on the contrary is defined only by reference to its objects. This makes it more difficult to understand what it actually is, especially because Wolff gives at least two rather divergent definitions.

In early works, geometry "is the science of space, which considers physical things according to their length, width, and height", whereas in later writings it is "the science of extensive things (*Extensorum*), inasmuch as they are finite, i.e. lines, surfaces and solids"[34]. In the *Mathematical Dictionary* Wolff considered lines and surfaces as abstractions of solids, claiming that lines are quantities, but cannot actually be separated in thought from width and depth.[35] On the contrary, in the *Elements of Mathematics* he considered lines, surfaces and solids to be extensive quantities: "a line is described when a point A moves to a point B"; a point is "what delimits itself where so ever turned, or what does not have ends distinct from itself"[36].

In the earlier writings the impure nature of the definition relies mainly in the fact that geometry is considered as the science of space, and thus as having to do directly with physical things, of which it considers certain aspects (length, width, and height).[37] In later writings, the definition is impure for a different reason: it relies on the notion of extension, which Wolff defines in the ontology as "multorum diversorum, aut, si mavis, extra se invicem existentium, coëxistentia in uno, atque conflituatur multorum extra se invicem existentium unione (*the coexistence in one of several different, existing one outside the other, which is generated by their union*)"[38]. A straight line is an extensive quantity because we can distinguish in it many separate parts that, once unified, generate the line. This notion of extension, which has been compared with the Aristotelian notion of continuity based on contiguity[39], is taken from philosophy rather than from physical applications, but again is not explained in geometrical terms. On the contrary, the insistence on the operation of unification of separate parts is clearly opposite to Newton's fluxional perspective: "Lines are described, and by describing are generated, not by any apposition of Parts, but by a

---

34 See *Mathematisches Lexicon*, p. 665 (GW I 11); see also *Elementa Matheseos I*, § 1, p. 121 (GW II 29).
35 See *Mathematisches Lexicon*, p. 792 (GW I 11).
36 See *Elementa Matheseos I*, § 10, p. 122 and § 6, p. 121 (GW II 29) respectively.
37 One should also note that geometry is not considered as a mixed or applied discipline, and not as a mixed science, as was often the case in the 19th century. Wolff claims that geometry is pure rather than applied, because it concerns "the straight line in general", and not "the straight line as the width of a river, the height of a body, the distance between earth and moon", and so on. See *Mathematisches Lexicon*, pp. 866–7 (GW I 11).
38 See *Philosophia prima sive Ontologia*, Part II, Sect. I, Chap. II, § 548, p. 428 (GW II 3).
39 See Antonio Moretto, "La rilevanza matematica della discussione sui concetti di continuo e di funzione nella filosofia tedesca dell'età dell'illuminismo. Grandezza estensiva, continua e intensiva in Leibniz, Wolff, Baumgarten e Kant", in: *Fenomenologia e società*, 18/2-3 (1995), p. 117.

continual motion of Points"⁴⁰. The shift from a physical to a philosophical definition of extension does not alter the opposition that Wolff introduces between geometry, and Leibniz's *calculus situs,* which is considered as an investigation of the respective position of lines (e. g. of orthogonality and parallelism) rather than of their length.⁴¹ The latter, as was already the case for algebra and analysis, is considered as a calculus and is not really included in Wolff's definition of mathematics as the science of quantities.

So, Wolff does not seem to include qualities in the definition of geometry. Yet, in the Latin version of the *Elements of Mathematics* he aims at improving Euclid's order of geometrical propositions, and uses a philosophical notion of similarity to ground the geometrical similarity between angles and figures. Wolff shares Leibniz's conception of similarity, at least since it concerns the fact that "qualities are those properties of an object that can be distinctly known or understood when viewed in isolation from other objects, and the similarity of two objects consists in identity of such properties"⁴². So, on the one hand, similarity is not obtained by proportions, and on the other hand it makes it possible to investigate qualities as well as quantities in geometry. We find here another example of impurity underlined by Lambert and Kant: the use of a philosophical notion of similarity to exploit the geometrical notion of similarity, and to reform the logical order of the *Elements.*⁴³

2.4 Algebraic quantities

We have already mentioned that algebra as a discipline is distinguished by Wolff both from the literal calculus and from Leibniz's general investigation on qualities. On the one hand, it is defined as the science that uses equations to solve given problems, thereby recalling its origin and development; on the other hand it is associated with the determination of the rules that govern the search for solutions, and the application to infinitesimal small quantities.⁴⁴ Yet, as Wolff distinguishes ancient from modern algebra, i. e. numerical [*algebra numerosa*] from literal equations [*algebra speciosa*], he defines the former as a calculus on numbers and the latter as a calculus on letters, thereby suggesting the close relationship between algebra and calculus.⁴⁵

---

40 See Isaac Newton, "Quadrature of curves", in: *Mathematical Works of Isaac Newton,* ed. by D. T. Whiteside, New York, vol. 1, 1964, p. 141.
41 See *Mathematisches Lexicon,* p. 292 (GW I 11).
42 See Daniel Sutherland, "Philosophy, Geometry, and Logic in Leibniz, Wolff, and the Early Kant", op. cit., p. 166.
43 See *ibid.,* p. 155.
44 See *Mathematisches Lexicon,* p. 34 (GW I 11).
45 See Shabel, *Mathematics in Kant's Critical Philosophy. Reflections on Mathematical Practice,* op. cit.

The notion of algebraic quantity is even more difficult to clarify.[46] It is a quantity expressed in an algebraic way, an indeterminate number expressed through letters,[47] whereas a quantity in general is something that can be increased or decreased. The choice of the terms '*vermehren*' and '*vermindern*', which derive from the terms '*mehr*' and '*minus*', i.e. from the names of the arithmetical signs + and −, already indicates the algebraic meaning attributed by Wolff to quantities, as well as his debt to Descartes: "Notandum est deinde, nihil ad istam aequalitatem reduce posse, nisi quod recipit majus et minus, atque illud omne per magnitudinis vocabulum comprehendi (*One has to note, moreover, that nothing can be reduced to such an equality except what admits of more and less, and that all this is covered by the term 'magnitude'*)"[48]. Quantities are indeterminate numbers when it is unsettled to which unit they should refer: the proportion used to define a number is thus incomplete. The importance of defining quantities as indeterminate numbers relies on the fact that it becomes possible to apply them to "all what has been demonstrated upon numbers"[49]. A similar notion is maintained in the Latin version of the *Elements of Mathematics*, where quantities are distinguished as being either determinate or indeterminate, according to the fact that they refer to a given unit or to a vague unit: so, for example the quantity of the width of a river is an indeterminate quantity that is referred to a vague unit, because the number associated to it might vary according to the measurement unit that is assumed.[50]

Anyway, algebraic letters always stand for quantities. Wolff's definition does not include qualities among the possible objects of algebra. Wolff seems to have been more influenced by the Cartesian symbolism in the treatment of geometrical figures than by the Leibnizian definition of quantity, which is determined by the presence of something to be measured and of something that might play the role of a measurement unit.[51] Leibniz himself remarked upon a discrepancy between his own

---

46 In the entry "quantitas, eine Grösse" Wolff says that quantities, identified here with "indeterminate numbers" [undeterminierte Zahlen], are what can be increased or diminished [vermehren and vermindern}, whereas in the entry "mathematics", defined as the science of quantities", the latter are defined as that which might be enlarged or reduced [vergrössern and verkleinern], without taking into due account the linguistic nuance between these respectively discrete and continuous terms. See *Mathematisches Lexicon*, p. 1143, and pp. 864–66 (GW I 11) respectively. Besides, Wolff uses the same term Grösse both to translate 'quantitas' and to translate 'moles, volumen', i.e. the space that a body occupies according to its length, height, and width. See *Mathematisches Lexicon*, pp. 906–7 (GW I 11). Cf. Paola Cantù, "Aristotle's prohibition rule on kind-crossing and the definition of mathematics as a science of quantities", in: *Synthese*, 174/2 (2008), pp. 225–235.
47 See *Mathematisches Lexicon*, p. 1144, and p. 1143 (GW I 11) respectively.
48 René Descartes, *Regule ad Directionem Ingenii. Rules for the Direction of the Natural Intelligence*, ed. by G. Heffernan, Amsterdam and Atlanta, GA, 1998, pp. 180–181.
49 See *Mathematisches Lexicon*, p. 1143 (GW I 11).
50 See *Elementa Matheseos I*, §§ 13–14, p. 24 (GW II 29).
51 See Gottfried W. Leibniz, "Initia rerum mathematicarum metaphysica", in: *Mathematische Schriften*, ed. by Carl I. Gerhardt, volume 7, Halle, 1863 (Reprint: Hildesheim 1996), pp. 18–19. Engl. transl in Gottfried W. Leibniz, *Philosophical Papers and Letters: A Selection*, ed. by L.E. Loemker, Dordrecht, Boston, and London, 1975, p. 667.

conception and Wolff's presentation of it.⁵² We have already mentioned that Wolff acknowledges the importance of Leibniz's *calculus situs*, but does not modify the definition of geometry in order to include the study of orthogonality or parallelism. Again, he introduces a distinction between absolute, positive and privative quantities that had never been thematized before⁵³, but then restricts mathematics to positive quantities, claiming that positive and negative (privative) quantities are not homogeneous, i.e. once multiplied, cannot exceed one another.

The insistence on a condition of homogeneity was probably derived from Euclid's *Elements*, but might also be related to the fact that Wolff conceived proportions as a way to determine numbers rather than as a way to study qualitative relations between things. It is the definition of number as the fourth proportional that forced him to include among quantities only those that can be put in proportion, i.e. only homogeneous quantities. This was also the main reason why Wolff did not admit negative quantities: given that they lack some positive property (and should thus rather be called privative quantities), they cannot be compared to quantities that have positive properties. So, setting apart the critical remarks by mathematicians who saw a regressive trait in this aspect of Wolff's mathematics (see e.g. Kästner's criticism)⁵⁴, Schubring has convincingly shown that Wolff was quite consistent on this point, and that his arguments were based on claims that had been advanced by Arnauld and accepted also by Leibniz⁵⁵. The same line of reasoning was used to defend the idea that infinitesimals could be ignored, because they are not homogeneous to other quantities, and thus cannot enter in the proportion used to define numbers.⁵⁶ So, if one accepts Wolff's definition of number, then it is difficult to include negative numbers. In this case, Wolff's definitions do not account for a mathematical practice that he knew and accepted in applications, where he used numbers preceded by the sign minus to express debts. A reason for this discrepancy between conceptualization and practice might rely in the idea that the 'numbers' used in the calculus of debts and credits are not a true case of numbering, because it is not possible to build a proportion based on the similarity with quantities to be measured, which are, in a sense, always something, and thus positive.

Another line of criticism against Wolff's algebra concerns his 'regressive' insistence on geometrical representation. Yet, the latter is not merely the effect of the in-

---

52 Leibniz actually refers to an anonymous review of the first volume of the *Elementa Matheseos* published in the *Acta Eruditorum* in 1714. See Leibniz, *Initia rerum mathematicarum metaphysica*, op. cit. p. 17; Engl. transl. p. 667 and p. 673, fn. 1. See also De Risi, *Geometry and Monadology*, op. cit., p. 118.
53 See Schubring, *Conflicts Between Generalization, Rigor, and Intuition*, op. cit., p. 96.
54 *Ibid.*, p. 134 and p. 135, fn. 77.
55 Arnauld refused to admit negative quantities on the basis of the following reasoning applied to the proportion −1 : 1 = 1 : −1: How is it possible that a minor is to a major like a major to a minor? See Schubring, *Conflicts Between Generalization, Rigor, and Intuition*, op. cit., p. 97.
56 *Ibid.*, pp. 239 ss.

fluence of Descartes' geometrical operations on segments, but also a consequence of the application of his mathematical method. Wolff's geometrical representation is coherent with his insistence on the nature of definitions that have an abstract as well as a constructive component.[57] So, the impurity related to the use of a philosophical definition of similarity in geometry is associated with the impurity of reformulating the *Elements* giving preeminence to thirty practical problems, or practical constructions.[58] Besides, the insistence on geometrical representation also had some innovative aspects, because Wolff, influenced by Leibniz's calculus, explicitly defined the notion of a variable quantity [*quantitatis variabilis*] as opposed to that of constant quantity. Variable quantities are quantities that always increase or decrease, when other quantities increase or decrease. What strikes the modern reader here is the constructive flavor of Wolff's approach. Yet, this aspect should not be overemphasized, because it is somehow derived from practical applications rather than from a theoretical reflection on the constructability of mathematical concepts.

2.5 Probability theory

It has often been claimed that Wolff did not take into due account the mathematical theory of probability, and especially the improvements to it made by Jakob Bernoulli.[59] On the contrary, Wolff was aware of the contemporary mathematical developments already in 1714.[60] Wolff developed an original theory of probability, that had a considerable influence on Kahl, Mendelssohn, Bolzano, and Kästner.[61] In light of

---

57 As Shabel puts it, "geometrical constructions not only provide a representation of mathematical objects but also constitute their definition". See Shabel, *Mathematics in Kant's Critical Philosophy. Reflections on Mathematical Practice*, op. cit., p. 162.
58 See Sutherland, "Philosophy, Geometry, and Logic in Leibniz, Wolff, and the Early Kant", op. cit., p. 163.
59 See Nicolao Merker, *L'illuminismo Tedesco. Età di Lessing* (1968), Germ. transl. by D. Doucet-Rosenstein and R. Wagenknecht in: *Die Aufklärung in Deutschland*, München 1982, p. 84; see Raffaele Ciafardone, *Illuminismo tedesco. Metodo filosofico e premesse etico-teologiche (1690–1765)*, Rieti 1978, p. 82; see Schönfeld, "Wolff, Christian (1679–1754)", op. cit.
60 See for example the (anonymous) review of Bernoulli's *Ars Conjectandi* published in the *Acta Eruditorum* in 1714 (GW II 38.1), but also Wolff's references to the same book in the *Mathematisches Lexicon* (GW I 11, p. 401), and in the bibliographic section of *Elementa Matheseos V*, Part IV, § 14, p. 57 (GW II 33). Wolff's definition of stochastic (Muthmassungskunst) as the art to determine the probability of a thing is an almost exact transcription of Bernoulli's definition of probability. See *Mathematisches Lexicon* pp. 1328–29 (ibid.) and Jakob Bernoulli, *Ars Conjectandi*. Basel, 1713, §IV.2, p. 213. See also Cataldi Madonna, "Wahrscheinlichkeit und wahrscheinliches Wissen", op. cit.
61 See ibid., pp. 4–5; see Cataldi Madonna, *Wolff, Bolzano e la probabilità*, op. cit.; see Edith Dudley Sylla, "Mendelssohn, Wolff, and Bernoulli on Probability", in: *Moses Mendelssohn's Metaphysics and Aesthetics*, ed. by R. Munk, Dordrecht, Heidelberg, London and New York, 2011, pp. 41–63; see Rüdiger Campe, *The game of probability. Literature and calculation from Pascal to Kleist*. Stanford, 2012, especially pp. 305–310 and p. 256.

the contemporary distinction between logical, subjective and objective probability[62], Wolff's notion could be considered to be at the same time logical and subjective, because it is based on the space of all requisites for the truth of a proposition, and can measure the degree of belief of the agent.[63]

Wolff aims at developing Leibniz's *logica probabilium,* which is based on the principle of sufficient reason, considering the contemporary mathematical notion of probability developed by Jakob Bernoulli among others. Wolff defines the degree of probability of a proposition[64] as the ratio between the number of requisites for the truth of the proposition that are accessible to an agent (insufficient reason), and the number of all requisites for the truth of that proposition (i.e. its sufficient reason).[65] In other words, truth and falsity are the limit values 1 and 0 that such ratio might assume, when all requisites are known and the knowledge is certain.

---

62 I distinguish here three ways of conceiving probability: 1) a logical (objective) notion, that should measure the strength of the evidence for a given event, on the basis of the analysis of the space of possible outcomes; 2) a subjective notion, that should measure the degree of an agent's belief in his own assertions by an investigation of his betting behavior; 3) a scientific (objective) notion that applies to the relations between things (either by considering all actual outcomes or by analyzing the physical propensity or disposition towards a given outcome). See Alan Hàjek, "Interpretations of probability", in: *The Stanford Encyclopedia of Philosophy,* ed. by E. N. Zalta, Stanford, Winter 2012 Edition. Classical probability is usually associated with Laplaces' formulation, but it is related to the writings of several authors that were well known to Wolff (e. g. Pascal, Jakob Bernoulli, Huygens, and Leibniz). Even if its interpretation is multiple, it is often considered as an instance of a quasi-logical objective notion, because it is based on an exploration of the space of possibilities: the probability of an event depends on the ratio between the number of cases favorable to that event and the number of all possible cases. The subjective approach (De Finetti, Ramsey, Kemeny) connects probabilities with rational preferences and utilities, and finds its forerunner in Daniel Bernoulli. The third approach includes theories like frequentism, propensity, and the best system interpretations that were developed in late 19th or early 20th century: they are based on actual rather than on possible outcomes.

63 Wolff was clearly aware of the distinction between objective and subjective probability, for he explicitly mentions Bernoulli's distinction between an objective treatment of certainty (concerning the actual existence, present or future, of a thing) and a subjective treatment of certainty (relative to us and consisting in the measurement of our knowledge of that actuality). See Jakob Bernoulli, *Ars Conjectandi,* op. cit., § IV.1, p. 210 and Wolff's review, p. 22 (GW II 38.1).

64 It should be noted that probability concerns propositions rather than inferences. The conclusion of an inference is probable only if one of the premises is probable, and not because the inference rule is probable. Wolff maintains, like Aristotle, that there is only one inferential structure (deduction), and that the probability concerns propositions. Claiming that there is a strong continuity between Wolff's and Bolzano's notion of probability, Cataldi Madonna insists on the fact that Wolff considers also the probability of implications—what he calls "quasi-implications"—but does not give textual support for this claim. See Cataldi Madonna, "Wolff, Bolzano e la probabilità", op. cit., p. 111. Wolff distinguishes demonstrations (*demonstrationes*), based on certain premises, from proofs (*probationes*) based on uncertain premises: proofs are probable if the premises are probable, and precarious if the premises are precarious. See *Logica,* §§ 599–602, pp. 446–447 (GW II 1.3). This does not imply, however, that Wolff admits probable inferences. On the contrary, the logical rules are the same both in demonstrations as in proofs, and this is exactly what allows him to establish a continuity between physico-mathematical sciences, and historical and social sciences.

65 See *Philosophia rationalis sive Logica,* §§ 579 (GW II 1.3). See also Cataldi Madonna, "Wolff, Bolzano e la probabilità", op. cit., p. 110.

This continuity between probable and certain knowledge explains why the theory of probability can be applied not only to the investigation of the physical world, but also to the solution of questions that belong to historical science, such as Süssmilch's population statistics.[66] This change is made possible by the logical turn that is given to probability, which is no more considered as the probability of things (as it was the case in the mathematical textbooks), but rather as the probability of propositions, whereby the latter is grounded on the principle of sufficient reason, which is a general principal of all human knowledge. The requisites for the truth of a proposition are at the basis of both certain and uncertain knowledge: there is a difference of degree and not a difference of nature.[67]

Wolff's main contribution to the development of an extended understanding of scientific knowledge concerns the attention to observations and experience as elements that might furnish a probable knowledge[68] that is not opposed to the knowledge of truth, but rather presented in continuity with the latter. This continuity is guaranteed by Wolff's idea that, even if there are differences between mathematical, philosophical, and historical knowledge, there is somehow a unique methodology that unifies them, and that is based on the ideal of demonstrative knowledge. Wolff's treatment of probable reasoning (as depending on an insufficient knowledge of the requisites for the truth of the premises) better explains the role assigned to definitions in the mathematical method (see § 3.2), and the sense in which their incompleteness might produce a fallacy.[69]

---

66 Wolff wrote in the introduction to Süssmilch's book: "[A]s yet no one has discussed in a comprehensive theory how to use the faculties of reason in order to explore that which is probable. But attempts have been made to test how a theory of probability might be developed for the sake of use in everyday life. The present book is among these." See Campe, *The game of probability*, op. cit., pp. 216–217, 255–256, 448, fn. 1.

67 On this application of the logic of probability both to physical sciences (the domain of the legiform) and the moral and historical sciences (the domain of singularities) see in particular Campe, *The game of probability*, op. cit., pp. 315–317. On the Leibnizian principle of sufficient reason as common ground of true and probable knowledge, see also Cataldi Madonna, "Wolff, Bolzano e la probabilità", op. cit., p. 116 ss.

68 See Cataldi Madonna, "Wahrscheinlichkeit und wahrscheinliches Wissen", op. cit.; see also Zingari, *Die Philosophie von Leibniz und die "deutsche Logik" von Christian Wolff*, op. cit.

69 See *Philosophia rationalis sive logica II*, Part II, Sec. 1, § 633, p. 461 (GW II 1.2). See Jean École, Introduction, in: *Philosophia rationalis sive logica*, pp. v–lxxxvii (GW II 1.1), and also Jean École, "Introduction", in: *Philosophia rationalis sive logica*, esp. p. cv (GW II 1.2).

3 On Wolff's mathematical method

3.1 Many names, one method?

It is questionable what should be understood as Wolff's mathematical method, first of all because Wolff calls his method by many different names: mathematical, geometrical, demonstrative, philosophical, scientific.[70] Secondly, because it is defined in different ways in different texts; so, it is not clear in which discipline one should look for it: logic, where its principles and rules are clarified; philosophy, where it is applied in metaphysics; or mathematics, where it occurs in arithmetic, geometry, and algebra, but also in applications. Most studies in the literature focus on logic, philosophy, and their origins, rather than the achievements of Wolff's method.[71] For example, it has been questioned whether Wolff's mathematical method is the heir of Aristotle's syllogistic logic, of Scholastics, of Port Royal Logic, of the *mathesis universalis* tradition, of Euclid's *Elements,* of Newton, of Descartes and Tschirnhaus, of Barrow, or of Leibniz.[72] In what follows I will try to combine the two approaches, discussing the characterization of the method offered in the mathematical textbooks as well as its application in the definition of mathematical key concepts. Having analyzed Wolff's main concepts in the former section, I will now discuss the features of the mathematical method and make references to several features of those definitions.

---

70 See Tore Frängsmyr, "Christian Wolff's mathematical method and its impact on the Eighteenth century", in: *Journal of the History of Ideas,* 36/4 (1975), p. 655. See also the contribution of Juan Gómez Tutor in this volume.
71 See in particular the literature mentioned in footnote 8. Paola Basso regrets that Wolff's method gets rid of the strictly geometrical nature, thus losing some of its focus on the logic of discovery, on the investigation of the connection between truths, and on the limits of its application. Basso claims that the method thus becomes a universal and thus void method, whereby the order of exposition is much more important than the discovery of truths, and the effort to define is prior to the effort to prove. See Paola Basso, *Il secolo geometrico,* op. cit.
72 Cf. in particular Frängsmyr, "Christian Wolff's mathematical method", op. cit., p. 656. Shabel, *Mathematics in Kant's Critical Philosophy. Reflections on Mathematical Practice,* op. cit.; cf. Dunlop, "Mathematical method", op. cit.; cf. Vleeschauwer, "La genèse de la méthode mathématique de Wolff", op. cit.; cf. Zingari, "Die Philosophie von Leibniz", op. cit. Significant exceptions are Sutherland, Schubring, Dauben and Scriba, who tend to focus on specific results of Wolff's mathematics, but do not connect them to the question of the method. See Sutherland, "Philosophy, Geometry, and Logic in Leibniz, Wolff, and the Early Kant", op. cit.; see Schubring, *Conflicts Between Generalization, Rigor, and Intuition,* op. cit.; see Dauben, and Scriba, *Writing the History of Mathematics. Its Historical Development,* op. cit.

3.2 Mathematical method as order

Wolff's mathematical method concerns the order of exposition used by mathematicians: first, the definitions, then the axioms and postulates (or experiments and observations in mixed mathematics), and finally the theorems and problems, all accompanied by corollaries and scholia, whenever necessary. Definitions are the fundamental notions from which all the rest is deduced.[73] The mathematical order thus focuses on definitions, and on the derivation of theorems and problems, as well as on axioms and postulates coming from them. If the derivation of theorems is a standard requirement of the axiomatic method from Euclid's elements onwards, the sense in which geometrical axioms could be derived from definitions needs to be clarified. This approach seems quite incompatible with modern axiomatics, where on the contrary, definitions do not play any inferential role, but rather serve as clarifications, whereas the axioms are the beginning of the inferential process. When Wolff aims at reforming Euclid in order to determine the "fundamental concepts from which all knowledge can be derived by means of definitions"[74], he believes in a unique hierarchy of concepts, integrating geometry, philosophy, and all other branches of human knowledge. And he believes in the possibility of a conceptual analysis that clarifies the notions that should be taken as primitive: e.g. similarity is more fundamental than congruence in geometry, and thereby all theorems that depend on a principle of similarity should precede the theorems that depend on congruence. Wolff's concern for the right order of concepts is thus not completely opposed to foundational questions such as those that arose in Hilbert's *Grundlagen,* as he grouped theorems concerning basic relations such as incidence, order, congruence, parallelism and continuity. Besides, even in the 20th century authors like Peano and Gödel, who had been strongly influenced by Leibniz, were quite responsive to the question of the right order of concepts.[75]

---

73 See *Elementa Matheseos I,* § 1–3, p. 5 (GW II 29).
74 See Sutherland, "Philosophy, Geometry, and Logic in Leibniz, Wolff, and the Early Kant", op. cit., p. 168.
75 See Paola Cantù, "The right order of concepts: Grassmann, Peano, Gödel and the inheritance of Leibniz's universal characteristic", in: *Philosophia Scientiae. Studies in History and Philosophy of Science,* 18/1 (2014), pp. 157–182.

3.3 Mathematical definitions

This idea of an integrated human knowledge explains Wolff's characterization of mathematical definitions as a special case of definitions in general. Definitions are fundamental notions of something, fundamental representations of a thing in the mind.[76] Following Leibniz, Wolff distinguishes:

1) clear (obscure) notions i.e. notions that are sufficient (insufficient) for one to recognize the denoted object whenever presented with it;
2) distinct (confused) notions, i.e. such that one can enumerate the characteristics [*Merkmale*] that make the recognition possible; and
3) adequate [*vollständig*] (inadequate) notions, whenever the representation of the characteristics that make the recognition possible is itself distinct.[77]

Mathematical definitions should amount to distinct, and—whenever possible—adequate notions. Impure definitions that involve some features derived from applications might help us to form clear notions of mathematical objects, whereas philosophical notions might improve the distinctness and adequateness of the definitions. Even if Wolff does not say this explicitly, one might find a reason for admitting impure definitions in the search for virtues, such as clarity, distinctness and adequateness.

Wolff then considers two kinds of definitions:

1) nominal definitions are enumerations of the features that are sufficient to distinguish the represented thing (e.g. a square defined as a quadrilateral, equilateral and rectangular figure); and
2) real definitions are distinct notions that express the genesis of the thing, i.e. the way it might become (e.g. a circle conceived as described by the movement of a rectilinear line around a fixed point).[78]

The search for real definitions explains the importance given to geometrical constructions, and also the effort to separate each definition in two parts: a nominal and a real one. This holds for the definition of geometrical figures as extensive quantities (i.e. based on relations of contiguity between their parts), or as the result of specific geometrical constructions. But this might also explain Wolff's hesitation between physical definitions and geometrical definitions (e.g. infinitesimals are sometimes described as particles, straight lines as the length of physical things, and so on).

---

76 See *Elementa Matheseos I*, § 3, p. 6 (GW II 29); see also *Auszug aus den Anfangs-Gründen aller mathematischen Wissenschaften*, § 2, p. 3 (GW I 25).
77 See *Elementa Matheseos I*, §§ 4–12, pp. 6–7 (GWII29). Cf. also *Deutsche Logik*, chap. I, § 9 ff., p. 126 ff. (GW I 1).
78 See *Elementa Matheseos I*, §§ 13–18, p. 7 (GWII29).

3.4 The inferential role of definitions

Wolff's effort to consider definitions not only as a "nomenclature teaching the names of things", but also as something from which we can derive postulates, had some undesirable consequences in mathematics. Lambert regretted that Wolff "granted too much to definitions", as he claimed that even the principles had to be preceded by definitions in order to be rightly conceived and understood. Lambert claimed that Wolff's use of philosophical definitions as nominal definitions that were assumed to wrongly prove certain theorems, had the effect that "the very proposition that every definition, before it is proven, is an empty hypothesis—the very proposition that Euclid knew so well and took so seriously—was, if not completely lost, then pretty much forgotten"[79]. Interestingly enough, Bolzano's own reformulation of Euclid's geometry was influenced by Wolff's principle of similarity, but Bolzano specifically mentions the influence he received from the formulation presented in the Ontology and only generically mentions the treatment of similarity in Wolff's mathematical writings.[80] The comparison with Bolzano is interesting, because Bolzano, like Wolff, was a non-professional mathematician who published mathematical essays. Bolzano also used conceptual analysis as an inferential tool, obtaining results that are mathematically more interesting, as an inductive procedure to prove certain numerical equalities.

Wolff's understanding of definitions is entirely centered on Leibniz's idea of conceptual analysis and on the decomposition of a concept in its features. The main problem concerns the possibility of deriving relational properties of the denoted things from non-relational features of the notions that compose their concept and that occur in Wolff's definition. Lambert would say that only postulates contain the mutual relation between concept and thing, because they concern the possibility of the construction of the thing and at the same time the universality of its concept, for it can be applied to any construction.

---

[79] See Johann Heinrich Lambert, "Theorie der Parallellinien", in: *Die Theorie der Parallellinien von Euklid bis auf Gauss*, ed. by Engel and Stackel, Leipzig, 1895, pp. 157–58, Engl. transl. by A. Laywine in: *Kant and Lambert on geometrical postulates in the reform of metaphysics*, in: *Discourse on a New Method: Reinvigorating the Marriage of History and Philosophy of Science*, ed. by M. Friedman, M. Domski, and M. Dickson, Chicago and La Salle, Illinois, 2010, p. 118. See also Jeremy Heis, "Kant (vs. Leibniz, Wolff and Lambert) on real definitions in geometry", in: *Canadian Journal of Philosophy*, 44/5-6 (2014), pp. 605–630.

[80] See Bernard Bolzano, *Betrachtungen über einige Gegenstände der Elementargeometrie*, Prag, 1804, Engl. transl. in *The mathematical works of Bernard Bolzano*, ed. by S. Russ, Oxford 2004, p. 42.

4 Summary

Wolff's mathematics is better known as the critical target of Gauss, Schumacher, Leibniz, Bernoulli, Kästner, Cantor, and other mathematicians, who disliked the fact that his books were conceived as textbooks rather than as research writings, and criticized some of his definitions. This criticism, as well as other remarks on mistakes made in Wolff's inferential procedures, prove how Wolff's philosophy and theory of knowledge influenced his mathematical orientation. But it is important to show that there is at least an internal coherence between the normative requirements suggested by Wolff's philosophy, and in particular by his conception of the mathematical method, and the notions he actually defined in his textbooks. The impurity of definitions and the impurity of proofs that Wolff has been charged with by Kant and Lambert was a trait that Wolff shared with other authors of his time such as Leibniz. Indeed, it constituted the fundamental desideratum of Wolff's own epistemology, because he believed in the integration of mathematical knowledge into the larger body of human knowledge, and shared the idea that a right order of concepts should not only be introduced separately in each discipline, but also in the general hierarchy of concepts. This holistic and at the same time hierarchic vision of human knowledge is certainly very far from successive hyper-specialization and separation of disciplines, but is part of a coherent epistemological frame. This explains why several topics that Wolff did not fully develop in his mathematical books (such as probability, and partly the theory of extensive quantities) are rather discussed in logic or in metaphysics. This confirms the thesis that Wolff's works (like Leibniz's, Newton's or Descartes') cannot be read separately, and that a fully complete view of Wolff's mathematics cannot be achieved without a deeper investigation of the relations between mathematics, ontology, metaphysics, and logic.

The analysis of Wolff's definitions of number and quantity in light of his theory of what mathematical definitions should be, reveals on the one hand that Wolff's debt to Descartes—whose intense reading has been attested by Hofmann[81]—is perhaps as conspicuous as the influence he received from Leibniz, notwithstanding his defense of Leibniz in the priority controversy on the discovery of the infinitesimal calculus, and his acknowledgement of Leibniz' highest contributions to algebra, universal *mathesis* and *calculus situs*. Besides, it reveals that Wolff's geometrical definitions were strongly influenced by Euclid—especially by Barrow's English edition of the *Elements*—as well as by Aristotle's notion of contiguity, rather than by Newton's fluxional conception of geometrical quantities.

---

81 See J. E. Hofmann, Vorwort to *Mathematisches Lexicon*, p. ix (GW I 11).

5 Reading notes

Anonymous (1714): "Review of Bernoulli's Ars Conjectandi", in: Acta Eruditorum (GW II 38.1).
Arana, Andrew (2009): "On formally measuring and eliminating extraneous notions in proofs", in: *Philosophia Mathematica* 17/2, pp. 189–207.
Arana, Andrew (2014): "Purity in arithmetic. Some formal and informal issues", in: M. Detlefsen and G. Link editors, *Formalism and Beyond. On the Nature of Mathematical Discourse*, Boston, pp. 275–314.
Aristotle (1994): *Posterior Analytics*, 75a–75b, transl. by Jonathan Barnes, Oxford.
Basso, Paola (2004): *Il secolo geometrico. La questione del metodo matematico in filosofia da Spinoza a Kant*. Firenze.
Bernoulli, Jakob (1713): *Ars Conjectandi*, Basel.
Bolzano, Bernard (1804): *Betrachtungen über einige Gegenstände der Elementargeometrie*, Prag. Engl. transl. in S. Russ editor, *The mathematical works of Bernard Bolzano*, Oxford 2004, pp. 25–82.
Bos, Henk J. M. (1993): *Lectures in the History of Mathematics*, London and Providence.
Calinger, Ronald S. (2015): *Leonhard Euler: Mathematical Genius in the Enlightenment*, Princeton, NJ.
Campe, Rüdiger (2012): *The game of probability. Literature and calculation from Pascal to Kleist*. Stanford.
Cantor, Moritz (1898): *Vorlesungen über die Geschichte der Mathematik*, vol. 3, Leipzig.
Cantù, Paola (2008): "Aristotle's prohibition rule on kind-crossing and the definition of mathematics as a science of quantities", in: *Synthese* 174/2, pp. 225–235.
Cantù, Paola (2014): "The right order of concepts: Grassmann, Peano, Gödel and the inheritance of Leibniz's universal characteristic", in: *Philosophia Scientiae. Studies in History and Philosophy of Science* 18/1, pp. 157–182.
Cataldi Madonna, Luigi (1987): "Wahrscheinlichkeit und wahrscheinliches Wissen in der Philosophie von Christian Wolff", in: *Studia leibnitiana* 19/1, pp. 2–40.
Cataldi Madonna, Luigi (1992): "Wolff, Bolzano e la probabilità", in: S. Carboncini and L. Cataldi Madonna editors, *Nuovi studi sul pensiero di Christian Wolff*, Hildesheim and New York, pp. 107–130 (GW III 31).
Ciafardone, Raffaele (1978): *Illuminismo tedesco. Metodo filosofico e premesse etico-teologiche (1690–1765)*, Riet.
Corr, Charles A. (1975): "Christian Wolff and Leibniz", in: *Journal of the History of Ideas*, 36/2, pp. 241–262.
Dauben, Joseph W. and Scriba, Cristoph J. (2002): *Writing the History of Mathematics. Its Historical Development*, Basel.
De Risi, Vincenzo (2007): *Geometry and Monadology: Leibniz's Analysis Situs and Philosophy of Space*, Basel, Boston and Berlin.
De Vleeschauwer, Herman J. (1931): "La genèse de la méthode mathématique de Wolff", in: *Revue belge de philologie et d'histoire* 11, pp. 651–677.

Descartes, René (1998): *Regule ad Directionem Ingenii. Rules for the Direction of the Natural Intelligence,* Engl. transl. by G. Heffernan, Amsterdam and Atlanta, GA.

Dudley Sylla, Edith (2011): "Mendelssohn, Wolff, and Bernoulli on Probability", in: R. Munk editor, *Moses Mendelssohn's Metaphysics and Aesthetics,* Dordrecht, Heidelberg, London and New York, pp. 41–63.

Dunlop, Katherine (2013): "Mathematical method and Newtonian science in the philosophy of Christian Wolff", in: *Studies in History and Philosophy of Science* Part A 44/3, pp. 457–469.

École, Jean (1983): "Introduction", in: *Philosophia rationalis sive logica I,* pp. v–lxxxvii (GW II 1.1).

École, Jean (1983): "Introduction", in: *Philosophia rationalis sive logica II,* pp. v–ccxxxiii (GW II 1.2).

Frängsmyr, Tore (1975): "Christian Wolff's mathematical method and its impact on the eighteenth century", in: *Journal of the History of Ideas* 36/4, pp. 653–668.

Gauss, Christian Friedrich (1862): *Briefwechsel zwischen C. F. Gauss und H. C. Schumacher,* ed. by C. A. F. Peters, vol. 4, Altona, 1862.

Hàjek, Alan (2012): "Interpretations of probability", in: E. N. Zalta editor, *The Stanford Encyclopedia of Philosophy,* Stanford, Winter Edition.

Heis, Jeremy (2014): "Kant (vs. Leibniz, Wolff and Lambert) on real definitions in geometry", in: *Canadian Journal of Philosophy* 44/5-6, pp. 605–630.

Hofmann, J. E. (1968): Vorwort to *Elementa Matheseos I,* pp. v–ix (GW II 29).

Hofmann, J. E. (1978): Vorwort to *Mathematisches Lexicon,* pp. v–xvi (GW I 11).

Hube, Johann Michael (1759): *Versuch einer Analytischen Abhandlung von den Kegelschnitten,* Göttingen.

Lambert, Johann Heinrich (1895): "Theorie der Parallellinien", in: P. Stäckel and F. Engel editors, *Die Theorie der Parallellinien von Euklid bis auf Gauss,* Leipzig, pp. 157–58.

Laywine, Alison (2010): "Kant and Lambert on geometrical postulates in the reform of metaphysics", in: M. Friedman, M. Domski, and M. Dickson editors, *Discourse on a New Method: Reinvigorating the Marriage of History and Philosophy of Science,* Chicago and La Salle, Illinois, pp. 113–134.

Leibniz, Gottfried Wilhelm (1863): "Initia rerum mathematicarum metaphysica", in: C. I. Gerhardt editor, *Leibnizens mathematische Schriften,* vol. 7, Halle, pp. 18–19. Engl. transl in G. W. Leibniz, *Philosophical Papers and Letters: A Selection,* ed. by L. E. Loemker, Dordrecht, Boston, and London, 1975, pp. 666–674.

Leibniz, Gottfried Wilhelm (1863): "Mathesis universalis", in: C. I. Gerhardt editor, *Leibnizens mathematische Schriften,* vol. 7, Halle, pp. 49–76.

Marcolungo, Ferdinando L. (1992): "Wolff e il problema del metodo", in: S. Carboncini and L. Cataldi Madonna editors, *Nuovi studi sul pensiero di Christian Wolff,* Hildesheim and Zürich and New York, pp. 11–37 (GW III 31).

McRobert, Jennifer (2004): *Kant on negative quantities, real opposition and inertia,* Paper Presented at the 2004 Meeting of the Western Canadian Philosophical Association in Victoria B. C., Canada.

Merker, Nicolao (1968): *L'illuminismo Tedesco. Età di Lessing,* Laterza.

Moretto, Antonio (1995): "La rilevanza matematica della discussione sui concetti di continuo e di funzione nella filosofia tedesca dell'età dell'illuminismo. Grandezza estensiva, continua e intensiva in Leibniz, Wolff, Baumgarten e Kant", in: *Fenomenologia e società* 18/2-3, pp. 109–153.

Newton, Isaac (1964): "Quadrature of curves", in: Derek T. Whiteside (editor), *Mathematical Works of Isaac Newton,* vol. 1, New York, pp. 141–160.

Padoa, Alessandro (1905–6), "Che cosa è una relazione?", in: *Atti della Accademia Reale delle Scienze di Torino,* 41, pp. 818–826.

Padoa, Alessandro (1910): "Frazioni, relazioni ed astrazioni", in: *Periodico di Matematica,* (3) 25/7, pp. 257–258.

Peckhaus, Volker (1997): *Logik, Mathesis universalis und allgemeine Wissenschaft. Leibniz und die Wiederentdeckung der formalen Logik im 19. Jahrhundert.* Berlin.

Schönfeld, Martin (2006): "Wolff, Christian (1679–1754)", in: D.M. Borchert, editor, *Encyclopedia of Philosophy,* vol. 9, Detroit, pp. 822–832.

Schubring, Gert (2005): *Conflicts Between Generalization, Rigor, and Intuition. Number Concepts Underlying the Development of Analysis in 17th–19th Century,* New York.

Shabel, Lisa (2002): *Mathematics in Kant's Critical Philosophy. Reflections on Mathematical Practice,* New York and London.

Sutherland, Daniel (2010): "Philosophy, Geometry, and Logic in Leibniz, Wolff, and the Early Kant", in: M. Friedman, M. Domski, and M. Dickson, editors, *Discourse on a New Method. Reinvigorating the Marriage of History and Philosophy of Science,* Chicago, pp. 155–192.

Tonelli, Giorgio (1959): "Der Streit über die mathematische Methode in der Philosophie in der ersten Hälfte des 18. Jahrhunderts und die Entstehung von Kants Schrift über die 'Deutlichkeit'", in: *Archiv für Philosophie* 9, pp. 51–84.

Walton, Craig (1970): "Ramus and Socrates", in: *Proceedings of the American Philosophical Society* 114/2.

Zenker, Kay (2009): *Vorwort* to *Auszug aus den Anfangs-Gründen aller Mathematischen Wissenschaften,* pp. 5–24 (GW I 25).

Zingari, Guido (1980): "Die Philosophie von Leibniz und die 'deutsche Logik' von Christian Wolff", in: *Studia Leibnitiana* 12/2, pp. 265–278.

10 Kontroversen und Rezeption

10.1 Die Pietisten

Anna Szyrwińska

Keywords

Causa wolffiana, Pietismus, Wiedergeburt, Determinismus, Freiheit, Lange, Molina

Abstract

Eines der interessantesten Ereignisse aus dem Leben Christian Wolffs war die sog. *Causa Wolffiana* – der Konflikt zwischen dem Philosophen mit den Vertretern des Halleschen Pietismus. Die unmittelbare Konsequenz dieser Streitigkeit war die amtliche Vertreibung Wolffs aus Halle, die als eine Strafe für den vermeintlichen Atheismus des Philosophen erfolgte. Im Fokus des Textes steht der historische Hintergrund, sowie der systematische Verlauf dieses Konfliktes. Die folgende Untersuchung beginnt mit einer Analyse der Vorgeschichte der *Causa Wolffiana* an: Es werden die Ursachen der stets anwachsenden Spannung zwischen Wolff und den Pietisten unter Berücksichtigung der subjektiven Perspektiven der beteiligten Parteien erklärt. Weiterhin wird die systematische Dimension des Konfliktes thematisiert: Den inhaltlichen Kern der Streitigkeit bildet der Konflikt zwischen dem deterministischen Charakter der Philosophie Wolffs auf der einen, und der auf der biblischen Konzeption der Wiedergeburt fundierten pietistischen Behauptung der Willensfreiheit auf der anderen Seite. Dies lässt sich insbesondere in der Polemik zwischen Wolff und seinem Hauptgegner Joachim Lange beobachten.

Die Beschäftigung mit dem Leben und Schaffen Christian Wolffs kann nicht ohne die Berücksichtigung seiner Beziehungen zu den Pietisten verlaufen. Der Konflikt, in den Wolff mit Halleschen Anhängern dieser Bewegunggeraten geraten ist, hat sich zu einem internationalen Eklat entwickelt und das Leben des Philosophen und seiner Familie dramatisch verändert: In seiner Folge wurde Wolff auf Befehl des Königs Friedrich Wilhelm I unter Androhung der Todesstrafe aus Preußen vertrieben. Der eigentliche Hintergrund dieses spektakulären Konfliktes, der allgemein auch unter dem Namen der *Causa Wolffiana* firmiert, weckt seit seinem Ausbruch große Aufmerksamkeit. Fesselnd wirkt dabei vor allem sein dynamischer Verlauf sowie das Engagement der höchsten politischen Kräfte in einer Kontroverse, die *per se* einen philosophischen Charakter hatte.

1 Wolffs Gegner

Die systematische Rekonstruktion der Geschichte der Vertreibung Wolffs aus Halle muss mit der Frage anfangen, wer eigentlich die Feinde des Philosophen waren, auf deren Betreiben sie geschah. Hauptsächlich handelt es sich um die Anhänger einer protestantischen Erneuerungsbewegung, dem sog. Pietismus, die sich im 17. Jahrhundert parallel sowohl auf dem Boden des Luthertums als auch der reformierten Theologie entwickelte.[1] Die Halleschen Pietisten waren Lutheraner: Sie haben die Hauptannahmen der Theologie Luthers sowie die Inhalte der Bekenntnisschriften anerkannt. Doch im Unterschied zu anderen Angehörigen ihrer Konfession hatten sie ganz besondere Ansprüche bezüglich ihrer Auslegung.

Eines der wichtigsten Postulate des Pietismus war etwa die Verbreitung des Glaubens durch die Anpassung des rhetorischen Stils der Predigten an die Zuhörer. Die Pietisten bemühten sich, die komplizierten theologischen Theorien möglichst vielen Gläubigen beizubringen, auch denjenigen, die keine entsprechende Ausbildung hatten. Die raffinierte Rhetorik der damaligen Theologen, die ihre Quelle in der Scholastik hatte, hatte oftmals keinen Bezug zum Alltagsleben der Gemeinde und war unverständlich. Absicht der Pietisten war es, dies zu ändern und die theologischen Probleme auf eine möglichst praxisorientierte Art und Weise darzustellen. In ihren Predigten und Erbauungsschriften thematisierten sie deswegen meistens keine komplexen theologischen Themen, sondern belehrten ihre Zuhörer vielmehr über die praktischen Regeln eines anständigen und gottgefälligen Lebens. In möglichst einfachen Worten warben sie für die Pflege eines innerlichen Verhältnisses zu Gott, Menschenliebe und Buße. In der konsequenten praktischen Befolgung dieser Vorschriften sahen sie die Möglichkeit einer spirituellen Fortentwicklung der Gläubigen, die sie zum Erlebnis einer sog. Wiedergeburt führen sollte.

---

1 Siehe Johannes Wallmann, *Der Pietismus*, Göttingen 2005, S. 21.

Die starke Betonung der Rolle des Ereignisses der *Wiedergeburt* im Leben der Gläubigen war der nächste charakteristische Punkt der pietistischen Theologie. Die Konzeption der Wiedergeburt allein ist kein originär *pietistisches* Konzept: Schon in der Hl. Schrift sowie in den lutherischen Bekenntnisschriften ist davon die Rede. Danach bedeutet die Wiedergeburt spirituelle Umkehr dank der Mitwirkung des Heiligen Geistes. Laut der metaphorischen Beschreibung in der Hl. Schrift sollten die Menschen, die die Wiedergeburt erlebten, nicht mehr „aus dem Fleisch", sondern „aus dem Geist" geboren werden.[2]

Die Pietisten jedoch haben der Lehre von der Wiedergeburt einen besonderen Wert zugewiesen: Sie waren der Meinung, dass die biblische Figur der Geburt aus dem Geist keinen rein metaphorischen Charakter hat, sondern dass die Wiedergeburt wirklich *erlebt* werden kann. Diese Veränderung sollte eine vollständige Umwandlung des Mechanismus der moralischen Motivation eines Menschen verursachen. Nach der Auffassung der Pietisten befinden sich alle Menschen ursprünglich im sog. *status naturae lapsae:* Ihre Natur ist durch die Erbsünde geprägt und dadurch lasterhaft. Die Nicht-Wiedergeborenen haben oft Probleme mit der richtigen Erkenntnis des Guten. Außerdem unterliegen sie stets einer Reihe natürlicher Triebfedern, die oft einen Anlass zur Sünde darstellen. Durch die Willensschwäche sind die Nicht-Wiedergeborenen dabei unfähig dazu, ihre sündhaften Neigungen vollständig zu beherrschen. Erst die Wiedergeburt ändert diese lasterhafte Verfasstheit und steigert die intellektuellen und volitionalen Fähigkeiten der Menschen. Die Wiedergeborenen gewinnen die Fähigkeit, das moralisch Gute richtig zu erkennen sowie ihre Willensschwäche zu überwinden. Mehr noch: Nicht nur erkennen sie, was gut ist, sondern sie finden auch Gefallen am freiwilligen moralisch richtigen Handeln. Ihre Motivation zum moralischen Handeln gewinnt dadurch eine innerliche Dimension.

Die so verstandene Wiedergeburt ist nicht nur aus dem Gesichtspunkt des subjektiven moralischen Verhaltens von Bedeutung, sondern auch aus der Sicht der ganzen menschlichen Gemeinschaft. Das Erleben der Wiedergeburt durch Individuen sollte nämlich eine sukzessive Verbesserung der Lebensqualität der ganzen Gemeinschaft der Gläubigen bedingen: Wegen der steigenden Qualität der moralischen Verfasstheit der Menschen sollte die weltliche Wirklichkeit schrittweise immer mehr dem Reich Gottes ähnlich werden. Diesen utopischen Zustand zu verwirklichen war das Ziel der Pietisten.[3] Sie beschränkten sich nicht nur auf die Verbreitung ihrer Theorien, sondern versuchten auch, ihre Ansprüche aktiv in die Praxis umzusetzen: Sie engagierten sich in der Mission sowie in karitativen Initiativen. Halle war eine Stadt, wo die Anhänger des Pietismus sowohl das akademische Leben der dortigen Friedrichs-Universität als auch die sozialen und pädagogischen Dimensionen des Alltagslebens der Stadtbewohner prägten. Größtenteils dank der Initiativen von August Hermann Francke (1663–1727), des Professors für Theologie an der Universität und Leiters des

---

2 Vgl. Johannes 3,1–9.
3 Vgl. z. B. Philipp Jakob Spener, *Pia Desideria* (1676), Gießen 2005, S. 34.

von ihm gegründeten Waisenhauses, wurde Halle zu einem der pietistischen Zentren auf der Karte Europas, von denen aus sich die pietistische Frömmigkeit sowie der Ruhm der ganzen Bewegung weit verbreiteten.

Der Pietismus hatte allerdings auch seine Schattenseiten. All diese gottgefälligen karitativen Initiativen sowie die harmlos klingenden Grundsätze stehen nämlich in deutlichem Widerspruch mit dem rücksichtslosen Umgang der Pietisten mit denjenigen, die sie als Gegner ausmachten.[4] Diese Diskrepanzmacht zeigt sich besonders an der Geschichte Christian Wolffs.

2 Was geschah in Halle?[5]

Wolffs wissenschaftliche sowie private Begegnungen mit Halleschen Pietisten waren schon aufgrund seines Lebens- und Arbeitsorts nicht zu vermeiden: An der Halleschen Universität, wo der Philosoph von 1706 bis 1723 als Professor für Mathematik und Philosophie tätig war, bildeten die Anhänger des Pietismus eine starke Lobby. Ihr Konflikt mit Wolff brach offiziell im Jahr 1721 aus. Am 12. Juli dieses Jahres hielt Wolff als Prorektor der Universität eine festliche Rede unter dem Titel *Oratio de Sinarum philosophia practica*. Der Anlass dazu war die Inauguration der baldigen Übergabe seines Amtes an einen der pietistischen Theologieprofessoren – Joachim Lange (1670–1744). In seiner Prorektoratsrede stellte Wolff die spätestens seit Grotius diskutierte These vor, dass auch die nicht christlichen Völker dazu durchaus fähig seien, moralische Werte zu entwickeln und zu realisieren. Genau in dieser Behauptung Wolffs sieht man oft die unmittelbare Ursache für den Ausbruch des Konflikts zwischen dem Philosophen und den Pietisten. Die Halleschen Theologieprofessoren haben die von Wolff behauptete Trennung der Moral von der Offenbarung als eine unverschämte Rechtfertigung des Atheismus sowie eine Spitze gegen den neuen – pietistischen – Prorektor interpretiert. Sie fühlten sich umso mehr zur Reaktion berufen, da Wolff seine – aus ihrer Sicht gefährliche – Ansichten an der Universität vorgestellt hat, wo sie sich schnell unter den Studierenden verbreiten konnten.[6] Und so versetzte Wolffs Rede die prominentesten Vertreter des Pietismus in Aufregung. So etwa kritisierte Joachim Justus Breithaupt (1658–1732) bereits in seiner nächsten Sonntagspredigt Wolffs Lehre. Auch August Hermann Francke hat Wolff persönlich dazu aufgerufen,

---

4 Vgl. Jakob Carpov, *Ausführliche Erläuterung der Wolffischen vernünftigen Gedancken von der Menschen Thun und Lassen Darin hauptsächlich diejenigen Stellen, Welche Herr D. und Prof. Joachimus Lange in seinen philosophischen Fragen über die so genannte mechanische Moral zu bestreiten gesuchet* (1735), Vorrede: „Die Schreib=Art der Gegner ist so insolent, daß man wohl in der historia litteraria wenig dergleichen Exempel finden wird. Man redet mit grösten Verachtung von andern, und ist gar nicht dessen eingedenck, daß der hochmüthige und eingebildet heilige Pharisäer, welcher sich selbst vermaß, daß er fromm und sehr vollkommen wäre, und die andern verachtete, nur als ein kleines Lichtlein gegen den bußfertigen Zöllner bey GOtt angesehen war", S. 57 (GW III 48).
5 Vgl. diesbezüglich auch die Beiträge von Gerhard Biller und Sonia Carboncini.
6 Vgl. Carl Hinrichs, *Preußentum und Pietismus*, Göttingen 1971, 414.

die Thesen seines Vortrags der Theologischen Fakultät schriftlich mitzuteilen, damit sie offiziell diskutiert werden könnten. Wolff antwortete zwar auf den Brief Franckes, allerdings zeigte er sich dabei durchaus skeptisch gegenüber der Möglichkeit eines fachlichen Dialogs zu philosophischen Fragen mit Vertretern der Theologie. Als Reaktion auf seine hochmütige Antwort wurde von den Pietisten ein offizielles Gutachten der Theologischen Fakultät über die Hauptannahmen der Philosophie Wolffs verfasst, in dem die Irrtümer seiner Lehre aufgelistet und sein System offiziell als schädlich anerkannt wurde. Der Autor des Gutachtens war Joachim Lange selbst, der in den kommenden Jahren zum wichtigsten pietistischen Opponenten Wolffs wird.[7]

Obwohl die Prorektoratsrede der offizielle Grund des Ausbruchs der Kontroverse war, waren die dort thematisierten Fragen allerdings nicht das einzige Feld der Spannungen zwischen Wolff und den Angehörigen der Theologischen Fakultät. Der Konflikt hat sich zusätzlich aufgrund ihrer Meinungsverschiedenheiten zur universitären Verwaltung verschärft. Diese gründeten auf Wolffs Bemühungen, einen seiner Schüler – Ludwig Thümmig (1697–1728) – zum Professor ordinarius zu befördern. Seine Anstrengungen haben eine Reihe negativer Reaktionen ausgelöst. Ein ehemaliger Student Wolffs, Daniel Strähler (1690–1750), der keine ähnliche Patronage Wolffs genossen hatte, hat sich – womöglich aus Neid – für die Seite der Pietisten eingesetzt: Er verfasste eine Reihe polemischer Kommentare gegen die Lehre Wolffs sowie Berichte über die Vorgeschichte des Streits, die sich durch einen höchst verbitterten und sarkastischen Ton auszeichnen.[8] Darin stellte er Wolff im Gegensatz zu seinen pietistischen Gegnern in einem durchaus negativen Licht dar.[9]

Als viel gefährlicher für Wolff als diese Antipathie Strählers erwiesen sich jedoch die Reaktionen der pietistischen Professoren, die mit seinen Plänen betr. Thümmig ebensowenig einverstanden waren. Dabei waren die Pietisten davon überzeugt, dass die beste Lösung wäre, Wolffs Kompetenzbereiche an der Universität durch ein Lehrverbot in den Fächern Philosophie und Metaphysik zu begrenzen. Genau mit diesem Anliegen wandten sie sich mit der Bitte um Unterstützung an König Friedrich Wilhelm I.

August Hermann Francke soll sich persönlich in seiner Korrespondenz mit dem König über das problematische Verhalten Wolffs beschwert haben. Und obwohl nicht alle Inhalte ihres Briefwechsels vollständig erhalten sind[10], spricht alles dafür, dass gerade Franckes Bemühungen die unmittelbare Ursache für die Entscheidung des

---

7   Bemerkenswert ist ebenso ein anderer Opponent Wolffs, der mit dem Pietismus sympathisierte, nämlich Johann Franz Buddeus (1667–1729). Siehe etwa: ders. *Bedencken über die wolffiansche Philosophie* (1724) (GW III 64.1).
8   Siehe Daniel Strähler, *Prüfung der vernünftigen Gedancken des Herrn Hoff-Rath Wolffes von Gott, der Welt und der Seele des Menschen, auch allen Dingen überhaupt* (1723) (GW III.53).
9   Diese Geschichte beschreiben Carl Hinrichs und Albrecht Beutel. Siehe: Albrecht Beutel, *Causa Wolffiana*, in: ders. *Reflektierte Religion. Beiträge zur Geschichte des Protestantismus*, Tübingen 2007, S. 125–169.
10 Vgl. Beutel, *Causa Wolffiana*, a. a. O., S. 157.

Königs waren, Wolff aus Preußen zu vertreiben. Es ist bemerkenswert, dass der königlichen Entscheidung nicht die internen Konflikte auf dem Feld der universitären Verwaltung zugrundelagen, sondern der angebliche Atheismus Wolffs, der aus den Beschwerden Franckes hervorgehen musste.[11] Das große Gewicht des Atheismusvorwurfs beweist die Schwere der königlichen Strafe. Nachdem Wolff am 12. November 1723 vom Befehl des Königs erfuhr, musste er sich buchstäblich auf die Flucht machen: Ihm blieben 48 Stunden, um Preußen zu verlassen und die ihm für die Vernachlässigung des Gebots drohende Todesstrafe zu vermeiden. Wolff selber hat damals beschlossen, die Professorenstelle in Marburg anzutreten, wo er bis seiner Rückkehr nach Halle im Jahr 1740 lebte.[12] Die Nachrichten über seinen Fall haben sich jedoch europaweit verbreitet. Der Hallesche Eklat hat große Aufmerksamkeit der Zeitgenossen genossen und wurde reichlich kommentiert.

3   Deutungsversuche

Die treffende Deutung der komplexen Halleschen Ereignisse wurde dabei zum Hauptinteresse nicht nur der Zeitzeugen, sondern auch der gegenwärtigen Forschung. Es existieren eine Reihe Hypothesen bezüglich der eigentlichen Quelle des Konfliktes zwischen den Pietisten und Wolff.[13] Auch wenn es nicht ganz unwahrscheinlich ist, dass ausschließlich persönliche Animositäten für eine so dramatische Zuspitzung der Streitigkeit sorgten, empfiehlt sich eine Suche nach der Ursache des Konfliktes auch in anderen Bereichen. Auf den ersten Blick scheint es, dass sich das Wesen der Kontroverse auf einen schlichten Konflikt zweier verschiedener ideologischer Denkweisen reduzieren lässt: Danach solle die *Causa Wolffiana* einen plakativen Antagonismus zwischen etwa Toleranz und Intoleranz oder Philosophie und Theologie, wie auch Atheismus und Religiosität, Vernunft und Glaube, oder schließlich zwischen Aufklärung und Pietismus darstellen. Wenngleich auch alle diese Etiketten auf den ersten Blick als passend erscheinen, verrät die genauere Betrachtung der Kontroverse doch, dass sie eine grobe Vereinfachung ihres Gesamtbildes darstellen.

Der Widerstand der Pietisten gegen den Vortrag Wolffs, in dem er die Fähigkeit der Nicht-Christen zum moralisch guten Leben thematisierte, scheint die Bezeichnung der späteren Kontroverse als einen Streit um Toleranz zu legitimieren. Allerdings bemerkt man in den Schriften der pietistischen Denker, dass sie selbst oft die Moral der Heiden sowie deren angeborene Triebe zum Vollzug guter Handlungen

---

11   Zu Reaktionen der Pietisten siehe, *ebd.*, S. 159 ff. Siehe auch Hinrichs, *Preußentum und Pietismus*, a. a. O., S. 418.
12   Siehe auch den Beitrag von Gerhard Biller.
13   Vgl. Bruno Bianco, *Freiheit gegen Fatalismus. Zu Joachim Langes Kritik an Wolff*, in: *Zentren der Aufklärung I. Halle: Aufklärung und Pietismus*, hg. von Norbert Hinske, Heidelberg 1989, S. 116. Siehe auch: Beutel, *Causa Wolffiana*, a. a. O., S. 125–126. Vgl auch Martin Kühnel, *Joachim Lange (1670–1744), der „Hällische Feind" oder ein anderes Gesicht der Aufklärung*, Halle/Saale 1996, S. 25.

thematisiert haben.¹⁴ Ebenso ist der Versuch, den Konflikt auf einen Streit um den angeblichen Atheismus Wolffs zu reduzieren, nicht legitim: Auch wenn die Atheismusanklage von den Pietisten ausdrücklich formuliert und als offizieller Grund für Wolffs Vertreibung durch den König genannt wurde, sind in den Schriften Wolffs weder die Verneinung der Existenz Gottes noch Zweifel an der wissenschaftlichen Betrachtung seines Wesens festzustellen. Die genauere Betrachtung der Kontroverse zeigt außerdem, dass sie ebensowenig eine Spannung zwischen theologischem und philosophischem Denken bzw. zwischen Vernunft und Glauben beinhaltet. Denn die Polemik wurde vor allem auf dem Feld der Philosophie geführt. Deswegen kann auch von einem vermeintlichen Konflikt zwischen Philosophie und Theologie nicht die Rede sein. Wenn also der für eine so dramatische Zuspitzung der Kontroverse verantwortliche Faktor weder in persönlichen Feindseligkeiten noch in einem der genannten Spannungsfelder zu finden ist, muss die Streitigkeit ihren Ursprung woanders genommen haben.

Dieser lässt sich in der Vorgeschichte des Konfliktes finden. Es ist ersichtlich, dass der eigentliche Moment, in dem Wolff die Aufmerksamkeit der Pietisten auf sich gezogen hat, nicht erst im Jahr 1721 statt hatte, als er seine Prorektoratsrede hielt, sondern schon 1709, als er sein Lehrangebot von den ausschließlich mathematischen Disziplinen auf die philosophischen Fächer erweiterte.¹⁵ Der genaue Faktor, der die Kontroverse ausgelöst hat, wird folglich in den philosophischen Inhalten seiner Lehre liegen. Und in der Tat entdeckt man ihn in der Polemik zwischen Wolff und Lange: Der Punkt, an dem ein fundamentaler Unterschied zwischen den Ansichten Wolffs und der Pietisten festzustellen ist, betrifft ihre durchaus anderen Auffassungen zum Problem der Willensfreiheit. Genau diese Problematik liegt der *Causa Wolffiana* zugrunde.

4 Zur Freiheitauffassung im Pietismus

Diese Feststellung mag überraschen. Denn um eigene Ansichten zum Problem der Willensfreiheit zu entwickeln, muss man sich ja zuerst der systematischen Reflexion über Willensfreiheit widmen und das Wesen der Freiheit in einer philosophischen oder theologischen Untersuchung hinterfragen. Und auf dem ersten Blick haben die Pietisten dies gerade nicht getan: Sie scheinen sich viel eher für Seelsorge und Wohltätigkeit zu interessieren als für systematische philosophische bzw. theologische Fragen. Man sollte sich allerdings von diesem Eindruck nicht täuschen lassen: Wie wir sehen werden, hatten die Pietisten durchaus ausgeprägte philosophische Überzeugungen, speziell im Bezug auf das Problem der Willensfreiheit. Doch sind ihre phi-

---

14 Vgl. z. B. Philipp Jacob Spener, *D. Philipp Jacob Speners Erklärung der christlichen Lehre nach der Ordnung des Kleinen Katechismus Dr. Martin Luthers* (1679), Bielefeld 1984, S. 124.
15 Siehe Hinrichs, *Preußentum und Pietismus*, a. a. O., S. 397; Beutel, *Causa Wolffiana*, a. a. O., S. 130.

losophischen Ansichten leicht zu übersehen und entziehen sich dadurch oft der Aufmerksamkeit der Forschung. Die Ursache hierfür ist, dass keiner der Pietisten ein seine philosophischen Ansichten umfassendes Werk verfasst hat, das als offizielles systematisches Manifest der pietistischen Doktrin gelten könnte. Eigenständige philosophische Überzeugungen bleiben deswegen häufig hinter dem theologischen Diskurs verborgen. Die Rekonstruktion der latenten philosophischen Ansichten der Pietisten über die Willensfreiheit, die erst während der Wolffkontroverse zur Sprache kommen, verlangt sowohl die Analyse ihrer eigenen, spezifischen Theologie als auch die Berücksichtigung der damaligen Paradigmen der Freiheitsreflexion.

Die paradigmatischen Rahmen der meisten philosophischen und theologischen Theorien der Freiheit im 16. und 17. Jahrhundert hatten ihren Ursprung in der spätscholastischen Freiheitslehre, die im 15. Jahrhundert von dem spanischen Jesuiten Luis de Molina (1535–1600) formuliert wurde. Charakteristisch dafür war die Behauptung der absolut unbegrenzten Willensfreiheit eines Individuums, nach der es keinen äußerlichen Faktor gibt, der den Willen eines Individuums determinieren könnte. Die systematische Begründung einer solchen Annahme war eine Herausforderung. Das Haupthindernis für ihre Begründung war eine theologische These über die Allwissenheit Gottes: Kann man wirklich sagen, dass die künftigen Ereignisse – also auch die subjektiven menschlichen Handlungen und Entscheidungen – im Voraus nicht vorherbestimmt sind, wenn Gott sie alle kennt? Molina hat die Schwierigkeit durch die Behauptung einer besonderen Art des göttlichen Wissens gelöst. Neben den von der Scholastik bereits unterschiedenen zwei Kategorien des göttlichen Wissens, nämlich der *scientia naturalis*, dank deren Gott die notwendigen Sachverhalte kennt, auf die er aktuell keinen Einfluss hat, und der *scientia libera*, die sich auf alles bezieht, was von seinem Willen aktuell abhängt, hat Molina eine dritte Kategorie eingeführt. Es ist die sog. *scientia media*, oder das mittlere Wissen, deren Objekt die menschlichen Handlungen und Entscheidungen sind, wie sie durch kontrafaktische Konditionale ausgesagt werden. Gott kann die menschlichen Handlungen nicht direkt beeinflussen, er weiß aber, wie sich die Menschen in bestimmten Bedingungen verhalten würden, und ist dadurch im Stande, die Verwirklichung dieser Bedingungen zu verursachen. Obwohl er damit zwar einen Einfluss auf die Wirklichkeit ausüben kann, bleiben dennoch die freien menschlichen Handlungen von seinem unmittelbaren Einfluss unabhängig. Dank dieser Behauptung konnte Molina eine Definition eines vollständig freien Subjekts formulieren. Diese besagt, dass man ein solches Subjekt als frei bezeichnet, das unter allen erfüllten Bedingungen zum Vollzug einer Handlung dazu fähig ist, je nach Belieben entweder genau diese Handlung oder keine Handlung oder aber eine durchaus andere Handlung zu vollziehen.[16]

---

16 Siehe Luis de Molina, *Liberi arbitrii cum gratiae donis, divina praescientia, providentia, praedestinatione et reprobatione Concordia* (1588), hg. von I. Rabeneck S. J., Oña/Madrid 1953: „Illud agens liberum dicitur quod positis omnibus requisitis ad agendum potest agere et non agere aut ita agere unum ut contrarum etiam agere possit", S. 14.

Die molinistische Konzeption der *scientia media* erfreute sich im 16. und 17. Jahrhundert großer Popularität und bildete den paradigmatischen Hintergrund für die Entwicklung der meisten damaligen Freiheitstheorien. Die pietistischen Denker machten keine Ausnahme und sahen das Freiheitsproblem durch das Prisma der molinistischen Kategorien. Doch im Unterschied zu der überwiegenden Mehrheit der damaligen Philosophen und Theologen, die die Triftigkeit der molinistischen Behauptung der absoluten Willensfreiheit mit großer Skepsis betrachteten, waren die Pietisten der Meinung, dass der menschliche Wille tatsächlich vollständig frei sein könne. Genau diese Überzeugung hat Joachim Lange im Rahmen seiner Polemik gegen Wolff geäußert: Er beruft sich direkt auf die Konzeption der *scientia media* sowie auf die molinistische Definition des freien Subjektes.[17]

Dieser stark indeterministische Charakter der pietistischen Überzeugungen resultiert aus der Besonderheit ihrer Theologie. Die pietistische Freiheitslehre gründete hauptsächlich auf der allgemeinen Überzeugung, dass den Menschen Willensfreiheit zukommt, wie man sie in den lutherischen Quellen findet. Auf dem ersten Blick ist darin kein Raum für ein radikal indeterministisches Freiheitsmodell. Die Überzeugung Luthers über die Verdorbenheit der menschlichen Natur durch die Erbsünde impliziert eine Zerstörung der Willensfreiheit: Der menschliche Wille unterliegt stets einer Reihe von Versuchungen, zur deren Bekämpfung der Mensch allein unfähig ist. Doch gewinnt dieser lutherische Determinismus schon eine weniger ausgeprägte Dimension in den Bekenntnisschriften. In der *Konkordienformel* findet sich eine Passage, die diesen deterministischen Anklang deutlich abschwächt: Dort ist nämlich von der Freiheit der Wiedergeborenen die Rede: Die dank der Wiedergeburt gewonnene Fähigkeit, die lasterhafte Natur zu überwinden, garantiert einem Individuum eine gewisse Freiheit zum Handeln und Wollen unabhängig von den natürlichen Triebfedern.[18]

Diese theologische Behauptung über die Freiheit der Wiedergeborenen bildete zwar den ersten Schritt zur Behauptung des Indeterminismus im Pietismus, doch reichte sie noch nicht aus, um die Frage der freien Handelns und Wollens ausführlicher anzugehen. Umso weniger konnte man im Bezug darauf begründen, dass den Menschen tatsächlich eine absolute Willensfreiheit zukommt. Die radikal indeterministische Freiheitsauffassung kann man nämlich nicht auf der Ebene der dogmatischen Theologie, sondern ausschließlich in den Kategorien der Handlungsphilosophie entwickeln. In den Bekenntnisschriften fehlt diese Dimension. Es ist aber bezeichnend, dass es ausgerechnet den Anhängern des lutherischen Pietismus gelungen ist, solche handlungstheoretische Kategorien im Kontext der lutherischen Theo-

---

17 Vgl. Joachim Lange, *Bescheidene und ausführliche Entdeckung Der falschen und schädlichen Philosophie in dem Wolffianischen Systemate metaphysico Von Gott, der Welt, und dem Menschen* (1724), Prototheorie oder Einleitung, S. 60 f. (GW III 56).
18 Vgl. *Konkordienformel*, in: *Die Bekenntnisschriften der evangelisch-lutherischen Kirche*, Göttingen 1992, 866–912, v. a. 897–898.

logie auszuarbeiten. Der in der *Konkordienformel* dargestellten Überzeugung über die allgemein verstandene Freiheit der Wiedergeborenen wurden im Pietismus zusätzlich drei Elemente hinzugefügt, die es ermöglichten, die lutherische Auffassung der Willensfreiheit so zu entwickeln und zu begründen, dass sie über die theologische Ebene hinausreichenund handlungsphilosophischen Charakter gewinnen konnte.

Das erste Element, das dies ermöglichte, war eine besondere Deutung der Konzeption der Wiedergeburt. Die Pietisten waren überzeugt, dass die Wiedergeburt ein durchaus reales Ereignis sei, das jedes Individuum erleben und dessen Folgen man im Alltagsleben beobachten kann. Die Wiedergeburt wurde folglich nicht als eine Art biblische Metapher verstanden, sondern als eine vollständige Umwandlung der kognitiven und volitiven Fähigkeiten eines Individuums, die es zur fehlerlosen Erkenntnis der göttlichen Gesetze und zu deren freiwilliger Erfüllung im realen Leben befähigt. Wenn also laut der Konkordienformel den Wiedergeborenen tatsächlich eine Freiheit zusteht und die Wiedergeburt als ein durchaus reales Ereignis verstanden wird, muss folglich die Freiheit der Wiedergeborenen genauso faktisch sein.

Das zweite Element, das für die Eigenständigkeit der pietistischen Auffassung der Willensfreiheit sorgte, war der praxisorientierte Charakter der theologischen Sprache der Pietisten, nämlich ihr Versuch, ein in der damaligen Theologie dominierendes abstraktes und durchaus theoretisches Forschungsparadigma zu überwinden. Aus ihrem Anspruch, die theologischen Inhalte auf eine möglichst verständliche Weise zu formulieren, damit sie für eine breite Zielgruppe verständlich würden, entwickelte sich ein neuer Diskurs. Die dogmatische Sprache wurde nämlich um Beschreibungen des individuellen Motivationsprozesses im Alltagsleben angereichert, die für jeden, nicht unbedingt theologisch ausgebildeten Zuhörer verständlich waren. Nicht selten thematisierten die Pietisten die Kategorien der menschlichen Handlungen, wie etwa deren Motive, Gründe oder Triebfedern und ergänzten ihre Ausführungen mit Beispielen aus dem Alltagsleben. All dies hat der pietistischen Rhetorik eine neue Dimension verliehen: Der theologischen Sprache wurden die klassischen philosophischen Kategorien der Handlungstheorie hinzugefügt. Dadurch gewannen die Pietisten ein semantisches Mittel, um nicht nur von der menschlichen Freiheit im allgemeinen zu reden, sondern auch um die absolute Willensfreiheit eines Individuums im molinistischen Sinne beschreiben zu können.[19]

---

[19] Das sieht man deutlich an der Theologie Philipp Jacob Speners. Im Unterschied zu den seinerzeit populärsten philosophischen Ansichten, nach denen die Menschen immer in ihren Handlungen bestimmte, von ihrem Willen unabhängige Gründe berücksichtigen müssen, war Spener der Meinung, dass der menschliche Wille bis zu dem Grad frei ist, dass die Menschen sogar auf durchaus irrationale Weise handeln können. Einen Beweis sieht er auf dem Feld der Moral: Spener war überzeugt, dass die Wiedergeborenen, die theoretisch immer nur das Gute bevorzugen sollten, doch dazu fähig sind, sich freiwillig und bewusst dazu entscheiden, böse Taten zu begehen. Dies lässt sich dadurch erklären, dass sie einen freien Willen haben. Dessen Verfasstheit ist mit der molinistischen Definition identisch und lässt sich bezeichnen als „die Fähigkeit unter allen erfüllten Bedingungen zum Vollzug einer Handlung, genau diese Handlung oder keine Handlung oder aber auch eine andere Handlung zu vollziehen". Vgl. Molina, *Concordia*, a. a. O., S. 14.

Der dritte Faktor, der die Behauptung absoluter Willensfreiheit im Pietismus ermöglichte, ist die unmittelbare Konsequenz der zwei vorgestellten Elemente. Die Behauptung, dass den Menschen ein freier Wille zukomme, folgt aus der Annahme einer durchaus persönlichen Beziehung zwischen Gott und Mensch, die sich in ihren Handlungen und Entscheidungen einander anpassen müssen.[20] Ganz anders als in den Determinismus implizierenden theologischen Modellen ist Gott aus der Sicht der Pietisten kein Herrscher, der durch seine Allmacht Menschen zu bestimmten, von ihm gewollten Handlungen und Entscheidungen zwingt. Im Gegenteil: Aus Seiner Liebe zur Menschheit überlässt er den Menschen genug Raum für ihre freien Entscheidungen. Nach der Meinung der Pietisten hat sogar die Verbindlichkeitskraft der göttlichen Gebote keinen zwingenden Charakter, sondern Gehorsam soll vielmehr durchaus freiwillig geleistet werden. Folglich sind die Menschen und Gott freie Wesen, die unabhängig voneinander Einfluss auf die Wirklichkeit ausüben. Diese Vorstellung der Beziehung zwischen Menschen und Gott korrespondiert mit der molinistischen Auffassung der Willensfreiheit, die auf der gleichen Behauptung basiert.[21]

Die Präsenz der drei genannten Elemente in der Lehre der Pietisten bedingt den durchaus eigenständigen Charakter ihrer Auffassung der Willensfreiheit, die im Kontext der Philosophie und Theologie des 17. Jahrhunderts nicht allzu populär ist.[22] Eine so radikale Vorstellung von Freiheit hat wichtige Konsequenzen für die Gesamtgestalt der pietistischen Lehre, deren Berücksichtigung große Bedeutung für das richtige Verständnis der *Causa Wolffiana* hat.

Dies ist schon in Bezug auf die radikale Dynamik der Polemik der Pietisten gegen Wolff zu sehen. Der Verlauf ihres Streits ist typisch für die neuzeitlichen Debatten, in denen die Verteidiger des absoluten Indeterminismus ihre Stimme erhoben. Diejenigen Denker, die einen radikalen Indeterminismus verteidigten, machten dies nicht unaufgefordert, sondern formulierten ihre Ansichten erst als Reaktion auf Determinismus implizierende Theorien.[23] Man kann dadurch den Eindruck gewinnen, dass sie an sich kein Bedürfnis hatten, ihre Überzeugungen bezüglich der Freiheit

---

20 Einen Ausdruck dieser Überzeugung findet man in der pietistischen Behauptung einer Verinnerlichung des Glaubens, d. h. einer starken Akzentuierung der individuellen und unmittelbaren Dimension der Relation zwischen einem Individuum und Gott. Diese Individualität des Verhältnisses von Gott und Mensch gilt in der Forschung als eine der markantesten Besonderheiten der pietistischen Doktrin.
21 Vgl. Walter Sparn, *Subjekte von Freiheit. Roderigo de Arriagas Lehre von der scientiamedia im interkonfessionellen Kontext*, in: ders., *Frömmigkeit, Bildung, Kultur. Theologische Aufsätze I: Lutherische Orthodoxie und christliche Aufklärung in der Frühen Neuzeit*, Leipzig 2012, S. 167–186, bes.: S. 167–168.
22 Einen radikalen Indeterminismus behauptete etwa der anglikanische Bishof John Bramhall (1594–1663).
23 Im Fall Molinas war das eine Reaktion auf die sich schnell verbreitenden Überzeugungen der lutherischen Theologen über den durch die Erbsünde entmündigten menschlichen Willen sowie die kalvinistische Prädestinationslehre. Bramhall formulierte wiederum seine Ansichten als Reaktion auf den Determinismus Thomas Hobbes'.

darzustellen, sondern dass der Grund ihrer Formulierungen bzw. Veröffentlichungen der Versuch war, ihre auf der Konzeption der Freiheit gegründete Weltanschauung zu rechtfertigen und sie so gegen den an Popularität zulegenden Determinismus zu verteidigen. Man sieht, dass diese Polemiken eine Spannung zwischen zwei unterschiedlichen Weltanschauungsmodellen widerspiegeln, die auf durchaus unterschiedlichen Vorstellungen der Beziehung zwischen Gott und Mensch basierten. Laut der Überzeugung der Anhänger des Indeterminismus wurden die Menschen als Partner Gottes im Prozess der Gestaltung der Wirklichkeit betrachtet, die auf willkürliche Weise handeln und vollständige Verantwortung für ihre Taten tragen.[24]

Im Unterschied zu anderen neuzeitlichen philosophischen Diskussionen bestand der Zweck der Willensfreiheitsdebatten nicht darin, eine gemeinsame Lösung auszuarbeiten. Die Suche nach einem Kompromiss würde in diesem Fall mit der Aufgabe grundlegendster Überzeugungen der Diskussionsteilnehmer über die menschliche und göttliche Natur enden. Das aber war keinesfalls ihr Ziel. Im Gegenteil: Sie wollten sich nicht mit ihren Gegnern verständigen, sondern deren Ansichten um jeden Preis widerlegen und das jeweils eigene Weltbild auf eine möglichst überzeugende Weise begründen. Die Teilnehmer der Willensfreiheitsdebatten befanden sich stets in einem Kampf um die Plausibilität deren Weltanschauungen.

Obwohl also die radikal indeterministische Freiheitsauffassung eines der grundlegendsten Elemente der pietistischen Anthropologie war, wären die Pietisten vielleicht nie dazu geneigt gewesen, ihr Ausdruck zu verleihen, solange kein Faktor vorhanden gewesen wäre, den sie als eine Gefahr für ihre Weltanschauung erkannt hätten. Und diese Rolle spielte ausgerechnet die Philosophie Wolffs.

5 Wolffs Kompatibilismus

Die Stellungnahme Wolffs zum Problem der Freiheit kann man als Kompatibilismus bezeichnen: In seinem System schließen sich Freiheit und Determinismus nicht gegenseitig aus.

Wolff ist vom geordneten Charakter des Zusammenwirkens der Bestandteile der Wirklichkeit überzeugt. Diese Harmonie identifiziert er mit Vollkommenheit. Wolff

---

24 Bezüglich der Frage der individuellen Verantwortung sieht man ein interessantes Merkmal: Im Unterschied zu deterministischen, bzw. kompatibilistischen philosophischen Systemen, wie etwa derjenigen Leibnizens oder Wolffs, bleibt innerhalb der pietistischen Weltanschauung kein Raum für die Theodizee-Reflexion. Die behauptete Spontaneität der Menschen in der Erzeugung des Bösen erlaubt es nämlich, ausschließlich die handelnden Subjekte mit der Verantwortung für die Konsequenzen ihrer Handlungen zu belasten. Das Problem der Vereinbarkeit der Güte Gottes mit der Existenz des Bösen in der Welt verliert damit jede Relevanz: Es tritt nämlich nur dann auf, wenn der menschliche Wille zumindest mittelbar – etwa durch objektiv existierende Handlungsgründe – beeinflussbar wäre. Dies ist im Pietismus nicht der Fall. Die Behauptung, dass nicht die Menschen allein, sondern mittelbar auch Gott für die Existenz des Bösen verantwortlich sei, erscheint im Pietismus nicht nur als systematisch irrelevant, sondern auch als ungerechtfertigt.

war der Auffassung, dass die Menschen sich hauptsächlich von Natur aus denjenigen Handlungen zuneigen, die sie als möglichst vollkommen erkannt haben. Auf dieser Behauptung gründet er seine Morallehre: „Weil uns die Natur verbindet zu thun, was uns und unseren Zustand vollkommener machet, und zu unterlassen, was uns und unseren Zustand unvollkommener machet [...]; so ist die Regel: *„Thue, was dich und deinen Zustand vollkommener machet und unterlaß, was dich und deinen Zustand unvollkommener machet* ein Gesetze der Natur"[25].

Obwohl die Menschen frei handeln, haben sie keinen vollständigen Einfluss auf ihre Handlungspräferenzen: Zwischen allen verfügbaren Optionen wählen sie immer diejenigen aus, die ihnen am meisten gefallen, d. h. diejenigen, die sie als die vollkommensten erkennen. Die Handlungen der Menschen sind also nicht nur durch ihre Willkür allein bedingt, sondern durch eine Reihe äußerlicher Faktoren determiniert und in einer kausalen Kette von Ereignissen enthalten.

Nun wird die außerordentliche Entschiedenheit der Pietisten beim Kampf gegen die Philosophie Wolffs verständlich. Im Pietismus bildete gerade die absolut indeterministische Auffassung der Willensfreiheit den Kern der ganzen Doktrin. Die pietistische Auslegung der Wiedergeburt gründete auf der Behauptung, dass dieses Ereignis absolute Willensfreiheit mit sich bringt. Im Licht der deterministischen Philosophie Wolffs war eine solche Behauptung nicht legitim. Wenn also nach Wolff der für die Wiedergeborenen charakteristische Status der freien Subjekte nicht möglich ist, kann ebenso von einer Wiedergeburt überhaupt keine Rede mehr sein. Aus der Sicht der Pietisten bedeuten die Ansichten Wolffs einen direkten Angriff auf den wesentlichsten Kern ihrer ganzen Doktrin. Ihre beharrlichen Versuche, Wolff um jeden Preis – vor allem durch den damals sehr schweren, obwohl nicht beweisbaren Atheismusvorwurf – an den Rand zu drängen, verleihen dem, was auf dem Spiel stand, Ausdruck.

6 Polemik zwischen Wolff und Lange

Diese inhaltliche Facette der pietistischen Polemik gegen Wolff findet vor allem in der Kontroverse zwischen Wolff und Lange ihren beredtsten Ausdruck. Den ersten Schritt in der Debatte machte Lange, der die Aufgabe auf sich genommen hatte, das offizielle Gutachten der Theologischen Fakultät über die Philosophie Wolffs mit der Auflistung aller systematischen Fehler zu verfassen. Bereits 1723 wurde dieser erste Angriff auf Wolff zusätzlich von zwei weiteren Beiträgen ergänzt, der *Modesta Disquisitio Novi Philosophiae Systematis De Deo, Mundo et Homine*[26] und der *Caussa Dei et religionis naturalis adversus atheismum*[27]. Die späteren Schriften Langes sind:

---

25 *Deutsche Ethik*, § 19, S. 16; vgl. ebd. § 12, S. 11–12 (GW I 4).
26 GW III 23.
27 GW III 17.

Bescheidene und ausführliche Entdeckung der falschen und schädlichen Philosophie in dem Wolffianischen Systemate metaphysico von Gott, der Welt und den Menschen[28], *Nova Anatome seu idea analytica systematis metaphysici Wolfiani*[29] und *Hundert und dreißig Fragen aus der neuen mechanischen Philosophie*[30]. Die Vielzahl der Schriften bedeutet allerdings keine entsprechende Vielfalt der Ideen: In seiner Kritik an Wolff bleibt Lange konsequent und wiederholt immer wieder die gleichen Argumente. Dies mag zwar den Eindruck erwecken, als hätten sich seine Argumente schnell erschöpft und als mangelte es seiner Kritik an Originalität.[31] Doch die Ausdauer Langes bei der Rückkehr zu immer wieder denselben Fragen bestätigt den schon erwähnten besonderen Status seiner Polemik mit Wolff, die den Konflikt zweier sich widersprechenden Weltanschauungen darstellt.

Darauf, dass Lange in der Auseinandersetzung mit Wolff nicht nur seine eigene Ansichten präsentiert, sondern allgemein die Rolle des Fürsprechers der ganzen pietistischen Fraktion übernahm, weist ein Zitat aus Philipp Jacob Speners *Consilia et judicia theologica latina* gleich am Anfang der *Caussa Dei* hin.[32] Dieses Zitat hat eine spezielle symbolische Bedeutung. Denn Philipp Jakob Spener (1635–1705) gilt als einer der eigentlichen Begründer des Pietismus und als einer der schon seinerzeit renommiertesten pietistischen Theologen. Sein Werk, die *Pia Desideria*, wurde allgemein als programmatisches Manifest der pietistischen Erneuerungsbewegung anerkannt. Der Grund, warum sich Lange an die Lehre Speners anschließt, ist folglich die Betonung seiner Zugehörigkeit zu einer konkreten Denktradition. Lange beruft sich auf das Postulat Speners, den wahren Glauben gegen aktuelle Gefahren stets zu verteidigen, unter anderem gegen den Atheismus.

Auch wenn Langes Kritik offiziell unter dem Motto des Kampfs gegen den Atheismus steht, bildet das Problem der Willensfreiheit ihren Kernpunkt. Obwohl sich Lange diesbezüglich an die Position Molinas anschließt, verlangt seine Polemik gegen Wolff zusätzlich die Beachtung einer Reihe anderer philosophischen Fragen: Auch wenn das molinistische Paradigma der Willensfreiheitsreflexion seit der Spätscholastik im wesentlichen unverändert geblieben ist, so veränderte sich durch den rasanten Fortschritt der Philosophie sowie der Naturwissenschaften im 17. Jahrhundert der

---

28 GW III 56.
29 GW III 30.
30 GW III 50.
31 Vgl. Bianco, *Freiheit gegen Fatalismus*, a. a. O., S. 116.
32 Joachim Lange, *Caussa Dei et religionis naturalis adversus atheismum* (1727) (GW III 17). Vgl. Philipp Jakob Spener, *Consilia et Judicia Theologica Latina*, Frankfurt am Main 1709: „Eo autem minus hunc laborem, etsi a multis aliis jam occupatum & solide tractatum, plane intermittere potui, quo magis mihi ingruisse videtur ea temporum calamitas, qam beatus PHILIPPUS JACOBUS SPENERUS Consil. Latin. Part 1.c. I. p. 19. praevidit: *Saepe*, inquiens, *cogitavi, eorem deventur am, ut, qui Theologiae damus operam, non adeo controversiis illis incumbere necesse habeamus, quae inter eos agitantur, qui Christi profitentur doctrinam, quam quae nobis cum apertis θεομάχοις interdecunt*" (zitiert nach *Caussa Dei, Lectori benevolo*, o. S.).

metaphysische Kontext dieser Problematik. Lange muss sich deswegen gegen mehrere Aspekte der Philosophie Wolffs positionieren.³³

Langes Kritik der wolffschen Philosophie ist ziemlich ausführlich, allerdings lassen sich deren allgemeine Schwerpunkte unterscheiden. Es sind dies: 1. der hybride Charakter der Metaphysik Wolffs, in dem Materialismus und Idealismus verbunden sind; 2. die Frage des Zusammenhangs zwischen Geist und Körper; 3. der fatalistische Charakter der materiellen Wirklichkeit, und 4. eine „mechanische" Moral, die aus dem Determinismus resultiert. Im Hintergrund der ganzen Kritik Langes gegen Wolff liegt seine Glaubensüberzeugung von der falschen Anthropologie und Gotteslehre, auf denen die wolffsche Philosophie gründet.

Langes Polemik beginnt mit kritischen Bemerkungen zum Charakter des wolffschen Systems. Er bezeichnet es als ein „chimärisches System", das sowohl Elemente des Idealismus als auch des Materialismus beinhalte: „Die *Idealisten* geben blosse Geister, oder solche Dinge zu, welche nicht aus Materie bestehen [...]. Die *Materialisten* räumen hingegen keinem Dinge in der Welt=Weisheit, als den cörperlichen, einen Platz ein, und halten Geister und Seelen blos für eine cörperliche Kraft, nicht aber für ein besonderes, bestehendes Wesen"³⁴.

Seiner Meinung nach lässt sich Wolffs System sowohl als Idealismus als auch Materialismus charakterisieren. Es hat ebenso keinen dualen Charakter, denn „die *Dualisten* halten so wol die Cörper, als Geister für würckliche und voneinander unterschiedene Dinge, deren eines ohne das andere seyn kan"³⁵.

Dies kann man von Wolffs System nicht sagen. Problematisch ist speziell die Tatsache, dass laut Wolff die immaterielle Komponente der Wirklichkeit, also die Seele, als Vorstellungskraft verstanden wird.³⁶ Nach Wolff hat die Seele keinen selbstständigen Charakter, sondern das Fortdauern ihrer Existenz gründet vielmehr auf der Kette der aktuell wahrgenommenen Vorstellungen, die unabhängig vom wahrnehmenden Subjekt sind. Nach Langes Interpretation ist für Wolff die Seele kein autonomer Sitz des individuellen Bewusstseins, der Persönlichkeit oder der Volition, sondern bloß ein rein rezeptives Vermögen.

Die Definition der Seele als rezeptive Vorstellungskraft schließt die Möglichkeit aus, dass eine so verstandene Seele einen Einfluss auf die materielle Welt ausüben könnte. Diese Behauptung impliziert weiter eine Spaltung der existierenden Wirklichkeit in zwei voneinander unabhängige Dimensionen: Eine immaterielle und eine materielle, zwischen denen kein direkter Zusammenhang besteht. Da die Seele an

---

33 Lange plaziert die Philosophie Wolffs innerhalb des Spektrums damaliger philosophischer Positionen und betont vor allem deren Affinität zur Philosophie Leibnizens bzw. ihre Prägung durch Spinoza. Dies tut er auf einer Weise, die suggerieren könnte, dass es dem System Wolffs an Eigenständigkeit mangelt. Vgl. Bruno Bianco, *Freiheit gegen Fatalismus*, a. a. O., S. 115 f.; S. 118.
34 Joachim Lange, *Hundert und dreyßig Fragen Aus der neuen Mechanischen Philosophie* (1734), S. 1 (GW III 50).
35 *Ebd.*
36 Vgl. *ebd.* S. 12 ff.

sich keinen Raum für die individuelle Spontanität darstellt, dank derer freie Individuen indeterminierte Ereignisse generieren könnten, müssen notwendigerweise alle Veränderungen der Wirklichkeit aus bereits existierenden Zuständen resultieren. Die Dynamik der Verwirklichung der einzelnen Ereignisse ist durch natürliche Kausalität bedingt und findet in der geistigen und der materiellen Dimension parallel statt. In diesem Kontext formuliert Lange den Vorwurf, dass nach der wolffschen Auffassung in der Wirklichkeit die prästabilierte Harmonie herrscht und weist auf die Ähnlichkeit zur Philosophie Leibnizens hin.[37] Die wolffschen Ansichten vergleicht eraußerdem mit dem fatalistischen System Spinozas.[38]

Nun wird verständlich, warum das von Wolff behauptete metaphysische Modell seitens des Pietismus Widerstand wecken musste. Lange kritisiert Wolff dafür, dass das von ihm vorgestellte Bild der Wirklichkeit auf Fatalismus gründet. Allerdings scheint nicht speziell dieser metaphysische Fatalismus das größte Problem für Lange darzustellen. Noch schädlicher sind nämlich vor allem die *moralischen* Konsequenzen der metaphysischen Überzeugungen Wolffs. Gerade diese stehen in deutlichem Widerspruch zu dem von der pietistischen Doktrin behaupteten anthropologischen Modell.

Die Behauptung, dass allen menschlichen Handlungen nicht spontane, willkürliche Entscheidungen zugrunde liegen, sondern dass sie bloß von der kausalen Kette der früheren Ereignisse abhängen, steht im deutlichen Gegensatz zu der pietistischen Überzeugung von der Möglichkeit absoluter Willensfreiheit. Nach Lange wird im wolffschen System einem Individuum das Vermögen zum Treffen willkürlicher und bewusster Entscheidungen sowie zu einer dadurch motivierten Handlung vollständig abgesprochen. Und da im Pietismus genau diese Fähigkeit eine notwendige Bedingung der moralischen Qualifikation des menschlichen Handelns bildet, kann im Rahmen der wolffschen Theorie von freiem moralischen Handeln keine Rede sein:

> Das aus der Metaphysic darinnen durch und durch applicierte Principium vom unwandelbaren fato, nach welchem der Mensch nach Leib und Seele, als ein doppeltes Uhrwerck, vorgestellet, und ihm, unter der beständigen Phraseologie von freyen Handlungen, zur gänzlichen Aufhebung aller Moralität und Religion, alle wahre freyheit gänzlich abgesprochen wird: daher man denn diese Morale billig die mechanische nennet; als welche sein anderes Principium zugiebt, als das fatum mit seinem mechanischen Triebwercke[39].

Langes Auffassung nach widerspricht eine solche Begrenztheit individueller Freiheit der Möglichkeit moralischen Handelns überhaupt. Denn ihm zufolge gehört zum Wesen der Moral sowohl eine innerliche Motivation, als auch das Element der Ver-

---

37 Siehe dazu Lange, *Bescheidene und ausführliche Entdeckung Der falschen und schädlichen Philosophie in dem Wolffianischen Systemate metaphysico Von Gott, der Welt, und dem Menschen* (1724), S. 185–210 (GW III 56).
38 Vgl. ebd. Vgl. Bianco, *Freiheit gegen Fatalismus*, a. a. O., S. 118–119.
39 Lange, *Philosophische Fragen Aus der neuen Mechanischen Morale* (1734), Vorrede, S. 6 (GW III 50).

antwortung für eigene Taten. Wenn also die Möglichkeit willkürlicher und bewusster Entscheidungen zwischen dem Guten und Bösen vollständig ausgeschlossen ist, weil alle Präferenzen eines Individuums bloß kausal determiniert sind, kann dieses Individuum nicht für seine Taten verantwortlich gemacht werden. Das wolffsche Prinzip, immer diejenigen Handlungen zu bevorzugen, die zum Entstehen einer möglichst großen Vollkommenheit beitragen, bezeichnet Lange als „mechanische Moral"[40].

Die wolffsche Wirklichkeitsdarstellung ist für Lange darüber hinaus wegen ihrer falschen Implikationen für die Vorstellung der Beziehung zwischen Mensch und Gott nicht zu akzeptieren. Nach Langes Interpretation ist Wolffs Determinismus schon mit der theologischen Behauptung der Gottesebenbildlichkeit des Menschen unvereinbar. Die Menschen – insbesondere die Wiedergeborenen –, die sich laut der pietistischen Doktrin des Status privilegierter Partner Gottes erfreuen und zusammen mit ihrem Schöpfer Einfluss auf die Wirklichkeit ausüben können, würden im Licht der wolffschen Philosophie bloß auf entmündigte Wesen reduziert, die sich passiv auf die kausale Ordnung der Ereignisse einlassen müssen.

Die Begrenztheit der menschlichen Freiheit ist aber nicht nur in der Behauptung der unausweichlichen Kausalität des Motivationsverlaufs zu beobachten, sondern auch im Bezug auf die von Wolff behaupteten Kategorien des göttlichen Wissens. Die molinistische Kategorie der *scientia media*, welche die Behauptung menschlicher Willensfreiheit legitimierte, wurde bei Wolff auf die Kenntnis aller möglichen Zustände – also auf die *scientia naturalis* – reduziert.[41] Wolff definiert Gott als ein unveränderliches und unbegrenztes Wesen, welches sich anhand seines natürlichen Wissens alle möglichen Welten auf einmal gleich deutlich vorstellt.[42] Die Kontrafaktizität wird hier durch die bloße Möglichkeit ersetzt. Wolffs Modell der göttlichen Providenz basiert auf der Ablehnung des molinistischen Paradigmas und bedeutet eine Rückkehr zum klassischen scholastischen Modell der Zweiteilung des göttlichen Wissens in *scientia naturalis* und *scientia libera*.[43]

Im Unterschied zu Wolff zeigt Lange speziell im Bezug auf die Problematik des göttlichen Wissens die Affinität seiner Position zum Molinismus. Nicht nur zitiert Lange die molinistische Definition des freien Subjektes[44], sondern er übernimmt ebenso die Lehre Molinas von den kontrafaktischen Konditionalen. Genau wie Molina unterscheidet Lange drei Zustände, die sich durch einen unterschiedlichen modalen Status auszeichnen: Neben den *Necessaria*, d.h. den notwendigen Sachverhal-

---

40 Ebd.
41 Siehe dazu *Deutsche Metaphysik*, § 952 f., S. 588 f. (GW I 2.2).
42 Vgl. *ebd.*, § 952 f., S. 588 f.
43 Vgl. *Theologia naturalis* I, §§ 226–230, S. 204–206 (GW II 7.1).
44 Lange, *Bescheidene und ausführliche Entdeckung*, Prototheorie oder Einleitung, S. 60–61: „Weil nun die Möglichkeit einer andern Begebenheit und Beschaffenheit solche caussas supponiret, die, wenn gleich alle requisita zu einer action vorhanden sind, dennoch es in ihrem freyen Willen haben, es zu thun, oder zu lassen, es auch so, oder anders, zu verrichten; so siehet man wohl, daß die Freyheit der caussarum libere agentium gleichsam die Wurzel und der Grund der Contingenz, oder der Zufälligkeit sey." (GW III 56).

ten, ist bei Lange noch von *Possibilia,* d.h. von den möglichen Sachverhalten, die Rede, sowie von *Contingentia,* d.h. den zufälligen Sachverhalten. Diesen drei Arten modaler Zustände entsprechen drei Arten des göttlichen Wissens. Von besonderer Bedeutung ist dabei Gottes Kenntnis der *Contingentia,* die genau der molinistischen *scientia media* entspricht und einen unmittelbaren Beweis für die molinistische Prägung der Gedanken Langes darstellt.[45]

Wolff hat naturgemäß die Kritik Langes nicht ohne Antwort gelassen. So entstanden etwa seine Schriften *De differentia nexus rerum sapientis et fatalis necessitatis* (1723)[46] sowie *Monitum ad Commentationem luculentam de differentia nexus rerum sapientis et fatalis necessitatis* (1724)[47]. Gelegentliche kritische Kommentare über seinen „Halleschen Feind", wie er Lange nennt, findet man auch in seinen *Anmerckungen* zur *Deutschen Metaphysik.*[48]

Die Verteidigungstaktik, die Wolff in seinen polemischen Schriften angenommen hat, besteht im Versuch zu beweisen, dass Langes Polemik hauptsächlich auf einem falschen Verständnis seiner Philosophie gründet, bzw. dass Lange deren Sinn ändert. Damit bemüht er sich, den von Lange erzeugten Eindruck der Gottlosigkeit seines Systems zu widerlegen. Wolff erläutert ausführlich die kritisierten Aspekte seines Systems und weist auf die Verwurzelung seiner Überzeugungen in philosophischen Traditionen hin.[49]

Von besonderer Bedeutung ist dabei Wolffs Ablehnung des Vorwurfs des Spinozismus, nach dem seine Philosophie einen fatalistischen Charakter haben sollte. Wolff argumentiert, dass seine Behauptung einer kausalen Ordnung nicht mit der Annahme des Fatalismus identisch ist. Er gibt zwar zu, dass seiner Auffassung nach alle verwirklichten Ereignisse eine Ursache haben müssen, bekennt sich also zum Determinismus, allerdings distanziert er sich vom Fatalismus. Im Unterschied zum fatalistischen System Spinozas – in dem die modalen Kategorien des Möglichen und Zufälligen objektiv abgelehnt wurden – anerkennt Wolff beide Kategorien.[50] Sein System hat folglich zwar einen kompatibilistischen Charakter, aber keinesfalls einen fatalistischen.

Nach Wolffs Erläuterungen soll Langes Interpretation seiner Philosophie eine grobe Vereinfachung darstellen, die nur ausgewählte Aspekte davon berücksichtigt.

---

45 *Ebd.,* S. 60. „*Contingentia* [sind Dinge], die [...] geschehen, daß sie auch, ohne eine Contradiction, oder Unmöglichkeit zu involviren, in dieser Welt anders geschehen, und anders beschaffen seyn können, als sie würcklich beschaffen sind, und geschehen, oder noch geschehen werden."
46 GW II 9.
47 GW II 9.
48 Wolffs Antworten auf seine Kritik sind auch in dem Werk zu finden: *Des Herrn Doct. und Prof. Joachim Langens Oder: Der Theologischen Facultaet zu Halle Anmerckungen Uber Des Herrn Hoff-Raths und Professor Christian Wolffens Metaphysicam* (1724) (GW I 17).
49 Er beruft sich unter anderem reichlich auf die Gotteslehre von Thomas von Aquin, insbesondere auf den ersten Teil der *Summa Theologiae,* sowie auf Leibniz, aber er erwähnt u.a. auch Augustinus, Grotius und Pufendorf.
50 *De differentia nexus rerum sapientis et fatalis necessitatis,* S. 17–23 (GW II 9).

Auf die Weise, wie sie Lange referiert, erscheinen sie nach Wolff in der Tat als wenig legitim. Wolff bemüht sich zu beweisen, dass diejenigen seiner Konzeptionen, die Lange für problematisch bzw. falsch hält, einen Teil eines kohärenten Gedankensystems bilden und ihre Begründung in anderen Annahmen seiner Lehre finden.

7 Philosophische Bilanz der *Causa Wolffiana*

Wolff antwortet auf praktisch alle Vorwürfe Langes. Wolffs Philosophie wurde ebenso von anderen – manchmal anonymen – Autoren verteidigt.[51] Die Argumentation Wolffs und Langes bezüglich der genannten Probleme wurde von ihnen akribisch analysiert und kommentiert. Die Polemik beider Denker selber dauerte jahrelang und endete erst mit Wolffs Rückkehr nach Halle. Trotz dieses lebhaften Austauschs von Argumenten wird man allerdings den Eindruck nicht los, dass der Dialog durchaus erfolglos bleibt. Lange und Wolff stellen zwar ihre Argumente vor, allerdings zeigen sie recht wenig Verständnis für die gegnerischen Ansichten. Umso weniger kann man von einem Konsens reden. Es fehlt definitiv eine gemeinsame Ebene, auf der sie sich in ihren Stellungnahmen überhaupt einander annähern könnten. Die Kontroverse zwischen Wolff und Pietisten muss man deswegen als ungelöst betrachten.

Das Wesen der Debatte besteht in einem Konflikt zwischen der religiösen, pietistischen Mentalität Langes auf der einen und der rationalistischen Philosophie Wolffs auf der anderen Seite. In diesem Kontext kann man die Polarisierung zweier charakteristischer Aspekte der neuzeitlichen bzw. frühaufklärerischen Philosophie beobachten.[52] Bei Lange sieht man die höchste Schätzung der Willensfreiheit, die ausschließlich den Menschen zusteht. Bei Wolff beobachtet man wiederum große Anerkennung für die Rationalität, die als ein Werkzeug zur Beherrschung der chaotischen Zufälligkeit und zur Erkenntnis der Harmonie betrachtet wird. Diese beiden Elemente, Freiheit und Rationalität, sind innerhalb der Kontroverse zwischen Wolff und den Pietisten schwer zu vereinbaren. Allerdings wird man in der Philosophiegeschichte schon bald beobachten können, wie sie innerhalb kohärenter Systeme zusammen vereinigt werden.[53] Somit ist der Fall Christian Wolffs nicht nur als ein interessantes Beispiel aus der neuzeitlichen Philosophiegeschichte zu betrachten, sondern für eine ganz besondere Spannung zwischen philosophischen Konzeptionen, aus denen die moderne Philosophie ihren Ursprung genommen hat.

---

51 Vgl. *Nöthige Antwort auf die Hundert und dreißig Fragen des Hn. D. und Prof. Joachimi Langen aus der Wolffischen von ihm mechanisch genennten Philosophie* (1734) (GW III51). Siehe auch: Jakob Carpov, *Ausführliche Erläuterung der Wolffischen vernünftigen Gedancken von der Menschen Thun und Lassen Darin hauptsächlich diejenigen Stellen, Welche D. und Prof. Joachimus Lange in seinen philosophischen Fragen über die so genannte mechanische Moral zu bestreiten gesuchet* (GW III 48).
52 Vgl. Kühnel, *Joachim Lange*, a. a. O., S. 27.
53 Etwa im System Immanuel Kants.

8 Literaturliste

Quellen

Buddeus, Johann Franz (1724): *Bedencken über die wolffiansiche Philosophie* (GW III 64.1).

Carpov, Jakob (1735): *Ausführliche Erläuterung der Wolffischen vernünftigen Gedancken von der Menschen Thun und Lassen Darin hauptsächlich diejenigen Stellen, Welhe Herr D. und Prof. Joachimus Lange in seinen philosophischen Fragen über die so genannte mechanische Moral zu bestreiten gesuchet* (GW III 48).

Carpov, Jakob (1734): *Nöthige Antwort auf die Hundert und dreißig Fragen des Hn. D. und Prof. Joachim Langen aus der Wolffischen von ihm mechanisch genennten Philosophie* (GW III 51).

Lange, Joachim (1724): *Bescheidene und ausführliche Entdeckung der falschen und schädlichen Philosophie in dem Wolffianischen Systemate metaphysico von Gott, der Welt und den Menschen* (GW III 56).

Lange, Joachim (1727): *Caussa Dei et religionis naturalis adversus atheismum* (GW III 17).

Lange, Joachim (1734): *Hundert und dreyßig Fragen aus der neuen Mechanischen Philosophie* (GW III 50).

Lange, Joachim (1723): *Modesta Disquisitio Novi Philosophiae Systematis De Deo, Mundo et Homine* (GW III 23).

Lange, Joachim (1726): *Nova Anatome seu idea analytica systematis metaphysici Wolfiani* (GW III 30).

Lange, Joachim (1734): *Philosophische Fragen aus der neuen mechanischen Morale* (GW III 50).

Molina, Luis de (1588): *Liberi arbitrii cum gratiae donis, divina praescientia, providentia, praedestinatione et reprobatione Concordia*, hg. von I. Rabeneck, Oña/Madrid 1953.

Spener, Philipp Jakob (1709): *Consilia et Judicia Theologica Latina*, Frankfurt am Main.

Spener, Philipp Jacob (1679): *D. Philipp Jacob Speners Erklärung der christlichen Lehre nach der Ordnung des Kleinen Katechismus Dr. Martin Luthers*, Bielefeld 1984.

Spener, Philipp Jakob (1675): *Pia Desideria*, Gießen 2005.

Strähler, Daniel (1723): *Prüfung der vernünftigen Gedancken des Herrn Hoff-Rath Wolffes von Gott, der Welt, und der Seele des Menschen, auch allen Dingen überhaupt* (GW III.53).

Konkordienformel, in: *Die Bekenntnisschriften der evangelisch-lutherischen Kirche*, Göttingen 1992.

Sekundärliteratur

Beutel, Albrecht (2007): *Causa Wolffiana,* in: ders. *Reflektierte Religion. Beiträge zur Geschichte des Protestantismus,* Tübingen, S. 125–169.
Bianco, Bruno (1989): *Freiheit gegen Fatalismus. Zu Joachim Langes Kritik an Wolff,* in: *Zentren der Aufklärung I. Halle: Aufklärung und Pietismus,* hg. von Norbert Hinske, Heidelberg, S. 111–155.
Hinrichs, Carl (1971): *Preußentum und Pietismus,* Göttingen.
Kühnel, Martin (1996): *Joachim Lange (1670–1744), der „Hällische Feind" oder ein anderes Gesicht der Aufklärung,* Halle/Saale.
Sparn, Walter (2012): *Subjekte von Freiheit. Roderigo de Arriagas Lehre von der scientia media im interkonfessionellen Kontext,* in: ders., *Frömmigkeit, Bildung, Kultur. Theologische Aufsätze I: Lutherische Orthodoxie und christliche Aufklärung in der Frühen Neuzeit,* Leipzig, S. 167–186.
Wallmann, Johannes (2005): *Der Pietismus,* Göttingen.

10.2 Wolffs Rezeption in der Ästhetik

Stefanie Buchenau

Keywords

Ästhetik, Dichtung, Kunst, Poetik, Psychologie, Rationalismus, Schöne Künste, Schönheit, Sinnlichkeit, Vernunft

Abstract

Mit Wolff und dem Wolffianismus beginnt in der ersten Hälfte des 18. Jahrhunderts eine neue Ära der philosophischen Ästhetik. Wolff selbst nimmt an der europäischen Debatte um die Schönen Künste zwar nicht aktiv teil und hält im Großen und Ganzen an älteren und herkömmlichen Begriffen von Kunst, den Künsten und dem Handwerk fest. Trotzdem aber übt er einen entscheidenden Einfluss auf die entstehende Ästhetik aus. Paradoxerweise verhilft er der Ästhetik damit zum Durchbruch, dass er in Bereichen innoviert, die zunächst einmal nicht viel mit Ästhetik zu tun zu haben scheinen, nämlich in Erkenntnistheorie, Psychologie und Logik. Wolff möchte eigentlich die Vernunft neu denken, und die Sinnlichkeit als deren Grundlage: die Kunst dient ihm dazu als Modell. Genau damit aber initiiert Wolff eine besondere deutsche Tradition, die, wie der von Baumgarten geprägte Name „Ästhetik" anzeigt, eine doppelte Ambition verfolgt. Zum einen gilt es, eine Theorie der Sinneswahrnehmung (*aisthesis*) zu entwerfen, zum anderen eine Theorie der Dichtung zu skizzieren. Wolffs Schüler und Leser wie Alexander Gottlieb Baumgarten (1714–1762), Georg Friedrich Meier (1718–1777), Johann Christoph Gottsched (1700–1766), Johann Jakob Bodmer (1698–1783), Johann Jakob Breitinger (1701–1776), Johann Georg Sulzer (1720–1779), Moses Mendelssohn (1729–86), Gotthold Ephraim Lessing (1729–1781) nehmen dieses Programm auf und entwickeln es in unterschiedliche Richtungen.

1 Einleitung

Mit Wolff und dem Wolffianismus beginnt in der ersten Hälfte des 18. Jahrhunderts eine neue Ära der philosophischen Ästhetik. Wolff selbst nimmt an der europäischen Debatte um die Schönen Künste zwar nicht aktiv teil. Wenn er sich mit einzelnen Künsten wie Literatur oder Dichtung (der Fabel[1], dem Roman[2] und Drama[3]) oder auch im Rahmen seiner Vorlesungen zur angewandten Mathematik mit Architektur[4] befasst, so hält er doch im Großen und Ganzen an älteren und herkömmlichen Begriffen von Kunst, den Künsten und dem Handwerk fest. Davon zeugen auch seine systematischen Einteilungen. Was er in *Discursus praeliminaris*[5] und in der Ethik[6] Philosophie der Dichtung oder der Künste nennt, ist noch keine Ästhetik, sondern greift auf traditionelle Klassifikationen zurück. Außerdem steht Wolff den Initiativen seiner Schüler nicht unbedingt positiv gegenüber. Nachdem er sich in den 1720er Jahren noch eher lobend über Bodmer und Breitinger äußert[7], scheint er seine Meinung später zu ändern und klagt 1750, dass man jetzt „alles ästhetisch machen wolle; es heiße damit nichts; die Baumgartensche Ästetick sowohl als die Meiersche sei elendes Zeug"[8]. Dennoch übt Wolff einen entscheidenden Einfluss auf die entstehende Ästhetik aus, wie seine Schüler auch allesamt hervorheben. Aller individueller Differenzen

---

1   Vgl. *Philosophia practica universalis*, §§ 302–323, S. 274–296 (GW II 11). Eine deutsche Übersetzung dieser Abschnitte befindet sich in: Erwin Leibfried und Josef M. Werle, *Texte zur Theorie der Fabel*, Stuttgart 1978, S. 34–42.
2   *Deutsche Metaphysik*, § 571, S. 349 f. (GW I 2.2).
3   *Deutsche Politik*, §§ 328–329, S. 275–278 (GW I 5).
4   Vgl. die Abschnitte zur Architektur in den deutschen und lateinischen Abhandlungen zur Mathematik, *Anfangs-Gründe aller Mathematischen Wissenschaften* (GW I 12 und 15.2), *Elementa matheseos Universae* (GW II 32) und den kurzen Aufsatz *Von Geschichten der Bau=Kunst*, in: *Kleine Schriften*, S. 150–66 (GW I 22).
5   Vgl. *Discursus praeliminaris*, § 39, S. 18 f. und § 72, S. 33 f. (GW II 1).
6   Vgl. *Philosophia moralis*, §§ 483–484, S. 742–744 (GW II 12).
7   In seinem Brief vom 20. April 1723 an Bodmer und Breitinger schreibt Wolff noch, trotz bestimmter inhaltlicher Divergenzen könne er deren poetisches, moralisches und didaktisches Vorhaben nicht anders als „höchst billigen, indem es meinen moralischen Gründen gemäß ist, daß man die Ausübung der Tugend und guter Sitten und die Flucht der Laster nicht anders gutheißen kann, als durch lebhaffte Vorstellung der Exempel, die in der Welt passiren." Brief vom 20. April 1723. Vgl. *Chronick der Gesellschaft der Mahler, 1721–1722*, hg. von Theodor Vetter nach dem Manuscripte der Zürcher Stadtbibliothek, Frauenfeld 1887, S. 112–113.
8   Wolff fährt fort, „man wolle junge Leute *ornate* und *acute* schreiben lehren, und dies ihnen *ex scriptoribus* zeigen, welche die Leute nicht kennen und unmöglich durch ein solches Buch witzig und zierlich denken und schreiben lernen könnten; man verderbe die Jugend; wer kein *ingenium acutum* habe, werde es daraus nimmer erhalten, ja es gehe mit den ästhetischen Sachen jetzt so weit, daß der Adjunkt Nicolai sogar die Bibel ästhetisch erklären wolle." Auf diese Passage weist Dieter Kliché in seinem Artikel „Ästhetik" in den *Ästhetische[n] Grundbegriffe[n]* hin. Sie befindet sich in einem zeitgenössischen Reisebericht *Herrn J. C. C. Oelrichs Tagebuch einer gelehrten Reise von Ober- und Niedersachsen 1750, mit einer Kupfert*, in: Jean Bernoulli, *Sammlung kurzer Reisebeschreibungen und anderer zur Erweiterung der Länder- und Menschenkenntnis dienender Nachrichten*. Jahrgang 1782, 5ter Band. Berlin/Dessau 1782, S. 62 f.

zu Wolff und untereinander ungeachtet, fühlen sich Autoren wie Alexander Gottlieb Baumgarten (1714–1762) Johann Christoph Gottsched (1700–1766), Johann Jakob Bodmer (1698–1783), Johann Jakob Breitinger (1701–1776), Johann Georg Sulzer (1720–1779), Moses Mendelssohn (1729–86), Gotthold Ephraim Lessing (1729–1781), Georg Friedrich Meier (1718–1777) der gleichen Wolffianischen Schule verpflichtet und zollen insbesondere den Leistungen von Wolff und Baumgarten ausdrücklich Tribut. Um diese Zugehörigkeit zu kennzeichnen, benutzen sie zudem den gleichen wolffianischen Begriffsapparat, was dazu führt, dass sie mit denselben Begriffen manchmal verschiedene Bedeutungen verbinden.

Paradoxerweise verhilft Wolff der Ästhetik damit zum Durchbruch, dass er in Bereichen innoviert, die zunächst einmal nicht viel mit Ästhetik zu tun zu haben scheinen, nämlich in Erkenntnistheorie, Psychologie und Logik. Wolff möchte eigentlich die Vernunft und die Sinnlichkeit als deren Grundlage neu denken: die Kunst dient ihm dazu als Modell. Damit initiiert Wolff eine besondere deutsche Tradition, die, wie der von Baumgarten geprägte Name „Ästhetik" anzeigt, eine doppelte Ambition verfolgt. Sie ist gleichzeitig eine Theorie der Sinneswahrnehmung (*aisthesis*) und der Kunst. In gewisser Hinsicht bleibt die Theorie der Kunst hier der Theorie der Sinnlichkeit untergeordnet und sekundär: dass man sich bestimmter ästhetischer Modelle bedient, die man aus der rhetorischen und ästhetischen Tradition schöpft, dient der besseren Konzeption von Sinneswahrnehmung und Vernunft. Dieser Tradition kann man deshalb vorwerfen, sie instrumentalisiere die Künste zu anderen Zwecken und vernachlässige die Werke. Dieser Vorwurf ist in gewisser Hinsicht gerechtfertigt. Aber eine genauere Rekonstruktion kann zeigen, dass diese wolffianische Ästhetiktradition sehr wohl auf bestimmte künstlerische Modelle zurückgreift und zugleich eine sehr intensive Beschäftigung mit diesen und den Künsten überhaupt einleitet, wie hier an einigen ausgewählten Beispielen und Figuren gezeigt werden soll.

2 Wolffs „ästhetischer" Rationalismus

Wenden wir uns zunächst Wolff zu, dessen große philosophiegeschichtliche Bedeutung auch mit dem Zwischenstatus zu tun hat, den er zwischen dem cartesianischen Rationalismus der frühen Neuzeit und der Aufklärung einnimmt. An Wolff zeigt sich, dass Rationalismus und Aufklärung eng zusammenhängen und dass sich zentrale Forderungen der Aufklärung – wie diejenige nach einer Ästhetik – direkt aus einer gewissen *Aufnahme* und *Umdeutung* der Gedanken des früheren Rationalismus ergeben. So knüpft Wolff durchaus an gewisse Leitgedanken von Descartes und Leibniz an, insofern er Vernunft als ein kreatives, ja dichterisches Vermögen, eine Art von *poietikon,* bestimmt.[9] Vernunft ist nicht nur die Einsicht in die Ordnung der Welt

---

9   Eine längere Ausführung dieser und der folgenden Gedanken befindet sich in meinem Buch *The Founding of Aesthetics. The Art of Invention and the Invention of Art,* Cambridge 2013.

und in die Natur der Seele[10]; sie ist auch ein dichterisches, konstruktives und kombinatorisches Ordnungs- und Verknüpfungsvermögen zur Erfindung fiktiver, möglicher Welten. Wie Wolff in der Nachfolge von Leibniz und seinen Skizzen zu einer *ars characteristica* anmerkt, muss eine solche Vernunft eine sprachliche Dimension besitzen und erfordert den Gebrauch geeigneter Zeichen. Sie erzeugt zudem Ordnungen, die durchaus als schön und als Quelle eines besonderen „ästhetischen" Vergnügens betrachtet werden können. Eine solche Vernunft zeugt schließlich vom Status des Künstlers als *alter deus*. Insofern der menschliche Geist in der Lage ist, durch die Verknüpfung von Elementen Welten zu erzeugen oder aber zumindest neue Einsichten in die Verknüpfung der wirklichen Welt zu eröffnen, ahmt er den göttlichen Verstand nach.

Bis hierhin tritt Wolff in Leibniz' Fußstapfen. Aber er zeichnet eine neue Bahn vor, indem er diese dichterische und produktive Vernunft weiter fasst als Leibniz und all seine cartesianischen Vorgänger. Während Leibniz Vernunft auf mathematische Vernunft einschränkt, weitet Wolff diesen Begriff auf die Rationalität und Produktivität der Künste und Handwerke aus. In einem gewissen Sinne stellt Wolff damit die bisher vorwaltende Perspektive zum Verhältnis zwischen Künsten und Logik auf den Kopf. Die mechanischen Künste dienen ihm nicht mehr – wie noch Descartes und Leibniz – als Metapher und Analogie zur besseren Beschreibung der instrumentalen Natur der Logik. Stattdessen betrachtet er sie als deren eigentliche Grundlage. Sie sind ihm Modell kreativen Denkens und eigentlicher Motor des Fortschritts. Deshalb erfordert es die Logik, dass der Philosoph seine Auseinandersetzung mit der produktiven Rationalität der Künste und Handwerke vertiefe. In diesen Bereichen gilt nicht die Wahrheit, sondern allgemeiner die Vollkommenheit oder der Zweck als Maßstab für die Bewertung. Wie Wolff in seiner Schrift *De voluptate ex cognitione veritatis percipienda* [*Von den Vergnügen, welches man aus der Erkenntniß der Wahrheit schöpffen kan*][11] ausführt, offenbaren mathematische Beweise und Artefakte wie Uhren, Dichtungen, Bilder und Gebäude jeweils einen eigenen Zweck des Erfinders. So besteht die Vollkommenheit oder Absicht eines mathematischen Beweises darin, eine Wahrheit vor Augen zu legen, die Vollkommenheit eines Gemäldes liegt in seiner Ähnlichkeit zum Original[12]. Die Vollkommenheit eines Gebäudes schließlich liegt in seiner Konformität mit den Absichten des „Bau-Herrn" und vor allem seiner Festigkeit und Bequemlichkeit. Für Wolff, der ein früher und aufmerksamer Leser des Vitruvius ist, gehen diese Vollkommenheit mit Schönheit Hand in Hand[13]. Letztere, die Schönheit bestimmt er als die „Vollkommenheit, die Vergnügen in uns erzeugt"[14]. Ein solches

---

10 Vgl. *Deutsche Metaphysik*, § 368, S. 224 ff. (GW I 2.2).
11 *De voluptate ex cognitione veritatis percipienda*, in: *Horae subsecivae Marburgenses* 1729. Trimeestre aestivum, S. 167 ff. (GW II, 34.1). Deutsche Übersetzung in: GW I 21.5, S. 213 ff.
12 *Ebd..*, § 7, S. 184 ff; dtsch., S. 256 ff.
13 Vgl. *Deutsche Metaphysik*, § 411, S. 250 (GW I 2.1).
14 Vgl. *Psychologia empirica*, § 544, S. 420 (GW II 5).

Vergnügen ist immer schon kreativ, insofern der Kritiker sich in der Rekonstruktion der zugrundeliegenden Regeln der Erfindung an die Stelle des Erfinders versetzt.

Wenn die Vernunft aber nicht mehr ein rein mathematisches und formelles Vermögen verstanden werden kann, sondern als technisches Vermögen eine gewisse Auseinandersetzung mit der Materie voraussetzt, ergeben sich aus diesem neuen Vernunftbegriff auch im Bereich der Psychologie grundlegende Veränderungen. So entwirft Wolff in seiner empirischen Psychologie eine besondere „*ars fingendi* oder Kunst zu erdichten", die sich in zentralen Punkten von der *ars fingendi* seiner Vorgänger unterscheidet. Insbesondere erzeugt sie auch wahre und nützliche Fiktionen:

> Man muss sich aber in Acht nehmen, daß man nicht alles erdichtete für ungereimt hält, und für irrig ausgiebet: Denn die Fictiones oder Erdichtungen haben ihren großen Nutzen in Wissenschafften, und insonderheit der Erfindungs=Kunst. Sie machen der *Imagination* oder Einbildungs=Krafft begreifflich, was durch Verstand und Vernunfft schwer zu erreichen ist, und im Erfinden leichte, ja möglich, was sonst nicht anders, als durch Umwege, oder wohl gar nicht heraus zu bringen wäre. Es ist aber freylich ein Unterschied zwischen solchen Fictionibus und andern, die ungereimt heissen, und sie haben ihre gewisse Regeln, dergestalt, daß ich sagen kan, es sey eine besondere *Ars fingendi* oder Kunst zu erdichten, die nicht einen geringen Theil der Erfindungskunst abgiebet: Allein es ist hier nicht der Ort, noch auch schon Zeit, diesen Unterschied zu bestimmen, und Exempel von den Regeln anzuführen. Es können sich unterdessen andere in diesen und andern Dingen üben, die noch auszuführen sind[15].

Wolff zufolge stellt die Einbildungskraft der Seele „Fantasmen" oder „Figmente" zu Verfügung, die wir nie zuvor gesehen haben. Diese sind aber nichtsdestotrotz „Bilder, darinnen Wahrheit ist"[16], insofern sie dem Prinzip des zureichenden Grundes entsprechen. Wolff beschreibt solche Bilder als die Realität unmittelbar vor Augen legende Piktogramme, und vergleicht sie mit heiligen Symbolen und Hieroglyphen.[17] Diese „Fantasmen" müssen so zusammengesetzt sein, dass die Ähnlichkeit ihrer Teile mit den intrinsischen Bestimmungen des Dinges die Ableitung der Natur des Dinges ermögliche. Mittels seiner *facultas fingendi* könne der Geist solche Bilder erzeugen, insofern er von bestimmten Merkmalen absehen und die Aufmerksamkeit auf andere richten kann. Entgegen den Annahmen des früheren Rationalismus besteht die Vollkommenheit geistiger Bilder und Zeichen nicht unbedingt in ihrer Abstraktheit und Ökonomie. In Falle der Figmente der Einbildungskraft gilt vielmehr: je reicher und komplexer, desto vollkommener. Das vollkommenste Bild ist dasjenige, das die größte Anzahl von Merkmalen aufweist, so dass das Bild im Ganzen ein Zeichen des

---

15 *Anmerckungen zur Deutschen Metaphysik*, § 26, S. 56 f. (GW I 3).
16 *Deutsche Metaphysik*, § 245. S. 136 (GW I 2.1). Vgl. auch Frederick Beiser, *Diotima's Children. German Aesthetic Rationalism from Leibniz to Lessing*, Oxford 2009, Kapitel 2, S. 45–71.
17 Vgl. *Psychologia empirica*, § 152 ff., S. 105 ff. (GW II 5).

Dinges selbst ist. Wolff führt Skulpturen, bestimmte Linien und Bauwerke als Beispiele für solche „wahren" Bilder an.

> Hieher gehört das Bild, darunter sich ein Bildhauer eine Statue vorstellet, und darein er alles gebracht, was er Schönes an der Art Menschen, davon er sich eine vorstellt, gesehen, und nach untersuchtem Fleiß angemerket. Hieher gehört der Zug einer krummen Linie, daran wir sonst niemals gedacht. Hierher gehört auch das Bild von einem Gebäude, welches sich der Baumeister den Regeln der Baukunst gemäß in Gedanken vorstellt[18].

Wolff stellt solchen „wahren Bildern" die Fantasmen und „Chimären" gegenüber, die diesen Ordnungsvorgaben nicht entsprechen. Diese Begründung von Wahrheit in Ordnung knüpft an ältere rhetorische und ästhetische Vorgaben und insbesondere an die Eingangsparagraphen der *ars poetica* des Horaz an.

2.1 Die Generation der Schüler

Schon bald zeigt Wolffs Philosophie seinem Historiographen Carl Günther Ludovici zufolge ihren „herrlichen Nutzen" in den Künsten und Wissenschaften. Insbesondere „haben auch einige in der That gezeiget, wie die Wolffische Philosophie geschickt sey, einen in den sogenannten schönen Wissenschafften vollkommener zu machen"[19]. So entstehen schon ab den 1720er Jahren neue Arbeiten zur Rhetorik und Grammatik. Im Bereich der „Rede=Kunst" hebt Ludovici die Arbeiten von Johann Peter Reusch[20] und Israel Theophilus Canz hervor[21]; in der „Sprach=kunst" nennt er Johann August Ernesti[22] und Jakob Carpov.[23]

---

18 *Deutsche Metaphysik*, § 245, S. 136 (GW I 2.1).
19 Carl Günther Ludovici, *Ausführlicher Entwurff einer vollständigen Historie der Wolffischen Philosophie*, GW III 1.1: § 221, S. 286 und GW III 1.2.: §§ 503–505, S. 464–466.
20 Johann Peter Reusch, *Dissertatio de eo, quod pulchrum est in eloquentia eiusque potissimum rationibus*, Iena 1724.
21 Israel Theophilus Canz, *Oratoria scientarum familiae toti cognata, seu rationis & orationis arctissimum vinculum*, Tübingen 1735.
22 Johann August Ernesti, *Dissertatio qua philosophia perfectae Grammaticae asseritur ad Quintil. Inst. Orat.*, L.I.c. IX, Leipzig 1732.
23 Jacob Carpov, *Meditatio critico-philosophica de perfectione linguae, methodo scientifica proposita*, Jena 1735. Man könnte diese Liste sicherlich um weitere Namen ergänzen und auch die Entwicklungen in der Logik selbst z. B. bei Bilfinger mitberücksichtigen.

2.2 Bodmer und Breitinger über Wolffs *ars fingendi*

Aber es besteht kein Zweifel, dass Wolffs Gedanken vor allem im Bereich der *Poetik* auf fruchtbaren Boden fallen. Hier wird die von Wolff beschriebene *ars fingendi* der Sinnlichkeit und Einbildungskraft ganz direkt mit der Dichtkunst gleichgesetzt.[24] Den Poetikern Bodmer, Breitinger und Gottsched ist dabei gemein, dass sie alle den großen Einfluss Wolffs auf die eigene Poetik nachdrücklich anerkennen[25] und sich parallel zur Poetik intensiv mit Logik beschäftigen.[26] Aber radikaler als Wolff selbst wenden sie sich von der Mathematik ab und der Dichtung zu, die sie ihrerseits als den eigentlichen *locus* von dichterischem und produktivem Denken entdecken.

In ihren Traktaten zur Dichtkunst schreiben diese Schüler Wolffs dem Künstler und Dichter einen neuen *Status* zu. Dieser wird zum Vermittler einer nicht unmittelbar und allgemein zugänglichen Realität. Dichter und Künstler ist, wer selbst über jene besondere Sinnlichkeit verfügt, die ihn befähigt, unbekannte Aspekte der Wirklichkeit wahrzunehmen und diese seinem mit gröberen Sinnen ausgestatteten Publikum zu übersetzen. Eine solche Sinnlichkeit, Rezeptivität und Imagination sprechen Bodmer und Breitinger beispielsweise dem großen Barockdichter Martin Opitz zu:

> Opitz hat nehmlich nicht allein mehr Sachen durch die eigene Erfahrung und die Lesung in seiner Imagination zusammengetragen, sondern er hat noch denjenigen Sachen, die ihm aufgestoßen [ ] mehrere Seiten und Differenzien wahrgenommen / er hat sie von einer Situation angeschauet / von welcher sie ihm besser in die Imagination gefallen sind / und er hat sich länger darüber aufgehalten / indem er sie mit einer sorgfältigen Curiosität betrachtet & durchgesuchet hat. Also hat er erstlich eine nähere und vollkommenere Kenntniß der Objekte erworben / und hernach hat er eben darum auch gewissere und vollkommenere Beschreibungen machen können.[27]

---

24 Vgl. Johann Jakob Bodmer, *Critische Abhandlung von dem Wunderbaren in der Poesie und dessen Verbindung mit dem Wahrscheinlichen. In einer Vertheidigung des Gedichtes Joh. Miltons von dem verlohrenen Paradiese*, Zürich 1740, S. 6: „Es ist mir manchmal in den Sinn gekommen, dass die Einbildungs=Kraft ebenso wie der Verstand einer gewissen Logik vonnöthen habe".

25 So widmet beispielsweise Bodmer seine Schrift *Von dem Einfluß und Gebrauche der Einbildungs= Krafft* (Frankfurt und Leipzig 1727) seinem philosophischen Mentor Wolff, und er erklärt: „Ich habe Ihre Schriften zu dem Grund der meinen genommen". Ähnliche Aussagen finden sich bei Gottsched, der die Entdeckung von Wolffs Metaphysik mit dem Einlaufen eines Seemanns „aus einem wilden Meere widerwärtiger Meynungen" in einen sicheren Hafen vergleicht. Vgl. Gottsched, *Erste Gründe der gesammten Weltweisheit*, Leipzig 1734, Vorwort zur 1. Ausgabe, S. 204 f.

26 Gottsched beschäftigt sich bekanntlich intensiv mit allen *artes disserendi* und verfasst ausführliche Traktate zur Rhetorik und Grammatik. Breitinger verfasst seinerseits auch eine Abhandlung zur Logik: *Artis cogitandi principia ad mentem Recentiorum Philosophorum Compendio exhibita, atque in Usum Privatae Institutionis concinnata* (1736).

27 Johann Jakob Bodmer und Johann Jakob Breitinger, *Die Discourse der Mahlern*, Zürich 1721–1723. (ND Hildesheim 1969), Bd. I, S. 19.

Wenn die Sinne unsere „ersten Lehr=Meister" sind, wie Bodmer schreibt, wenn sie uns lehren, „wie die Dinge unter mannigfaltigen Gestalten/Formen und Eigenschafften nebeneinander liegen/und sich gegeneinander verhalten"[28], dann muss die Sinneswahrnehmung zugleich als ein aktives und als ein rezeptives Vermögen betrachtet werden. Sie ist nicht nur ein Ordnungsvermögen, sondern auch „Wunder" und „Neugier". Die Vortrefflichkeit des Dichters liegt darin, dass er „aus dem Bilder-Saale, die die Phantasie zu seinem Gebrauch eröffnet hat", schöpft[29]. Er kann dem Leser neue ungewöhnliche und wunderbare Bilder der Natur vor die Augen stellen, die diesem zugleich wahr erscheinen. Indem er „Wunder" und „Wahrscheinlichkeit" vereinbart, gelingt es ihm, die Aufmerksamkeit seines Lesers zu fesseln und seinen Blick hin zu neuen und unbekannten Aspekten der Natur zu leiten. Diese Bestimmung von Dichtung als Sinneswahrnehmung beinhaltet wiederum eine neue Auslegung des Begriffs der Nachahmung. Der Dichter ahmt die Natur nach oder besser, er ahmt sie „vor", wie Hans Blumenberg es in direktem Bezug auf die Poetik der Wolffianer treffend formuliert, indem er sie aufdeckt und jene Aspekte der Natur enthüllt, die dem Publikum noch unbekannt sind.[30] Die didaktische und physikotheologische Dichtung ihrer Zeitgenossen Albrecht von Haller[31] und Barthold Hinrich Brockes[32] dient der Poetik hier als Vorbild und Beispiel.

2.3 Gottsched über den philosophischen Criticus

Ab 1740 entzündet sich zwischen den verschiedenen Parteien der wolffianischen Schule eine heftige Polemik. Der zwischen den Schweizern Bodmer und Breitinger in Zürich und Gottsched in Leipzig ausbrechende „Dichterkrieg" geht über „Geschmacksfragen" und persönliche Vorlieben weit hinaus, wie Gottscheds Bewunderung des französischen Klassizismus und der Begeisterung Bodmers für die Engländer und Milton. Er zeugt vielmehr von einer Antinomie, die das wolffianische ästhetische Paradigma in seinem Kern zu kennzeichnen scheint – weshalb auch beide Parteien bis zu einem gewissen Punkte eine gemeinsame Auffassung teilen und sich ihre Argumente decken und ergänzen.[33] So betrachten sowohl Gottsched, als auch Bodmer

---

28 Bodmer, *Von dem Einfluß und Gebrauche der Einbildungs=Kraft*, a. a. O., S. 2.
29 Vgl. Bodmer, *Critische Abhandlung von dem Wunderbaren in der Poesie und dessen Verbindung mit dem Wahrscheinlichen*, Zürich 1740, S. 10.
30 Vgl. Hans Blumenberg, *Nachahmung der Natur. Zur Vorgeschichte der Idee des schöpferischen Menschen* (1957), in: ders., *Ästhetische und metaphorologische Schriften*, Frankfurt 2001, S. 9–46.
31 Siehe Albrecht von Haller, *Die Alpen* (1729), in: *Die Alpen und andere Gedichte*. Auswahl und Nachwort von Adalbert Elschenbroich, Stuttgart 1965.
32 Siehe Barthold Hinrich Brockes, *Irdisches Vergnügen in Gott* (7 Bde.), Hamburg 1721.
33 Vgl. beispielsweise Angelika Wetterer, *Publikumsbezug und Wahrheitsanspruch. Der Widerspruch zwischen rhetorischem Ansatz und philosophischem Anspruch bei Gottsched und den Schweizern* (Tübingen 1981) und den kürzlich von Anett Lütteken und Barbara Mahlmann-Bauer herausgegebenen Sammelband, *Bodmer und Breitinger im Netzwerk der europäischen Aufklärung*, Göttingen 2009.

und Breitinger im Ausgang von Wolff die Dichtung als *ars fingendi*, die sich mit der Verknüpfung und Erzeugung von größeren Zusammenhängen und „möglichen Welten" beschäftigt. Wie Gottsched es formuliert, entsteht so eine Fabel durch die „Zusammensetzung" und „Verbindung der Sachen"[34]. Die Fabel sei „die Erzählung einer unter gewissen Umständen möglichen, aber nicht wirklich vorgefallenen Begebenheit, darunter eine nützliche moralische Wahrheit verborgen liegt", ein „Stück aus einer anderen Welt". Gottsched erklärt, diese Definition aus Wolffs Philosophie zu schöpfen: „Herr von Wolf hat selbst, wo mir recht ist, an einem gewissen Ort seiner philosophischen Schriften gesagt: dass ein wohlgeschriebener Roman das ist ein solcher, der nichts Widersprechendes enthält wie eine Historie aus einer anderen Welt anzusehen sey"[35].

In der Auseinandersetzung zwischen seinen Schülern offenbart sich nun, dass Wolffs Thesen widersprüchliche Forderungen beinhalten. Einerseits muss man das der poetischen Erfindung zugrundeliegende Verknüpfungsvermögen als von der mathematischen, logischen und strikt philosophischen Vernunft unterschieden denken: Ein Philosoph und Logiker ist nicht unbedingt auch schon ein Dichter. Andererseits muss aber auch die Ordnung und Wahrheit der Dichtung letztendlich der Prüfung durch die philosophische Vernunft standhalten. In diesem Sinne bedarf die Dichtung sehr wohl der philosophischen Kritik, und kann der philosophische *Kritikus*, wenn er auch des Erfindungsgeistes oder *Ingeniums* des Dichters entbehrt, sehr wohl indirekt zur Erfindung und zum Ingenium einer Nation beitragen. In diesem Sinne vergleicht Gottsched die philosophischen Kritiker mit einem „Wetzstein, welcher zwar selbst nichts schmiedet, aber doch den Stahl schärffet"[36].

2.4 Baumgartens Ästhetik

Baumgartens Begründung einer Ästhetik als eigene und komplementäre Form von Logik schöpft ihrerseits auch direkt aus Wolffs *ars fingendi*[37] und den Poetiken seiner Schüler.[38] Auch Baumgarten hebt von einer im Kontext des Rationalismus neuen Einsicht in die Weite des menschlichen *Logos* an, aber nimmt zugleich eine radikalere

---

34 Siehe Johann Christoph Gottsched, *Versuch einer critischen Dichtkunst vor die Deutschen*, in: *Ausgewählte Werke*, hg. von Joachim Birke und Brigitte Birke, Band VI, 1, Berlin/New York 1973), S. 204.
35 Ebd.
36 Gottsched, *Vernünftige Tadlerinnen*, Hildesheim 1993, Band II, 14, S. 105.
37 Über Baumgartens Verhältnis zu Wolff, vgl. insbesondere die Vorrede von Baumgartens *Acroasis logica*, und *Philosophische Brieffe von Aletheophilus*, Frankfurt 1741, 1. Schreiben („[...] ob ich ein Wolffianer sey").
38 Es ist wichtig, diesen Impetus zu sehen und Baumgarten nicht vorschnell herauszuheben aus den Debatten seiner Zeit. Statt willkürlich spätere Thesen zur Ästhetik (Kant, Hegel ...) in ihn hineinzulesen, muss man seine Modernität und eigentliche philosophische Leistung zuerst aus dem Kontext von Wolffs Philosophie heraus rekonstruieren. Jahrzehnte lang erschwerten die verfügbaren gekürzten und verstümmelten Übersetzungen ein solches Verständnis. Erst in den letzten Jahren hat

Neuverteilung der Vermögen vor, indem er nun der philosophischen Vernunft im engeren Sinne alle Zuständigkeit für die Schönheit abspricht und die Sinnlichkeit (aisthesis) als Vermögen zum schönen Denken bestimmt. Diesen Gedanken entwickelt Baumgarten schon 1735 in den *Meditationes philosophicae de nonnullis ad poema pertinentibus* (*Philosophische Betrachtungen über einige Bedingungen des Gedichts*) und 1750/58 in der unvollendeten *Aesthetica*.[39]

In den *Meditationes* fordert Baumgarten einleitend die Rückbesinnung auf ältere Einsichten in die Verwandtschaft von Poesie und Philosophie. Gegen die in der Frühaufklärung vorherrschende enge Auffassung von Rhetorik als Kunst der *elocutio* oder der „verblümten" Schreibart argumentiert Baumgarten, Dichtkunst und Philosophie seien in einer sehr freundschaftlichen Ehe (*connubium*) miteinander verbunden. Diese Einsicht begründet nun radikaler als bei Wolff selbst die Beschränkung des philosophischen Rede- und Vernunftvermögens, zugunsten eines dichterischen.[40] Das Gedicht ist der Definition im ersten Teil zufolge (§§ 1–12) eine „vollkommene sinnliche Rede". Wie Baumgarten hervorhebt, sind sowohl Philosophie als auch Dichtung Formen von Rede, *oratio* und Argumentation. Sowohl der Philosoph, als auch der Dichter sind Freunde der Wahrheit. Beide erwägen Hypothesen und denken über Probleme nach; beide ordnen und setzen Elemente zu einem Ganzen zusammen; beide suchen durch Argumente zu überzeugen. Philosoph und Dichter unterscheiden sich dabei nur in ihrer jeweiligen Zielsetzung. Im Gegensatz zu den Annahmen der früheren Rationalisten, die nach Ramus die Bereiche von *inventio* und *dispositio* ganz für die Logik in Anspruch genommen hatten, sind die Erzeugnisse der engen mathematisch-logischen Vernunft Baumgarten zufolge nicht notwendig auch schön. Anhand eines konkreten Fallbeispiels[41] legt Baumgarten dar, dass die philosophische

---

mit der Wendung zu Wolff auch Baumgarten neue Aufmerksamkeit erfahren. Diese betrifft über den Bereich der Ästhetik hinaus auch seine Philosophie allgemein – einschließlich die Bereiche der Ethik (Schwaiger), des Naturrechts, der Metaphysik und der Theologie.

39 Sowohl Baumgarten als auch sein Kollege Georg Friedrich Meier propagierten die Ästhetik ab den späten 1730er Jahren durch ihre eigene Vorlesungstätigkeit. Schon vor der Veröffentlichung von Baumgartens *Aesthetica* publiziert Meier seine *Anfangsgründe aller schönes Wissenschaften,* die aufgrund ihrer größeren Ausführlichkeit Baumgartens *Meditationes* und die fragmentarisch gebliebene *Aesthetica* erhellen können. Meier wurde 1746 nach Baumgartens Ruf nach Frankfurt/Oder 1740 nach Halle berufen. Außer den *Anfangsgründen* und anderen Schriften zur Poetik, Hermeneutik und Logik verfasst er auch eine Reihe von Schriften zur Theologie, Metaphysik und Psychologie. In den letzten Jahren haben diese Schriften mehr Beachtung gefunden, vgl. auch der kürzlich erschienene Sammelband zu Meier: *Georg Friedrich Meier (1718–1777). Philosophie als wahre Weltweisheit,* hg. von Gideon Stiening and Frank Grunert, Berlin 2015.

40 Diese These über die Schranken und die „Dürre" der logischen Vernunft zeigt, dass Baumgarten in seinen frühen Jahren im Franckeschen Waisenhaus auch dem Einfluss von Wolffs Kontrahenten, den Pietisten, ausgesetzt war und dass er deren Misstrauen der spekulativen und akademischen Philosophie gegenüber durchaus teilt. Baumgarten war wohl, wie es auch Grote und Nannini herausgestellt haben, insbesondere von seinem älteren Bruder, dem Theologen Siegmund Jakob Baumgarten beeinflusst.

41 Vgl. Baumgarten, *Meditationes de nonnullis …,* § 14.

Rede noch nicht schön, noch kein Gedicht ist. Es fehlt ihr an dem Reichtum oder, wie Baumgarten in Anlehnung an Leibniz[42] und Wolff schreibt, an der „extensiven" Klarheit, die dem Gedicht eigen sind.[43] Während die philosophische Rede in weiten Teilen „abstrakt" und symbolisch bleibt und vor allem logische Verbindungen anschaulich macht, zielt die dichterische Rede auf Merkmalsvielheit, Ähnlichkeit, Anschaulichkeit der Sache. Von dieser Bestimmung des Begriffs aus auf die Rede als größeren Zeichenzusammenhang angewendet, kennzeichnet die dichterische Rede die „lichtvolle" Ordnung und Methode der Begriffsauflösung. Aus diesen Einsichten ergibt sich zugleich die Möglichkeit und die Notwendigkeit einer Ergänzung der engen, mathematischen Vernunft um ein dichterisches oder sinnliches Vernunftvermögen bzw. eine Neuverteilung zwischen beiden. Dichterische und künstlerische Formen der Rede müssen gleichzeitig in die Logik miteinbegriffen und von ihr abgegrenzt werden.

Das bedeutet wiederum, dass sich die Konturen und Grenzen der Disziplinen verschieben müssen. Aus der logischen Fundierung des Prinzips der Dichtung und der Kunst erwächst die Forderung nach einer „Ästhetik" oder Logik der unteren Erkenntnisvermögen. Die Logik teilt sich in eine Logik im engeren Sinn und eine Logik im weiteren Sinne. Letztere muss ihre „jüngere Schwester", die Ästhetik, mitumfassen. Die neue logische Kategorie extensiver Klarheit ermöglicht wiederum eine Neubestimmung der Dichtkunst, die sowohl das aristotelische Prinzip der Naturnachahmung als auch die rhetorischen Definitionen der Dichtung als lebhafte Rede mitumgreift.

Dieses Argument führt Baumgarten in der *Aesthetica* weiter aus. Er bezieht sich hier ausdrücklicher auf Cicero, der in *De oratore* schon ähnliche Perspektiven auf Rhetorik und Philosophie entwickelt hatte. Cicero bedauert die nach Sokrates entstandene „so unsinnige, nutzlose und tadelswerte Trennung gleichsam zwischen Zunge und Gehirn, die dazu führte, dass uns die einen denken und die andern reden lernten"[44]. Was Cicero Weisheit oder echte Redekunst nennt, ist zugleich eine Kunst des Denkens und des Sprechens. In Ciceros Augen ist derjenige ein Redner, der „über jedes Thema, das in Worten zu entwickeln ist, sachkundig, wohlgegliedert,

---

42 Vgl. Gottfried Wilhelm Leibniz, *Meditationes de cognitione, Veritate et Ideis* und Wolffs Klassifikationen in seinen Logiktraktaten.

43 Diese Frage nach der Bedeutung von Baumgartens extensiver Klarheit standen lange und stehen immer noch im Mittepunkt der Debatte, vgl. Dagmar Mirbach, *Einführung* in: Baumgarten, *Ästhetik*, Bd. 1, Hamburg 2007, S. XVI–LXXX; Clemens Schwaiger, *Das Problem des Glücks im Denken Christian Wolffs*, Stuttgart 1995, S. 139–153 u. a. Man hat aber in den allermeisten Fällen übersehen, dass Klarheit bei Baumgarten die weitere Kategorie der Rede kennzeichnet, und nicht nur wie bei Leibniz die Idee und den Begriff: Dieses Missverständnis findet sich beispielsweise bei Alfred Baeumler, *Das Irrationalitätsproblem in der Ästhetik und Logik des 18. Jahrhunderts bis zur Kritik der Urteilskraft*, Halle (Saale) 1923 (ND Hildesheim 1967), S. 220 ff., der die späteren Perspektiven nachhaltig geprägt hat.

44 Cicero, *De oratore*, III, 61.

wirkungsvoll aus dem Gedächtnis und mit angemessener Würde des Vortrags reden kann"[45], was eine bestimmte praktische und politische Form des Wissens und des Denkens schon voraussetzt. Diese enge Verbindung von Gedanke und Sprache liegt nun auch der Dreiteilung der Rede in *inventio, dispositio* und *elocutio* zugrunde, die Baumgarten von Cicero entlehnt und als Strukturprinzipien für den Aufbau der eigenen *Aesthetica* einsetzt. Was Baumgarten im ersten Kapitel dieses Traktats Schönheit nennt, setzt sich aus drei Teilen zusammen, nämlich der Schönheit der Dinge und Gedanken (*cogitationum*), der Schönheit der Anordnung und der Schönheit des Ausdrucks. Baumgarten benutzt außerdem in der *Aesthetica* verstärkt Ciceros Vokabular, um zu erklären, was er die „sinnliche Vollkommenheit einer Erkenntnis" oder „Schönheit"[46] nennt: Die einzelnen Bestandteile solcher Schönheit nämlich „Reichtum, Größe, Wahrheit, Klarheit, Gewissheit und Leben, insofern sie in einer Wahrnehmung miteinander übereinstimmen"[47], gehen direkt auf Cicero zurück, der ein gutes Argument genau mit diesen Kategorien qualifiziert. So enthält eine Aussage aus dem dritten Buch von *De oratore* eine fast vollständige Aufzählung dieser Attribute.[48]

Baumgarten verleiht diesen Attributen einfach eine etwas technischere Bedeutung als Cicero, indem er sie in der philosophischen Terminologie des eigenen Zeitalters ausführt.

Baumgartens Ästhetik bereitet nun seine Neuerungen in der Psychologie vor. Indem er mit dem Rückgriff auf ältere rhetorische Traditionen die „eigentliche" und „tiefere" Zielsetzung der Dichtung in Erinnerung gerufen hat, nämlich die Dinge selbst vor Augen zu stellen, kann das Modell der Dichtung helfen, eine neue Lehre von der Sinnlichkeit zu entwickeln. Baumgartens Doktrin weist zwar gewisse Divergenzen mit Wolff selbst auf, insofern sie sich expliziter von den alten aristotelischen und scholastischen Vermögenslehren entfernt, aber sie entspricht auf tieferer Ebene sehr wohl Wolffs eigenem oben skizzierten Gedanken aus seiner Psychologie.

Was den Menschen vom Tier unterscheidet, ist Baumgarten zufolge nicht ein Vermögen deutlicher Vernunfteinsicht, sondern ein weiter gefasstes „vernünftiges" Vermögen sprachlicher Verständigung. Dieser *Logos* im weiteren und älteren Sinne muss sowohl die „höheren" als auch die „unteren" sprachlichen Vermögen umfassen. Baumgartens Aufwertung der unteren Vermögen zeigt sich in den Untertiteln, in der Anzahl und in der Beschreibung der einzelnen Vermögen im Abschnitt über

---

45 *Ebd.*, I, 63.
46 Baumgarten, *Aesthetica*, a. a. O., § 14, S. 20.
47 *Ebd.*, § 22, S. 25.
48 „Wen blicken [die Menschen] starr vor Staunen an? Bei wem erhebt sich ihr Beifallsgeschrei? Wer ist in ihren Augen sozusagen ein Gott unter Menschen? Es sind diejenigen, die ausgewogen (*distincte*), klar (*explicate*) wortreich (*abundanter*), mit wirkungsvoller Stilisierung des Inhalts und der Formulierung (*inluminate*) reden, und beim Vortrag selbst gewissermaßen eine Art von Takt und Rhythmus finden; das ist es, was ich glanzvoll nenne (*ornate*)" (Cicero, *De oratore*, III, 53).

die empirische Psychologie seiner *Metaphysica*. Was Wolff die „unteren Vermögen" nannte, umfasste die sinnliche Wahrnehmung, den Gemeinsinn, die Einbildungskraft, die Dichtungskraft, das sinnliche Gedächtnis, die sinnliche Erwartung ähnlicher Fälle und das sinnliche Begehrungsvermögen.[49] Baumgarten übernimmt diese Auflistung vollständig, fügt aber weitere spezifisch menschliche und nicht tierische Vermögen hinzu, nämlich das Vermögen Ähnlichkeiten (*ingenium*) und Unterschiede (*acumen*) zwischen Dingen wahrzunehmen. Diese beiden Vermögen zusammen bilden ein Vermögen zur Klarsichtigkeit (*perspicacia*), 3) ein sinnliches Urteilsvermögen (*facultas diiucandi*), und 4) das Vermögen, Zeichen zu verstehen (*facultas characteristica*). Diese einzelnen tierischen und menschlichen Sinnesvermögen bilden ihrerseits gemeinsam ein „vernunftähnliches" Vermögen oder *analogon rationis*. Durch seine Aufwertung der unteren Vermögen verleiht Baumgarten diesem alten Begriff der Scholastik einen ganz neuen Sinn. Was er Sinnlichkeit nennt, ist ein spezifisch menschliches, sprachliches und diskursives Vermögen, das dem höheren Vernunftvermögen nicht einfach analog ist. Es ist vielmehr in strikter Symmetrie zu diesem angelegt und bildet dessen *Fundament*.

2.5 Sulzers Gefühl

Sulzer positioniert sich seinerseits auch direkt als Schüler Baumgartens und Wolffs. Zwischen 1771 und 1774 publiziert er ein ästhetisches Lexikon, die *Allgemeine Theorie der schönen Künste*, zu dem er selbst über 900 Artikel über Literatur, Rhetorik, Skulptur, Architektur, Tanz, Musik und Schauspiel beisteuert. Aber schon ab den 1750er Jahren verteidigt er einen bestimmten Wolffianismus innerhalb der Berliner Akademie, der er zunächst als ein Mitglied und später als Direktor der philosophischen Abteilung angehört. Er verfasst außerdem zwischen 1750 und 1770 eine Reihe von akademischen *mémoires*, die von seiner intensiven Auseinandersetzung mit den Bereichen der Psychologie und Ästhetik zeugen.[50] In seinen *Recherches sur les origines des sentiments agréables et désagréables [Untersuchungen über den Ursprung der angenehmen und unangenehmen Empfindungen]* entwickelt Sulzer neue Begriffe von Vernunft und Sinnlichkeit, die er seinerseits auch aus der Kunst heraus entwickelt.

Sulzer betrachtet Erkenntnis und Kunst als zwei Formen von kontemplativer oder theoretischer Beschauung, der ursprünglichen Bedeutung von *theorein* und *speculari* gemäß; und er vergleicht die Innensicht des Geistes mit der Betrachtung eines Gemäldes. Wie der französische Philosoph Abbé Dubos, aus dem er wichtige Anregungen bezieht, erklärt Sulzer, der Geist müsse durch materielle Reizung „genährt" und

---

49 Vgl. *Deutsche Metaphysik*, §§ 219 ff., S. 121 f. (GW I 2.1) und §§ 869–892, S. 537–554 (GW I 2.2).
50 Vgl. die neue kritische Ausgabe Sulzers von Hans Adler/Elisabeth Décultot (Hg.), *Gesammelte Schriften*, Bd. 1 Basel 2014.

in Tätigkeit gehalten werden[51], wenn er Langeweile (*ennui*)[52], Unlust und Schmerz vermeiden wolle. Die Kunst erfülle ein solches Bedürfnis nach geistiger Nahrung. Es berühre die Oberfläche der Seele und erzeuge Schatten von Leidenschaften, die die mentale Tätigkeit anregen.

Diese Beobachtungen erlauben neue Schlussfolgerungen über die Natur der Vernunft und des Selbstbewusstseins. Für Sulzer gründet letzteres in einem sinnlichen Selbstgefühl. Zwar kann sich die Seele nicht in ihrer eigenen Tätigkeit des Schauens anschauen, aber da sie in ihrer Tätigkeit notwendig durch ihren Gegenstand affiziert wird und Lust und Unlust empfindet, kann sie sich dennoch selbst fühlen. Das Gefühl kann als eine Art von Realitätssinn betrachtet werden, durch die der selbstvergessene Philosoph wieder der Wirklichkeit gewahr wird. In seinen *Observations sur les divers états où l'âme se trouve en exerçant ses facultés primitives, celle d'apercevoir et celle de sentir*[53] führt Sulzer diese Einsichten weiter aus und erstellt eine neue, für Herder und Kant bedeutsame dreiteilige Vermögenslehre, die zwischen Erkenntnis, Gefühl und einem dritten Zwischenzustand von Betrachtung unterscheidet.

2.6 Lessing und Mendelssohn über Kunst und moralische Empfindung

Mit Lessing und Mendelssohn verlagert sich der Schwerpunkt der ästhetischen Debatte auf den Bereich der praktischen und moralischen Empfindung. Die beiden Freunde entwickeln ihre Theorien in einem engen Dialog miteinander und in direkter Anknüpfung an Wolff und Baumgarten. 1755 verfassen sie noch gemeinsam die Schrift *Pope – ein Metaphysiker!* in dem sie die dichterischen Qualitäten und sinnliche Schönheit von Popes Lehrgedicht *Essay on man* mit explizitem Rückgriff auf Baumgarten von der streng philosophischen und systematischen Methode abgrenzen:

> Sein Gedicht sollte kein unfruchtbarer Zusammenhang von Wahrheiten seyn. Er nennt es selbst ein moralisches Gedicht, in welchem er die Wege Gottes in Ansehung der Menschen rechtfertigen wolle. Er suchte mehr einen lebhaften Eindruck als eine tiefsinnige Ueberzeugung – Was mußte er also in dieser Absicht thun? Er mußte, ohne Zweifel, alle dahin einschlagende Wahrheitenin ihrem schönsten und stärkste Lichte seinen Lesern darstellen[54].

---

51 Johann Georg Sulzer, *Recherches sur l'origine des sentiments agréables et désagréables*, Berlin 1753/1754, S. 69. Siehe auch meinen Artikel über Sulzer, *L'œil ne se voit pas voir: Sulzer sur la contemplation et le sentiment de soi*, in: *philosophiques*, hg. v. Christian Leduc und Daniel Dumouchel, vol. 42/1 (2015), S. 73–89.

52 Sulzer, *Recherches*, a. a. O., S. 74.

53 Sulzer, *Observations sur les divers états où l'âme se trouve en exerçant ses facultés primitives, celle d'apercevoir et celle de sentir* (*Histoire de l'Académie royale des sciences et des belles lettres*, Berlin 1770, chez Haude et Spener), S. 407–420.

54 Moses Mendelssohn und Gotthold Ephraim Lessing, *Pope – ein Metaphysiker!*, in: Moses Men-

Aber schon im *Briefwechsel über das Trauerspiel* von 1755 bis 1757, in der sich die beiden zusammen mit Nicolai mit den gemischten Empfindungen der Tragödie beschäftigen, zeigen sich tiefere philosophische Divergenzen. In der Diskussion um die kathartische Wirkung der Tragödie durch Mitleid (griechisch: *éleos*) und Furcht (griechisch: *phóbos*) ordnet Mendelssohn die Furcht bzw. die Bewunderung dem Mitleid und das Erhabene dem Schönen vor. Künstler und Dichter ist, wer die Göttlichkeit der Welt in ihrer unermesslichen Größe und Erhabenheit sinnlich wahrzunehmen und dem Leser zu übersetzen weiß. „Man hat allda das Wesen der schönen Künste in den sinnlichen Ausdruck der Vollkommenheit gesetzt. Nun wird eine iede Eigenschaft eines Dinges überhaupt *erhaben* genannt, wenn sie durch ihren außerordentlichen Grad der Vollkommenheit Bewunderung zu erregen fähig ist"[55]. Mit dem Erhabenen führt Mendelssohn Longins und Burke Begrifflichkeiten in die „Seelenlehre der deutschen Weltweisen" ein.[56]

Lessing seinerseits kehrt Mendelssohns Rangordnung um und räumt dem Mitleid Vorrang vor der Bewunderung ein. Bewunderung ist in seinen Augen nur „die eine Hälfte des Mitleids"[57] und „ein Ruhepunkt, wo sich der Zuschauer zu neuem Mitleiden erholen soll", denn: „der wahre Dichter verteilt das Mitleiden durch sein ganzes Trauerspiel."[58] In seinen Augen beginnt moralische Erkenntnis nicht mit der sinnlichen Wahrnehmung der Göttlichkeit der Welt oder derjenigen meines menschlichen Gegenübers, sondern mit der Wahrnehmung von dessen *Humanität*: diese gilt es, durch die Kunst zu übersetzen und die vermitteln. Denn wie Lessing nach Baumgarten und Adam Smith zu Recht hervorhebt, kann die bloß symbolische und philosophische Vernunft manchmal „kalt", „gleichgültig" und der Humanität meines Mitmenschen gegenüber „unempfindlich" sein: weshalb der Künstler in und durch die Kunst die gefühlsmäßige Distanz zwischen Menschen zu überbrücken und empathische Bande zu stiften sucht. Dies setzt voraus, dass der Künstler sich zunächst vom Leiden seiner Mitmenschen affizieren lässt. Wie Lessing es bündig formuliert, ist „der mitleidigste Mensch der beste Mensch"[59].

Diese Theorie der Kunst und moralischen Empfänglichkeit entwickelt Lessing in mehreren Schritten. In der *Abhandlung über die Fabel* von 1759 sticht der Verweis auf Wolff, den „Weltweisen" hervor, dessen Bedeutung die aller anderen „Fabulisten"

---

delssohn, *Gesammelte Schriften (Jubiläumsausgabe)*, hg. von Ismar Elbogen u. a., Berlin 1929 ff., Bd. 2, S. 51–52.
55 Mendelssohn, *Betrachtungen über das Erhabene und Naive in den schönen Wissenschaften* (1758), in: *Gesammelte Schriften*, a. a. O., Bd. I, S. 193–194.
56 Mendelssohn, *Rhapsodie oder Zusätze zu den Briefen über die Empfindung* (1761), in: *gesammelte Schriften*, a. a. O., Bd. 1, S. 383.
57 Gotthold Ephraim Lessing an Moses Mendelssohn vom 18. Dezember 1756, in: Lessing, *Werke und Briefe in 12 Bänden*, hg. von Wilfried Barner in Zusammenarbeit mit Klaus Bohnen, Gunter E. Grimm, Helmuth Kiesel, Arno Schilson, Jürgen Stenzel und Conrad Wiedemann, Frankfurt 1985–1990, Bd. 11/1, S. 144.
58 *Ebd.*
59 Lessing an Nicolai, November 1756, in: *Werke und Briefe*, a. a. O. Bd. 11.1, S. 119.

wie De La Motte, Richer, Batteux zu übertreffen scheint. „Ich will den Weltweisen so wenig wie möglich aus dem Auge verlieren; und vielleicht kommen wir am Ende der Bahn zusammen"[60]. In der Tat hatte Wolff im Rahmen seiner *Philosophia practica universalis* die Fabel ausführlich erörtert.[61] Zwar hebt sich Lessing insofern von Wolff ab, dass für ihn – hier in Einverständnis mit Baumgarten – die moralische Lehre mit einer gewisse „Klarheit" und „Lebhaftigkeit" „aus allen Teilen einer guten Fabel auf einmal hervorstrahlt". Sie charakterisiert sich selbst schon durch eine eigene Form von Evidenz, ohne dass diese zunächst auf philosophischen Wege bewiesen und symbolisch formuliert werden müsse oder könne: „Denn die anschauende Erkenntnis erfordert unumgänglich, dass wir den einzelnen Fall auf einmal übersehen können; können wir es nicht, so kann auch die Intuition des Allgemeinen nicht erfolgen"[62]. Dieser Abweichungen ungeachtet betrachtet auch Lessing die Kunst und die Literatur als Mittel zu einer moralischen Erziehung.

In der Weiterführung dieser Gedanken erhebt Lessing im *Laokoon. Oder über die Grenzen der Malerei und Poesie* von 1765/66 und in der *Hamburgischen Dramaturgie* von 1767 Begriffe wie Handlung und Charakter zu neuen Leitbegriffen. Die Handlung als das Prinzip, das der zeitlichen Abfolge des Geschehens seine Einheit verleiht, ist seiner Definition nach Gegenstand der Dichtung und der narrativen Künste, während die Figur oder der Körper als das Prinzip der Zusammensetzung im Raume Gegenstand der Malerei und der bildenden Künste ist. Beide Künste verfolgen den gleichen Zweck, d.h. Schönheit, aber unterscheiden sich sowohl in den Gegenständen, als auch in der Art ihrer Nachahmung (*hyle kai tropois mimeseos*). Ihre Schranken und besonderen Regeln, die sich aus der Besonderheit ihrer Zeichen ergeben, erklären ihre Komplementarität. Nur gemeinsam können die „schönen Künste" ihr Ziel erreichen und die Welt und insbesondere die menschliche Welt in ihrer Schönheit sinnlich vor Augen stellen. So bedarf es einer gewissen Kontextualisierung und Reizung der Einbildungskraft, um den Anstand und die moralische Charakterschönheit des leidenden Priesters Laokoon zu erkennen und empfinden. Selbst der bildende Künstler muss Anleihen beim Dichter machen und sich gewisser narrativer Elemente bedienen. Diese These über die Einheit und Komplementarität der schönen Künste kann als Präzisierung von Wolffs und Baumgartens Ästhetik gelesen werden. Aber zu diesen Ergebnissen gelangt Lessing nur durch die vertiefte Auseinandersetzung mit den Werken, die Baumgarten selbst noch nicht genügend geleistet habe: „Baumgarten bekannte, einen großen Teil der Beispiele in seiner Ästhetik Gesners Wörterbuche schuldig zu sein. Wenn mein Raisonnement nicht so bündig ist als das Baumgartensche, so werden doch meine Beispiele mehr nach der Quelle schmecken"[63].

---

60 Lessing, *Abhandlung über die Fabel*, in: *Werke und Briefe*, a.a.O., Bd. 4, S. 390.
61 Vgl. Fußnote 1.
62 Lessing, *Abhandlung über die Fabel* in: *Werke*, a.a.O., Bd. 4, S. 396.
63 Lessing, *Laokoon*, Vorrede, in: *Werke*, a.a.O., Bd. 5/2, S. 15.

3 Schluss

Die von Wolff eröffnete Perspektive auf Ästhetik als Theorie der Sinnlichkeit und der Kunst besteht im deutschsprachigen Raume bis zu Kant fort. Dieser nun bricht nicht nur mit dem von Wolff vorangetriebenen Projekt einer allgemeinen Erfindungskunst oder eines *Organons,* sondern lehnt prinzipiell den Gedanken ab, die Theorie der Sinnlichkeit sei gleichzeitig eine Philosophie der Kunst oder des Geschmacks. In der Transzendentalen Ästhetik der ersten *Kritik* bezichtigt er die Wolffianer der Verwirrung von Sinnlichkeit und Geschmack: „Die Deutschen sind die einzigen, welche sich jetzt des Worts Ästhetik bedienen, um dadurch zu bezeichnen, was andre Kritik des Geschmacks heißen"[64]. Kant trifft seinerseits eine klare Unterscheidung zwischen beiden Bereichen und begründet seine eigene Theorie der Kunst auf neuen Prinzipien.

Auch in den anderen europäischen Ländern stößt das wolffianische *Aisthesis*projekt nicht auf allgemeines Verständnis, was sich auch an der zögerlichen Aufnahme des Begriffs zeigt. Bis weit in das 19. Jahrhundert hinein begegnete man der Idee, die Philosophie der Kunst und des Schönen als Ästhetik zu bezeichnen, mit Widerstand, bis sich der Begriff schließlich im Laufe des 19. Jahrhunderts in einer allgemeineren Bedeutung einbürgerte.[65]

Nichtsdestotrotz hat die deutsche Ästhetik des Wolffianismus die späteren Entwicklungen grundlegend geprägt; in gewisser Hinsicht hat sogar gerade ihr Ursprung außerhalb der Kunst ihre große Produktivität begründet. Dass Kunst und Dichtung dem Denken von Vernunft und Sinnlichkeit dienen, stellte damals die Philosophen vor die Notwendigkeit, ihre Beschäftigung mit diesen Bereichen zu vertiefen und einen ganz neuen Kunstbegriff zu erfinden, der die im Platonismus aus dem Staat verbannten Künste ontologisch rehabilitierte. Wenn Kunst nur den Schein und nicht das Sein der Dinge darstellt, dann erzeugt sie dennoch nicht einfach Illusion. Kunst hat nicht mit trügerischem Schein, sondern mit Wahrscheinlichkeit zu tun, mit der Wahrheit in ihrer Erscheinung und ihren phänomenalen Aspekten, deren Aufdeckung die Voraussetzung für das Erfassen von Sein und Wesen ist. Diese Einsicht der Aufklärung hat einen produktiven Dialog zwischen Kunst und Philosophie, künstlerischer Theorie und Praxis begründet, der immer noch fortdauert.

---

64 Kant, *Kritik der reinen Vernunft* B 35.
65 Vgl. Jörg Heininger, „Ästhetik/ästhetisch. Der europäische Begriffstransfer", in: *Ästhetische Grundbegriffe, Historisches Wörterbuch in 7 Bänden,* hg. von Karlheinz. Barck u. a., Stuttgart/Weimar 2000, S. 342–368.

4 Literaturverzeichnis

Primärquellen

Arnoldt, Daniel Heinrich (1741): *Versuch einer nach demonstrativischer Lehrart entworfenen Anleitung zur Poesie der Deutschen,* Vermehrte und verbeßerte Auflage, Königsberg.

Baumgarten, Alexander Gottlieb (1735): *Philosophische Betrachtungen über einige Bedingungen des Gedichtes (Meditationes philosophicae de nonnullis ad poema pertinentibus).* Lateinisch – Deutsch. Übersetzt und herausgegeben sowie mit einer Bibliographie zur Ästhetik Baumgartens von Heinz Paetzold, Hamburg 1983.

Baumgarten, Alexander Gottlieb (1741): *Philosophische Brieffe von Aletheophilus,* Frankfurt a. O.

Baumgarten, Alexander Gottlieb (1761): *Acroasis logica in Christianum L. B. de Wolff,* Halle/Magdeburg (GWIII 5).

Baumgarten, Alexander Gottlieb (1750–1758): *Aesthetik,* 2 Bde., Lateinisch – Deutsch. Übersetzt, mit einer Einführung, Anmerkung und Registern, hg. von Dagmar Mirbach, Hamburg 2007.

Baumgarten, Alexander Gottlieb (1907): *Kollegium über Ästhetik,* transkribiert in Bernhard Poppe (1907): *A. G. Baumgarten, seine Stellung und Bedeutung in der Leibniz-Wolffschen Philosophie und seine Beziehung zu Kant. Nebst einer bisher unbekannten Handschrift der Ästhetik Baumgartens,* (Diss.) Borna-Leipzig, S. 59–258.

Bodmer, Johann Jacob (1736): *Briefwechsel von der Natur des Poetischen Geschmackes.* Reprint: Stuttgart 1966.

Bodmer, Johann Jacob (1740): *Critische Abhandlung von dem Wunderbaren in der Poesie und dessen Verbindung mit dem Wahrscheinlichen,* Zürich, Reprint: Stuttgart 1966.

Bodmer, Johann Jacob (1721–1723): *Die Discourse der Mahlern.* 4 Teile in einem Band, Zürich. Reprint: Hildesheim 1969.

Bodmer, Johann Jacob (1727): *Von dem Einflusse und Gebrauche der Einbildungskraft.* Frankfurt und Leipzig.

Breitinger, Johann Jakob (o. J.): *Artis cogitandi principia ad mentem recentiorum philosophorum compendio exhibita, atque in usum privatae institutionis concinnata,* o. O.

Breitinger, Johann Jakob (1740): *Critische Dichtkunst,* Zürich. Reprint, Stuttgart 1966.

Brockes, Barthold Heinrich (1721–1748): *Irdisches Vergnügen in Gott. Naturlyrik und Lehrdichtung.* Ausgewählt und hrsg. v. Hans-Georg Kemper, Stuttgart 1999.

Canz, Israel Theophilus (1735): *Oratoria scientarum familiae toti cognata, seu rationis et orationis rectissimum vinculum,* Tübingen.

Carpov, Jakob (1735): *Meditatio critico-philosophica perfectione lingua, methodo scientifica proposita,* Jena.

Ernesti, Johann August (1732): *Dissertatio qua philosophia perfecta asseritur ad Quintil. Inst. Orat.*

Gottsched, Johann Christoph (1973 ff.): *Ausgewählte Werke*, hrsg. v. Philip Marshall Mitchell, Berlin/New York.
Gottsched, Johann Christoph (1725–1726): *Die Vernünftigen Tadlerinnen*, Leipzig. Reprint: Hildesheim 1993.
Haller, Albrecht von (1729): *Die Alpen und andere Gedichte*, Stuttgart 1968.
Lessing, Gotthold Ephraim (1985–1990): *Werke und Briefe in 12 Bänden*, hg. von Wilfried Barner in Zusammenarbeit mit Klaus Bohnen u. a., Frankfurt 1985–1990.
Ludovici, Carl Günther (1735): *Ausführlicher Entwurf einer vollständigen Historie der Wolffischen Philosophie* (GW III 1.1.).
Meier, Georg Friedrich (1745): *Abbildung eines Kunstrichters*, Halle.
Meier, Georg Friedrich (1748–1750): *Anfangsgründe aller schönen Wissenschaften*, 3 Bände, Halle, 2. verbesserte Auflage 1754–59. Reprint Hildesheim 1976.
Meier, Georg Friedrich (1747–1749): *Beurtheilung der Gottschedischen Dichtkunst*, Halle Reprint: Hildesheim 1975.
Meier, Georg Friedrich (1746): *Vertheidigung der Baumgartenschen Erklärung eines Gedichts, wider das 5te Stück des neuen Bücher-Saals Bd. 1*, Halle.
Meier, Georg Friedrich (1741 ff.): *Frühe Schriften zur ästhetischen Erziehung der Deutschen*, hg. von Hans-Joachim Kertscher und Günter Schenk, Halle 1999 und 2000.
Mendelssohn, Moses (1929/1972 ff.): *Gesammelte Schriften. Jubiläumsausgabe*. Begonnen von Ismar Elbogen, Julius Guttmann u. Eugen Mittwoch. Fortgesetzt von Alexander Altmann u. Eva J. Engel, 22 Bände. Berlin und Stuttgart/Bad-Cannstatt.
Oelrich, Johann Carl Conrad (1782): *Herrn J. C. C. Oelrichs Tagebuch einer gelehrten Reise von Ober- und Niedersachsen 1750, mit einer Kupfert*, in: Jean Bernoulli, Sammlung kurzer Reisebeschreibungen und anderer zur Erweiterung der Länder- und Menschenkenntnis dienender Nachrichten. Jahrgang 1782, 5ter Band. Berlin/Dessau.
Reusch, Johann Peter (1724): *Dissertatio de eo, quod pulchrum est in eloquentia eiusque potissimum rationis*, Iena.
Sulzer, Johann Georg (1771–1774): *Allgemeine Theorie der schönen Künste, in einzeln, nach aphabetischer Ordnung der Kunstwörter auf einanderfolgenden Artikeln abgehandelt*, Leipzig. Reprint Hildesheim 1970.
Sulzer, Johann Georg (1773): *Vermischte philosophische Schriften*, Leipzig.

Sekundärliteratur (Auswahl)

Aichele, Alexander und Mirbach, Dagmar (2008): *A. G. Baumgarten. Sinnliche Erkenntnis in der Philosophie des Rationalismus*, Aufklärung, Bd. 20, Hamburg.
Arndt, Hans Werner (1988): *Quelques remarques sur le rapport de Lessing à Wolff dans la théorie de la fable*, in: Archives de la philosophie 46, S. 255–269.
Baeumler, Alfred (1923): *Das Irrationalitätsproblem in der Ästhetik und Logik des 18. Jahrhunderts bis zur Kritik der Urteilskraft*, Halle an der Saale. Reprint: Hildesheim 1967.

Barck, Karlheinz (2000): *Ästhetik, ästhetisch. Einleitung: Zur Aktualität des Ästhetischen,* in: *Ästhetische Grundbegriffe. Historisches Wörterbuch in 7 Bänden,* hrsg. von Karlheinz Barck u. a., Stuttgart/Weimar, S. 308–317.

Beiser, Frederick C. (200): *Diotima's Children. German Aesthetic Rationalism from Leibniz to Lessing,* Oxford.

Birke, Joachim (1966): *Gottscheds Neuorientierung der deutschen Poetik an der Philosophie Wolffs,* in: *Zeitschrift für deutsche Philologie* 85, S. 560–575.

Blumenberg, Hans (1957): *Nachahmung der Natur. Zur Vorgeschichte der Idee des schöpferischen Menschen,* in: ders., *Ästhetische und metaphorologische Schriften,* Frankfurt 2001, S. 9–46.

Buchenau, Stefanie (2013): *The Founding of Aesthetics in the German Enlightenment. The Art of Invention and the Invention of Art.* Cambridge.

Buchenau, Stefanie (2015): *L'œil ne se voit pas voir: Sulzer sur la contemplation et le sentiment de soi,* in: philosophiques, hg. von Christian Leduc and Daniel Dumouchel, Bd. 42, no. 1, S. 73–89.

Buchenau, Stefanie et Décultot, Elisabeth (Hg.) (2006): *Esthétiques de l'Aufklärung, Revue germanique internationale 4.*

Dumouchel, Daniel (1999): *Kant et la Genèse de la Subjectivité esthétique. Esthétique et Philosophie avant la Critique de la Faculté de Juger,* Paris.

Dürbeck, Gabriele (1998): *Einbildungskraft und Aufklärung.* Tübingen.

Franke, Ursula (1972): *Kunst als Erkenntnis. Die Rolle der Sinnlichkeit in der Ästhetik des A. G. Baumgarten,* Wiesbaden.

Grote, Simon (2016): *Vom geistlichen zum guten Geschmack? Reflexionen zur Suche nach den pietistischen Wurzeln der Ästhetik,* in: *Schönes Denken: A. G. Baumgarten im Spannungsfeld zwischen Ästhetik, Logik und Ethik,* hg. von Andrea Allerkamp und Dagmar Mirbach, Hamburg, S. 365–379.

Guyer, Paul (2015): A *History of modern Aesthetics. Part III. German Aesthetics between Wolff and Kant.* Cambridge.

Horch, Hans-Otto und Georg-Michael Schulz (1988): *Das Wunderbare und die Poetik der Frühaufklärung. Gottsched und die Schweizer.* Darmstadt.

Kliché, Dieter (2000): *Ästhetik, ästhetisch,* in: *Ästhetische Grundbegriffe. Historisches Wörterbuch in 7 Bänden,* hrsg. von Karlheinz Barck u. a., Stuttgart/Weimar.

Krueger, Joachim (1980): *Christian Wolff und die Ästhetik,* Berlin.

Linn, Marie Luise (1974): *A. G. Baumgartens 'Aesthetica' und die antike Rhetorik,* in: *Rhetorik. Beiträge zu ihrer Geschichte in Deutschland vom 16.–20. Jahrhundert,* hg. von Helmut Schanze, Frankfurt a M., S. 81–107.

Lütteken Anett und Mahlmann-Bauer, Barbara (Hg.) (2009): *Bodmer und Breitinger im Netzwerk der europäischen Aufklärung,* Göttingen.

Mirbach, Dagmar: *Alexander Gottlieb Baumgarten. Bibliographie 1735–2003,* online www.alexander-gottlieb-baumgarten.de/onlinetexte/bibliographie.pdf.

Mirbach, Dagmar (2007): *Einführung: Zur fragmentarischen Ganzheit von A. G. Baumgartens Aesthetica (1750/1758)*, in: A. G. Baumgarten, Aesthetik, 2 Bde., Lateinisch – Deutsch. Übersetzt, mit einer Einführung, Anmerkung und Registern, hg. von Dagmar Mirbach, Hamburg, S. XV–LXXX.

Nannini, Alessandro (2013): *Da Baumgarten a Baumgarten. Siegmund Jacob Baumgarten e la fondazione dell'estetica moderna*, in: *Priemio Nueva Estetica della Società Italiana d'Estetica*, Aesthetica Preprint Supplementa, Palermo, S. 67–90.

Pimpinella, Pietro (1986): *Imaginatio, phantasia e facultas fingendi e A. G. Baumgarten*, in: *Phantasia e imaginatio*, V° colloquio internazionale, Roma, S. 379–414.

Schmidt, Horst-Michael (1982): *Sinnlichkeit und Verstand. Zur philosophischen und poetologischen Begründung von Erfahrung und Urteil in der deutschen Aufklärung. Leibniz, Wolff, Gottsched, Bodmer und Breitinger, Baumgarten. Theorie und Geschichte der schönen Künste*, München.

Schwaiger, Clemens (2001): *Vollkommenheit als Moralprinzip bei Wolff, Baumgarten und Kant*, in: *Von Wolff zu Kant. Festschrift für Norbert Hinske zum 70. Geburtstag*, hrsg. von Michael Oberhausen und Riccardo Pozzo, Stuttgart/Bad Cannstatt, S. 317–328.

Stiening, Gideon und Grunert, Frank (Hg) (2015): *Georg Friedrich Meier (1718–1777). Philosophie als wahre Weltweisheit*, Berlin.

Tedesco, Salvatore (1998): *Studi sull'estetica dell'illuminismo tedesco*, Palermo.

Vetter, Theodor (1721–1722): *Chronick der Gesellschaft der Mahler, 1721–1722. Nach dem Manuscripte der Zürcher Stadtbibliothek*, Frauenfeld 1887.

Wetterer, Angelika (1981): *Publikumsbezug und Wahrheitsanspruch. Der Widerspruch zwischen rhetorischem Ansatz und philosophischem Anspruch bei Gottsched und den Schweizern*. Tübingen.

10.3 Wolff an den deutschsprachigen Universitäten

Michael Albrecht

Keywords

Deutsche Universitäten, Wolffianer, Wolffianismus

Abstract

Die Wirkung der Philosophie Wolffs (aber auch seiner Mathematik und Physik) erstreckte sich auf die meisten deutschen Universitäten, beginnend mit Wolffs eigener Lehrtätigkeit in Halle und Marburg, dann – getragen von Wolffs Schülern und deren Schülern sowie anderen Lesern seiner Werke – auch in Jena, Leipzig, aber auch in Königsberg und Tübingen. Der Höhepunkt dieses Einflusses liegt in den dreißiger und vierziger Jahren des 17. Jahrhunderts.

1 Einleitung

Die Wirkung der Philosophie Wolffs (aber auch seiner Mathematik und Physik) erstreckte sich auf die meisten deutschen Universitäten, beginnend mit Wolffs eigener Lehrtätigkeit in Halle und Marburg, dann – getragen von Wolffs Schülern und deren Schülern sowie anderen Lesern seiner Werke – auch in Jena, Leipzig, aber auch in Königsberg und Tübingen. Der Höhepunkt dieses Einflusses liegt in den dreißiger und vierziger Jahren des 17. Jahrhunderts. Der Einfluss des Wolffianismus bedeutete auch, dass die philosophische Fakultät gegenüber den anderen Fakultäten an Bedeutung zunahm.

2 Deutsche Universitäten im Überblick[1]

Das römisch-deutsche Kaiserreich verfügte im 18. Jahrhundert zunächst über 36 Universitäten, zu denen im Verlauf des Jahrhunderts noch 8 Neugründungen hinzukamen. 18 Universitäten waren katholisch; hier ist Erfurt mitgezählt, auch wenn es paritätisch geführt wurde. Die größeren Universitäten lagen alle in Mitteldeutschland, angeführt – wenn man das ganze 18. Jahrhundert betrachtet[2] – von Jena, gefolgt von Halle, das auch nach Wolffs Vertreibung seine Stellung als zweitgrößte Universität behielt, Leipzig, Göttingen, mit weitem Abstand dann Helmstedt, Marburg, Gießen und dem kleingewordenen Erfurt sowie Herborn. Im Osten des Reiches lagen die Universitäten Königsberg und Frankfurt, denen Österreich 1702 die katholische Universität Breslau mit einigem Erfolg an die Seite stellte. Die im Norden gelegenen Universitäten Rostock, Kiel, Greifswald, Bützow waren alle sehr klein, auch Paderborn (1734 gegründet). Etwas besser frequentiert war die 1732/34 gegründete Universität Fulda. In den Rheinlanden lagen die Universitäten Duisburg, Köln und Bonn (1737 als Alternative zur nicht mehr bedeutenden, aber reformresistenten Universität Köln gegründet) sowie Trier und Mainz. Straßburg blieb im 18. Jahrhundert eine deutsche Universität. In Süddeutschland lagen Heidelberg, Tübingen und Freiburg, in Bayern Würzburg, Bamberg, Dillingen und Ingolstadt, ferner die protestantischen Universitäten Altdorf und Erlangen. Zu Österreich bzw. Habsburg gehörten die katholischen Universitäten Prag, Olmütz, Wien, Graz, Innsbruck, Salzburg, Basel und Breslau (bis 1749). Insgesamt sind das 26 protestantische und 18 katholische Universitäten, in der Frequenz angeführt von Göttingen, Halle, Jena und Leipzig.

---

1 Vgl. Friedrich Paulsen, *Geschichte des gelehrten Unterrichts auf den deutschen Schulen und Universitäten vom Ausgang des Mittelalters bis zur Gegenwart. Mit besonderer Rücksicht auf den klassischen Unterricht*, Bd. 1, 3. Aufl., Leipzig 1919, S. 625–628.
2 Vgl. Franz Eulenburg, *Die Frequenz der deutschen Universitäten von ihrer Gründung bis zur Gegenwart*, Leipzig 1904, S. 153; 162–165.

Bis weit ins 18. Jahrhundert hinein war an allen deutschen Universitäten das Lateinische die Lehr- und Schriftsprache. Die erste Vorlesung in deutscher Sprache wurde 1687 in Halle vorgetragen, und zwar von dem Jura-Professor Christian Thomasius. Auch Wolff lehrte und schrieb in Halle (bis 1723) auf Deutsch. Die deutsche Wissenschaftssprache hat Wolff sehr viel zu verdanken.[3] Die Umstellung in den Vorlesungen auf die deutsche Sprache versuchte die preußische Regierung vergeblich zu verhindern. Der Kultusminister Zedlitz ermahnte z. B. die Königsberger Professoren, die lateinische Sprache beizubehalten, obwohl der Unterricht an der Universität Göttingen von Anfang an auf Deutsch gehalten wurde. Der Senat der Universität Königsberg weigerte sich 1780/81, diese Anordnung zu befolgen, denn die Studenten würden lateinische Vorlesungen boykottieren. Nur die Repetitorien fanden noch auf lateinisch statt.[4] Schon 1774 rechtfertigte Justus Christian Hennings in seinem *Kritisch historischem Lehrbuch der theoretischen Philosophie* die Verwendung der deutschen Sprache damit, dass nur noch 5 % der Studenten das Lateinische beherrschten (Vorrede).

Ob an den Universitäten die wolffianische Philosophie gelehrt wurde, kann man am Einfachsten durch einen Blick auf das Lehrpersonal ermitteln. Denn ob an den Universitäten ein zur Lehre berechtigter Professor oder Magister legens[5] ein Wolffianer war, ist in der Regel leicht festzustellen. Das einfachste Indiz dafür besteht natürlich darin, dass der Lehre eines der Bücher Wolffs oder eines Wollfianers zugrunde gelegt wurde. Es gibt darüber hinaus eine Reihe von Grundüberzeugungen, die sich bei allen Wolffianern finden[6].

---

3   Eric A. Blackall, *Die Entwicklung des Deutschen zur Literatursprache, 1700–1775*. Mit einem Bericht über neue Forschungsergebnisse 1955–1964 von Dieter Kimpel, Stuttgart 1966, Kap. II.

4   Vgl. Michael Oberhausen u. Riccardo Pozzo, *Vorlesungsverzeichnisse der Universität Königsberg (1720–1804)*, 2 Bde., Stuttgart Bad-Cannstatt 1999, Bd. 1, S. XXXV–XLI. Damit geht das „Verschwinden des Lateinischen als moderne Literatursprache" einher, wie die Messkataloge belegen: War 1681–1690 noch die Mehrzahl der dort angekündigten Bücher auf Latein, so fiel ihr Anteil in den Jahren 1731–1740 auf 26,1 % gegenüber 70,1 % deutscher Titel. „Gegen Ende des 18. Jahrhunderts" ist „die lateinische Sprache ausgestorben". „Die ganze wissenschaftliche Literatur […] spricht deutsch." (Paulsen, *Geschichte des gelehrten Unterrichts auf den deutschen Schulen und Universitäten vom Ausgang des Mittelalters bis zur Gegenwart*, a. a. O., Bd. 1, S. 625–628). Vgl. auch Ulrich Gaier, Latein und Deutsch, in: *Grundriss der Geschichte der Philosophie*, begründet von Friedrich Ueberweg. Völlig neubearbeitete Ausgabe, hg. von Helmut Holzhey. *Die Philosophie des 18. Jahrhunderts*, Bd. 5: *Heiliges Römisches Reich Deutscher Nation, Schweiz, Nordund Osteuropa*, hg. von Helmuth Holzhey u. Vilem Mudroch, 2 Bde., Basel 2014, Bd. 1, S. 41–43 (zitiert unter der Sigle: *Grundriss*).

5   Da deren Veranstaltungen nicht in den Vorlesungsverzeichnissen auftauchen, fehlen uns wichtige Angaben zur Datierung neuer Entwicklungen, die oft gerade von den Magistri legentes herbeigeführt wurden. Vgl. auch Max Wundt, *Die deutsche Schulphilosophie im Zeitalter der Aufklärung*, Tübingen 1945 (Nachdruck: Hildesheim 1964), S. 201; Vgl. Franz Eulenburg, *Die Frequenz der deutschen Universitäten von ihrer Gründung bis zur Gegenwart*, a. a. O., S. 162 f. Die Zahlen der *durchschnittlichen* Frequenz für denselben Zeitraum weisen dieselbe Reihenfolge auf, siehe S. 164 f.).

6   Vgl. Michael Albrecht, *Die philosophischen Grundüberzeugungen des Wolffianismus*, in: *Christian Wolff und die europäische Aufklärung*. Teil 5, hg. von Jürgen Stolzenberg u. Oliver-Pierre Rudolph, Hildesheim 2010 (GW III 105), S. 13–30.

3 Wolffs Philosophie an einzelnen Universitäten[7]

3.1 Halle

Wolff selbst hatte 1707 bis 1723 an der jungen, aber schon hochberühmten preußischen Universität Halle[8] als Mathematik-Professor gelehrt, und zwar mit großem Erfolg. An die Denomination seines Lehrstuhls hielt er sich dabei nicht, sondern entfaltete als akademischer Lehrer und als Schriftsteller ein ganzes, mit der Logik beginnendes System der Philosophie, das aus Metaphysik, Ethik, Physik und Politik bestand und auf Deutsch vorgetragen und (in 9 Bänden) verfasst wurde. Ehrungen blieben nicht aus. Wolff wurde Mitglied der französischen und der großbritannischen Akademien der Wissenschaften, dazu preußischer Hofrat, zeitweise auch Prorektor der Universität, d. h. – da der Rektor niemand anders als der König war – deren Präsident. Zu seinen Schülern in Halle gehörten Heinrich Köhler, Johann Peter Reusch, Georg Bernhard Bilfinger, Ludwig Philipp Thümmig, Johann Nicolaus Frobesius und Franz Albert Schultz, Jakob Carpov, aber auch Daniel Strähler, der zu einem Gegner Wolffs wurde.

Über Bilfinger wird berichtet:

> ... er brannte vor Begierde [...] Wolfen, den Mann, dem er seine Aufklärung dankte, zu sehen, er bat, er beschwor daher alle seine Freunde, ihn zu unterstützen, und erhielt endlich, sowohl von diesen, als von der Herrschaft, ein Reisegeld. Doch jetzt, da alles richtig schien, stand ihm eben die größte Schwierigkeit im Wege. Bilfinger hatte Bekanntschaft mit der Tochter eines angesehenen Lehrers in Tübingen gemacht, und der Vater war bereit, ihm dieselbe zur Gattin zu geben; doch nur unter der Bedingung, wenn er seine Reise, das ist, Wolfen, aufgeben würde. Bilfinger gab die Braut auf, und reiste ab. Mit Entzücken hörte er jetzt Wolfen selbst [...][9].

---

7 Vgl. Wundt, *Die deutsche Schulphilosophie im Zeitalter der Aufklärung*, a. a. O.; Michael Albrecht, *Der Wolffianismus in der deutschen Schulphilosophie* (Buchausstellung im Sommersemester 1980, Tarforst), Trier 1980; Notker Hammerstein, *Christian Wolff und die Universitäten. Zur Wirkungsgeschichte des Wolffianismus im 18. Jahrhundert*, in: *Christian Wolff, 1679–1754. Interpretationen zu seiner Philosophie und deren Wirkung*, hg. von Werner Schneiders, Hamburg 1983, S. 266–277.; ders. *Res publica literaria. Ausgewählte Aufsätze zur frühneuzeitlichen Bildungs-, Wissenschafts- und Universitätsgeschichte*, hg. von Ulrich Muhlack u. Gerrit Walther. Berlin 2000; ders., Universitäten, in: ders., Ulrich Herrmann (Hg.), *Handbuch der deutschen Bildungsgeschichte. Bd. 2: 18. Jahrhundert. Vom späten 17. Jahrhundert bis zur Neuordnung Deutschlands um 1800*. München. 2005, *Innovation und Tradition. Akademien und Universitäten im Heiligen Römischen Reich deutscher Nation*, in: Historische Zeitschrift 278 (2004), S. 591–623; *Grundriss*, Bd. 1, S. 3–13.

8 Vgl. Wilhelm Schrader, *Geschichte der Friedrichs-Universität zu Halle*, 2. Bde, Berlin 1894; Norbert Hinske (Hg.), *Zentren der Aufklärung, I: Aufklärung und Pietismus*. Halle. Heidelberg 1989; Günter Schenk u. Regina Meyer, *Die Philosophische Fakultät der Fridericiana von ihrer Gründung 1694 bis zur Schließung 1806. Ein Überblick* (*Philosophisches Denken in Halle*, Abt. 1, Bd. 10). Halle (Saale) 2011.

9 Friedrich Karl Gottlob Hirsching, *Historisch-literarisches Handbuch berühmter und denkwürdi-*

Mit der *Rede über die praktische Philosophie der Chinesen,* die Wolff anlässlich der Amtsübergabe an den neuen Prorektor Joachim Lange (1670–1744)[10], einen pietistischen Theologen, am 12. Juli 1721 hielt, gab Wolff den Pietisten hinreichend Anlass, seine Philosophie anzugreifen. Den ersten Angriff unternahm allerdings Strähler (1690–1750)[11], der 1723 eine *Prüfung* und Widerlegung von Wolffs Deutscher Metaphysik vorlegte, eine Schrift, die darauf hinauslief, Wolff als Atheisten zu entlarven. Wolff denunzierte Strähler (unter Umgehung des akademischen Senats) bei den staatlichen Stellen, weil sich Strähler der Respektlosigkeit gegen einen Professor schuldig gemacht habe, und erreichte immerhin, dass Strähler von der Universität eine Verwarnung erhielt. Im September 1722 gelang es Wolff noch – wiederum ohne die Fakultät einzuschalten – durch den König die Beförderung Thümmigs (1697–1728)[12] zum außerordentlichen Professor der Philosophie zu erwirken, wobei Wolff von Marquard Ludwig von Printzen, dem Minister für geistliche Angelegenheiten und Kurator der Universität, unterstützt wurde.[13] Als nun die halleschen Pietisten, angeführt von Joachim Lange, Wolff vehement angriffen und sich ebenfalls an König Friedrich Wilhelm I. wandten, reichte der Einfluss Printzens nicht mehr aus: Einem dringenden Rat August Hermann Franckes folgend, entschied sich der König aus eigenem Ratschluss, Wolff zu bestrafen. Als Beschützer des Glaubens konnte er den Atheisten nicht länger dulden. Wolff wurde (wie auch Thümmig) im November 1723 seiner Ämter enthoben und unter Androhung der Todesstrafe aus Preußen verbannt; seine Bücher wurden 1727 verboten. Johann Joachim Lange (1699–1765)[14], der älteste Sohn Joachim Langes, erhielt die Mathematik-Professur; Thümmigs ao. Professur ging an Strähler.

Wolffs Vertreibung machte ihn zu einem Märtyrer der Aufklärung und fügte der Universität Halle „unwiederbringlichen Schaden" zu, stellte Johann Daniel Gruber, der Mitbegründer der Universität Göttingen, 1739 fest.[15] Trotz der eisernen Ablehnung alles Wolffianismusses durch die Pietisten fasste dieser nicht erst 1740, als Wolff zurückkehrte, in Halle wieder Fuß. Zunächst geschah dies aber auf eher verdeck-

---

    ger Personen, welche im 18. Jahrhunderte gestorben sind, Bd. 1, Leipzig 1794 (Nachdruck: Graz 1972), S. 280 f.

10 Vgl. *Dictionary of Eighteenth-Century German Philosophers,* hg. von Heiner F. Klemme u. Manfred Kuehn, 3 Bde. London New York 2010, Bd. 2, S. 690–697 (zitiert unter der Sigle: *GP*); *Grundriss,* Bd. 1, S. 531–534.

11 Vgl. *GP,* Bd. 3, S. 1141 f.

12 Vgl. *GP,* Bd. 3, S. 1177–1181; *Grundriss,* Bd. 1, S. 161–163.

13 Umfassende Darstellung der Vertreibung Wolffs aus Halle: Albrecht Beutel, *Causa Wolffiana. Die Vertreibung Christian Wolffs aus Preußen 1723 als Kulminationspunkt des theologisch-politischen Konflikts zwischen hallescchem Pietismus und Aufklärungsphilosophie,* in: ders., *Reflektierte Religion. Beiträge zur Geschichte des Protestantismus,* Tübingen 2007, S. 125–169; vgl. auch John Holloran, *Wolff in Halle – Banishment and Return,* in: *Christian Wolff und die europäische Aufklärung. Teil 5,* hg. von Jürgen Stolzenberg u. Oliver-Pierre Rudolph, Hildesheim 2010 (GW III, 105), S. 365–375.

14 Vgl. *GP,* Bd. 2, S. 697.

15 Emil Franz Rössler, *Die Gründung der Universität Göttingen,* Göttingen 1855 (Nachdruck: Aalen 1987), S. 264.

te Art und Weise, nämlich durch Christoph Andreas Büttner (1704–1774)[16] der seine starke Abhängigkeit von Wolffs (und Thümmigs) Schriften nicht offen bekannte, sondern den Namen Wolff fast nur mit kritischen Vorzeichen anführte, so jedenfalls in seiner lateinischen Logik (1730) und in dem zweibändigen *Cursus philosophicus* (1734). Als Vertreter der eklektischen Freiheit wollte Büttner sich nicht abhängig machen, sondern aus den Lehren der Vorgänger das Richtige auswählen. Büttner wurde 1734 Adjunkt der philosophischen Fakultät, wechselte 1737 als Rektor an die Stettiner Ratsschule und wurde 1755 Rektor am Gymnasium Stralsund. 1753–1756 verfasste er Kommentare zu Wolffs Mathematik-Lehrbuch.

Drei Jahre jünger als Büttner war der Hallenser Johann Friedrich Stiebritz (1707–1772)[17], der 1735 Adjunkt der philosophischen Fakultät wurde. Stiebritz hatte 1731 in Gießen die venia legendi erworben und war von Johann Melchior Verdries, einem Professor der Medizin, zum Wolffianismus bekehrt worden, von dem er sich anfangs ganz ferngehalten hatte. Schon in Gießen, danach auch in Halle (ab 1733) hielt er Vorlesungen über Wolffs Bücher, was eigentlich noch nicht wieder erlaubt war. (Doch lasen auch andere über Wolff.)[18] Auch Stiebritz nannte sich Eklektiker; das Ergebnis seiner freien Auswahl bestand aber in der Lehre Wolffs, auch wenn er zunächst vermied, den Namen zu nennen. Sein Wolffianismus wurde aber bemerkt, und so verhinderte die theologische Fakultät, die das Recht der Zensur hatte, dass einige Schriften von Stiebritz gedruckt wurden. 1737 tat sich Büttner mit Stiebritz zusammen, und sie gründeten die „prüfende Gesellschaft", die sich hauptsächlich dem Wolffianismus anhand von Gottscheds Lehrbuch widmete. Nach Wolffs Rückkehr ließ Stiebritz Wolffs Namen auch auf den Titeln erscheinen, z. B. der *Philosophia Wolfiana contracta* (2 Bde., 1744 f., Vorwort von Wolff). 1735 war Stiebritz Adjunkt der philosophischen Fakultät geworden. Die Beförderung zum Professor wurde von Johann Joachim Lange zunächst verhindert, 1738 wurde Stiebritz ao. Professor, 1743 ordentlicher Professor der Philosophie, Ökonomik, Politik und Kameralwissenschaft. 1771 heiratete er die Witwe von Johann Joachim Lange. Nimmt man mit Mühlpfordt[19] die Nähe oder Ferne zum traditionellen Christentum als Kriterium, mit dem sich radikale und gemäßigte Wolffianer (Links- und Rechtswolffianer[20]) voneinander unter-

---

16 Vgl. *Grundriss*, Bd. 1, S. 174–176.
17 Vgl. Bio-Bibliographie in: Günter Schenk u. Regina Meyer, *Mathematisch-metaphysische Tendenzen der Logikentwicklung*, Teil 2 (*Philosophisches Denken in Halle – Personen und Texte*, Abt.1: Philosophen des 18. Jahrhunderts, Bd. 2. 2), Halle 2009, S. 236–252; vgl. auch *GP*, Bd. 3, S. 1133 f.; *Grundriss*, Bd. 1, S. 186 f.
18 Vgl. Oberhausen u. Pozzo, *Vorlesungsverzeichnisse der Universität Königsberg (1720–1804)*, a. a. O.
19 Günter Mühlpfordt, *Radikaler Wolffianismus. Zur Differenzierung und Wirkung der wolffschen Schule ab 1735*, in: *Christian Wolff, 1679–1754. Interpretationen zu seiner Philosophie und deren Wirkung*, hg. von Werner Schneiders, a. a. O., S. 237–253.
20 Vgl. Günter Gawlick, *Christian Wolff und der Deismus*, in: *Christian Wolff, 1679–1754. Interpretationen zu seiner Philosophie und deren Wirkung*, a. a. O., S. 139–147; hier: S. 144.

scheiden lassen[21], dann gehörte Stiebritz eindeutig zu den Rechtswolffianern, da er eine Verschmelzung von Philosophie bzw. Vernunft und Offenbarung anstrebte, ausgehend von der – gut wolffischen – Überzeugung, dass zwischen der menschlichen Vernunft und der göttlichen Offenbarung kein wirklicher Gegensatz bestehen könne.

Siegmund Jakob Baumgarten (1706–1757)[22] war 1732 Adjunkt der theologischen Fakultät zu Halle geworden und 1734 ordentlicher Professor der Theologie. Er vertrat eine sog. Übergangstheologie und mischte sich nicht in die Philosophie ein. Allerdings verband er einen pietistischen Herzensglauben mit einem wolffischen Rationalismus und fand damit großen Anklang. Seine Sympathie für die Philosophie Wolffs zeigte sich auch daran, dass er seinem kleinen Bruder und Schüler Alexander Gottlieb Baumgarten (1714–1762)[23], – beide waren Zöglinge des halleschen pietistischen Waisenhauses – diese Philosophie empfahl, auch wenn letzterer sich nach Jena begeben musste, um dort originalen Wolffianismus zu hören. Alexander Gottlieb Baumgarten wurde 1735 Magister der Philosophie und 1737 ao. unbezahlter Professor. 1739 erschien seine *Metaphysica* (²1743), die Wolffs Lehre vor allem durch den Rückgriff auf Leibniz fruchtbar weiterentwickelte und vorher zahlreiche begeisterte Hörer gefunden hatte. Auch in Halle hatte sich jetzt der Wind gedreht. Noch 1736 hatte Joachim Lange versucht, den älteren Baumgarten aus Halle zu verdrängen, was der König aber verhinderte. Im selben Jahr prüfte eine vom König eingesetzte Kommission, an der beide protestantischen Konfessionen paritätisch (zwei zu zwei) vertreten waren, die Philosophie Wolffs auf ihre Rechtgläubigkeit, und zwar mit dem eindeutigen Ergebnis, jene Philosophie sei sogar dem Glauben förderlich. Es war niemand anders als Joachim Lange selbst, der den Anlass dazu gegeben hatte, war er doch eigens nach Berlin gereist, um den König zu einem Einschreiten gegen die sich immer mehr ausbreitende Lehre Wolffs zu bewegen. Der König reagierte darauf mit der Einsetzung der Kommission, in der der Propst in Cölln bei Berlin und Beichtvater der Königin Johann Gustav Reinbeck (1683–1741)[24] maßgeblich mitwirkte. Wolff zählte Reinbeck später zu seinen besten Freunden. Er vertrat eine Theologie der Harmonisierung von Vernunft und Offenbarung. Mit seinen *Betrachtungen über die in der Augspurgischen Confeßion enthaltene und damit verknüpfte Göttliche Wahrheiten* (9 Bde., 1731–1747, ab Bd. 5 [1741] fortgesetzt von Isreal Gottlieb Canz) verhalf er dem Wolffianismus in Preußen zum entscheidenden Durchbruch. Noch im selben Jahr (1736) gehörte Reinbeck zu den Gründungsmitgliedern der Societas Alethophi-

---

21 Vgl. Andreas Straßberger, *Johann Lorenz Schmidt und Johann Gustav Reinbeck. Zum Problem des „Links-" und „Rechtswolffianismus" in der Theologie*, in: Albrecht Beutel (Hg.), *Aufgeklärtes Christentum. Beiträge zur Kirchen- und Theologiegeschichte des 18. Jahrhunderts*. Leipzig 2010, S. 17–46.

22 Vgl. Martin Schloemann, Siegmund Jacob Baumgarten: *System und Geschichte in der Theologie des Überganges zum Neuprotestantismus*. Göttingen 1974.; GP, Bd. 1, S. 73–75; Grundriss, Bd. 1, S. 469–473.

23 Vgl. GP, Bd. 1, S. 66–73; Grundriss, Bd. 1, S. 192–196.

24 Vgl. Andreas Straßberger, *Johann Gustav Reinbeck. Pietismus und Aufklärung*, in: Albrecht Beutel (Hg.) *Protestantismus in Preußen. Lebensbilder aus seiner Geschichte. I: Vom 17. Jahrhundert bis zum Unionsaufruf 1817*. Frankfurt a. M., 2009, S. 163–183. GP, Bd. 3, S. 932 f.; Grundriss, Bd. 1, S. 463–465.

lorum²⁵ (Gesellschaft der Wahrheitsfreunde), die ihrer Gesinnung durch eine Medaille²⁶, die jedem Mitglied der Gesellschaft überreicht wurde, Ausdruck gab: Auf der Vorderseite war das Haupt der Minerva abgebildet, deren Helm die Köpfe von Leibniz und Wolff zeigte, sowie die Devise *Sapere aude,* die später von Kant zum „Wahlspruch der Aufklärung" erklärt wurde. Die Rückseite enthielt die Worte „Societas Alethophilorum" sowie den Namen von Ernst Christoph Graf von Manteuffel (1676–1749)²⁷, dem Gründer und Leiter der Gesellschaft, der über die Bewahrung und Verteidigung der Lehre Wolffs wachte. Oberstes Prinzip bei der Suche nach der Wahrheit sollte – wie es im „Hexalogus", dem Grundpapier der Alethophilen, fixiert war – das Prinzip des zureichenden Grundes sein. Nur wer sich dazu bekannte, durfte Mitglied der Alethophilen werden. Mit Wolff selber pflegte Manteuffel einen Briefwechsel, der so rege war, dass z. B. 1747 alle drei Tage ein Brief ausgetauscht wurde.²⁸ Zu den Berliner Mitgliedern der Gesellschaft zählten außer Manteuffel und Reinbeck noch der Verleger Ambrosius Haude sowie die hugenottischen Prediger Jean Henri Samuel Formey (1711–1797)²⁹ und Jean Deschamps (1707–1767)³⁰, ein ehemaliger Marburger Wolff-Hörer, ferner der reformierte Theologe August Friedrich Wilhelm Sack (1703–1786)³¹. Durch die Vermittlung Reinbecks und Manteuffels wurde Sack 1740 Hof- und Domprediger in Berlin; er distanzierte sich aber rasch von der Gesellschaft und ihrem Wolffianismus. Als auswärtige Mitglieder sind die Leipziger Professoren Carl Günther Ludovici (1707–1778)³², Johann Christoph Gottsched (1700–1766) und seine Frau Luise Adelgunde Viktorie (1713–1762)³³ sowie Christian Gottlieb Jöcher (1694–1758)³⁴ und Romanus Teller (1703–1750) zu nennen, schließlich Wolff selbst, der aber mehr als Autorität im Hintergrund wirkte. Filialen der Gesellschaft konnten 1741 in Weißenfels³⁵ (Cornelius von Miltitz) und 1742 in Stettin (Albrecht Christoph Graf zu Dohna) gegründet werden.

---

25 Vgl. Detlef Döring, *Beiträge zur Geschichte der Gesellschaft der Alethophilen in Leipzig,* in: ders. u. Kurt Nowak (Hgg.), *Gelehrte Gesellschaften im mitteldeutschen Raum,* Stuttgart/Leipzig 2002. S. 95–150.
26 Johannes Bronisch, *Der Mäzen der Aufklärung. Ernst Christoph von Manteuffel und das Netzwerk des Wolffianismus,* Berlin 2010, S. 155 ff.
27 Vgl. ebd.
28 *Ebd.,* S. 213; Heinrich Ostertag, *Der philosophische Gehalt des Wolff-Manteuffelschen Briefwechsels,* Leipzig 1910 (Nachdruck: Hildesheim 1980).
29 Vgl. *GP,* Bd. 1, S. 341–344.
30 Vgl. Uta Janssens-Knorsch, *Jean Deschamps, Wolff-Übersetzer und „Aléthophile française" am Hofe Friedrichs des Großen,* in: *Christian Wolff, 1679–1754. Interpretationen zu seiner Philosophie und deren Wirkung,* a. a. O., S. 254–265.
31 Vgl. *GP,* Bd. 3, S. 968 f.
32 Vgl. *GP,* Bd. 2, S. 750 f.; *Grundriss,* Bd. 1, S. 184–186.
33 Vgl. *GP,* Bd. 1, S. 426 f.; *Grundriss,* Bd. 1, S. 203.
34 Vgl. *GP,* Bd. 2, S. 600.
35 Vgl. *Wolffianismus und Residenz. Beiträge zur Geschichte der Gesellschaft der Alethophilen in Weißenfels,* in: *Gelehrte Gesellschaften im Mitteldeutschen Raum (1650–1720),* Teil III, hg. von Delef Döring u. Kurt Nowak, Stuttgart/Leipzig 2002, S. 113–144. Seit Sommer 1740 hatte es in der Residenzstadt des

Ihre erste Belastungsprobe bestand die Gesellschaft gleich nach ihrer Gründung, als die sogenannte Wertheimer Bibel (*Die Göttlichen Schriften vor den Zeiten des Messie Jesus*, 2 Bde., 1735) zur Debatte stand, eine kommentierte Übersetzung der fünf Bücher Mose aus dem Wolffianischen Geist der Deutlichkeit und Verständlichkeit. Den Pietisten wie den Orthodoxen (aber auch einigen Wolffianern) fehlten aber die Vorausdeutungen („Weissagungen") auf Christus als Messias und damit die Deutung des Alten Testaments vom Neuen Testament her, und so bot das Werk die Gelegenheit, es als Konsequenz der Lehre Wolffs und damit Wolff selbst anzugreifen. Nach der offiziellen Verurteilung und Konfiszierung des Buches und der Verhaftung (1747) seines Verfassers (Johann Lorenz Schmidt, 1702–1749)[36] neigten auch die Wolffianer und Wolff selbst mehr zur Betonung eines komplementären Verhältnisses von Offenbarung und Vernunft statt zu der anfänglichen Zustimmung zu Schmidts Intentionen; ein Dissens zwischen den Mitgliedern der Gesellschaft entstand durch diese geistige Klimaveränderung jedoch nicht.[37]

Das Jahr 1740 bedeutete eine große Zäsur im Leben Wolffs: Er wurde vom neuen preußischen König Friedrich II. zum Professor des Natur- und Völkerrechts an der Universität Halle sowie (1743) zu deren Kanzler ernannt; er wurde in den erblichen Reichsfreiherrenstand erhoben und konnte in Sachsen ein Rittergut erwerben. Der neue König hatte Wolff aber eigentlich zum Präsidenten der neu zu gründenden Berliner Akademie der Wissenschaften machen wollen, obwohl Friedrichs jugendliche Wolff-Bewunderung schon stark abgenommen hatte (und immer weiter abnahm). Als Wolff diesen Posten ablehnte und auf Halle beharrte, berief Friedrich II. den französischen Gelehrten Pierre Louis Moreau de Maupertuis (1698–1759) auf diese Stelle, was von vornherein zu einer Spannung zwischen der newtonianisch orientierten Akademie und Wolff beitrug. So war denn auch gleich die erste Preisfrage, die 1746 von der Akademie gestellt wurde, gegen die Philosophie Leibniz' (damit auch Wolffs) gerichtet, verlangte sie doch eine Prüfung (gemeint war: Widerlegung) der Monadenlehre. Der geniale Mathematiker Leonhard Euler, der in diesem Punkt Newton zustimmte, dirigierte die Fragestellung und schließlich die Preisvergabe auf maßgebliche Weise. Zwar gehörte Formey der Akademie an (und stimmte für die Monadenlehre, Sack freilich dagegen), aber Reinbeck war 1741 gestorben, und der kursächsische Diplomat Manteuffel war schon 1740 vom König ausgewiesen worden: Angesichts des Überfalls auf Schlesien war für einen Informanten des Wiener

---

Herzogtums Sachsen-Weißenfels eine kleine gelehrte Gesellschaft als Vorstufe der am 31. Januar 1741 gegründeten Sektion der Gesellschaft der Alethophilen gegeben.

36 Vgl. *GP*, Bd. 3, S. 1054–1047; *Grundriss*, Bd. 1, S. 467–469; Paul S. Spalding, *Size the Book, Jail the Author. Johann Lorenz Schmidt and Censorship in Eighteenth-Century Germany*, West Lafayette, Ind. 1998; Ernst Petersen, „*Der Verstand ist die edelste Gabe...". Johann Lorenz Schmidt (1702–1749) und sein Wertheimer Bibelwerk*, in: Uwe Müller, E. P. (Hg.), *Schweinfurter historische Forschungen*. Schweinfurt. 2004, S. 387–417.

37 Vgl. Ursula Goldenbaum, *Der Skandal der Wertheimer Bibel. Die philosophisch-theologische Entscheidungsschlacht zwischen Pietisten und Wolffianern*, in: dies. (Hg.), *Appell an das Publikum. Die öffentliche Debatte in der deutschen Aufklärung, 1687–1796*, Bd. 1, Berlin 2004, S. 175–508.

Hofes in Berlin kein Platz mehr. Die Bekanntgabe des Preisträgers Johann Heinrich Gottlob Justi (1720–1771) übernahm 1747 ausgerechnet ein Mitglied der Alethophilen, nämlich der Graf zu Dohna. Immerhin zahlte es sich jetzt aus, dass die Alethophilen in Leipzig ein neues Zentrum (mit Manteuffel, der sich 1741 in Leipzig ansiedelte) gewonnen hatten. Dank zahlreicher brieflicher Kontakte und Rezensionen in Zeitschriften gelang es, Einfluss auf die Berliner Akademie zu nehmen: Der Abdruck der Preisschrift Justis geschah in textlich kastrierter und mit Streichungen Wolffs versehener Form.[38] Zusammen mit der Vorrede, in der sich die Akademie von ihrem eigenen Preisträger distanzierte, bedeutete dieses Ende der Debatte um die Preisvergabe einen Erfolg des wolffianischen Netzwerks. Die Berliner Gruppe der Alethophilen wurde aber geschwächt durch den Streit zwischen Formey und Deschamps, die beide an einer französischen Fassung der Philosophie Wolffs arbeiteten und damit zu Konkurrenten wurden. Deschamps kritisierte nicht nur die ersten Bände von Formeys *La belle Wolfienne* (6 Bde., 1741–1753), sondern griff auch Voltaire an (*Cours abrégé de la philosophie Wolfienne*, 3 Bde., 1743–1747). Niemand anderer als der König selbst verfasste ein Theaterstück (*Le Singe de la Mode*), das 1742 im Charlottenburger Schloß aufgeführt wurde und das sich über Deschamps' *Cours abrégé* lustig machte. 1746 verließ Deschamps Berlin und ging über Den Haag und Amsterdam nach London. So blieb Formey, der immerhin 1748–1797 ständiger Sekretär der Akademie war, der einzige echte Berliner Alethophile. Denn auch Haudes verlegerische Tätigkeit entwickelte sich in eine – nach Ansicht Manteuffels und Wolffs – falsche Richtung: Haude druckte zunehmend Nicht-Wolffianisches.[39] Die Alethophilen in Weißenfels waren meist bei Hofe beschäftigt, sodass sich die Gesellschaft nach dem Ableben des letzten Herzogs (der sächsischen Sekundogenitur) Johann Adolph II. und dem Zurückfallen des Herzogtums an Kursachsen) 1746 von alleine auflöste. Besser erging es der Filiale im preußischen Stettin, die 1745 sieben Mitglieder hatte und noch 1744 ein weiteres Mitglied aufnehmen konnte.[40]

Leipzig, das neue Zentrum der Alethophilen, blühte und gedieh. Ungezwungen, aber regelmäßig trafen sich die Alethophilen (und verwandte Geister) in Manteuffels Palais. In Halle trat 1747 zwar Stiebritz, der sich als Verteidiger der Monadenlehre hervorgetan hatte, der Gesellschaft bei; Wolff selbst übergab ihm die Medaille.[41] Dagegen konnten die Alethophilen in Leipzig in den vierziger Jahren vier Professoren als Mitglieder gewinnen, unter ihnen Georg Friedrich Richter (1691–1742)[42], den Übersetzer von Leibniz' *Theodicée,* und Johann Heinrich Winkler (1703–1770)[43], der

---

38 Bronisch, *Der Mäzen der Aufklärung. Ernst Christoph von Manteuffel und das Netzwerk des Wolffianismus,* a.a.O., S. 303 f.
39 *Ebd.,* S. 140.
40 *Ebd.,* S. 150.
41 *Ebd.,* S. 296 f.
42 Vgl. *GP,* Bd. 3, S. 949 f.
43 Vgl. *Grundriss,* Bd. 1, S. 176–178.

durch seine Versuche mit der Elektrizität bekannt wurde.⁴⁴ Die führenden Persönlichkeiten waren Manteuffel, die Gottscheds und Jöcher. Zu den Versammlungen erschienen auch zwei junge Professoren: Karl Andreas Bel (1717–1782) und Abraham Gotthelf Kästner (1719–1800)⁴⁵, beide Anhänger der Monadenlehre. Kästner entfernte sich allerdings vom Wolffianismus, wie dies inzwischen auch das Gründungsmitglied Ludovici tat.⁴⁶ Aber auch der junge Theologe Johann Friedrich Wilhelm Jerusalem (1709–1789)⁴⁷ trat 1745 der Gesellschaft bei. Die Kohärenz der Gesellschaft war stark genug, die Affäre Hatzfeld zu erledigen: Johann Conrad Franz von Hatzfeld⁴⁸ hatte sich in seiner *Decouverte de la verité* (1745) für seine religionsfeindlichen Ansichten auf die angebliche Zustimmung Wolffs berufen. Ohne im Besitz des Buches zu sein, gelang es Wolff und den Alethophilen, die geistige Vaterschaft abzuwehren. Dass diese Einmütigkeit alsbald verloren ging, blieb von der Öffentlichkeit unbemerkt. Das war zwar auch eine Leistung; sie änderte aber nichts an den inneren Divergenzen. 1746 erschien Formeys *Essai sur la Necessité de la revelation*. Nach Formey ist es in erster Linie die menschliche Vernunft, die zur Erkenntnis Gottes, zum Glück, zur Tugend und zum Heil der Seele führt, während die Offenbarung dafür weniger notwendig ist. Wäre das Gegenteil der Fall, hätte Gott allen Menschen die Offenbarung zuteilwerden lassen; aber er gab allen Menschen Vernunft. Diese Argumentation wird auch nicht dadurch entkräftet, wenn es am Ende heißt, der Weg über die christliche Offenbarung führe schneller zur Glückseligkeit und zu einer höheren Stufe derselben. Wolff lehnte diesen Standpunkt, der in etwa dem von ihm so genannten „theologischen Naturalismus" entspricht, entschieden ab, weil er dadurch den Einklang von Vernunft und Offenbarung gefährdet sah.⁴⁹ Kritischere Wolff-Leser mögen sich allerdings bei Formeys Buch an die Stufen der Tugend in Wolffs Chinesenrede erinnert haben.⁵⁰ Jedenfalls ging durch diese Diskussion der innergesellschaftliche Konsens der Alethophilen verloren. Es war nur noch Manteuffel, der die Societas Alethophilorum zusammenhielt, sodass sein Tod (1749) ihre Auflösung bedeutete.

In Halle lehrte und publizierte Wolff ab 1740 mit unvermindert großem Fleiß, aber vor rapide abnehmenden Auditorium. Wer wolffianische Philosophie hören wollte,

---

44 Bronisch, *Der Mäzen der Aufklärung. Ernst Christoph von Manteuffel und das Netzwerk des Wolffianismus*, a. a. O., S. 141 f.
45 Vgl. *Grundriss* Bd. 1, S. 247–249; *GP*, Bd. 2, S. 620–625; Rainer Basner, *Abraham Gotthelf Kästner, Aufklärer (1719–1800)*, Tübingen 1991.
46 Bronisch, Der Mäzen der Aufklärung. Ernst Christoph von Manteuffel und das Netzwerk des Wolffianismus, a. a. O., S. 144 f.
47 Vgl. *GP*, Bd. 2, S. 598 f.; *Grundriss*, Bd. 1., S. 481–483.
48 Vgl. Bronisch, *Der Mäzen der Aufklärung. Ernst Christoph von Manteuffel und das Netzwerk des Wolffianismus*, a. a. O., S. 306–334.
49 *Ebd.*, S. 335–345.
50 Vgl. Michael Albrecht, *Die Tugend und die Chinesen. Antworten von Christian Wolff auf die Frage nach dem Verhältnis zwischen Religion und Moral*, in: il cannocchiale 1989, n. 2/3, S. 239–262 (auch in: *Nuovi studi sul pensiero di Christian Wolff*, hg. von Sonia Carboncini u. Luigi Cataldi Madonna). Hildesheim u. a. 1992 (GW III, 31), S. 239–262.

konnte z. B. die spannenden und selbständig durchdachten Vorlesungen Alexander Gottlieb Baumgartens besuchen, aus denen seine *Metaphysica* hervorging, die Kant 46mal als Kompendium seiner Metaphysik-Vorlesungen diente. Von einem persönlichen Kontakt zu Wolff ist nichts bekannt, auch nicht von einem Kontakt Wolffs zu Georg Friedrich Meier (1718–1777)[51], dem Schüler Baumgartens und seinem Nachfolger, als Baumgarten 1739 nach Frankfurt an der Oder berufen wurde. Besonders beliebt waren Meiers – auf Baumgarten beruhende – Ästhetik-Vorlesungen. Als Vertreter einer jüngeren Generation las Meier auf Deutsch. Er scheute sich auch nicht im Geringsten, mit Gottsched, einem alten Vorkämpfer des Wolffianismus, zu streiten (*Beurtheilung der Gottschedischen Dichtkunst,* Halle, 1747) und sich mit dem Pfarrer Samuel Gotthold Lange (1711–1781) anzufreunden, dem jüngsten Sohn von Joachim Lange und Begründer der halleschen Dichterschule. Die beiden Freunde gaben auch eine Reihe moralischer Wochenschriften heraus, und nach Meiers Tod (1777) verfasste Samuel Gotthold Lange eine Meier-Biografie, in der er Meiers Wolffianismus nach Kräften zu eliminieren versuchte, obwohl Meier ein ausgesprochener Wolff-Verehrer war, auch wenn er sich einigen Gedanken Lockes öffnete. In Geschmacksfragen vertrat Meier die Position der Schweizer. Gottsched hatte zwar für die Dichtung die Nachahmung der Natur angeraten, aber die Schweizer und mit ihnen Meier erweiterten den Naturbegriff um das Wunderbare und die Nachahmung um das Schöpferische, wodurch der Phantasie ein größerer Freiraum verschafft wurde. Die ersten Bögen von Klopstocks *Messias* (1748) wurden von Meier mit größter Zustimmung begrüßt. Kant schätzte besonders Meiers *Vernunftlehre,* die er vierzig Jahre lang seinen Logik-Vorlesungen zugrunde legte. Nach Meiers Tod (1777) erhielt Johann-August Eberhard (1739–1809)[52] 1788 seinen Lehrstuhl. Noch im selben Jahr (1788) erwarb Eberhard den Grad eines Doktors der Theologie. Eberhard war der letzte akademische Vertreter der Schule Wolffs und ein engagierter Aufklärer. So verteidigte er in der *Neuen Apologie des Sokrates* (1772) die Möglichkeit der Heiden, ein gewisses Maß an Tugend ohne Religion zu erreichen, was ein gut linkswolffianisches Thema war. In der Ästhetik folgte Eberhard Baumgarten, Meier und Mendelssohn. Da er zentrale Gedanken von Leibniz und Wolff beibehielt, geriet er in eine Gegenposition zur kritischen Philosophie Kants. Eberhard ließ 1788–1795 zwei Zeitschriften drucken, deren Zweck der Kampf gegen die kritische Philosophie war. Nicht erst Kant, sondern schon Leibniz habe eine Vernunftkritik vorgenommen. Mit seinem *Versuch einer allgemeinen teutschen Synonymik* (6 Bde., Halle, 1795–1802) erwarb Eberhard bleibende Verdienste.

Der Wolffianismus in Halle war aber nicht auf die philosophische Fakultät beschränkt. Daniel Nettelbladt (1738–1791)[53], ein gelernter Jurist, hatte 1740 den Weg zu Wolffs Vorlesungen gefunden und war Ende des Jahres Wolff nach Halle gefolgt, wo

---

51 Vgl. *GP*, Bd. 2, S. 766–773; *Grundriss*, Bd. 1, S. 197–201.
52 Vgl. *GP*, Bd. 1, S. 261–265.; *Grundriss*, Bd. 2, S. 1124–1130.
53 Vgl. *GP*, Bd. 2, S. 842–844; *Grundriss*, Bd. 1, S. 639–672.

er 1744 zum Doktor beider Rechte promovierte; 1746 wurde er ordentlicher Professor und entwickelte sich zu einem der bedeutendsten und einflussreichsten deutschen Juristen der zweiten Hälfte des 18. Jahrhunderts. In der Form befolgte er Wolffs mathematische Methode mit besonderer Betonung der Systemidee, in der Sache legte er Wolffs Naturrecht zugrunde. Nettelbladts Schüler zählen zu den wichtigsten Verfassern des *Allgemeinen Landrechts*.

3.2 Marburg, Herborn, Erlangen

In Marburg, wo Wolff selber seine Philosophie (und Mathematik) seit 1723 mit großem Erfolg vertreten hatte[54], fand sich nach Wolffs Abgang (1740) zunächst kein gleichwertiger Ersatz. Wolff hatte Hörer aus Nah und Fern angezogen, z. B. Andreas Böhm, Johann Ulrich Cramer, Jean Deschamps, Regner Engelhard, Johann Adam Ickstatt, Michail Wassiljewitsch Lomonossow, Daniel Nettelbladt und Johann Justin Schierschmid. Nach Wolffs Fortgang wurden allerdings die Lehrstühle des Fachs Philosophie noch fünfundvierzig Jahre lang von Wolffianern besetzt.[55] Der Mathematik-Lehrstuhl ging an Wolffs Schüler Johann-Conrad Spangenberg (1711–1783, Professor 1741–1765)[56], der auch philosophische Vorlesungen halten durfte. 1765 wurde er Eremit. Johann Rudolf Piderit (1720–1791) wurde 1745 Privatdozent für Philosophie in der Marburger philosophischen Fakultät, 1747 (–1766) ordentlicher Professor der Praktischen Philosophie. Johann Franz Coing (1725–1792)[57] war 1753 bis 1778 Professor der Logik und Metaphysik, 1778 bis 1780 Professor der Theologie. 1765 hatte er eine gut wolffianische lateinische Metaphysik verfasst. In seinen letzten Schriften bekämpfte er Kant. Dem Wolffianer Gottlieb Friedrich Hagen (1710–1769)[58] hatte sein Vater verboten, in Marburg bei Wolff zu studieren. Hagen eignete sich Wolffs Philosophie also im Selbststudium an und wurde 1731 in Halle Magister der Philosophie und Adjunkt der philosophischen Fakultät. 1737 wurde er Philosophie-Professor am Bayreuther Gymnasium. 1742 zog er sich in den Frankenwald zurück. 1736–1740 gab er Wolffs *Gesammlete kleine philosophische Schrifften* (6 Bde., GW I 21.1–21.6.), die er vom Lateinischen ins Deutsche übersetzte, heraus. 1742–1745 ließ er die Übersetzung von Wolffs lateinischer *Theologia naturalis* unter dem Titel *Natürliche Gottesgelahrtheit* (5 Bde., GW I 23.1–23.5) folgen.

Wolffs Schüler Andreas Böhm (1720–1791)[59] wurde 1740 Magister legens, wechselte aber schon 1744 auf die ordentliche Professur der Logik und Metaphysik in Gießen.

---

54 „Wolffs Marburger Jahre" waren ohne Zweifel „eine Glanzzeit der Philippina", so Ulrich Sieg, *Die Geschichte der Philosophie an der Universität Marburg von 1527–1970*, Marburg 1988. S. 24.
55 *Ebd.*, S. 24 f.
56 Vgl. *GP*, Bd. 3, S. 1104 f.
57 Vgl. *GP*, Bd. 1, S. 212 f.
58 Vgl. *GP*, Bd. 2, S. 438 f.
59 Vgl. *GP*, Bd. 1, S. 130 f.; *Grundriss*, Bd. 1, S. 203 f.

Hermann Friedrich Kahrel (1719–1787)[60] hatte in Marburg studiert und 1742 promoviert. 1743 erhielt er eine Philosophie-Professur an der Universität Herborn, ab 1762 lehrte er wieder in Marburg Philosophie. Kahrel vertrat – anfangs noch stark von Wolff beeinflusst – ein Natur- und Völkerrecht, das von der naturgegebenen Freiheit aller Menschen ausgeht. Zum Zweck der allgemeinen Wohlfahrt und Sicherheit wird der Gesellschaftsvertrag zwischen den einzelnen Bürgern und dem ganzen Volk geschlossen. – Johann Ulrich von Cramer (1706–1772)[61] hatte seit 1726 in Marburg Jura studiert sowie Philosophie und Mathematik bei Wolff. 1733 wurde er Jura-Professor in Marburg, 1740 erschien sein *Usus philosophiae Wolfianae in jure*. Dieser Nutzen besteht bei Cramer vor allem in der Anwendung der mathematischen Methode. Weithin als Wolffianer bekannt, arbeitete Cramer 1742–1745 als kaiserlicher Reichshofrat. Gemeinsam mit Johann Adam von Ickstatt, einem weiteren wolffianischen Juristen, wurde Cramer am 6. Juli 1745 in den Stand eines Reichsfreiherrn erhoben. Dieselbe Ehrung wurde am 10. 9. 1745 auch ihrem Lehrer Wolff zuteil. 1747 wurde Cramer zum Beisitzer beim Reichskammergericht in Wetzlar ernannt. Diese Stelle bekleidete er 1752–1765, um dann an das brandenburgisch-preußische Kammergericht zu wechseln. Johann Justin Schierschmid (1707–1778)[62], der in Jena bei Köhler studiert hatte, gehörte gleichfalls 1730–1733 zu den dankbaren Hörern Wolffs in Marburg. Er legte 1733 in Erfurt das Magisterexamen ab. Er hatte sich von Anfang an für die Rechtswissenschaft interessiert und veröffentlichte 1735 seine *Elementa juris civilis* ad *ductum Institutionum methodo scientifica proposita*. Wolff riet ihm, an die Universität Leipzig zu gehen. Dort fand er jedoch keine Anstellung. 1737 konnte er in Jena die Nachfolge des verstorbenen Köhler antreten und dessen Vorlesungen fortsetzen. 1738 wurde er in Jena ao. Professor der Philosophie; als der Markgraf von Brandenburg-Kulmbach 1743 in Erlangen eine neue Universität gründete, berief er Schierschmid auf zwei Professuren: der Rechte und der praktischen Philosophie. In Erlangen wurde die Philosophie „von Anfang an nach den wolffischen Lehrbüchern vorgetragen".[63] Bevor er von Jena wegging, führte er seine Vorlesungen noch zu Ende und wechselte erst 1744 nach Erlangen. 1745 wurde er brandenburgisch-kulmbacher Hofrat. 1776 ging er in den Ruhestand. Schierschmid blieb zeitlebens ein eiserner Anhänger der sog. mathematischen Methode Wolffs. – Simon Gabriel Suckow hatte schon an der 1742 in Bayreuth gegründeten Universität gelehrt und ging mit ihr 1743 nach Erlangen, wo er 1745 a. o. Professor und 1752 ordentlicher Professor der Philosophie wurde. 1765 übernahm er auch die Professur für Mathematik und Physik, trat dafür aber 1770 die der Logik und Metaphysik ab. – Christian Ernst von Windheim (1722–1766)[64] mit: hatte

---

60 Vgl. *GP*, Bd. 1, S. 647–651; *Grundriss*, Bd. 1, S. 647–651.
61 Vgl. *GP*, Bd. 1, S. 216–218.
62 Vgl. *GP*, Bd. 3, S. 998f.
63 Paulsen, *Geschichte des gelehrten Unterrichts auf den deutschen Schulen und Universitäten vom Ausgang des Mittelalters bis zur Gegenwart. Mit besonderer Rücksicht auf den klassischen Unterricht*, a. a. O., Bd. 1, S. 559.
64 Vgl. *GP*, Bd. 3, S. 1279.

ab 1741 in Halle Philosophie, Theologie (u. a. bei Baumgarten) und Jura studiert, las auch die Werke Wolffs und schloss sein Studium 1745 mit der Magisterprüfung in Helmstedt ab, wo er sich auch 1745 habilitierte und 1746 Adjunkt der philosophischen Fakultät wurde. 1747 wurde er ao. Professor der Philosophie in Göttingen. 1750 wurde er als Professor der Philosophie und der orientalischen Sprachen an die Universität Erlangen berufen. 1761 wurde seine Lehrbefugnis um die Theologie ergänzt. Einen Ruf auf eine Professur der Philosophie und ao. Professur der Theologie in Göttingen lehnte er ab. – Der Theologie-Professor Johann Andreas Buttstett (1701–1765)[65] hatte 1724–1726 in Jena studiert und war in Erfurt 1729 Magister geworden. Nach verschiedenen Anstellungen als Schulrektor wurde er 1761 Professor der Theologie in Erlangen (und Pfarrer der Altstadt), wo er 1762 den theologischen Doktorgrad erwarb. Er schloss sich an Canz an und vertrat eine theologischen Wolffianismus.[66] Von 1736 bis 1739 studierte Regner Engelhard (1717–1777)[67] gemeinsam mit Cramer bei Wolff in Marburg und ging dann nach Jena und 1741 nach Leipzig, wo er u. a. Gottsched hörte. Danach ging er in den Kriegsdienst von Hessen-Kassel. 1755 wurde er Kriegsrat. Sein Hauptwerk ist der *Versuch eines allgemeinen peinlichen Rechts, nach den Grundsätzen der Weltweisheit und besonders des Rechts der Natur* (1756), in dem er sich eng an Wolffs Schriften anschloss. Auch Johann Stephan Pütter (1725–1807)[68] studierte Philosophie und Mathematik in Marburg bei Wolff. 1731 ging er nach Halle, 1740 nach Jena, 1742 wieder zurück nach Marburg, wo er sich 1744 als Jurist habilitierte. 1746 nach Göttingen berufen, wirkte er als führender deutscher Staatsrechtslehrer und hatte zahlreiche Schüler. Der stärkste Einfluss Wolffs findet sich in seinem Naturrecht. Pütter lehnte die Französische Revolution ab, wirkte aber mit seiner Rechtfertigung der föderalen Einzelstaatlichkeit innerhalb des Reiches ebenso zukunftsweisend wie mit seiner Beschränkung der Gewalt der Polizei. Der Marburger Wolffianismus wurde überdies durch den Mathematik-Professor Johann Gottlieb Waldin (1728–1795) gestärkt, der dem Jenaer Wolffianismus entstammte.

---

65 Vgl. Renate Wittern (Hg.), *Die Professoren und Dozenten der Friedrich-Alexander-Universität Erlangen 1743–1960. Teil 1: Theologische Fakultät, Juristische Fakultät* (Erlanger Forschungen, Sonderreihe, Bd. 5) Erlangen 1993, S. 11 f.
66 Vgl. *Grundriss*, Bd. 1, S. 461.
67 Vgl. *GP*, Bd. 1, S. 282 f.
68 Vgl. *GP*, Bd. 2, S. 908–910.

3.3 Jena, Frankfurt an der Oder

Wie erwähnt, ging Alexander Gottlieb Baumgarten während seiner Hallenser Studienzeit wiederholt nach Jena[69], um dort die Philosophie Wolffs kennenzulernen. Jena gehörte mit Halle und Leipzig bis zur Gründung Göttingens (1737) zu den führenden deutschen Universitäten. Das mitteldeutsche Angebot wurde noch durch Erfurt und besonders durch Wittenberg bereichert und verstärkt. Jena, wo Wolff 1699–1702 studiert hatte, stand zwar unter dem Einfluss von Johann Franz Budde, einem dezidierten Gegner Wolffs, und von dessen Schwiegersohn Johann Georg Walch (1693–1775). Doch schon 1717 hatte sich der Wolff-Schüler Johann Peter Reusch (1691–1758)[70] in Jena für Philosophie habilitiert. Ab 1723 lehrten hier auch Heinrich Köhler (1685–1737)[71] als Magister und ab 1725 Jakob Carpov (1699–1768)[72]. Beide waren ebenfalls Schüler Wolffs. Reusch wechselte 1719 auf das Rektorat der Jenaer Ratsschule, das er auch beibehielt, als er 1733 ao. Professor der Philosophie an der Universität wurde; noch 1725 hatten die Jenaer philosophische und die theologische Fakultät in zwei Gutachten die Philosophie Wolffs verurteilt – 1738 konnte er als ordentlicher Professor der Logik und Metaphysik an die Universität zurückkehren. Er las zunächst nach Thümmig und Wolff, legte dann zwei eigene gut wolffianische Kompendien zur Logik und Metaphysik vor (beide 1734) und wurde 1755 sogar Professor der Theologie, in welchem Fach er auch 1758 noch promovierte. Heinrich Köhler (1685–1737)[73] wurde 1734 ao. Professor der Philosophie in Jena und widmete sich dem Natur- und Völkerrecht. 1729 veröffentlichte er ein Naturrecht (*Iuris naturalis exercitationes*). Ferner setzte er sich für Leibniz ein, besonders durch mehrere Übersetzungen. Der Begriff *Monadologie* stammt von ihm. Jakob Carpov (1699–1768)[74] lehrte bis 1736 als Magister der Philosophie an der Jenaer Universität, die er 1737 verließ, um Rektor des Gymnasiums in Weimar und 1755 dessen Direktor zu werden. Seine Bedeutung betrifft vor allem die Theologie, die er mit Hilfe der sogenannten mathematischen Methode bearbeiten und absichern wollte. Joachim Georg Darjes (1714–1791)[75] war ab 1739 Carpovs Schüler. Mit seinem ganz im Sinne Carpovs verfassten Traktat von 1734 schoss Darjes allerdings über das Ziel hinaus: seine These, dass die Dreieinigkeit gar kein Mysterium sei, sondern durch die mathematische Methode bewiesen werden könne, stieß auf heftigen Protest, besonders seitens der Theologen, auch wenn schon Carpov 1730 eine in dieselbe Richtung zielende theologische Dissertation ver-

---

69 Vgl. Max Wundt, *Die Philosophie an der Universität Jena in ihrem geschichtlichen Verlaufe dargestellt*, Jena 1932, S. 90–119; Joachim Bauer u. a. (Hgg.), *Die Universität Jena in der frühen Neuzeit*, Heidelberg 2008.
70 Vgl. *GP*, Bd. 3, S. 946–948; *Grundriss*, Bd. 1, S. 172–174.
71 Vgl. *GP*, Bd. 2, S. 652 f.
72 Vgl. *GP*, Bd. 1, S. 189–193; *Grundriss*, Bd. 1, S. 466 f.
73 Vgl. *GP*, Bd. 2, S. 652 f.
74 Vgl. *GP*, Bd. 1, S. 189–193; *Grundriss*, Bd. 1, S. 466 f.
75 Vgl. *GP*, Bd. 1, S. 242–247; *Grundriss*, Bd. 1, S. 188–192.

fasst hatte. Darjes distanzierte sich unterwürfig von seinem Traktat und konnte seine Karriere in Jena fortsetzen. 1735 wurde er Magister der Philosophie, 1738 Adjunkt der philosophischen Fakultät, 1739 Doktor der Rechte, 1744 ordentlicher Professor der Moral und Politik. Seine Anziehungskraft als akademischer Lehrer war riesig, und 1763 wurde er von Friedrich II. als Professor der Rechte und der Philosophie (Nachfolge A. G. Baumgartens) an die Universität in Frankfurt an der Oder berufen, wo er seinen Lehrerfolg fortsetzen konnte. Ab etwa 1745 begann er, sich von Wolff, den er noch 1741 verteidigt hatte, zu distanzieren, um sich schließlich ganz als Kritiker Wolffs zu etablieren. Seine *Jenaische philosophische Bibliothek* wurde zu einem Organ des Kampfes gegen Wolff. Darjes' Lehrbücher zur Logik und Metaphysik waren erfolgreich: Seine Logik, die er mehrfach neu bearbeitete (1737 auf Deutsch, 1742 auf Lateinisch) erschien 1755 zum letzten Mal auf Lateinisch. Darjes selbst übersetzte diese Fassung 1776 ins Deutsche. Im Naturrecht verließ Darjes den Wolffianismus und griff auf Hugo Grotius zurück.

Der Wolffianismus blieb indessen in Jena am Ruder[76]. Karl Gotthelf Müller (1717–1760), ein Schüler Reuschs, wurde 1741 Adjunkt der philosophischen Fakultät, 1745 ao. Professor der Philosophie, ging in den Fünfzigerjahren zur Poetik und Rhetorik über und wurde 1758 als Nachfolger Reuschs Theologie-Professor. Sein Naturrecht (1744) lehnt sich so deutlich an Wolffs *Jus naturae* (1740–1748) an, dass man feststellen kann, bis zu welchem Band dieses Werkes er Wolff übernehmen konnte und welche Bände Wolff erst später erscheinen ließ. Nach einem kurzen Zwischenspiel – Johann Ernst Emanuel Walch (1725–1778), der Sohn von Johann Georg Walch und Enkel von Budde, war 1755–1759 Professor der Logik und Metaphysik – las wieder ein Wolffianer über Logik und Metaphysik: Christian Friedrich Polz (1714–1782), wiederum ein Schüler Reuschs, wurde 1756 ao. Professor, 1759 ordentlicher Professor der Logik und Metaphysik. Daneben bekleidete er seit 1777 eine ordentliche Professur der Theologie. Wie die meisten anderen Wolffianer griff auch Polz über Wolff hinaus auf Leibniz zurück. Ein weiterer Schüler Reuschs war Johann Gottlieb Waldin, der 1752 Polz verteidigte, 1758 Adjunkt der philosophischen Fakultät und 1765 ao. Professor der Philosophie wurde. Schon 1766 ging er als Professor der Mathematik nach Marburg. In seiner Jenaer Zeit veröffentlichte er auch zwei Zusammenfassungen der Logik und Metaphysik Reuschs. So blieb ab Mitte der sechziger Jahre Polz der einzige Wolffianer in Jena. Danach lehrten in Jena keine Wolffianer mehr, und 1785 zog mit Carl Christian Erhard Schmid der Kantianismus in Jena ein. Er traf dort allerdings auf Johann August Heinrich Ulrich (1746–1813)[77], der in Jena studiert hatte, 1769 eine a. o. Professur der Moral und Politik erhielt, 1783 die ordentliche Professur. Ulrichs Philosophie hatte sich nach leibniz-wolffischen Anfängen stark der psychologischen

---

76 Vgl. Johann Wenceslaus Kaschube: *Cursus mathematicus oder deutlicher Begriff der mathematischen Wissenschaften*, Jena 1717; *Elementa physicae mechanico-perceptive*, Jena 1718.
77 Vgl. *GP*, Bd. 3, S. 1204 f.; *Grundriss*, Bd. 2, S. 1132–1135.

Popularphilosophie angenähert, bevor er zu Beginn der 1780er Jahre wieder zu Wolff zurückkehrte. Teilweise versuchte er, Leibniz mit Kant zu vereinen.

3.4 Gießen

Hessen-Kassel hatte in Marburg seine Universität, Hessen-Darmstadt in Gießen. Hier blickte man doch etwas neidisch auf die neuen Impulse, die man in Marburg Wolff verdankte. 1726 wurde der Wolffianer Jakob Friedrich Müller auf eine philosophische Professur in Gießen berufen, dem nach Müllers Weggang (1730 brach Müller mit Wolff) mit Andreas Böhm (1720–1790)[78] ein weiterer Wolffianer folgte. Dass der Gießener Mediziner Verdries Stiebritz zur wolffianischen Philosophie bekehrte, wurde schon erwähnt.

3.5 Göttingen

Nicht weit von Marburg wurde 1737 die Universität Göttingen[79] gegründet. Am Anfang wollte man sich dort noch vom Zeitgeist freihalten, sah dann aber ein, dass eine moderne Universität sich vor dem Wolffianismus nicht ganz verschließen konnte. Als Georg II., der Kurfürst von Hannover und König von Großbritannien, in Göttingen eine Universität gründen wollte, folgte er dem Rat seines Premierministers Gerlach Adolph von Münchhausen und dessen zeitgemäßen Anschauungen aus dem Geist der Aufklärung. So wurde z. B. die *libertas sentiendi* dadurch gewährleistet, dass der theologischen Fakultät das sonst übliche Recht der Zensur über die anderen Fakultäten entzogen wurde. Die Bibliothek und die Professuren wurden besser ausgestattet als üblich, und so konnten ausgewiesene Kenner ihres Fachs berufen werden. Natürlich wurde dabei auch an Wolff gedacht. Dessen Berufung scheiterte aber sogleich an Wolffs unverschämten Gehaltsforderungen und an seinem Wunsch, eine eigene Professur für Naturrecht mit einem seiner Schüler zu besetzen.[80] Münchhausen war ohnehin kein ausgesprochener Wolff-Anhänger. In seinem Votum vom April 1733 lehnte Münchhausen eine Berufung Wolffs ab, weil dessen Philosophie

---

[78] Vgl. *GP*, Bd. 1, S. 130 f.; *Grundriss*, Bd. 1, S. 203 f.
[79] Vgl. Rössler, *Die Gründung der Universität Göttingen*, a. a. O.; Paulsen, *Geschichte des gelehrten Unterrichts auf den deutschen Schulen und Universitäten vom Ausgang des Mittelalters bis zur Gegenwart. Mit besonderer Rücksicht auf den klassischen Unterricht*, Bd. 2, (2. Aufl. Leipzig 1921), S. 9 ff.; Götz von Selle, *Die Georg-August-Universität zu Göttingen, 1737–1937*, Göttingen 1937; Jürgen von Stackelberg (Hg.), *Zur geistigen Situation der Zeit der Göttinger Universitätsgründung 1737. Eine Vortragsreihe aus Anlass des 250jährigen Bestehens der Georgia Augusta*, Göttingen 1988.
[80] Vgl. Konrad Cramer, *Die Stunde der Philosophie. Über Göttingens ersten Philosophen und die philosophische Theorielage der Gründungszeit*, in: *Zur geistigen Situation der Zeit der Göttinger Universitätsgründung 1737. Eine Vortragsreihe aus Anlass des 250jährigen Bestehens der Georgia Augusta*, hg. von Jürgen von Stackelberg, a. a. O., S. 101–143; hier: S. 113.

„mehr subtilitatem als nützliche Wahrheiten" umfasse; auch befürchtete Münchhausen, dass, wenn „*die Wolffianer* auf denen Academien die Oberhand" behalten würden, die „tempora Scholasticorum" wiederkehren würden, d. h. die Streitigkeiten um Wortklaubereien.

> Weilen indesz diesze *Wolffianische* Philosophie überall so viele Anhänger und so groszen Beyfall gefunden so würde man der neuen Academie ohnfehlbar tort thun, wenn man selbige nicht lehren laszen wolte."[81] So schlug Paul Gottlieb von Werlhof in seinem Gutachten für die medizinische Fakultät neben anderen auch die Berufung von Schreiber vor, „ein trefflicher anatomicus, mathematicus und tieffer philosophus wolffianus[82].

Über Samuel Christian Hollmann (1696–1787)[83] aber, den Gründungsprofessor im Fach Philosophie[84] und Wolff-Kritiker, urteilte der Jurist Johann Ludwig Uhl noch im Gründungsjahr 1737: „In der philosophie sieht es auch nicht so aus, als es seyn sollte. Hr. *Hollmann* will es nicht ausmachen."

Ludwig Martin Kahle (1712–1775)[85] habe zwar eine Professur (er war 1737 als ordentlicher Professor der Moralphilosophie berufen worden); er „giebt sich vor einen *Wolfianer* aus, mit was recht aber, will ich nicht sagen. Es ist mehr wind bey ihm, als tat"[86]. Eine gewisse Bekanntheit erlangte Kahle durch seinen Angriff auf Voltaire (*Vergleichung der leibnizischen und neutonischen Metaphysik*, Göttingen, 1741)[87]. Georg Heinrich Ribov (1703–1779), der nach dem Studium in Halle 1720 schon 1726 eine Interpretation und Verteidigung der Metaphysik Wolffs veröffentlicht hatte, war nach der Magisterpromotion in Wittenberg (1727) in Göttingen (1736) Superintendent und Prediger geworden, sowie 1739 ordentlicher Professor der Philosophie. Ribov galt als „strenger Wolffianer" und darum vermutete man 1739, Ribov sei der Verfasser (was Ribov bestritt) der anonym erschienenen (aber mit „G. H. R. D." unterzeichneten) *Be-*

---

81 Rössler, *Die Gründung der Universität Göttingen*, a. a. O.; Paulsen, *Geschichte des gelehrten Unterrichts auf den deutschen Schulen und Universitäten vom Ausgang des Mittelalters bis zur Gegenwart. Mit besonderer Rücksicht auf den klassischen Unterricht*, a. a. O., S. 36 f.; Gerrit Walther, *Das Ideal Göttingen. Ruf, Realität und Kritiker der Georgia-Augusta*, in: Gerhard Müller, Klaus Ries, Paul Ziche (Hg.), *Die Universität Jena. Tradition und Innovation um 1800.* Stuttgart 2001, S. 33–46.
82 *Ebd.*, S. 301.
83 Vgl. *GP*, Bd. 1, S. 542–544; *Grundriss*, Bd. 1, S. 243–247.
84 Vgl. Cramer, *Die Stunde der Philosophie. Über Göttingens ersten Philosophen und die philosophische Theorielage der Gründungszeit*, a. a. O.
85 Vgl. *GP*, Bd. 2, S. 609–611.
86 Rössler, *Die Gründung der Universität Göttingen*, a. a. O.; Paulsen, *Geschichte des gelehrten Unterrichts auf den deutschen Schulen und Universitäten vom Ausgang des Mittelalters bis zur Gegenwart. Mit besonderer Rücksicht auf den klassischen Unterricht*, a. a. O., S. 387 f.
87 Vgl. Jürgen von Stackelberg, *Klassizismus und Aufklärung – der Blick nach Frankreich*, in: *Zur geistigen Situation der Zeit der Göttinger Universitätsgründung 1737. Eine Vortragsreihe aus Anlass des 250jährigen Bestehens der Georgia Augusta*, hg. von Jürgen von Stackelberg, a. a. O., S. 167–185; S. 180 ff.

denken über die Frage, ob eine strenge Lehr-Art eine Ketzerei und der Gottseligkeit nachteilig sei. Da in dieser Arbeit die mathematische Methode und die Wertheimer Bibel verteidigt wurden, sahen die Göttinger Theologen hier die schädliche wolffianische Philosophie am Werk. Die Fakultät forderte Ribov zu einem Kolloquium auf, was dieser aber ablehnte. Die Regierung beantwortete die Beschwerde der Theologie mit der Ermahnung, nicht so misstrauisch zu sein und Streit zu vermeiden. Und so wurde Ribov 1739 ao. Professor der Theologie, seit 1745 sogar ordentlicher Professor. Als Göttinger Superintendent kämpfte er mit wenig Erfolg gegen pietistische Einflüsse. 1759 ging er als Konsistorialrat nach Hannover.[88] An der Göttinger Universität las auch Christian Ernst Simonetti (1700–1782)[89] über Wolff[90]. Andreas Weber (1718–1781) war in Halle Magister und 1749 a.o. Professor geworden. Seit 1750 lehrte er in Göttingen. 1769 wurde er Professor der Logik und Metaphysik in Kiel. 1751 wurde Johann Tobias Mayer (1723–1762) als Professor der Ökonomie und Mathematik nach Göttingen berufen. In seinem Erstlingswerk (*Neue und allgemeine Art, alle Aufgaben aus der Geometrie [...] leichte aufzulösen*, 1741), das er Wolff widmete, schloss er sich eng an dessen populäres Kompendium der Mathematik (*Anfangs-Gründe aller mathematischen Wissenschaften*, 1. Aufl. 1710) an. In einem Waisenhaus in Esslingen hatte er sich im Selbststudium mathematische Kenntnisse angeeignet und sich daneben von einem Artillerieunteroffizier unterrichten lassen. In Augsburg und Nürnberg fand er Anstellungen bei verschiedenen Landkartendruckereien und veröffentlichte *Kosmographische Nachrichten* (1750). In Göttingen leitete er die Sternwarte und entwickelte sich zu einem der bedeutendsten Astronomen des 18. Jahrhunderts.

Johann Georg Heinrich Feder (1740–1821)[91] hatte in Erlangen bei Simon Gabriel Suckow Metaphysik, Ethik und Naturrecht studiert und den Leibniz-Wolffianismus kennengelernt, wurde dort 1765 Magister und 1768 Professor der Philosophie in Göttingen. Seine Vorlesungen waren ebenso erfolgreich wie seine Lehrbücher, z.B. der *Grundriss der Philosophischen Wissenschaften* (1767), der noch Kant als Kompendium diente. Zwar stand Feder noch unter dem Einfluss der Philosophie Wolffs, doch stellte er die gesamte Philosophie auf eine empiristische Basis: Alle Begriffe – auch die Grundsätze des Wahren, Schönen, Rechten – beruhen auf Empfindungen der Sinne (einschließlich des inneren Sinnes). Als Herausgeber der *Göttingischen Gelehrten Anzeigen* redigierte er Christian Garves Rezension von Kants *Kritik der reinen Vernunft* und setzte Kants Idealismus mit Berkleys Idealismus gleich. Kants wütende Reaktion veranlasste Feder zu einer aus mehreren Büchern und Zeitschriften bestehenden (erfolglosen) Kampagne gegen Kants Philosophie. 1796 wurde er Direktor des Pageninstituts in Hannover.

---

88 Selle, *Die Georg-August-Universität zu Göttingen, 1737–1937*, a.a.O., S. 78–80.
89 Simonetti wurde 1738 in Göttingen Professor der Philosophie, 1746 ao. Professor der Theologie, 1754 wurde er entlassen und erhielt einen Ruf als ao. Professor in Frankfurt an der Oder.
90 Vgl. Cramer, *Die Stunde der Philosophie. Über Göttingens ersten Philosophen und die philosophische Theorielage der Gründungszeit*, a.a.O., S. 113.
91 Vgl. *GP*, Bd. 1, S. 308–315; *Grundriss*, Bd. 1, S. 249–255.

3.6 Leipzig

Die Universität Leipzig[92] hatte schon vor Wolffs Vertreibung mehrfach versucht, ihn aus Halle abzuwerben, was ihr auch 1724 nicht gelang. Wolff fürchtete die kurfürstlichen Orthodoxen und die Leipziger Theologen. Das sächsische Oberkonsistorium widersprach in der Tat einer möglichen Berufung Wolffs. Wer der erste Wolffianer an der Leipziger Universität war, ist umstritten. Einige Zeitgenossen nennen Christian Gottlieb Jöcher[93] (1717). Dagegen beanspruchte auch Johann Christoph Gottsched (1700–1766)[94] dieses Verdienst für sich. Beide lasen über Thümmigs Lehrbuch (Gottsched ab Ostern 1725). Gottsched hatte in Königsberg studiert und das Magisterexamen abgelegt, war dann aber vor den Methoden der preußischen Militär-Werber aus Preußen geflohen und hatte in Leipzig bei Johann Burckhard Mencke (1674–1732)[95], dem Herausgeber der *Acta eruditorum* und der *Neuen Zeitungen von gelehrten Sachen* – beides Periodika, die Leibniz und Wolff wohlgesonnen waren – Unterstützung gefunden. Die auf Deutsch verfassten *Ersten Gründe der gesammten Weltweisheit* (^{1}1733 f.) erlebten in kurzer Zeit acht Auflagen und trugen damit viel zur Verbreitung des Leibniz-Wolffianismus bei; allerdings lehnte Gottsched Leibniz' prästabilierte Harmonie ab. Auch die von Gottsched und seiner Frau Luise Adelgunde Viktorie edierten moralischen Wochenschriften (1725–1729) popularisierten den Leibniz-Wolffianismus auf einflussreiche Weise. Mit dem *Versuch einer Critischen Dichtkunst* (^{1}1729, ^{4}1751) gelang Gottsched eine Rehabilitierung der Rolle der Ästhetik im Bildungsleben. *Die Redekunst* (1728) bot eine geschickte und einflussreiche Stilistik. Bemerkenswert ist auch Gottscheds Bayle-Übersetzung (*Historisches und Critisches Wörterbuch*, 1740–1744), die er mit kritischen Anmerkungen versah. Gottsched trug wesentlich zur Stabilisierung der deutschen Schriftsprache bei (*Deutsche Sprachkunst,* ^{1}1748, ^{6}1776[96]). Um 1750 war Gottsched „der Sprachmentor von ganz Deutschland"[97]. Die *Beobachtungen über den Gebrauch und Misbrauch vieler deutscher Wörter und Redensarten* (1758) waren der „Duden des achtzehnten Jahrhunderts".[98] Mencke hatte Gottsched auch in die „Teutschübende poetische Gesellschaft" eingeführt; Gottsched wandelte sie 1727 in die „Deutsche Gesellschaft" um, die zahlreiche Ableger

---

92 Vgl. Detlef Döring, *Der Wolffianismus in Leipzig, Anhänger und Gegner*, in: *Aufklärung* 12/2, (Hamburg 2001), S. 51–76; ders., *Die Philosophie Gottfried Wilhelm Leibniz' und die Leipziger Aufklärung in der ersten Hälfte des 18. Jahrhunderts* (Abhandlungen der Sächsischen Akademie der Wissenschaften, Phil.-hist. Kl., Bd. 75, Nr. 4), Leipzig 1999; *Die Universität Leipzig und ihr gelehrtes Umfeld, 1680–1750*, hg. von Hanspeter Marti u. Detlef Döring Basel 2004.
93 Vgl. *GP*, Bd. 2, S. 600 f.
94 Vgl. *GP*, Bd, 1, S. 418–429; *Grundriss*, Bd. 1, S. 164–172; Detlef Döring, *Johann-Christoph Gottsched in Leipzig. Ausstellung in der Universitätsbibliothek Leipzig zum 300. Geburtstag von J. Chr. Gottsched*, Stuttgart, Leipzig 2000.
95 Vgl. *GP*, Bd. 2, S. 785–787.
96 Vgl. Blackall, *Die Entwicklung des Deutschen zur Literatursprache, 1700–1775*, a. a. O., Kap. V.
97 *Ebd.* S. 79.
98 *Ebd.* S. 108.

besonders in Universitätsstädten fand. Das Ziel war die Reform der deutschen Sprache und Literatur, besonders des Schauspiels. 1731 wurde die philosophische Gesellschaft „Societas Conferentium" gegründet. Die Mitglieder waren Leipziger Gelehrte und gute Freunde Gottscheds: Johann Georg Lotter, Wolff Balthasar Adolf von Steinwehr, Friedrich Wilhelm Stübner, Johann Friedrich May, Johann Heinrich Winkler und Johann August Ernesti. Das Thema ihrer Diskussionen war Gottscheds *Weltweisheit*, die deutlich dem Deismus zuneigte, sich aber als wolffianisch verstand, sodass man Gottsched dem „Linkswolffianismus" zuordnen kann.[99] Als diese Gesellschaft 1736 einging, wurde im selben Jahr in Berlin die schon erwähnte „Societas Alethophilorum" gegründet; 1738 traten Gottsched und seine Frau der Gesellschaft als auswärtige Mitglieder bei, und Gottsched trat aus der „Deutschen Gesellschaft" aus. Jöcher und Carl Günther Ludovici schlossen sich den Alethophilen an, ferner Georg Friedrich Richter (1691–1742), Johann Friedrich May (1697–1762) und Gottfried Heinsius (1709–1769).

Jöcher war in Leipzig 1714 Magister der Philosophie geworden, 1715 Assessor der philosophischen Fakultät, 1730 ordentlicher Professor, 1732 Professor der Geschichte, 1735 Doktor der Theologie. Ab 1720 war er Redakteur der *Deutschen Acta Eruditorum*, die sich für Leibniz und Wolff einsetzten. Sein bekanntestes Werk ist das *Allgemeine Gelehrten-Lexicon* (1750 f.), mit dem er das *Compendiöse Gelehrten-Lexicon* von Johann Burckhard Mencke fortsetzte und erweiterte; sein eigenes Werk wurde fortgesetzt von Johann Gottlieb Wilhelm Dunkel, Johann Christoph Adelung und Heinrich Wilhelm Rotermund. Richter war seit 1726 ao. Professor der Mathematik, seit 1735 ordentlicher Professor der Moral und Politik. 1726 hatte er eine deutsche Fassung von Leibniz' *Theodicée* vorgelegt. Sein Nachfolger wurde 1742 Johann Friedrich May, der von Gottsched befürwortet wurde, obwohl auch Ludovici sich auf die Stelle beworben hatte. Ludovici wurde 1737 ordentlicher Professor der Philosophie, blieb aber ohne Sitz im Consilium Professorum. Ludovici ging allerdings immer mehr vom Wolffianismus ab. 1761 erhielt er noch die ordentliche Professur für das aristotelische Organon. Seinen bekannten *Ausführlichen Entwurf einer vollständigen Historie der Wolffischen Philosophie* (3 Bde., ¹1736, ³1738) setzte er nicht über das Jahr 1730 hinaus fort.

Nicht Gottscheds Philosophie, sondern seine *Ausführliche Redekunst* (1736) mit ihrer Kritik an der Leipziger Homiletik gab den Orthodoxen den Anlass, Gottsched zu denunzieren. Ebenso wie Steinwehr wurde er nach Dresden vor das Oberkonsistorium zitiert, wo ihm die Amtsenthebung angedroht wurde. Weitere Auflagen der *Redekunst* musste er von der philosophischen und der theologischen Fakultät zensieren lassen, ferner die Kritik an den Leipziger Predigten streichen. Dennoch stellte Gott-

---

99 Vgl. Mühlpfordt, *Radikaler Wolffianismus*, in: *Christian Wolff, 1679–1754. Interpretationen zu seiner Philosophie und deren Wirkung*, a. a. O., S. 237–253. Vgl. Günter Gawlick, *Christian Wolff und der Deismus*, in: *Christian Wolff, 1679–1754. Interpretationen zu seiner Philosophie und deren Wirkung*, a. a. O., S. 144.

sched seinen Besuch in Dresden als Erfolg dar. Sein ungebrochenes Selbstbewusstsein war nicht grundlos. Das zeigte sich schon 1738, als man Ihn zum Rektor der Leipziger Universität wählte, was danach noch viermal geschehen sollte. Die Amtszeit betrug ein Semester (ein halbes Jahr). Dass Gottsched nach der kürzesten möglichen Frist schon 1740 wieder gewählt wurde (das Amt rotierte unter den vier sog. „Nationen" der promovierten Universitätsangehörigen) beweist die starke Stellung, die der Wolffianismus dank Gottsched und Manteuffel sowie anderen Wolffianern (besonders den Alethophilen) in Leipzig errungen hatte. Der Alethophile Johann Heinrich Winkler (1703–1770)[100] war 1744 bis 1767 achtmal Rektor.[101] Dieses Selbstbewusstsein fand auch 1739 seinen Ausdruck in einem feierlichen Akt: Manteuffel machte die gesammelten Werke Wolffs und Reinbecks der Leipziger Universitätsbibliothek zum Geschenk. Beim traditionellen Rektorschmaus 1739 (zur Feier von Gottscheds Rektorat) ging Manteuffel so weit, dass er ein Hoch auf Wolff, Wahrheit, Vernunft und Geistesfreiheit ausbringen ließ, woraufhin die Rektorschmäuse verboten wurden, allerdings nicht auf Dauer.[102] Auch glückte 1746 die Ernennung Abraham Gotthelf Kästners, eines Schülers Gottscheds, zum ao. Professor. 1756 ging Kästner nach Göttingen.

Ein weiterer Vertreter des Leipziger Wolffianismus war Johann Heinrich Winkler. Anfangs ein Anhänger des Wolff-Kritikers Andreas Rüdiger, bekehrte er sich durch das Studium der Bücher Wolffs zu dessen Philosophie. Seine *Institutiones Philosophiae Wolfianae* (1735) bekennen sich zu Wolff. Winklers Experimente zur Elektrizität führten aber über Wolff hinaus. 1741 wurde Winkler sogar von der „Royal Society" zum Mitglied ernannt. 1729 war er in Leipzig Magister geworden, musste aber 1731 an die Thomasschule wechseln, bevor er 1739 ao. Professor der Philosophie an der Universität wurde, 1742 zusätzlich ordentlicher Professor der griechischen und lateinischen Sprache. Achtmal war er Rektor der Universität Leipzig. 1750 wurde er ordentlicher Professor der Physik. Seit 1738 gehörte er zur „Societas Alethophilorum", die sich ab 1740 im Palais des Grafen Manteuffel traf. Der Wolffianismus war also an der Leipziger Universität und in ihrem Umfeld gut vertreten. Aber auch auf dem Gebiet der Philosophie gab es ständig Gegner. Sie standen in der Nachfolge des halleschen Juristen Christian Thomasius, des Initiators der deutschen Aufklärung, an den sich Adolph Friedrich Hoffmann und Andreas Rüdiger anschlossen, bevor diese Reihe mit Christian August Crusius – einem Hoffmann-Schüler wie Rüdiger – endete und in Crusius zugleich ihren bedeutendsten Vertreter fand. Einer der wichtigsten Wolffianer (Gottsched) und der wichtigste Wolff-Gegner (Crusius) waren also Kollegen an der Universität Leipzig. Gottsched verlor allerdings seine dominierende Stellung im

---

100 Vgl. *GP*, Bd. 1, S. 1281f.; *Grundriss*, Bd. 1, S. 176–178.
101 Vgl. Günther Mühlpfordt, *Leipziger Rektoren im Zeitalter der Aufklärung. Zwischen Tradition und Innovation – Neuerungsschub wider Stagnation*, in: ders., *Halle – Leipziger Aufklärung. Kernstück der Mitteldeutschen Aufklärung*, Halle (Saale) 2011, S. 232–317.
102 *Ebd.*, S. 169, 175.

deutschen Geistesleben, als die Dichtung in Theorie und Praxis zugleich empfindsam und erhaben wurde; sein Geschmack, eingeengt durch die Abwehr des schwülstigen Barock, versagte den um die Begriffe „Gefühl" und „Genie" kreisenden Reformgedanken der Schweizer Bodmer und Breitinger sowie den Dichtungen Shakespeares, Miltons und Klopstocks jegliche Anerkennung. Die großen und fruchtbaren Impulse, die Deutschland Gottsched verdankte, gerieten dadurch lange Zeit in Vergessenheit. – Gottsched verfasste auch auf Wolffs Wunsch die allzu panegyrische Biographie des Denkers (*Historische Lobschrift des weiland hoch- und wohlgebohrnen HERRN Christians, des H. R. R. Freyherrn von Wolf,* Halle, 1755).

Bereits 1718–1720 hatte Michael Christoph Hanov (1695–1773)[103] in Leipzig studiert und war 1720 Magister geworden. 1727 wechselte er an das Lyceum, 1763 lehnte er den Ruf auf eine Philosophie-Professur in Halle ab. Hanovs Begeisterung für Wolffs Denken und seine Schriften schlug sich in einer umfangreichen Vervollständigung und Ergänzung von Wolffs Werken nieder: Wolffs *Oeconomica* komplettierte er 1755 mit einem zweiten Band (GW II 28). Es folgten 1756–1759 die *Philosophia civilis sive politica* (4 Bde., GW III 47.1–47.4) und 1762–1868 die *Philosophia naturalis sive physica dogmatica* (4 Bde., GW III 40.1–40.4). Für den zweiten Band der *Oeconomica* konnte sich Hanov noch auf Vorlesungsnachschriften stützen; die beiden anderen Schriften sind vollständig von Hanov verfasst, der sich aber bemühte, ganz in den von Wolff vorgezeichneten Bahnen zu bleiben.

3.7 Wittenberg

In Wittenberg hatte der Wolffianismus nicht so bald Fuß fassen können. Darum hatte auch Friedrich Christian Baumeister (1709–1785)[104] keinen leichten Stand, als er dort 1730 Magister der Philosophie und 1734 Adjunkt der philosophischen Fakultät wurde. Er ließ sich allerdings nicht beirren, war er doch durch sein Jenaer Studium bei Reusch, Carpov und besonders bei Köhler zum überzeugten Wolffianer geworden. Allerdings verließ er die Universität bald wieder und wurde 1736 Rektor des Görlitzer Gymnasiums. 1735 war seine *Philosophia definitiva, hoc est definitiones philosophicae ex systemate celeb. Wolfii in unum collectae* erschienen, in der Baumeister Wolffs philosophisches System in einer kommentierten Kette von Definitionen in enger Anlehnung an Wolffs Wortlaut darstellte. Dies gelang auf so schlüssige Weise, dass das Buch erst 1789 seine letzte Auflage (es war die sechzehnte) erlebte. Baumeisters Bücher, zu denen auch eine Logik (*Institutiones philosophiae rationalis methodo Wolfii conscriptae,* 1736, [20]1780), eine Metaphysik (*Institutiones Metaphysicae, complectens Ontologiam, Cosmologiam, Psychologiam, Theologiam denique Naturalem, Methodo Wolfii adornatae,* 1736, [8]1774, fünfte venezianische Aufl. 1797) und eine Einführung in die

---

103 Vgl. *GP,* Bd. 2, S. 458 f.
104 Vgl. *GP,* Bd. 1, S. 63–66; *Grundriss,* Bd. 1, S. 178–180.

neuere Philosophie (*Elementa philosophiae recentioris*, 1747, ⁸1781) gehören, waren in ganz Europa verbreitet. Mit Baumeisters Wolff-Biographie (*Vita, fata et scripta Wolfii philosophi*, 1739[105]) war Wolff selber aber nicht zufrieden. Er notierte zahlreiche Ergänzungen und Änderungen; dies als seine Autobiographie zu bezeichnen (*Christian Wolffs eigene Lebensbeschreibung*, hg. von Heinrich Wuttke, 1841[106]) ist also nicht ganz korrekt.

3.8 Tübingen

Die Württembergische Universität Tübingen wurde relativ früh zu einer Kraftquelle des Wolffianismus. Georg Bernhard Bilfinger (1693–1750)[107], der eigens von Tübingen nach Halle gewechselt hatte, um dort Wolff zu hören, war 1719 ao. Professor der Philosophie in Tübingen geworden. 1725 erschienen seine *Dilucidationes philosophicae de Deo, anima humana, mundo et generalibus rerum affectionibus* (⁴1746), in denen er sich ganz selbstständig an Wolffs *Deutsche Metaphysik* anschloss und sie auch verteidigte. Die Tübinger theologische und die philosophische Fakultät verurteilten allerdings in ihren Gutachten von 1725 Wolffs Philosophie. Wolff war hoch erfreut über Bilfingers Werk, weil er sich richtig verstanden fühlte und verschaffte Bilfinger eine ordentliche Professur der Logik, Metaphysik und Physik in St. Petersburg. 1731 kehrte Bilfinger als ordentlicher Professor der Theologie und Superattendent des Stiftes nach Tübingen zurück. Zugleich bekleidete er ab 1735 höchste Verwaltungsposten des Landes, so z. B. in der Vormundschaftsbehörde für den minderjährigen späteren Herzog Karl Eugen (1728–1793, 1744 für volljährig erklärt). Auch nach 1744 blieb Bilfingers politischer Einfluss groß.

Israel Gottlieb Canz (1690–1753)[108] war 1709 in Tübingen Magister der Philosophie geworden. 1720 wurde er Diakon, 1733 Superintendent und Stadtpfarrer in Nürtingen. 1734 kehrte er als ordentlicher Professor der Beredsamkeit und Dichtkunst an die Universität Tübingen zurück. 1739 wurde er Professor der Logik und Metaphysik. 1747 promovierte er in Theologie und wurde im selben Jahr noch Professor der Theologie. Anfangs ein Gegner Wolffs, ließ er sich bei der Arbeit an einem gegen Wolff gerichteten Buch durch das Studium der Bücher Wolffs von dessen Philosophie überzeugen und verfasste stattdessen das apologetische Werk *Philosophiae Leibnitzianae et Wolfianae usus in theologia* (4 Bde., 1728–1734). Die Intention dieses Werkes ähnelt dem Jenaer Wolffianismus, ohne sich in vergleichbare Schwierigkeiten zu bringen; es trug stattdessen zum Erfolg des Leibniz-Wolffianismus bei. – Gottfried Ploucquet (1716–1790)[109] absolvierte das Tübinger Stift. Canz ließ ihn Wolffs Werke lesen. 1737

---

105 *GW* I 10.
106 *Ebd.*
107 Vgl. *GP*, Bd. 1, S. 111–117; *Grundriss*, Bd. 1, S. 158–161.
108 Vgl. *GP*, Bd. 1, S. 185–189; *Grundriss*, Bd. 1, S. 265 f.
109 Vgl. *Grundriss*, Bd. 2, S. 878–889.

schloss er das Theologiestudium ab. 1750 wurde er Professor der Logik und Metaphysik in Tübingen. Er entwickelte sich zu einem eigenständigen und berühmten Philosophen und Logiker. – An der Hohen Karlsschule in Stuttgart amtierte von 1778–1793 Johann Christoph Schwab (1743–1821) als Professor der Logik und Metaphysik. Er hatte in Tübingen studiert und blieb sein ganzes Leben lang ein bewusster Anhänger der leibniz-wolffischen Philosophie und bekämpfte die Lehre Kants in zahlreichen Publikationen. Ein ähnliches, aber theologisch geprägtes Profil findet sich auch bei dem Tübinger Theologie-Professor Johann Friedrich Flatt (1759–1821).[110]

3.9 Königsberg

Das weltoffene, bevölkerungsreiche preußische Königsberg verfügte über eine gutbesuchte Universität, die dem Aristotelismus lange Zeit die Treue hielt. Dennoch fand der Wolffianismus in Königsberg schon früh seine Anhänger. Der erste prominente Königsberger Wolffianer war Johann Heinrich Kreuschner (1693–1730), der bei Wolff studiert hatte und Prediger an der Kneiphöfischen Kirche war. Christoph Friedrich Baumgarten (1690–1746)[111], der in Leipzig und Halle (bei Wolff) studiert hatte, dann 1720 die Magisterprüfung abgelegt hatte und 1721 ao. Professor der Philosophie in Königsberg geworden war, war der erste, der die Philosophie Wolffs an der Universität lehrte. Weil die Pietisten einen weiteren Aufstieg verhinderten, verließ er allerdings 1731 die Universität und wurde Feldprediger. Auch der Mathematiker Georg Heinrich Rast (1695–1726) war ein Wolffianer. Er hatte 1716–1718 in Halle bei Wolff studiert und wurde 1719 ao. Professor der Mathematik in Königsberg. 1718 war auch Conrad Theophil (Gottlieb) Marquardt (1694–1749) in Halle zum Anhänger Wolffs geworden. 1722 wurde er ao. Professor der Philosophie in Königsberg. Marquardt war einer der wenigen Befürworter der Lehre Leibniz' von der prästabilierten Harmonie. Nach der Fischer-Affäre distanzierte er sich ausdrücklich von Wolffs Philosophie und wurde 1730 ao. Professor der Mathematik in Königsberg. In seiner Logik (*Philosophia rationalis*, 1733) bezeichnete er sich selbst als Eklektiker. – Weitere Königsberger Wolffianer waren der Altphilologe Theodor Reinhold That (1698–1735), der 1723–1728 an der Universität lehrte, bevor er in den Schuldienst ging, und Nathaniel Ephraim Fromm (1701–1760), der 1724 in Königsberg arbeitete und eine Schrift *De necessitate revelationis per rationem cognoscenda* veröffentlichte. Heinrich Ölmann (1676–1725) lehrte 1715–25 als ao. Professor der Logik und Metaphysik in Königsberg. Er kündigte für das Sommersemester 1720 eine Vorlesung über Wolffs Logik an und hielt Wolff auch nach dessen Ächtung in seinen Vorlesungen die Treue. Christian Gabriel Fischer

---

110 Vgl. *GP*, Bd. 3, S. 1074f., *Grundriss*, Bd. 2, S. 1130–1132; *GP*, Bd. 1, S. 334f., *Grundriss*, Bd. 2, S. 1140–1143.
111 Vgl. *GP*, Bd. 1, S. 73.

(1686–1751)¹¹² war 1715 ao. Professor der Physik geworden, ohne sich als Wolffianer einordnen zu wollen, hatte sich aber seit Anfang der zwanziger Jahre zu einem Verteidiger Wolffs entwickelt, der im Streit der Pietisten mit Wolff in seinen Vorlesungen so heftig für Wolff und gegen die Pietisten (mit denen er auch in der Schulpolitik stritt) Partei ergriff, dass er am 15. November 1725 vom König entlassen und aus Preußen verbannt wurde. Nach unsteten Wanderjahren wurde ihm 1732 erlaubt, nach Königsberg zurückzukehren, was er dann 1737 tat. Er vertrat eine spinozistische Weltsicht und leugnete die Trinität, die Göttlichkeit Christi und andere Dogmen, sodass er vom Empfang des Abendmahls ausgeschlossen wurde. Von 1727 (als Wolffs metaphysische und moralphilosophische Bücher in Preußen verboten wurden) bis 1736 gab es in Königsberg keine Vorlesungen über Wolffs Philosophie. Dem Wolffianismus schlossen sich Theodor Reinhold That und Nathaniel Ephraim Fromm an, ebenso Georg Heinrich Rast, der 1718 in Halle Magister geworden war und im selben Jahr in Königsberg ao. Professor der Mathematik. Rast war es, der seinen Schüler Gottsched zur Philosophie Wolffs bekehrt hatte. That verfasste ein *Specimem philosophiae Wolfianae* (1723). Conrad Gottlieb Marquardt hatte Theologie in Königsberg und Philosophie in Halle studiert, wo er ein Wolffianer wurde. 1722 habilitierte er sich in Königsberg im Fach Mathematik und wurde ao. Professor der Mathematik, lehrte aber auch Logik und Metaphysik.¹¹³ Karl Heinrich Rappolt (1702–1753)¹¹⁴ wurde beeinflusst von Kreuschner und Christian Gabriel Fischer, der Rappolt vom Theologie-Studium zugunsten der Physik abbrachte. Fischer galt allerdings als Wolffianer und wurde deswegen – dem Ratschlag der Königsberger Theologen, bei denen die Pietisten die Führung übernommen hatten, folgend – 1725 nach halleschem Muster entlassen und verbannt. 1729/30 studierte Rappolt in England Physik und Mathematik. Sein Denken war nicht nur von Wolff, sondern auch von britischen Autoren beeinflusst. Die Magisterprüfung legte er 1731 in Frankfurt an der Oder ab und unterrichtete seitdem an der Universität Königsberg. 1733 wurde Rappolt ao. Professor. Eine Berufung zum ordentlichen Professor scheiterte an den Pietisten. 1736 wurde auch dem antipietistischen Wolffianer Coelestin Christian Flottwell (1711–1759) eine philosophische Professur versagt.¹¹⁵ Christian Friedrich Ammon (1696–1742)¹¹⁶ begann als Aristoteliker, näherte sich dann aber Wolff an und wurde Privatdozent der Mathematik an der Universität Königsberg.

---

112 Vgl. *GP*, Bd. 1, S. 327–329, *Grundriss*, Bd. 1, S. 356–358.
113 Vgl. Manfred Kuehn, *Kant. A Biography*, Cambridge 2001, S. 67 f., 75. (Hier auch zu den anderen Königsberger Wolffianern).
114 Vgl. *GP*, Bd. 3, S. 912 f.
115 Vgl. Goldenbaum, Der *Skandal der Wertheimer Bibel. Die philosophisch-theologische Entscheidungsschlacht zwischen Pietisten und Wolffianern*, in: *Appell an das Publikum. Die öffentliche Debatte in der deutschen Aufklärung*, a. a. O., S. 302.
116 Vgl. *GP*, Bd. 1, S. 23.

Für die Königsberger Philosophie wurde Franz Albert Schultz (1692–1763)[117] zur prägenden Gestalt.[118] 1715–1718 hatte Schultz in Halle sowohl bei dem großen Pietisten Francke als auch bei Wolff studiert, war von beiden Lehrern gefördert worden und hatte keinerlei Schwierigkeiten, die pietistischen mit den wolffianischen Einflüssen zu verbinden. Begünstigt durch Francke und Wolff, durfte Schultz schon vor dem Magisterexamen sowohl in der philosophischen als auch in der theologischen Fakultät unterrichten. Francke und Wolff versuchten auch, Schultz eine Anstellung in Halle oder Frankfurt an der Oder zu verschaffen, doch Schultz wollte sich nicht einseitig festlegen lassen. Verschiedene Posten musste Schultz aufgeben, meist wegen des Widerstandes gegen seinen Pietismus. 1731 wurde er zum Pfarrer an der altstädtischen Kirche in Königsberg ernannt. Gleichzeitig berief ihn der König auf eine theologische Professur an der Universität, obwohl Schultz noch kein Examen vorweisen konnte. Dies holte er 1732 mit der zu diesem Anlass verfassten Inauguraldissertation nach. Sie behandelte ihr Thema – die *concordia rationis cum fide* – ganz im Sinne Wolffs. Insbesondere wies Schultz nach, dass Wolffs Philosophie für den Glauben von Nutzen sei. 1733 wurde Schultz Rektor des Collegium Fridericianum; es war das Gymnasium, das Kant 1732–1740 besuchte. Kant belegte Schultz' Vorlesungen an der Universität und war zeitlebens ein dankbarer Schüler von Schultz. 1737 wurde Schultz einer der beiden Generalintendanten, über das gesamte Kirchen-, Schul- und Armenwesen des Königreichs Preußen. Er reformierte das Schulwesen und ließ in Ostpreußen bis 1742 nicht weniger als 1600 Landschulen gründen. Nach dem Tod von König Friedrich Wilhelm I. schwand sein Einfluss. Es gelang ihm z. B. 1758 nicht, Kant die Professur für Logik und Metaphysik zu verschaffen. Bis zu seinem Tod blieb er allerdings Minister, Professor und Rektor des Fridericianums.

Dankenswerterweise sind die Vorlesungsankündigungen der Königsberger Universität (1720–1804) mit der Angabe der den Vorlesungen zugrunde gelegten Kompendien neu ediert worden.[119] Daraus geht hervor, dass in den Vorlesungen der philosophischen Fakultät ab circa 1740 Christian Wolff und die Wolffianer (A. G. Baumgarten, G. F. Meier, F. C. Baumeister, J. C. Gottsched, L. P. Thümmig, J. A. Eberhard) dominierten. Auch Kant las über Logik nach Meier, über Ethik und Metaphysik nach Baumgarten.

In der Theologie verband man unter dem Einfluss von Schultz Pietismus und Wolffianismus. Dies gilt auch von seinem Schüler Martin Knutzen (1713–1751)[120], der

---

117 Vgl. *GP*, Bd. 3, S. 1057f.
118 Vgl. Giorgio Tonelli, *Conditions in Königsberg and the Making of Kant's Philosophy*, in: *bewußt sein. Gerhard Funke zu eigen*, hg. von Alexius J. Bucher u. a., Bonn 1975, S. 126–144; James Jakob Fehr, *Aufklärung und Pietismus in Königsberg unter Franz Albert Schultz. Mit dem Text von Schultz' Commentatio de concordia rationis cum fide in locis de iustitia Dei et inde profluente necessitate satisfactionis. Oder: Von der Harmonie der menschlichen Vernunft mit dem Glauben, in denen Stellen von der Gerechtigkeit Gottes, und daher fliessenden Nothwendigkeit der Genugthuung (1735)*, Hildesheim 2005.
119 Vgl. Oberhausen und Pozzo, *Vorlesungsverzeichnisse der Universität Königsberg (1720–1804)*, a. a. O.
120 Vgl. *GP*, Bd. 2, S. 647–651; *Grundriss*, Bd. 1, S. 180–183.

gleichfalls keinen Widerspruch zwischen Wolffianismus und Pietismus sah, allerdings wurde sein Denken in erster Linie doch vom Pietismus geprägt. 1733 wurde Knutzen in Königsberg Magister, 1735 ao. Professor der Logik und Metaphysik. Er gehörte zu den Lehrern von Kant und Johann-Georg Hamann. Knutzen galt eine Zeit lang als bedeutender Astronom, weil er 1734 vorausgesagt hatte, dass der Komet von 1698 im Jahre 1744 wieder erscheinen würde. Als 1744 tatsächlich ein Komet erschien, fühlte sich Knutzen bestätigt. Leonhard Euler wies allerdings nach, dass es sich bei dem Kometen von 1744 nicht um den Kometen von 1698 handelte. Knutzens Reputation erlitt dadurch aber keinen Abbruch. In seiner Philosophie zeigen sich bei Knutzen auch Einflüsse des englischen Empirismus. Er kannte und bekämpfte die englischen Deisten (*Verteidigte Wahrheit der christlichen Religion*, 1747).

So wie Königsberg waren auch die anderen preußischen Universitäten und Gymnasien durch das Wolff-Verbot wissenschaftlich in Rückstand geraten. Darum bedeutete es einen großen Durchbruch, dass Reinbecks schon erwähnte *Betrachtungen*, deren erster Band 1731 erschien, auf allgemeinen Beifall stießen, so auch bei Schultz und Knutzen. Die ersten Vorlesungen über Wolff gab es in Königsberg und Halle wieder im WS 1736/37. Manche Pietisten unterschieden sich durch Ihre Sympathie für Wolffs Lehren deutlich von den halleschen Pietisten, so z.B. Friedrich Wagner (1693–1760)[121], der mit Schultz in Halle studiert hatte und zusammen mit Schultz in Berlin Reinbeck von den Qualitäten Wolffs überzeugt hatte. 1736 wurde Wagner Professor der Theologie am Gymnasium in Stuttgart und ging 1733–1736 als Pfarrer nach Hamburg. Daniel Heinrich Arnoldt (1706–1775)[122], der in Halle Pietist geworden war, 1734 Professor der Theologie in Königsberg wurde und 1763 nach dem Tod von Schultz Direktor des Fridericianums, gehörte ebenso zu den Königsberger Pietisten wie auch Johann David Kypke (1692–1758, ein Schwager von Arnoldt)[123], der seit 1727 ordentlicher Professor der Logik und Metaphysik in Königsberg war, sowie Michael Lilienthal (1686–1750)[124] und sein Sohn Theodor (1717–1782)[125].

3.10 Erfurt

Warum Georg Volckmar Hartmann (wird 1716–1737 erwähnt)[126] ein kämpferischer Wolffianer wurde, ist unbekannt. Anscheinend hat er Wolff in Halle gehört. Jedenfalls war er 1716 an der Universität Erfurt Doktor der Medizin und 1725 Doktor der Philosophie geworden und praktizierte als Arzt in Erfurt. Er verteidigte Wolffs Denken vehement gegen die pietistischen Angriffe. Seine *Anleitung zur Historie der*

---

121 Vgl. *GP*, Bd. 3, S. 1232 f.
122 Vgl. *GP*, Bd. 1, S. 36–38.
123 Vgl. *GP*, Bd. 2, S. 678 f.
124 Vgl. *GP*, Bd. 2, S. 732–734.
125 James Jacob Fehr, *Aufklärung und Pietismus in Königsberg unter Franz Albert Schultz*, a.a.O., S. 183.
126 Vgl. *GP*, Bd. 2, S. 461 f.

Leibnitzisch-Wolffischen Philosophie (1737) ist zwar in großen Teilen aus *Ludovicis Historie der Wolffischen Philosophie* abgeschrieben, enthält aber auch manches Eigene, sodass Ludovici später aus Hartmann abschrieb.– Später las der Medizin-Professor Johann Melchior Luther auch über Logik nach Wolff.[127]

3.11 Helmstedt

1740–1756 war Johann Nicolaus Frobesius (1701–1756)[128] Professor der Logik, Metaphysik, Mathematik und Physik an der Universität Helmstedt, an der er zunächst auch studiert hatte, bevor der nach Halle ging, um Wolff zu hören. 1723 folgte er Wolff nach Marburg. 1726 ging er nach Helmstedt zurück und wurde Privatdozent. Frobesius war ein kämpferischer Verfechter der wolffschen Philosophie. Er verfasste u. a. eine *Brevis ac dilucida systematis philosophiae Wolfiani delineatio succinctis tabulis comprehensa* (1734).

3.12 Würzburg, Ingolstadt, Fulda

Den größten Einfluss auf das Jura-Studium an den deutschen (vor allem den mittel- und norddeutschen) Universitäten übten im 18. Jahrhundert die Reform-Gedanken von Christian Thomasius aus. Schierschmid, Engelhard, Nettelbladt und Pütter waren allerdings einflussreiche Vertreter des Wolffianismus. Und das Jura-Studium an den Universitäten Würzburg und Ingolstadt wurde von Johann Adam Ickstatt (1702–1776)[129] geprägt und reformiert. Ickstatt hatte in Paris und England studiert. 1725 ging er nach Marburg und studierte bei Wolff dessen komplette Philosophie. 1727 wurde er Magister, gleichzeitig studierte er noch Jura. Dieses Studium, bei dem er Johann Ulrich Cramer kennenlernte, schloss er an der katholischen Universität Mainz ab. 1731 wurde er Professor des Natur- und Völkerrechts in Würzburg. 1741 wurde er in München Lehrer des Kurprinzen von Bayern. 1742 wurde er Reichshofrat und 1745 gemeinsam mit Wolff in den Freiherrenstand erhoben, wobei Wolff seine Ernennung wohl Ickstatt zu verdanken hatte. 1746 wurde er Professor des Staats-, Natur- und Völkerrechts sowie der Kameralwissenschaften und mit der Leitung und Neuausrichtung der Universität Ingolstadt betraut. Ickstatt war zeitlebens ein gläu-

---

127 Vgl. Robert Haaß, *Die geistige Haltung der katholischen Universitäten Deutschlands im 18. Jahrhundert. Ein Beitrag zur Geschichte der Aufklärung*, Freiburg 1952, S. 58.
128 Vgl. *GP*, Bd. 1, S. 362 f.
129 Vgl. *GP*, Bd. 2, S. 572 f.; *Grundriss*, Bd. 1, S. 652–655.; Fritz Kreh, *Leben und Werk des Reichsfreiherrn Johann Adam von Ickstatt (1702–1776). Ein Beitrag zur Staatsrechtslehre der Aufklärungszeit*, Paderborn 1974; Notker Hammerstein, *Aufklärung und katholisches Reich. Untersuchungen zur Universitätsreform und Politik katholischer Territorien des Heiligen Römischen Reiches deutscher Nation im 18. Jahrhundert*, Berlin 1977, S. 33–131.

biger Katholik, sah aber die norddeutschen (protestantischen) Länder als politische, ökonomische und wissenschaftliche Vorbilder an und forderte – um den Fortschritt der protestantischen Länder auf den katholischen Süden zu übertragen – die völlige Trennung von Kirche und Staat. Durch Ickstatt öffnete sich Würzburg als erste unter den katholischen deutschen Universitäten der wolffschen Philosophie. Der Kurfürst Karl Albrecht von Bayern (später Kaiser Karl VII.) stimmte mit Ickstatt grundsätzlich überein und berief ihn darum zu einem der Lehrer des Kurprinzen. Die Zahl der von Ickstatt angeführten Wolffianer in Bayern nahm rasch zu. Zu ihnen zählte auch Johann Georg von Lori (1723–1787), ein Ickstatt-Schüler, der in Ingolstadt auf Betreiben Ickstatts als ao. Professor für Strafrecht und Rechtsgeschichte eingestellt wurde und 1751 ordentlicher Professor wurde. (Ein weiterer Schüler Ickstatts war sein Patenkind und Protégé Adam Weishaupt, dessen Orden der Illuminaten wohl doch nicht Ickstatts Intentionen entsprach.) Weil er sich an protestantischen Autoren – besonders an Wolff – orientierte, wurde er von den ingolstädter Theologen angegriffen. 1765 trat Ickstatt von seiner Professur zurück und ging als Berater des Kurfürsten an den Münchner Hof. Er arbeitete weiter (und nicht ohne Erfolg) daran, den katholischen Süden für die Kultur des protestantischen Nordens zu öffnen: Die vorbildliche Universität war hier wie auch sonst die Universität Göttingen. So legte Ickstatt „in Bayern die geistigen Grundlagen einer neuen, von der katholischen Aufklärung bestimmten Epoche der geistesgeschichtlichen Entwicklung."[130] Die spätscholastische Philosophie wurde in Ingolstadt 1774 völlig von der Philosophie Wolffs und Feders verdrängt.[131] Ickstatt vertrat einen Absolutismus, dessen Staatszweck aus Wohlfahrt und Ruhe bestand. Die von Ickstatt als neues Fach eingeführte politische Ökonomie lehrte, dass die protestantischen Völker überall glücklich seien, während die katholischen wegen ihrer Feiertage, Klöster und Bettelorden unproduktiv seien.

Ickstatt und Lori bekämpften vor allem die Jesuiten, in deren Händen zum größten Teil der akademische Philosophieunterricht lag und die zunächst an der traditionellen Scholastik festhielten. So war auch Gotthard Siebert OSB (1724–1786), der an der 1732 gegründeten Universität Fulda und in Erfurt studiert hatte und 1752 Professor der Philosophie und Physik in Fulda geworden war, dort der Hauptgegner der Jesuiten, weil er in Fulda als erster für die wolffsche Philosophie und das Kopernikanische Weltsystem eingetreten war.[132] Dreiunddreißig Jahre lang lehrte er mit großem Erfolg. 1773 wurden die Jesuiten vom Papst verboten. Es gab aber auch unter den Jesuiten Anhänger der wolffschen Philosophie. Maximus Mangold SJ (1722–1797) wurde 1757 Professor der Philosophie, 1763 Professor der Theologie in Ingolstadt. Nach dem Verbot des Ordens zog er sich nach Augsburg zurück. Er verfasste eine *Philosophia recentior* (2 Bde., 1763 f.). Pál Makó (Paul Mako von Kerek-Gede, 1723–1793,

---

130 Kreh, *Leben und Werk des Reichsfreiherrn Johann Adam von Ickstatt (1702–1776)*, a. a. O., S. 179.
131 *Ebd.* S. 189
132 Vgl. Robert Haaß, *Die geistige Haltung der katholischen Universitäten Deutschlands im 18. Jahrhundert. Ein Beitrag zur Geschichte der Aufklärung*, a. a. O., S. 67 ff.; Notker Hammerstein, *Aufklärung und katholisches Reich*, a. a. O., S. 69–71; vgl. auch *Grundriss*, Bd. 1, S. 501–517.

SJ)¹³³ wurde 1761 Professor der Logik und Metaphysik in Wien. Nach der Ordensaufhebung ernannte ihn Maria Theresia 1777 zum Direktor der philosophischen Fakultät an der Universität Ofen. Makó gilt als Bahnbrecher der neuen philosophischen Methode Wolffs im Habsburgerreich, auch wenn er das Prinzip des zureichenden Grundes kritisierte. Benedict Stattler SJ (1728–1797)¹³⁴ hatte in Ingolstadt studiert, wo er 1770 Doktor der Theologie und Professor der Dogmatik wurde, was er auch nach 1773 blieb. Als 1774 ein neuer Lehrplan für die philosophische Fakultät aufgestellt wurde, schrieb er vor, dass Logik und Metaphysik nach Andreas Böhm, Ästhetik nach Meier, praktische Philosophie nach Feder zu lesen seien. 1776 wurde für die theoretische Philosophie Stattler zugrunde gelegt.¹³⁵ 1781 wurde er entlassen und war ab 1782 Stadtpfarrer in Kemnath (Oberpfalz). 1790 wurde er Zensurrat in München, musste aber 1794 wegen der Indizierung mehrerer seiner Bücher, die auf eine Versöhnung der christlichen Bekenntnisse zielten, abdanken. In seinen Vorlesungen und Büchern betonte er den Wert der Philosophie als Wissenschaft. Er verfasste u. a. eine *Philosophia methodo scientiis propria explanata* (8 Teile, 1769–1772) und einen *Anti-Kant* (3 Bde., 1788). Nikolaus Burkhäuser SJ (1733–1809)¹³⁶ wurde 1765 Professor der Philosophie in Bamberg. 1768–1773 war er Professor der Logik und Metaphysik in Würzburg, wo Ickstatt von 1731–1741 gelehrt hatte, und wurde 1773 auf die Professur für theoretische Physik abgeschoben. Im Zuge der Säkularisierung wurde er 1803 entlassen. Auch er verfasste eine lateinische Logik (1771) und eine dreibändige lateinische Metaphysik (1771–1774). Die wolffianischen Elemente seiner Philosophie hatten allerdings keine aktuelle Relevanz mehr. Burkhäusers Würzburger Lehrstuhl war 1773 an Columban Rösser OSB gegangen, der auch auf der wolffschen Philosophie aufbaute. Die Professur für Ethik und Geschichte der Philosophie bekam 1773–1781 Nikolaus Franz Steinacher SJ (1749–1789)¹³⁷, der sich an Johann Georg Heinrich Feder anschloss. 1798 wurde an den Universitäten Freiburg, Olmütz und Wien die Philosophie ausschließlich nach Feders Lehrbüchern vorgetragen. Als 1773 die Universität Bamberg¹³⁸ neu gegründet und organisiert wurde, enthielt der Lehrplan als Lehrbücher für Logik und Metaphysik die Werke von Burkhäuser, Baumeister und Feder.

---

133 Vgl. *Grundriss*, Bd. 1, S. 504 f.
134 Vgl. *GP*, Bd. 3, S. 1220 f.; *Grundriss*, Bd. 1, S. 505–508.
135 Vgl. Haaß, *Die geistige Haltung der katholischen Universitäten Deutschlands im 18. Jahrhundert*, a. a. O., S. 134.
136 Vgl. *GP*, Bd. 1, S. 172 f.
137 Vgl. Haaß, *Die geistige Haltung der katholischen Universitäten Deutschlands im 18. Jahrhundert*, a. a. O., S. 83; *GP*, Bd. 3 S. 1128 f.
138 Vgl. Haaß, *Die geistige Haltung der katholischen Universitäten Deutschlands im 18. Jahrhundert*, a. a. O., S. 87 ff.

3.13 Freiburg

An der Freiburger Universität lehrte Philipp Steinmeyer SJ 1747–1752 als Professor der Mathematik, seit 1769 als Professor der Logik und Metaphysik, wobei er Wolff folgte. Er veröffentliche 1774 die *Institutiones physicae Wolffianae*.[139] Steinmeyer ist ein weiterer Zeuge für die nach anfänglichem Zögern vollzogene Anpassung der Jesuiten an die wolffsche Philosophie. Dies wurde dadurch erleichtert, dass Wolff selber sich ziemlich stark an der thomistischen Scholastik orientierte.

3.14 Trier

Wie auch an anderen katholischen Universitäten, erfolgte auch in Trier der Modernisierungswunsch nicht von der Universität, sondern vom Träger (dem Bischof), der 1751 einen neuen Studienplan für die philosophischen und humanistischen Studien herausgab. Darin wird eine starke Berücksichtigung der neueren deutschen Philosophie gefordert; besonders empfohlen werden Wolff und Gottsched. Wieweit sich die Jesuiten aber daran hielten, ist kaum festzustellen.[140]

3.15 Wien

Sigismund von Storchenau SJ (1731–1797)[141] wurde 1762 auf den Lehrstuhl für Logik und Metaphysik in Wien berufen. Als der Jesuitenorden aufgehoben wurde, kehrte er in seine Kärntener Heimat zurück, 1781–1790 war er Hofprediger der Erzherzogin Maria Anna in Klagefurt. Danach widmete er sich ausschließlich seinen wissenschaftlichen Veröffentlichungen. Der Aufbau seiner *Institutiones Logicae* (1769) und der *Institutionum Metaphysicarum libri V (4)* (1769) zeigt die deutliche Anlehnung an die Schriften Wolffs, auch wenn Storchenau in einigen Punkten Wolff ausdrücklich widerspricht und einige Akzente anders setzt. Der Satz vom zureichenden Grund wird vehement verteidigt. Storchenaus bedeutendstes Werk ist die *Philosophie der Religion* (12 Bde., 1772–1789). Hier versucht er zu zeigen, dass die christliche Religion in Gestalt der römisch-katholischen Kirche deshalb die einzig wahre Religion sei, weil sie der Vernunft am meisten entspreche. Allerdings genügt die natürlich Religion nicht, sondern sie muss durch die Offenbarung ergänzt werden.

---

139 Vgl. *ebd.*, S. 147.
140 Vgl. *ebd.*, S. 39 u. 42.
141 Vgl. *GP*, Bd. 3, S. 1137f., *Grundriss*, Bd. 1, S. 509–511.

3.16 Dillingen

Schon 1745 hielt ein Dekret des Fürstbischofs den Jesuiten vor, dass man heute auch auf katholischer Seite vielfach die wolffsche Philosophie vorziehe.[142] 1781 wurde Joseph Weber (1753–1831)[143], der in Augsburg und Dillingen studiert hatte, Professor für Kirchenrecht, Philosophie und Katechetik in Dillingen. Seine logischen und metaphysischen Schriften waren von Leibniz und Wolff inspiriert. Schon 1778 war er wegen seiner Forschungen zur Elektrizität zum Mitglied der Münchener Akademie der Wissenschaften gewählt worden. In den 90iger Jahren schloss er sich der kantischen Philosophie an und verteidigte sie gegen Stattler. 1799 wurde er entlassen, um die Philosophie Kants auszuschalten. Er ging nach Ingolstadt und 1802 nach Landshut, wo er Anhänger Schellings wurde und gegen die Aufklärung und gegen Kant eintrat. Nach der Säkularisierung 1803 kehrte er nach Dillingen zurück und wurde 1809–1821 Rektor des Dillinger Lyceums.

3.17 Salzburg

Bereits 1750 lehrte Laurentius Manzel an der Universität Salzburg die Logik nach Wolff. Durch die Salzburger Wolffianer verwandelte sich die Universität Salzburg in ein Zentrum der katholischen Aufklärung in Österreich. Zu nennen sind hier Frobenius Forster OSB (1709–1791), der 1744–1747 Professor der Philosophie in Salzburg war, und Berthold Vogl OSB (1706–1771)[144], der seit 1744 dort Theologie-Professor und 1744–1759 auch Rektor war. Forster hatte die wolffsche Philosophie am Regensburger Konvent beim St. Emmeramer Fürstabt Johann Baptist Kraus (1700–1762) und bei Peter von Osterwald OSB (1718–1776), der 1732 zum Katholizismus übertrat und 1744 nach Regensburg als Lehrer an den dortigen Klöstern kam, kennengelernt, ebenso Franz Rothfischer OSB (1721–1755), der 1751 zum Protestantismus übertrat. Andererseits hatte sich Kraus schon vor 1752 von der wolffschen Philosophie wieder abgewendet. 1748 bildete sich um Osterwald, Forster, Rothfischer und Ildephons Kennedy OSB (1722–1804), den späteren Sekretär der Kurbayerischen Akademie der Wissenschaften, in St. Emmeram ein „Disputierkollegium" dessen Mitglieder Wolffs Philosophie verbreiteten[145]. Insgesamt kann man feststellen, dass die süddeutsche katholische Wolff-Rezeption erst verspätet eintrat, dann aber umso tiefgreifender und anhaltender wirkte. Insgesamt gesehen, erlangte der Wolffianis-

---

142 Vgl. Haaß, *Die geistige Haltung der katholischen Universitäten Deutschlands im 18. Jahrhundert*, a. a. O., S. 111.
143 Vgl. *GP*, Bd. 3, S. 1242–1244.
144 Vgl. Haaß, *Die geistige Haltung der katholischen Universitäten Deutschlands im 18. Jahrhundert*, a. a. O., S. 162.
145 Vgl. Kreh, *Leben und Werk des Reichsfreiherrn Johann Adam von Ickstatt (1702–1776)*, a. a. O., S. 269 f., Anm. 1–3.

mus, bevor er vom Kantianismus abgelöst wurde, an den deutschen Universitäten eine Verbreitung, die erst vom Hegelianismus wieder erreicht werden sollte.

4 Siglen

GP = *Dictionary Of Eighteenth-Century German Philosophers*, hg. von Heiner F. Klemme u. Manfred Kuehn. 3 Bde. London New York, 2010.

Grundriss = *Grundriss der Geschichte der Philosophie*, begründet von Friedrich Ueberweg. Völlig neubearbeitete Ausgabe, hg. von Helmut Holzhey. *Die Philosophie des 18. Jahrhunderts, Bd. 5: Heiliges Römisches Reich Deutscher Nation, Schweiz, Nord- und Osteuropa*, hg. von Helmuth Holzhey u. Vilem Mudroch. 2 Bde. Basel 2014.

5 Literaturverzeichnis

Albrecht, Michael (1980): *Der Wolffianismus in der deutschen Schulphilosophie (Buchausstellung im Sommersemester 1980, Tarforst)*, Trier.

Albrecht, Michael (1989): *Die Tugend und die Chinesen. Antworten von Christian Wolff auf die Frage nach dem Verhältnis zwischen Religion und Moral*, in: *il cannocchiale*, n. 2/3 (*Nuovi studi sul pensiero di Christian Wolff*, hg. von Sonia Carboncini u. Luigi Cataldi Madonna), S. 239–262, Hildesheim, 1992 (Nachdruck: GW III 31).

Albrecht, Michael (2010): *Die philosophischen Grundüberzeugungen des Wolffianismus*, in: *Christian Wolff und die europäische Aufklärung. Teil 5: Sektion 10: Wolff und seine Schule, Sektion 11: Wirkungen Wolffs, Sektion 12: Wolff und Halle – Vertreibung und Rückkehr*, hg. von Jürgen Stolzenberg u. Oliver-Pierre Rudolph, Hildesheim u. a., S. 13–30. (GW III 105).

Basner, Reiner (1991): *Abraham Gotthelf Kästner, Aufklärer (1719–1800)*, Tübingen.

Bauer, Joachim et al. (Hgg.) (2008): *Die Universität Jena in der frühen Neuzeit*, Heidelberg.

Beutel, Albrecht (2007): *Causa Wolffiana. Die Vertreibung Christian Wolffs aus Preußen 1723 als Kulminationspunkt des theologisch-politischen Konflikts zwischen halleschem Pietismus und Aufklärungsphilosophie*, in: ders.: *Reflektierte Religion. Beiträge zur Geschichte des Protestantismus*, Tübingen, S. 125–169.

Blackall, Eric A. (1966): *Die Entwicklung des Deutschen zur Literatursprache, 1700–1775. Mit einem Bericht über neue Forschungsergebnisse 1955–1964 von Dieter Kimpel*, Stuttgart.

Bronisch, Johannes (2010): *Der Mäzen der Aufklärung. Ernst Christoph von Manteuffel und das Netzwerk des Wolffianismus*, Berlin/New York.

Cramer, Konrad (1988): *Die Stunde der Philosophie. Über Göttingens ersten Philosophen und die philosophische Theorielage der Gründungszeit*, in: *Zur geistigen Situation der Zeit der Göttinger Universitätsgründung 1737. Eine Vortragsreihe aus Anlass des 250jährigen Bestehens der Georgia Augusta* hg. von Jürgen von Stackelberg (Göttinger Universitätsschriften, Serie A, Bd. 12), Göttingen, S. 101–143.

Detlef Döring (1999): *Die Philosophie Gottfried Wilhelm Leibniz' und die Leipziger Aufklärung in der ersten Hälfte des 18. Jahrhunderts* (Abhandlungen der Sächsischen Akademie der Wissenschaften, Phil.-hist. Kl., Bd. 75, Nr. 4), Leipzig.

Döring, Detlef (2000): *Johann Christoph Gottsched in Leipzig. Ausstellung in der Universitätsbibliothek Leipzig zum 300. Geburtstag von J. Chr. Gottsched*, Stuttgart, Leipzig.

Döring, Detlef (2002): *Beiträge zur Geschichte der Gesellschaft der Alethophilen in Leipzig*, in: ders. u. Kurt Nowak, *Gelehrte Gesellschaften im mitteldeutschen Raum* (Abhandlungen der Sächsischen Akademie der Wissenschaften zu Leipzig 1650–1820, Philologisch-historische Klasse, Bd. 76 H 6) Stuttgart/Leipzig, S. 95–150.

*Ellwein, Thomas (1997): *Die deutsche Universität: vom Mittelalter bis zur Gegenwart*, Wiesbaden.

*Eulenburg, Franz (1904): *Die Frequenz der deutschen Universitäten von ihrer Gründung bis zur Gegenwart* (Abhandlungen der Königl. Sächsischen Gesellschaft der Wissenschaften, Phil.-hist. Kl., Bd. 24, Nr. 2), Leipzig.

Fehr, James Jakob (2005): *Aufklärung und Pietismus in Königsberg unter Franz Albert Schultz. Mit dem Text von Schultz' Commentatio de concordia rationis cum fide in locis de iustitia Dei et inde profluente necessitate satisfactionis. Oder: Von der Harmonie der menschlichen Vernunft mit dem Glauben, in denen Stellen von der Gerechtigkeit Gottes, und daher fliessenden Nothwendigkeit der Genugthuung (1735)*, Hildesheim.

Gawlick, Günter (1983): *Christian Wolff und Der Deismus*, in: *Christian Wolff, 1679–1754. Interpretationen zu seiner Philosophie und deren Wirkung*, hg. von Werner Schneiders, (Studien zum Achtzehnten Jahrhundert, Bd. 4), Hamburg, S. 139–147.

Goldenbaum, Ursula (2004): *Der Skandal der Wertheimer Bibel. Die philosophisch-theologische Entscheidungsschlacht zwischen Pietisten und Wolffianern*, in: dies. (Hg.), *Appell an das Publikum. Die öffentliche Debatte in der deutschen Aufklärung, 1687–1796*. Berlin, S. 653–728.

Haaß, Robert (1952): *Die geistige Haltung der katholischen Universitäten Deutschlands im 18. Jahrhundert. Ein Beitrag zur Geschichte der Aufklärung*, Freiburg.

Hammerstein, Notker (1972): *Ius und Historie. Ein Beitrag zur Geschichte des historischen Denkens an deutschen Universitäten im späten 17. und im 18. Jahrhundert*, Frankfurt am Main.

Hammerstein, Notker (1977): *Aufklärung und katholisches Reich. Untersuchungen zur Universitätsreform und Politik katholischer Territorien des Heiligen Römischen Reiches deutscher Nation im 18. Jahrhundert*, Berlin.

Hammerstein, Notker (1983): *Christian Wolff und die Universitäten. Zur Wirkungsgeschichte des Wolffianismus im Achtzehnten Jahrhundert*, in: *Christian Wolff, 1679–1754. Interpretationen zu seiner Philosophie und deren Wirkung*, hg. von Werner Schneiders, (Studien zum 18. Jahrhundert, Bd. 4), Hamburg, S. 266–277.

Hammerstein, Notker (2000): *Res publica literaria. Ausgewählte Aufsätze zur frühneuzeitlichen Bildungs-, Wissenschafts- und Universitätsgeschichte*, hg. von Ulrich Muhlack u. Gerrit Walther. Berlin.

*Hammerstein, Notker (2005): *Universitäten*, in: ders., Ulrich Herrmann (Hg.), *Handbuch der deutschen Bildungsgeschichte*. Bd. 2: 18. Jahrhundert. Vom späten 17. Jahrhundert bis zur Neuordnung Deutschlands um 1800. München, S. 369–400.

Hinske, Norbert (1989), *Zentren der Aufklärung, 1: Aufklärung und Pietismus. Halle*. Heidelberg.

Hirsching, Friedrich Carl Gottlob (1794): *Historisch-literarisches Handbuch berühmter und denkwürdiger Personen*, Bd. 1, Leipzig (Nachdruck: Graz 1972).

Holloran, John (2010): *Wolff in Halle – Banishment and Return*, in: Christian Wolff und die europäische Aufklärung, Teil. 5, hg. von Jürgen Stolzenberg u. Oliver-Pierre Rudolph, Hildesheim, S. 365–375 (GW III 105).

Janssens-Knorsch, Uta (1983): *Jean Deschamps, Wolff-Übersetzer und „Alétophile française" am Hofe Friedrichs des Großen*, in: Christian Wolff, 1679–1754, Interpretationen zu seiner Philosophie und deren Wirkung, hg. von Werner Schneiders (Studien zum 18. Jahrhundert, Bd. 4), Hamburg, S. 254–265.

Kreh, Fritz (1974): *Leben und Werk des Reichsfreiherrn Johann Adam von Ickstatt (1702–1776). Ein Beitrag zur Staatsrechtslehre der Aufklärungszeit* (Rechts- und Staatswissenschaftliche Veröffentlichungen der Görres-Gesellschaft, NF, H. 12), Paderborn.

Kuehn, Manfred (2001): *Kant. A Biography*, Cambridge.

Lorenz, Stefan (2002): *Wolffianismus und Residenz. Beiträge zur Geschichte der Gesellschaft der Alethophilen in Weißenfels*, in: *Gelehrte Gesellschaften im Mitteldeutschen Raum (1650–1720)*, Teil III, hg. von Delef Döring u. Kurt Nowak (Abhandlungen der Sächsischen Akademie der Wissenschaften zu Leipzig, Phil.-hist. Kl., Bd. 76, H. 6), Stuttgart/Leipzig, S. 113–144.

Marti, Hanspeter u. Detlef Döring (Hgg.) (2004): *Die Universität Leipzig und ihr gelehrtes Umfeld, 1680–1750*, Basel.

Mühlpfordt, Günter (1983): *Radikaler Wolffianismus. Zur Differenzierung und Wirkung der wolffschen Schule ab 1735.* in: Christian Wolff, 1679–1754. Interpretationen zu seiner Philosophie und deren Wirkung, hg. von Werner Schneiders (Studien zum 18. Jahrhundert, Bd. 4), Hamburg, S. 237–253.

Mühlpfordt, Günter (2011): *Leipziger Rektoren im Zeitalter der Aufklärung. Zwischen Tradition und Innovation – Neuerungsschub wider Stagnation*, in: ders., Halle – Leipziger Aufklärung, Kernstück der Mitteldeutschen Aufklärung (Mitteldeutsche Aufklärung, Bd. 1), Halle (Saale).

*Müller, Rainer A. (1990): *Geschichte der Universität. Von der mittelalterlichen Universitas bis zur deutschen Hochschule*, München.

Oberhausen, Michael u. Pozzo, Riccardo (1999): *Vorlesungsverzeichnisse der Universität Königsberg (1720–1804)* (Forschungen und Materialen zur Universitätsgeschichte, Abt. 1, Bd. 1), 2 Bde., Stuttgart-Bad Cannstatt.

Ostertag, Heinrich (1910): *Der philosophische Gehalt des Wolff-Manteuffelschen Briefwechsels* (Abhandlungen zur Philosophie und ihrer Geschichte, Bd. 13), Leipzig (Nachdruck: Hildesheim 1980).

*Paulsen, Friedrich (1919/1921): *Geschichte des gelehrten Unterrichts auf den deutschen Schulen und Universitäten vom Ausgang des Mittelalters bis zur Gegenwart. Mit besonderer Rücksicht auf den klassischen Unterricht*, Bd. 1, 3. Aufl. Leipzig; Bd. 2, 2. Aufl. Leipzig.

Petersen, Ernst (2004): „*Der Verstand ist die edelste Gabe …*". *Johann Lorenz Schmidt (1702–1749) und sein Wertheimer Bibelwerk*, in: Uwe Müller, E. P. (Hg.), *Schweinfurter historische Forschungen*. Schweinfurt. S. 387–417.

*Prahl, Hans-Werner u. Ingrid Schmidt-Harzbach (1981): *Die Universität. Eine Kultur- und Sozialgeschichte*, München u. Luzern.

Rössler, Emil Franz (1855): *Die Gründung der Universität Göttingen*, Göttingen (Nachdruck: Aalen, 1987).

*Rüegg, Walter (Hg.) (1993–2010): *Geschichte der Universität in Europa*, 4 Bde., München.

Schenk, Günter u. Meyer, Regina (2009): *Mathematisch-metaphysische Tendenzen der Logikentwicklung*, Teil 2 (*Philosophisches Denken in Halle – Personen und Texte*, Abt. 1: *Philosophen des 18. Jahrhunderts*, Bd. 2. 2), Halle.

Schenk, Günter u. Meyer, Regina (2011): *Die Philosophische Fakultät der Fridericiana von ihrer Gründung 1694 bis zur Schließung 1806. Ein Überblick* (*Philosophisches Denken in Halle*, Abt. 1, Bd. 10). Halle (Sale).

Schloemann, Martin (1974): *Siegmund Jacob Baumgarten. System und Geschichte in der Theologie des Überganges zum Neuprotestantismus*. Göttingen.

Schneiders, Werner (Hg.) (1983): *Christian Wolff, 1679–1754. Interpretationen zu seiner Philosophie und deren Wirkung*. Hamburg.

Schrader, Wilhelm (1894): *Geschichte der Friedrichs-Universität zu Halle*, 2. Bde, Berlin.

Selle, Götz von (1937): *Die Georg-August-Universität zu Göttingen, 1737–1937*, Göttingen.

Sieg, Ulrich (1888): *Die Geschichte der Philosophie an der Universität Marburg von 1527–1970* (Veröffentlichungen aus den Fachbereichen der Philipps-Universität Marburg, Bd. 2), Marburg.

Spalding, Paul S. (1998): *Size the Book, Jail the Author. Johann Lorenz Schmidt and Censorship in Eighteenth-Century Germany*, West Lafayette.

Stackelberg, Jürgen von (1988): *Klassizismus und Aufklärung – der Blick nach Frankreich*, in: *Zur geistigen Situation der Zeit der Göttinger Universitätsgründung 1737. Eine Vortragsreihe aus Anlass des 250jährigen Bestehens der Georgia Augusta*, hg. von Jürgen von Stackelberg (*Göttinger Universitätsschriften*, Serie A, Bd. 12), Göttingen, S. 167–185.

Straßberger, Andreas (2009): *Johann Gustav Reinbeck. Pietismus und Aufklärung*, in: Albrecht Beutel (Hg.) *Protestantismus in Preußen. Lebensbilder aus seiner Geschichte. I: Vom 17. Jahrhundert bis zum Unionsaufruf 1817*. Frankfurt a. M., S. 163–183.

Straßberger, Andreas (2010): *Johann Lorenz Schmidt und Johann Gustav Reinbeck. Zum Problem des „Links-" und „Rechtswolffianismus" in der Theologie*, in: Albrecht Beutel (Hg.), *Aufgeklärtes Christentum. Beiträge zur Kirchen- und Theologiegeschichte des 18. Jahrhunderts*. Leipzig, S. 17–46.

Tonelli, Giorgio (1975): *Conditions in Königsberg and the Making of Kant's Philosophy*, in: *bewußt sein. Gerhard Funke zu eigen,* hg. von Alexius J. Bucher u. a., Bonn, S. 126–144.

Walther, Gerrit (2001): *Das Ideal Göttingen. Ruf, Realität und Kritiker der Georgia Augusta,* in: Gerhard Müller, Klaus Ries, Paul Ziche (Hg.): *Die Universität Jena. Tradition und Innovation um 1800.* Stuttgart, S. 33–46.

*Weber, Wolfgang E. J. (2002): *Geschichte der europäischen Universität* (Urban-Taschenbücher, Bd. 476), Stuttgart.

Wittern, Renate (Hg.) (1993): *Die Professoren und Dozenten der Friedrich-Alexander-Universität Erlangen 1743–1960. Teil 1: Theologische Fakultät, Juristische Fakultät* (Erlanger Forschungen, Sonderreihe, Bd. 5), Erlangen.

Wundt, Max (1932): *Die Philosophie an der Universität Jena in ihrem geschichtlichen Verlaufe dargestellt,* Jena.

Wundt, Max (1945): *Die deutsche Schulphilosophie im Zeitalter der Aufklärung* (Heidelberger Abhandlungen zur Philosophie und ihrer Geschichte 32), Tübingen (Nachdruck: Hildesheim 1964).

Die mit einem Stern (*) markierten Titel nennen allgemeine Übersichtswerke.

10.4 Wolffrezeption in Europa

Sonia Carboncini

Keywords

Europa, Naturrecht, Aufklärung, Civitas maxima, System, Glück/Glückseligkeit, Internationales Recht, Libertas philosophandi, Eklektik, Enzyklopädie

Abstract

Christian Wolff, der auf Betreiben der Pietisten an der Universität Halle unter Strafe des Stranges aus seiner Heimatstadt verjagt wurde, ein Opfer von Obskurantismus und religiösem Fanatismus, war der erfolgreichste Philosoph in der ersten Hälfte des 18. Jahrhunderts, nicht nur in den deutschen Landen, sondern auch quer durch Europa und weit über die Grenzen des alten Kontinents hinaus. Mit seinen außergewöhnlichen Lehrfähigkeiten zog er eine Vielzahl von Studenten an, die seine Lehren verbreiteten, ausarbeiteten und an die nachfolgenden Generationen weiterleiteten. Seine Werke wurden in fast alle europäischen Sprachen übersetzt. Wolffs philosophisches System lieferte eine wahrhafte Enzyklopädie, die sämtliche Enzyklopädien des 18. Jahrhunderts – die von Diderot und d'Alembert miteingeschlossen – inspiriert hat. Seine Philosophie war zeitgemäß, überkonfessionell und visionär: ein erfolgreiches Zusammentreffen von Tradition und Aktualität, Vernunft und Erfahrung, mit anderen Worten, Aufklärung ohne skeptische oder materialistische Exzesse. In Leibniz' Nachfolge, aber mit größerem Augenmerk auf Systematik, hat Wolff wesentlich zur Säkularisierung der Philosophie beigetragen. Philosophie wird von nun an als eine beweisbare Wissenschaft verstanden, die allen (Frauen eingeschlossen) gelehrt werden kann. Die Anerkennung der Rolle der Philosophie als Fundamentalwissenschaft war ziemlich bahnbrechend für die nachfolgende Entwicklung dieser Disziplin. Großen Einfluss auf Verfassungen und Gesetzgebungen in der ganzen Welt hat auch sein juristisches und politisches Denken ausgeübt, angefangen von der *Declaration of Independence of the United States of America*.

1 Was heißt Europa für Christian Wolff?

Zur Wirkungszeit Christian Wolffs hatte das Wort „Europa" drei verschiedene Bedeutungen.

1) Europa ist ein geographischer Begriff, so wie er sich bereits in der griechisch-lateinischen Kultur gebildet hat, und dessen etymologische Wurzel heute noch ziemlich umstritten ist. Für die klassische Kultur bedeutete „Europa" zunächst die Länder nördlich des Mittelmeeres und westlich von Asien. Der Autor des Artikels „*Europe*" in der *Encyclopédie* von Diderot und d'Alembert bringt die Etymologie des Wortes auf das phönizische „urappa" zurück, das „weiße Gesichter" bedeuten sollte. Abgesehen davon, werden hier die geographischen Koordinaten festgestellt, die die Länder Europas umfassen.[1]
2) Europa ist das Ergebnis der nach dem Westfälischen Frieden (1648) etablierten neuen Weltordnung. Es ist derjenige Komplex von Territorialstaaten mit eigener Souveränität, für die die Religion kein Grund mehr für Konflikte sein kann. Die Staaten sind Rechtssubjekte genauso wie die Bürger.
3) Europa definiert sich auch als eine Idee von Zivilisation.[2]

Was den ersten Punkt anbelangt, den geographischen Umfang also, besteht kein Zweifel, dass Wolff und seine Schule eine ausgedehnte und dauerhafte Wirkung in ganz Europa ausgeübt haben. Man könnte sogar sagen, dass der Einfluss der Wolffschen Philosophie den von den Enzyklopädisten gemeinten Umfang Europas überstieg, denn Wolffs Werke wurden sogar in der Türkei und auch in den Kolonien Nord- und Südamerikas gelesen und studiert.[3]

Auch im politischen Sinne war die Einwirkung des Philosophen relevant. Mit Wolffs Traktaten wurde das Naturrecht durch die Grundgedanken von Rationalismus, Individualismus und Säkularisierung zum Höhepunkt seiner historischen Entwicklung gebracht. Die allgemeinen und unveräußerlichen Menschenrechte, die „für ausgemachte Wahrheiten gehalten sind",[4] werden nicht nur erklärt, sondern philoso-

---

1 Siehe d'Alembert/Diderot, *Encyclopédie, ou dictionnaire raisonné des Sciences, des Arts et des Métiers par une Société des gens de lettres,* Paris und Neuchâtel, 1751–1765, Bd. VI, S. 211.
2 „D'ailleurs il importe peu que l'*Europe* soit la plus petite des quatre parties du monde par l'étendue de son terrain, puisqu'elle est la plus considérable de toutes par son commerce, par sa navigation, par sa fertilité, par les lumieres & l'industrie de ses peuples, par la connoissance des Arts, des Sciences, des Métiers, & ce qui est le plus important, par le Christianisme, dont la morale bienfaisante ne tend qu'au bonheur de la société. Nous devons à cette religion dans le gouvernement un certain droit politique, & dans la guerre un certain droit des gens que la nature humaine ne sauroit assez reconnoître; en paroissant n'avoir d'objet que la félicité d'une autre vie, elle fait encore notre bonheur dans celle – ci." (*ebd.* S. 211 [Jaucourt]).
3 Siehe unten Anmerkungen 22 und 23.
4 Aus der Unabhängigkeitserklärung der Vereinigten Staaten von Amerika vom 4. Juli 1776 in ihrer ersten deutschen Übersetzung vom 5. Juli 1776 in der Zeitung *Pennsylvanischer Staatsbote* von Phi-

phisch demonstriert, weil sie sich aus der rationalen menschlichen Natur herleiten; Naturrecht und Aufklärung vereinigen sich somit, und allein dies gilt schon als unschätzbarer Beitrag zur Geschichte des juristischen und politischen Denkens.[5] Wolff hat nicht nur im Naturrecht Schule gemacht, sondern auch im Feld des positiven Rechts, der Politik, der Regierung und der Verwaltung, so dass es nicht verwunderlich sein sollte, dass seine Theorien die Grundlage sowohl des *Allgemeinen Landrechts für die Preußichen Staaten* von 1794 als auch des ab 1811 in Österreich geltenden *Bürgerlichen Gesetzbuches* bilden.[6]

Zur Auffassung Europas als einer Idee von Zivilisation hat der Hallenser Philosoph mit seinem Lebenswerk eine immense Leistung beigetragen. Einer solchen Idee soll zunächst eine gemeinsame Kultur zugrunde liegen. Vor Wolff gab es keine ausführliche Darstellung aller theoretischen und praktischen Disziplinen sowohl im Einzelnen als auch in ihrer Beziehung zueinander. Noch weniger gab es eine Definition der Philosophie, die ihre Rolle und Bedeutung im Rahmen eines übergreifenden, allgemeinen Wissens erklären konnte. Die wissenschaftliche Kultur war ein Privileg sehr enger Kreise von Gelehrten, die oft von Streitigkeiten geplagt wurden. Es fehlte an einem aktualisierten, gemeinsamen, nutzbaren System des Wissens, das über die Grenzen der einzelnen Staaten hinaus für die „civitas maxima" Europa gelten konnte.

Wolff hat den altchristlichen Begriff von „civitas maxima", der noch bei Leibniz eine Gottesstaatslehre implizierte, übernommen und ihn als vernunftrechtlich begründete allgemeine Menschengesellschaft verstanden. Sie wird als die allgemeine Republik begriffen, die in sich sämtliche Staaten wie „Mitglieder oder Bürger" vereinigt.[7] Die „civitas maxima" ist der fiktive Gerichtshof, in dem die unveräußerlichen Menschenrechte vertreten und die Beziehungen zwischen Staaten als moralischen Individuen reguliert werden. Sie ist genau, was Kant später „Weltbürgerrecht" nannte,[8] was heute immer noch die Grundlage des internationalen Rechts bildet, und sich als

---

ladelphia: „Wir halten diese Wahrheiten für ausgemacht, daß alle Menschen gleich erschaffen worden, daß sie von ihrem Schöpfer mit gewissen unveräußerlichen Rechten begabt worden, worunter sind Leben, Freyheit und das Bestreben nach Glückseligkeit".

5   Noch deutlicher erscheint der Einfluss Wolffschen Gedankenguts auf die noch frühere Grundrechte-Erklärung von Virginia vom 12. Juni 1776: „Alle Menschen sind von Natur aus in gleicher Weise frei und unabhängig und besitzen bestimmte angeborene Rechte, welche sie ihrer Nachkommenschaft durch keinen Vertrag rauben oder entziehen können, wenn sie eine staatliche Verbindung eingehen, und zwar den Genuss des Lebens und der Freiheit, die Mittel zum Erwerb und Besitz von Eigentum und das Erstreben und Erlangen von Glück und Sicherheit" (1. Artikel).

6   Vgl. dazu Angelo Falzea, *Introduzione alle scienze giuridiche. Il concetto di diritto*, Milano 2008, S. 49 f.

7   „Civitas, in quam Gentes coivisse intelliguntur, & cujus ipsae sunt membra, seu cives, vocatur *Civitas maxima*" (*Jus gentium*, § 10, S. 8 [GW II 25]).

8   „Völker, als Staaten, können wie einzelne Menschen beurtheilt werden, die sich in ihrem Naturzustand (d. i. in der Unabhängigkeit von äußern Gesetzen) schon durch ihr Nebeneinandersein lädiren, und deren jeder, um seine Sicherheit willen, von dem andern fordern kann und soll, mit ihm in eine, der bürgerlichen ähnliche, Verfassung zu treten, wo jedem sein Recht gesichert werden kann" (*Zum ewigen Frieden*, in: *Kant's gesammelte Schriften*, AA, Bd. VIII, Berlin/Leipzig 1923, S. 354. Dieser Bund wird *infra* „Weltbürgerrecht" genannt [S. 357]).

Zweck das menschliche Glück und damit den Frieden setzt.[9] Die „*civitas maxima*" ist eine virtuelle Republik, deren Existenz von unseren Sinnen nicht unmittelbar wahrnehmbar ist, doch für Wolff mehr als eine blosse hypothetische Notwendigkeit darstellt: Sie ist eine *notio,* die von Natur aus der Menschheit als Ziel gesetzt wurde. „*Civitas maxima*" ist der Ort, wo sich Naturrecht und Moral sachlich treffen: Geschichte. Da nur der Philosoph im Stande ist, in seinem philosophischen System die allgemeine menschliche Geschichte darzustellen, ist seine Rolle als Leiter und Hüter der *civitas maxima,* des Völkerbundes, gerechtfertigt. Diese Rolle hatte Wolff implizit für sich in Anspruch genommen und durch den Einfluss seiner philosophischen und juristischen Ideen in einer gewissen Weise auch dauerhaft ausgeübt.[10]

Immerhin hatte er im Jahre 1730 eine Abhandlung veröffentlicht, *De Rege philosophante et Philosopho regnante,* in der er argumentiert, wie glücklich eine Gesellschaft sein würde, in der die Philosophen herrschen oder die Herrscher philosophieren würden. Es handelt sich zwar um eine ideale „*respublica*" im platonischen Sinne, doch ist es ziemlich gewagt, in Anspielung auf den Konfuzianismus zu behaupten, Beispiele solcher „philosophierenden Herrscher" hätte es in der Geschichte, etwa in China, schon gegeben. Das platonische Ideal ist nicht nur anzustreben: Es ist auch realisierbar. Das Regierungsvorrecht besteht weder *Dei gratia* noch in dem Willen der Bürger, sondern in der Fähigkeit des Regierenden, die vereinigten Kräfte aller Gesellschaftsmitglieder auf den Zweck der gemeinen Wohlfahrt und des Schutzes gegen Verletzungen zu leiten.[11] Einer solchen Aufgabe kann am besten ein Philosoph mit dem Streben nach Universalität wie Wolff gerecht werden.[12] Die *civitas maxima,* Europa also, ist eine Vision, die durch Wolffs Philosophie zum ersten Mal aus dem Gebiet der Utopie in das Umfeld des Möglichen und somit der Wissenschaft übergeht. Das internationale Recht als eine selbständige Disziplin, so wie wir sie heute noch verstehen, wurde somit geboren.[13]

---

9 „Jus naturae, quod ad felicitatem generis humani tanquam ad metam tendit […], non minus prospicit securitati singulorum, quam Gentium, quae non datur, nisi in pace" (*Jus gentium,* § 961 Anm., S. 765 [GW II25]).

10 Vgl. dazu Nicholas Greenwood Onuf, *The Republican Legacy in International Thought,* Cambridge 1998, S. 100.

11 *De Rege philosophante et Philosopho regnante,* in: *Horae subsecivae Marburgenses,* 1730, Trimestre Autumnale, I, § 2, S. 565 (GW III 34. 2).

12 Diese Mission wurde von den Wolff-Anhängern verstanden und geteilt. Siehe z. B. Jean Deschamps Widmung seiner Übersetzung der deutschen Logik an den Kronprinzen Friedrich: „[…] les Peuples ne sont jamais plus heureux, que lors qu'ils sont gouvernés par des Maîtres appliqués à la Philosophie. Il falloit pour opérer ce miracle, qu'un PRINCE tel quer V. A. R. eût du goût pour un Philosophe tel que WOLFF; il falloit qu'un tel PRINCE, & un tel Philosophe vécussent en même tems! Mr. WOLFF est certainement le plus grand PHILOSOPHE qu'il y ait en EUROPE. […]je crois prévoir pour Mr. WOLFF, un Public si enchanté de ses Productions, qu'il ne lui donnera plus d'autre Nom, ni d'autre épithète, que celle de PRINCE DES PHILOSOPHES!" (Christian Wolff, *Logique, ou Réflexions sur les forces de l'entendement humain,* GW III 63).

13 Es ist wohl kein Zufall, dass diese Abhandlung mit dem attraktiven Titel *The Real Happiness of a People under a Philosophical King* 1750 in London übersetzt wurde und neben der Logik und den juristischen Traktaten eines der verbreitetsten Werke Wolffs ist.

"Wolff in Europa" ist demzufolge ein sehr wichtiges, zum Teil noch ungeschriebenes Kapitel der Wirkungsgeschichte unseren Philosophen. Um ihm gerecht zu werden, könnte man Wolffs triumphalen Erfolg mit vier Schlagworten zusammenfassen: Wolffs Philosophie war zeitgemäß, enzyklopädisch, überkonfessionell und visionär. Diese Aspekte sind derart miteinander verbunden, dass es unmöglich ist, Wolffs Einfluss in nur einer Hinsicht zu analysieren, ohne die anderen gleichzeitig in Betracht zu ziehen.

2 Wolffs Popularität

Christian Wolff hat wie kein anderer Philosoph und Gelehrter seine Zeit geprägt. Der Erfolg seines Unterrichts sowie seiner zahlreichen Handbücher und Veröffentlichungen war bereits zu seinen Lebzeiten unermesslich. Er selbst war sich dieses Erfolgs bewusst und erwähnte mit Stolz in seiner Selbstbiographie, wie seine Zeitgenossen ihn *„Professor universi generis humani"* oder *„le premier Maître de l'Europe"* nannten.[14] In seinem Leben schien der biblische Spruch, ein Prophet gelte nirgends so wenig wie in seiner Heimat, eine Lüge zu sein, denn er hatte sein „Vaterland in der ganzen Welt" und wurde „überall hochgeachtet", wie sein Freund, der Naturwissenschaftler René-Antoine Ferchault de Réaumur, in Erinnerung brachte.[15] Wolff hatte sich nämlich vorgenommen, für die ganze Menschheit über das gesamte menschliche Wissen zu sprechen.

Ehrenmitglied der Akademien der Wissenschaften zu London, Paris, Berlin, Bologna; Vizepräsident der Akademie der Wissenschaften zu Sankt Petersburg, Geheimrat der Könige von Schweden, Preußen und Frankreich und des Zaren Peter des Großen; von der Zarin Elisabeth nach Russland mehrmals ohne Erfolg eingeladen; vom Kaiser des Heiligen Römischen Reiches (und König von Neapel, Sizilien, Sardinien, Spanien, Ungarn, Böhmen, Herzog von Mailand usw.) in den Rang eines Barons des Reiches erhoben; Wolff zu Ehren hatte ein ehemaliger Preussischer Kabinettsminister, Graf Ernst von Manteuffel, 1736 in Berlin die *Societas Alethophilorum* (Gesellschaft der Wahrheitsfreunde) gestiftet, die an mehreren Orten Tochtergesellschaften unterhielt: Seine Philosophie wurde an den meisten Universitäten Europas gelehrt, sogar die römisch-katholische Kirche stellte sich auf seiner Seite gegen die strenge lutherische Orthodoxie.[16]

Wolff ist der produktivste philosophische Schriftsteller aller Zeiten gewesen: Allein die gedruckten Werke umfassen ungefähr 50 000 Seiten.[17] Und auch der erfolg-

---

14 Vgl. *Christian Wolffs eigene Lebensbeschreibung*, hg. von Heinrich Wuttke, S. 72, 76 und 174 (GW I 10).
15 Siehe *ebd*, S 173.
16 Bereits im Jahre 1722 erteilte das Heilige Offizium der Inquisition in Rom das Imprimatur für die umstrittene *Chinesenrede*. Vgl. unten Abschnitt 4.
17 Diese grobe Rechnung berücksichtigt nicht die unzähligen Beiträge für die verschiedenen Zeitschriften wie z. B. den *Acta Eruditorum*, für die er 485 Rezensionen geschrieben hat.

reichste: Von seinem ersten deutschen Werk, der Logik, gab es 14 Nachdrucke und Übersetzungen in 7 Sprachen; von der Metaphysik 12 Nachdrucke usw. Seit den dreißiger Jahren des 18. Jahrhunderts wurde eine große Anzahl von Schul- und Universitätslehrstühlen von Wolffianern besetzt; dank der außergewöhnlichen Verbreitung seiner Werke sowie einer damit verbundenen immensen Literatur erreichte Wolffs Popularität jede Ecke der westlichen Welt.

Trotzdem wurde er von der zweiten Hälfte des 19. bis zur zweiten Hälfte des 20. Jahrhunderts nur als ein Epigone und Verbreiter der Leibnizschen Philosophie erwähnt, und dies hauptsächlich aus zwei Gründen. Auf der einen Seite hat das apodiktische Urteil von Hegel und seinen Schülern, die die philosophische Historiographie in jenem Zeitraum dominierten, jegliche Beschäftigung mit dem Werk Wolffs stark demotiviert.[18] Auf der anderen schob die Veröffentlichung des Leibnizschen Nachlasses – und das darauf folgende Revival der Forschung über das Universalgenie – Wolff endgültig in den Hintergrund.[19] Glücklicherweise haben das Erscheinen der Edition der *Gesammelten Werke* Christian Wolffs seit 1962 und die wichtigen Interpretationsarbeiten, die sie begleitet haben, die Aufmerksamkeit der Forschung auf eine überraschende Tatsache gelenkt: Die Kultur und die Philosophie des 18. Jahrhunderts erlebte interessante Entwicklungen nicht nur in England und Frankreich, sondern auch in Deutschland in Gestalt von Christian Wolff und seiner Schule.[20] In den letzten 30 Jahren ist die Forschung auf ganz neue, unerwartete Ergebnisse gekommen: Die deutsche Aufklärung lebte nicht nur in der Alternative zwischen Isolierung von oder Beeinflussung durch England und Frankreich, sondern *übte selbst ihren Einfluss*. Wolff war dementsprechend der einflussreichste Denker seiner Zeit in Europa.[21]

Heute wissen wir – und nicht allein durch die parteiischen Zeugnisse der damaligen Unterstützer, der sogenannten Wolff-Schule –, dass die Wolffsche Philosophie ausserhalb der deutschen Staaten Anhänger und Vertreter auch in Österreich, Italien, Frankreich, England, Dänemark, Schweden, Russland, Polen, Ungarn, in der Schweiz,

---

18 Hegel hält Wolff für ein „Systematisierer der Leibnizschen" Philosophie, der nichts Originelles in der Philosophie geleistet hat. Er habe sich zwar „um die Verstandesbildung der Deutschen große Verdienste, unsterbliche Verdienste erworben", aber seine Philosophie sei – nach Hegels Konzept – auf der Ebene des Verstandes geblieben und habe das Spekulative nicht betrachtet. Hegel muss immerhin gestehen, dass Wolff „erst das Philosophieren in Deutschland einheimisch gemacht" hat, aber dies ist ein Verdienst gegenüber der allgemeinen Bildung und nicht der Philosophie. Georg Wilhelm Friedrich Hegel, *Vorlesungen über die Geschichte der Philosophie* (1836), Berlin 1986, Bd. III, S. 256.

19 Leibniz hatte, wie bekannt, zeit seines Lebens wenig veröffentlicht. Sein immenser Nachlass wurde erst 1895 katalogisiert und die ersten Editionen seiner Werke erschienen um die Mitte des 19. Jahrhunderts.

20 Die bahnbrechenden Untersuchungen von Giorgio Tonelli zu diesem Thema sind von Claudio Cesa in dem Band *Da Leibniz a Kant. Saggi sul pensiero del Settecento*, Neapel, 1987 zusammengestellt worden.

21 Zur einer vollständigen Wolff-Bibliographie vgl. Gerhard Biller, *Wolff nach Kant. Eine Bibliographie*, Hildesheim 2004 (GW III 87).

in den Niederlanden, Spanien, Portugal und deren Kolonien in der neuen Welt fand.²² Sogar an der orthodoxen Akademie auf dem Berg Athos und in der Türkei wurde nach der Wolffschen Lehre unterrichtet.²³ Und es darf auch nicht verwundern, dass George Washington, Benjamin Franklin, John Adams und Thomas Jefferson Werke von Wolff und Wolff-Schülern besaßen und möglicherweise in ihren politischen Ideen von dem deutschen Philosophen beeinflusst wurden. Einige Forscher behaupten sogar die Präsenz Wolffscher Begriffe in einigen Passagen der amerikanischen Unabhängigkeitserklärung von 1776, und zwar nicht nur im Hinblick auf die Verkündigung der unveräußerlichen Menschenrechte, sondern auch bezüglich des Rechts eines Volkes zum Aufstand gegen den König bei der Verletzung solcher Rechte. Die Amerikanischen Sezessionisten hätten somit in Wolffs *Jus gentium* die Rechtsgrundlage für ihre Rebellion gegen England gefunden. Eine Position, die als noch radikaler als die von Locke angesehen werden kann.²⁴ Im Übrigen hat eine kurze Recherche in

---

22 Um nur einige als Wolffs Schüler weniger bekannte Gelehrte zu erwähnen: Lorenz Christoph Miller (1711–1778) war der offizielle Vertreter Wolffscher Philosophie in Polen; Michaıl Vasil'evič Lomonosov (1711–1765), Begründer der Universität Moskau, war Wolffs Student in Marburg von 1736 bis 1741. Wolffianer waren der erste Sekretär der Akademie der Wissenschaften zu Sankt Petersburg Laurentius Blumentrost (1692–1755); der dänische Hofkaplan Christian Bastholm (1740–1819); die Schweden Peter Forsskål (1732–1763), Anders Celsius (1701–1744), die Gebrüder Nils (1706–1764) und Johan Gottschalk Wallerius (1707–1785), Olof Hammareus (?), Samuel Klingenstierra (1698–1765), Petrus Ullén (1700–1747); die Schweizer Johann Gottlob Sulzer (1720–1779), Isaak Iselin (1728–1782), Emmeric de Vattel (1714–1767), Jean-Jacques Burlamaqui (1694–1748); der Engländer Thomas Falkner (1702–1784), ehemaliger Schüler von Newton, Jesuit geworden und dann Missionar und Verbreiter der Wolffschen Lehren in Südamerika; der Österreicher Karl Anton Martini (1726–1800); die Italiener Giovanni Poleni (1683–1761), Angelo Schiavetti (1693–1783), Giambattista Loviselli (1743–1803), Antonio Genovesi (1712–1769) usw.
23 Der Leipziger Professor Johann Christian Clodius (1676–1745), Autor des *Compendiosum Lexicon Latino-Turcico-Germanicum* (1730) unterhielt Briefwechsel mit Gelehrten in Konstantinopel, die ihn über die Verbreitung der Wolffschen Philosophie in jenem Land informierten. Die Athonias Akademie auf dem Berg Athos wurde 1749 begründet und 1753 wurde als Leiter der orthodoxe Mönch Eugenios Voulgaris (1716–1806) ernannt mit der Aufgabe, den Unterricht zu modernisieren. Voulgaris hatte in Padua Philosophie und Theologie studiert. Er unterrichtete Mathematik und Philosophie nach Wolffs Lehrbüchern. 1759 musste auf seine Stelle aufgrund seiner aufklärerischen Ideen verzichten und ging nach Russland. Auch sein Schüler Iosipos Moisiodax (1725–1800) studierte drei Jahre in Padua bei dem Wolffianer Giovanni Poleni und übte später seine Lehrtätigkeit in Rumänien und Bulgarien aus.
24 Siehe darüber Julius Goebel, *Christian Wolff and the Declaration of Independence*, in: *Deutsch-Amerikanische Geschichtsblätter. Jahrbuch der Deutsch-Amerikanischen Gesellschaft von Illinois*, Jahrgang 1918/19, S. 69–78, der., *Jus connatum and the Deklaration of Rights of Man*, in: *The Journal of English and Germanic Philology* 19.1 (1920), S. 1–18. Nach Julius Goebel besaß Jefferson nicht nur eine Kopie von Wolffs *Intistutiones juris naturae et gentium* in der Ausgabe mit französischer Übersetzung und Anmerkungen von Elie Luzac (Leiden 1772), sondern er unterstrich auch den Paragraphen, in dem Wolff das Recht des Volkes auf den Aufstand im Falle der Verletzung des gesellschaftlichen Vertrags seitens des Staates begründet wird. „Il faut distinguer de la rébellion la guerre civile, dans laquelle les sujets prennent justement les armes contre leur Prince. Elle est donc permise dans tous les cas, où il est permis de resister au Prince" (Bd. VI, § 1233) „Et comme le Souverain n'a aucun droit de commander des choses contraires aux lois fundamentales [...] il est permis de résister au Souverain et de le reprimer" (Bd. V, § 1079).

den Katalogen der ältesten Bibliotheken der Ostküste der Vereinigten Staaten schlicht bestätigt, dass auch dort die Wolffschen Werke gut vertreten waren.[25]

Zahlreiche autonome Untersuchungen haben diese Tatsache bestätigt. Mittlerweile kennen wir die Quellen besser und aus erster Hand und können ihren Einfluss nachvollziehen. Wolffs Philosophie produzierte eine immense Literatur.[26] Seine Werke wurden ins Französische, Englische, Italienische, Niederländische, Russische, Spanische usw. übersetzt. Er selbst hat sein ganzes philosophisches System erst auf Deutsch und dann zum Zweck einer besseren Diffusion auch auf Latein verfasst. Und zu den vielen Schriften, die im Sinne Wolffs niedergeschrieben worden sind, gehören nicht nur wissenschaftliche, sondern auch populäre Werke. Das ist z. B. der Fall von Madame du Châtelets *Institutions de physique* (1740)[27], Jean Deschamps *Cours abrégé de la Philosophie wolffienne en forme de lettres* (1743–1747)[28] oder des von Johann Heinrich Samuel Formey für die Damen geschriebenen Romans *La Belle Wolffienne* (1741–1753)[29].

Das Ausmaß des Erfolges kann auch anhand der kritischen Reaktionen gemessen werden. Die Wolffsche Philosophie fand nämlich nicht nur Zustimmung. Sie verursachte gleichfalls eine Reihe von Gegenschriften, zu denen nicht nur durchaus ernstgemeinte Abhandlungen, sondern auch satirische Publikationen gehörten. Diese richteten sich vorwiegend gegen den angeblich bis ins Paradox getriebenen Anspruch, aus den höchsten Prinzipien der menschlichen Vernunft (den Sätzen vom Widerspruch und vom zureichenden Grund) die ganze Wirklichkeit zu deduzieren. Aber auch die Theorien der besten aller möglichen Welten und der prästabilierten Harmonie wurden lächerlich gemacht. Um hier nur die kuriosesten Titel zu erwähnen: 1738 erschien die Abhandlung *Nihil zine Rattione zufficientes* [sic]. *Der nach Mathematischer Methode getreulich unterrichtete Schuster-Geselle*[30]. 1739 wurde die

---

25 In der Library of Congress, Washington, sind 44 Exemplare von verschiedenen Originalausgaben Wolffscher Werke erhalten. Wie bekannt stammen die Altbestände nach dem Brand von 1814 aus der persönlichen Bibliothek von Thomas Jefferson. Die Library Company of Philadelphia, begründet von Franklin in 1731, besitzt heute noch neun alte Exemplare von Wolffs Werken. Die Boston Public Library hat zehn Exemplare, von denen drei aus der persönlichen Bibliothek von John Adams stammen. Die New York Public Library besitzt 35 Exemplare; die Harvard University Library (begründet 1635) 50 Exemplare; die Duke University (1838) 64 Exemplare, Princeton (1746) 48, Yale (1701) 82 Exemplare, William and Mary (1693) 19, University of Pennsylvania (1740) 14, Washington and Lee University Library 72. George Washington lieh im Oktober 1789 aus der Bibliothek der New York Society ein Exemplar des *Law of Nations* von dem Wolff-Schüler Vattel aus.

26 Vgl. dazu Carl Günther Ludovici, *Wolfische Philosophie*, in: Johann Heinrich Zedler, *Grosses Vollständiges Universal-Lexicon aller Wissenschaften und Künste*, Bd. 58, Leipzig und Halle 1748, Sp. 883–1232, in: GW III 68.

27 Siehe unten Anmerkung 36.

28 GW III 13.

29 GW III 16.

30 *Nihil zine rattione zufficientes. Der nach Mathematischer Methode getreulich unterrichtete Schuster-Geselle, zur gründlichen Erlernung und höhern Aufnahme dieses gar edlen Handwercks oder nunmehro Schumacher-Wissenschafft aus Metafysischen und Ontologischen Gründen heraus gewickelt von dem*

Satire *Der sonderbare Nutzen und die Vortrefflichkeit der prästabilierte Harmonie in dem Ehestande*³¹ veröffentlicht. Und noch vor dem Erscheinen der *La Belle Wolffienne*, kam eine bissige komische Erzählung, *Der verliebte und galante Wolffianer*, heraus, in der ein gewisser Herr Professor Stax – gemeint ist hier Wolff selbst – versucht, eine junge Dame mit wissenschaftlichen Argumenten, *more geometrico* also, zu verführen.³² In Wirklichkeit richteten sich Schriften solcher Art wahllos gegen Leibniz und Wolff und trugen wesentlich zum Erfolg der Formel Leibniz-Wolffsche Philosophie (*philosophia leibnitio-wolffiana*) bei. Von Leibniz' Philosophie sprach man überall, aber es gab erstaunlich wenige publizierte Werke, in denen man ausführliche Hinweise auf die Hauptprinzipien seines Denkens finden konnte. Wolff und seine Schüler befanden sich in der außergewöhnlich günstigen Lage, als Medium der Verbreitung der Leibnizschen Philosophie zu wirken. Genauer gesagt: Sie waren das Medium einer bestimmten Interpretation dieser Philosophie, die aber über ein Jahrhundert hinweg auch die einzige bleiben sollte.³³

3 Wolffs Rivalität mit Voltaire

Voltaire war also weder der erste noch der einzige, der sich über Wolffs Philosophie lustig machte. Der *Candide,* mit seinem Spott auf den Wollffschen Rationalismus wurde 1759, also fünf Jahre nach Wolffs Tod, veröffentlicht. Sollten wir auch für wahr halten, dass die satirische Schrift infolge des verheerenden Erdbebens zu Lissabon (1755) veranlasst wurde, waren die Beziehungen zwischen den beiden von Anfang an gespannt, und dies vor allem aufgrund Voltaires komplexer Persönlichkeit.³⁴ In dem Zeitraum zwischen 1736 und 1743 war nämlich das Spektrum der Äusserungen Voltaires über Wolff ziemlich breit: Von dem größten Lob und den offenkundigsten Schmeicheleien (Wolff sei „*le maître à penser de l'Allemagne*", „*le grand prêtre des Philosophes*", „*vir supra omnes titulos*" usw.) bis hin zu den sarkastischen und parodistischen Aussagen sowohl über seine Person („*bavard germanique*", „*énorme monade*

Wissenschafftlichen Hoff-Schuster in Dresden Jobst Herm. Chrn. Müller, Autor ist Christian Hecht, Erscheinungsort „Allerheiligen-Stadt".

31 Der Autor dieses satirischen Gedichts trägt das Pseudonym „Nominativus Nennfall" und der Druckort ist in „Allerheiligen-Stadt" angegeben.
32 Die Schrift erschien 1739 anonym in Frankfurt und Leipzig. Das alte thüringische Wort „Stax" wurde im 18. Jahrhundert oft in satirischen Zusammenhängen als Name benutzt und bedeutete: „ungelenksamer, steifer, unbeholfener, dummer Mensch", Vg. Jacob und Wilhelm Grimm, *Deutsches Wörterbuch*, Bd. 10, Leipzig 1919, Sp. 1214.
33 Vgl. dazu Sonia Carboncini, *Nuovi aspetti del rapporto tra Christian Wolff e Leibniz. Il caso della Monadologie*, in: *Macht und Bescheidenheit der Vernunft*, hg. von Luigi Cataldi Madonna, Hildesheim 2005 (GW III 98), S. 11–45.
34 Vgl. Sonia Carboncini, *Christian Wolff in Frankreich. Zum Verhältnis von französischer und deutscher Aufklärung*, in: *Aufklärung als Mission*, hg. von Werner Schneiders, Marburg 1993, S. 114–128, bes. S. 122 f.

qui argumente") als auch über sein Denken („*obscur, embrouillé, fantastique, metaphysica vanitas, pays des romans*" usw.)³⁵.

Gewiss wurden die Reibereien zwischen den beiden zum größten Teil von Eitelkeit und Eifersucht verursacht. Beide kämpften um die Gunst des aufgeklärten Königs von Preussen, Friedrich II., und der Berliner Akademie der Wissenschaften. Friedrich war als Kronprinz mit der Wolffschen Philosophie aufgewachsen und von seinem Philosophen sehr angetan: Mit einem seiner ersten Regierungsakte hatte er Wolff aus der Verbannung nach Halle zurückgerufen (1740), mit einer Vergütung, die viel höher als diejenige jedes damaligen Universitätslehrers war.

Aus diesem Grund musste Voltaire am Anfang mit seiner Äusserungen sehr vorsichtig sein und sogar das Projekt seiner Geliebten, der Marquise du Châtelet, Wolffs Metaphysik in Frankreich einzuführen, unterstützen.³⁶ So darf es nicht verwundern, wenn Voltaire, damals im Gefolge des Königs in Sanssouci, das Motto erfand: *Wolfio docente, Rege Philosopho regnante, Germania applaudente Athenas invisi*³⁷. Privat hatte dagegen Voltaire bereits ein kritisch-abschätziges Argument entwickelt, das später als hermeneutische Kategorie erfolgreich verwendet wurde.

> Dieser Deutsche Schwätzer [...] kann sich nicht eben der Ehre rühmen, solche Spitzfindigkeiten erfunden zu haben. Denn ein Volfius bringt in dreissig Bänder die Erfindungen von anderen, und deswegen hat er selbst keine Zeit zu erfinden. Jener Mann bringt in Deutschland sämtliche Grauen der Scholastik wieder, beladen von zureichenden Gründen, Monaden, Ununterscheidbaren und all den wissenschaftlichen Absurditäten, die Leibniz aus reiner Eitelkeit auf die Welt gebracht hat und die Deutschen studieren, weil sie halt Deutsch sind³⁸.

Seinerseits litt Wolff in seinen späten Jahren an einer verbitterten Frustration gegenüber der Frankophilie der europäischen Kultur, insbesondere des Preußischen Hofes und der Berliner Akademie der Wissenschaften. Solche Frustration gründete zum Teil in seinen persönlichen Schwierigkeiten mit der französischen Sprache, die er nur lesen konnte. Dennoch spielten dabei auch sachliche und kulturpolitische Argumente eine Rolle.

Wolff hatte als Erster ein gesamtes *corpus* an systematischen Werken auf Deutsch verfasst und damit eine epochale Innovation in die Kultur seines Landes eingeführt,

---

35 *Ebd.* S. 122.
36 Gabrielle Émilie Le Tonnelier de Breteuil, Maquise du Châtelet (1709–1749) veröffentlichte anonym 1740 *Institutions de physiques,* die 1742 unter ihren Namen in Amsterdam erschienen mit dem Titel *Institutions physiques adressées à Mr. son Fils* (GW III 28). Der erste Kapitel besteht in einer Zusammenfassung der Metaphysik Wolffs; vgl. Sonia Carboncini, *Christian Wolff in Frankreich,* a. a. O., S. 120 f.
37 Vgl. *Eigene Lebensbeschreibung,* a. a. O., S. 184 f. (GW I 10).
38 Siehe Brief von Voltaire an Maupertuis vom 10. August 1741, in: Voltaire, *Correspondance,* hg. von Theodor Bestermann, Bd. II, 1978, S. 586 f. (Übersetzung der Verf.in).

doch mussten diese Werke auf Französisch übersetzt werden, damit sein König und Beschützer sie lesen konnte. Er sah sich sogar gezwungen, mit seinem sächsischen Freund, dem Grafen von Manteuffel, einen Briefwechsel zu führen, in dem Manteuffel auf Französisch schrieb und er auf Deutsch antwortete. Auf dem Höhepunkt seiner Karriere und seines Ruhmes musste er noch erleben, wie die Preußische Akademie der Wissenschaften zu Berlin von einer Mehrheit ihm gegenüber feindlich eingestellter französischer Gelehrten dominiert wurde. Er musste noch erdulden, wie ein französischer „Poet" seinen Platz an der Seite seines Königs usurpierte und ihn mit Ideen zu beeinflussen versuchte, die ihm mehr literarisch als echt philosophisch erschienen. Wahrscheinlich konnte er sich auch ausmalen, wie sich die beiden in Sanssouci über seine Schwierigkeiten im Umgang mit der französischer Sprache amüsierten.[39]

Es ist nicht zu übersehen, dass Wolffs Frustration mit einem antifranzösischen Gefühl verbunden war, in dem auch alte, verbreitete Vorurteile wieder auftauchten wie der Vorwurf von Oberflächlichkeit und Leichtsinnigkeit, von Beeinflussbarkeit gemäß den Tendenzen und der Mode seiner Zeit. Die Mitglieder der von Pierre Louis Moreau de Maupertuis geleiteten Berliner Akademie werden somit polemisch „die Ausländer" genannt, sowohl wegen ihrer Herkunft und Sprache als auch im Hinblick auf die von ihnen vertretenen Lehren von Newton und Locke.

> Die Ausländer [...] sind mit Lockens *principiis* und Newtons attractionibus eingenommen, mit einem Worte keine rechte *philosophi*. Ich kan mit ihnen aus Mangel der Sprache nicht reden und sie können mich nicht verstehen, denn von Maupertuis weiß ich wenigstens, daß er im Latein wenig geübet und er ein solcher Lateiner, wie ich ein Frantzose bin[40].

Wir stellen hiermit fest, wie einige Jahre vor der Allianz Frankreichs mit Österreich gegen Preußen nationalistische und chauvinistische (*ante litteram*) Vorurteile bereits im Schwange waren.[41] Und es ist wirklich paradox, wie zwei Hauptfiguren der Aufklärung in den jeweiligen Ländern nicht nur diesem Vorurteil zum Opfer fielen, sondern wesentlich dazu beitrugen, es in der Kultur beider Länder zu verbreiten: Der Autor der skandalösen Schrift über die Moral der Chinesen und der Autor der ebenso skandalösen Schrift über die Toleranz. Für den Einen ist die *brièveté*, die Bündigkeit der Franzosen, im Prinzip ihr Mangel an Gründlichkeit, ein Zeichen von Oberflächlichkeit; für den Anderen ist die Schwerfälligkeit, das endlose Geschwätz der

---

39 Mit nicht weniger Ironie schrieb Voltaire an Friedrich im Juni 1738: „Je serais curieux de savoir se qu'un Wolff en penserait, si *sapientissimus Wolffius* pouvait lire des vers français". Dazu antwortete der König am 6. August 1738: „Quant à *sapientissimus Wolffius* ... je crois, comme Vous, que la langue française n'est pas son fort". Vgl. Reinhold Koser/Hermann Dornes, *Briefwechsel Friedrichs des Großen mit Voltaire*, Bd. I, Osnabrück 1965, S. 191 und 202.
40 Aus einem Brief an Manteuffel vom 15. Juni 1740, zitiert nach Wuttke, *Christian Wolffs eigene Lebensbeschreibung*, a. a. O., S. 67.
41 Vgl. darüber Sonia Carboncini, *Das Paradox der Aufklärung: Wolff und die Encyclopédie*, in: *Christian Wolff und die europäische Aufklärung*, hg. von Jürgen Stolzenberg und Oliver-Pierre Rudolph, Hildesheim 2007 (GW III 101), S. 73–94.

Deutschen, ebenso ein Zeichen von Oberflächlichkeit. Der modischen und belletristischen Oberflächlichkeit der Franzosen stellt Wolff die Strenge einer Philosophie entgegen, die *methodo scientifica* abgehandelt und in Form eines Systems dargestellt wird. Den „langen Reden eines deutschen Doktors" gibt Voltaire „eine kurze Antwort"[42], dem Schwätzer Pangloss stellt er den zuletzt klügeren Candide entgegen.

Diesem problematischen Verhältnis der beiden charismatischen Hauptfiguren der Aufklärung liegt ein eklatantes Paradox zugrunde. In dem Jahrhundert der Universalität des Wissens, der Gesellschaften der Gelehrten, der Zeitschriften, der *Encyclopédie* werfen sie sich gegenseitig das gleiche Argument vor: die Unmöglichkeit eines Dialogs wegen mangelnder Sprachkenntnisse. Kann der Eine kein Französisch, so kann der Andere genauso wenig Deutsch bzw. verweigert sich dem Lateinischen: Unter solchen Umständen ist jeder Dialog unmöglich. Im Endeffekt ist die Kommunikationsunfähigkeit zwischen den beiden sachlicher Natur: Auch die Wahl zwischen Newton und Leibniz *in puncto* Auffassung von Raum und Zeit setzte zu jener Zeit eine radikale Seitenwahl voraus.

Trotz aller persönlichen Abneigung entging den Zeitgenossen sicherlich die Parallelität der Lebensereignisse und der emanzipatorischen Werte ihres Einwirkens nicht, da ausgerechnet Voltaire 1754 um die *laudatio funebris* des Meisters gebeten wurde. Zu diesem Anlaß lehnte Voltaire den Auftrag mit intellektueller Ehrlichkeit und dem üblichen Sarkasmus ab: „Man soll sich besser aufführen, um Wolff ein Denkmal zu errichten"[43].

4   Wolff und die Enzyklpädien

Heute wissen wir, dass die Wolffsche Philosophie in ausgedehntem Ausmaß in der *Encyclopédie* von Diderot und d'Alembert nicht nur als Inspiration präsent ist, sondern vielmehr als trojanisches Pferd zur Verbreitung und Auswirkung der Lehren des *Professor totius generis humani*[44]. Wolff hatte nämlich mit seinem Lebenswerk eine

---

42   *Courte Réponse aux longs discours d'un docteur allemand* (1744) ist der Titel einer Schrift, die Voltaire gegen den Wolffianer Ludwig Martin Kahle (1712–1775) verfasste. Kahle hatte gegen Voltaires *Métaphysique de Newton* (1740) einen sehr umfangreichen Band verfasst, der 1744 in französischer Übersetzung unter dem Titel *Examen d'un livre intitulé la Métaphysique de Newton* erschien.

43   Brief an Johann Christoph Gottsched vom 29. November 1754, in Voltaire, *Correspondance*, a. a. O., Bd. IV, 1978, S. 291.

44   Vgl. Sonia Carboncini, *Lumières e Auklärung. A proposito della presenza della filosofia di Christian Wolff nell'Encyclopédie*, in: *Annali della Scuola Normale Superiore di Pisa. Classe di Lettere e Filosofia* 14 (1984), S. 1294–1335; dies., *L'Encyclopédie et Christian Wolff. A propos de quelques articles anonymes*, in: *Les Études philosophiques* 4 (1987), S. 489–504; diess. *Christian Wolff in Frankreich. Zum Verhältnis französischer und deutscher Aufklärung*, in: *Aufklärung als Mission. La Mission des Lumières*, hg. von Werner Schneiders, Marburg 1993, S. 114–128; dies., *Das Paradox der Aufklärung. Christian Wolff und die Encyclopédie*, in: *Christian Wolff und die europäische Aufklärung*, hg. von Jürgen Stolzenberg und Oliver-Pierre Rudolph, a. a. O., S. 73–94.

wahrhafte Enzyklopädie geleistet, indem er über alle Gebiete der menschlichen Erkenntnis nach den Kriterien der Vernunft und der Erfahrung „vernünfftige Gedancken" (so der Titelbeginn aller seiner deutschen Werke) geschrieben und sie in einem System geordnet hatte, das, wie in einem Stammbaum, Ordnung und Grund der Ableitung der verschiedenen Disziplinen erklärt. Es war *de facto* unmöglich, von seinem Gedankengut abzusehen. Und trotz aller Bekenntnisse zu den Lehren von Locke und Newton und aller Abneigung gegenüber Undeutlichkeit, Sophismen, Spitzfindigkeiten der Scholastik, die nach Voltaire und Condillac[45] Wolff in die Philosophie hätte wiedereinführen wollen, haben die Enzyklopädisten die Texte des *Professors totius generis humani* geplündert.

Die französische *Encyclopédie* war aber nicht das erste wichtige Werk, das Wolffs Material in Anspruch nahm. Viel früher hatte der Engländer Ephraim Chambers die frühen mathematischen Schriften unseren Philosophen weitgehend für seine *Cyclopaedia, or an Universal Dictionary of Arts and Sciences* (1728) benutzt. Insbesondere wird das *Mathematische Lexicon* von 1716 weitgehend zitiert[46], ein pädagogisches Experiment über die mathematische Sprache, das zugleich eines der durchschlagendsten Werke des frühen 18. Jahrhunderts war[47].

Wolffs Philosophie lag im Kontext der ersten Überlegungen, die zur *Encyclopédie* führten, von Anfang an als Quelle und Muster vor. Die ursprüngliche Idee um die vierziger Jahre des 18. Jahrhunderts bestand aus einer französischen Übersetzung der deutschen Werke Wolffs.[48] Dieses Projekt wurde dann zugunsten einer Übersetzung von Ephraim Chambers *Cyclopaedia* und später des großen *Encyclopédie*-Unternehmens aufgegeben. Diderot selbst besaß Wolffs Lateinische Werke und stellte sie den Redakteuren zur Verfügung; zur gleichen Zeit wurden 1747 auch über 100 Artikel gekauft, die der Wolffianer Heinrich Samuel Formey, Autor der *La belle Wolffienne*, für sein gescheitertes Projekt einer Enzyklopädie verfasst hatte und die die wichtigsten philosophischen Disziplinen abdeckten.[49] Fast alle Artikel über die Moral und das Naturrecht sind auf eine mehr oder minder direkte Art von Wolff über seine Schüler Emmeric de Vattel und Jean Jacques Burlamaqui beeinflusst worden.[50] Réaumur war

---

45 Ètienne Bonnot de Condillac, *Traité des Sistêmes*, Leiden 1747. Auf S. 443 eine sehr kritische Anspielung auf Wolff's philosophische Methode.

46 In Chambers *Cyclopaedia*, besonders in den späteren Auflagen (es gab sieben Auflagen bis 1752), werden auch andere Werke Wolffs zitiert. Diese Tatsache ist bisher der Aufmerksamkeit der Forscher aufgrund der Präsenz des gleichnamigen Gelehrten Johann Christoph Wolf (1683–1739), Historiker und Hebraist, entgangen, der ebenfalls als „Wolfius" zitiert wird.

47 Vgl. Giorgio Tonelli, *A Short-Title List of the Subject Dictionaries of the Sixteenth, Seventeenth and Eighteenth Century as Aids to the History of Ideas*, London 1971, S. 34.

48 Vgl. Marcel Thomann, *Voltaire et Christian Wolff*, in: *Voltaire und Deutschland. Quellen und Untersuchungen zur Rezeption der französischen Aufklärung*, hg. von Peter Brockmaier/Roland Desné/Jürgen Voss, Stuttgart 1979, S. 123–136; Arthur M. Wilson, *Diderot*, New York 1972, S. 75. 1744 hatte Gottfried Sellius (1704–1767) dem Pariser Editor André Le Breton vorgeschlagen, Wolffs Werke ins Französische zu übersetzen.

49 Vgl. Carboncini, *L'Encyclopédie et Christian Wolff*, a. a. O., S. 489 ff.

50 Vgl. Thomann, *Voltaire et Christian Wolff*, a. a. O., S. 100–102.

mit Wolff befreundet⁵¹; d'Alembert, Grimm, d'Holbach und Condillac waren alle in Kontakt mit der Wolffschen Philosophie getreten⁵². Das Wolffsche Material stand sozusagen in ausgedehnter Form zur Verfügung. Und es wurde in ausgedehnter Form benutzt.

Im *Corpus* der *Encyclopédie* taucht der Name Wolff 199mal auf, zum größten Teil als Verweis auf seine Werke oder sogar als positive Einschätzung derselben. Es gibt 135 explizite Verweise auf die Artikel von Formey. Sie bringen in der Regel am Ende den Satz „*article de M. Formey*" oder „*article tiré de Papiers de M. Formey*" und sind zum Teil anonym, zum Teil von d'Alembert, Diderot oder anderen Autoren zusammengestellt worden. Sie bestehen meistens aus Paraphrasen, Zusammenfassungen und Zitaten aus Wolffs Werken über die wichtigsten und heikelsten Themen der Metaphysik, der Physik, der Logik, der Moral und der Religion.⁵³

Ganz abgesehen von dem oben genannten Material, findet man in der *Encyclopédie* noch eine Reihe anonymer Artikel, die z. T. Zitate aus du Châtelets *Institutions physiques* oder aus Deschamps Übersetzungen sind⁵⁴, z. T. Darlegungen und Zusammenfassungen Wolffscher Lehren, z. T. wörtliche Übersetzungen aus den lateinischen Werken Wolffs. Das Ausmaß dieses Phänomens ist beeindruckend, so dass es schwerlich als eine Episode editorischen Opportunismus erklärt werden kann. Diese Tatsache hat den Standpunkt unserer bisherigen Kenntnisse in Bezug auf die Europäische Aufklärung völlig verändert. Heute können wir nicht mehr behaupten, dass die Enzyklopädisten Wolffs Philosophie „verachteten" und dementsprechend alles versucht hätten, sie aus der *Encyclopédie* zu verbannen.⁵⁵ Behauptungen dieser Art können nicht erklären, warum in dem wichtigen Artikel *Cosmologie,* Wolffs neue Definition dieser Disziplin übernommen wird⁵⁶, oder warum der Artikel *Ontologie* nichts anderes als eine Zusammenfassung der *Prolegomena* zur lateinischen Ontologie bietet⁵⁷. Wolff selbst hielt das Kapitel *De ordine, veritate et perfectione* für das Herz seiner Ontologie und für seine wichtigste und originellste Leistung in dieser Disziplin.⁵⁸ In der

---

51 Vgl. Wolff, *Christian Wolffs eigene Lebensbeschreibung*, a. a. O., S. 158 f. (GW I 10).
52 Vgl. Marcel Thomann, *Une source peu connue de l'Encyclopédie: l'influence de Christian Wolff*, in: Actes du LXXXIIe Congrès national des Sociéteés Savantes, Paris, 1970, Bd. III, S. 96–99.
53 Siehe zum Beispiel *Atomisme, Contingent, Determiné, Définition, Degré, Essence, Physique corpusculaire, Impénétrabilité, Eternité, Espèce, Dissimulation, Être simple, composé, fini, infini, Athéisme, Attribut, Composé, Congruence, Connoissance, Contingent, Continuité, Contradiction, Création, Dieu, Discernement, Dualisme, Entendement, Eternité, Forme, Genre, Mouvement, Pésanteur, Quantité, Temps, Vitesse* u. v. m.
54 Vgl. Carboncini, 1984, S. 1297–13356, Carboncini 1987, S. 489–504; Carboncini 1993, S. 114–128. Der Abschnitt *Logique* im Artikel *Philosophie* stammt z. B. aus Deschamps Übersetzung der deutschen Logik, vgl. d'Alembert/Diderot, *Encyclopédie, ou dictionnaire raisonné des Sciences, des Arts et des Métiers par une société des gens de lettres*, Paris und Neuchâtel, 1751–1765, Bd. XII, S. 513.
55 Vgl. Marcel Thomann, *Une source peu connue de l'Encyclopédie*, a. a. O., S. 107.
56 D'Alembert/Diderot, *Encyclopédie*, Bd. IV, S. 294 f. Dieser Artikel enthält auch Formeys Material.
57 *Ebd*, Bd. XI, S. 486 f.
58 Vgl. *Philosophia prima*, §§ 472–530, S. 360 ff. (GW II 3).

Tat sind die anonymen Artikel *Ordre*[59], *Verité metaphysique ou transcendentale*[60] und *Perfection*[61] nichts anderes als eine wörtliche Übersetzung jenes Kapitels.

Dasselbe gilt für den Artikel *Psychologie*, der in einer Zusammenstellung aus Paragraphen des *Discursus paeliminaris*, der *Psychologia empirica* und der *Psychologia rationalis* besteht.[62] *Théologie* enthält ebenfalls die historische Einteilung der Theologie nach Wolffs *Theologia naturalis*.[63] *Methode* ist eine wörtliche, lange Übersetzung von Paragraphen des *Discursus praeliminaris*.[64] Alle grundlegenden philosophischen Definitionen stammen von Wolff und sind mit seinen Worten geschrieben, meistens ohne dass die Quelle genannt wird.[65]

Am attraktivsten für die Enzyklopädisten war aber die Tatsache, dass Wolff einen Philosophiebegriff ausgearbeitet hatte, der sich für ein enzyklopädischen Projekt perfekt eignete. So lesen wir in dem anonymen, höchstwahrscheinlich von Diderot verfassten Artikel „Philosophie":

> Die Definition, die Herr Wolff von der *Philosophie* gegeben hat, scheint mir in ihrer Bündigkeit alles zu umfassen, was diese Wissenschaft charakterisiert. Sie ist, nach seinen Worten, die Wissenschaft aller möglichen Dinge, insofern sie möglich sind [...] Diese Definition umfasst die Gegenwart, die Vergangenheit und die Zukunft und alles was niemals existierte noch existieren wird, sowie die universellen und abstrakten Begriffe. Eine solche Wissenschaft ist eine wahrhafte Enzyklopädie: alles in ihr ist begründet und verknüpft. Es ist genau, was die Alten gemeint haben, als sie mit dem Namen *Philosophie* sämtliche Disziplinen und Künste bezeichneten; aber sie waren nicht imstande, den universellen Einfluss dieser Wissenschaft auf alle anderen zu erklären. Er könnte nicht besser erklärt werden, als es Wolff getan hat. Die möglichen Dinge umfassen alles, was den menschlichen Geist und sein Handeln betrifft: demzufolge haben alle Wissenschaften und alle Künste ihre Philosophie[66].

Die Philosophie als „Fundamental- und Universalwissenschaft"[67] im engen Wolffschen Sinne gibt Diderot die Gelegenheit, die *Encyclopédie* weit über die Grenzen einer Polyhistorie zu führen. Dies war von Anfang an die Absicht des Unternehmens, wie sie aus dem *Discours préliminaire* hervorgeht: Als *Encyclopédie* soll das Werk die

---

59 *Encyclopédie*, Bd. XI, S. 595 f.
60 *Ebd*, Bd. XVII, S. 70.
61 *Ebd.*, Bd. XII, S. 351 f.
62 Vgl. *ebd*, Bd. XIII, S. 543.
63 Vgl. *ebd*, Bd. XVI, S. 250 f.
64 Vgl. *ebd*, Bd. X, S. 445 f.
65 Vgl. noch die Artikel *Liaison, Nécessaire, Nécessité, Possible, Impossible, Raison suffisante, Certitude, Espace, Loi de continuité, Pésanteur, Repos, Continu, Mouvement, Pendule, Âme* usw.
66 *Encyclopédie*, Bd. XII, S. 512 (Übersetzung v. Verf.in).
67 Werner Schneiders, *Deus est philosophus absolute summus. Über Christian Wolffs Philosophie und Philosophiebegriff*, in: *Christian Wolff 1679–1754. Interpretationen zu seiner Philosophie und deren Wirkung*, hg. von Werner Schneiders, Hamburg 1983, S. 13.

Ordnung und das „*enchaînement*", die Verknüpfung der menschlichen Kenntnisse darstellen; als *Dictionnaire raisonné des Sciences, des Arts & des Métiers* sollte sie die allgemeinen Grundbegriffe und die wichtigsten Informationen über jede Disziplin und jede Kunst enthalten.[68] Obwohl die lexikographische Ordnung, die der *Encyclopédie* zugrunde liegt, den Systembegriff aufzuheben scheint, wird dieser doch durch den Philosophiebegriff präsenter denn je, mehr noch: Er gewinnt eine Bedeutung, die weit über die Lexikographie hinausgeht.

Im Übrigen hatte sich die Praxis, das Werk mit einer programmatischen Erklärung einzuführen, mit Wolffs lateinischer Logik aus dem Jahr 1728 durchgesetzt und sicherlich die Redakteure der *Encyclopédie* beeinflusst. Denn programmatisch gesehen gleichen sich die Absichten. In der Programm-Schrift seiner Philosophie, dem *Discursus praeliminaris de philosophia in genere* gibt Wolff, im Flussbett der Cartesianischen Tradition, die Koordinaten seines intellektuellen Projektes an: Die Definition der philosophischen Erkenntnis und ihre Unterscheidung von anderen Erkenntnisarten, die Definition von Philosophie, ihre Einteilung, Methode und – sehr wichtig! – der pragmatische Hinweis auf den philosophischen Stil und auf die *libertas philosophandi*. Die beiden letzten sind genauso wichtig wie die Definition der Philosophie selbst, denn es handelt sich dabei um die philosophische Praxis, wie man *in concreto* philosophiert. Das Gleiche passiert mit dem *Discours préliminaire* von d'Alembert, „dessen Absichten den Intentionen entsprechen, die auch Wolff mit seinem verfolgt hatte"[69].

Neuerdings ist die Aufmerksamkeit der Forschung dadurch geweckt worden, dass im gleichen Zeitraum des Entwicklungsprozesses der *Encyclopédie* ein ähnliches Projekt in Paris innerhalb der Mauern der Benediktinerabtei von Saint-Germain-des-Près im Gange war. Zwei gelehrte Mönche, Dom Antoine-Joseph Pernety (1716–1796) und Dom François de Brézillac (1709–1780), hatten nach der französischen, vermehrten Übersetzung von Wolffs *Mathematischem Lexikon* und der *Elementa matheseos universae*[70], die Redaktion einer Enzyklopädie angefangen, die in einem ziemlich fortgeschrittenen Stadium unterbrochen wurde und niemals erschien. Was aus der in der *Bibliothèque Nationale* erhaltenen Handschrift herauskommt, ist der unbestreitbare Einfluss Wolffs[71] auch auf dieses Unternehmen.

Der Italiener Fortunato Bartolomeo De Felice (1723–1789) war ein unternehmungslustiger Jesuit, der Italien verlassen musste, sich in der Schweiz niederließ

---

68 Vgl. *Encyclopédie*, Bd. I, *Discours*, S. i.
69 Vgl. Wolff, *Discursus praeliminaris de philosophia in genere. Einleitende Abhandlung über Philosophie im allgemeinen*, hg. von Günter Gawlick und Lothar Kreimendahl, Stuttgart-Bad Cannastatt 1996, S. XLIX.
70 Von der Übersetzung des *Mathematischen Lexikon* haben wir nur Ankündigungen vom Verleger und Buchhändler Charles-Antoine Jombert (1712–1784). Die *Elementa* erschienen und dem Titel *Cours de mathématique qui contient toutes les parties de cette science, mises à la portée des commençans*, 3 vol., Paris 1747.
71 Vgl. Linn Holmberg, *The forgotten Encylopedia. The Maurists' Dictionary of Arts, Crafts, and Science. The Unrealized Rival of the Encyclopédie of Diderot and d'Alembert*, Umeå Universitet (Diss.), 2014.

und zum Protestantismus übertrat. Es gelang ihm, eine Gruppe von Wissenschaftlern um sich zu versammeln, um an dem Projekt einer protestantischen Enzyklopädie zu arbeiten. Unter ihnen waren Formey, Leonhard Euler und sein Sohn, Albrecht von Haller, Joseph-Jerome Lalande, Gabriel Mingard, Eli Bertrand. Was De Felice an dem französischen Werk missfiel, war der Widerspruch zwischen den zumeist von Voltaire verfassten antireligiösen Artikeln und einer Unmenge katholischen Stoffes, der über viele andere Wege in die Enzyklopädie eingeflossen war. Daneben strebte er nach größerer systematischer Ordnung und nach einer Aktualisierung der Argumente nach dem Geschmack der „*Europe éclairée*". Es entstand somit die sogenannte Enzyklopädie d'Yverdon[72], die sehr stark von Wolffs philosophischem und theologischem Standpunkt beeinflusst wurde.[73] Aus dem Bisherigem erhellt, dass Wolffs Philosophie aufgrund ihrer Prinzipien und Universalität sich perfekt an jede Religion anpassen konnte, von der orthodoxen bis zur katholischen, sofern keine irrationalen und fanatischen Elemente eingeführt wurden.

5 Überkonfessionelle Aufklärung

Selbst wenn man die deutsche Aufklärung 1687 mit den ersten Vorlesungen auf Deutsch von Christian Thomasius beginnen lässt, besteht kein Zweifel, dass Wolff sie am eigenen Leibe verkörperte. Der Durchbruch zur internationalen Popularität kam für den Halleschen Philosophen 1721 mit der berühmten Prorektoratsrede *De Sinarum Philosophia practica*, die er in Gegenwart seines Gegners, des Theologen Joachim Lange, hielt. In dieser Rede behauptet Wolff die Möglichkeit einer Moral, und demzufolge einer Kultur, ohne geoffenbarte Religion aufgrund der natürlichen und allgemeinen Eigenschaften der Menschen: also einer auf der Grundlage des Naturrechtes fundierten natürlichen Religion.[74] Wolffs Kenntnis der chinesischen Kultur und Philosophie stammte nicht nur aus Leibniz' *Novissima Sinica* (1697), sondern auch aus der ersten Übersetzung der *Sechs Bücher der chinesischen Weisheit* vom Jesuiten François Noël[75] und beruhte also auf direkten Kenntnissen der Quellen. Trotz der unterschiedlichen Zwecke stimmte Wolffs Kulturprojekt besser mit der Vision der Jesuiten als mit der protestantischen Orthodoxie überein.

---

72 *Encyclopédie, ou dictionnaire universel raisonné des connaissances humaines,* hrg. von Fortunato Bartolomeo De Felice, Yverdon 1770–1780.
73 Vgl. Clorinda Donato, *Rewriting Heresy in der Encyclopédie d'Yverdon 1770–1780,* in: *Cromohs* 7 (2002), S. 1–26.
74 Vgl. dazu die ausführliche Einleitung von Michael Albrecht in: Christian Wolff, *Oratio de philosophia practica. Rede über die praktische Philosophie der Chinesen,* hg. von Michael Albrecht, Hamburg 1985, bes. S. XLI.
75 François Noël, *Sinensis Imperii classici libri sex,* Prag 1711 (GW III 132). Wolff rezensierte dieses Werk in den *Acta Eruditorum* 1712 (GW II 38.2) S. 123–128; 224–229.

Der größte Universitätsskandal des 18. Jahrhunderts war kein Unfall. Wolff war damals bereits der scheidende Prorektor der Universität Halle, Mitglied der *Royal Society*, der Pariser und der Berliner *Akademien der Wissenschaften*. Von 1704 bis zum Tod Leibniz' im Jahre 1714 beriet er sich mit dem Hannoveraner über jeden Schritt seiner Karriere. Die Scharmützel mit den Pietisten der theologischen Fakultät waren bereits seit Jahren im Gange. Demzufolge war die *Chinesenrede* die tapferste und revolutionärste Tat, die jemals innerhalb einer Universität stattfand.[76]

Die verärgerte Reaktion der Pietisten, die Wolff des Atheismus beschuldigten und seinen Kopf vom Soldatenkönig forderten, und zwar mit der Anklage, Wolffsche unmoralischen Ideen hätten Deserteure als nicht strafbar bewiesen und demzufolge die Soldaten zur Fahnenflucht motiviert, verursachte die unmittelbare Vertreibung des Philosophen aus Halle bei Todesstrafe. Das machte ihn für die ganze Welt zum Märtyrer des Obskurantismus und des religiösen Fanatismus, sowie ein lebendiges Zeugnis der Aufklärung.[77] Sein Ruhm verbreitete sich wie ein Lauffeuer und alle liefen um die Wette, um den berühmten Flüchtling zu beherbergen und zu ehren. Der König von Schweden, Zar Peter der Große: Das ganze aufgeklärte Europa zeigte öffentliche Solidarität mit Wolff. Der Streit zwischen Wolff und den Pietisten wurde „zu einer der bedeutendsten kulturellen Auseinandersetzungen des 18. Jahrhunderts und womöglich zur wichtigsten der kontinentalen und nordeuropäischen Aufklärung vor der Französischen Revolution"[78].

Mit allen Ehren vom Landgrafen von Hessen an die Universität Marburg eingeladen, konnte sich Wolff von jenem Moment an seinem Unterricht und dem Schreiben mit großem Erfolg und hoher Anerkennung widmen. Als Verteidiger der *libertas philosophandi*, der Forschungsfreiheit, in eigener Person wurde Wolff zum bedeutendsten und am meisten beneideten Intellektuellen in Europa. Was heute selbstverständlich erscheint, musste hart erkämpft werden, wenn man bedenkt, dass Herzog Ernst

---

76 Wolff war in dieser Sache kein guter Diplomat. Im Gegenteil: Er provozierte in jeder Weise, mit Worten und Taten, den Streit, wie ihm sogar Ludovici vorwirft. Er weigerte sich z. B., seine deutschen Werke wie z. B. die Logik von der Weisenhaus-Druckerei veröffentlichen zu lassen, was für die Halleschen Dozenten fast eine Pflicht war. Noch dazu fing er an, in einer von frommen Pietisten dominierten Universität, in der Physiologie expliziten Unterricht über die Reproduktion zu erteilen. Die *Chinesenrede* wurde aus dem Anlass der Übergabe des Prorektorats an Lange gehalten. In ihr stellte Wolff seinen Nachfolger als einen „Polygraph" dar, eine ziemlich unfreundliche und unwillkommene Bezeichnung. Als der Rektor Francke persönlich Wolff aufforderte, die Schrift nicht drucken zu lassen, weigerte er sich hartnäckig. Vgl. Carl Günther Ludovici, Artikel „Wolf (Christian)" in: *Grosses vollständiges Universal-Lexikon*, hg. von Johann Heinrich Zeller, Bd. 58, Leipzig und Halle 1748, S. 575–578.

77 Das Eindringen von Öffentlichem in das Private und der Einfluss des Privaten auf den Erfolg des Öffentlichen sind ein Merkmal der Geschichte von Wolffs Glück. Norbert Hinke hat als erster diesen Aspekt hervorgehoben in dem Aufsatz *Wolffs Stellung in der deutschen Aufklärung*, in: *Christian Wolff 1679–1754. Interpretationen zu seiner Philosophie und deren Wirkung*, hg. von Werner Schneiders, Hamburg 1983, S. 306–316, bes. S. 315 f.

78 Jonathan Israel, *Radical Enlightenment: Philosophy and the Making of Modernity*. Oxford 2002, S. LVII.

August von Sachsen-Weimar noch im Jahre 1737 eine Kabinettsorder veranlasste, in der er „das vielfältige Raisonniren den Untertanen bei halbjähriger Zuchthausstrafe verbot"[79].

In Wahrheit hatten die Konflikte mit den Pietisten bereits in den ersten Jahren der Lehrtätigkeit Wolffs in Halle angefangen. Neben der starken Betonung des methodologischen Werts der Mathematik lag der Ausgangspunkt des Konflikts in der von Wolff beanspruchten neuen Rolle der Philosophie sowohl innerhalb der Universität als auch in der Gesellschaft. Damals war der Unterricht auf den Universitäten in „höhere" und „niedere" Fakultäten eingeteilt. Zu den höheren (deren *doctrina* „die Regierung selbst interessiert"[80]) gehörten Theologie, Recht und Medizin; zu den niederen die Philosophie, die die restlichen Disziplinen umfasste. Der Erfolg der Wolffschen Philosophie mit ihrer Revolution der systematischen Ordnung der Disziplinen führte zu einem heftigen Streit mit den höheren Fakultäten, deren Primat *de facto* stark delegitimiert wurde.[81]

Was die „alten Gelehrten und ihre blinden Schüler" in Halle am meisten irritierte[82], war die Tatsache, dass Wolff die Perspektive, aus der man sich der Philosophie annähert, völlig umgekehrt hatte. Die Philosophie war für ihn nicht mehr die einfache Magd der Dogmatik, die in einem abgeschlossenen und wohl definierten System eingeschlossen war. Die Philosophie war vielmehr unentbehrliche Stütze und Erleuchtung der Dogmatik. Nach dieser glücklichen (und von Kant später wiederaufgenommenen[83]) Metapher der Magd, die die Fackel trägt, um den Weg für ihre Gebieterin zu erhellen, hat die Philosophie gegenüber den höheren Fakultäten keine untergeordnete Rolle mehr. Damit die Philosophie ihre neue Rolle in Anspruch nehmen kann, muss sie sich mit den neuen Theorien, frei von jeglichem Vorurteil auseinandersetzen.

Unter diesen neuen Theorien – und dies machte vor der *Chinesenrede* den großen Skandal aus – war die damals „noch beinahe völlig unbekannte" Lehre der prästabilierten Harmonie[84], die Leibniz selbst ein „System" definierte, von der überall die Rede war, die aber nur wenige aus erster Hand kannten[85]. In Wolffs Vorlesungen wa-

---

79 Otfried Nippold, *Einleitung* zu Christian Wolff *Jus gentium methodo scientifica pertractatum*, Cambridge 1931, S. XVIII.
80 Vgl. Immanuel Kant, *Der Streit der Facultäten*, AA VIII, Erster Abschnitt.
81 „Der Herr von Leibnitz wollte haben, daß ich nach dem Exempel des H. Bernoulli mich allein auf die höhere Geometrie legen und seinen *calculum differentiale excoliren* sollte: allein ich hatte mehr Lust die Philosophie zum Behufe der obern *Facultäten* in beßern Stand zu bringen" (*Christian Wolffs eigene Lebensbeschreibung*, a. a. O., S. 142 [GW I 10]).
82 *Ebd*, S. 15.
83 Kant, *Der Streit der Facultäten*, AA VIII, S. 28; *Zum ewigen Frieden*, AA VIII, S. 369.
84 Vgl. *Christian Wolffs eigene Lebensbeschreibung*, a. a. O., S. 15: „Denn in ihr wurden die Grundlagen des Atheismus gefunden: die Unfreiheit des Menschen, die Selbstständigkeit seines Leibes, die unvermeidliche Nothwendigkeit, die Entkräftung des Beweises für das Daseyn eines Gottes, die Ewigkeit der Welt. Diese und viele ähnliche Behauptungen legte man Wolff zur Last" (GW I 10).
85 Als der junge *magister* Wolff sich im Jahre 1704 zum ersten Mal an Leibniz wandte, um Unterstützung für seine Suche nach einem Lehrstuhl und im weiteren Sinne für seine Karriere zu ersuchen,

ren also die Methode, der Inhalt und die Darstellungsweise absolut neu. Dies zog in seinen Unterricht unzählige Hörer aus ganz Europa an und ließ die Theologie-Hörsaale leer. „Wolff diktierte nicht, las nicht ab, deklamierte auch nicht, er sprach [...] frey und unbezwungen"[86]. Er gab seinen Zuhörern den Eindruck, die Wahrheiten erst im Vortrag zusammen und zugleich mit ihnen zu entdecken: Eine sokratische Art, die sich als „ganz ausnehmend fruchtbar" erwies.[87]

Im Gegensatz zu Leibniz, der niemals gelehrt hatte, wenig publizierte und fast ausschließlich mit Gelehrten und Herrschern Umgang pflegte, war Wolff wie Sokrates ständig von einer großen Zahl von Schülern umgeben, die den Inhalt seiner Vorlesungen niederschrieben, ihn überall verbreiteten und sich für die Lehre des Meisters enthusiastisch einsetzten. Innerhalb einer Generation hatten sich die Zustände geändert. Zwar standen das Trauma der Religionskriege und die Zersplitterung des Heiligen Römischen Reiches in 234 deutsche Staaten immer noch im Hintergrund, aber langsam kamen mit dem Frieden, der zaghaften Entstehung einer bürgerlichen Schicht und der zunehmenden Studentenzahl neue Bedürfnisse zum Vorschein.

Die Argumente, die Wolff zur theoretischen Philosophie brachten, hatten ihren Ausgangspunkt in der praktischen Philosophie bzw. in demjenigen Teil der Philosophie, die von „der Menschen Thun und Lassen zu Beförderung der Glückseligkeit" handelt und als Gegenstand den Willen hat.[88] In der *Ratio praelectionum*, einer Art programmatischer Erklärung seines Unterrichts, schreibt Wolff: „Noch als Jugendlicher hatte ich gehört, dass Descartes zwar die theoretische Philosophie erfolgreich reformiert, aber nicht die praktische, darum habe ich mich beschlossen, die praktische Philosophie zu verbessern und zu entwickeln"[89]. Wolff spielt hier auf seine *Dissertatio de philosophia practica universali* von 1703 an, als er bemüht war, für die

---

hoffte der alte Meister, in dem brillanten und eifrigen jungen Mann einen guten Assistenten gefunden zu haben. Dennoch musste er die Zuverlässigkeit und die Kenntnisse seines Schülers überprüfen. Durch einen umfangreichen Briefwechsel versuchte Leibniz, seinen Schüler auszubilden, indem er zunächst dessen Interessen mehr auf die Mathematik lenkte, um dann die methodischen Fragen zu vertiefen; dann forderte Leibniz den jungen Wolff ausdrücklich auf, sich mit der prästabilierten Harmonie zu befassen, die derzeit noch am Zentrum von heftigen Diskussionen war. Diese Lehrzeit dauerte insgesamt ein gutes Jahr. Erst als Wolff sich sehr positiv darüber äußerte, konnte er endlich auf die Hilfe von Leibniz zählen, um den mathematischen Lehrstuhl in Halle zu bekommen. Später nahm Wolff Abstand von der prästabilierten Harmonie. Vgl. Sonia Carboncini, *Nuovi aspetti del rapporto tra Christian Wolff e Leibniz*, a. a. O., S. 23 ff.

86 *Ebd.*, S. 17, Anm.
87 Vgl. Carl Günther Ludovici, *Ausführlicher Entwurf einer vollständigen Historie der Wolffischen Philosophie zum Gebrauch seiner Zuhörer*, § 346, S. 289 (GW III 1).
88 *Vernünfftige Gedanken von der Menschen Thun und Lassen, zu Beförderung ihrer Glückseligkeit* ist der Titel der *Deutschen Ethik*. Im *Discursus praeliminaris* wird die praktische Philosophie folgendermaßen definiert: „Est adeo *philosophia practica* scientia dirigendi facultatem appetitivam in eligendo bono & fugiendo malo" (§ 62, S. 31 [GW II 1.1]).
89 *Ratio praelectionum*, sectio II, cap. VI, § 3, S. 191 f. (GW II 36).

Theologie und die Moral die gleiche unwidersprechliche Gewissheit wie in der Mathematik zu erlangen. Was nämlich die praktische Philosophie und damit die Moral universell macht, ist die Methode und nicht die Religion. Diese Wahrheit hätte nach seinen Absichten die Konflikte zwischen den verschiedenen Konfessionen ausgelöscht und damit das Leben der Menschen wesentlich verbessert.[90]

In der Idee, dass die theoretische Philosophie aus pragmatischen Fragen entsteht und die Voraussetzungen der Ethik liefert und dass man aus der systematischen Philosophie die Grundlage für Recht und Politik deduzieren kann, besteht der originelle Beitrag, den die deutsche Philosophie für das europäische Denken von Leibniz bis zu Kant über Wolff geleistet hat.

6 Ein visionärer Philosoph

Aufgabe der Philosophie ist nach Wolff die Erlangung von deutlichen Begriffen und begründeten Beweisen, um die Wahrheit mit Gewissheit zu erkennen, damit die eigenen Handlungen auf den letzten Zweck der Glückseligkeit bestimmt werden können. Die Gewissheit wird der Nützlichkeit untergeordnet und beide wiederum der Glückseligkeit, die der Vervollkommnung des Menschen entspricht. Dieses Schema ist außerordentlich wichtig, um den Erfolg und die Wirkung der Wolffschen Philosophie in ihrem vollen Umfang zu verstehen. Die Fähigkeit des Menschen, das Glück zu erreichen, ist abhängig vom Grad seiner philosophischen Erkenntnis. Die Philosophie hat daher eine doppelte Funktion. Auf der einen Seite eine aufklärerisch-theoretische: Sie sagt nicht nur, dass etwas geschieht (*cognitio historica*), sie erklärt warum es geschieht (*cognitio philosophica*). Auf der anderen eine aufklärerisch-praktische: Denn nur aus der philosophischen Erkenntnis entsteht „ein so süsses Vergnügen, dergleichen uns nichts anders in der Welt gewehren kan"[91].

Der Ausgangspunkt der Philosophie ist daher für Wolff die Methode, die man aus den mathematischen Wissenschaften gewinnt und die er in schlichten Regeln zum Gebrauch des Verstandes zusammenfasst (Logik). Mit diesem Werkzeug und Übung

---

90 „Weil ich aber da [sc. Breslau] unter den Catholicken lebte und den Eifer der Lutheraner und Catholicken gegen einander gleich von meiner ersten Kindheit an wahrnahm, dabey merckte, daß ein jeder Recht zu haben vermeinete; so lag mir immer im Sinne, ob es dann nicht möglich sey, die Wahrheit in der Theologie so deutlich zu zeigen, daß sie keinen Wiederspruch leide. Wie ich nun nach diesem hörete, daß die Mathematici ihre Sachen so gewis erwiesen, daß ein jeder dieselben vor wahr erkennen müsse, so war ich begierig die Mathematik methodi gratia zu erlernen, um mich zu befleissigen, die Theologie auf unwiedersprechliche Gewissheit zu bringen; da aber auch hörete, es fehlete noch die Philosophia practica und Dürrii Theologia moralis, welche damahlen im Schwange war, wäre ein dürres und mageres Werck, so setzte mir auch vor die Philosophiam und Theologiam moralem auszuarbeiten" (*Christian Wolffs eigene Lebensbeschreibung*, S. 120–122 [GW I 10]).

91 *Deutsche Logik*, Vorbericht § 7, S. 116 (GW I.1). Vgl. auch *De voluptate ex cognitione veritatis percipienda*, in: *Horae subsecivae Marburgenses*, 1729. Trimestre Aestivum, S. 167–248 (GW II 34.1).

kann man im Prozess der Erkenntnis sehr gut fortschreiten. In der Vorrede seines grössten Bestsellers, der *Deutschen Logik*[92], erklärt Wolff deutlich seine Absicht:

> Es wird zwar die Jugend heute zu Tage bey uns Deutschen wenig zu gründlichen Wissenschaften angehalten, sonderlich an solchen Orten, wo die Lehrer der Unwissenheit überhand nehmen, und da man es für eine sonderbahre Klugheit ausgiebet, wenn man das Studiren zu einem blossen Handwercke machet: allein da hierdurch nicht tüchtige Handwercker, sondern nur eingebildete Stümpfer gezogen werden; so werden doch endlich einmahl auch denen die Augen aufgehen, die jetzt in ihrer Blindheit nichts sehen können. Man lasse einen etwas gründliches in der Mathematick und Welt-Weisheit studiren, wenn er auf Universitäten kommet, und alsdenn erst, [...] zu den höheren Facultäten [...] schreiten; so wird man finden, wie geschwinder und besser sie ihr Handwerck lernen werden.[93].

Bereits in diesem ersten, wichtigen deutschen Druckwerk äußerte Wolff seine Absicht, an zwei Fronten arbeiten zu wollen: die deutschen Werke, kurz und bündig, für das deutsche Publikum, das aus Anfängern in der Philosophie besteht[94]; die lateinischen Lehrbücher, minutiös und technisch argumentierend, für die europäischen Gelehrten, für die Universitäten weltweit und für die Kirche[95]. Wohlgemerkt: Wenn Wolff von Kirche spricht, ist nicht nur die lutherische gemeint. Im Hintergrund seiner Entscheidung, die lateinischen Werke im italienischen Verona drucken zu lassen, steht der Gedanke, seine Philosophie in die katholischen Länder zu exportieren.[96] Er war vor allem bemüht, Konsens für seine Philosophie in Italien und Frankreich zu gewinnen und dies nicht nur aus „persönlichem Ehrgeiz"[97], sondern vielmehr, weil er sich mit der besonderen Mission betraut fühlte, die drei großen philosophischen Übel seiner Zeit zu bekämpfen: Deismus, Materialismus, Skeptizismus. Und dies ohne den Geist der neuen Epoche im Wesentlichen zu verraten.

Wolffs Philosophie konnte über die Methode hinaus mit zwei Stärken rechnen, die ihre Verbreitung außerhalb Deutschland gewährleisteten: dem Spiritualismus und der natürlichen Theologie. Er hatte dafür eine Strategie ausgearbeitet, um seine Philosophie als perfekte „*machine de guerre*" zu organisieren. Die Hauptpunkte seines Programms waren: 1. Die Verteidigung gegenüber den Einwänden von Determinis-

---

92 Allein von der ersten Auflage wurden – nach Wolffs eigener Angabe – mehr als 8000 Exemplare gedruckt, eine für die Zeit unglaubliche Zahl. Vgl. *Discursus praeliminaris, Praefatio*, S. 14* f. (GW II 1.1).
93 *Deutsche Logik,* Vorrede zur ersten Auflage, S. 108 (GW I.1).
94 Vgl. *ebd.*
95 Vgl. *Discursus praeliminaris*, Praefatio, S. 15* (GW II 1.1).
96 Vgl. dazu Ferdinando Marcolungo, *Christian Wolff in Italien. Zwischen Mathematik und Metaphysik,* in: *Christian Wolff und die europäische Aufklärung,* hg. Von Jürgen Stolzenberg und Pierre-Oliver Rudolph, a. a. O., S. 133–152 (GW III 101).
97 Max Wundt, *Kant als Metaphysiker,* Stuttgart 1924 (ND Hildesheim 1984), S. 31.

mus und Fatalismus. 2. Die Ablehnung des Begriffs einer „*Philosophia Leibnitio-Wolffiana*" und Hand in Hand damit der Versuch, Leibniz' Einfluss zu relativieren. 3. Die Fertigstellung einer Export-Philosophie, die sowohl von allen Gelehrten als auch allen gebildeten Menschen (Frauen eingeschlossen) in Europa in Gebrauch genommen werden konnte. Mit Wolff hat sich das humanistische Ideal der „*Répuliques des Lettres*" bzw. „*Europe savante*", das noch bei Leibniz so prägnant war, völlig säkularisiert: Bildung und Kultur sind eine Pflicht der Menschheit gegenüber sich selbst[98].

Wolffs Definition von Philosophie als Wissenschaft stellt sicherlich seine wichtigste theoretische Leistung dar. Ist Wissenschaft „*habitus asserta demonstrandi*"[99], dann ist die Philosophie die rationale Erkenntnis der möglichen (i. e. denkbaren) Dinge, wie und warum sie möglich sind, und damit eine Fundamentalwissenschaft. Diese Definition mag unbestimmt erscheinen, in der Tat macht sie zum Gegenstand der Philosophie alles, was mit der Vernunft erkennbar ist, d. h. das Denkbare, und damit sind sowohl die kausal empirische Wissenschaft als auch das *apriori* gemeint, zwei Erkenntisweisen, die für Wolff gar nicht antithetisch vielmehr in *connubium* sind. Die Philosophie ist keine einzelne Disziplin, die auf ein einzelnes Feld beschränkt ist, sie ist vielmehr eine Methodologie, der Wille, jede Aussage zu beweisen, „vor bloßen Meinungen und halben Begründungen zu warnen", und somit sowohl in den Wissenschaften als auch im gesellschaftlichen Leben als Vorbild zu sehen.[100]

Diesem neuen Philosophiebegriff liegen, wie bereits gesagt, Wolffs Ansprüche auf eine praktische, propädeutische Rolle der Philosophie sowohl im akademischen Wissen als auch in der Gesellschaft zugrunde. Solche Ansprüche riefen zunächst den heftigen Streit mit den Pietisten hervor, hatten aber auch eine bahnbrechende praktische Bedeutung. Wolff fühlte sich zu einer historischen Mission verpflichtet: Er kannte das Risiko und war bereit, die Folgen zu tragen. Mit einem Hauch von Dramatik schreibt er nämlich in der Widmung der lateinischen Logik: „Ich werde mich zur Durchführung einer schwierigen und gefährlichen Aufgabe begeben, nämlich die Philosophie universal, gewiss und nützlich zu machen"[101].

Der neue Begriff von Philosophie als Wissenschaft verlangt in der Lehr- und Publikationspraxis jeglicher Disziplin sowohl einen geeigneten Stil als auch die rechte Geisteshaltung. Zum erstem Punkt gehört die Definition einer philosophischen Sprache. Wie bekannt, hat Wolff einen entscheidenden Beitrag zur Bildung der deutschen philosophischen Terminologie geleistet. Er hatte seine Vorlesungen in Halle auf Deutsch gehalten, nicht nur um den Studenten entgegenzukommen, sondern auch

---

98 Vgl. *Institutiones juris naturae et gentium*, § 1098, S. 686 (GW II 26).
99 „Per *Scientiam* hic intelligo habitum asserta demonstrandi, hoc est, ex principiis certis & immotis per legitimam consequentiam inferendi" (*Discursus praeliminaris*, § 30, S. 14 [GW II 1.1]).
100 Vgl. Norbert Hinske, *Die Geliebte mit den vielen Gesichtern. Zum Zusammenhang von Selbstdefinition und Funktionsbestimmung der Philosophie*, in: *Wozu Philosophie? Stellungnahmen eines Arbeitskreises*, hg. von Hermann Lübbe, Berlin 1978, S. 320.
101 „Arduum aggredior opus atque pericolosum, dum philosophiam universam & certam, & utilem reddere studeo", (*Discursus praeliminaris, Dedicatio*, S. 6* ([GW II 1]).

zum Zwecke einer höheren Genauigkeit der philosophischen Sprache. Er hatte das Potenzial einer jungen Sprache erkannt, die noch gebildet werden konnte. Er nahm sich vor, die „reine deutsche Mund-Art"[102] auch für die Druckwerke zu benutzten. Muttersprache „nach der Mund-Art" bedeutet in keiner Weise Oberflächlichkeit oder Unbeständigkeit. Wolff folgt im Gebrauch der deutschen Terminologie festen Regeln, die auf Universalität, Kohärenz, Vermeidung von Redundanz, Verständlichkeit und Richtigkeit bedacht sind.[103] Die Sprache wird damit nicht nur als Instrument der Kommunikation, sondern vielmehr auch des Denkens gesehen.[104]

Außer der Sprache impliziert die wissenschaftliche Methode auch die *libertas philosophandi*, die „Freiheit zu philosophieren", die im Prinzip als Selbstdenken verstanden wird. Wer frei philosophieren will, der muss sich bei der Beurteilung der Wahrheit nur nach sich selbst richten. Er darf sich nicht unkritisch dem Urteil eines Anderen unterwerfen. Mit anderen Worten ist die *libertas philosophandi* nichts anders als der „ungehinderte Gebrauch" des eigenen Verstandes.[105] Wer ist also unter diesen Voraussetzungen Philosoph? Die Antwort ist für die Enzyklopädisten wie für Wolff die gleiche. Der Philosoph ist ein Eklektiker in der Praxis und in der Theorie. In der Praxis, indem er die Rolle des Historikers des menschlichen Wissens übernimmt – mit Wolffs Worten *cognitio historica* –[106]; in der Theorie, indem er die mit der *cognitio historica* gewonnenen Erkenntnisse durch wissenschaftliche Methode in ein System bringt. Mit Wolffs Worten *cognitio philosophica* und *cognitio mathematica*, insofern diese letztere zur Gewissheit der ersteren führt.[107] Der wahre Eklektiker ist daher ein systematischer Eklektiker. Der wahre Philosoph vereinigt in sich alle drei Arten der Erkenntnis. So findet man in Diderots Artikel *Eclectisme* zwar eine Definition der Eklektik, die in ihrer Allgemeinheit sowohl der pietistischen Tradition (Thomasius, Budde, Brucker) als auch Wolff zugeschrieben werden könnte.[108] Sie wird aber folgendermassen definiert:

> Es gibt zwei Arten von Eklektik; die eine experimentell, die in der Zusammenstellung der gekannten Wahrheiten und der Tatsachen besteht und deren Zahl durch die Naturforschung zu erweitern versucht; die andere systematisch, die sich mit dem Vergleich der Wahrheiten und der Kombination der Tatsachen umfasst, um die Erklärung eines Phä-

---

102 *Ausführliche Nachricht*, Kapitel II, § 16, S. 26 (GW I 9).
103 Vgl. ebd., § 17, S. 29–35. Dazu siehe auch Gereon Wolters, *Christian Wolffs philosophischer Stil*, in: *Macht und Bescheidenheit der Vernunft*, hg. von Luigi Cataldi Madonna, a. a. O., S. 73–83 (GW III 98).
104 Vgl. dazu Ulrich Ricken, *Christian Wolffs deutsche Wissenschaftssprache und einige Aspekte ihrer Rezeption*, in: *Christian Wolff und die europäische Aufklärung*, hg. Von Jürgen Stolzenberg und Oliver-Pierre Rudolph, a. a. O., Bd. III, S. 177–191 (GW III 105).
105 *Ausführliche Nachricht*, § 41, S. 134 (GW I 9).
106 Vgl. *Encyclopédie*, Bd. 3, Avertissement, S. VIJ.
107 Vgl. Jean École, *La conception wolffienne de la philosophie d'après le „Discursus praeliminaris de philosophia in genere"*, in: ders., *Études et documents photographiques sur Wolff*, S. 28–30 (GW III 35).
108 Vgl. *Encyclopédie*, Bd. V, S. 270.

nomens oder den Begriff einer Erfahrung abzuleiten. Die experimentelle Eklektik ist die Bestimmung der fleissigen Menschen, die systematische Eklektik ist die Bestimmung des Genies: derjenige, der beide in sich vereinigt, wird seinen Namen neben denen von Demokrit, Aristoteles und Bacon schreiben[109].

Ein solcher Systembegriff geht ohne Zweifel auf Wolff zurück.[110] In der obenangeführten Unterscheidung erkennen wir diejenige zwischen experimenteller und rationaler Philosophie und ihre Wiedervereinigung in der echten Philosophie. Der wahre Philosoph ist ein Eklektiker, insofern er von der *Querelle des anciens et des modernes* ausgehend auf der Seite der Moderne steht: Er sammelt zwar die bereits vorhandenen Kenntnisse, prüft sie kritisch, befreit sie aber von den Vorurteilen und Fehlern. Eklektik ist Selbstdenken und Befreiung von der intellektuellen Sklaverei (Kant wird das „selbstverschuldete Unmündigkeit" nennen). Aber damit ist die Aufgabe des Philosophen noch nicht zu Ende: Er muss die Kenntnisse in ein System bringen, d. h. er muss bei der Erklärung der Gründe die Kenntnisse miteinander verknüpfen. Nur auf diese Weise ist die Philosophie eine Wissenschaft und somit eine Enzyklopädie. Nur der Systematiker kann ein wahrer Eklektiker sein. Nur wer die Einsicht in die Gründe aller möglichen Dinge besitzt, kann konsequenterweise im Stande sein, die Eklektik als eine Methodologie erfolgreich auszuüben.[111] „Und dieses dünckt mich, ist die rechte Art eines *Philosophi Eclectici,* oder eines Welt-Weisen, der zu keiner Fahne schwöret, sondern alles prüfet, und dasjenige behält, was sich mit einander in der Vernunfft verknüpffen, oder in ein *Systema Harmonicum* bringet lässet"[112].

Wolffs Streben nach Universalität, sein Blick auf das Ganze, auf die wissenschaftliche Synthese, zusammen mit seiner Aufmerksamkeit auf die Praxis, auf die Nützlichkeit der Erkenntnisse, die übrigens echte, erfolgreiche Erfindungen produzierte[113] haben sein Lebenswerk geprägt, sind sein Vermächtnis und der Grund seines unermesslichen Einflusses.

---

109 *Ebd.,* S. 284 (Übersetzung v. Verf.in).
110 Leibniz, der in dem *Discours preliminaire* mehrmals zitiert wird, hatte einen ganz anderen Systembegriff. Dazu vgl. Hans Werner Arndt, „Einführung" zu Christian Wolff, *Deutsche Logik,* S. 91f. (GW I 1).
111 „Qui intellectu systematico praediti sunt, ab autoritatis praejudicio immunes, & eclecticos agere apti sunt […]. Eclecticum agere dicitur, qui ex Autoribus optima quaeque seligit verum a falso separans, certum ab incerto discernens" *Horae subsecivae,* 1729. Trimestre brunale, S. 149 (GW II 34.1).
112 *Ausführliche Anmerkungen zur Deutschen Metaphysik,* in: GW I,3, § 242, S. 412.
113 Unter den erfolgreichsten Erfindungen Wolffs ist sicherlich die Erfindung einer Technik, um ein vermehrtes Kornwachstum zu erreichen. Seine Abhandlung *Entdeckung der wahren Ursache von der wunderbahren Vermehrung des Getreides,* Halle 1718, die er im Laufe seiner Experimente über Physiologie (einer der zahlreichen Disziplinen, die er in Halle unterrichtete) verfasste, erlebte mehrere Auflagen und Übersetzungen und war ziemlich verbreitet. Sie kann auch als ein erster Versuch volkswirtschaftlichen Ackerbaus angesehen werden.

7 Literaturverzeichnis

Primärliteratur

Anonym, (1739): *Der verliebte und galante Wolffianer*, Frankfurt/Leipzig.

Châtelet, Gabrielle Émilie Le Tonnelier de Breteuil, Marquise du Châtelet (1742): *Institutions physiques adressées à Mr. son Fils*, Amsterdam (GW III 28).

Chambers, Ephraim (1728): *Cyclopædia, Or, An Universal Dictionary of Arts and Sciences; Containing the Definitions of the Terms; and Accounts of the Things Signify'd Thereby, in the Several Arts, Both Liberal and Mechanical, and the Several Sciences, Human and Divine: the Figures, Kinds, Properties, Productions, Preparations, and Uses, of Things Natural and Artificial; the Rise, Progress, and State of Things Ecclesiastical, Civil, Military, and Commercial: with the Several Systems, Sects, Opinions, & c. among Philosophers, Divines, Mathematicians, Physicians, Antiquaries, Criticks, & C. The Whole Intended as a Course of Antient and Modern Learning*, London.

Clodius, Johann Christian (1730): *Compendiosum lexicon Latino-Turcico-Germanicum: in quo non solum voces et phrases usitatae continentur, sed etiam illarum lectio, adjectis ubique observationibus variis ad statum ecclesiasticum, politicum, et militarem pertinentibus; cum praefatione de lingua et litteratura Turcarum, corruptisque vulgari pronuntiatione, nominibus ministrorum aulae*, Leipzig.

Condillac, Ètienne Bonnot de (1747): *Traité des Sistêmes. Où l'on démêle les inconvéniens & les avantages. Par l'Auteur de l'Essai sur l'origine des Connoissances Humaines*, Leiden.

D'Alembert, Jean Baptiste Le Rond/Diderot, Denis (Hg.), (1751–1756): *Encyclopédie, ou dictionnaire raisonné des Sciences, des Arts et des Métiers par une Société des gens de lettres*, Paris und Neuchâtel.

De Felice, Fortunato Bartolomeo (Hg.), (1770–1780): *Encyclopédie, ou Dictionnaire Universel Raisonné des connaissances humaines*, Yverdon 1770–1780.

Deschamps, Jean (1743–1747): *Cours abrégé de la Philosophie wolffienne en forme des lettres*, Amsterdam/Leipzig, (GW III 13).

Formey, Johann Heinrich Samuel (1741–1753): *La Belle Wolffienne*, Den Haag, (GW III 16).

Hecht, Christian (1738): *Nihil zine rattione zufficientes. Der nach Mathematischer Methode getreulich unterrichtete Schuster-Geselle, zur gründlichen Erlernung und höhern Aufnahme dieses gar edlen Handwerks oder nunmehro Schumacher-Wissenschafft aus metafysischen und ontrologischen Gründen heraus gewickelt von dem Wissenschafftlichen Wissenschafftlichen Hoff-Schuster in Dresden Jobst Herm. Chrn. Müller*, „Allerheiligen-Stadt".

Hegel, Wilhelm Friedrich (1838): *Vorlesungen über die Geschichte der Philosophie*, Berlin 1986, Bd. III, S. 256.

Kahle, Ludwig Martin (1745): *Examen d'un livre intitulé la Métaphysique de Newton ou Parallèle des sentiments de Newton & de Leibnitz. Traduit en Français par Mr. De Gautier Saint-Blancard*, Den Haag.

Kant, Immanuel (1795): *Zum ewigen Frieden*, in: *Kant's gesammelte Schriften*, (AAVIII), Berlin/Leipzig 1923.

Kant, Immanuel (1798): *Der Streit der Facultäten*, (AA VIII), Berlin/Leipzig 1923.

Ludovici, Carl Günther (1748): „Wolfische Philosophie", in: Zedler, Johann Heinrich (1748) *Grosses Vollständiges Universal-Lexicon aller Wissenschaftenn und Künste*, Bd. 58, Leipzig/Halle, (GW III 68).

Ludovici, Carl Günther (1737–1738): *Ausführlicher Entwurf einer vollständigen Historie der Wolffischen Philosophie zum Gebrauch seiner Zuhörer*, Leipzig (GW III 1).

Ludovici, Carl Günther (1748): Artikel „Wolf (Christian)", in: Zedler, Johann Heinrich (1748): *Grosses vollständiges Universal-Lexikon*, Bd. 58, Leipzig/Halle (GW III 68).

Nennfall, Nominativs [Pseudonym] (1739): *Der sonderbare Nutzen und die Vortrefflichkeit der prästabilierte Harmonie in dem Ehestande*, „Allerheiligen-Stadt".

Noël, François (1711): *Sinensis Imperii classici libri sex*, Prag (G III 132).

Vattel, Emer (1760): *The Law of Nature, or Principles of the Law of Nature, applied to the Conduct and Affairs of Nations and Sovereigns. A work tending to display the true interest of Powers*, London 1760.

Voltaire, François-Marie Arouet (1965): *Briefwechsel Friedrichs des Großen mit Voltaire*, hg. von Koser, Reinhold/Dornes, Hermann, Bd. I, Osnabrück.

Voltaire, François-Marie Arouet, (1978): *Correspondance*, hg. von Besterman. Théodore, Bd. II (Janvier 1739–Décembre 1748), Paris.

Voltaire, François-Marie Arouet (1740): *Courte Réponse aux longs discours d'un docteur allemand*, in: *Oeuvres complètes de Voltaire*, Bd. 51, *Mélanges Littéraires. Tome I*, Paris.

Voltaire, François-Marie Arouet (1759): *Candide, ou l'Optimisme, traduit de l'Allemand. De Mr. le Docteur Ralph*, London.

Wolff, Christian (1747): *Cours de mathématique, qui contient, Toutes les Parties de cette Science; mises à la portée des Commençans, Traduit en François & augmenté considérablement par D.***, de la Congrégation de Saint Maur*, 3 Bde., Paris.

Wolff, Christian (1772): *Institutions du Droit de la Nature et des Gens, Dans lesquelles, par une chaine continue, on déduit de la Nature même de l'Homme, toutes ses Obligations & tous ses Droits. Traduites du Latin de Mr. [...] Wolff [...] Par Mr. M***. Avec des Notes [...] par Mr. Elie Luzac*, den Haag.

Wolff, Christian (1985): *Oratio de philosophia practica. Rede über die praktische Philosophie der Chinesen*, hg. von Albrecht, Michael, Hamburg.

Wolff, Christian (1996): *Discursus praeliminaris de philosophia in genere. Einleitende Abhandlung über Philosophie im allgemeinen*, hg. von Gawlick Günter/Kreimendahl, Lothar, Stuttgart-Bad Cannastatt.

Sekundärliteratur

Biller, Gerhard (2004): *Wolff nach Kant. Eine Bibliographie*, Hildesheim (GW III 87).
Carboncini, Sonia (1984): *Lumières e Auklärung. A proposito della presenza della filosofia di Christian Wolff nell'Encyclopédie*, in: Annali della Scuola Normale Superiore di Pisa. Classe di Lettere e Filosofia, 14, S. 1294–1335.
Carboncini, Sonia (1987): *L'Encyclopédie et Christian Wolff. A propos de quelques articles anonymes*, in: Les Études philosophiques, 4, S. 489–504.
Carboncini, Sonia (1993): *Christian Wolff in Frankreich. Zum Verhältnis französischer und deutscher Aufklärung*, in: Schneiders, Werner (Hg.): *Aufklärung als Mission. La Mission des Lumières*, Marburg, S. 114–128.
Carboncini, Sonia (2005): *Nuovi aspetti del rapporto tra Christian Wolff e Leibniz. Il caso della Monadologie*, in: Cataldi Madonna, Luigi (Hg.): *Macht und Bescheidenheit der Vernunft*, Hildesheim (GW III 98), S. 11–45.
Carboncini, Sonia (2007): *Das Paradox der Aufklärung: Wolff und die Encyclopédie*, in: Stolzenberg, Jürgen/Rudolph, Pierre-Oliver (Hg.): *Christian Wolff und die europäische Aufklärung* (Teil I), (GW III 101), S. 73–94.
Cesa, Claudio (1987): *Giorgio Tonelli. Da Leibniz a Kant. Saggi sul pensiero del Settecento*, Neapel.
Donato, Clorinda (2002): *Rewriting Heresy in der Encyclopédie d'Yverdon 1770–1780*, in: Cromohs 7 (2002), S. 1–26.
École, Jean (1988): *La conception wolffienne de la philosophie d'après le „Discursus praeliminaris de philosophia in genere"*, in: ders., *Études et documents photographiques sur Wolff*, Hildesheim (GW III 35), S. 27–52.
Falzea, Angelo (2008): *Introduzione alle scienze giuridiche. Il concetto di diritto*, Milano.
Goebel, Julius (1918/1819): *Christian Wolff and the Declaration of Independence*, in: Deutsch-amerikanische Geschichtsblätter. Jahrbuch der Deutsch-Amerikanischen Gesellschaft von Illinois, S. 69–78.
Goebel, Julius (1920): *Jus connatum and the Declaration of Rights of Man*, in: The Journal of English and Germanic Philology 19.1, S. 1–18.
Greenwood Onus, Nicholas (2008): *The Republican Legacy in International Thought*, Cambridge (Massachusetts).
Hinske, Norbert (1978): *Die Geliebte mit den vielen Gesichtern. Zum Zusammenhang von Selbstdefinition und Funktionsbestimmung der Philosophie*, in: Lübbe, Hermann (Hg.): *Wozu Philosophie? Stellungnahmen eines Arbeitskreises*, Berlin, S. 313–343.
Hinske, Norbert (1983): *Wolffs Stellung in der deutschen Aufklärung*, in: Schneiders, Werner (Hg.): *Christian Wolff 1679–1754. Interpretationen zu seiner Philosophie und deren Wirkung*, Hamburg, S. 306–316.
Holmberg, Linn (2014): *The forgotten Encylopedia. The Maurists' Dictionary of Arts, Crafts, and Science. The Unrealized Rival of the Encyclopédie of Diderot and d'Alembert*, Umeå Universitet (Diss.).

Israel, Jonathan (2002): *Radical Enlightenment: Philosophy and the Making of Modernity.* Oxford.

Marcolungo, Ferdinando (2007): *Christian Wolff in Italien. Zwischen Mathematik und Metaphysik,* in: Stolzenberg, Jürgen/Rudolph Pierre Oliver (Hg.): *Christian Wolff und die europäische Aufklärung* (Teil I), (GW III 101), S. 133–152.

Nippold, Otfried (1931): *Einleitung* zu Christian Wolff *Jus gentium methodo scientifica pertractatum,* Cambridge (Massachusetts).

Ricken, Ulrich (2010): *Christian Wolffs deutsche Wissenschaftssprache und einige Aspekte ihrer Rezeption,* in: Stolzenberg, Jürgen/Rudolph, Oliver-Pierre (Hg.): *Christian Wolff und die europäische Aufklärung* (Teil V), Hildesheim, (GW III 105), S. 177–191.

Schneiders, Werner (1983): *Deus est philosophus absolute summus. Über Christian Wolffs Philosophie und Philosophiebegriff,* in: ders. (Hg.): *Christian Wolff 1679–1754. Interpretationen zu seiner Philosophie und deren Wirkung,* Hamburg, S. 9–30.

Thomann, Marcel (1967): *Une source peu connue de l'Encyclopédie: l'influence de Christian Wolff,* in: *Actes du quatre-vingt-deuxième Congrès national des Sociétés Savantes,* Bd. 3, Strasbourg/Colmar/Paris, S. 95–110.

Thomann, Marcel (1979): *Voltaire et Christian Wolff,* in: Brockmaier, Peter/Desné, Roland/Voss, Jürgen (Hg.): *Voltaire und Deutschland. Quellen und Untersuchungen zur Rezeption der französischen Aufklärung,* S. 123–136.

Tonelli, Giorgio (1971): *A Short-Title List of the Subject Dictionaries of the Sixteenth, Seventeenth and Eighteenth Century as Aids to the History of Ideas,* London.

Wolters, Gereon (2005): *Christian Wolffs philosophischer Stil,* in: *Macht und Bescheidenheit der Vernunft,* hg. von Luigi Cataldi Madonna, Hildesheim, (GW III 98), S. 73–83.

Wundt, Max (1924): *Kant als Metaphysiker: Ein Beitrag zur Geschichte der deutschen Philosophie im 18. Jahrhundert,* Stuttgart.

Abstracts

Aichele

Christian Wolff defends the absoluteness of natural law. Its principle can neither be changed, even by God, nor could God have made it otherwise. The law of nature is both universal and complete. There are no free actions being morally indifferent. On the contrary, each of them is subject to obligation and may be imputed morally. Such obligations are expressed by natural laws which pertain to everyone without any difference. Their transgression is to be punished in accord with its circumstances. This serves as a means for special and general prevention as for reform as well. From distinguishing objects according to their origin Wolff develops a concept of property which founds the jus proprium. Only then, lawsuits, finally settled by the method of legal deduction, are possible.

Albrecht

The impact of Wolff's philosophy (as well as his mathematics and physics) extended to the majority of German universities. It began with Wolff's own teaching activities in Halle and Marburg and then spread to Jena, Leipzig, Königsberg and Tübingen — sustained by his students, their students and other recipients of his work. Wolff's influence culminated in the thirties and forties of the 17th century.

Biller

The contribution outlines Wolff's intellectual biography. Born in 1679 in Breslau, where he spent his childhood, he studies at the University of Jena and Leipzig. After graduation, he is appointed as Lecturer for Mathematics, Philosophy and Theology at the University of Leipzig (1706) and from the end of 1706 as Professor for Mathematics, first, and for Logic, Metaphysic, and Moral Philosophy at latest at the University of Halle (1709). It is in these years that the conflict with the pietistic faction at the University of Halle begins; in 1721 the hostility comes to public outbreak, when in celebration of the handover of the pro-rectorate to his successor, Joachim Lange, he gives his speech upon Chinese practical philosophy. At the beginning of 1723, the Theology Faculty in Berlin presents an ordinance against Wolff, while in November of the same year he is enacted by the royal cabinet order to leave Prussia within 48 hours under death penalty. He moves to Hessen where he is appointed as Professor for Mathematics. In Halle he has composed various books in his mother tongue, German. Through the choice of writing in German explicitly for the school, he makes his work accessible to a vast audience. During the Marburg period (until 1740) he composes his voluminous Latin work. In the meanwhile, since 1733 things in Prussia turn out to be favorable for Wolff and in 1740 he is reappointed in Halle by Friedrich II. Nonetheless, he could not live up to his first successes as Professor in Halle and he spends the last years of his life composing and publishing further important works. He dies on April 9th, 1754 at the age of 75. Wolff's publications follow the intellectual biography and are listed according to chronologic order.

Buchenau

Wolff opens a new era of philosophical aesthetics in Eighteenth Century Germany. Alhough he does not himself actively participate in the European debate on the Fine Arts (*Schöne Künste*), he prepares his students' move toward poetry and art. Paradoxically, he does so by innovating in areas which at first sight do not have anything to do with art that is, in epistemology, psychology and logic. What Wolff tries to think is reason, and sensibility at its foundation. When he happens to introduce examples from art, he does so in order to better conceive the faculty of sensibility. But this interest in sense perception is precisely what underlies his students' interest in art. Alexander Gottlieb Baumgarten (1714–1762), Georg Friedrich Meier (1718–1777), Johann Christoph Gottsched (1700–1766), Johann Jakob Bodmer (1698–1783), Johann Jakob Breitinger (1701–1776), Johann Georg Sulzer (1720–1779), Moses Mendelssohn (1729–86), Gotthold Ephraim Lessing (1729–1781) are among those who elaborate on Wolff's ideas and sketch a theory of sensibility (*aisthesis*) which is at the same time a theory of art (*aesthetics*).

Büsching

This paper deals with Christian Wolff's doctrine on society and politics as exposed in his *Deutsche Politik*. In its first section, Wolff discusses the relationships between people such as marriage, relationships between parents and children, relations between servants and their masters. In the second section, he outlines his idea of a commonwealth, focusing on the form of government and the rank of authority. According to Wolff, the aim of commonwealth is the pursuit of general happiness. Although the

Deutsche Politik is systematically part of the program of the *Vernünftige Gedanken*, it is analyzed in this paper not as a strictly constructed socio-theoretical work on political thought, but rather as a collection of good advice on how the commonwealth can reach Wolff's goal of a pursuit of happiness for all.

Cantù

The paper investigates the notions of number, extensive quantity, algebraic quantity, similarity, and probability as introduced in Wolff's mathematical writings, and evaluates the coherence of these definitions with Wolff's presentation of the mathematical method. Wolff's original epistemology is based on the belief that the discussion on the foundation of mathematics and on the history of mathematical ideas is essential not only to pure mathematics but also to its application and teaching. Mathematics is integrated into a larger body of knowledge and subordinated to philosophy, which explains the impurity of definitions and proofs and why certain notions, such as that of similarity and probability, cannot be understood without reference to ontology and logic. Wolff's investigation of probable propositions allowed for a unique demonstrative methodology applied to philosophical, mathematical, and historical knowledge, because he described probable reasoning as an insufficient knowledge of the requisites for the truth of the premises. This explains the importance assigned to the right order of concepts and the inferential role of definitions. The paper shows the internal coherence between Wolff's choice of mathematical definitions and his overall epistemology, and underlines the heritage of Descartes, of Barrow's edition of Euclid's *Elements* and of Aristotle's notion of contiguity rather than the influence exerted by Leibniz's mathematics or by Newton's fluxional conception of geometrical quantities.

Carboncini

Driven out by the pietists of the University of Halle under penalty of hanging, the victim of religious fanaticism and obscurantism, Wollf was the most successful philosopher of the first half of the 18th century, not only in the German states, but across Europe and beyond the boundaries of the Old Continent. With his extraordinary teaching ability he attracted to himself a crowd of students who spread and deepened his doctrines passing them to the next generations. His works were translated into almost all European languages and his scholars produced a great literature inspired by his ideas. With Wolff's systematic work an encyclopedia was actually written, which has been the source of inspiration for the encyclopedias of the 18th century, including that of Diderot and d'Alembert. Wolff's thought was contemporary, encyclopedic, interconfessional and visionary, a successful union of past and present, reason and experience: Enlightenment without any skeptical or materialistic excess. In the line of Leibniz, but with greater attention to systematic issues, Wolff has contributed considerably to the secularization of knowledge, understood as provable science and teachable to anyone, including women. He reflected on the peculiarity of philosophy attributing to it the role of the discipline of the foundation of knowledge, an aspect which has influenced considerably the subsequent development of philosophical reflection. Of equally great importance were his legal and political doctrines, which inspired the writing of many constitutions and legislations worldwide, starting from the Declaration of Independence of the United States of America.

Cataldi Madonna

After a short discussion of Wolff's sources and the place of logic in his philosophy follows an overview over central topics of Wolff's logic: the theory of signs, the doctrine of science and proof, the foundations of probability, the role of experience in the acquisition of knowledge and finally the methodology of the interpretation of texts.

De Angelis

In contrast to Newton's *Mathematical Principles of Natural Philosophy* (1687), Christian Wolff's *Deutsche Physik* (1723) is not systematically organized into a mathematically supported, coherent opus of theory. Rather, it belongs to the tradition of textbooks on physics and cosmology taught at German universities since the early modern period. Wolff's discussion of the terms of *experience, evidence, certainty* and *testimony* shows, however, that in his books on physics he adopted an empirical stance in the investigation of nature with which he complemented classical rationalism. Moreover, he discusses seminal problems of the contemporary physical debate, such as the motion of bodies and the cause of gravity, which had not been satisfactorily solved at that time, despite the dynamical theories of Newton and Leibniz. On the cause of gravity, Wolff describes the hypothesis of Christiaan Huygens whose experiment with Spanish wax in a spinning water tank he depicts in detail and which he reenacts to show the effect of gravity on the phenomenological level.

Effertz

This contribution enquires into the foundations, structure and realization of Wolffs *Philosophia prima sive ontologia*. Topics are the principles of non-contradiction, of excluded middle, of identity, of sufficient reason, the modes of being, the basis of mathematics, truth, perfection, space and time. Finally, the historical importance of the *Ontologia* is delineated.

Favaretti Camposampiero

Although Wolff's system does not include a discipline comparable to what we call the philosophy of language, several of his works contain extensive philosophical discussions of linguistic, psycholinguistic, semiological, semantic, pragmatic, and hermeneutical subjects. Section 1 reviews his main contributions to this field, spanning from the *Disquisitio philosophica de loquela* of 1703 to the late treatises on practical philosophy. Section 2 reconstructs Wolff's theory of meaning, his treatment of proper names, and his concept of a "semantic destination". Section 3 details Wolff's interest in syntactic structures and their different degrees of compositionality, with special focus on phrases, idioms, and artificial languages. Adopting the psychological point of view, section 4 explores the semantics of mental associations, the theory of symbolic cognition, and the view of language learning as a precondition for intellectual development. Finally, section 5 considers some problematic consequences of Wolff's account of truth and falsity along with his commitment to bivalence.

Gómez Tutor

What Wolff understands as philosophy is answered here by analyzing Wolff's definition of philosophy and the central concepts of the definition like science, proficiency, possibility or certainty in their terminological development and that of their content. The investigation will show how the concept of philosophy and the concepts, which are found in the definition, have developed from the early to the late works in their meaning and in their wording. It is expounded as well how Wolff understands his method in the course of his works and how he specifies and differentiates the main parts of the method in this process.

Goubet

We begin by discussing the unique force of the soul and by outlining its role as essence and nature of the soul. We go thereafter to the location of rational psychology in the metaphysical disciplines: what does it mean that it's treated *after* ontology, cosmology, empirical psychology, and *before* natural theology? Wolff's philosophical development is reconstructed following the chronological series of his books and with the help of some students' copies of the lectures. The Latin treatises are closer inspected because they show some variations or some transformations in comparison with the German treatises. In particular, metaphysical hypotheses of physical influence, occasionalism and pre-established harmony are displayed. The refutation of materialism—and in some lesser measure—of egoism are at stake in rational psychology. In the special doctrine named rational psychology are also the legacy of the former pneumatology and the anticipation of the future anthropology to be seen. Wolff appears in this concern as a central figure of German Enlightenment.

Leduc

In this paper, two theoretical sources of Wolff's thought are analyzed, respectively the scholastic tradition and Leibniz's philosophy. It aims to show how Wolff was certainly influenced by these sources, but also that his approach is original and thus distinct from them. The chapter also shows how Wolff interpret both scholastic and Leibnizian philosophies. Their impacts on his metaphysical reflections are particularly emphasized, especially the question of the division of metaphysics, the theory of substance and the hypothesis of pre-established harmony.

Neveu

Descartes and Leibniz were not the only philosophers who influenced Wolff. He had met the teachers who passed on to him the elements he needed to build his own thought long before he had read Descartes and exchanged letters with Leibniz. It all took place during his studies at Breslau and at the university of Jena, long before the encounter with the famous philosophers. Those lesser known teachers all came from different schools and sometimes they even had differences in their philosophical points of view. Indeed, Neumann, Descartes' defender, was totally opposed to the scholasticism of Scharf; Scharf, who claimed to be an Aristotelian, was opposed to La Ramée but inspired by Agricola who was himself their common teacher in dialectics; finally, Weigel and his followers Sturm and Hebenstreit were opposed to the scholasticism of Suarez, just like Tschirnhaus was, but they agreed to his systematic and deductive demands. All these differences put aside, there actually was a common intuition: an intuition of a clear and systematic knowledge. The young Wolff, by reading these authors, could only assume this intuition and accomplish it in his own philosophical system.

Priddat/Meineke

In 1721 Christian Wolff publishes his ground-breaking work *Deutsche Politik*. It ends a period of some 30 years with just minor contributions to economic theory in Germany. Based on his theory of natural law he establishes a theory on the societal division of labor, quite in contrast to classical theory later established by Adam Smith. Wolff's idea of growth is driven by innovation and is focused on production. His approach does not build up atomistically from the individual, but starts off from the reverse, from the top down, from the production context like the *oikos,* the whole house. He compensates the typical shortcomings of German cameralism—like the lack of a market theory and societal self-coordination—by an extensive mandate for sovereign action. His idea of the wealth of nations is dominated by mercantilist theory. A positive balance of trade and a severe inflow of precious metals are at the centre of his notion of trade. The domestic circulation of money forms the basis of his economic theory within the boundaries of the early modern state. National welfare is caused by settlement policy, *Peuplierung,* new technologies of production and intense governmental regulation, *Polizey.* From the example of the debate on luxury it is clear that the ruler is limited by moral boundaries when engaging in production and consumption decisions. Wolff's writings have influenced James Steuart's idea of the Statesman and were taken on and further developed in German physiocracy.

Rumore

The paper focuses on Wolff's empirical psychology, analyzing its contents both from an historical, and a theoretical point of view. Considering the discipline the main innovation that Wolff introduced in the 'science of the soul' in his time, the paper presents on the one hand the distance it displays between Wolff's metaphysical statements and Leibniz's monadology, and on the other hand the central role played by the *connubium rationis et experientiae.* This peculiar methodological purpose of Wolff's philosophy finds in the relation between the empirical and the rational science of the soul one of its most remarkable realizations. The final part of the paper presents the contents of the main sections of Wolff's *Psychologia empirica,* and briefly sketches the stages of its influence on the later philosophical and anthropological discussion.

Schwaiger

For more than five decades and in repeatedly new approaches, Wolff struggled to find a scientific foundation of practical philosophy. Symptomatic of this is his newly created discipline of a 'general practical philosophy'. A reconstruction of the sources and the development of the key expressions of his ethics of perfection and happiness shows that in this controversial area, more than anywhere else, he was not only the creator of a comprehensive system, but also, more than anything, a tireless process thinker. His theory of morality, structured on a conceptual framework of intellectually graspable definitions, stems primarily from Leibniz, although his discourse is more explicitly referring to Descartes. Nevertheless, Wolff always imbues an unmistakable intellectual character of his own on the adopted terms which continuously differentiate between illusive appearance and undisguised truth in human behaviour.

Simmert

The paper is a description of the Wolffian cosmology as metaphysica specialis. It systematically presents the essential components of Wolff's cosmology. First the article gives attention to Wolff's understanding of cosmology within metaphysics. This is followed by his specific concept of world the *mundus adspectabilis*. After that, the article is directed towards the Wolffian understanding of bodies in the world and how these are constructed. Therefore the exact relation between elements, corpuscles and bodies is explicated. Following this, the Wolffian understanding of the laws of motion is treated, which provides the formulation of a force conservation law. Finally, the article depicts the relationship between the natural and supernatural, which determines the degree of the perfection of the world.

Szyrwińska

One of the most remarkable happenings in the life of Christian Wolff was so called *Causa Wolffiana*—the conflict between the philosopher and the representatives of the Halle Pietism. The direct consequence of their polemics was Wolff's state banishment from Halle, which was a punishment of Wolff's alleged atheism. The presented text focuses on the historical background as well as at the systematic advancement of the conflict. The investigation begins with the analysis of the context in which the conflict arose: The reasons of the still increasing tension between Wolff and the Pietists will be examined by considering the subjective perspectives of the parties involved. Moreover, the systematic dimension of the conflict will be discussed: The core of the controversy lies in the opposition between the deterministic character of Wolff's philosophy and the Pietist assumption of the free will based on the biblical concept of rebirth. The clash of those notions may be observed particularly in the polemics between Wolff and his main opponent Joachim Lange.

Theis

Wolff's rational theology constitutes the keystone of his metaphysical system. Theology is about God's existence as well as its attributes and actions. For Wolff, the deciding proof of the existence of God is *a posteriori*, meaning that it results from the existence of the world, more precisely of the soul. In his Latin work, he develops an *a priori* proof, which is an improvement in comparison with the traditional proof. In the exposition of the divine attributes, the main ones being the understanding, the will and the power, as well as of the divine actions (creating, conserving, and governing), Wolff begins with the largely accepted classical topoi of the tradition, but by greatly developing them through the guidelines of his demonstrative method. Finally,

Wolff comes to exhibit, and this beyond the metaphysical foundation of worldly being in a creator, the fundamental agreement between his philosophy and the doctrine of the Holy Scriptures.

Autorinnen und Autoren

Alexander Aichele, Dr. phil. habil., ist Privatdozent für Philosophie an der Universität Halle und arbeitet als Consulting Philosopher und in der wissenschaftlichen und beruflichen Weiterbildung (https://arkesilaos.jimdo.com/). Zuletzt sind erschienen: *Rechtsgeschichte* (2016) und *Wahrscheinliche Weltweisheit: A. G. Baumgartens Metaphysik des Erkennens und Handelns* (2017). Vollständige Publikationsliste unter: https://arkesilaos.jimdo.com/publikationen.

Michael Albrecht, Dr. phil. habil., apl. Professor der Philosophie an der Universität Trier. Autor von zahlreichen Büchern und Aufsätzen über Wolff, Mendelssohn und Kant: *Kants Antinomie der praktischen Vernunft* (1975); *Eklektik. Eine Begriffsgeschichte mit Hinweisen auf die Philosophie- und Wissenschaftsgeschichte* (1994). Hg. von Christian Wolff, *Oratio de Sinarum philosophia practica/Rede über die praktische Philosophie der Chinesen* (1985); *Die Natürliche Theologie bei Christian Wolff*, (2011, Aufklärung 23).

Gerhard Biller, M. A., von 1971 bis 2003 wissenschaftlicher Mitarbeiter (seitdem dort ehrenamtlich tätig) in der Leibniz-Forschungsstelle an der Universität Münster, Edition der Philosophischen Schriften und Briefe von Gottfried Wilhelm Leibniz im Rahmen der Akademie-Ausgabe. Autor von „Wolff nach Kant – eine Bibliographie" (2004), 2. erw. Ausg. 2009 [http://www.izea.uni-halle.de/cms/de/forschung-publikationen/bibliographien.html].

Stefanie Buchenau, Dr. phil. habil., Maître de Conférences an der Universität Paris 8 Saint-Denis. Forschungsschwerpunkte im Bereich des Wolffianismus, der Aufklärungsphilosophie und der Geschichte der Ästhetik. Autorin von *The Founding of Aesthetics in the German Enlightenment. The Art of Invention and the Invention of Art*, Cambridge University, 2013, Paperback 2015.

Annika Büsching, Dr. phil., Rechtsanwältin (Syndikusrechtsanwältin) bei der Ernst & Young GmbH Wirtschaftsprüfungsgesellschaft im Bereich Business Tax Services und Tax Controversy mit Schwerpunkt Real Estate Tax tätig.

Paola Cantù, Dr. phil., ist wissenschaftliche Mitarbeiterin für Epistemologie am Centre national de la recherche scientifique (CNRS) in Frankreich und assoziiert mit dem Centre for Epistemology (CEPERC) der Universität Aix-Marseille. Mitherausgeberin der elektronischen Edition des 10. Bandes *von Kurt Gödels Maxims and Philosophical Remarks* (2017) und des Bandes *Logic and Pragmatism. Selected Writings of Giovanni Vailati* (2009). Sie ist Autorin eines Buches über die Grundlagen der Geometrie (1999) und einer Reihe von Büchern über die Theorie der Argumentation (*E qui casca l'asino* [2011]; *Teorie dell'argomentazione* zusammen mit I. Testa [2006]).

Sonia Carboncini, Dr. phil., ehemalige Mitarbeiterin am Leibniz Archiv, Hannover, sowie an der Leibniz-Forschungsstelle der Universität Münster. Autorin von *Transzendentale Wahrheit und Traum. Christian Wolffs Antwort auf die Herausforderung durch den Cartesianischen Zweifel* (1991) sowie zahlreicher Aufsätze zur *Encyclopédie*, Leibniz, Wolff usw.; Hgin. von *Die deutsche Aufklärung im Spiegel der neueren der italienischen Aufklärungsforschung* (1991), Mitherausgeberin der „Christian Wolff Gesammelte Werke".

Luigi Cataldi Madonna, Dr. phil., Professor für Wissenschaftstheorie an der psychologischen Fakultät der Universität L'Aquila (italien). Arbeitsschwerpunkte: Erkenntnistheorie, Geschichte des Wahrscheinlichkeitsbegriffs, Hermeneutik, deutsche Aufklärung, Wolff, Nietzsche. Publikationen: *Il razionalismo di Nietzsche*, Napoli 1983; *La filosofia della probabilità nel pensiero moderno*, Roma 1988; *Christian Wolff und das System des klassischen Rationalismus*, Hildesheim/New York 2001.

Simone De Angelis, Dr. phil. habil., Professor am Zentrum für Wissenschaftsgeschichte der Karl-Franzens-Universität Graz. Forschungsschwerpunkte: (Natur-)Wissenschaften der Frühen Neuzeit und des 18. Jahrhunderts mit besonderer Berücksichtigung epistemologisch-methodologischer Fragen; Wissenschaften vom Leben und Anthropologie seit der Renaissance und Frühen Neuzeit im Kontext von Medizin, Psychologie und Naturrechtslehre. Autor von *Anthropologien. Genese und Konfiguration einer ‚Wissenschaft vom Menschen' in der Frühen Neuzeit* (2010).

Dirk Effertz, Dr. phil., 1994–1999 wiss. Mitarbeiter am Institut für Philosophie der Universität Halle-Wittenberg, 2011–2014 wiss. Mitarbeiter ebenda am Institut für systematische Theologie und am Landesforschungsschwerpunkt „Aufklärung, Religion, Wissen".

Matteo Favaretti Camposampiero, Dr. phil., wissenschaftlicher Mitarbeiter für Philosophie der Sprache an der Universität Ca' Foscari in Venedig. Autor von *Filum cogitandi. Leibniz e la conoscenza simbolica* (2007), *Conoscenza simbolica. Pensiero e linguaggio in Christian Wolff e nella prima età moderna* (2009) und zahlreicher Aufsätze. Sein Forschungsschwerpunkt ist die frühmoderne Philosophie, speziell die Theorien des

Wissens, der Sprache, der Metaphysik, die Modaltheorie, Mereologie, das Geist-Körper-Problem, Naturgesetze, rationale Theologie sowie Wissenschafts- und Medizinphilosophie.

Juan Ignacio Gómez Tutor, Dr. phil. habil., apl. Prof. Universität Trier. Forschung und Lehre im Bereich der formalen Logik, der Wissenschaftstheorie sowie der Philosophie der Mathematik und der Physik. Ein Arbeitsschwerpunkt sind die historischen Untersuchungen über Wolff und Kant, insbesondere ihre Methodenlehre, Logik und Theoretische Philosophie. Autor von *Die wissenschaftliche Methode bei Christian Wolff* (2004); *Das Induktions- und Abgrenzungsproblem in den Frühschriften von Karl R. Popper* (1988); Aufsätze zu Wolff, Kant, Boltzmann, Carnap, Popper, Wissenschaftstheorie und Logik.

Jean-François Goubet, Dr. phil. habil., Professor für Philosophie der Erziehung an der *École Supérieure du Professorat et de l'Éducation* Lille-Nord-de-France. Forschungsschwerpunkt: klassische deutsche Philosophie. Autor von Aufsätzen über Wolff und Herausgeber folgender Bände: *Wolff et la psychologie* (2001), *Christian Wolff et la pensée encyclopédique européenne* (2008).

Christian Leduc, Dr. phil., Associate Professor of Philosophy an der University of Montreal. Forschungsschwerpunkte sind Leibniz und die deutsche sowie die französische Aufklärung. Autor von *Substance, individu et connaissance chez Leibniz* (2009) und Herausgeber verschiedener Publikationen: (with P. Rateau and J.-L. Solère) *Leibniz et Bayle: Confrontation et dialogue* (2015); (with D. Dumouchel) „La philosophie à l'Académie de Berlin" in: *Philosophiques* (2015); (with P. Girard and M. Rioux-Beaulne) *Les Métaphysiques des Lumières* (2016).

Christoph Meineke, Mag. rer. soc. oec., Forschungsschwerpunkt in kameralistischer Theorie des 17. und 18. Jahrhunderts. Hauptamtlich arbeitet er als Bürgermeister der Gemeinde Wennigsen (Deister). Er veröffentliche Essays zur Ökonomik des 18. Jahrhunderts wie „*Die Vortheile unserer Vereinigung": Hamanns Dangeuil-Beylage im Lichte der Debatte um den handeltreibenden Adel*. In: *Johann Georg Hamann: Religion und Gesellschaft* (2012).

Sébastien Neveu, Dr. phil., Professeur agrégé am Lycée Majorelle, Toul. Autor von *L'a priori et l'a posteriori, le pur, le non pur chez Christian Wolff et ses maîtres*, Hildesheim 2017.

Birger P. Priddat, Dr. rer. pol., Senior-Professor für Wirtschaft und Philosophie an der Wirtschaftsfakultät der Universität Witten/Herdecke. Von 1991 bis 2016 auf dem Lehrstuhl für Volkswirtschaft und Philosophie, mit einer Zwischenphase der Mitgründung der Zeppelinuniversität in Friedrichshafen 2003 bis 2007. Gastprofessuren in Basel und Friedrichshafen bis 2014. Zu seinen aktuellen Veröffentlichungen zählen *Economics of Persuasion. Ökonomie zwischen Markt, Kommunikation und Überredung* (2015), *Erwartung, Prognose, Fiktion, Narration. Zur Epistemologie des Futurs in der Ökonomie* (2016) sowie mit Verena Rauen (Hrsg.) *Die Welt kostet Zeit. Zeit der Ökonomie. Ökonomie der Zeit* (2017).

Paola Rumore, Dr. phil., Associate Professor für die Geschichte der modernen Philosophie am Institut für Philosophie und Erziehungswissenschaften der Universität Turin. Forschungsschwerpunkt ist die deutsche Aufklärung, speziell das Verhältnis von Metaphysik und Psychologie sowie die Probleme des Materialismus und der Unsterblichkeit der Seele. Sie ist Autorin von *L'ordine delle idee. La genesi del concetto di ‚rappresentazione' in Kant attraverso le sue fonti wolffiane (1747–1787)*, mit einem Vorwort von Norbert Hinske (2007); *Materia cogitans. L'Aufklärung di fronte al materialismo* (2013); *Idea* (2017).

Clemens Schwaiger, Dr. phil. habil., lehrt an der Katholischen Stiftungshochschule München, Campus Benediktbeuern. Sein Hauptforschungsgebiet ist die deutsche Aufklärung, insbesondere der Wolffianismus. Autor von *Das Problem des Glücks im Denken Christian Wolffs. Eine quellen-, begriffs- und entwicklungsgeschichtliche Studie zu Schlüsselbegriffen seiner Ethik* (1995); *Kategorische und andere Imperative. Zur Entwicklung von Kants praktischer Philosophie bis 1785* (1999); *Alexander Gottlieb Baumgarten – ein intellektuelles Porträt. Studien zur Metaphysik und Ethik von Kants Leitautor* (2011).

Sebastian Simmert, Dr. phil., wissenschaftlicher Mitarbeiter im Projekt „RISKANT" an der Fachhochschule Polizei Sachsen-Anhalt. Seine Arbeitsschwerpunkte sind: Philosophie der Mathematik, Logik, Metaphysik, Rechtsphilosophie, Religionsphilosophie, Wissenschaftsgeschichte und Spieltheorie im Mediations- wie Entscheidungsprozess.

Anna Szyrwińska, Dr. phil., Lehrkraft für besondere Aufgaben für Philosophie an der Universität Vechta. Forschungsschwerpunkte in der Geschichte der Philosophie der Frühen Neuzeit und der Aufklärung.

Robert Theis, Dr. phil. habil; m. theol., emer. Professor für Philosophie an der Université du Luxembourg, apl. Prof. an der Universität des Saarlandes. Vizepräsident der *Société d'études kantiennes de langue française*. Mitherausgeber der „Christian Wolff Gesammelte Werke" und „Europaea memoria". Forschungsschwerpunkte: Kant, Wolff, Anselm v. Canterbury, Hans Jonas. Autor von *La raison et son Dieu. Étude sur la théologie kantienne* (2012); *De Wolff à Kant/Von Wolff zu Kant* (2013); Hg. von *Religion* (Aufklärung 2009), *Kant: théologie et religion* (2013); Aufsätze zu Anselm, Leibniz, Wolff, Kant, Jonas.

Personenregister

Es sind nur Namen von Personen verzeichnet, auf die in der Darstellung Bezug genommen wird; nicht berücksichtigt sind die Namen von Verfasser*innen von Sekundärliteratur.

A

Abbé Dubos 417
Adams, John 473 f.
Adelung, Johann Christoph 448
Agricola, Rudolf 63 f.
Alembert, Jean-Baptiste le Rond d' 468, 478, 480, 482
Albertus Magnus 37
Alsted, Johan Heinrich 62, 64, 141
Amman, Johann Conrad 116
Ammon, Christian Friedrich 453
Aristoteles 38, 40–42, 48, 57, 59 f., 62 f., 159, 241, 341, 345, 452 f.
Aristotle *Siehe* Aristoteles
Arnauld, Antoine 358, 368
Arnoldt, Daniel Heinrich 455
Augustinus 400

B

Bacon, Francis 58
Barrow, Isaac 357 f., 365, 372, 376
Bastholm, Christian 473
Batteux, Charles 420
Baumeister, Friedrich Christian 450 f., 454, 458
Baumgarten, Alexander Gottlieb 150, 194, 217, 238, 405, 407, 413–420, 433, 438, 442 f., 454
Baumgarten, Christoph Friedrich 452
Baumgarten, Siegmund Jakob 433, 441
Bayle, Pierre 447
Becher, Johann Joachim 292

Bel, Karl Andreas 437
Berkeley, George 446
Bernoulli, Daniel 370
Bernoulli, Jakob 103 f., 369 f.
Berthelsen, Rasmus 361
Bertrand, Eli 483
Bilfinger, Georg Bernhard 430, 451
Blumentrost, Laurentius 473
Bodmer, Johann Jakob 405–407, 411 f., 450
Böhm, Andreas 439, 444, 458
Bolzano, Bernard 360, 369
Bonaventura 237
Bonnet, Charles 341
Boyle, Robert 198, 341, 344, 346
Bramhall, John 393
Breithaupt, Joachim Justus 13, 386
Breitinger, Johann Jakob 405–407, 411–413, 450
Brézillac, François de 482
Broglie, Louis de 144
Brucker, Johann Jakob 490
Budde, Johann Franz 15, 49, 442 f., 490
Buddeus, Johann Franz 387
Burke, Edmund 419
Burkhäuser, Nikolaus 458
Burlamaqui, Jean-Jacques 473, 479
Büttner, Christoph Andreas 432
Buttstett, Johann Andreas 441

C

Calov, Abraham 141
Campanella, Tommaso 116

Cantor, Moritz 360, 376
Canz, Isreal Gottlieb (Theophilus) 410, 433, 441, 451
Capsius, Liborius 141
Carbo a Costaciario 249
Carbon, Ludovic 63
Carpov, Jakob 410, 430, 442, 450
Cartesius. Siehe Descartes, René
Celsius, Anders 473
Chambers, Ephraim 479
Châtelet, G.É. Le Tonnelier de Breteuil, du 474, 476, 480
Cicero 63
Clarke, Samuel 236
Clavius, Christoph 8
Clodius, Johann Christian 473
Cocceji, Samuel 18 f.
Coing, Johann Franz 439
Condillac, Étienne Bonnot de 479 f.
Coward, William 172
Cramer, Johann Ulrich 439–441, 456
Crusius, Christian August 217, 449

D

Darjes, Joachim Georg 309, 442 f.
Descartes, René 11, 37, 39, 41, 43 f., 49, 51, 56–58, 65, 68–70, 159, 182 f., 198, 224, 229, 235, 253, 260 f., 263, 336, 339, 346–348, 351, 353, 357 f., 361, 363 f., 367, 369, 372, 376
Deschamps, Jean 434, 436, 439, 470, 474, 480
Diderot, Denis 468, 478, 480 f., 490
Dohna, Albrecht Christoph Graf zu 434, 436
Dominic of Flanders 249
Duhamel, Jean-Marie-Constant 358
Dunkel, Johann Gottlieb Wilhelm 448

E

Eberhard, Johann-August 438, 454
Ehrenfest, Paul 144
Einstein, Albert 144
Elisabeth von der Pfalz 260–263
Engelhard, Regner 439, 441, 456
Erdmann, Johann Eduard 151
Ernesti, Johann August 410, 448
Eschenbach, Wolfram von 217
Euclid. Siehe Euklid
Euklid 8, 57, 64, 66, 357 f., 363
Eulenburg, Franz 428 f.
Euler, Leonhard 350 f., 355, 358, 435, 455, 483

F

Falkner, Thomas 473
Feder, Johann Georg Heinrich 446, 457 f.
Felice, Fortunato Bartolomeo De 482 f.
Fichte, Johann Gottlieb 143
Fischer, Christian Gabriel 452 f.
Flatt, Johann Friedrich 452
Flottwell, Coelestin Christian 453
Fonseca, Pedro da 40
Formey, Johann Heinrich Samuel 434–437, 474, 479 f., 483
Forsskål, Peter 473
Forster, Frobenius 460
Francke, August Hermann 13–15, 18, 385–388, 431, 454, 484
Franklin, Benjamin 473
Frege, Gottlob 122
Friedrich II. 18–20, 435, 443
Friedrich von Hessen-Kassel 17
Friedrich Wilhelm I. 15, 18 f., 384, 387, 431, 433, 454
Frobesius, Johann Nicolaus 430, 456
Fromm, Nathaniel Ephraim 452 f.

G

Galilei, Galileo 352
Garve, Christian 446
Gassendi, Pierre 198
Gasser, Simon Peter 292
Gauss, Christian Friedrich 358, 360, 376
Genovesi, Antonio 473
Georg II. August, Kurfürst von Hannover, als Georg II. König von Großbritannien 444
Gesner, Johann Matthias 420
Goclenius, Rudolphus 141
Gödel, Kurt 373
Gottsched, Johann Christoph 217, 405, 407, 411–413, 432, 434, 437 f., 441, 447–450, 453 f., 459, 478
Gottsched, Luise Adelgunde Viktorie 434, 437, 447 f.
Grandi, Guido 346
Grotius, Hugo 386, 400, 443
Gruber, Johann Daniel 431
Grumbkow, Friedrich Wilhelm von 18
Gryphius, Andreas 8
Gryphius, Christian 8

H

Hagen, Gottlieb Friedrich 439
Haller, Albrecht von 341, 483
Hamann, Johann-Georg 455

Hamberger, Georg Albrecht 9, 65
Hamel, Jean-Baptiste du 39, 346
Hammareus, Olof 473
Hanov, Michael Christoph 297, 450
Hansch, Michael Gottlieb 257
Hartmann, Georg Volckmar 44, 455 f.
Hatzfeld, Johann Conrad Franz von 437
Haude, Ambrosius 434, 436
Hebenstreit, Johann Paul 9, 66 f.
Hegel, Georg Wilhelm Friedrich 1, 11, 143, 150 f., 308, 472
Heinsius, Gottfried 448
Hennings, Justus Christian 429
Herbart, Johann Friedrich 171
Hilbert, David 373
Hirsching, Friedrich Karl Gottlob 430
Hispanus, Petrus 341
Hobbes, Thomas 393
Hoffmann, Adolph Friedrich 449
Holbach, Paul Henri Thiry d' 480
Hollmann, Samuel Christian 445
Horch, Heinrich 8
Huygens, Christiaan 336, 346, 353 f., 370

I

Ickstatt, Johann Adam von 439 f., 456, 457 f., 460
Iselin, Isaak 473

J

Jefferson, Thomas 473 f.
Jerusalem, Johann Friedrich Wilhelm 437
Jöcher, Christian Gottlieb 434, 437, 447 f.
Johann Adolph II. 436
Jombert, Charles-Antoine 482
Joseph Iganz Philipp von Hessen-Darmstadt, Bischof von Augsburg 460
Jungius, Joachim 39, 59
Justi, Johann Heinrich Gottlob 436

K

Kahle, Ludwig Martin 445, 478
Kahl, Martin 369
Kahrel, Hermann Friedrich 440
Kant, Immanuel 1 f., 11, 36, 41, 44, 143, 146, 148, 150, 159, 194 f., 244, 246, 255, 266, 309, 358, 366, 376, 401, 434, 438 f., 444, 446, 452, 454 f., 458, 460 f., 469, 485, 487, 491
Karl VII., Kaiser HRR 457
Karl Albrecht von Bayern 457
Karl Eugen, Herzog von Württemberg 451
Kaschube, Johann Wenceslaus 443

Kästner, Abraham Gotthelf 358, 360, 368 f., 376, 437, 449
Keckermann, Bartholomeus 62
Keill, John 346
Kennedy, Ildephons 460
Kepler, Johannes 353
Keynes, John Maynard 105
Klingenstierra, Samuel 473
Klopstock, Friedrich Gottlieb 438, 450
Knutzen, Martin 454 f.
Köhler, Heinrich 257, 430, 440, 442, 450
Konfuzius 257, 267
Kraus, Johann Baptist 460
Kreuschner, Johann Heinrich 452 f.
Krüger, Johann Gottlob 194
Kypke, Johann David 455

L

Laokoon 420
Lambert, Johann Heinrich 98, 358, 366, 375 f.
Lamy, Père Bernard 116, 358
Lange, Joachim 5, 13–15, 18–20, 49, 241, 257 f., 383, 386 f., 389, 391, 395–401, 431, 433, 438, 483 f.
Lange, Johann Joachim 431 f.
Lange, Samuel Gotthold 438
Leibniz, Gottfried Wilhelm 1 f., 7, 9, 13, 16, 36 f., 39, 44–51, 56, 68, 95 f., 99, 117, 126–129, 148–150, 158, 176 f., 181, 183 f., 189 f., 198, 212, 229, 233, 235, 237 f., 253, 255–257, 259–265, 336, 342, 344, 346, 348–351, 355, 357 f., 361, 366–370, 372–376, 394, 397 f., 400, 433–436, 438, 442–444, 446–448, 451 f., 460, 469, 472, 475 f., 478, 483–487, 489, 491
Leopold I. von Anhalt-Dessau 18
Lessing, Gotthold Ephraim 405, 407, 418–420
Lilienthal, Michael 455
Lilienthal, Theodor 455
Lindner, Hans-Reiner 65
Locke, John 117, 159, 188, 236, 438, 477, 479
Lomonossow, Michail Wassiljewitsch 439, 473
Longinus 419
Lorhardus, Jacobus 141
Lori, Johann Georg von 457
Lotter, Johann Georg 448
Loviselli, Giambattista 473
Ludewig, Johann von 292
Ludovici, Carl Günther 44, 410, 434, 437, 448, 456, 484

Lüst, Dieter 144
Luther, Johann Melchior 456
Luther, Martin 384, 391
Luzac, Elie 473

M
Makó von Kerek Gede, Paul 457
Malebranche, Nicolas 48 f., 128
Mangold, Maximus 457
Manteuffel, Ernst Christoph von 7, 19, 46 f., 434–437, 449, 471, 477
Manzel, Laurentius 460
Maria Anna (Erzherzogin) 459
Maria Theresia, römisch-deutsche Kaiserin 458
Mariotte, Edme 95 f.
Markgraf von Brandenburg-Kulmbach 440
Marquardt, Conrad Theophil (Gottlieb) 452 f.
Martini, Jakob 59
Martini, Karl Anton 473
Martin, Roger 358
Maupertuis, Pierre Louis Moreau de 435, 476 f.
Maximilian III. Joseph, Kurfürst von Bayern 456 f.
Mayer, Johann Tobias 446
May, Johann Friedrich 448
Meier, Georg Friedrich 217, 405, 407, 414, 438, 454, 458
Melanchthon, Philipp 345
Mencke, Johann Burckhard 9, 447 f.
Mencke, Otto 9
Mendelssohn, Moses 369, 405, 407, 418 f., 438
Mersenne, Marin 68
Miller, Lorenz Christoph 473
Miltitz, Cornelius von 434
Milton, John 450
Mingard, Gabriel 483
Moisiodax, Iosipos 473
Molina, Luis de 390, 392 f., 396, 399
More, Henry 46
Moritz, Karl Philipp 194
Motte, Antoine Houdar De La 420
Müller, Gerhard 445
Müller, Jakob Friedrich 444
Müller, Karl Gotthelf 443
Münchhausen, Gerlach Adolph von 444 f.
Muys, Weiher Wilhelm 346

N
Nettelbladt, Daniel 438 f., 456
Neumann, Caspar 58, 64, 70, 126
Newton, Isaac 198, 211, 336, 345 f., 351 f., 355, 357, 361, 364 f., 372, 435, 473, 477, 479
Nicolai, Gottlob Samuel 270
Noël, François 483

O
Obrecht, Georg 301
Ölmann, Heinrich 452
Opitz, Martin 411
Osterwald, Peter von 460

P
Paganini, Gianni 118
Pascal, Blaise 11, 370
Peano, Giuseppe 373
Pernety, Antoine-Joseph 482
Peter der Große 12
Philip the Chancellor 38
Piderit, Johann Rudolf 439
Planck, Max 144
Platner, Ernst 165
Ploucquet, Gottfried 451
Poleni, Giovanni 473
Polz, Christian Friedrich 443
Pope, Alexander 418
Printzen, Marquard Ludwig von 15, 431
Pufendorf, Samuel von 265, 400
Pütter, Johann Stephan 441, 456
Pythagoras 64

R
Ramée, Pierre de la 59, 60, 61, 63, 70, 363
Ramus, Petrus. Siehe Ramée, Pierre de la
Rappolt, Karl Heinrich 453
Rast, Georg Heinrich 452 f.
Réaumur, René-Antoine Ferchault de 471, 479
Reinbeck, Johann Gustav 18 f., 433–435, 449, 455
Reusch, Johann Peter 410, 430, 442 f., 450
Ribov, Georg Heinrich 445 f.
Richer, Henri 420
Richter, Georg Friedrich 436, 448
Rohault, Jacques 346
Rösser, Columban 458
Rotermund, Heinrich Wilhelm 448
Rothfischer, Franz 460
Rüdiger, Andreas 449

S

Sack, August Friedrich Wilhelm 434f.
Scharf, Johannes 59–62, 70
Schelling, Friedrich Wilhelm Joseph 1, 460
Schiavetti, Angelo 473
Schierschmid, Johann Justin 439f., 456
Schlettwein, Johann August 309
Schmid, Carl Christian Erhard 443
Schmidt, Johann Lorenz 433, 435
Schmitt, Charles Bernard 61
Schönborn, Franz Georg von, Bischof von Trier 459
Schröder, Wilhelm von 292
Schrödinger, Erwin 144
Schultz, Franz Albert 430, 454f.
Schumacher, Heinrich Christian 358, 360, 376
Schwab, Johann Christoph 452
Seckendorff, Veit Ludwig von 292
Selle, Götz von 444, 446
Shakespeare 450
Siebert, Gotthard 457
Simonetti, Christian Ernst 446
Smith, Adam 292–294, 300f., 309f.
Sokrates 438
Sophie Dorothea, Königin in Preußen 433
Spangenberg, Johann-Conrad 439
Spener, Philipp Jacob 389, 392, 396
Spinoza, Baruch 11, 67, 236, 397f., 400
Stattler, Benedict 458, 460
Steinacher, Nikolaus Franz 458
Steinmeyer, Philipp 459
Steinwehr, Balthasar Adolf von 448
Steuart, James 309
Stiebritz, Johann Friedrich 432f., 436, 444
Storchenau, Sigismund von 459
Strähler, Daniel 15, 387, 430f.
Stübner, Friedrich Wilhelm 448
Sturm, Johann Christoph 9, 65f., 70
Suárez, Francisco 38–44, 57–59, 62, 66, 70, 142
Suckow, Simon Gabriel 440, 446
Sulzer, Johann Georg 405, 407, 417f.
Sulzer, Johann Gottlob 473
Süssmilch, Johann Peter 371

T

Teller, Romanus 434
That, Theodor Reinhold 452f.
Thomas, Andreas 266
Thomasius, Christian 10, 429, 449, 456, 483, 490

Thomas von Aquin 37–40, 63, 141, 249
Thümmig, Ludwig Philipp 15, 155, 387, 430–432, 442, 447, 454
Timpler, Clemens 57, 62
Toland, John 172
Tschirnhaus, Ehrenfried Walther von 9, 67–70, 372

U

Uhl, Johann Ludwig 445
Ullén, Petrus 473
Ulrich, Johann August Heinrich 443

V

Vattel, Emmeric de 473, 479
Verdries, Johann Melchior 432, 444
Viète, François 358
Vitruvius 408
Vogl, Berthold 460
Voltaire 436, 445, 475f., 478f.
Voulgaris, Eugenios 473

W

Wagner, Friedrich 455
Walch, Johann Ernst Emanuel 443
Walch, Johann Georg 442f.
Waldin, Johann Gottlieb 441, 443
Wallerius, Johan Gottschalk 473
Wallerius, Nils 473
Wallis, John 361
Washington, George 473f.
Weber, Andreas 446
Weber, Joseph 460
Weigel, Erhard 58, 64–67, 70
Weishaupt, Adam 457
Werlhof, Paul Gottlieb von 445
Williamson, James 358
Windheim, Christian Ernst von 440
Winkler, Johann Heinrich 436, 448f.
Wittich, Christoph 338
Wolff, Anna (geb. Giller) 8
Wolff, Christoph 8
Wolff, Katharina Maria (geb. Brandis) 16
Wurtz, Jean-Paul 68
Wuttke, Heinrich 6, 63, 451

Z

Zabarella, Giacomo 39, 60f.
Zedlitz, Karl Abraham, Freiherr von 429

Sachregister

A
Akademien der Wissenschaften 430
Alethophile, Societas Alethophilorum 433–437, 448 f.
Algebraic Quantity 357–360, 367
Anthropologie 153, 175, 194 f.
Anthropology. Siehe Anthropologie
Appetitive Faculty 175, 191
Arbeitsteilung 294–297, 305
Architektur 406, 417
ars characteristica combinatoria 117
ars fingendi 409, 411, 413
Artificial Languages 125
Ästhetik 405–426, 438, 447, 458
Atheismus 383, 386, 388 f., 396
Atheismusanklage 389
Atheismusvorwurf 388, 395
Attribut 140, 143, 145 f., 148, 219
Aufklärung 14, 430 f., 434, 444, 449, 457, 460, 469
Auslegung 108–113
Autonomie 266

B
Bedeutung 119
Begriff 94, 96–103, 107, 109–111, 113
Berliner Akademie der Wissenschaften 435
Beweggrund 274 f., 277 f., 286
Bewegung 204, 207 f., 211 f., 214
Beweis 77, 96 f., 99–103, 105, 219
Billigkeit 111–113, 285

C
Causa Wolffiana 13
China 317 f.
civitas maxima 469 f.
coëxistentia 199–201
Cognitive Faculty 175, 184, 188
connubium rationis et experientiae 175, 195

Contiguity 357, 365, 374, 376
corpuscula derivativa 210
corpuscula primitiva 210, 216

D
Dasein 219–221, 223–228, 230–232, 240 f., 243 f., 249
Definition 35, 37–39, 42, 45, 49, 118
Deismus, Deisten 432, 448, 455
Determinism. Siehe Determinismus
Determinismus 15, 132, 391, 393–395, 397, 399 f.
Deutsche Gesellschaft 447 f.
Deutsche Sprache 448
Deutsche Wissenschaftssprache 429
Deutsch (Sprache) 429 f., 438 f., 443, 447 f.
Deutschsprachige Universitäten 427–466
Dichtung 405 f., 411–416, 420 f.
Ding 198–206, 208, 210, 214 f.
Drama 406

E
Egoismus 153
Eigentum 269 f., 286, 288, 290
Einfluss, physischer 153
Eklektik 432, 452, 490 f.
Element 35–37, 41, 44, 46 f., 201, 208–210, 212, 216
Empirismus 336 f., 344
ens a se 221, 240
ens perfectissimum 227–229, 232
Erfahrung 94, 98, 100–102, 105–108, 335–338, 340–342, 354 f.
Erfindungskunst 409, 421
Erhaltung 219, 221, 239, 241 f.
Essentiale/Essentialia 145
Essentialien 140, 144–146, 148
Ethik 253–268
Europa 468–471

Evidenz 335–337, 339, 348, 355
Extensive Quantity 357, 359, 365

F
Fabel 406, 413, 419 f.
Fatalismus 398, 400
Fertigkeit 77
Freiheit 270–272, 275, 280 f., 285
Freude 261

G
Gemeinwesen 315
Geometrical Method 56
Geometrie 347
Gerechtigkeit 285
Gesetz 275–279, 282 f., 289 f.
Gewissheit 80, 335 f., 339, 355
Glaube 14
Glück 262, 470
Glückseligkeit 294, 296, 298, 300, 306, 309, 315–318, 323, 326, 332, 486 f.
Goldene Regel 284
Gottesbeweis, aposteriorischer 224–228, 230
Gottesbeweis, apriorischer 228–231
Gottesbeweis (Kritik) 221–223
Gottes Dasein 219
Gottes Wesen 231–239
Gravitationstheorie 351
Grund 80, 142 f., 148

H
Handeln 219, 239, 242, 249

I
Idea 35 f., 41, 44–50
Idealismus 446
Indeterminismus 391, 393–395
Internationales Recht 470

K
Kameralismus 291 f., 295, 297, 300 f., 310
Katholische Universitäten 428, 455 f., 458 f.
Körper 206–213, 216
Kosmologie 197–218
Kraft 153, 201, 207–210, 212

L
Language, Philosophy of. *Siehe Sprachphilosophie*
Lateinisch (Sprache) 429, 439, 443, 458
Lauf der Natur 214–216

libertas philosophandi 482, 484, 490
libertas sentiendi 444
Logik 93–114
Lust 259

M
Macht 219, 232, 235–237, 240, 242
Material Ideas 128
Materialismus 153
Mathematical Concepts. *Siehe Mathematische Begriffe*
Mathematical Method. *Siehe Methode, mathematische*
Mathematische Begriffe 357–379
Meaning 119
Merkantilismus 302 f.
Metaphysics. *Siehe Metaphysik*
Metaphysik 35, 38–44, 47, 51
Methode 20, 81, 439 f., 442, 446 f., 458
Methode, mathematische 12, 357, 359 f., 369, 371–373, 376
Modus 140, 143, 145 f., 148
Möglichkeit 78
Monad. *Siehe Monade*
Monade 35 f., 45–47, 344, 349 f.
Monadenlehre 435–437
Monadologie 442
mundus adspectabilis 203 f.

N
Nachahmung 412
Natur 438
Naturrecht 269–290, 468–470
Notion 35, 38, 44 f., 49 f.
Notwendigkeit 270–273, 276–278
Number 357–360, 362–368, 376

O
Obrigkeit 326 f., 329, 331 f.
Offenbarung 433, 435, 437, 459
oikos 295
Okkasionalismus 153
Ökonomie 291–314
Ontologie 35, 37, 40 f., 43, 46, 139–152
Ontology. *Siehe Ontologie*
Origin 56

P
Pflicht 316, 319, 323, 325
Philosophenkönig 18
Philosophiebegriff 73–92
Physik 335–356

Sachregister

Pietismus 383–404, 431, 433, 435, 446, 452–455
Pneumatologie 153
Policey 298, 305
Politik 315–334
Prästabilierte Harmonie 35 f., 40, 45, 47–49, 131, 153, 398, 447, 452
Pre-established Harmony. *Siehe Prästabilierte Harmonie*
Prinzip 140, 142 f., 148
Probability 357, 360, 369–371, 376
Probable Propositions 357
Psychologie, rationale 153–174, 176–179, 181, 183
Psychology, empirical 175–196

R
Rationalismus 336, 339 f., 355
Rational Psychology. *Siehe Psychologie, rationale*
Raum 140, 149 f.
Regierung 219, 239, 242
Religion 14
Roman 406, 413
Royal Society 449

S
Sache 286–288, 290
Scholasticism 35–40, 44, 51
Schöne Künste 406, 417, 419 f.
Schöpfung 219, 221, 239–243
Schriftsprache 447
Schulphilosophie 35 f.
Schwerkraft 351
scientia libera 390, 399
scientia media 390 f., 399 f.
scientia naturalis 390, 399
Seele 153, 175–195, 220, 224 f., 227 f., 231, 234 f., 238, 240–242, 248 f.
Similarity 357, 360, 364, 366, 368 f., 373, 375
Sinnlichkeit 421
Societas Conferentium 448
Soul. *Siehe Seele*
Souveränität 331
Spinozismus 262
Sprache. *Siehe Deutsch (Sprache), Lateinisch (Sprache)*
Sprachphilosophie 115–136
status civilis 293

Strafe 269 f., 285 f.
Structure of Thought 62
successio 200 f.
Symbolic Cognition 117
System 55–58, 61 f., 65 f., 70, 469 f., 491

T
Terminus 119
Testimonium 336
Theologie 219–250
Translation, Theory of 118
Truth. *Siehe Wahrheit*
Tugend 267

U
Übel 235
Übereinstimmung geoffenbarte Theologie/Weltweisheit 219, 221, 244, 249
Urteil 96, 98, 101 f., 107, 111 f.

V
Verbindlichkeit 265
Verknüpfung 74
Verpflichtung 269 f., 274 f., 277–279, 281–284
vis inertiae 207 f.
vis motrix 207 f., 214
Vollkommenheit 140, 148 f., 255, 270, 272 f., 276–278, 281, 286, 408 f., 416, 419

W
Wahrheit 94, 96, 100–105, 110, 132, 140, 148, 433 f., 445, 449, 455
Wahrscheinlichkeit 94, 102–105
Welt 197–218
Wesen 221–233, 235–237, 239 f., 242, 244, 248
Wiedergeburt 383–385, 391 f., 395, 399
Wille 219, 223, 228, 232, 234–238, 271, 273–275, 277–280, 282, 285, 288
Willensfreiheit 383, 389–396, 398 f., 401
Wirklichkeit 78
Wissenschaft 77, 100 f., 107
Wunder 215 f., 236 f., 241, 248

Z
Zeichen 99 f., 109 f.
Zeit 140, 149 f.
Zirkulation 304
Zurechnung 270, 280 f., 283, 290
Zweck 408, 420

Printed by Printforce, the Netherlands